绿色经济学

Green Economics

郑洪涛 著

中国财经出版传媒集团
中国财政经济出版社

图书在版编目（CIP）数据

绿色经济学／郑洪涛著．--北京：中国财政经济出版社，2022.1

ISBN 978-7-5223-0619-3

Ⅰ.①绿…　Ⅱ.①郑…　Ⅲ.①绿色经济－研究　Ⅳ.①F062.2

中国版本图书馆 CIP 数据核字（2021）第 121548 号

责任编辑：潘　飞　　　　责任印制：史大鹏

封面设计：卜建辰　　　　责任校对：胡永立

绿色经济学

LÜSE JINGJIXUE

中国财政经济出版社 出版

URL：http：//www.cfeph.cn

E-mail：cfeph@cfeph.cn

社址：北京市海淀区阜成路甲 28 号　邮政编码：100142

营销中心电话：010-88191522

天猫网店：中国财政经济出版社旗舰店

网址：https：//zgczjjcbs.tmall.com

北京时捷印刷有限公司印刷　各地新华书店经销

成品尺寸：175mm×250mm　16 开　37 印张　604 000 字

2022 年 3 月第 1 版　2022 年 3 月北京第 1 次印刷

定价：98.00 元

ISBN 978-7-5223-0619-3

（图书出现印装问题，本社负责调换，电话：010-88190548）

本社质量投诉电话：010-88190744

打击盗版举报热线：010-88191661　QQ：2242791300

序　一

西亚“两河文明”的辉煌早已消亡，古埃及文明也只能在金字塔中探寻。青山灭失，绿色不在；生态衰而文明衰。留得青山在不愁没柴烧，古朴而哲理深厚的东方古典智慧，惠育华夏大地。绿色，成为中华文明的底色；生态兴而文明兴。新中国成立后，毛泽东发出“绿化祖国”的号召。1958 年，福建南平王台镇的杉木丰产林，获周恩来亲笔签署“绿色金库”奖状。进入 21 世纪，绿水青山就是金山银山，业已成为引领世界生态文明转型发展的主旋律。

历史上的中国，所谓“前人栽树后人乘凉”，绿色应该是算长远账、算大账。在计划经济时代，即使在国民经济困难时期的 1962 年，我们可以在荒漠边缘建立塞罕坝机械林场。50 多年，造林 112 万亩，森林覆盖率达到 80%，林木总蓄积量达到 1012 万立方米，筑起了一道护卫京津冀乃至整个华北地区的绿色屏障。在市场经济条件下，植树造林的义务，退耕还林的政策，进一步延伸到污染治理、节能减排、生物多样性保护，是绿色之本意，是为了绿色，但是，钱从何来，账又如何算，是否算得过来；不仅算未来，还得算当下，显然成为一个经济问题，且是经济学难题。

市场经济时代，财政护绿增绿，如同计划经济时代，责无旁贷；但面对天量的绿色资金需求，财政资金杯水车薪，力不从心。各类市场主体、一切社会力量，皆负有绿色之道义责任。然而，道义行为，不只是喊口号，需要拿出真金白银，实打实地干。企业的环境责任，是降低资源消耗，减少或避免污染排放；个人的绿色消费，要节能减耗绿色低碳。金融机构作为企业，也要担负环境责任，拒绝给高污染高消耗的项目融资，要给环境友好气候友善的项目降低融资成本。更深层次的，则需要修正国民经济核算体系，纳入资源环境要素，实现绿色核算。这就要有成熟的环境或绿色的指标、测度、核算、审计的方法体系。发展绿色经济，更需要理论的创新与规范。

20世纪60年代起，发达国家的绿色环保运动此起彼伏。但涉及资金投入，算账必然是第一位的。由于技术进步成本降低，许多资源节约和污染控制技术的市场竞争力不断提升，节能减排的生产动能内生化。例如，2005年，太阳光伏发电的度电成本是煤电的8倍；2020年，太阳光伏发电成本，已经低至1角钱一度电；纯电动汽车，按照国务院办公厅2020年11月印发的规划，到2025年，每百公里行驶里程耗电低至12度。但是，太阳光伏发电、储能、电动汽车生产、充电桩的普及，由于经济社会和市场运行的惯性或惰性，在初始阶段，资金往往是短缺的，不到位的。政府、企业、投资商、消费者，需要信息，需要方法，更需要了解成功的案例和经验，而这些也是社会所亟需的。我从事气候变化政策研究25年余，深感资金短缺对气候治理的掣肘，融资需求对国际社会的困扰，以及市场动能的严重滞后；在气候道义原则下，口号响亮，画饼巨大，常闻雷声轰鸣，鲜见雨点惠及。

郑洪涛教授新著《绿色经济学》，涉猎绿色经济、绿色发展、绿色投融资的方方面面，信息量极大，对于我国生态文明建设实践，有着极大的参考价值。郑教授长期从事产业经济和区域经济研究，参与指导国家重大生态建设和环境保护项目投资，指导央企及社会资本方大型区域投资项目生态项目投资的决策与风险管控；作为独立董事、特聘专家，直接参与多家上市公司、中央企业、银行和保险公司，以及会计师事务所的法人治理、投融资管理、风险管理与内部控制，积累了大量的一手资料和宝贵经验。这本书的特色，与其说在于学理性，不如说在于全面系统的分析梳理和经验提炼，对于决策者、从业者、学术研究人员来说，无疑是一座宝库。

全书视野开阔，内容全面，结构严整。尤其对绿色金融、绿色投资、绿色发展的国际经验分析和国内实践的总结，富有学术洞见，不乏闪光点和创新性。相信这本著作，不仅对中国绿色发展的决策实践，具有积极的参考和启发意义，对生态文明转型发展的理论探索和方法创新，也有着重要的借鉴和思考价值。在此谨对郑洪涛教授著作的出版表示祝贺。

是为序。

中国社会科学院学部委员 潘家华
中国生态文明研究与促进会副会长

2021年8月31日

序　二

《中华人民共和国国民经济和社会发展第十四个五年规划和2035年远景目标纲要》第十一篇“推动绿色发展　促进人与自然和谐共生”中提出：“坚持绿水青山就是金山银山理念，坚持尊重自然、顺应自然、保护自然，实施可持续发展战略。”“坚持生态优先、绿色发展，制定2030年前碳排放达峰行动方案，锚定努力争取2060年前实现碳中和。”这是党和国家经过深思熟虑作出的重大战略决策，事关中华民族永续发展和构建人类命运共同体。我们要坚定不移贯彻新发展理念，以绿色发展为抓手，引领创新、协调、开放、共享发展，实施经济社会发展全面绿色转型，把绿色发展植入现代化经济体系。

“绿色经济”这一概念的出现，可追溯到20世纪80年代末。联合国对“绿色经济”的定义为：“绿色经济是一种旨在提高人类福祉、使广大人民充分享有经济发展成果，同时又能显著减少人类活动对环境不良影响的经济模式。”其实，绿色经济是一种融合了人类的现代文明，以高新技术为支撑，使人与自然和谐相处，能够可持续发展的经济，是市场化和生态化有机结合的经济。绿色经济是以市场为导向、以传统产业经济为基础、以经济与环境的和谐为目的而发展起来的一种新的经济形式，是产业经济为适应人类环保与健康需要而产生并表现出来的一种发展状态。绿色经济的本质是以生态、经济协调发展为核心，是以维护人类生存环境、合理保护资源、能源以及有利于人体健康为特征的经济发展模式，是一种可持续发展的经济。

绿色经济是一种新的经济形态，它既是以知识为基础的经济，又是人类创造绿色财富的经济。绿色经济是绿色与经济的有机结合。绿色包括绿色生产、绿色流通、绿色分配、绿色消费。绿色经济是以最小的资源耗费得到最大的收益，是以节约自然资源的耗费和生态环境得到最大限度的可持续利用和保护，实现满足人民不断增长的需要。绿色经济以人为本，其主旨是服务于人的需要和发展，它兼顾了个人利益和社会利益、当代人利益与子孙后代的利益，是一种更符合新发展理念的高级经济发展形态。

发展绿色经济是一个大命题，也是一个大趋势。未来相当长的时期，绿色经济将成为拉动经济增长的一个重要引擎，各行业各领域绿色转型的步伐将大大加快。郑洪涛教授集长期的理论研究和丰富的实践经验，创造性地编著了《绿色经济学》一书，全面、系统、深入地研究和解决了绿色经济发展的一系列重大问题，具有重要的理论意义和实践指导意义。

建立绿色经济学是一个系统工程，需要统筹现实与长远制定绿色经济发展的理论框架体系。郑洪涛教授在《绿色经济学》中系统梳理了绿色经济学的起源，详细论述了绿色经济学的原理，全面总结了绿色经济模式和绿色发展机制与政策。在全书中，统筹兼顾，强化顶层设计，明确绿色转型发展的目标、重点领域与支持政策，推动形成经济、社会、人口与生态协调统筹发展的新局面。

发展绿色经济离不开金融与财税支持，须加快推动金融与财税政策创新。郑洪涛教授凭着深厚的金融和财税知识底蕴，在《绿色经济学》中设置专篇“绿色金融与绿色财税”，深入论述了绿色金融、碳排放与碳交易、绿色金融工具、绿色会计审计与税收的现状及改革方向，推动绿色经济的深入发展。按照绿色、循环、低碳的要求，加快金融与财税政策创新，减少资源的使用和浪费，提高经济发展质量和效益，切实推动经济社会发展全面绿色转型。比如，鼓励社会力量投资以及参与绿色技术的研发与推广，积极建设以企业为主体、以市场为导向、产学研融合的金融与财税创新体系。

推动绿色经济发展需要加大投资，大力发展绿色产业。郑洪涛教授凭着丰富的投资经验，在《绿色经济学》中设置专篇“绿色投资”，系统论述了绿色投资、绿色 PPP、绿色产业投资、绿色产业园投资的发展方向，推动绿色经济的深入发展。按照“减量化、再利用、再循环”原则，加快实施传统行业技术设备更新升级和绿色化改造，实施产业集群和工业园区绿色化循环化升级改造。遵循生态规律，将生态要素转变为生产要素，实现经济产业、生态环境、社会发展之间的耦合优化。

推动绿色经济发展需要借鉴国际经验，建立绿色发展中国模式。郑洪涛教授以宽广的视野，在《绿色经济学》中设置专篇“绿色发展国际经验”和

“绿色发展中国模式，全面介绍了国际江河治理、国际大气治理、国际区域治理，科学总结了中国大江大河大湖的治理、中国山川沙漠治理、中国城市治理、中国产业治理、中国区域化治理的中国治理模式。借鉴国际经济和市场化标准，建立适合中国国情的绿色经济中国发展模式，逐步完善绿水青山保护制度，鼓励市场绿色消费，促进绿色制造、绿色产品，通过绿色内循环促进外循环发展。推动践行中国绿色生活方式、绿色消费，促进中国经济社会发展全面绿色转型。

《绿色经济学》还有很重要的优点在于其语言的朴实易懂，能把绿色经济方面的专用名词和技术以通俗化的语言讲清楚、讲明白，或以实际的案例进行解释。另外，将绿色经济学的内容细分为章节加以介绍，每一章节的内容都很精简，以普通人的视角来看绿色经济和写绿色经济学，这使其不像其他经济学那样深奥和枯燥。所以，《绿色经济学》是一部通俗易懂的教科书，也可以作为学习绿色经济的入门书。

总之，《绿色经济学》能使读者深入了解绿色经济学的思考方式与关注重点，以及用确切的案例一一证明绿色经济学背后的逻辑和道理，希望通过此书让更多的人了解绿色经济学，使绿色经济、绿色发展深入人心。

北京国家会计学院院长　秦荣生

2021 年 9 月 12 日

自　　序

量子力学、区块链、虚拟货币、元宇宙等概念的提出，已经极大丰富甚至颠覆了人类传统的社会认知。新兴的概念衍化了一系列新兴产业，正在挑战、颠覆和改写我们原有认知，包括基本假设和基础的社会原理，这些假设和原理既有社会的，也有自然的；既有经济的，也有伦理的。

经济学面临的挑战，无论是假设、原理，还是概念、内涵都极为巨大，由此产生的一系列问题，迫切需要解决。亚当·斯密的古典经济学和马歇尔新古典经济学，以及萨缪尔森经济的微观经济学和宏观经济学，都无法预料非稀缺的环境因素，如蓝天白云、绿水青山，会在21世纪成为奢侈和稀缺资源。基于生态和环境，如何合理规划和引导人类活动，如何科学制定新形势下的经济社会运行规则，如何采取行之有效的宏观与微观调控手段，是社会发展不能回避的问题。对这些问题必须进行系统性思考和探究，使其尽早成为一项重大课题。

绿色经济学尝试对经济学进行绿色特性的深化，用绿色原理对新经济要素进行认知的补充，对国民经济宏观结构和主体部门进行绿色特性的制度安排，同时也对微观实施路径进行探索、实践和总结。而唯一沿袭人类文明的中国发展，在绿色经济的道路上，如何谱写具有特色人文、特色自然环境和特色生态的新篇章，值得关注和研究！

经济学对分工及专业化发展、资源的交换与配置、商品的需求与供给、商品价格等理论的研究，并不能解决经济社会可持续发展的问题，更不能解决经济发展与环境气候恶化的问题，因为经济学研究并未将绿色资源纳入其中，未考虑自然生态的稀缺性，也未考虑自然生态的经济价值及价格。

经济学认为土地、劳动、技术、资本等要素是稀缺的，因而重点研究如何通过市场来调节这些要素的分配和利用，以实现利益最大化的目标。在经济理论体系中，自然生态没有被视为一种稀缺的要素，环境问题因此也被视为一种外生变量。但是，随着人类社会的发展，人类社会的需求不断扩大，之前稀缺性不明显或者无稀缺性的资源，其稀缺性逐渐显现，并逐渐成为制约经济社会发展的关键因素。当前人类社会共同面临的全球气候问题、人类可持续发展问题，都与自然生态息息相关，这些问题是经济学难以解释和解决的。

绿色经济学以生态、经济、社会（人）的协调发展为研究对象，致力于发展一种可持续的经济形态，通过绿色生产、分配、消费和交换的理论来指导绿色实践活动。在资源分配方面，除了将物质资本和社会资本当作生产要素进行分配外，还把进入生产过程的公共资源——自然资源和生态环境视为生产要素进行分配，以和谐、公平、效率和可持续性为着眼点，通过间接机制（价格杠杆和各种激励等）、直接机制（政府管制和政府干预等）和社会机制进行资源的分配。绿色经济学的初次分配、再分配、三次分配机制在不断完善，在一次分配的基础上，通过政府直接管制和干预，通过绿色金融、绿色财政、绿色税务等政策和措施，实现资源的再次分配；同时，通过财政手段加政策配合驱动社会企业进行更多的公共品提供，承担更多的社会分配责任，实现资源的三次分配。绿色经济对资源的分配方式更能促进经济社会的可持续发展和人类和谐幸福。

经济学为追求经济增长的终极目标，往往过度消耗资源、片面追求增长，造成了劳动和资源的无效消耗。经济增长了，但是并未增加人类的福祉。经济学追求的经济无限增长，是建立在假定资源无限的基础上，资源无限与事实并不相符，而绿色经济学“增长极限”观点更符合实际。

经济学坚持人类中心主义价值观，过分追求人类经济系统的效率与增长，割裂了自然环境与人类经济系统之间的联系。但是，人类社会始终只是这个星球复杂生命网络的一个组织部分，人类和其他生物都是地球生命社区的成员，人类的地位并不优于其他生物。人类与其他生物相互依赖，共同构建了一个相互依存的系统。

经济学主张经济全球化，经济全球化通过贸易、投资私有化等方式，促进竞争，形成优势互补和规模效应，实现资金自由流动和技术的转移等，使经济全球化过程中多数国家从中获益。但是在实际的全球化过程中，经济全球化却造成了垄断现象，由于追求规模效益造成不经济现象屡见不鲜。跨国公司和国际资本在经济全球化中成为最大受益者，资源消耗和环境恶化却带给了发展中国家。发展中国家在全球化过程中受到了贫穷与环境破坏的双重打击。传统经济的全球化直接导致了贫富差距的进一步扩大，绿色经济学更加坚持经济地方化，因为经济地方化能够改善人权、缩小阶级差距，因而更有利于平等民主发展。

绿色经济学坚持整体主义，把生态、经济和社会（人）看作一个有机整体，从整体角度分析问题；绿色经济学拒绝片面的经济增长，追求一种平衡增长的经济；绿色经济学提出“生态人”假设，对人与自然的关系进行了强调，认为的人是“生态人”“经济人”和“社会人”的统一；绿色经济学追求经济地方化，要求地方经济多样化发展，建立更为人性化的经济关系。

绿色资源的稀缺性，在绿色经济中得到了应有的重视。在绿色经济中，绿色资源被用于可持续创造、公平分配财富；创造和分配的财富不仅包括物质财富，而且包括精神财富；创造和分配的方法从科学角度、伦理角度、生态角度进行综合考量；创造和分配的目的是维护人类与地球的共同利益。要实现经济的绿色发展，就必须处理好经济发展与绿色资源稀缺性的关系，必须处理好人类发展与自然生态的协调共存的关系，必须处理好社会发展与自由、民主、平等指导原则的关系。绿色经济学通过构建绿色的经济发展模式，建立绿色发展机制与政策体系，以绿色金融与绿色财税政策为引导、以绿色技术为动力、以绿色价值与绩效为标准、以绿色投资为工具，实现绿色经济的全面发展。自然资源并非取之不竭，环境的承载能力也并非无所限制，人类社会的发展并不是永续的。单纯依赖资源消耗及超越环境承载及修复能力的环境开发利用，换取经济增长的发展模式即将穷途末路，而绿色经济模式将继续推进全球经济及人类社会向前发展。

绿色经济学是绿色发展过程中必须研究的一门学科，其为绿色发展提供了经济理论基础，是经济社会能够系统性、全面性沿着绿色可持续方向发展的重要理论保障。绿色经济学研究的绿色经济是一种以实现经济、环境、社会三个层面的协调发展为目标，以保护和完善生态环境为前提，以绿色投入及绿色创新为动力，通过资源循环高效利用、环境综合治理等方式推动经济系统的绿色化，实现经济可持续发展、资源节约、环境改善、人类幸福的新型经济形态。人类社会在发展的过程中，从未停止过对人与自然环境和谐共生的探索。古今中外，很多思想理论都蕴含了丰富的绿色思想，都强调人、社会、自然和谐共处的关系。但是，人类社会经过了工业革命后的数百年快速发展，创造了远超以往数千年所创造的物质和财富，同时对自然的索取及对环境的破坏也是空前的。人类社会正面临着资源枯竭和环境恶化的重大挑战，绿色可持续发展问题亟须解决。

如何能够使绿色经济学在当今社会中焕发活力，指导经济社会更加绿色、可持续、高质量，实现资源环境美好、人类幸福。

首先，绿色经济制度体系是绿色发展的基础。构建绿色法律体系，构建绿色财政体系，构建绿色金融体系，构建绿色税收体系，构建绿色价值评估及绿色核算体系；创建生态利用模式，创建循环高效模式，创建低碳环保模式，创建环境治理模式；推动绿色投资，推动绿色产业投资，推动绿色产业园投资建设；进行江河湖泊治理，进行大气治理，进行山体沙漠治理，进行城市治理，进行产业治理，进行区域治理，这些共同形成了绿色经济学的框架、模式、体系和实践指引。

其次，全民参与为绿色发展的保障。全面进入“生态文明”，需要的是社会生产生活中的每一个参与单元共同努力，无论是中央政府、地方政府、区域、城市、乡村、产业链、企业、家庭、居民等每一个组织和个人，还是设计、生产、流通、消费、回收再利用等全链条上的每一个流程，都需要全面行动起来。

再次，绿色行动是绿色发展的路径。中央政府在绿色政策引导、绿色金融支持、碳交易体系顶层设计等方面的行动，为绿色经济发展提供了有力的支撑；地方政府对绿色产业的扶持、绿色城市的创建、产业的绿色升级等方面的实践，有力地推动了绿色经济模式的落地；区域的机构设置、片区开发、协同治理等方面绿色发展协同和推进，使得绿色经济模式实践效果更加显著；城市绿色发展指标体系化、绿色竞争力的具体化，使得绿色经济发展更加全面、系统和具体；乡村的生态利用、退耕还林还草等行动，使得绿色经济发展理念得到全面普及和践行；产业链的生态化、产业集群的集群效应，使得物质循环高效、能源充分利用，产业发展更加绿色可持续；企业的绿色技术研发、生产模式的绿色升级、绿色品牌形象的打造，使得生产过程、生产成果更加生态环保；家庭和居民的绿色消费习惯、绿色生活方式等绿色理念和行为的普及，更能引导和促进绿色生产方式的转变，更能促进社会全面的绿色化转型。商品的绿色设计、绿色生产、绿色流通、绿色消费、绿色再利用，全链条的绿色化行动使得绿色经济学融入生产生活的每一个方面。

最后，绿色实践是绿色发展的指南。国际上已形成丰富的绿色发展经验，如密西西比河、莱茵河、田纳西河、多瑙河、科罗拉多河等河流流域的综合治理，英国、美国、德国、日本等国家空气污染事件及大气治理，欧盟的财政一体化区域协调治理、德国鲁尔工业区的绿色转型、印度的区域环境综合治理，这些经验为绿色经济发展提供了指引。绿色发展也有着内涵丰富的中国模式，长江大保护、三北防护林工程、国家储备林项目建设、库布齐沙漠治理、矿山生态的修复工程、四川遂宁及成都城市治理、中国产业环境治理、“退城入园”的全面实践、长三角及京津冀区域生态治理、永定河流域治理、内蒙古“一湖两海”治理、山水林田湖草系统性生态修复等，是我国绿色可持续发展过程中的重要实践。

人类文明已由“工业文明”步入“生态文明”，绿色可持续及高质量发展已成为当今全球经济社会发展的主旋律。绿色发展能够实现经济社会的可持续发展及环境气候的持续改善，也可以从源头上解决一系列社会性问题。支持可持续发展和气候行动是联合国工作涵盖的五个领域之一，可持续发展目标和气候变化是联合国重要的全球议题。由于世界发展不均衡，发达国家率先进入“生态文明”阶段，而大多数的欠发达国家仍然处在“工业文明”阶段，甚至还有很多国家和地区还处在“农业文明”阶段，不同国家和地区所处的绿色可持续发展阶段差异性很大。

中国在发展绿色经济方面有着得天独厚的优势，这也是绿色经济在中国蓬勃发展的重要原因。中国几千年的“天人合一”哲学思想，一直启发着我们采用人与自然和谐发展的绿色经济发展模式。“天人合一”最早出现在我国儒家《中庸》一书中，其深刻地阐述了“天”“地”“人”三者的关系，其思想是辩证的，强调人类并不是一味地适应自然，而是在改造自然中，尊重自然的特殊地位；道教的老子曾说过：“人法地，地法天，天法道，道法自然。”强调人是自然的组成，隶属于自然，在遵循自然法则的前提下，关心自然、万物共生的思想，讲究人与自然及其他生命的阴阳协调；佛教以因果关系为基础，强调了人与自然、众生的平等与调和。而且，受中华民族集中和统一的主流思想的影响，“统一”成为中华民族的历史主流，这也使得几千年来中央集权的政治制度在中国代代传承。中国的这种政治体制充分保障国家政令的统一，能够更好地发挥国家的作用，能够集中力量办大事。绿色经济的长远考虑、持续投入，需要强有力的集权政府的法律体系、政策体系、行动体系予以保障。中国社会主义市场经济体制，使市场在资源配置中起决定性作用，同时也能够更好地发挥政府作用，更适合绿色经济的发展的要求。中国特色的社会主义政治体制的优越性，为中国绿色发展提供了有力的制度保障。资源具有稀缺性，环境具有脆弱性，可持续发展具有不确定性，而中国先进的政治体制能够充分保障资源利用的合理性、环境保护的执行力和发展的可持续性。中国信息化基础设施的先进性，为数字中国建设打下了坚实基础，为绿色发展创造了得天独厚的技术支撑。中国具有“后发优势”，由于发展水平相对较低，新增需求可以通过发展绿色产能和绿色基础设施来实现；中国庞大的国内市场规模，为绿色产业快速形成完备的产业链提供了良好的条件；中国具有显著资本和人力优势，中国的高投资率为绿色产业快速发展提供了资本条件，中国大量的高素质专业人才为绿色创新提供人力资本优势；中国传统的工业生产改造空间巨大，清洁高效技术的利用及传统的工艺流程改造有很大的空间；中国新能源资源禀赋优势明显，中国拥有丰富的风能、太阳能、页岩气和沼气等资源，这使中国在减少对传统化石燃料的依赖和改善其能源安全方面有较多选择。

近几十年来，中国经济的快速增长、能源的大量消耗以及环境保护措施的欠缺，致使中国环境问题日趋严重，中国很多地区出现了严重的水污染、大气污染、土壤污染、森林锐减等问题。资源的消耗及环境的恶化导致经济增长难以为继，中国经济的增长正在摆脱对高资源消耗、高碳排放和高环境污染的依赖。中国大力发展绿色金融，推进绿色经济的快速增长，截至2020年末，中国本外币绿色贷款余额约12万亿元，存量规模居世界第一；绿色金融债券存量约8000亿元，居世界第二。中国积极推进绿色技术的创新和研发，2019年国家发展改革委、科技部联合印发了《关于构建市场导向的绿色技术创新体系的指导意见》，中国市场导向型绿色技术创新体系建设的顶层设计与发展路线图正式确立。中国不断完善绿色法律体系，《中华人民共和国资源税法》《中华人民共和国环境保护法》等法律法规的修订和完善，为绿色经济发展提供法律保障。中国生态补偿利益协调机制的建立，中国碳排放权交易市场的完善，中国林长制、河长制、湖长制等机制的创新，共同为中国绿色经济发展提供体制机制基础。

充分吸收发达国家绿色发展经验，总结中国在绿色发展、可持续发展、高质量发展方面的实践和探索，形成一套系统全面的中国绿色发展模式，极具战略意义。中国正系统性地推进绿色经济发展，绿色发展理念和行动正从上至下、从里到外全面渗透到政府治理、企业生产、家庭生活和居民消费等的每一个方面。中国在积极借鉴国内外经验教训的同时，正在形成中国特色的社会主义绿色经济发展新模式，这也将为全球发达国家、发展中国家的绿色可持续发展贡献中国模式和中国智慧。中国的绿色发展之路将更有成效，中国绿色发展模式将在人类发展史上留下浓墨重彩的一篇。

目　录

第一篇

绿色经济概述

人类文明伴随着人类世界物质和精神的发展而发展，从最初级的“原始文明”，到物质和精神初步发展的“农业文明”，再到发展突飞猛进的“工业文明”，目前已经步入了一个新的阶段——生态文明阶段。在原始文明阶段，初步从动物界分化出来的人类，受限于低下的精神和物质生产能力，因而此时人类完全匍匐于自然脚下；在农业文明阶段，人类的精神和物质生产能力初步发展，农耕和畜牧是其主要的物质生产活动，在该阶段人类对自然能够进行初步开发，但是仍然仰仗自然；在工业文明阶段，随着科学技术的发展，人类的生产方式发生了巨大改变，人与自然的关系也发生了翻天覆地的变化，此时，沉浸在科技进步带来的巨大利益中的人类，逐渐企图征服自然。有正必有反，科技进步带来便利的同时，其问题也随之而来，人类在对自然进行贪婪索取后终于遭受到了自然的报复。为了处理工业文明带来的种种后果，人类文明终于进入生态文明阶段。在生态文明阶段，人与自然和谐发展成为该阶段的主题，人类终于开始积极探究“金山银山”和“绿水青山”之间的关系，走上了绿色发展之路。

20 世纪后期，世界各地纷纷出现不同形式的生态环境破坏现象，空气被污染、自然资源过度开采、全球气候异常、水资源污染和匮乏、土壤流失和退化……这些都是过度发展带来的苦果。2008 年，联合国环境计划署发出了关于绿色经济的倡议，各个国家与地区在这一国际性倡议的指引下，不断加深对绿色经济的重视程度。绿色经济是对传统产业经济的发展与延伸，使经济发展更加符合环保与健康的需求。改革开放以来，我国经济飞速发展，环境问题也随之出现。针对环境问题，党的十八大以来，绿色发展成为发展的新目标，生态文明建设被纳入“五位一体”的总体布局之中，我们愈发认识到发展绿色经济是解决当前环境与经济之间矛盾的不二选择。目前，绿色经济在理论与实践领域不断发展，绿色经济学是研究绿色经济现象及发展规律的科学，本篇将从绿色经济学的起源、绿色经济学原理，以及绿色经济发展三个方面对绿色经济进行概述。

第1章 绿色经济学起源

绿色经济学思想源远流长，在西方古希腊哲学理论、中国古代哲学思想中都能找到绿色经济学思想的起源。在历史发展的进程中，绿色经济学思想理论不断丰富和完善。柏拉图、亚里士多德、约翰·巴里、孔子、老子、荀子、马克思、马尔萨斯等思想家、哲学家和理论家的思想理论中都包含着人、自然、社会的和谐统一思想，都包含着绿色经济思想。

1.1 绿色经济学的哲学起源

一切思想几乎都能从先哲的理论中找到起源，绿色经济学也毫不例外。在漫长的历史长河中，中外先哲们由于各自所处环境的不同提出了不同的哲学思想，这些哲学思想都是人类对宇宙规律初步探寻的结果，因此在某些方面存在相似性。绿色经济学的思想起源在中外先哲的哲学理论中都拥有落脚点。

1.1.1 古希腊哲学中的绿色经济学

在古希腊人的哲学思想中几乎都可以找到绿色经济的思想。古希腊哲学家亚里士多德将经济分为两类：一类是关注社会发展与自然资源的经济（oikonomia），另一类是以货币、理财为主导的经济（chrematistics）。前者即蕴含着绿色经济的思想，而后者则与今天的传统经济学类似。随着时代的发展，人们对经济的关注逐渐由对资源进行管理转向了对金钱、财产进行管理，到了近现代，后者几乎完全取代了前者。约翰·巴里（John Barry）认为，可持续发展需要的是二者的结合，即将生态与经济相结合。亚里士多德的哲学思想还包括了对贸易的思考，现代绿色经济学中的绿色贸易思想就能够在其中找到起源。亚里士多德认为，“自然的”贸易指的是以公正的价格充分满足需求，而不以营利为目的的贸易。这一思想体现了限制人类欲望的关键绿色原则。

古希腊哲学家柏拉图与他的学生亚里士多德一起提出了一种支持绿色经济的伦理理论。他们认为，“美德”是人类享有美好生活的必要条件，在环境领域，“美德”体现为对环境的爱护，只有爱护环境，一个人才称得上有“美德”，才能过上美好的生活。

1.1.2 中国古代哲学中的绿色经济学

绿色经济学可以从中国古代的“天人合一”思想中找到萌芽，孔子、老子、荀子的理论中都蕴含着“天人合一”的思想。

孔子曾言：“天何言哉？四时行焉，百物生焉，天何言哉?”孔子的“天”是对世间万物及其运行规律的抽象描述，孔子的“天人合一”是指天人相应，是指人对自然客观发展规律的遵循，人类应当善待自然，达到人与自然的大和谐。孔子认为，应当通过外在的道德规范来约束人与自然之间的关系，例如，孔子曾在《论语》中提道：“钓而不纲，弋不射宿。”这和如今在农林牧渔业生产中的要求不谋而合，即强调生产的可持续性。

老子的“天人合一”思想认为：人与自然在本质上是相通的，“人法地，地法天，天法道，道法自然”。老子认为，人类应当遵循自然规律，人类的发展应与自然的承载能力相协调。与孔子的“天人合一”不同的是，老子的思想强调“贵人重生”，即强调人本身的价值，主张追求高尚的精神生活而不是外在的物质。但老子在强调人的价值的同时，又反对人凌驾于自然之上的观点，即要求人类遵循客观规律，做到“天人合一”。老子建立了一种无为状态下的天人关系，区别于孔子的通过外在道德规范来约束人的行为，而是将外在约束转化为内在自觉，追求的是融于自然的生态道德。

荀子的“天人合一”思想与孔子、老子不同，孔子和老子都认为“天人相合”，而荀子则认同“天人相分”。荀子曾言：“天行有常，不为尧存，不为桀亡。”在荀子的思想里，“天”是事物发展的规律，事物发展的规律是一种客观存在，这种客观存在并不会受人的意志影响而改变，因而荀子将天和人分离，也就是说“天”所代表的自然变化和“人”所代表的社会变动之间并没有必然联系，人不应屈从于天命。孔子强调“遵从天命”，老子强调“无为”，而荀子则在批判性吸收儒道两家的“天人合一”思想后，对人的主观能动性进行了强调。如果说孔子和老子的“天人合一”符合绿色经济学中的“保护环境”，那么荀子的“天人合一”则与绿色经济发展追求的经济发展与环境保护相协调十分相似。

1.2 绿色经济学的理论起源

绿色经济学的理论起源可追溯到马克思主义生态观及西方经济学等相关的思想理论。马克思主义生态观指出了人与自然辩证统一的关系，提出自然、社会及人三者应和谐发展；西方经济学中的人口理论、环境库兹涅茨曲线、生态足迹理论及生态后现代主义的绿色批判等思想和理论，指出人与自然应和谐共处、经济发展与环境保护并重等绿色发展理念，这些都是绿色经济学的理论起源。

1.2.1 马克思主义生态观

马克思主义诞生于早期工业革命时代，虽然当时生态环境与经济发展之间的矛盾并未全面爆发，但出于对资本主义生产方式弊端的思考与洞察，马克思的思想体系中蕴含了丰富的绿色思想。马克思主义指出了人与自然辩证统一的关系，探究了人、社会、自然和谐共处的关系。

1.2.1.1 人与自然是辩证统一的关系

马克思主义生态观是马克思主义中关于解决生态问题十分重要的一部分。马克思主义生态观认为，人与自然是辩证统一的关系，这是马克思主义生态观最基本的观点。

首先，人与自然之间的内在是统一的。一方面，自然界是客观存在的。自然界相较于人类具有独立性、先在性，也是人类生存和发展的基础。另一方面，人类是自然界的重要组成部分，是自然界长期发展的产物。同时，人类不仅来自自然，其继续生存和发展更离不开自然的滋养，人类生存和发展所必需的生活资料、生产资料，全部都是由自然界提供的。人与自然之间通过“劳动”这个中介进行物质交换，为人类的可持续发展提供了基础。人与自然相互联系、相互依存，人无法脱离自然而独立存在。

其次，人与自然之间又存在矛盾，二者是相互对立的。一方面，人同时身处社会与自然中，拥有这两方面的双重属性。人类具有十分强大的主观能动性，这种能动性推动人类进行认识和实践，从而改变世界，从这个角度来说，人类具有社会属性；同时，人类是自然的孩子，和自然界中的万事万物一样，拥有着与生俱来的自然属性。对物质财富的索取和对自然的开发是人社会属性的具体表现。人类力图通过发挥主观能动性，使自然界不断地从独立的自在自然转化为人化自然，而且经济、科技的发展加快了这种转化的进程。伴随着人类趋利行为的发展，人与自然的对立性也逐渐加深。另一方面，自然界是独立于人的意识的，具有客观性。自然界有其自身特有的运行规律，这种客观规律不以人的意志为转移。因而，如果人类在通过实践利用、改造自然的过程中无视了自然界的客观规律，那么人类必将受到自然的惩罚。

1.2.1.2 自然、社会以及人三者和谐发展

马克思主义生态观不仅为解决生态问题而强调人与自然之间和谐共处的关系，还对人与人之间、人与社会之间的和谐进行了探究。马克思主义生态观既在实践中促进了人与自然、人与社会的和谐发展，又在方法论方面指导了绿色发展观的构建，为生态文明建设指明了目标和方向，对生态社会的建设具有重大的现实意义。

1.2.2 西方经济学的思想探究

绿色经济学作为经济学的一个范畴，其许多思想可以追溯到西方经济学的某些理论。本部分主要介绍以下理论：马尔萨斯人口理论、环境库兹涅茨曲线假说与生态足迹理论。

1.2.2.1 马尔萨斯人口理论

马尔萨斯人口理论产生于古典经济学时期，当时，工业革命的发展导致的社会不公现象日益严重，穷人越穷、富人越富的现象在这一时期十分常见，进而导致阶级矛盾日渐尖锐。这一时期欧洲人口的增长速度也越来越快，土地资源的产出率与人口数量急剧增加之间的矛盾越来越尖锐，人口问题成为社会关注的焦点。于是，托马斯·罗伯特·马尔萨斯这一英国著名的经济学家和人口学家在系统全面地研究和分析人口运动规律之后出版了《人口原理》一书，这本书对消费领域和人口、生活资料之间的关系进行了特别研究，马尔萨斯人口理论由此诞生。

马尔萨斯认为，食物为人类生存所必需，生活资料是以算术级数增加的；两性间的情欲是必然的，人口在无妨碍时以几何级数增加。因此，人口增长的速度总是快于生活资料的增长速度。基于以上假设，如果不对人口的增长加以限制，人口、资源、环境之间的关系将会失衡，进而阻碍社会、经济的发展，人类将会面临发展困境。

众多学者认为马尔萨斯的人口理论是片面的，对马尔萨斯人口理论的争鸣一直存在。总的来说，马尔萨斯所谓的“永恒的规律”是纯粹的虚构，但他的理论注意到了人口增长与生活资料增长之间的关系，这一点是具有积极意义的。它在客观上提醒人们应重视自然资源与人类社会发展的关系，实现人与自然的和谐相处。

1.2.2.2 环境库兹涅茨曲线假说

库兹涅茨曲线是在 1955 年由美国经济学家 Kuznets 基于社会不公问题而提出的，主要用于研究经济增长与收入分配状况之间的关系，库兹涅茨曲线表现为一条倒 U 形曲线。1991 年，为分析人均收入与污染物排放量之间的关系，美国的环境学家 Grossman 和 Krueger 首次将库兹涅茨曲线引入环境领域的研究。到了 1993 年，经济学家 Panayotou 进一步证实了人均收入水平与生态环境质量间的倒 U 形曲线关系，并用环境库兹涅茨曲线（EKC）为这种曲线关系命名。

环境库兹涅茨曲线（EKC）的经济含义是：在经济发展初期，环境污染程度与经济发展程度正相关，即经济越发展，环境污染越严重；当经济发展到一定水平时，会达到一个临界值，超越临界值之后环境污染程度就会和经济发展程度呈负相关关系，即经济越发展，环境污染程度越低。

EKC曲线并不意味着环境随着高水平的经济发展会自动得到改善，而是说随着经济的发展，人们会更关注生活环境的质量，愿意为减缓环境恶化情况而转变经济发展方式。经济发展和生态环境保护之间的关系十分复杂，在经济发展的过程中，人类仍然要发挥主观能动性，追求绿色经济。

1.2.2.3 生态足迹理论

生态足迹（EF）是一种地域空间的概念，这种地域空间能够源源不断地为人类提供资源、消纳生产和生活中造成的废弃物，同时还具有生物生产力。通俗来说，就是指用于提供人类生存所需的自然资源、消纳人类生产的废弃物的生态土地的面积。对生态足迹，可以生动地将其比喻为一只巨大的“脚印”，而留下这只“脚印”的“巨人”就是人类与其创造的城市、工厂。这一比喻反映出了人类活动对生态环境的影响，使我们开始反思人与自然之间究竟该如何相处，如果人类对生态环境的改造过多、影响过大，导致这只“巨型脚印”大到无法再被地球容纳，地球和人类都会无法继续生存，最终走向灭亡。

“生态足迹法”也被称为“生态占用法”，是指通过定量的方法来量化可持续发展的程度。该概念是在1992年由加拿大生态经济学家William E. Rees提出的，到1996年，Rees的学生Wackernagel建立了该概念的计算模型，从此令生态足迹概念得到应用推广。生态足迹法综合考虑某地区人们的消费结构、消费行为、人口规模等因素对环境的影响，分析该地区人类对自然资源的利用状况，对不同尺度下人类对自然的消耗量和自然的承载力进行比较，进而评估出该地区不同尺度下生态环境可持续利用的程度。生态足迹法具有较强的实用性，易于理解和接受，其指标体系较为精简、全面、系统，分析过程简便易行，其分析结果有助于我们掌握某地区的生态状况和发展趋势，同时为相应政策的制定提供依据。

生态足迹理论提高了人们对生态环境的重视程度，意识到人与自然和谐发展的重要性，对绿色经济的发展起到了一定的推动作用。

1.2.3 生态后现代主义的绿色批判

工业秩序随着工业革命的完成而确立，逐渐建立了以机械主义自然观为核心的人类文明。机械主义自然观认为，自然界是松散的物质的堆砌，世界是由一些基本的粒子组成的，粒子之间存在着机械运动，正是这些粒子的机械运动才将部分和整体连接起来。机械主义自然观侧重于使用较为片面的分析方法而非综合方法来考察客观世界。机械主义体现出一种极端性，这种极端性催生了理性主义的二元论。二元论认为，自然界只是对物质的客观反映，除此之外自然界并无任何感觉，人类对自然的改造和掠夺并不需要加以限制，这也体现出了人类中心主义的思想。由于丧失了对自然的爱护与敬畏，自然环境日益恶劣，人类社会面临着现代性危机。

出于对现代主义的批判，后现代主义逐步发展起来，面对日益恶化的人与自然的关系，后现代主义又分化出了生态后现代主义这一分支。相对于机械主义自然观，有机主义的自然观是生态后现代主义始终坚持的，对片面的男性精神进行批判，提倡恢复女性精神。生态后现代主义认为，现代性危机的消除需要建立起一种生态的后物质观，这种生态的后物质观对人与人、人与社会、人与自然之间的关系进行探讨，并重新定义。由此可以看出，生态后现代主义坚持有机论，使其代替了二元论；有机论否定了人对自然的占有权，改变了二元论的世界观和方法论。

在经济领域，生态后现代主义并不认同单一的增长模式，而是提出了发展一种相对稳定的经济的必要性，体现了一种生态主义的态度。现代性下的经济增长并不公平，它以牺牲生态自然为代价，这种对经济增长的片面追求也对人的精神层面产生影响，物质主义、消费主义和拜金主义等思想就是这种影响的具体表现。生态后现代主义坚持一种绿色的内核，提出绿色生产模式建立的必然性，认为应当发展稳态型经济。

生态后现代主义认为，应当从整体上建立一种有机的发展模式，并实现内部的和谐，这与绿色发展所提倡的整体性原则和和谐性追求本质上十分相似。当然，这些都是建立在对机械主义自然观和二元论的批判的基础上。绿色发展与简单的发展主义存在着本质区别，发展主义继承了机械主义和二元论的相关思想，坚持人类中心主义，仍旧是对旧式现代性的维护。绿色发展吸收了生态后现代主义对发展主义的批判，对发展理念进行了重新梳理定义，进而根据这个新的发展理念提出了一种人与自然之间的新的关系，即和谐发展的关系。因而，帮助绿色发展从传统发展主义的观点中“挣脱”出来，推动了人类建立关于发展的新认知，是生态后现代主义的重要作用。

1.3 绿色经济学实践及发展历程

绿色经济学的实践可以追溯到近代席卷全球的“绿色运动”。“绿色运动”以缓解发展过程中的环境问题为目的，拉开了绿色思潮和运动的序幕。1972年，罗马俱乐部《增长的极限》研究报告预测“人类困境”，唤起了人们的“生态意识”；同年召开的斯德哥尔摩会议以“人类只有一个地球”为口号，将6月5日定为“世界环境日”，解决环境问题成为全球共识。随后，国际性的环境会议接连召开，《里约环境与发展宣言》《气候变化框架公约》等共识和协议的达成，为全球可持续发展制定体制框架。在绿色经济学的实践和发展过程中，绿色经济思想体系不断丰富和完善，为绿色经济学的发展奠定了基础。

1.3.1 “绿色运动”

绿色运动，又叫绿色革命或生态运动，是20世纪六七十年代发生于西方发达国家的一种以缓解环境问题为目的的绿色生态运动，本书认为，它的产生最早可追溯到20世纪50年代。工业社会时期，经济的发展搭乘着科技进步的“快车”飞速前进，随之而来的是人们利用新兴的技术大肆开采煤炭、砍伐森林、排放污染物，在发展经济的同时给生态系统造成了严重的破坏，直接导致了水土流失、大气污染等一系列严峻的环境问题，这些环境问题又进一步制约了人类的发展。早在1953年，“生态革命”主张就被美国经济学家K. 博尔丁提出，该主张要求人们在思想、理论和技术手段等方面进行一系列的变革。真正意义的绿色思潮和运动的兴起开始于20世纪60年代，日益严重的环境污染给人们敲响了警钟，美国蕾切尔·卡森（Rachel Carson）女士1962年出版的《寂静的春天》一书揭露了化学污染对一切生命包括人类的危害，从此拉开了全球环境运动的序幕。随后，绿色运动向政党政治转化，企图从政治上着手，对议会、政府施加影响，其内容不断扩展，绿色运动不断完善。

1.3.2 《增长的极限》

到了20世纪中后期，出于对环境问题日渐增多现象的担忧，罗马俱乐部这一国际性民间学术团体发布了《增长的极限》研究报告，对“人类困境”进行了预测。其预测称，如果西方世界不改变这种无节制的发展方式，那么现在这种繁华的景象将很快消失，随之而来的是使整个世界沦陷的困境。该报告受到了政治和经济机构的强烈抨击，但它为环境问题的兴起及其与经济活动的联系奠定了基础，而且人们的“生态意识”由于“人类困境”这一预测得到了进一步的增强，越来越多的人选择加入保护环境的队伍，许多公民组织，诸如“环境保护——绿色行动”“世界卫士”“自然之友”等相继涌现，绿色运动也在全球范围内进一步扩大。1972年6月5日，联合国人类环境会议在瑞典首都斯德哥尔摩召开，这是世界上首次国际环保会议，来自世界各地133个国家与地区的1300多名代表参加了这次会议。这次会议在“人类只有一个地球”的口号下对环保事宜进行了讨论，投票通过了《人类环境宣言》和《人类环境行动计划》，在联合国成立了环境规划署，此后每年的6月5日被定为“世界环境日”。这次会议标志着解决环境问题已经在世界范围内达成了共识，人类开始联合起来共同探讨如何拯救我们的家园。

1.3.3 “绿党”

20世纪八九十年代开始，全面政治化成为绿色环境事业发展的新方向。20世纪70年代涌现的公民组织基本都是一些自发性组织，其参与者涉及的范围相当广泛，在开始时，他们的活动并没有严密的组织，往往围绕某一目标开展活动，活动目标达成就解散了。随着绿色运动的发展，这些组织开始致力于游说各党议员，企图从政治上着手，对议会、政府施加影响。由于缺乏严密的组织和足够的政治影响力，在种种尝试屡遭失败后，某些国家的绿色组织开始探索新的道路，希望借由走上政治舞台来实现自身的诉求，这就是所谓的“绿党”的开端。20世纪80年代开始，主要资本主义国家都逐步建立了绿党，绿色运动发展方向呈现着政党政治化的特征，即绿色运动从最初的在群众运动舞台上发展转变成在政党政治舞台上大放异彩。绿色运动的内容也由环境保护运动、生态运动扩展到女权主义运动、种族主义运动等，涉及政治、经济、文化、外交等多个方面，绿色运动在国际上的影响也越来越大。至此，绿色运动发展到了完善的阶段。

德国绿党的历史可以追溯到20世纪80年代初。当时，西德的环保主义者与和平主义者联手组建了一家名为“绿色”（Die Grünen）的政治组织，它反对环境污染、使用核能、过度工业化、北约战略扩张。2021年6月，德国绿党正式提名安娜莱娜·贝尔伯克为总理候选人，这是绿党首次竞选德国最高公职。气候变化与环境保护依旧是绿党的核心主张。贝尔伯克在竞选纲领中提出：2030年之前，应该将温室气体排放量减少70%，而现政府的减排目标为55%。她还主张，2030年德国将不再生产燃油汽车，并提前退出煤发电。

1.3.4 《里约环境与发展宣言》

国际范围内绿色运动的发展也如火如荼，众多的环境会议接连召开，世界人民联合起来共同为人类的可持续发展问题建言献策。1992年6月3日至14日，围绕“环境与发展”这一主题，超过180个国家参会的联合国环境与发展大会在巴西里约热内卢召开，会议通过了《里约环境与发展宣言》《21世纪议程》《关于森林问题的原则声明》，签署了以防止气候变暖为目的的联合国《气候变化框架公约》和以杜绝生物灭绝为目的的《生物多样化公约》。2012年6月20日至22日，以探讨绿色经济在可持续发展和消除贫困方面如何定位为主要内容的联合国可持续发展大会在巴西里约热内卢成功举办，该会议制定了可持续发展的体制框架。

在绿色运动的发展过程中，也涌现了许多具有代表性的思想。例如，罗尔斯顿（H. Rolston）的“以生态系统有客观内在价值为基础的自然价值论”、泰勒（P. Taylor）的“所有的生物都有平等的天赋价值”、伦理学家阿伦·奈斯（A. Naess）的“生态中心主义”的深层生态学思想，以及布伦特兰夫人（Brundtland）提出来的可持续发展理论、“利益相关者理论”（The Stakeholder Theory）、“企业社会责任理论”（Corporate Social Responsibility）等诸多绿色思想。这些思想丰富了绿色经济学的思想体系，为绿色经济学的发展奠定了基础。

第2章 绿色经济学原理

前文从哲学、理论、实践三个方面对绿色经济学的起源进行了介绍，接下来将对“什么是绿色经济学”进行阐述。本章将从绿色经济学的时代背景出发，分析绿色经济学究竟是从哪些方面对目前主流经济学理论进行了改善，因而更加适应时代发展的要求，通过逻辑分析来帮助我们更好地理解“绿色经济学原理”。

2.1 传统经济学分析

传统经济学存在很多的局限性，如传统经济学在做决策时将环境因素视为外生变量，这就导致了决策的外部不经济；人类对经济增长的绝对追求以及GDP衡量标准的狭隘性，破坏了社会和自然生态系统的可持续发展；以人类中心主义价值观为基础的“理性人”假设，割裂了人与自然的联系，只关注经济增长，忽视了维护自然的可持续性；经济全球化带来了垄断加剧、国际不公、环境危害扩散等负面影响，以上的种种问题并不能从传统的经济学理论体系和实践中找到解决方案，这就造成了当前主流经济学——新古典经济学的“危机”。

2.1.1 传统经济学的局限性

当前主流传统经济学整体框架及理论，是在工业革命时期建立、发展并不断完善的。主流经济学的主要目的是研究经济的增长，在当时生态环境问题尚不突出的背景下，忽视了经济的增长与人类社会、生态环境之间的关系。当前，社会经济发展的可持续性、环境保护、社会和谐等问题凸显，传统经济学在此背景下存在着很多局限性，主要体现在外部不经济、绝对经济增长、人类中心主义价值观与经济全球化四方面。

（1）局限性一：外部不经济。传统经济学的研究重点在于土地、劳动、技术、资本等要素，这些要素被认为是稀缺的，因而需要通过市场来调节这些要素的分配和利用，以实现利益最大化的目标。因此在这一理论体系里，自然没有一种被视为稀缺的要素，环境问题也因此被视为一种外生变量，在研究中被忽视，导致人们忽视生态环境效益，使得生态环境随着经济的发展而逐步被损害，也就是经济发展过程中的外部不经济。

在传统的观点中，经济、环境和社会相互作用，但并不相互依赖。在决策时，“经济”被视为关键方面被首先考虑，“社会”承担着选择“经济”的成本，而“环境”则在最后为这二者买了单。经济领域的参与者只考虑自身选择能否带来最大化的利润，至于会对环境造成什么影响，那就不是经济领域的事情了。例如核电站带来的污染，这种环境问题就被排除在经济学家考虑的范围之外，因为在传统经济学的世界观中，一项经济决策对环境造成的影响可以被推到“经济”圈之外，并在其他地方被解决。

一旦我们意识到没有所谓的“其他地方”，我们就必须以不同的方式考虑我们在经济活动中带来的负面影响。经济、社会、环境不再相互独立，经济是社会的一部分，而社会则位于环境之中。从这个角度看，社会和经济都依赖于环境。这就是绿色经济学所认为的世界：经济不仅是人类社会的一个子系统，而且其本身也是环境的一个子系统。任何子系统都不能扩展到它所属的整个系统的容量之外。

（2）局限性二：绝对经济增长。在传统经济学的世界里，经济增长是一切的终极目标，本书之所以用“绝对”二字形容这种经济增长，是因为这种经济增长是以过分消耗资源、片面追求经济增长为代价的。

增长并不一定就是好事。国内生产总值（GDP）是一种常用的衡量经济的标准，然而这个衡量标准却过于狭隘。国内生产总值指一个国家或地区所有常驻单位在一定时期内生产的全部最终产品和服务价值的总和。GDP 的增长依赖于价值增长，处理交通事故、清理环境污染也会带来价值增长，但是这种价值增长没有增加人们的福利，却造成了劳动的浪费和资源的消耗，并没有实质性意义。因此，正在增长的东西可能并不会增加人类的福祉，更不用说地球的福祉了。

事实上，并不存在“无限增长”这回事。传统经济学认为经济增长无限、片面追求无限的经济数量增长实际是假定了资源无限，而资源无限与事实并不相符，因为一定技术水平和时空条件下的资源是有限的。新古典经济学家认为，人们的需求影响着对商品的需求，人们消费越多的产品，就会需要越多的资源投入，由此产生的就业机会和收益就会越多，反过来对生产与消费又进行了新一轮的刺激，推动经济持续增长。在20世纪的绿色运动中，罗马俱乐部在发布的《增长的极限》中指出，大量消耗资源的不合理的发展方式，终会将人类逼上绝路，增长会达到极限。该报告的作者在2004年对报告的观点进行了更新补充：当今时代人口激增，随之产生的实物资本也在不断增加，由此暴露的问题也会越来越多，此时人们不得不将越来越多的资本转移到解决这些问题上去，以至于没有足够的资金用于实现工业生产的进一步增长。随着工业的衰退，社会再也无法维持其他经济部门（食品、服务和其他消费）越来越多的产出。当这些部门停止增长时，人口增长也会停止，人类就迎来了增长的极限。

绿色经济学家们并不赞同传统经济学中“人类社会应该每年生产更多产品与服务”的观点。他们认为，就是人类对经济增长的绝对追求才导致了当前环境危机的爆发。对经济增长的过度追求也影响着人性，财富的多少成为衡量人身份地位的标准，这迫使许多人不惜一切代价追求财富和金钱。此外，放眼历史，从近几百年来的社会发展中我们可以看到，随着全球经济的增长，通货膨胀、失业、贫富差距等问题并没有像我们预期的那样得到解决，反而日益严重，这些都对社会和自然生态系统的可持续发展产生了巨大的负面影响。

（3）局限性三：人类中心主义价值观。“理性人”假设是西方经济学中最基本的前提假设，该假设认为每一个从事经济活动的人都是利己的，以此为“基石”，西方经济学家们构筑了整个西方经济学理论的“高塔”。理性人假设有两个特征，一是“自私”，二是“完全理性”，体现为社会经济的参与者皆以自我为中心，追求效用的最大化，这是典型的人类中心主义的价值观。

伦敦大学Derek Wall（2005）博士曾引用了这样一个例子：有两个人各自

继承了 10000 英亩的林地，其中一个人不对林地进行任何改造，另一个人则对林地进行了开发，如砍伐木材、开采矿藏、建造购物中心和娱乐休闲场所等。按照传统经济学的观点，前者的行为造成了资源的闲置，因而是对资源的浪费，而后者的行为是对资源的充分利用，他通过经营资源为国民生产总值的增加贡献了力量，实现了名利双收，成为一个成功人士。根据“理性人”假设，前者是非理性的，而开发资源寻求自身利益最大化的后者才是理性的。正如前文所述，从传统经济学的角度来看，经济和环境是分开的领域，当环境资源被“开发”以生产可销售的商品时，它们才会重叠，也就是说，只有自然被利用的时候，它才有价值。传统经济学忽视了生态系统的效率与可持续性，过分追求人类经济系统的效率与增长，人为地割裂了自然环境与经济系统之间的联系。从绿色经济学的角度来看，这种对环境与经济的分离才是问题的核心。近代人类历史是一段人与自然越来越脱节的历史，然而我们应当明白，无论是从我们共同拥有这美丽星球的意义上看，还是从我们自身内在的本质上看，人类社会始终都是这个星球复杂生命网络的一个组成部分。正如美国学者泰勒所强调的，人类与其他生物都是地球生命社区的成员，人类的地位并不优于其他生物，而且人类与其他生物互相依赖，共同构建了一个相依相存的系统。

如果说传统经济学坚持人类中心主义的价值观，那么绿色经济学则是对生态中心主义价值观的继承。在绿色经济学家眼中，经济发展应当对人和自然两方的利益进行平衡，不能盲目地为追求其中一方的发展而忽视另一方。根据绿色经济学的原理，经济、社会、环境和谐发展是人类进行经济活动的目标，绿色经济学否定对人的利益最大化的片面追求。因此我们可以这样理解：传统经济学研究的是如何对稀缺资源进行配置来满足人类无限的需求；与之相对的，绿色经济学研究的则是如何在生态系统可承受范围内，既保护环境又提升人的幸福感。

（4）局限性四：经济全球化。格雷格是这样描述全球化的：“它是一部既无确定方向，又无法受到控制、兼具革命性和破坏性且力量无比的机器。”全球化是指以技术进步为基础，通过贸易、投资私有化等方式，使国家经济的发展更加适应世界经济发展的趋势。按照自由主义经济的观点，经济全球化能够通过多方传导机制的相互作用，为国家经济发展带来许多有利影响：由于竞争压力而导致的效率提高、通过比较优势而形成的优势互补、受益于经济规模而带来的规模效应、资金的自由流动、技术的转移等，在经济全球化的过程中多数国家可以从中获益。

全球化不同于国际化，国际化以“最好的合作”为目标，而全球化则是追求“最大化利润”。因此，以利益为目标的经济全球化必将带来许多负面影响。经济全球化使国际竞争加剧，为了生存，众多公司选择通过成本的降低来实现利润的增加。那么，如何降低成本呢？降低员工薪酬、工作条件和环境保护成为降低成本的常见选择。受制于外部环境和自身能力，大量的小公司在竞争中破产，最终形成了大公司垄断的局面。此后，大公司可谓是一家独大，垄断地位加上规模优势、信息优势，使得大公司大幅提高产品售价，以此来攫取高额的垄断利润。由此看来，经济全球化并没有像我们想象的那样通过促进竞争来推动经济发展，反倒抑制了自由竞争，造成了垄断现象，对经济发展造成了不利影响。虽然在一定程度上比较优势和规模经济可以带来生产成本的降低，但由于对规模的盲目追求，高额的管理成本也随之而来，同时这给人性的发展也带来了一定的负面影响，导致不经济现象屡见不鲜，跨国公司和国际资本成为经济全球化过程中的最大受益者。经济全球化中的技术转移，往往是把一种带来危害和社会不公的技术从一个国家转移到另一个国家，而发达国家的先进技术在 WTO 的专利保护政策下很难为发展中国家所获取。经济全球化中的国际贸易和投资几乎从来就没有平等过，国际贸易的70%掌控在500家跨国公司手中，仅占1%的跨国公司控制了一半的外国直接投资。富人、强势群体通过经济全球化，牺牲了穷人和弱势群体的利益去换取自身利益。经济全球化也严重影响着全球生态环境：一方面，跨国公司借口帮助发展中国家“发展”，把有害工厂从发达国家迁移到发展中国家；另一方面，发展中国家纵使知道承接这种有害工厂会导致环境恶化、资源消耗，但为了实现本国经济的增长，仍旧选择了为赚取微薄的加工费而牺牲生态资源和劳动力资源。发展中国家在这种经济全球化中受到了来自贫穷与环境破坏的双重打击。

绿色经济学认为，贫富差距的进一步扩大是全球化最直接的后果，相对于传统经济学推崇的经济全球化，绿色经济学更倾向于经济地方化。经济地方化能够改善人权、缩小阶级差距，因而更加利于平等民主的发展。

2.1.2 新古典经济学“危机”

“绿色经济”一词的首次提出是在1989年，英国经济学家皮尔斯在其出版的《绿色经济蓝皮书》中首次对“绿色经济”进行了定义。绿色经济学是研究绿色经济的现象及发展规律的科学；作为一门新兴的科学，绿色经济学也是“站在巨人肩膀上看世界”。主流经济学是绿色经济学产生和发展的根源。

目前的主流经济学学派——新古典经济学范式正在面临着“反常与危机”：随着世界经济的发展，一系列的社会问题相继涌现，如失业率上升、通货膨胀、竞争加剧、市场失衡、贫富差距不断扩大、社会不公、环境危机、非民主政治制度、强势的利益集团和垄断集团、西方发达国家主导的全球货币金融体系、自由贸易名义下的掠夺等。在新古典经济学的指导下，本应越发展越积极的世界经济却出现了如此之多的问题，着实“反常”。由于这些“反常现象”而导致的精神压力、紧张、绝望、道德沦丧、犯罪、吸毒、失学、战争和频繁发生的自然灾害和气候异常等“危机”，阻碍着经济的进一步发展。

解决这些问题，需要在理论的指导下寻根究底，找到问题产生的本源，探究出解决问题的最佳方法。当我们在现有理论体系中寻求解决方法时，不难发现，主流理论体系存在着内在的缺陷和弊端，正是这些局限性导致了现有矛盾的产生，因而我们并不能从主流理论体系中寻找到认识和解决传统发展模式矛盾问题的方法。

2.2 绿色经济学内涵

绿色经济学有着丰富的内涵，是一门探讨如何对财富进行可持续性创造和公平分配的学科，被创造和分配的财富包括精神财富和物质财富，创造和分配的方法需要从科学角度、伦理角度、生态角度进行综合考量，创造和分配的目的是维护人类与地球的共同利益。绿色经济是一种以实现经济、环境、社会三个层面的协调发展为目标，以保护和完善生态环境为前提，以绿色投入及绿色创新为动力，通过资源循环高效利用等方式推动经济系统的绿色化，实现经济可持续发展、资源节约、环境改善、人类幸福的新型经济形态。

2.2.1 绿色的内涵和外延

在定义“绿色经济”之前，我们首先要明白何为“绿色”。绿色经济中的

“绿色”二字，并不是色谱学、光谱学上的绿色，而是强调了一种生态学上的绿色概念。“绿色”指的是与自然和谐相处、共同发展。

提起“绿色”，我们能够联想到和谐、生机、健康、安全等意象。国际上通常从生命、节能、环保三个角度对“绿色”进行阐释，绿色已然成为现代人类文明的重要标志之一。万后芬教授认为，“绿色”就是生命的颜色，代表着健康与活力，进一步来说，可以认为绿色是我们赖以生存的环境的颜色。绿色还代表着精神的宁静、事业的发展、环境的和谐。顾国维指出，绿色是自然的本色，因此在环境污染日益严重的今天，绿色已经成为无污染、环保的代名词。由此看来，“绿色”不仅是绿色植物、一种颜色，或者对自然的向往和追求，而且具有更为广泛的生态意义、政治意义、经济意义、社会意义、文化意义。从生态角度来看，“绿色”指的是对自然环境的保护；从政治角度来看，“绿色”指的是建立一种可持续发展的政治制度；从经济意义上来说，“绿色”泛指一种低碳、清洁的经济发展方式；从历史角度来说，“绿色”是人类文明发展的有效支撑；从文化意义来看，“绿色”强调生态伦理、人与自然相和谐。“绿色”强调以一种规范、科学、可行的方式实现人与自然的和谐发展，实现人类文明的不断延续。

“绿色”还衍生出许多相关名词，如绿色金融、绿色贸易、绿色 GDP、绿色会计、绿色投资等。

（1）绿色金融就是以绿色金融业务为载体，在投资、融资等行为中融入对环境因素的考量，注重资源节约和环境保护，引导社会资源的配置，实现经济与自然生态和谐发展。

（2）绿色贸易是指贸易中为了防止贸易活动破坏人们的生存环境以及身体健康，从而采取的可持续发展的贸易形式。

（3）绿色 GDP 等于传统 GDP 减去因环境污染导致的损耗价值、生态资源消耗的价值。绿色 GDP 是一种剩余的国内生产总值，以国民收入核算体系为基础，将生态环境因素纳入考量范围。

（4）绿色会计与传统会计相比，同样以货币为主要计量单位，遵守相关法律法规的规定，不同的是绿色会计是对环境污染、环境防治、环境开发的成本费用、环境的维护和开发形成的效益进行计量、记录、报告，用于综合评估环境绩效及环境活动对企业财务成果产生的影响。

（5）绿色投资是一种新型投资模式。绿色投资承载着可持续发展理念，以绿色经济学理论为指导，为了实现人类经济和自然生态环境协同发展的目的，力求在实现人类经济繁荣、提高人类幸福感的同时，保护自然生态环境，承担社会责任。

2.2.2 绿色经济的内涵和外延

绿色经济学在国际维基大百科全书中被定义为一门探讨如何对财富进行可持续性创造和公平分配的学科，被创造和分配的财富包括精神财富和物质财富，创造和分配的方法需要从科学角度、伦理角度、生态角度进行综合考量，创造和分配的目的是维护人类与地球的共同利益。

直到目前，国内外各经济组织及学者们对绿色经济的定义并未统一，其定义可多达几十种，关于绿色经济的讨论也延续至今。

英国经济学家皮尔斯是世界上首个提出“绿色经济”这一概念的学者，在他的著作《绿色经济蓝皮书》中，皮尔斯将“绿色经济”解释为一种能够推动经济发展与环境承受能力相平衡的新兴经济。1992 年，随着《增长的极限》报告的发布，可持续发展理论进入了大众的视野，该报告讨论了有限资源和无限人类欲望之间的矛盾，分析了生产的增长受限的必然性。21 世纪是绿色经济研究的新纪元。2001 年布朗教授在《生态经济——有利于地球的经济构想》一书中提出“经济系统是生态系统的子系统”这一观点，为绿色经济的研究提出了一个全新的视角。2008 年金融危机使世界经济发生了一个重大转折，也为绿色经济的发展带来了变化，遭受金融危机的重创之后，世界各国吸取教训，重新思考未来经济的发展走向，绿色经济成为关注的焦点。2008 年，联合国环境规划署（UNEP）在《绿色经济发展》报告中指出，绿色经济应当符合低碳的要求，能够提高资源的利用效率，同时推动社会包容。在此报告中，UNEP 对绿色经济进行了定义，认为绿色经济应当至少包含保护环境和推动社会公平、提高人类幸福感这两个方面；同年 10 月，UNEP 发起了倡导发展绿色投资的全球“绿色倡议”，该倡议鼓励人们在消除贫困现象、实现世界经济的可持续性、推动世界产业革命等方面重视绿色投资的作用。世界资源协会认为，绿色经济是一种具有可持续性的经济发展形势，经济、环境与社会福利三个方面是绿色经济的研究重点。从自然资源可持续增长的角度出发，OECD 认为，绿色经济强调在经济发展的同时保持自然资源的可持续增长能力，只有自然资源能够可持续增长，人类的发展才能获得资源支持与服务保障。我国季铸教授认为，绿色经济的目标是效率、和谐、持续，在这一目标的指导下，绿色经济通过发展生态农业、循环工业和持续服务产业等来实现经济结构的调整、增长方式的转变和社会形态的进步。

综上所述，梳理分析上述国际权威组织及学者们对于绿色经济的讨论和定义，我们可以从结构和功能两方面对绿色经济的内涵去进行把握和理解。首先，从结构的角度来看，在横向上，绿色经济应包括第一、第二、第三产业等国民经济的所有部门；在纵向上，它应包括产品的设计、生产、流通、消费等社会经济活动的各个环节。其次，从功能的角度来看，我们需要分析绿色经济的目的和意义何在。绿色经济致力于对人类内部、人与社会和人与自然之间的关系进行科学研究与定义，对这些关系的研究能够促进人们进行反思，提高自然资源的利用效率，进而改善生态环境、提高生活质量，最终推动整个人类文明的进步与延续。

本书将绿色经济的内涵界定为：绿色经济是一种以实现经济、环境、社会三个层面的协调发展为目标，以保护和完善生态环境为前提，以绿色投入及绿色创新为动力，通过资源循环高效利用、环境综合治理等方式推动经济系统的绿色化，实现经济可持续发展、资源节约、环境改善、人类幸福的新型经济形态。

2.3　绿色经济的特征及指导原则

要想全面深入认识和了解绿色经济，我们就必须把握好绿色经济的特征及指导原则。绿色经济相比传统经济有其独特的特性，这也是绿色经济可以解决传统经济种种弊端的原因所在。绿色经济遵循生态（ecology）、平等（equity）、民主（democracy）的指导原则，这些原则促进经济、社会的和谐、绿色、可持续发展。

2.3.1　绿色经济的特征

根据上述对绿色经济内涵的描述，我们不难发现绿色经济包含着以下几个基本特征：

首先，经济发展的生态化是绿色经济的不懈追求。

绿色经济包含“绿色”和“经济”两层内容，“绿色”意味着对生态环境的重视，而“经济”则是对发展的需求，这体现出人与自然和谐发展的诉求。绿色经济认为经济活动的发展程度必须与环境的可承受程度相匹配，这就体现出绿色经济并不只是单纯地追求保护环境，而是强调如何去更好地利用自然资源、保护自然资源，同时实现经济的健康发展。健康的经济发展应当建立在生态化的基础上，为了实现经济发展生态化，必须对货币资本、人力资本、自然资本同等重视，“绿色化”技术体系应当成为科学技术发展的基础，使科技发展的同时满足保护生态环境的需要。

其次，高层次的社会进步是绿色经济发展的目标。

正如前文在绿色经济的内涵中提到的，绿色经济以实现经济、环境、社会三个层面的协调发展为目标，即绿色经济在追求经济发展的同时也十分重视人类社会的发展和生态环境的改善，绿色经济追求的是一个更高层次的社会进步。传统经济模式牺牲生态环境来换取经济的增长，这就导致必然会出现环境污染、资源消耗等问题，最终导致经济发展与自然资源利用的不可持续性。而绿色经济强调在经济发展的同时追求环境保护和人类幸福，即把实现经济、环境、社会三个层面的协调发展作为目标。

再次，绿色经济重视对资源的节约和环境的保护。

保护和完善生态环境是绿色经济的前提，经济能否持续发展的关键在于资源与生态环境的可持续性。传统经济学把环境作为一种外生变量排除在考虑范围之外，忽视了自然资源的稀缺性，而绿色经济学将生态系统纳入经济发展的研究范围，充分认可与重视自然资源的稀缺性，即明确了“资源有限”这一前提，这也为如何解决自然资源与人类发展之间的矛盾提供了道路。

最后，绿色经济将绿色投资、绿色创新作为发展动力。

绿色投资指的是对环境保护、污染治理、人才教育等方面的投资。绿色创新的内容包括技术、制度、观念等方面，即做到这些方面的“绿色化”和“创新化”。绿色经济通过加大绿色投资，推动绿色创新，达到对人与自然问题“标本兼治”的效果，从根本上建设绿色发展的社会。

同时，绿色经济学还包含以下三种假设。

假设一：生物生态区是一种自然资本，这种自然资本能够为人类的发展提供服务。这一假设否定了传统经济学中认为生物生态区只是消极被动的自然资源的假设。

假设二：创造性企业或个人资本依赖着创新与智慧，因而十分难以预测，同时这种活动也相当节约能源。这个假设从本质上区别了创造性企业或个人资本与人力资本或人力资源。

假设三：局部地区的度量方法由于充分考虑了地区的独特性，因而比全球普适性方法更加利于推动地区的发展，此外，度量的尺度应当充分考虑管理领域的规模。

2.3.2 绿色经济的指导原则

生态（ecology）、平等（equity）、民主（democracy）是绿色经济学的指导性原则。

生态原则要求体现了绿色经济对生态环境的重视，它要求经济发展应遵循自然生态系统的客观规律，自然的承受能力应是发展的界限；平等原则是指经济政策追求的最高目标应当是平等与社会公正；民主原则要求对经济进行民主管理，生产应当是为了满足人们的需求而非为了获利。

（1）绿色经济学的研究对象。绿色资源的配置和利用是绿色经济学的研究对象。正如前文所述，传统经济学将土地、劳动力、资金等视为稀缺资源对其加以研究，而将自然生态排除在外；绿色经济学则把自然生态视为一种稀缺资源纳入研究范围，换句话说，我们是把“绿色资源”视为稀缺资源纳入了研究范围。

绿色资源是指环境友好、绿色健康、利用率高且消耗少的资源，其是一个动态的概念，如果人类可以在开发利用某资源时做到健康环保，那么这种资源就可以被视为绿色资源。从形态上分，绿色资源可以分为绿色有形资源（如粮食、植物）和绿色无形资源（如大气、绿色技术）；从统计学上分类，绿色资源可以分为绿色有价资源和绿色无价资源等。

研究绿色资源的配置，主要围绕三个问题：首先是绿色资源的稀缺情况以及人民不同生活需求对绿色资源的需求量是多少；其次是如何改变绿色资源稀缺的现状；最后是绿色资源如何进行分配。

研究绿色资源的利用，主要围绕三个问题：首先是我们为何会忽视绿色资源的稀缺性；其次是政府如何推动绿色经济发展；最后是如何利用宏观政策和措施推动绿色经济的增长。

绿色经济学需要从微观和宏观两个方面对绿色资源的配置和利用进行研究，既要关注单个经济主体的行为，又要研究整个社会经济的绿色发展。微观层面绿色经济的发展需要所有经济主体的共同努力，宏观层面绿色经济的发展需要政府政策的指引。

（2）绿色经济学的一些观点介绍

A. 整体主义：绿色经济学把生态、经济和社会（人）看作一个有机整体，从整体角度分析问题。

绿色经济学采用的是一种整体主义的方法论。正如我们前面所说的，传统经济学认为环境影响是一种“外部性”，对环境因素选择了忽视，这就割裂了经济发展与生态环境的关系，以一种较为片面的眼光来分析问题。传统经济学对无法定价的事物往往采取边缘化或者忽视的方法，喜欢通过准确的计量来描述事物、解决问题。例如，为了精确地计算，我们必须把世界万物分门别类，比如兼职或全职工人、男性或女性等。这就挑战了整体主义的原则，而整体主义是经济和社会绿色方针的核心。

绿色经济学从整体的角度看待问题，把生态、经济和社会（人）看作一个有机整体，三者相互依存、相互作用，是不可分割的。社会作为“总体”包含了人自身的发展这个“部分”，人与人、人与自然之间的关系是构成整体关系的不同部分，虽然不同部分之间存在着矛盾与冲突，但是在整体上各部分仍旧是趋向于和谐统一的。

B. 对增长的看法：绿色经济学拒绝片面的经济增长，追求一种平衡增长的经济。

传统经济学对增长的片面追求导致了诸多问题，我们要明确一点：绿色经济学并不是拒绝增长，而是拒绝对经济增长的片面追求。绿色经济学家支持世界上较贫穷的国家通过适当的经济活动来合理提高其生活水平，即使在西方发达经济体中，我们也可以追求合理的经济增长，只有那些利润丰厚、大量消耗自然资源的经济活动才需要被削减。

那么，绿色经济到底追求怎样的经济增长呢？答案是“平衡的增长”。我们追求一个平衡增长的经济，或者称为“稳态经济”。这是发起生态经济学运动的乔治斯库·罗根的学生赫尔曼·戴利的呼吁。戴利使用“不经济增长”这个词来描述传统经济学的经济增长，认为它增加了追求人类福祉的成本而非收益。

C.“生态人”假设：绿色经济学提出“生态人”假设，对人与自然的关系进行了强调。

与传统经济学的“理性人”假设相对应，绿色经济学提出了“生态人”假设。“生态人”指的是关注生态发展，尊重自然环境，追求人与自然和谐共处、经济与社会可持续发展的个人或群体。准确来说，绿色经济学提出的是以“生态人”假设为基础的三重假设（生态人、经济人、社会人），即绿色经济中认为的人是“生态人”“经济人”和“社会人”的统一。

D. 经济地方化：绿色经济学追求经济地方化，要求地方经济多样化发展，建立更为人性化的经济关系。

在“传统经济学的危机”这一部分中，我们提到了经济全球化的种种负面后果，为解决这些负面后果，绿色经济学提出了“经济地方化”。一个国家、国家中的部分区域（共同体）都可以被看作地方化中的“地方”。地方化并不是对信息、技术流动的绝对限制，也不是要求回归强权政治、对经济进行的过分控制，而是地方政府规定政策和经济框架，允许所有的人、社区共同体和公司企业发展多样化的地方经济。

绿色经济并不是要切断不同地区之间的联系，而是呼吁建立一种更为人性化的经济关系。人性化的关系是很难在全球范围内进行维持的，例如发达国家与发展中国家的贸易往往具有剥削性质，因为发展中国家的工资水平低于发达国家，因而发达国家以低于本国工资水平的薪酬雇用发展中国家的工人，这是相当不人性化的。但是经济地方化就能够很好地解决这个问题，一个地方的工资水平往往能够被绝大多数参与者所知，因此地方化可以促进本地工人以一种体面的薪水服务于当地企业和公司，进而推动当地企业和公司更好地服务本地消费者。

地方化可以带来许多好处。例如，政治权力的下放、民主进程的加快都可以在地方化中得到进一步发展，地方化还可以增进社区（共同体）凝聚力、增加就业、提高生活水平、保护环境、减少贫困和不平等现象等。

那么，该如何进行经济地方化呢？本书给出了几种代表性方法。

（1）国民经济保护（protective safeguards for domestic economies）。国民经济保护指的是保护本地经济和消费活动，增加其种类和形式，控制进口，同时保持出口价格的稳定，贯彻公平贸易原则。代表性措施包括关税、进口配额、补贴等。

（2）地方生产与地方消费（site - here - to - sell - here）。地方生产与地方消费要求：为了防止垄断和不公平竞争，我们应当对大企业的发展适当限制，拆分跨国公司，同时为帮助社会弱势群体应对竞争减少带来的价格上涨，我们还应提高对弱势群体的补贴。代表性措施包括政策扶持中小规模企业发展、发挥工会和非政府组织的作用、鼓励消费者消费本地产品等。

（3）地方化资金（localizing capital）。地方化资金是指将更多的资金投入当地经济的发展，对资金的自由流动加以控制，从而实现对投机行为的抑制，维护社会稳定和金融安全。代表性措施包括：征收交易税、外汇的不可自由或限制兑换、鼓励长期投资、改革国际贸易体系，保持贸易平衡、长期投资、发行地方货币。

除以上三种方法外，其他方法还包括地方化的税收（taxes for localization）、地方化的竞争政策（a localist competition policy）、民主的地方主义（democratic localism）以及为了地方化的贸易与援助（trade and aid for localization）等，在此不予以一一介绍。

第3章 绿色经济发展

在本篇的前两章，我们讲述了绿色经济的“前世今生”——绿色经济的起源及其原理；在本章，我们将对绿色经济的未来进行探讨，即对绿色经济的发展进行介绍。绿色经济学思想理论源远流长，在历史发展过程中不断丰富和完善，并在绿色实践和绿色运动中不断得到应用。在理论和实践探究和发展过程中，绿色经济的内涵和外延不断得到延伸，并逐渐指引着传统经济发展向绿色化转型，绿色经济发展相比传统经济发展模式的合理性和科学性越来越明显，绿色经济发展已逐渐成为当今世界经济社会发展的主流经济发展模式。绿色经济发展包含绿色经济发展的责任、影响因素、发展方向等具体内容。

3.1 绿色经济发展的内容

绿色经济学派认为，经济发展应该是提高人们生活质量、提高人们的尊严，绝不能仅仅为了追求经济增长，而忽视环境恶化所造成的恶劣后果。人类社会以往的经济发展是以增长经济、积累财富为目的。然而，绿色经济则强调，任何的经济发展都应该以人民的幸福感增长为基础，任何经济发展的根本目标都应该是提高人类精神上的满足感。从现实生活中，我们也不难理解，比如中国改革开放之前，人们着力于解决温饱问题，现在人们的物质丰富，国家相对之前富裕了许多，人们口袋里的钱也多了，可以在全国、全球各地旅游，幸福感不断得以提升。经济的发展，使得人民变得更加富足，同时也确实使人民的生活质量、人民的幸福感得到极大的提升。可是近年来，现实生活发生了改变，同样以中国举例，中国的 GDP 每年依然以较高的速度增长，可人民的幸福感并没有随同保持增长，甚至有些跌落，自然环境的恶化、雾霾的肆虐、酸雨和沙尘暴的频繁发生，使人们生活质量下降、幸福感降低。因此，追求一种健康、稳定、能够提高人民生活幸福感的经济发展方式迫在眉睫，发展绿色经济应运而生。

3.1.1 绿色经济发展的内涵

“绿色经济发展”由“绿色经济”和“发展”两部分组成，前文中我们已经介绍了什么是“绿色经济”，那么为了界定“绿色经济发展”，我们首先需要明白什么是“发展”。

什么是“发展”？我们可以从两个角度对发展进行诠释：一个是哲学角度，另一个是社会角度。从哲学角度来看，“发展”是指事物由小到大、由低级到高级、由简单到复杂、由无序到有序地前进的运动变化；从社会角度来看，“发展”有两重含义，一是指社会的经济增长以及由此而引起的社会变化，二是指现代化。纵观人类发展史，自人类从动物界分化出来，其活动便无时无刻不在影响着周围的环境。随着人类文明的进步，人类利用和改造自然的进程也在不断加快，在经济发展的同时，日益严重的环境问题也在时刻提醒着人类：我们需要重新思考“发展的目的是什么”这个问题。结合前述发展的定义，我们不难发现，发展的目的是让人们的生活越来越美好，那么在这种情况下，发展绿色经济显然是最合理的一种选择。

综上所述，我们将“绿色经济发展”定义为：“绿色经济发展”是指以遵循自然发展规律为前提，以保护生态环境、循环利用资源、科学治理环境为基础，维护代内和代际公平，实现人类和自然可持续发展的现代化的新型发展模式。“绿色经济发展”坚持了“绿色经济”实现经济、社会、环境协调发展的目标，努力追求“生产、生活、生态”三者共生共赢的美好生活，以期实现永续发展。

3.1.2 绿色经济发展的特性

绿色经济发展以实现经济社会的可持续发展为目标，通过发展模式、发展体制和制度、科学技术、理念思想等方面的创新，实现经济和社会的科学发展，包含丰富的内容。绿色经济是经济发展的最佳模式，环境友好、资源节约是绿色经济发展的核心特性。资源节约要求不断提高资源的利用效率和效果，通过循环高效等模式和节能环保技术的应用，达到最小的资源消耗、最少的环境损害和最大的综合收益。环境友好则强调人与自然的协调发展，减少环境污染，追求可持续发展。

（1）“绿色经济发展”包含的内容是十分丰富的。首先，绿色经济发展提倡社会制度的创新，通过创新对具有资源节约、环境友好等特点的绿色科技进行开发和应用，努力推动从规划设计到工业生产以及社会管理的最优化，推动绿色生产与绿色消费的良性互动，促进城乡、区域协调发展。

其次，绿色经济发展可以通过数字化、智能化技术，实时监控、调节生活和消费过程，充分发挥互联网技术、数字科技的优势，为经济的持续增长、人文发展水平和社会生活质量的稳步提高打好基础，从而实现经济进步、社会公平、人类与自然互利共生的持续发展。

此外，绿色经济发展对绿色思想建设也提出了要求，推动绿色观念的发展，加大对人才教育的投入，从思想根源上发展绿色经济。

（2）绿色经济是经济发展的最佳模式。绿色发展是人们由传统经济发展向绿色经济发展转变的一种方式，绿色经济的发展是人们由传统经济发展模式向绿色经济发展转变的途径。发展绿色经济的具体内容在于解决人们在传统经济发展中碰到的问题，即人们在传统经济发展中受到的环境因素的制约和自然资源的制约。

第一个问题是解决发展经济中污染环境的问题。传统经济发展模式在经历了一段较长时间的发展后，进入了一个发展瓶颈期，其困扰并不主要体现实现其经济目标，其困扰在于在达到经济目标的同时造成了相当程度的环境污染问题，尤其是当我们事后试图去修复这些由于经济发展所造成的问题的时候，付出的代价和所获得的经济成果甚至不完全匹配，而且造成的环境污染、生态的恶化也严重影响了当地人民的利益，损害自然环境的同时也损害了人民的幸福感。那么，发展绿色经济就是着力于解决这一问题的具体发展模式，我们可以通过不同的方式手段，对各方面的资源进行调配，力争在发展经济的同时，保护生态环境，保护自然资源，捍卫人们的生活幸福。解决这第一个问题的办法就是构建生态利用模式，也就是说，生态利用模式从发展绿色经济角度可以被理解为直接采用生态资源或者较为简单地开发自然资源，在达到经济效益的同时减少污染，减少对生态环境的破坏。

另外一个需要解决的问题是解决传统经济发展中对自然资源的消耗，尤其是对一些不可再生资源或者说是短时间内不可再生资源的消耗，比如石油、煤炭、天然气等化石能源和钾、钠、金银等矿物质资源。解决这个问题的方法就是构建循环高效模式和低碳清洁模式。建立循环高效型产业，是在实际中解决传统经济发展对自然资源的消耗，低碳发展模式要求减少对化石能源（如天然气、煤炭、石油）的依赖，减少温室气体的排放。

3.2 绿色经济发展责任

绿色经济发展责任包括经济责任和社会责任，但又与传统的经济责任和社会责任存在区别。绿色经济发展也涉及十分广泛的责任主体，需要国家、企业、非政府组织、家庭及个体等主体的共同作用和努力。不同的责任主体共同承担着经济绿色发展的责任，共同推动着经济和社会的绿色可持续发展。

3.2.1 绿色经济发展责任的类型

绿色经济发展责任包括经济责任和社会责任：同时实现经济效益与生态效益是绿色经济发展的经济责任；对社会和自然承担双重责任是绿色经济发展的社会责任。

绿色经济发展责任既不是单纯追求经济效益的责任，也不是纯粹追求保护环境的责任。绿色经济发展的经济责任追求的是同时实现经济效益与生态效益，即在促进经济发展、实现经济效益的同时，履行节约生态资源、避免污染物排放、保证自然环境的洁净等生态保护的责任。绿色经济发展责任中的环境责任，是一种经济活动中的环境责任，它涉及设计、生产、运输、消费等各个具体环节，要求在经济发展的视域内考虑环境责任问题。

广义上，绿色经济发展责任也是一种社会责任，但其内涵与传统的社会责任又有不同。传统意义上的社会责任是指责任主体对社会承担的责任，人类社会自身的利益是其追求的目标，而自然利益则往往遭到忽视。绿色经济发展责任作为一种社会责任，包含了对社会和自然环境的双重责任。绿色经济发展责任比传统意义上的社会责任多了一份对自然环境的道德责任感，而这份道德责任感一方面体现在法律中，另一方面则更强调行为主体自觉的道德责任感。法律具有强制性，即责任主体在法律要求下被动履行责任，属于他律行为。而行为主体对绿色经济发展责任的自觉履行属于自律行为，由于目前还未建立起完善的绿色经济发展的法律制度，因而责任主体的自觉性就显得尤为重要，提高责任主体的责任意识是绿色经济发展过程中的重要一环。

3.2.2 绿色经济发展的责任主体

绿色经济发展的责任主体十分广泛，国家、企业、非政府组织、家庭及个体都是绿色经济发展的责任主体，都对绿色经济发展负有责任。当然，不同主体的绿色经济发展责任是不同的，它们各自体现出不同的道德意义和道德规范。

（1）国家的绿色责任。国家是绿色经济发展的首要责任主体。国家的绿色经济发展责任要以为国民提供良好的生活、提高国民幸福感为目标。干净的水源、纯净的空气是提高国民幸福感最基本的物质条件。同时还要在发展过程中坚持公平原则，确保所有公民都能平等地享受发展成果，防止因贫富差距过大而产生“经济弱势群体”、“经济弱势群体”又由于缺乏资本改善自身所处环境进而转变为“环境弱势群体”。为实现上述目标，国家应当调整经济发展结构，转变经济发展模式，协调好经济发展、社会进步和环境保护之间的关系，大力发展绿色经济。

（2）企业的绿色责任。企业是经济的基本“细胞”，发展绿色经济，企业责无旁贷。坚持可持续发展这一指导原则是企业绿色经济发展责任的要求，在追求经济效益的同时重视对自然的尊重和环境的保护。需要注意的是，企业的责任是道德与功利的结合，绿色经济发展既强调企业在经济发展中保护环境，也支持企业追求利润的本质。企业的绿色经济发展责任是企业摒弃“经济人”自私自利的行为，全面履行其社会责任和维护全人类共同利益的价值体现。

（3）非政府组织的绿色责任。20世纪70年代以来，伴随着环境问题的日益加剧，大量非政府组织如雨后春笋般涌现，在全球环境保护事业中发挥了重要作用。非政府组织的绿色经济发展责任是监督政府、企业履行其绿色经济发展责任以及动员社会力量。由于非政府组织是介于政府和民众之间的中间组织，所以，一方面民众可以通过非政府组织对政府和企业进行监督，确保绿色经济发展责任的切实履行，并使绿色经济发展责任落实能够体现人民根本利益；另一方面，当政府干预存在自身缺陷，导致对企业监管不力时，政府可以依靠非政府组织约束企业行为，加大对企业监督的力度。

（4）个体的绿色责任。绿色经济的发展需要公众的积极参与，社会中的每一员都承担着绿色经济发展的责任。个体的绿色责任要求人们从小事做起，使“绿色”渗透到生活的方方面面，做到爱护生态、保护环境。生活方式的“绿化”体现在生活中的方方面面，从节约水电到绿色消费，从植树造林到绿色出行，都是履行个体绿色责任的表现。人们生存的基础在于物质生活的满足，但是我们不能只顾自己的物质需求，而置自然于不顾。绿色经济发展要求个体将自己的物质需求合理化，有意识地节约资源、保护环境。

3.3 绿色经济发展的影响因素

“经济、社会、环境协调发展”是绿色经济的目标，那么绿色经济发展的影响因素也可以分为经济因素、社会因素和环境因素，考虑到经济社会发展的可持续性也是影响绿色经济发展的重要方面，因此我们将从经济、社会、环境、可持续性四个方面，对绿色经济发展的影响因素进行分析。

3.3.1 绿色经济发展的经济因素

宏观经济状况是绿色经济发展的物质基础。

影响绿色经济发展的经济因素指的是一个国家或地区的宏观经济状况。一个国家或地区发展绿色经济的物质基础依赖于其宏观经济状况，宏观经济状况越好，绿色经济发展越有坚实的发展根基。宏观经济状况包括经济发展状况、产业结构、经济效益和收入水平等，通过对这些方面的了解和分析，我们可以衡量一个国家或地区是否具有发展绿色经济的现实基础和需求，缺乏适当经济基础的绿色经济发展只能是空想，是很难实现的。

3.3.2 绿色经济发展的社会因素

社会因素影响着绿色经济的发展水平和发展方式，促进社会发展也是绿色经济的目标之一。

绿色经济追求的是高层次的社会进步，因而对社会因素的考虑是必不可少的，社会因素对绿色经济发展水平有着重大影响。影响绿色经济发展的社会因素包括一个国家或地区的社会事业建设情况、社会福利保障情况以及地缘文化情况。高水平的社会事业建设与完善的社会福利保障体系，对教育质量的提高、医疗水平的改进起着促进作用，从而可以提高人力资源的质量，增强绿色经济意识，从而推动绿色经济的发展。地缘文化情况也是社会因素的一个重要内容。不同地区有着不同的文化底蕴，体现出地域的特色文化。地域特色文化是一个地区的特色血脉，对当地的绿色经济发展的思维模式和思想观念有着重要影响，地缘文化不仅包括价值观念、意识形态、民俗习惯等内容，还包括绿色思维的价值导向、思想观念等。此外，经济属性也和地缘文化息息相关，地缘文化决定了一个地区的经济发展方式并约束着经济制度。对社会因素的考虑是绿色经济与传统经济的重要区别，传统经济片面追求经济的高速增长，导致难以兼顾人民福祉的提升，因而这种经济发展方式缺乏可持续性，绿色经济强调社会公平，注重提高人民生活幸福感，因而能够实现可持续发展。

3.3.3 绿色经济发展的环境因素

环境因素是绿色经济发展的前提因素。

绿色经济重视对资源的节约和环境的保护，良好的环境是人类生存发展的最基本保证，因而环境因素是影响绿色经济发展的前提因素。绿色经济发展的环境因素包括一个国家或地区的资源禀赋情况、环境管理水平以及环境承载能力等内容。一个地区的资源包括自然资源和要素资源，自然资源包括矿藏、水、森林等资源，要素资源则是指财富、技术、人力、信息等资源。自然资源为人们社会活动和经济活动提供物质基础，要素资源则为这些活动提供动力。随着经济的发展和技术的进步，自然资源对一个地区经济发展的影响程度逐渐减弱，造成地区间绿色经济发展差异的，不再是自然资源的优劣，而是要素资源的丰富程度。对自然资源开发和利用的方式，影响着生态系统的承载能力，如果资源开发利用不合理，就会严重破坏当地的生态系统，因此，有效的环境管理措施至关重要。一个国家或地区的生存基础的状况可以通过环境因素的状况体现出来，一个国家或地区的资源禀赋越多，环境管理水平越高，环境承载能力越强，那么该国或地区的生存基础条件就越好，其绿色经济发展水平就会越高。

3.3.4 绿色经济发展的可持续因素

可持续性因素影响着绿色经济发展的未来。

一个国家或地区的绿色经济发展是否具有潜力或前景决定了该国家或地区的绿色经济是否具有持续性，而明确发展是否具有持续性则决定了绿色经济发展的未来是否具有优势。绿色经济发展的可持续性因素主要是指一国或地区在节能环保、污染治理、教育、科技创新等方面的投入情况。一国或地区在上述方面的投入越高，则绿色经济发展越有后劲，其发展也就越具有持续性，从而推动绿色经济在该国或地区的进一步发展。

3.4 绿色经济发展的包容性

绿色经济的发展需要一个完整的系统，包容性是绿色经济发展系统的特点之一。绿色经济发展的包容性是指绿色经济从本质上来说是一种是以人为本的可持续发展模式，追求通过节约资源、保护环境，实现经济、社会、环境和谐发展，其实质包含科学发展观、低碳经济、可持续发展、生态文明等内容。

3.4.1 绿色经济与科学发展

一种核心的发展观能够指引人类文明的发展方向，不同发展观之间的对比能够衡量文明的进步与否。科学发展观是当今时代的核心发展观，也就意味着科学发展观影响着绿色经济的发展。科学发展是一种新型发展模式，指的是平衡发展与环境之间的关系，在综合考量生态环境容量和资源承载力的前提条件下，努力实现环境保护。科学发展观和绿色经济一样，将自然生态（绿色资源）视为一种内生变量，在决策中对其进行充分考虑，努力追求一种“绿色化”“生态化”的经济。绿色经济的发展坚持以人为本，以改善民生为目的，通过综合调整发展的形式、速度、质量，将经济、社会、环境相结合，以此来实现科学发展。换言之，绿色经济的发展是科学发展观的贯彻落实。

3.4.2 绿色经济与可持续发展

可持续发展是一种着眼于未来的增长模式，将当代与后代的需求相结合，在追求代际公平的同时注重环境保护，努力实现长远增长。可持续发展利于人类生活质量的提高，推动着人类社会的发展。绿色经济在经济发展的过程中引入生态概念，追求经济、社会环境之间可持续关系的建立，推动人类文明转向绿色化增长。绿色经济的发展强调发展的可持续性，其内涵体现出可持续发展的持续性、发展性和公平性，因而我们可以说可持续发展是绿色经济发展的精髓所在，绿色经济的发展是实现可持续发展的重要途径。

发展绿色经济是一种经济发展模式的创新，它是颠覆了人类社会经济建设的传统模式，绿色经济在发展经济的同时，维护了人类的生存环境，顺应了中国发展的新需求，也符合现在全球经济发展的新方向，是生态化、循环化、低碳化的发展方式，是一种可持续发展、平衡式的发展模式。众所周知，经济学是解决供给与需求的科学，绿色经济学是解决人们对于优美生态环境的日益增长的强烈需求，运用经济学的方法和技术手段，对这种绿色的需求进行分配的经济学。当前，人类社会经济发展需要向绿色经济发展转变方向。

3.4.3 绿色经济与生态文明

生态文明是人类在经历原始文明、农业文明、工业文明之后出现的新的文明形式，产生于对前代文明的反思与对未来的探索，体现出人类对未来社会的愿景和走向。生态文明追求的是一种人与人之间、人与社会之间，乃至人与自然之间和谐相处、共同发展、一起繁荣的状态。建设生态文明是人类的美好愿望，然而生态文明的建立需要适当理念的引导，构建合适的制度，发展先进的技术，建立相应的文化。绿色经济的发展从发展理念、价值评判、技术手段、伦理内涵和文化模式上提供了建立生态文明的路径，因此发展绿色经济是实现人类生态文明的必然选择。建立生态文明已经是当代人类的共识，然而对生态文明的实现路径人们还未形成统一的认识，绿色经济的发展整合了生态文明发展的理论和实践，为其提供了又一条可靠的路径。

3.4.4 绿色经济与低碳经济

简言之，低碳经济就是指一种低碳排放量的经济，低碳经济以可持续发展为核心，力求通过发展新技术、建立新制度、开发新能源、打造新产业等方式实现经济发展过程中的低碳化。低碳经济的发展有助于地球温室效应的缓解，在经济发展的同时为环境保护助力，实现双赢。当前，低碳技术的应用是低碳经济的核心，低碳技术在交通、化工、建筑、电力、新能源等方面有着广泛的应用，显著地降低了经济发展中的碳排放量。

与绿色经济相比，低碳经济在侧重点和核心内容上存在着差异。在研究的侧重点方面，低碳经济关注碳的排放量，力求通过各种方式在保证经济稳步发展的同时尽可能地减少碳的排放。绿色经济侧重于依靠科技去实现经济发展的绿色化，更偏向于绿色资源的分配与利用，追求人类福祉最大化。在核心内容方面，低碳经济的核心内容是降低能源消耗、减轻环境污染、开发能源技术，其控制的重点在能源方面。而绿色经济以实现经济、社会、环境的和谐发展为核心内容，更注重废弃物对环境的影响，旨在追求人类福祉。

低碳经济包含在绿色经济发展的范围之中，是绿色经济发展的实现方式之一，绿色经济的发展需要低碳技术的推动，低碳技术的发展也离不开绿色经济的前进，二者相依相存，共同为人类社会、经济的发展助力。

3.5　碳中和与碳达峰

碳中和（Carbon Neutrality）自20世纪90年代提出以来，成为人类社会应对全球性气候变化与自然环境问题的重要环境管理工具，是人类在绿色低碳发展道路上的标志性目标，其中碳达峰作为实现碳中和过程中的重要节点，也是人类社会减少碳排放事业的重要目标。无论是《巴黎协定》中控制温室气体的排放，至21世纪中叶实现零排放的国际组织约定，还是由世界自然基金会发起的“地球一小时”全球性民众活动，从官方组织至社会民众对于减少碳排放量、早日实现碳中和都有着相同的意愿。在人类社会经济发展的同时，实现碳中和的目标需要科学合理的路径规划、方法对策以及理念和技术，在此过程中涌现了碳补偿、碳汇交易市场、碳信用等与碳排放相关的概念与工具，是实现碳中和目标的有力措施。

3.5.1　碳中和与碳达峰概念与发展背景

碳中和概念是在工业化导致全球环境变化、气候变暖与自然生态发生剧烈改变的时代背景下诞生的，碳达峰是随碳中和的提出与呼吁而具体化地产生。自提出以来，碳中和一直作为人类碳排放减少的目标，其内涵随着社会与经济的发展和变化更加具体与深刻，对于人类社会绿色可持续发展的影响也在日趋加深。

3.5.1.1　碳中和与碳达峰的概念

在碳中和与碳达峰的概念中，“碳”都是指二氧化碳的净排放量；碳达峰中的“达峰”是指达到峰值，其概念是指在某一个时点，二氧化碳的净排放不再增长，达到峰值，在达到碳达峰的目标之后，二氧化碳的净排放量逐步回落；碳中和中的“中和”是指正负相抵，其概念是指国家、企业、产品、活动或个人在一定时间内直接或间接产生的二氧化碳或温室气体排放总量，通过植树造林、节能减排等形式，以抵消自身产生的二氧化碳或温室气体排放量，实现正负抵消，达到相对的二氧化碳“零排放”的目标。

3.5.1.2 碳中和与碳达峰提出的背景

（1）工业化导致温室气体排放与温室效应。自18世纪60年代以来，快速发展的工业化产生了诸多环境问题，能源体系的建设与发展以及工业制造的快速扩张，使得人类社会对于煤炭、石油、天然气等石化能源的需求量与使用量暴涨，在燃烧与使用的过程中排放出大量的温室气体，而这些温室气体的主要成分为二氧化碳（见图3－1）。

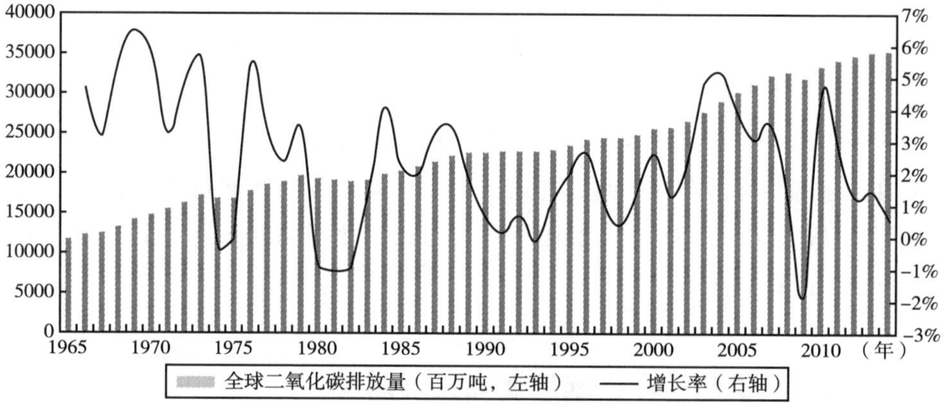

图3－1　全球二氧化碳排放量与增长率统计图

导致温室效应的大气微量组分被称为温室气体，有二氧化碳、甲烷、氧化亚氮、氢氟碳化物、全氟化碳和六氟化硫等六类。地球在吸收太阳辐射的同时，本身也向外层空间辐射热量，其热辐射以长波红外线为主。当长波辐射进入大气层时，易被温室气体分子所吸收，阻挡热量自地球向外逃逸，相当于地球和外层空间的一个绝热层，即“温室”的作用。

（2）温室效应导致全球气候变暖。工业化以来，大量以二氧化碳为主的温室气体排放，使大气中温室气体的浓度以极快的速度增长，形成了温室效应，导致了全球气候变暖。

自19世纪以来的100年间，全球地表气温上升约在0.2—0.69℃。从1880—1998年间119年的资料看，全球变暖的趋势为0.53℃/100年。气候变暖主要发生在20世纪20年代到40年代以及70年代中期以来的两个时期；进入20世纪80年代以来，全球温度的上升有加速的趋势；90年代后的1990年、1995年、1997年和1998年全球平均温度数次创历史最高记录；2010年至2019年，是自1659年开始记录气象以来北半球最暖的10年。一般而言，全球变暖呈现较大的区域差异，高纬度地区的增温大于低纬地区，陆地变暖比海洋明显。

据预测，21世纪全球年平均气温将升高1.5—4.59℃，北半球中高纬地区温度将升高5—10℃，全球气温将以0.39℃/10年（0.2—0.5℃）的速度增加，这将使全球平均气温在2025年增加1.0℃、21世纪末增加3.0℃，气温增加的速度之快是过去十万多年来最高的。尽管对增温幅度的预测不尽相同，但可以肯定的是未来全球气温将呈现不断升高的趋势。

（3）全球气候变暖导致自然生态环境剧变。由二氧化碳等温室气体大量排放造成的全球气候变暖，最终会导致地球自然环境的变化与生态资源的失衡。

首先是全球气候变暖从两个方面导致的海平面上升。一是海水受热膨胀令水平面上升。二是北冰洋、格陵兰及南极洲上的冰块溶解使海洋液态水量增加。预期由1900年至2100年地球的平均海平面上升幅度介于0.09米至0.88米。全球气候变暖正导致南北极的冰层迅速融化，海平面上升给岛屿国家和沿海低洼地区带来的灾害是显而易见的，其中最突出的灾害是淹没土地和侵蚀海岸。全世界岛屿国家有40多个，大多分布在太平洋和加勒比海地区，地理面积总和约为77万平方公里，人口总和约为4300万，海平面上升将使这些国家面临淹没的危险。

沿海区域是各国经济社会发展最迅速的地区，也是世界人口最集中的地区，约占全世界60%以上的人口生活在这里。各洲的海岸线约有35万公里，其中近万公里为城镇海岸线，若海平面上升，这些地区将是首当其冲的重灾区。据有关研究结果表明，当海平面上升1米以上，一些世界级大城市，如纽约、伦敦、威尼斯、曼谷、悉尼、上海等将面临淹没的灾难；而一些人口集中的河口三角洲地区更是最大的受害者，特别是印度和孟加拉间的恒河三角洲、越南和柬埔寨间的湄公河三角洲，以及我国的长江三角洲、珠江三角洲和黄河三角洲等。据估算，当海平面上升1米时，我国沿海将有12万平方公里土地被淹，7000万人口需要内迁；孟加拉国将失去现有土地的12%，占人口总量的1/10将迁走；占世界海岸线15%的印度尼西亚，将有40%的国土受灾；而工业比较集中的北美和欧洲一些沿海城市也难幸免。

另外全球气候变暖导致的温度上升，给地球整体的生态环境造成了极大的改变与影响，土地沙漠化、大气循环、海洋生态系统、森林湿地生态系统等都会随之发生巨大的变化，最终对人类社会的种植业、畜牧业、渔业等农业生产工作带来巨大的影响。有研究表明，自 1980 年以来，全球小麦生产下降了 5.5%，玉米生产下降 4%，全球稻米和黄豆则没有受到太大影响。同时因温室效应影响而造成的农作物减产，使全球农作物价格自 1980 年到 2011 年上升了 20%。

3.5.1.3 碳中和与碳达峰的提出与发展

（1）碳中和与碳达峰的提出。在人类社会对温室效应与全球气候变暖的担忧之下，以控制二氧化碳排放为核心的碳中和概念于 1997 年被环保人士提出。随后在环保主义的发展过程中，随着绿色低碳发展模式的不断推广，碳中和作为人类社会控制碳排放量的目标，开始逐渐从“前卫”的环保口号为社会民众所熟知与认可，碳达峰的概念也随着碳中和一起成为人类社会减少碳排放事业的目标。

（2）碳中和与碳达峰的发展。1997 年问世以来，碳中和的概念在西方环保逐渐走红。

2006 年，《新牛津美国字典》将“碳中和”评为当年年度词汇。获选主要原因在于它已经从最初由环保人士倡导的一个概念，逐渐获得越来越多民众的支持，并且成为受到美国政府当局所重视的实际绿化行动。

2007 年 1 月 29 日，联合国政府间气候变化问题研究小组（IPCP）在巴黎举行会议，历时五天的会议计划在 2 月 2 日结束后发表一份评估全球气候变化的报告。该报告的初期版本预测，到 2100 年，全球气温将升高 2—4.5℃，全球海平面将比现在上升 0.13—0.58 米。该报告的初期版本中还提到，过去 50 年来的气候变化现象，有 90% 的可能是由人类活动导致的。

在 2007 年版的《新牛津英语字典》中，“carbonneutral”这个字被正式编列到字典当中。“碳中和”这个词是指计算二氧化碳的排放总量，然后通过植树等方式把这些排放量吸收掉，以达到环保的目的。

2013 年 7 月，国际航空运输协会提出的航空业“2020 年碳中和”方案浮出水面。该方案提出航空业三大承诺目标：2009—2020 年，年均燃油效率提高 1.5%；2020 年实现碳排放量以 2020 年为顶峰，不再增长；在 2050 年，将排放量削减至 2005 年的一半。该方案对各国各航空公司最实质的影响是要为 2020 年后超过排放指标的部分买单，缴纳实际上的“碳税”。

2016 年 4 月 22 日，170 多个国家领导人齐聚纽约联合国总部，共同签署应对气候变化的《巴黎协定》。该协定为未来几十年的发展奠定了基调——在经济发展的同时，需要控制温室气体的排放，至 21 世纪中叶实现零排放。

2018 年 10 月，联合国政府间气候变化专门委员会发布报告，呼吁各国采取行动，为把升温控制在 1.5℃之内而努力。为实现这一目标，需要在土地、能源、工业、建筑、运输和城市领域开展快速和深远的改革。

2020 年 9 月 22 日，中国政府在第七十五届联合国大会上提出：“中国将提高国家自主贡献力度，采取更加有力的政策和措施，二氧化碳排放力争于 2030 年前达到峰值，努力争取 2060 年前实现碳中和。”

2021 年 3 月 5 日，国务院总理李克强在 2021 年国务院政府工作报告中指出，扎实做好碳达峰、碳中和各项工作，制订 2030 年前碳排放达峰行动方案，优化产业结构和能源结构。

2021 年 3 月 15 日，习近平总书记主持召开中央财经委员会第九次会议，其中一项重要议题，就是研究实现碳达峰、碳中和的基本思路和主要举措，会议指明了“十四五”期间要重点做好的七方面工作。

3.5.1.4 碳中和与碳达峰的内涵意义

碳中和对推进《巴黎协定》在全球实质性落地具有重要意义，也是“构建人类命运共同体”最重要的举措之一。“30、60”是一个硬性指标，也是贯彻新发展理念、推动持续高质量发展的必然要求。这一目标的实现有利于确保我国能源独立及能源安全，同时有望利用新的技术和产业优势实现“弯道超车”，重塑全球能源新标准及产业链。此外，碳中和将在产业链细分领域创造大量就业机会，有助于维护社会稳定。

3.5.2 国际与中国碳中和与碳达峰分析

在国际组织与环保机构的倡导呼吁下，《巴黎协定》等国际环保协议的签订，使碳中和成为世界主要国家在未来几十年环保事业的目标，各国应相应制订相关的碳中和路径与解决方案。

3.5.2.1 国际碳中和与碳达峰路线与现状分析

当前主要世界主要经济体均制定了本国碳中和与碳达峰的路线，碳中和时间节点集中于2050年前后，即21世纪中叶世界主要经济体国家实现碳中和的环保目标；在碳达峰方面，美国、欧盟与日本借助产业结构调整与产业转移等措施，已将碳排放量较大的产业转移至本国之外，欧盟已在20世纪70年代实现了碳达峰，美国与日本也在20世纪第一个十年内实现了碳达峰，中国规划在2030年实现碳达峰、2060年实现碳中和，同时中国在碳达峰实现后碳排放量减排的总量最大、斜率最大，任务相较于其他主要经济体更加艰巨（见图3－2）。

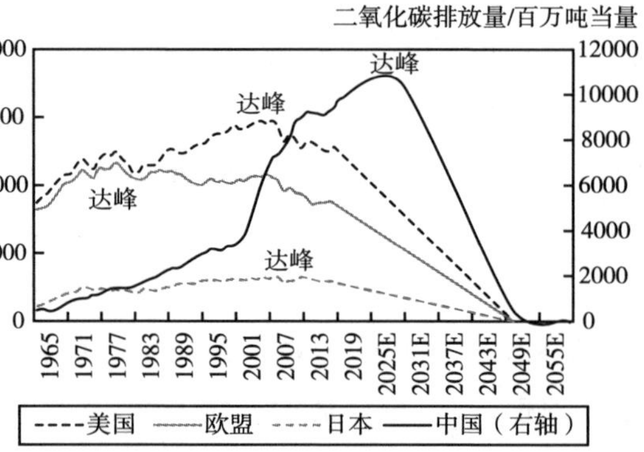

图3－2 世界主要经济体二氧化碳排放总量控制线路图

资料来源：清华大学气候变化与可持续发展研究院《中国低碳发展战略与转型路径研究》，wind，华泰证券研究所。

（1）美国。2007年1月22日，几家大型企业敦促美国总统布什，要求美国政府采取行动限制二氧化碳等温室气体的排放。

2014年11月，美国总统奥巴马与中国国家主席习近平达成协议，承诺到2025年前将美国的温室气体排放在2005年的基础上减少26至28个百分点。中国也承诺在2030年前达到碳排放峰值后开始逐步减少二氧化碳排放，并会努力尽早实现。

2015年3月19日，奥巴马签署了一项行政命令，要求美国联邦政府部门在2025年之前削减40%的温室气体排放。为达到这一目标，美国政府联邦机构需要在2008年的排放总量水平上减少2100万吨温室气体的排放。

（2）欧盟。2018年11月28日，欧盟委员会发布一项长期愿景，目标是到

2050 年实现“碳中和”，即将净碳排放量降至零。根据欧盟委员会当天发布的新闻公报，这项长期愿景反映了欧盟如何通过投资现实的技术方案、赋予民众权利以及在金融、科研等关键领域协同行动，引领“碳中和”发展道路并保证社会转型公平公正。

（3）北欧。2019 年 11 月，北欧国家芬兰、瑞典、挪威、丹麦和冰岛在芬兰首都赫尔辛基签署一份应对气候变化的联合声明。五国在声明中表示，将合力提高应对气候变化的力度，争取比世界其他国家更快实现“碳中和”目标。

（4）日本。2020 年 10 月 26 日，据英国《新科学家》杂志网站报道，日本政府表示，将于 2050 年实现碳中和，“下一代”太阳能电池或能在日本实现这一目标的过程中发挥重要作用。日本是世界上第五大碳排放国，日本此前的目标是到 2050 年将排放量减少 80%，向英国和欧盟看齐，气候分析师们将日本此前的这一承诺评为“严重不足”。

3.5.2.2 中国碳中和与碳达峰路线与现状分析

2008 年 12 月，中国首个官方碳补偿标识——中国绿色碳基金碳补偿标识发布。

2009 年 3 月 5 日，温家宝在“两会”中特别强调，要毫不松懈地加强节能减排和生态环保工作。11 月 25 日，温家宝主持召开国务院常务会议，研究部署应对气候变化工作，决定到 2020 年我国控制温室气体排放的行动目标，并提出相应的政策措施和行动。会议决定，到 2020 我国单位国内生产总值二氧化碳排放比 2005 年下降 40%—45%，作为约束性指标纳入国民经济和社会发展中长期规划，并制定相应的国内统计、监测、考核办法。

2018 年 8 月 1 日，四川省举行了“碳中和”项目启动仪式，计划于 2018 年 10 月在成都龙泉山城市森林公园建设 500 亩“碳中和”林，用 20 年时间增加碳汇，用以完全抵消本次会议产生的 921 吨碳排放总量。

2019 年 10 月，第一期全国 A 级旅游景区质量提升培训班在陕西举办，并成为全国首个碳中和景区培训班。

2020 年 9 月 22 日，习近平在第 75 届联合国大会上提出：“中国将提高国家自主贡献力度，采取更加有力的政策和措施，二氧化碳排放力争于 2030 年前达到峰值，努力争取 2060 年前实现碳中和。”12 月 24 日，中国第一家从事碳中和基础研究的机构“中国科学院大气物理研究所碳中和研究中心”在北京正式挂牌成立。

2021 年 1 月，全国首个碳中和垃圾分类站落地四川成都，居民可以投放自己日常产生的可回收物，通过回收抵消碳排放量，还能获得收益。3 月 5 日，李克强在 2021 年国务院政府工作报告中指出，扎实做好碳达峰、碳中和各项工作，制订 2030 年前碳排放达峰行动方案，优化产业结构和能源结构。

2021 年 3 月 15 日，习近平主持召开中央财经委员会第九次会议，其中一项重要议题，就是研究实现碳达峰、碳中和的基本思路和主要举措，会议指明了“十四五”期间要重点做好的七方面工作。在业内专家看来，这次会议明确了碳达峰、碳中和工作的定位，尤其是为今后五年做好碳达峰工作谋划了清晰的“施工图”。这次会议的一大亮点就是，把碳达峰、碳中和工作在国家经济社会中的定位说清楚了，明确把碳达峰、碳中和纳入生态文明建设整体布局，这事关中华民族永续发展和构建人类命运共同体。

现阶段，我国实现碳中和、碳达峰目标仍面临三大难题：一是我国碳基能源比例过高，且其中大半为煤炭；二是各种非碳能源虽然能实现减碳，但没有碳中和即固碳效果；三是实现碳中和的各种技术成本尚居高不下，有待实现技术突破。

3.5.3 碳中和与碳达峰实施措施与经验总结

3.5.3.1 中国碳中和与碳达峰政策措施组合研究

综合考虑现有政策与现有政策情景和为实现碳中和目标情景下我国的减碳路径，以及当前全国各地和各主要行业的碳排放轨迹，经过研究可得到中国减排方面的较为清晰的碳中和政策措施。表 3 - 1 为综合相关研究得到的未来中国很有可能实施的减排政策措施组合：现有政策情景纳入了我国已经发布的政策，包括碳中和目标提出以来颁布的行业规划、战略、政策目标，并参考了已经出台的地方规划纲要；碳中和情景假设下是以 2060 年实现碳中和为目标所提出的政策措施组合，是政府在制定碳中和“1 + N”路线图时可能选择的政策组合。

表 3-1　两种情景假设下的政策措施组合表

行业	现有政策情景下	碳中和情景假设下
综合	2030年碳强度在2005年基础上下降60%—65%，努力实现碳排放于2030年前达峰。建立碳强度控制为主、总量控制为辅的制度体系。全面实施《关于加快建立健全绿色低碳循环发展经济体系的指导意见》，“十四五”GDP能源强度下降13.5%	“十四五”制定严格碳总量目标在100亿吨左右，煤炭消费量“十四五”达峰并下降，2025年能源总量不超过55亿吨标准煤。碳价机制（包括碳排放和碳税）覆盖全经济部门。2035年碳排放相比峰值明显下降
工业	加快推进高耗能行业绿色改造，主要工业产品资源、能源效率在2035年左右达到国际先进水平	在现有政策情景基础上，强化非二氧化碳温室气体减排政策，对标国际标准提高制造业能效水平，加速燃料的电能、氢能，工业CCUS，推广无废制造等
电力	电力发展符合《能源生产和消费革命战略（2016—2030）》中有关规定。煤电装机“十四五”期间继续小幅增长。非化石能源占一次能源比例在2030年达到25%。风电总装机12亿千瓦，符合我国最新国际承诺。氢能发展符合现有规划目标	在现有政策情景基础上，加速电网低碳化。制定煤电退出时间表（2040—2045年淘汰常规煤电厂），大力发展氢能、高比例可再生能源（2050年占发电70%以上）等
交通	2035年上市新车中含50%新能源车、50%环境友好车型，符合《新能源车产业发展规划（2021—2035）》。主要交通工具节能增效延续“十三五”时期趋势。公共交通发展符合国家新型城镇化战略要求。货运绿色发展符合《交通强国建设纲要》要求	在现有政策情景基础上，强化新能源交通发展速度。2035上市新车全电动，“十四五”期间上市新车全混动，优化交通综合规划、降低货运需求等
建筑	根据现有规划，目前新建建筑的50%满足绿色建筑标准，并在“十四五”期间稳步上升。实施近零能耗建筑标准。符合国家有关绿色制冷、绿色供暖等政策的要求	在现有政策情景基础上，进一步推动“十四五”新建建筑全绿色建筑，实施强制性近零能耗建筑标准；“十五五”新建建筑实施零碳排放建筑标准，建筑生活用能以电能替代，延长建筑寿命等
农林	2030年森林蓄积量比2005年新增45亿立方米，达到184亿立方米。全面推进无废城市建设，减少食品浪费	在现有政策情景基础上，提高森林质量，增加土地利用相关碳汇总量。制定农业非二氧化碳减排目标和政策，改善饮食结构等

同时，通过对现有政策情景和碳中和情景下减排路径的分析，为了确保碳中和目标的实现，相关产业未来的政策已有了较为清晰的方向：电力系统必须在满足可靠性的基础上深度脱碳，主要路径包括发展可再生能源、加速煤电退出、提升电力系统灵活性。工业绿色转型应主要通过提升工业产品和流程的能效水平、优化制造业产业结构、挖掘系统节能潜力并推动工业零碳试点。建筑行业则需要加快制定并实施强制性超低能耗建筑和零碳建筑标准，推广高效节能家电和用能设施、控制建筑总量和延长建筑寿命等。交通方面需要尽早推动绿色低碳城市规划、降低机动车出行需求、制定重型车低碳标准以及发展氢能重型交通等。

3.5.3.2 碳中和与碳达峰实施措施

碳中和与人类社会工业过程息息相关，因此涉及大规模的工艺改变和原材料及能源替换，应当对于能源供给侧与需求侧通盘考虑，制定实施方法与对策。

中国依托如下四大抓手进行减碳事业的推进：一是源头减量，包括产业升级、节能减排、消费电气化、产品再生等举措，从源头上控制和减少碳排放，限制化石能源使用；二是通过氢能二次转化与大力发展风光电源等清洁能源进行能源供应端结构优化；三是通过碳捕捉、利用与封存技术（CCUS）减少温室气体排放；四是增加碳汇，固定空气中的二氧化碳，从而减少空气中的碳浓度，包括森林碳汇、工业碳汇等。相关研究表明，碳中和的总减排量将会是清洁能源转型减排量的 5 倍，在实现碳中和的 40 年进程中，源头减量是最重要的减碳抓手，因产业结构和节能减排等因素造成的源头减量占整个减碳量的 51%，而由非化石能源替代化石能源的供应优化占比约为 21%，碳捕捉占比约为 3%，碳汇占比约为 24%。

3.5.3.3 碳中和与碳达峰经验

2021 年 8 月 28 日，中国海洋石油集团有限公司对外宣布，我国首个海上二氧化碳封存示范工程正式启动，将在南海珠江口盆地海底储层中永久封存二氧化碳超 146 万吨。这是我国海洋油气开发绿色低碳转型的重要一步，为我国实现“碳达峰、碳中和”目标探出了一条新路。

该示范工程位于珠江口盆地，距香港东南约 190 公里，所在海域平均水深 80 多米，是恩平 15 - 1 油田群开发的环保配套项目。二氧化碳封存工程实施后，预计每年可封存二氧化碳约 30 万吨，累计封存二氧化碳 146 万吨以上，相当于植树近 1400 万棵，或停开近 100 万辆轿车。

二氧化碳地下封存是实现温室气体减排的有效措施之一。恩平 15 - 1 油田群是我国南海首个高含二氧化碳的油田群，若按常规模式开发，二氧化碳将随原油一起产出地面。2021 年以来，中国海油开展适应海上二氧化碳封存的地质油藏、钻完井和工程一体化关键技术研究，成功研发了海上平台二氧化碳捕集、处理、注入、封存和监测的全套技术和装备体系，填补了我国海上二氧化碳封存技术的空白。

此前，国内二氧化碳埋存矿场试验集中在陆上少数区域。恩平 15－1 油田群二氧化碳封存项目的成功实施，开拓了我国二氧化碳封存的新产业和新业态，对海上油气田的绿色开发具有重要的示范意义，为我国海洋石油工业绿色低碳转型作出积极探索。

参考文献

［1］沈凤阁．绿色经济学与相关学科的关系［J］．国家林业局管理干部学院学报，2006（4）：55－57.

［2］葛永林．绿色经济学思想及其方法论特征［J］．华南师范大学学报（社会科学版），2008（6）：138－141.

［3］杨茂林．关于绿色经济学的几个问题［J］．经济问题，2012（9）：4－13.

［4］刘啸．绿色经济的理论内涵［J］．中国集体经济，2013（4）：83－84.

［5］黄翼兰，贾学军．浅谈“绿党”的发展及其“红化”［J］．世纪桥，2016（10）：49－50.

［6］施丽娟．“绿色运动”对中国绿色发展的启示［J］．学理论，2017（1）：7－8.

［7］赵晓晶．结合现实评述马尔萨斯人口理论［J］．时代金融，2018（1）：321－322.

［8］王小晶．马克思主义生态观及其对生态文明建设的意义［J］．改革与开发，2018（16）：66－68.

［9］钟锦文．生态文明视野下环境库兹涅茨曲线的理论反思［J］．南通大学学报（社会科学版），2018（6）：131－136.

［10］葛永林．绿色经济学的革命性及其研究纲领［A］．见：经济发展方式转变与自主创新——第十二届中国科学技术协会年会（第一卷），2010.

［11］赵斌．绿色经济理论与云南中华生物谷创建［D］．四川大学，2006.

［12］王丹丹．绿色经济发展责任的伦理支持研究［D］．江西师范大学，2013.

［13］彭席席．中国绿色经济发展评价研究［D］．福建师范大学，2017.

第二篇 绿色经济模式

绿色经济模式是绿色经济发展的具体实践路径和实现方式，是绿色经济原理的实践应用，是人类生态文明建设、社会经济可持续发展的重要保障。绿色经济模式主要包括生态利用模式、循环高效模式、低碳环保模式和环境治理模式等。绿色经济模式贯穿于社会生产和生活的各个方面，不仅包括环境资源的综合开发利用及修复治理、农业生产生活，而且还包括工业生产和制造、产业发展、社会物质资源的循环、城市运营和居民生活等方方面面。

第4章 生态利用模式

生态利用模式作为绿色经济最为直接、简单的运用模式，是以绿色经济学理论为指导，以生态经济为基础，较为直接地利用现有的生态资源；是为了达到经济目的和生态保护协同一致而采取的一种绿色发展模式。该模式是绿色经济学生态自然观的现实表现形式之一，是生态经济的具体表达。生态利用模式包括对环境资源的直接的利用，同时也包括对环境资源人为地进行改善、治理、修复并使其达到可持续使用的状态。生态利用可以通过模式的创新、机制的完善，提高资源的利用效果和效率。在绿色经济学中，环境作为一种生产要素，与资本要素同等重要。为使生态利用更为有序、高效和可持续，生态产业规划和生态产业资本的投入是重要的保障。传统的生态利用模式有很大的改进空间，将生态利用相关产业由第一产业转化为第一产业和第三产业的结合，甚至是直接转化为第三产业，将大大提高生态利用的效率和效果。生态利用模式的创新和机制的完善，既包括环境资源利用方式的创新，也包括对环境生态自我修复能力的保护和提高，还包括生态利用机制的改进和完善，这些方面都需要进行主动性、系统性的规划和执行，需要资本力量的介入，需要产业投资的拉动。生态利用模式的创新和完善，带动了众多绿色产业的诞生和快速发展，如农业观光旅游、土壤修复、水环境综合治理、空气治理等绿色产业。

4.1 生态利用模式概述

随着人类社会文明的进程而不断进化，生态利用模式的内涵也在不断地丰富。绿色经济学中的生态利用模式是一种综合考量经济利益、社会效益和生态效益，实现人类、社会和环境绿色、协调、可持续发展的模式。生态利用模式将生态环境作为一种生产要素，解决经济和社会可持续发展过程中的环境制约问题，通过制度创新和模式创新，促进绿色生态利用产业发展，推动经济、社会的绿色发展。

4.1.1 生态利用模式的内涵

伴随着时代的发展，科学技术不断创新进步，自然资源、各类能源以及生态环境均出现了不同程度的危机，严重威胁着经济社会前进的速度和人类的生活质量。在当下社会经济迅猛增长的同时，人类不应将注意力仅仅局限于实现经济目标上，不可为了达到经济指标、取得金山银山，无下限地开发利用各种生态资源而毁掉绿水青山。现代人类社会的经济建设发展需要综合的考量维度，包括经济利益与生态效益在内的发展，都需要逐渐向绿色靠拢。

(1) 从绿色经济学角度看。进入工业革命以来，工具的使用使人类从简单的、粗糙的、低级的利用自然资源上升到较高层次的利用。人类社会发展到一定层次后，人类文明也进入了新的阶段。在进入新的生态文明阶段后，适应于保护生态环境的绿色经济学应运而生。

绿色经济学是以生态中心主义作为理论基础，从自然环境视角审视经济活动的发展，去衡量这些经济发展活动是否符合生态伦理，具体做法是根据经济活动运作对于环境的影响程度去判断人类这些经济行为的价值。绿色经济的创新点在于以不同于人类和自然环境的第三视角，综合考虑人类自身利益与环境利益，使二者协调发展。

因而，基于绿色经济理论的生态利用模式是绿色经济学生态自然观念的现实表现，任何生态利用模式的构建均以生态中心主义为基础，以自然的视角审视经济活动对自然产生破坏的可能性。其主要目的是提高人们生活的幸福感，在追求经济增长的同时重视对自然资源和生态环境的保护。

（2）从绿色发展角度看。绿色发展是发展模式的一种创新，它颠覆了人类社会经济建设的传统模式。绿色发展在发展经济的同时，保护了人类的生存环境，顺应了社会发展的新需求，同时也是世界经济发展的新趋势、新动力，追求着可持续、平衡式的发展方式。绿色发展是推动经济发展的最优选择，是人们由传统经济发展模式向绿色经济发展转变的途径。其具体内容包括解决人们在传统经济发展中碰到的问题，即人们受到的环境因素的制约和自然资源的制约。

生态利用模式可以解决环境制约问题，实现绿色发展。从绿色发展角度出发，对生态利用模式可以理解为直接采用生态资源或者较为简单地开发自然资源，平衡经济效益与生态环境破坏间的关系；解决自然资源制约问题的办法是构建循环高效模式和低碳清洁模式，实质是解决传统经济发展中对自然资源的消耗问题，尤其是对一些不可再生资源或是短时间内不可再生资源的消耗，比如石油、煤炭、天然气等化石能源和钾、钠、金银等矿物质资源。生态利用模式的构建解决了经济发展中遇到的环境污染难题，是绿色发展的具体内容之一。

（3）从生态经济学角度看。生态经济学就是利用生态自然科学的原理，加以科学合理的系统工程技术，在区域生态系统可以承受的能力程度内，试图挖掘出一切可以利用的潜在资源，发展生态自然高效、经济发达的产业，达到特定的经济效果。生态经济学的核心是协同自然生态保护和人类物质精神文明，使二者统一的可持续发展型经济，特点在于确保资源在时间上的持续性，不能以牺牲后代人的权益为代价发展当前的经济，以此确保后代人对生态资源享有持续的使用权。生态经济的最高境界是使生产、使用及废弃的过程能够形成全封闭的良性循环，实现生产系统的自有循环，即处于真正的无限循环可持续发展的状态，这是生态经济的理想化阶段，要经过不断的演变才能实现。

生态经济是绿色经济学在生态环境运用中的分支，生态经济学是专门针对绿色经济学在自然生态环境中的科学运用。它有两个方面的具体应用路径，我们可以把它称作生态环境的经济系统化和经济发展的生态系统化。生态利用模式作为生态经济学的具体表达，主要运用于生态环境的经济系统化。生态环境的经济系统化是根据地区现存的自然资源，加以一定的手段，达到自然资源的经济化。因而，生态利用模式旨在在区域内，以自然生态资源为基础发展绿色经济，兼顾经济效益与自然生态环境保护。

4.1.2 生态利用模式的特点

生态利用模式作为绿色经济模式的一种，绿色经济学是其最基本的理论；从绿色发展的角度看，生态利用模式主要解决了环境危机问题；从生态经济学角度看，生态利用模式将关注点聚焦于生态环境的经济化。

（1）环境污染是生态利用模式解决的主要问题。生态利用模式首要解决的是大规模工业工厂化发展带来的环境污染问题，要求在不影响工业化发展速度、保证经济正常平稳发展的同时，积极开发环保性产业，不仅能够减少污染，还可以加强环境的保护，按照自然生态的法则构建适宜的经济发展体系。在此过程中，生态利用模式的价值取向是有效控制产业发展对环境的污染，提倡清洁生产，使用清洁能源，发展环境友好型产业经济，建立对环境与生态进行双重保护的经济体系。在这个特征上，生态利用模式是比较简单高效的。

（2）经济与生态系统协调是其主要的研究角度。生态利用模式以生态经济为基础，强调经济系统与生态系统的平衡，凭借宏观经济发展模式的转变，带动生产过程的有机循环。从人类本身出发，将其作为转变的核心要素，在人类与环境的相互协作、进化的过程中，使人类社会经济实现真正的可持续发展，可持续发展的经济是其以农业生态经济学为基础研究的核心内容。上述整个过程需要人类不断努力和长期坚持才能取得最终效果。

（3）实施控制环节包含输入端和输出端。从经济系统和生态系统相互协调的过程来看，为达到全过程的循环，生态利用模式会从资源的输入和废弃物的输出同时入手，来研究经济与生态系统的协同效用。此外，循环高效模式还会在此基础上重点关注与资源相关的内容，特别是不可再生资源或短时间内不可再生资源的枯竭对经济发展的影响。

（4）理论基础侧重于生态学与经济学的结合。绿色经济的四种模式都是以生态经济理论和系统理论作为理论基础，探索人类经济活动与生态自然之间的关系，在追求经济社会与生态发展和谐发展的过程中，不断调整以期达到最佳目标。然而，每种模式仍有各自的侧重点，生态经济下的生态利用模式侧重于将生态学与经济学结合起来，让理论发挥其指导作用，实现经济发展体系与生态发展体系的共振。理论基础不涉及低碳模式的能源经济学基础或循环高效模式的生态物质循环理论。

生态利用模式是一种直接、有效地搭建资源、环境与人类高度协作的平台，对其三者的关系理解得越通透、越准确，越能保障资源与物质在产业中的高度循环利用，促进生产中各环节实现绿色化，也才能更好地将生态系统中的物质关系转换成经济学语言，进一步将经济学语言转换成经济数字，进而提高资源配置的效率和整体的社会福利。

4.2 生态利用模式类型

生态利用模式根据其核心任务及现实需要，在实际运用中通常表现为两种形式：第一种是利用生态环境资源的应用模式，在实际中，比如清洁水饮用产业、林业、现代生态旅游产业、农业旅游融合产业以及温泉旅游和温泉资源综合开发业等，这些产业的运用都可以总结为科学合理地运用现存的生态环境资源进行经济发展，即生态资源利用模式；第二种被用于应对一些环境危机，例如绿化产业、处理工农业废弃物、退耕还林、修复草场、生态处理矿产废渣等，即生态环境处理。

值得注意的是，这样的分类只是为了便于理解，在具体的应用中，两种类型是有所融合的，存在一定的交集。比如，现在国内外兴起的生态旅游观光业、生态农场等，一些观光业从业者建立生态利用模式处理废弃物资，并利用处理的生态资源进行再开发，这样一来，既处理了一些环境危机，又在此基础上对生态资源做了进一步的开发利用。

4.2.1 生态资源利用

生态资源利用是人类社会经济发展与进步的基础。传统经济发展模式对于生态的利用往往是原始性、掠夺性的；绿色经济学中的生态资源利用模式则是一种人、自然、社会和谐共生，可持续、高质量发展的模式。

(1) 生态资源利用概述。由人类历史发展的进程可以看出，社会是不断变革与进步的，在整个进步的过程中，人类对于生态资源的利用是永恒不变的主题。随着技术进步和利用手段的演变，对于生态资源的利用也经历了依附性的原始利用、改造性的传统利用、掠夺性的现代利用和可持续性的未来利用四个阶段。目前的生态资源利用正在向未来型的生态资源可持续利用转变，此类型一般是以当地的生态资源为基础发展第三产业，以此带动经济增长。在现实世界里，这一类型的生态利用模式的构造，一般是以生态农业、生态旅游经济业为主，其中的构造大致分为三个步骤：第一步是对地区内的生态资源进行整体探测，一般是由当地政府或者是企业进行设计布局，选定一块风景区或者一种自然生态资源，比如一片竹林、一个湖泊或者某地的温泉资源、可以打造成风景区的自然生态景观等，然后围绕这种自然生态资源，以此为中心，逐渐开发周边生态旅游路线，由点及面地带动第三产业的发展；第二步是在布局开发的生态旅游线路上，打造符合线路风格的各类生态观光园，这种方式不仅可以促进当地的经济水平提高，还能有效解决当地部分居民的就业问题；最后一步就是建立无公害的绿色产品基地，这些绿色产品可以是绿色食物、绿色工艺品等，力求建立并且丰富当地的绿色品牌，促进第三产业的发展。

（2）生态资源利用目标。以促进经济社会向上发展为基调，在对生态资源进行利用的过程中，将生态、经济、社会三方面协调起来，实现整体效益的增长。经济方面的表现为经济的良性持续发展；社会方面的表现为社会资源分配的公平公正；生态方面的表现为生态环境、经济发展以及人口增长的协调统一。因此，可以将生态资源利用的最终目标归纳为三点，即持续性、公平性、协调性。其中持续性指的是生态环境和经济发展的可持续，公平性指的是同代人间资源分配、发展权的横向公平性和世代间拥有平等利用资源权利的纵向公平性，而协调性则指的是生态系统内部的协调及各子系统的协调。

（3）生态资源利用影响。首先，制度会对生态资源的利用产生影响。生态资源的特殊性标示着对它的利用要在一定的制度规范下进行，独立的个体及组织无法掌控利用趋势的走向。不同的制度会产生不同的利用方式及途径，同时也影响了生态资源利用的有效性及最终效益。根据生态资源的分类可知，不同的生态资源适用的具体制度各不相同，常见的有生态资源的市场制度、组织制度、国家制度、产权制度及法律制度，其中法律制度为各项利用制度提供外在的制度保障。

在市场制度方面，传统市场制度存在的缺陷一直在阻碍生态资源利用的发展进步。例如，由某组织、某大型集团倡导和发起的活动，使生态资源得到利用的同时，净化了周围环境，其他组织及个人在没有付出成本的前提下，也会无差别地体会到环境的优化，很容易引发人人都想“搭便车”的现象。生态资源无法作为产品进入市场进行交易，享用者对生态资源往往无法完全付费，甚至不付费。因此，单个的经济人或组织利用生态资源的行为无法体现为市场经济行为，大量成本投入而没有效益的回馈。正是由于这种对生态资源供给远远小于需求的行为，导致生态资源最终无法实现持续性的利用。

从产权制度入手可知，产权制度是各项制度中最基本、最重要的制度体系。国内的生态资源的产权制度仍存在两大弊端：一是产权主体与责任主体的虚化；二是所有权、经营权、行政权的混淆。在国家与集体的层面上，生态资源的所有权被虚化，各种产权关系难以界定且不明确，各利益相关方之间的经济关系难以协调，生态资源效用难以发挥到最大，很难做到真正的生态资源循环保护。此外，国家或政府对生态资源不恰当的干预制度，可能会造成生态资源的浪费，虽然缩小了个体间的成本，但最终损害了整体的效益。

各项制度间相互联系且存在一定的内在逻辑关系。市场制度、产权制度、组织及国家制度、法律制度作为生态资源利用的核心制度，需要相互之间的有效配合，才能将单项制度的效用发挥至最大，进而融合为合理高效的生态资源可持续利用制度。

其次，文化对生态资源利用的影响。在人类进化过程中，地球上的所有生态资源被不同人群采取不同的方式和途径利用，在此过程中生态资源已经被不同的民族烙下了不同的文化印记。与各国分别选择适合自身的社会发展体制类似，文化基调的不同会导致不同的社会制度，也必然决定了生态资源利用的方式及利用程度。也就是说，今天出现的所有生态资源问题或多或少地与文化有关，即文化对生态资源利用发挥着定格作用。

文化会对生态资源的配置产生影响。人类出于利益考虑，会不自觉地将生态资源的各种配置划分优劣等级，而这样的区分一定程度上取决于区域文化。比如，汉族人民可能认为方便他们耕作的湿地、浅水和沼泽等是最优质的生态资源配置，而生活在草原的蒙古族人民则认为干旱或半干旱的草场是他们最需要的生态资源。因此，基于文化背景的生态资源配置的优劣无标准可言，也很难去界定。

文化促进生态资源利用的实现。与配置相同，对不同区域的生态资源不加区别、按统一标准进行利用，会严重降低生态资源利用的效用，而且可能因人为因素给未来埋下巨大祸根。如在干旱地区强行利用水资源进行农田灌溉及耕作，不仅不能为耕作带来助益，还会进一步加重干旱区域水资源的匮乏度。因而，对于生态资源利用的主要目标就是要充分发挥和借助各民族间不同的传统文化，萃取其中优秀的生态技能及智慧，再辅以现代科技，就可使基于不同文化的不同生态资源达到效益最大化。

4.2.2 生态环境处理

经济社会的快速发展深刻影响着自然生态环境，很多区域的生态环境遭到了严重破坏，这些破坏远远超过了环境的自我修复能力所能承受的程度。生态环境处理即在存在生态环境问题的区域，采取规划完善、土壤治理、水体治理、大气治理等多种途径，逐步解决生态环境污染、破坏等问题，使问题区域恢复正常状态。

（1）生态环境处理概述。这种生态利用模式的构建是为了处理环境危机，如退耕还林、退牧还草、工业废弃物制造生态水泥、污水生态处理、垃圾生态处理以及利用矿渣、粉尘建造建筑等。这一类的生态利用模式没有固定的方式，总体来说，就是构建出一种生态模式去处理可能或者已经形成的环境问题，其实际应用则是生态化处理，例如利用生物链处理技术构建生态模式，从而对于污水、垃圾进行无害化生态处理。这种模式能够有效平衡生态资源，实现环境保护的目的。以生活污水为例，我们一般采取建立人工湿地、种植一些高吸附的水生植物、投入高效分解的微生物等方法来使这些污水排放达到国家标准；而对污泥，可建造污泥植物生态床、污泥蚯蚓生态床、新型污泥复合生态床等这样一些生态利用模式进行无害化处理。

（2）生态环境处理的应用流程。首先，选择生态环境处理模式。生态环境处理的首要问题就是选择生态环境处理模式。根据待解决的环境问题的类型、特点以及区域的专属特征，对生态进行环境处理时要选择适宜的处理模式，比如，城市就要选择不影响市民正常生活，同时还可处理环境问题的模式，村镇地区就应选择处理环境危机时，可借助天然生态系统的模式，既节省了资源又实现了环境保护。目前国内对于污水生态环境的处理，存在分散、集中、分散与集中结合三种处理模式。集中处理模式是将所有污水统一收集、统一运输、统一处理。建立大型的统一处理设备对污水进行集中处理，其优势是方便，但也有不少缺点，如统一设备的建设成本高、性价比低、可采用的处理技术较为普通、推广范围有限等，这些都限制了它的推广应用。分散处理模式是指按地区、区域或地势特征将污水分开进行收集，建立中、小型的污水处理设备或自然型的生态处理流程，施工简单、布局灵活、管理方便、可采用技术多样，极大限度地规避了集中处理模式的缺点，适合在地势复杂、建筑分散等区域开展，具有良好的未来应用前景。组合处理模式就是上述两种模式的结合，分别取其精华、弃其糟粕，保留二者的优势，因地制宜地处理污水问题（见表4－1）。

表4－1　　污水处理模式分类

污水处理模式	特点
集中处理	统一处理，方便快捷；但设备成本高、推广范围有限
分散处理	施工简单，布局灵活，适用地势复杂、建筑分散地区
组合处理	集中与分散结合，保留二者优势

其次，对生态环境处理技术的需求。生态环境处理要借助一定的技术才可开展运用。空有纸上谈兵的计划模式和概念性的处理技术，都不太可能利用生态处理技术解决环境问题。因而，处理技术是模式确定后要解决的主要问题，应用简洁、高效、环保的处理技术也是生态利用模式的一种体现。目前国内在处理污水、垃圾等环境问题方面提出了多种类型的技术，进行有针对性的解决。当前，国内污水处理技术主要有三种：生态塘处理系统、人工湿地处理系统和土地渗滤处理系统。

生态塘处理系统指的是在塘中原有水生植物的基础上，打造人工生态系统。利用太阳能等环保能源带动污水处理装置，降解、转化有机污染物，能够对部分生活用水和工业用水进行有效处理。在处理污水、解决环境问题的同时，生态塘还可种植观赏性植被，美化城市及农村的周边环境。集中处理模式通常适合于大型的生态塘处理系统。

人工湿地处理系统指的是人工设计、打造湿地，利用微生物与植被间的相互作用，模拟自然界运作规律，完成污水的处理，相较于生态塘而言，可利用的范围更广。人工湿地处理系统常会被用于分散性的处理模式中。

土地渗滤处理系统指的是根据农田、林地等土壤植被自然降解作用，以土地的自然净化为主，对污水中的污染物实施净化的小规模处理生态工程技术。它还分为快速、慢速、地下型渗滤处理几类，不同的环境适合不同的处理系统，地下大型土地渗滤处理系统常会被集中处理模式采用。此外，对技术需求进一步细分时会发现，对生态处理设备以及处理工艺流程也是需要仔细研究、详细匹配的。

最后，对处理效果的评价。生态处理模式及技术选择是否适宜，是否具有经济性，是否达到了预期的经济与生态目标，对这些都需要在开展生态处理后给出答案。人们根据前阶段的处理成效，评价处理流程中的优缺点，对不足之处作出调整，促进生态环境处理模式更为高效地发展。一般会采用定量的污水排放量、污水处理量、污染物排放浓度等和定性的环境变化对比情况等衡量生态环境处理的效益和效果，为后期的生态处理奠定基础。

4.3 生态利用模式实务

生态资源为人类社会的进步和发展提供了重要保障，人类对生态的利用逐步由原始的简单粗放型利用模式发展到集约、节约、可持续利用模式。在生态利用实务中，由只注重经济效益发展到生态效益、社会效益、经济效益并重的阶段；由只开发或先开发、后治理发展到开发和保护、治理同步进行的新模式。

4.3.1 国外的生态利用

放眼全球，生态利用的概念最早从 20 世纪 20 年代的欧洲开始兴起，在随后的时间里，英国、瑞士、日本等国也逐步发展起生态利用模式。等到 20 世纪 60 年代的欧洲，农场开始走向生态耕作阶段，20 世纪 70 年代末生态农业开始在东南亚地区兴起，自此，在全世界范围内，逐步形成了生态资源科学有序利用、社会环境和经济可持续发展的良好趋势。

（1）菲律宾的生态模式。菲律宾的玛雅农场是世界范围内非常著名的生态构建典例。菲律宾是东南亚地区开展生态农业建设起步较早、发展较快的国家之一，其中以玛雅农场最具代表性。起初的农场是一个面粉厂，经营者为了充分利用面粉厂产生的大量麸皮，建立了养畜厂和鱼塘。随后，其经营者在之前的基础上，又建立了新的罐头厂和肉品加工厂，并且开垦了一块 24 公顷的土地，至此，玛雅农场的雏形就形成了。经过了 10 年左右的发展，农场的农林牧渔生产形成了一个良性循环的农业生态系统。整个玛雅农场就像一家农工结合的企业，整个玛雅农场里面的能源都是靠沼气池提供，生化肥料、燃料、生产原料均实现了完全的自给自足。整个系统运行过程中，做到了零污染、零废弃以及清洁化生产经营，实现了生态资源的充分利用。同时，在经济效益上，也创造了可观的利润。

（2）英国的生态模式。英国在生态利用上有着丰富的实践经验，19 世纪的乌托邦式新城镇即开始了探索生态与经济协调发展的道路。2008 年，在应对全球气候变化的背景下，英国提出的减少碳排放计划就是建设生态城镇。在各城市自愿报名的情况下，英国政府最终选定 4 个生态城镇，这些城镇都具有大卫星城、公共交通全覆盖的特点，其目标是打造零碳排放的生态模式，并在至少一个环境保护领域内达到示范性的标准。同时，英国政府也在政策规定上进行了规范，从住房、交通、服务设施到就业、生活方式、碳排放，再到生物多样性、废弃物处理、社区管制，在诸多方面设定了标准或规划流程。特别是在绿色生态方面，英国政府要求城市建设高质量的绿色开放空间网络，保证城市居民的生活环境有充足的公共绿地，更好地打造生态城镇。

（3）以色列的生态模式。以色列是一个淡水资源缺乏、生态环境比较恶劣的国家，更不用谈农业自然资源了。但是，以色列在此生态资源禀赋条件下，却能构建起独树一帜的生态农业、生态利用模式。以色列的生态农业最为鲜明的特点就是对水资源近乎极致的利用，而且对防治土壤次生盐渍化、避免地下水质的污染也达到了极高的标准。具体来说，以色列从两个方面构建生态农业：一方面是使用资源的极高效率化，另一方面是对废弃资源的回收再利用。更进一步讲，以色列在 20 世纪 50 年代已经采用了许多微量灌溉技术，比如举世闻名的滴灌技术，不仅有利于植物对水分与营养的吸收，还避免了水资源的浪费，极大提高了水资源的利用率，使水和肥的利用率达到 80%—90%，节水 50%—70%，节约肥料 30%—50%；此外，以色列利用微生物等构建的一些废水回收利用模式，有效地降低了废水中的污染物质和细菌含量，使废水能够再一次灌溉农田，达到了水资源的循环利用。

（4）日本的生态模式。日本对于生活污水的处理其实也是利用了自然生态环境。早在 1977 年，日本就开始对农村污水问题提出了解决计划，建立适用农村的小型污水处理系统。数据表明，1996 年年底大约 2000 座小型污水处理厂建成，从那之后，日本的农村生活污水经过污水处理厂处理后，就可以灌溉农作物、水果以及水稻等。近些年来，日本又研发出生物膜技术，生物膜创造了有利于微生物生长、繁殖的环境，并利用附着的大量微生物氧化分解有机物，达到净化水体的效果。日本利用污水处理，然后直接排放到自然生态环境中，将污水中脱离出来的污泥直接当作肥料；此外，也利用了微生物的特性，研发出生物膜处理污水的技术。

4.3.2 国内的生态利用

我国在生态资源的利用和生态治理方面不断投入技术、资本力量，走生态产业化、产业生态化的道路，发展生态农业，当前已取得很大的成效。中国是农业大国，有7亿多的农业人口，在土地利用方面，截至2016年年末，耕地面积134921千公顷，实际经营的林地面积（不含未纳入生态公益林补偿面积的生态林防护林）203046千公顷，实际经营的牧草地（草场）面积224388千公顷。我国河流、湖泊、海洋以及湿地等面积辽阔，水能蕴藏量巨大、水产丰富、矿产资源及水资源储量巨大，具有极大的经济价值。

我国对生态资源的开发利用在很长的时间里过度追求经济效益，而忽视了社会生态效益，为此付出了巨大的生态代价，频频出现洪涝、酸雨、大气污染、水土流失等自然灾害，生态的破坏也造成了很大的经济损失。近年来，我国坚持走可持续发展之路，在生态利用方面坚持绿色发展，并进行了生态利用模式的不断优化和转型升级，取得了很大的进步。

我国的生态利用坚持保护和开发并重的原则，越来越注重经济、社会和环境的可持续发展。在政府顶层设计、制度安排等方面进行了长远的规划和布局，并在实践中不断得到落实。我国实行了最严格的耕地保护制度和最严格的节约用地制度，划定18亿亩的耕地红线，不断提高耕地生产效率；实施了严格的占用征收林地审核审批和定额管理制度，严格控制建设项目使用林地，严格控制毁林开垦，对森林的采伐实行限额管理和凭证采伐；实施“河长”和“湖长”制度，有效地保护了河流、湖泊等水域生态环境；积极落实禁牧休牧轮牧制度，退牧还草工程不断推动草原的生态建设；对长江流域等重点保护的水域开启长时间的禁渔期，进行严格的生态保护。

在生态环境治理方面，我国实施了退耕还林和开发湿地等措施。退耕还林是为了抵御严重的水土流失和风沙危害，在我国自然生态环境较为恶劣的西部地区，是一项十分重要的生态工程，是我国西部开发战略中的重要政策。退耕还林的具体做法是利用构建的生态模式去修复已经形成的环境危害，逐步停止耕种水土流失、土地沙化严重的土地，本着因地制宜的原则，恢复植被、保护水土。除此之外，国家还对耕地的所有者给予资金和粮食的补贴，还有对于退耕还林的任务进行个体承包，落实到一户农家、一位农民，充分调动其积极性，最后，对于区域内现存的绿色植被严加保护，封山绿化，来进行绿色植被的保护。

除了退耕还林之外，开发湿地净化生态环境是另一项重要措施。作为中国杭州绿色生态系统重要组成部分的西溪湿地，就是生态构建、生态利用模式的一个典型案例。其主要做法是利用污水处理技术，通过改造水壁、保留恢复鱼塘等方式形成一个绿色空间。湿地具有多种功能，能够调节大气环境，吸收大量的温室气体，净化城市空气。西溪湿地除了传统湿地拥有的净化功能，还是一个典型的多样化生态系统。西溪湿地拥有种类繁多的生物群落，十分适宜野生动物栖息，是鸟类、两栖动物迁徙过程中的选择场所，既增加了杭州物种的多样性，又保护了生态系统的稳定性。除此之外，西溪湿地还拥有大量的水产，不仅品种较为丰富，如鲫鱼、甲鱼、黑鱼和青鱼等，其产量也十分可观，基本占了杭州水产的2/5。西溪湿地对于杭州而言，是一个巨大的生态宝库，杭州对西溪湿地进行了合理、科学的规划和有效有序的保护，保证了西溪湿地生态效益、经济效益和社会效益的持续稳定。

（1）生态利用模式——茶叶产业。茶在中国有着悠久的历史，中国是茶叶的发源地，是世界上最早发现、繁育栽培茶树和加工、利用茶叶的国家，也是世界上最大的茶叶生产国、消费国和贸易国之一。中国茶文化历史悠久、底蕴深厚。早在唐朝，陆羽集前人之所成，著有《茶经》，成为中国茶文化中的标志性人物，被奉为“茶圣”。陆羽的《茶经》系统地总结了唐代以前劳动人民有关茶叶的丰富经验，用客观科学的态度，对茶树的原产地、茶树的形态特征、适宜的生态环境，以及茶树的栽培、茶叶的采摘、加工方法、制茶工具、饮茶器皿和饮用方法、茶叶产地分布和品质鉴评等方面做了形象生动的描述和深刻细致的分析，堪称一部中国古代的“茶叶百科全书”。到宋朝，宋徽宗赵佶编著的《大观茶论》对宋代文人茶艺进行了高度总结，主要讲怎么点茶、怎么斗茶。在宋代，上至皇帝大臣，中到文人士大夫，下至普通老百姓，全民玩斗茶，成为一种民间娱乐。从中国古代一直到民国时期，“茶马古道”兴盛很长时间，把川藏、滇藏、青藏这三条路线紧密地联系在一起，也把中国的西南、西北地区联系在一起，甚至把中国和西亚、中亚、东南亚甚至欧洲都联系在一起。这些商路构成中国所谓的“第二条丝绸之路”，“茶马古道”成为世界上地势最高的茶文化传播古道之一。中国茶于1601年传到荷兰，1630年传到俄罗斯。当时，茶叶是非常珍贵的物品，中国皇帝将其作为礼品送给俄罗斯的特使，再转给沙皇。18世纪中后期，茶叶成为英国等很多欧洲国家人士的生活必需品，光1848年这一年，就有600多万公斤的茶叶从中国输往欧洲。长此以往，中英之间的贸易逆差越来越严重，英国开始向中国输出毒品鸦片，后来爆发了鸦片战争。“茶”在中国历史的发展过程中烙下了深深的印记，在当代也有举足轻重的地位。

中国现已成为世界茶叶第一产销大国。据国际茶叶委员会（ITC）统计，2019年世界茶园面积达到7500万亩，2019年，世界茶叶产量达到615万吨。据中国茶叶流通协会统计，2019年，中国茶园面积4597.87万亩，占世界茶园面积的61%；干毛茶产量为279.34万吨，占世界产量的45%，干毛茶总产值达2396亿元。据中国茶叶流通协会估算，到2021年中国茶叶总产量为300万—320万吨，内地茶叶销售总额将突破3000亿元。中国茶叶有绿茶、黑茶、红茶、乌龙茶、白茶、黄茶六大茶类，主要分布在贵州、云南、四川、湖北、福建、浙江、安徽等省。2015年，贵州、云南、四川、湖北四省的茶园面积约占全国的51.85%。《中国茶产业总报告》（2017）研究结论显示，中国国内茶叶消费者数量已经达到4.28亿人，城乡居民饮茶者数量分别为2.61亿人和1.67亿人，城乡的饮茶率分别为46.6%和33%，全国层面的饮茶率为38.6%。

茶叶产业既是经济产业，也是绿色产业。近年来，我国政府出台了一系列政策支持和鼓励茶产业发展。2020年6月，农业农村部发布《关于促进贫困地区茶产业稳定发展的指导意见》，加快贫困地区茶产业发展转型升级，促进加快贫困地区茶产业发展转型升级，促进产业布局更加优化，产品特色突出，效益切实提高，助力贫困地区脱贫致富、乡村振兴。2020年12月发布的《中国茶产业十四五发展规划建议（2021—2025）》指出，茶产业是我国特色优势产业，具有较强的国际竞争力，承担着支撑茶区经济、满足健康消费、稳定扩大就业、服务乡村振兴的重要任务。茶叶产业的发展，不仅能够实现经济效益，推进地方经济的发展，更能够助力脱贫及美丽乡村建设，促进社会和谐健康发展。茶叶产业的发展，是生态利用模式的具体实践，也是绿色经济发展的重要组成部分。

政府推动茶叶产业的绿色发展，不仅在产业政策上给予支持，而且在金融政策、技术标准、人才培养方面也给予大力支撑。通过绿色金融政策，引导银行加大了对涉农重点产业、特色产业的金融支持，重点向茶叶、花卉苗木、林竹等特色产业发放绿色贷款；引导保险公司打造特色农险新名片，落地茶叶等品种保险创新产品，涵盖了价格保险、产量保险、收入保险、完全成本保险、气象指数保险、保险＋期货等业务领域，推进政策性现代农业产业园保险项目落地；在实施乡村振兴标准支撑工程方面，政府围绕壮大茶叶、桑蚕等特色产业，加快茶叶等传统特色优势农产品标准的研制，发布农业标准规范，制定茶叶绿色生态品牌团体标准，积极推动农业标准化试点项目建设，创建美丽文明乡村标准化试点；在人才培养方面，深入推进乡村工匠职称改革试点工作，重点发动茶叶加工类专业人才申报职称，通过技术人才带动农村特色产业发展。

在政策的支持下，各地通过产业园建设、茶叶示范基地建设等方式，打造全茶产业链，形成产业集聚，发展茶产业、茶文化、茶科技，做大做强茶叶产业，促进一、二、三产业融合，带动农民增收致富。茶叶产业通过区块链技术“包装”茶叶产品，“通过‘一品一码’，消费者只要打开手机‘扫一扫’，就可以立即定位到茶叶的采摘地、生产地和销售地，同时获得检测报告、气候信息等第三方信息，这样就可以直观了解茶叶的种植、生产过程，而且数据无法篡改”。各地根据自身茶资源禀赋，大力发展茶观光农业，积极开发旅游产品，加快推进农业产业“接二连三”，在发展中坚持生态优先、绿色发展，深入践行“绿水青山就是金山银山”的理念，依托茶叶种植产业、茶叶特色旅游产业，实现乡村振兴，实现经济和社会的绿色发展。

【案例 1】普洱茶——老曼峨茶叶

“普洱茶”为中国十大名茶之一，用集散地和原产地之一的普洱作为其名。普洱茶之得名，来自历史上该茶产销的核心中转站普洱府，在清代“普洱茶”名称就已正式出现。普洱茶是云南特有的地理标志产品，以符合普洱茶产地环境条件的云南大叶种晒青茶为原料，按特定的加工工艺生产，具有独特品质特征的茶叶。普洱茶以地理标志保护范围内的云南大叶种晒青茶为原料，并在地理标志保护范围内采用特定的加工工艺制成，具有独特品质特征的茶叶。按其加工工艺及品质特征，普洱茶分为普洱茶（生茶）和普洱茶（熟茶）两种类型。在19世纪末至20世纪初，西双版纳茶的加工、批发和运输几乎垄断在汉族手中。汉族商人与低地傣族茶农，包括哈尼族、基诺族及其他山地茶农，共同串联起西双版纳到东南亚的贸易网络，并起到维持该地区各民族之间长时段动态平衡的经济协作纽带（市场）作用，例如中国—老挝普洱茶商路的建立，不仅超越民族—国家区隔系，更是跨国籍、跨族群的社会网络联通和文化互动的社会融合。

在当今“一带一路”的建设里，茶不仅仅是茶，它已成为中国的一张名片，一个连接世界强有力的纽带。茶的真正的作用不仅表现在经济层面，更重要的是各国文化上的互相碰撞融合。普洱茶不仅销售于中国内地，还出口东南亚诸如缅甸、泰国、越南等地，甚至远销至欧洲。在新中国成立的70周年进程中，从“一叶”到“一业”，从回归、复兴，直至稳步发展，普洱茶产业已成为普洱“衣食万户”的大产业，且被云南省各级政府列为地方经济发展的支柱型产业。不仅如此，在2017年的云南全球推介活动中，普洱茶向世界亮相，迈开了中国普洱茶产业国际化的步伐。

2020年，普洱市共有各类茶园面积304万亩，茶叶产量12万吨，综合产值293亿元，居云南省第一。茶产业产值占全市GDP的7.58%，占全市工业增加值的6.16%。全市茶企业978户，茶叶农民专业合作社1173个，有茶农近120万人，茶农来自茶叶人均纯收入4624元，2020年茶产业上缴税收1.03亿元。茶产业是普洱规模最大、覆盖最广的农业产业，是全市的第一支柱产业，是普洱衣食万户的大产业、大民生。

普洱茶贸易曾在西双版纳地区近代化转型过程中发挥过重要作用。历经半个世纪的相对沉寂之后，普洱茶市场复兴，并重新成为西双版纳地区经济社会变革的重要支撑力量。在西双版纳普洱茶产区，布朗山老曼峨茶独特浓厚的苦味是其标签。上千年的茶叶种植史，布朗族围绕茶叶建构起一整套生计、社会与文化系统，但苦茶一直是被嫌弃的对象。2000年以来的普洱茶市场复兴与普洱茶市场重构，古树茶价格迅速上涨，为老曼峨古树茶的价值转化提供了基础。

老曼峨深掩于勐海县紧邻中缅边境的布朗山乡莽莽大山中，为布朗山乡较早建立的村寨之一，历史上归属勐混傣族土司管辖。2016年底，老曼峨全村共有186户807人，98%以上为布朗族。作为历史上以游耕为生计的山地民族，布朗族在20世纪50年代“还保留着不同程度的原始农村公社甚至奴隶社会晚期的残余”，后“直接向社会主义社会过渡”。直至2000年，老曼峨所在的布朗山乡仍是云南省重点扶贫区域。但到了2010年以后，老曼峨布朗族单靠茶叶已基本脱贫。最近两三年，老曼峨每户村民从茶叶中获得的年收入在50万元以上（按：老曼峨每户家庭有茶园80—100亩，每年可产干茶1吨左右）。全村95%以上村民家庭购买了汽车，很多家庭有2辆或更多的车，常见的搭配是一辆轿车加一辆皮卡，轿车用于出行，皮卡用于运输茶叶，村民的出行状况大为改善。随着近20年普洱茶市场的复兴，尤其是近10年普洱茶市场的重构，以古树茶为代表的茶叶带来的丰厚收益彻底改变了老曼峨曾经贫穷的生活状态。

老曼峨茶得到的普遍评价是汤色清澈透亮，茶气强劲，苦味重，回甘好，生津强，韵底足，呈蜜香，伴有独特的冰糖香（因其香气独特，又被称为老曼峨香）。但是，初品老曼峨茶的人往往就一个字评价——苦。老曼峨传统制茶方式有三种：一是散茶。将采来的新鲜茶叶放在铁锅内炒制，变色后取出放在竹篾席上揉，揉好后另放在竹篾席上晒干即可。二是竹筒茶。将春茶尖采来后炒好，趁热塞进竹筒中，放在火塘边烤，待竹筒皮烤焦后，便可砍破竹筒食用。三是酸茶，布朗语称其为“勉”。制作酸茶一般在7—8月，将摘来的鲜茶叶煮熟，放在暗处十余天让其长霉，然后再装入竹筒，埋入土中，月余后可取出食用。前两种茶主要用来售卖，酸茶供布朗族妇女自食，亦可作为礼物相互馈赠。20世纪50年代以前，布朗山茶叶价格低廉，100斤茶方能换2斤盐，故布朗族制作散茶和竹筒茶量并不大，茶树种植亦主要为占有土地，而非为商品计。

因茶叶种植面积不断扩大，茶叶加工量不断增加，需要的茶叶工人数量也不断增加。近几年，老曼峨布朗族从外地雇大量茶叶工人。这些工人近的来自澜沧拉祜族自治县、临沧市，远的也有很多来自缅甸。来自省内邻近地方的工人多数有炒茶、制茶的手艺，他们来到老曼峨以后，春茶季两个月时间工资高的能挣到1.2万元左右。来自缅甸的工人多是生活在缅甸的布朗族，年龄在15—40岁，以男性居多。他们与老曼峨布朗族之间有较强的地缘、血缘关系，多是有组织地来找工作。缅甸工人工资按每人每天100元计算，春茶季因为加班比较多，会挣到150元/天。

老曼峨布朗族的茶叶种植与加工有上千年的历史，但一直作为农耕经济生活方式微末的补充，并未显示出特殊的价值。进入21世纪之后，尤其是2012

年之后，伴随国内普洱茶市场的复兴与重构，茶叶方成为颠覆老曼峨布朗族经济生活方式的根本性力量。

【案例2】湖南红茶——东江湖茶

茶祖在湖南，茶源于三湘。湖南种茶制茶历史悠久，茶文化底蕴深厚，自古名茶荟萃，有“江南茶乡”之称。湖南是全国茶叶主产省之一，茶业也是湖南省优势特色农业产业之一。湖南是全国茶叶优势区域规划中的名优绿茶和出口绿茶优势区域，北纬30度左右的武陵、雪峰山区，长岳山丘和环洞庭湖区，生态环境好，茶叶品质佳，是全国著名的“绿茶优势产业带”“黑茶产业中心”和“中国黄茶之乡”。为推进湖南茶叶产业供给侧结构性改革，优化湖南茶类结构，增强发展动能，提升湖南红茶的市场竞争力，振兴湖南红茶产业，促进产业扶贫，增加农民收入，湖南省农业委员会牵头打造了“湖南红茶”省级区域公共品牌。红茶、黄茶、花茶作为湖南省的特色茶叶产品，在市场上也占有较重要的地位。2017年，湖南省茶园面积218.8万亩，居全国第8位；茶叶产量19.7万吨，居全国第5位；单产90千克/亩左右，居全国第3位；全省茶业综合产值达713亿元，其中第一产业产值130亿元，第二产业产值421亿元，第三产业产值162亿元。红茶产量居全国第4位，占全国红茶总产量的9.8%。湖南也是我国开展茶叶深加工技术研究和产业化最早的省份之一，在茶叶深加工领域保持着技术和产业方面的优势，湖南生产的茶浓缩汁、茶多酚、儿茶素、茶氨酸、EGCG等产品，产品出口60多个国家和地区。

茶产业已成为湖南省茶叶优势区域精准扶贫的主导产业。在精准扶贫和供给侧结构性改革中，湖南省高度重视发展茶产业，各省直相关部门和各茶叶主产县（市、区）加大了对茶产业的支持、扶持力度，茶产业已成为茶叶优势区域精准扶贫、加快区域经济发展、建设小康社会的主导产业。全省通过实施茶产业结构调整，打造优质种苗、优质基地、优质产品、优质品牌、优质市场，引导茶叶生产由以数量为主转向数量质量并重，更加注重效益，全面推进湖南茶叶产业提质升级。同时，湖南坚持走生态利用、农旅结合的绿色发展之路。茶产业是最适合发展观光农业的领域，茶价值链与旅游六要素之间具有天然的链接基因。茶产业实现接二连三、六茶共舞，融合发展是茶业转型升级、提质增效的内在要求。湖南推进茶旅融合发展的资源优势和发展条件。湖南茶产业和茶文化资源丰厚，茶园面积大，很多分布在山水秀丽的山区和旅游景点周边，又是茶祖文化、禅茶文化的发祥地，是万里茶路的重要组成部分，开展茶旅融合资源十分丰厚。湖南省将茶旅发展作为推动湖南茶业转型升级的重要抓手，大力推进茶产业三产融合，全省涌现出了一大批以茶兴旅、以旅促茶的典型。

一坝锁东江，高峡出平湖。1986年8月2日，国家“七五”重点水利工程东江大坝建设完工，随着240吨重的巨型铁闸缓缓落下，奔腾的东江被拦腰锁住，形成了浩瀚的东江湖。随着东江大坝的建设与蓄水，库区11个乡、67个村、466个村民小组的近6万移民举家搬迁、离别故园，开启了开荒拓土、重建家园的步伐。东江大坝关闸蓄水，淹没了资兴曾经最富庶的农业区，结束了“万顷良田万声歌”的时代。35年来，资兴移民识大体、顾大局，舍小家、为大家，坚持自力更生、开发创业，实现了安居乐业、发家致富，创造了库区移民搬迁安置的“资兴模式”。东江湖宜果，独特的气候更适宜茶叶生长。在近30年的推广发展过程中，资兴成立了果茶研究所，不断优化种茶、采茶、制茶工艺。除传统的绿茶外，还先后推出红茶、青茶、白茶等新品种。2017年，东江湖茶获评国家农产品地理标志登记产品。

资兴市是湖南省10个移民人口在5万人以上的移民重点县市之一，境内有东江水库等5座大中型水库，全市共核定移民人口64611人，占全市总人口的六分之一，占全市农业人口的四分之一。20世纪80年代中期移民搬迁以来，资兴市始终把发展移民产业作为移民工作的重中之重，坚持走开发性移民道路。库区的土地条件不允许开荒种田，经过调研，柑橘、茶叶适应性强，覆盖面大，劳力容量大。如今东江移民通过种植水果、茶叶，有序发展农家乐等。东江大坝关闸蓄水后，库区5万后靠移民自力更生，艰苦创业，开荒种茶，开发茶园，发展茶叶产业。按照绿色食品、无公害、无污染的标准，该市出台奖励政策，扶持产品创新、品牌塑造、绿色食品和有机食品认证、优势产区种植大户规模化生产、农业产业化龙头企业和农业产业合作社扩大生产规模，重点在滁口、白廊、黄草、兴宁等库区乡镇发展名优茶，培育东江湖茶品牌。同时，该市还通过财政补贴、贷款扶持、税收优惠等方面政策支持，先后发展东江湖茶种植、加工企业（合作社）7家，形成了“企业（合作社）+基地+社员（农户）”的产业化经营格局。

东江湖茶采取统一加工、统一包装、统一质量标准、统一品牌的生产模式，加工生产，先后培育了东江云雾茶、回龙山茶、狗脑贡茶等品牌，茶叶畅销大江南北。近年来，资兴市主动适应市场消费多元化需求，由“绿”变“红”，打破绿茶一统天下的格局，大力开发红茶，提高茶叶附加值。2013年，滁口镇东江名寨茶叶专业合作社与广东英德市“我和你”食品有限公司合作，投资400余万元，引进红茶生产工艺，开发红茶产品。现在，东江名寨茶叶专业合作社发展社员101户，发展茶叶基地3000亩。东江名寨东江红茶茶香浓郁、口感温厚，得到了市场的广泛认可，畅销广东、广西、海南、湖南等地，并先后荣获中国中部农博会金奖、湖南农博会金奖等。

该市依托“一户一产业工人”培养工程，定期举办茶叶生产加工技术培训暨“茶叶湘军”茶叶加工与茶园管理（东江库区）研修班，邀请省农科院茶叶研究所专家来讲课，从种植、加工、植保、品牌建设、市场营销等方面进行培训，提高种茶制茶技术。同时，组建由市、乡农技员和科技示范户、种植能手为骨干的技术服务队伍，加强技术指导和培训，指导茶叶企业和茶农严格按照“统一优良品种、统一田间管理、统一生产操作规章、统一投入品供应和使用、统一收获”的“五统一”管理制度，组织生产，确保生产出优质、安全产品。资兴市已成为全国茶叶绿色食品原料标准化生产基地，拥有7.3万亩绿色食品茶叶标准化基地，每年茶叶收入5亿余元。

到2016年，东江移民共开发果茶8万亩，茶叶150吨；发展规模农家乐180家，每年创收3000多万元。2020年，全市移民经济总产值达16.01亿元，移民人均纯收入由搬迁时的不足200元提高到2020年的18995元。创造了“北有安康、南有东江”的移民产业发展经验。如今，资兴家家户户都种茶树，七八十岁的老人家每年卖茶叶都能挣几千元，解决了生活费的问题。

在资兴市委、市政府的带领下，库区移民从靠水吃水到保水致富，生动诠释了“绿水青山就是金山银山”。绿色转型带来华丽蝶变。东江湖成为同时拥有国家5A级旅游区、国家级风景名胜区、国家生态旅游示范区、国家森林公园、国家湿地公园、国家水利风景区“六位一体”的旅游区。资兴市也成为国家可持续发展先进示范区、国家重点生态功能区、中国美丽乡村建设示范县、“绿水青山就是金山银山”实践创新基地、国家全域旅游示范区、全国首批创新型县市……2020年，资兴市累计接待旅游人数1247.27万人次，实现旅游综合收入115.25亿元。

（2）生态利用模式——竹藤产业。竹、藤是两种最重要的非木木材产品，都属于可再生资源，生产周期短，容易加工，用途广泛，是在多方面可代替木材的具有重要经济、生态、社会效益的森林资源，在促进扶贫减困、改善生计、发展经济、保护环境、应对气候变化等方面发挥着重要作用。竹类和藤类植物在世界森林资源中占有相当重要的地位，是集经济效益、生态效益与社会效益于一体的重要的非木质森林资源，是木材短缺情况下的主要替代性资源。全世界约有竹林面积3500万公顷，竹种1600余种，主要分布于东亚，少数分布于非洲和南美洲等国家，因其具有生长迅速、产量和经济效益高等特点，被誉为“绿色金矿”而备受各产竹国的高度重视。

全世界有竹类植物（木本）70余属1200余种，总面积2200余万公顷，广泛分布于除欧洲以外各大陆的北纬46度至南纬47度的热带、亚热带和暖温带地区。按地理分布，可分为亚洲太平洋竹区、美洲竹区、非洲竹区三大竹区，亚洲太平洋竹区面积和竹种均占世界的80%。竹产业为全世界22亿人口提供收入、食物和住房，全世界有一半人口涉及竹产品的使用和贸易，2010年全球竹产品的年贸易额超过85亿美元。竹子的传统用途达1500多种，特别像中国和日本这样的国家，竹文化历史悠久，竹材被广泛地用于建筑、交通、家具、造纸、工艺品编织等诸多领域，竹笋更被加工成各种笋罐头等系列产品，畅销国内外市场。

全世界有藤13属600余种，生长在海拔3000米以下的亚洲热带和亚热带地区以及非洲赤道地区，生长8—10年可采收利用。亚洲藤资源最为丰富，13属藤类植物中有10属300—400种来自亚洲。印度尼西亚是全球最大的藤产国。在许多亚洲国家，藤的经济重要性仅次于木材，藤制家具是最受欢迎的产品。2010年藤及其产品的全球贸易额达70亿美元，全世界有7亿多人参与藤的贸易和利用。竹藤产业是劳动密集型产业，具有投资小，加工工艺设备比较简单的特点。竹藤产业的发展，为增加就业、乡村振兴、农民增收、促进地方经济发展有重要作用。

竹藤在水土保持、保护环境发展旅游方面具有重要意义。竹林比同样的面积树林多释放35%的氧气，对于碳达峰与碳中和目标的实现具有重要的现实意义。竹林四季常青，枝叶茂盛，加之竹叶覆盖地面，一株竹子可固定6立方米土壤，一公顷竹林可蓄水1000吨，集约经营的毛竹林每年碳积累量为12.749吨/公顷，是速生杉木的1.46倍，竹林对减少水土流失、减碳固碳效果显著。竹子形态多姿优美，四季常绿，观赏价值高，被广泛用于美化环境和风景园林业，为人们提供良好的旅游、休闲场所。

我国地处世界竹子分布中心，是世界上竹类资源最丰富的国家，有 40 属 500 多种，竹林种类、面积和蓄积均居世界前列，素有“竹子王国”之称。竹子是最具中国特色的非木材森林资源，具有生长快、强韧性好、用途广等独特优势，以及绿色环保、可降解、可再生等天然特性；对涵养水源、固土固沙、保持碳平衡具有积极作用，被誉为“第二大森林”。在长江流域有林地面积中，竹林占 4.8%，在珠江流域中占 4.4%，竹林已成为中国南方重要的生态屏障，具有重要的生态价值。中国竹资源面积、种类和储量均居世界前列。其中，竹林面积 641 万公顷，约占世界竹林总面积的 20%；中国现有竹子 39 属 837 种，约占世界总量的 50%；中国竹资源广泛分布在福建、浙江、江西、安徽、四川、重庆等 17 个省区。其中，福建、江西、浙江、湖南竹林面积占全国半数，毛竹占 80% 以上。我国在竹子科研、生产、开发和利用方面也处于世界领先地位，中国竹子循环产业链由竹林种植、采伐、仓储、加工、销售、再利用构成，已形成了 10 个领域近万种产品。改革开放以来，我国竹业迅猛发展，形成了一个由资源培育、加工利用到出口贸易的新兴产业，与花卉业、森林旅游业、森林食品业一起，成为我国林业的四大朝阳产业。

中国竹藤产业长期居世界首位，2019 年竹藤产业产值规模达 2800 亿元，竹产业加工技术世界领先，标准齐全，竹产业的发展已被纳入国家战略性新兴产业体系。近期，竹藤产业的顶层设计或将发布，规划发展目标将竹产业的总产值定在万亿元级，直指世界竹产业强国的位置，其中特别提到创新型龙头企业、产业集群和园区的构建，提出到 2025 年我国竹产业总产值目标突破 7000 亿元，到 2035 年目标超过 1 万亿元。

根据中国竹产业协会统计，2018 年我国竹产业总产值约 2680 亿元。福建、浙江和四川的竹产业产值分别为 491 亿、486 亿和 462 亿元。这三个省成为我国竹产业的第一梯队，福建和浙江之间的差异微小，四川省的进步最为显著，成为我国竹产业的新星，达到了与福建和浙江同等的规模。排在第二梯队的是安徽、江西、湖南、重庆和贵州，竹产业的产值为 100 亿—300 亿元。其他各省的产值低于 100 亿元。当下，竹产业已经成为建设秀美山川的绿色产业、促进乡村振兴的先导产业、推动农村脱贫的致富产业。

早在 2012 年，湖南省就提出到 2025 年，力争将湖南省竹产业打造成千亿元的产业。湖南省竹产业产值从 2009 年的 80 多亿元，增长到 2019 年的 323 亿元，保持着年均两位数的增幅，形成了 20 多个大类、1500 多个规格品种的竹

产业加工体系，部分产品引领全国市场。竹产业发展不仅在脱贫攻坚和乡村振兴中社会效益显著，而且竹产业发展也符合党中央“生态优先、绿色发展”的总要求。湖南益阳市桃江县将竹资源优势转化为产业优势，打造富民强县主导产业，相关从业人员超过15万人，全县竹农增收3.5亿元。

湖南桃花江竹材科技股份有限公司（以下简称“桃花江竹材”）是桃江县竹产业领域的科技型龙头企业，也是国家林业重点龙头企业、中国竹藤品牌集群首批成员单位。该公司成立于2001年，专注于新型环保竹材研发与生产，已成为国家高新技术企业和新三板挂牌创新层企业。桃花江竹材研发应用的“高炭防腐”、无限接长等生产技术，大幅提高了竹材利用率、产品附加值和生产机械化程度，获得“湖南省科技进步一等奖”。桃花江竹材还是我国户外竹材“高炭防腐”技术的发明者、中国竹业标杆企业和国家大力支持的高新技术企业。桃花江竹材产品具有环保美观、防腐阻燃、抗折耐磨、不变形、不开裂，以及资源可再生、废弃可自由降解等优异特性，可广泛应用于户外建筑、园林栈道、外墙装饰、露天阳台和户外栏杆等领域。经过近十年的应用推广，已在雄安新区、北京行政副中心等全国重点市政工程中得到广泛应用，并出口欧美、日韩等20多个国家。由中交一公局集团承建的埃塞俄比亚首都亚的斯友谊广场，所有地板、桌椅、休憩亭等采用的都是桃花江竹材公司的产品，该项目还荣获“2021年度全球环境类最佳项目”称号。

竹藤产业的生态利用模式多样，不仅可以加工成一次性竹筷、竹西餐具、竹工艺品，而且还可以加工成地板、桌椅，甚至可以加工生产成建筑用材，加工成竹炭，深加工成竹纤维生活用品。以下简单介绍几种竹藤产业的生态利用模式。

【竹藤产业生态利用模式1】发展竹炭产业

竹炭是一种以竹材为原料，经高温无氧干馏制成的炭材料。竹炭质地坚硬，结构疏松多孔，具有很强的吸附能力。根据原料和形状的不同，竹炭可分为筒炭、片炭、颗粒炭和粉末炭等。除用于烧烤、火锅等燃料外，竹炭还具有净化空气、消除异味、吸湿防霉、抑菌驱虫等作用，在化工、冶金、农业、水质和空气净化、食品等领域得到广泛应用，被誉为“黑钻石”。中国竹炭产业自20世纪90年代开始，经过近30年的发展，已开发出竹炭、竹醋液9大系列300多种产品。浙江省衢州市被誉为“中国竹炭之乡”，是国内竹炭生产加工、技术研发改进、贸易销售的中心。2015年以来，国内竹炭产业逐渐转型升级，竹炭应用领域不断拓展，产业规模持续扩大，如“浙江信竹”“浙江笙碳”“衢州竹韵炭业”等竹炭产业公司实现了竹炭生产、加工、制造工艺的升级，开发了新一批空气净化用竹炭包、水质净化用竹炭、家用装修碳类吸附、车用碳类吸附、竹炭装饰板、竹制活性炭、寝具竹炭材料、衣用涤纶竹炭材料、竹醋液等创新产品。

竹炭以其多孔性与具有吸附、去湿、产生负氧离子、释放红外线、阻隔电磁辐射等诸多功效，在当前大环保与大健康时代，其应用价值越来越突显出来。比如，竹炭在环保气相与液相处理领域作为生物填料的应用、在土壤修复与改良领域应用、在农业炭基缓释肥上应用等均有广阔的市场前景；另外，竹炭作为业界的新兴材料，被称为第 4 类活性炭的原材料，通过深加工成竹质活性炭，市场需求旺盛，前景十分广阔。

竹炭产业也是发展低碳经济、实现“双碳”目标的优势产业。竹炭产业化可实现竹材增值与循环利用，拓展竹产业链，符合“资源消耗减量、循环产出增量”的低碳经济发展目标。发展竹炭经济，实践低碳生活，也是应对全球气候变化最经济、最直接的途径。

另外，竹炭产业作为竹材创新利用的有效途径，将成为“一带一路”倡议的先锋产业。从竹子的开发利用而言，目前几乎都立足于物理加工方式，如做成竹家居、竹地板、竹凉席、竹筷子等一次性日用品及竹工艺品等，但受限于竹子材料自身特性，不少类型的竹制品面临材料筛选要求严、成本高、加工难度大等问题，产品质量、材质与质量稳定性均不如木质产品。随着竹炭现代化先进装备的问世，竹子通过清洁的生物化学处理法热解成竹炭，并联产竹醋液与竹燃气，创造出多联产、多维度的产品及具有高附加值的深加工产品，从而以生化处理法使世界的竹子得到有价值的利用，并在不久的将来惠及世界各产竹国。近年来，为响应中国“一带一路”倡议，总部位于中国的国际竹藤组织和国际竹藤中心将竹炭制造技术和产品作为国际援助项目已传播到非洲、东南亚、拉美及加勒比海地区，让一些有担当的竹炭龙头或骨干企业带头“走出去”，成为中国“一带一路”倡议的传播者、开拓者。

【竹藤产业生态利用模式 2】发展竹藤纤维产业

近年来随着我国经济的快速发展，人们对环境问题日益关注，尤其对于绿色安全的生活环境愈发重视，提出了“与自然相契合”的生活理念。天然纤维由于是一种天然绿色可降解的材料，完全契合当前广大消费者的生活理念与消费潮流。家具面料作为和人体直接接触，又能调节室内氛围的织物，其材质逐渐受到人们关注。竹藤纤维由于其有益于人体健康的各项特性深受各行业的喜爱。因此，通过改善竹藤纤维在其提取制备和纺织技术上的难题，逐步解决家具面料后续保养的问题，其市场前景巨大，以竹藤、软木和天然纤维为材料的家具用品，以其低调环保、可持续性利用的设计理念，受到广泛关注，天然纤维在家具用品行业的应用潮流已经初见端倪（见表 4－2）。

表 4－2　天然纤维的应用

序号	竹纤维产品分类	举例	市场上主要成分
1	床上用品	床单，被套，枕巾	与棉、毛、麻、绢及化学纤维混纺
2	衣物服饰	轻薄服饰	竹纤维与维纶混纺
		一般服饰	与棉、毛、麻、绢及化学纤维混纺
		贴身衣物	竹原纤维含量 30% 以下的竹棉混纺
3	卫生医疗用品	医用口罩，绷带，护士服，手术服	竹原纤维含量 30% 以下的竹棉混纺
4	厨卫洗浴用品	厨巾，浴巾，浴帽	与棉、毛、麻、绢及化学纤维混纺
5	儿童相关产品	尿布，儿童内衣，抱被	竹原纤维含量 30% 以下的竹棉混纺
6	其他家居用品	窗帘	与棉、毛、麻、绢及化学纤维混纺

竹纤维是指用不同处理工艺，以竹材制取的纤维。根据加工制取的差异性，竹纤维可以分成天然竹纤维和再生竹纤维。天然竹纤维是指以物理或生物等方式，不破坏竹纤维原本的特性所制成，即竹原纤维。因此该纤维舒适透气，环保安全，且兼具特有的保健抗菌等优异性能。因此，业界称之为“纤维皇后”。再生竹纤维具体指竹浆纤维和竹炭纤维。严格来说，这两种竹纤维属于化学纤维，制取时都加入了化学试剂，因此破坏了竹纤维优异性能，且给环境造成了一定的负担。其吸放湿热性能差于竹原纤维，但优于很多天然纤维。

由于结构和成分特殊，竹纤维纺织成面料后拥有许多优良的特性。如吸放湿热、保暖亲肤、除臭防螨、抗菌抑菌、防紫外线、绿色环保、抗静电辐射及保健性等。但该面料也有一些缺点，如竹纤维面料易变形、强度低，尤其是吸湿性强。而且，由于竹纤维的结构特性，有些过于敏感的人对纯竹纤维面料会产生微痒的感觉。因此，如果作为内衣物制品，竹纤维适合加入一定纯棉纤维进行混纺调和。

竹纤维面料产品分类及利用前景天然竹纤维织物在市面上一般是以混纺的

形式的出现，市场上没有纯纺的竹原纤维织物。由于人们逐渐追寻安全环保，高质量的生活环境，且对能源和环境问题的越发重视。天然纤维的织物产品的需求量越来越大。我国耕地资源有限，棉、麻等天然纤维织物已经逐渐不能满足日益增加的社会需求。而我国竹材资源丰富，并且竹纤维比棉、麻纤维等天然纤维具有更突出的性能。竹纤维面料作为一种新型面料的出现将会有很大的市场空间。

【竹藤产业生态利用模式3】发展“以竹代塑”相关产业

全世界每年生产用于包装、建筑和其他用途的塑料近4亿吨，塑料污染及其带来的健康危害日益受到全球关注，世界各国都在寻求替代塑料制品的最佳解决方案。

“以竹代塑”是基于竹子生长迅速、可降解、可持续、可循环的特性，为塑料污染问题提供了基于自然的解决方案。竹子替代塑料的优势体现以下几点：第一，竹子生长的很快，是世界上生长很快的植物，产量较高，能在3—5年内迅速成材；第二，竹子用途较多，涉及衣食住行用，及其他可拓展延伸领域的用途；第三，竹子几乎没有废料，竹子的根茎、竹竿、竹叶可以实现全竹利用，是理想的可再生纤维来源，竹废料亦可用作碳原料；第四，竹材使用后可以完全自然降解，而目前塑料垃圾的处理方式主要是用于填埋和回归水体河流和海洋，对海洋生物及人体健康会造成很大的伤害，塑料威胁到地球及人类，全球禁塑已成必然之势，用竹子代替塑料是可行的解决方案。

“以竹代塑”将为竹制品带来无限商机，而作为替代品的竹制品也将为竹木企业带来新的增长点。目前，已开发的竹制品有100多个系列上万个品种，有望成为塑料的最佳替代品。据了解，竹制品在很多领域都可以替代塑料产品，包括日用品类、包装类、建材类和汽车用材料等。例如竹吸管、竹环保餐具替代一次性塑料制品。竹环保餐具由竹纤维和可降解生物质材料为原料制作而成，竹餐具可直接进入微波炉、烤箱及冰箱等使用，且无有毒物析出，这种餐具使用后能自然分解并被土壤吸收，也可回收碎解后用作肥料或制成托盘等产品。还有竹纤维增强热塑性复合材料，它是一种出色的轻量化原材料，具有轻质高强、适合模块化设计等优势，是汽车轻量化材料的优质之选。总之，“以竹代塑”可缓解全球塑料污染问题，也将因此为竹木企业带来新的效益增长，带动竹产业发展。

【竹藤产业生态利用模式4】资源综合利用模式

林业资源综合利用模式围绕“竹”进行产品研发，建设有机竹林基地，形成相关竹藤初级加工、深加工产业，在发展第一产业、第二产业的同时，也可以围绕竹藤产业开发工业旅游和中医药文化养生项目。通过综合利用模式的创新，形成带动一产、提升二产、促进三产的全新理念和发展方式，开发出集竹乡特色、产品多元化、产业多元化、渠道多元化和林下经济多元化于一体的新型发展模式。

浙江省是全国重点产竹省份，栽培加工历史悠久，竹林面积81.93万公顷，占全国竹林总面积的六分之一，竹资源综合利用水平领先全国。浙江通过加强竹林资源培育，加快高附加值主产品开发，促进竹产业转型升级，在发展经济的同时也提高了农民生活水平。安吉是国家级生态县，居全国“十大竹乡”之首，素有“世界竹子看中国，中国竹子看浙江，浙江竹子看安吉”的美誉。据统计，安吉县竹子资源栽种面积108万亩，蓄积量1.7亿支，年采伐量3000万支，年消耗量1.5亿支，居全省首位。安吉县先后获得“全国森林经营示范县”“中国竹地板之都”“中国竹产业培训中心”“中国竹产业展览中心”“中国竹产业加工中心”和“省竹产业建设先进县”等荣誉。

安吉县不仅注重发展竹产业，更将循环经济理念融入竹产业的转型升级，将竹资源的综合利用做到极致。对于质量较好的竹节、竹屑等废料，安吉竹加工企业相继研制出竹屑板、重组竹胶合板等变废为宝的新产品，剩余的废弃物则加工成竹炭系列产品。所有加工废料就地解决，既减轻了环境压力，又增加了竹产业收入。据统计，全县现有各类竹废料利用企业41家，年产值达10亿元，废料利用率达95%，有力促进了安吉竹产业高效可循环发展。安吉县的竹产业科技创业中心更以发展竹木制品、竹工机械为产业导向，以竹产品深加工为产业龙头，实施生化利用，致力科技创新，不断提高产品附加值，持续发展竹产业精深加工，广泛延伸产业链条，探索出了一条围绕竹资源，发展竹科技、做强竹品牌的生态工业之路，2010年被评为浙江省工业循环经济十大示范园区之一。

“十三五”期间，随着国家加快建设资源节约型、环境友好型社会，浙江全力推进生态文明建设，安吉作为国家级生态县，更注重竹产业与循环经济的融合发展，充分结合高新技术，将初级的资源综合利用与国家、省战略性新兴产业相结合，实现地区经济的转型升级。安吉在秋冬季节均有“毛料加工”的传统作业方式，即在每年11月至翌年2月间将当年新生的竹子进行钩梢（以防止下雪时压折竹子）。然后，把竹梢加工成竹扫把等竹产品。据统计，安吉县每年在竹子钩梢后加工扫把等竹产品的季节约可产生4万吨的干竹叶，除少量用作早笋园地膜覆盖以外，绝大部分被废弃。

位于浙江安吉县的浙江圣氏生物科技有限公司（以下简称“圣氏生物”），是一家专业从事植物提取等天然产物的研发、生产和销售的公司，是国家高新技术企业和浙江省绿色企业。该公司建有省级天然植物资源化学利用技术研究开发中心，在植物有效成分的研发和产业化实践方面处于国内外领先水平，拥有从竹叶中提取竹叶黄酮类系列产品的生产工艺、一种葡萄籽原花青素保健饮料的制备方法、一种从竹叶中提取天然防腐剂的方法、一种从竹叶中提取竹叶黄酮的方法等多项发明专利和专有技术，尤其是在竹叶黄酮项目上具有丰富的科研积累和强大的研发实力。该公司专门从事竹叶黄酮等药食两用中药材有效成分的提取，是竹叶黄酮的专业供应商，拥有保健食品GMP、竹叶黄酮新食品原料、食品添加剂、饮料和压片糖果SC生产许可证书。

圣氏生物在综合利用林业资源方面有成熟的经验，形成了利用废弃竹叶提取竹叶黄酮及其系产品模式、竹叶提取后废渣及竹材加工剩余物再利用模式、竹叶黄酮工业旅游模式等多种发展模式。竹叶中含有大量的黄酮类化合物和其他生物活性成分，如酚酸、内酯、萜类、多糖、特种氨基酸和锰、锌、硒、锗等人体所必需的矿物元素，其中碳苷黄酮是其主要功能因子。圣氏生物以竹叶黄酮为内容物的“竹康宁”胶囊和片剂也分别于1999年和2002年获得了保健食品的批准文号。竹叶提取后的废渣一部分可作为有机肥返回竹林基地，另一部分可加工成草食动物饲料供牛羊兔食用；也可和当地其他竹材加工企业的加工剩余物一起通过炭气联产设备加工成生物活性炭，供污水处理厂等净化污水使用；制炭过程中产生的蒸汽则通过余热锅炉转化成热能供公司内部提取天然植物提取物所用。圣氏生物已建有一套竹屑流化床气化供10t/h联产炭设备，可年产450吨生物活性炭，为企业内部年供蒸气7.2万吨，与使用天然气供热相比，每年可节约1080万元能源成本。

圣氏生物紧紧围绕“竹”进行产品研发，不仅建有2万亩有机竹林基地，形成了以“竹叶黄酮”为核心的产品（如竹康宁胶囊、竹叶黄酮植物饮料、竹叶黄酮牙膏、面膜、护手霜、洗洁精等），包括以“竹叶黄酮”为主线形成的工业旅游和中医药文化养生项目，实现企业与消费者面对面的以竹叶黄酮为核心进行互动和宣传，以此扩大企业美誉度和产品知名度，为企业快速发展打下良好基础。

（3）生态利用模式——现代农业科技产业。科学技术是第一生产力，不仅适用于工业和服务业领域，同样适用于第一产业的农业领域。科技给农业带来价值的提升，甚至远远超过在工业及服务业方面的效果。农业大国与农业强国的本质区别，不在于总规模和总产值，而在于农业科技的水平，在于农业科技对农业附加值的创造。现代农业科技使得传统第一产业突破发展瓶颈，是农业现代化的重要驱动力量，为经济社会的绿色可持续发展贡献巨大力量。根据中国农业科学院农业经济研究所的研究结果，在农业 GDP 增长的贡献中，每一元支出，教育、道路、通信、灌溉、电力的回报率分别为 3.71、2.12、1.91、1.88 和 0.54 元，而科技的回报率高达 9.59 元。

农业科技是指农业科技工作者及农业生产者通过考察、分析、试验、研究或农业生产实践等创造性劳动取得的，能应用于农业生产、经营、管理活动以及农业科研的手段、工艺、方法和技能体系，它是农业经济发展和农业科技进步的有力手段。农业现代化有三个阶段：以现代工业为主的农业现代化、以现代科技为核心的农业现代化、以农业可持续发展为核心的现代化。在较早时期，人们对农业现代化的认识局限于传统农业与现代工业的结合，以现代工业的成果广泛应用于农业生产过程为主要代表，形成了以机械化、化学化、水利化、电气化为主体标志的农业现代化。农业生产既要采用现代工业先进物质技术，又要广泛应用现代科学技术，使整个农业生产的各个环节实现科学化、社会化、专业化。同时，农业生产成为社会生产的有机组成部分，农业产业化是农业生产纵向社会化的主要代表，农民组织化是农业横向社会化的主要标志。农业可持续发展，在农业现代化概念中增加了农业可持续发展的概念，着眼于农业生态平衡与环境保护以及自然资源可持续利用。

农业科技成为农业增产、农民增收的重要手段被反复写进中央文件。农村经济发展，农业持续稳定增产，农民收入水平不断提高，都越来越依赖农业科技的进步和科技创新，这是有目共睹的事实。我们深切地感受到社会在进步，科技在发展，新的农业科技革命正在蓬勃兴起，信息技术得到广泛应用，生命科学和生物技术不断取得重大突破，设施农业使农业的装备水平和生产手段不断改进。科技打造和延伸了农业产业链，增加了农产品的科技含量和附加值。农业科技在农业生产和整个社会的发展中扮演着至关重要的角色。

中国是一个人均资源稀缺的国家，地少人多，以全球7%的耕地，养活着世界20%的人口。随着城市化、工业化水平的逐步提高，可用于农业生产的耕地越来越少，提高农业生产率及农业产量，夯实农业在国民经济发展中的基础作用，依靠农业科技创新，提高农业生产单产是重要途径之一。新中国成立以来，特别是改革开放以来，中国农业科技对农业的贡献率逐年提高。“十五”时期，中国农业科技创新能力明显增强，农业科技进步对农业增长的促进作用逐步增加，中国农业科技的贡献率达到了48%；在“十一五”时期，农业科技工作成效显著，科技进步对农业增长的贡献率提高到52%。据新华网报道，2013年，我国农业科技进步贡献率已经达到55.2%，超过“十二五”初期制定的农业科技贡献率要超过55%的目标。我国农业科技发展水平不断提升，农业科技创新成果突出、农业科技创新成果突出、农业生产中化肥农膜和农药的使用量稳步增加、农村教育事业发展较快使得农业从业者素质提高迅速、农业科技推广服务不断完善。

农业科技进步又带动了农业科研投入的增加，我国的农业科研总量由1985年11.04亿元增加到2002年的69.33亿元，由2003年的70.91亿元增加到2010年的140.59亿元。由于国家加大了农业科研投入，农林牧渔业的总产值由2003年的17914.6亿元增加到2010年的43038亿元。

在我国现代农业科技发展过程中，农业科技产业规模不断扩大，很多农业科技实践者深耕农业科技领域，取得了很大的成就。元宝枫的科技开发就是一个典型，元宝枫既是绿化树种，又是经济树种，其综合经济效益高，可带动多产业发展，元宝枫综合开发产业是典型的“绿水青山就是金山银山”的代表产业。元宝枫产业链包括元宝枫饲料、籽油、茶叶、冲剂等产品开发；经过深加工后还可以拓展到医药产业，如化妆品、医药品、保健品及特殊医用食品、其他创新类药品；经过综合开发，还可以延伸到旅游业及相关产业。元宝枫种植增加了农户的收入，元宝枫每公斤鲜叶价格6元，每公斤籽价格30元左右，而元宝枫籽加工成油后价格可达每公斤1000—5000元，从元宝枫籽油通过农业科技提取出的神经酸价格为7000—12000元/公斤，这个价格是初级农产品的数百倍甚至上千倍。神经酸的经济价值和医用保健价值极高，是迄今为止世界上发现的能促进受损神经组织修复、再生的特效物质，是神经细胞特别是大脑细胞、视神经细胞、周围神经生长、再发育和维持的核心天然成分之一。这种“高级营养素”的缺乏，将会引起人脑中风后遗症、老年痴呆、脑瘫、脑萎缩、记忆力减退、失眠健忘等脑疾病。

湖南万象集团是农业科技产业的成功实践者之一，该公司以天然油脂分离纯化技术及尖端科技规模化、智能化、一体化生产为基础，深度开发木本、草本植物的生态价值、材用价值、食用价值、保健价值、医用价值，开发了一系列的具有保健、医用等价值的农业科技深加工产品，例如神经酸（高纯油酸、亚油酸、α－亚麻酸、伽玛亚麻酸和棕榈油酸等）、山茶油、护肤品及保健品、营养食品、玻尿酸。该公司采取“公司＋合作社＋农户模式”与农林共建油茶林近20万亩，其中收购拥有林权证的油茶林经营面积近5万亩。通过农业产业化、规模化发展，不仅增加了农民的收入，而且带动了当地的生态经济的发展；通过农业科技创新和研发，研发出天然油脂纯化与分离新技术与产品，研发量产Omega系列产品、天然脂肪酸及系列产品，开展相关全产业链产品的研发生产与销售，成为农业科技领域的龙头企业。该公司还与中国化学集团、华润集团在广东省南雄国储林项目进行战略合作，充分开发中国化学在南雄的38万亩国储林中的巨量银杏、山桐子、元宝枫等植物资源，通过纯化分离黄酮、莽草酸、白果提取物，打造种植—分离纯化—终端产品制造的整体产业链。

云南金枫生物科技有限公司是元宝枫产业的行业标杆企业，是种植、生产、研发、销售全产业链贯穿的企业。该公司通过科技研发，围绕元宝枫产业，开发了一系列的产品，如元宝枫籽油、元宝茶（元宝枫叶制作）、芳华面膜、元宝枫籽油凝胶糖果等等。该公司向农业产业化、规模化、科技化方向发展，在被誉为“世界植物王国”的云南拥有5000亩元宝枫成林树种植基地，拥有百万棵8年以上的成龄树及上亿棵不同年份的种苗，拥有元宝枫相关产业最大的产能，拥有世界一流的新药研发团队及专利技术，拥有强大的销售团队和日趋成熟的大市场，产品畅销海内外。该公司坚持技术领跑，不断进行新产品开发，不断完善元宝枫基础产品产业链，坚持以元宝枫为基础，不断开发具有高附加值、高科技含量的系列产品。

北京九耕鑫盛农业生物科技有限公司（以下简称“九耕农业科技”）以产业化、标准化、科技化、现代化的农业发展样板为建设目标，在北京朝阳区建设九耕鑫盛智慧双碳三产融合农场（以下简称“九耕农场”），以三产融合发展成为乡村振兴高质量发展样板。九耕农场以“智慧双碳、立足科普，平台共建”为发展理念，在高标准农业产业的绿色生态本底上，聚力学生农业科普教育与生物科技产业，造就绿色生态、科技引领的科普教育基地、田园综合体与农业现代产业园，构建产、学、游、研一体化的生态绿岛。九耕农场以三产融合发展为模式，其中一产为农业产业，建设高标准农业生产基地，主要包括现代农业、智慧农业、高标准农田三个方面；二产为农业生物科技研发技术应用，建设农业生物科技基地，包括农业生物科技研发、农业高新技术孵化器与投资平台两个方面；三产为学生实践与田园旅游，建设学生实践基地与高端田园综合体，包括建设学生实践基地与高端田园综合体等方面。

传统的农业，经过高科技的嫁接，打造和延伸了农业产业链，使产业价值得到了大幅提升，同时也推动着传统的第一产业向工业化、现代化方向发展。在农业科技的驱动下，农业产业化、现代化的进程不断加快，使得传统农业突破发展的瓶颈，形成高科技含量、高附加值的产业，形成可持续发展的绿色生态产业，推进一、二、三产业融合发展，不仅能够使农民增收，更能带动地方经济发展，富裕一方。

参考文献

[1] 严立冬，郝文杰，邓远建．绿色财政政策与生态资源可持续利用［J］．财政研究，2009（12）：37－40.

[2] 阚欣宇．思想政治课生态文明教育案例教学研究［D］．海南师范大学，2018.

[3] 外国生态农业面面观［J］．新农业，2014（12）：60－61.

[4] 刘举科，等．中国生态城市建设发展报告（2015）［M］．北京：社会科学文献出版社，2015.

[5] 卢石应，李立．城市公园污水生态化处理方法和模式研究［J］．地下水，2011，33（1）：69－70＋86.

[6] 2014年版都兰县生态农业项目可行性研究咨询报告［R］．中国行业研究网．

[7] 2014年版阿克苏地区生态农业项目可行性研究咨询报告［R］．中国行业研究网．

[8] 袁丽静．循环经济、绿色经济和生态经济［J］．环境科学与管理，2008（6）：157－160.

[9] 白春艳．塔里木盆地平原区中盐度地下水分布及水质评价［D］．新疆农业大学，2013.

[10] 赵万山．甘肃省将实现六大区域生态保护补偿全覆盖［N］．兰州日报，2017－08－03.

[11] 卢新雄，陈叔平，刘旭，等．农作物种质资源保存技术规程［M］．北京：中国农业出版社，2008.

[12] 郝目远，马宁，刘操，等．北京市农村生活污水处理适宜模式研究［J］．北京水务，2019（1）：20－24.

[13] 张志贵，朱静平，王中琪，等．低成本废水生态处理技术应用前景与农村可持续发展模式与政策的思考［C］．//中国环境科学学会，环境保护部环境规划院，哈尔滨工业大学，等．2013 年水资源生态保护与水污染控制研讨会论文集，2013：5.

[14] 苏振锋．低碳经济　生态经济　循环经济和绿色经济的关系探析［J］．科技创新与生产力，2010（6）：19－22.

[15] 罗康隆．地方性生态知识对区域生态资源维护与利用的价值［J］．中南民族大学学报（人文社会科学版），2010，30（3）：43－48.

[16] 俞建德．生态城市污水处理模式的选择［J］．中国城市经济，2002（8）：59－62.

[17] 李林．生态资源可持续利用的制度变迁分析［J］．商场现代化，2007（35）：172－173.

[18] 李林．生态资源可持续利用的制度经济学分析［J］．生态经济，2005（7）：61－64.

[19] 龚园园，张照韩，于艳玲，等．我国南北农村生活污水处理模式研究［J］．现代生物医学进展，2012，12（1）：132－136.

[20] 谢高地，曹淑艳．中国生态资源的可持续利用与管理［J］．环境保护与循环经济，2011，31（1）：4－7.

[21] 范瑞凰．生态资源利用的文化定格［J］．学理论，2010（17）：58－59.

[22] 杨汉兵．中国生态资源利用的政府行为分析［J］．全国商情，2014（10）.

[23] 普洱：全力壮大茶产业［N］．普洱日报，2021－11－15（001）.

[24] 张振伟，韩秀．品味与价值：老曼峨茶叶市场化中的身体感、技艺与资本游聚［J］．中央民族大学学报（哲学社会科学版），2021（4）．

[25] 萧力争，陈岱卉．中国茶产业发展研究报告（2018）［M］．北京：社会科学文献出版社，2019：130＋132＋136.

[26] 侯军，侯杰．漫谈中国茶文化［M］//张骁儒．深圳市民文化大讲堂 2012 年讲座精选（上册）．北京：社会科学文献出版社，2014：185－198.

[27] “以竹代塑”优势多前景广［N］．宜宾日报，2021－10－21（002）.

[28] 竹藤新材融入林草事业前景广阔［N］．建筑时报，2021－09－20（007）.

[29] 减少塑料污染助力双碳目标以竹代塑国际竹藤组织在行动［J］．世界竹藤通讯，2021，19（4）：2.

[30] 王戈，陈复明，程海涛，等．中国竹产业的特色优势与创新发展［J］．世界竹藤通讯，2020，18（6）：6－13＋29.

[31] 黄章黎．“一带一路”背景下竹藤产业的可持续发展对策［J］．林产工业，2019，56（11）：71－73.

［32］王凤林，富艳春．竹藤纤维在家具面料中的应用研究［J］．艺术科技，2019，32（1）：128－129.

［33］李荣生，刘杏娥，尹光天，等．中国大陆藤工业现状及发展对策［J］．世界竹藤通讯，2014，12（2）：35－38.

［34］樊宝敏，李智勇，陈勇．中国竹藤资源现状及发展潜力分析［J］．林业资源管理，2004（1）：18－20.

［35］耿明斋．中国农业现代化：困惑与探索［M］．北京：社会科学文献出版社，2015.

［36］朱启臻．农业社会学［M］．北京：社会科学文献出版社，2009.

第5章 循环高效模式

自然资源并非取之不竭、用之不尽，人类经济社会要实现绿色、可持续发展，就必须保护好生态环境、节约利用资源。开发循环高效利用技术和模式，实现资源的社会、产业和企业内多重循环，最大限度地提高资源的使用效率和效果，是实现经济社会绿色、可持续发展的重要举措。自20世纪90年代以来，发展循环经济被世界各国视为实施可持续发展战略的重要途径和实现方式，国际上已形成了较为成熟的循环高效应用模式，如美国的循环消费模式、德国的双元回收系统模式、日本的立法推进模式、丹麦的生态工业园模式、法国的行业协会推进模式等。我国的循环经济已上升为国家战略，并在法律制度、政策支持、技术开发、产业投资、舆论宣传、理论研究、试点及推广等方面做了大量的工作，取得了很大的成就，初步形成了循环高效的绿色经济发展模式。

5.1 循环高效模式概述

循环高效模式是绿色经济四种主要的发展模式之一，是绿色经济学的重要内容。循环高效模式具有广泛的应用场景，既包括对自然资源的循环使用，又包括对化石能源及其他生产要素的高效利用。循环高效模式是经济发展的生态系统化，是破解资源环境对社会经济发展造成制约这一问题的重要途径。循环高效模式还具有资源高效循环利用、变废为宝的特点，能够促进传统的经济发展模式实现绿色化转型升级。

5.1.1 循环高效模式的内涵

循环高效模式是以绿色经济学理论为指导，以生态经济为基础，以资源循环为目标而提出的绿色发展模式。针对传统的线性经济模式而言，其关键在于经济转型，主要特点在于资源的高效利用和循环再生，是生态经济更为具象化的表达，秉承可持续发展的理念，旨在实现经济发展、生态保护以及资源利用的统一。

（1）从绿色发展角度出发。循环高效模式是绿色发展的一部分，即以构建循环高效模式为目标，建立循环高效型产业体系，在实际中解决传统经济发展对于自然资源的消耗。进一步可分为两个方面：一是对自然资源如矿石，沙土等的消耗，二是对化石能源如煤炭、石油、天然气等的消耗。简而言之，对于自然资源，我们偏重于循环使用，对于化石能源，我们强调高效利用。

循环高效模式总结了自然生态系统中的物质循环规律，遵循能量流动的原则，通过构建循环高效的产业体系，利用循环高效的特征，提高可再生能源的比例，减少经济发展对于矿石资源的消耗，使经济系统和谐融入物质循环过程，逐渐摆脱对于化石能源的依赖，逐渐降低开采矿石的强度。循环高效模式的构建解决了经济发展中遇到的资源、能源难题，按照清洁生产方式，加以高效利用的特点，对能源和自然资源进行综合利用，能够带动经济按照资源循环的方向发展，使人与自然和谐向好发展，这是绿色发展的具体内容之一，充分体现了可持续发展在经济发展和生态保护中的利用。

（2）从生态经济学角度出发。循环高效模式可理解为经济发展的生态系统化。所谓循环高效，即为通过一定技术手段和方式方法，对经济发展过程进行改造，具体来说，就是将传统模式“生态资源—经济产品—排出废料”改造为“生态资源—经济产品—可再利用资源”这样一个环形结构经济模式，在区域生态系统可以承受的程度之内，发展生态自然产业，达到特定的经济效果。因其类似于自然界的物质循环，所以我们人为地将其称为经济发展生态系统化。

许多国家和地区因为环境、资源限制，经济发展速度逐渐受到限制，绿色循环高效发展能够有效打破困境。以中国为例，在中国经济发展的过程中，产业结构偏重、能源结构偏煤、运输结构偏公路的状况没有得到根本改变，接近和达到自然资源环境承载能力上限、环境风险累积高发的局面也没有得到根本转变。我国资源总量虽然比较丰富，但平分到每个人则非常有限，水资源、耕地人均拥有量仅分别为世界平均水平的28%、43%，石油、天然气人均储量不到世界平均水平的10%。同时，工业固废排放量保持较高的增长，给生态环境造成很大压力：主要江河湖泊水质恶化；水土流失、沙漠化严重；大规模矿产资源开采造成土地沉陷、水位下降、植被破坏……环境问题已经相当严重。想要扭转僵局、破解资源环境带来的限制，发展绿色循环高效模式是一种必然的选择。

5.1.2 循环高效模式的特点

生态利用模式的定位是以绿色经济学理论为指导，以生态经济为基础，较为直接地利用现有的生态资源，为了达到经济目的和生态保护协同一致而采取的绿色发展，是绿色经济学生态自然观的现实表现形式之一，是生态经济的具体表达。从中我们不难发现，生态利用模式是对自然生态资源进行的较为简单、较为直接的利用，然而循环高效并非如此。虽然循环高效和生态利用都是以绿色经济学作为理论指导，建立在生态经济学的基础上，都是绿色发展的具体内容组成部分，但是循环高效是在直接生态利用的基础上，进一步发挥绿色经济学理论精髓的模式，其精髓点在于接下来我们要介绍的几个特点。

（1）资源高效循环利用。这是循环高效模式最大的特点，可以被划分为循环和高效，其“循环”部分为主体，“高效”部分表明在自然资源循环过程中，要达到效率最高。这个特点可以拆分为三个原则，即再减量（Reduce）、再使用（Reuse）和再循环（Recycle）。为了达到低消耗、低排放、高效率的目的，以绿色经济的循环高效型产业为载体，以清洁生产、高效生产、无废物排放生产为方向，通过必要的技术手段，最终目标是实现自然资源高效利用和经济可持续发展的和谐统一。除此之外，循环高效模式的资源高效和循环利用特征，着力于整个循环模式中的物质资源利用，着力于循环的构建和资源因为循环而带来的使用效率，最后在整个生产、物流和消费的过程中重复利用，最后使经济生产活动生态化，坚持可持续发展。

（2）变废为宝。循环高效是一种刺激经济增长的新模式，也为污染治理提供了新思路。要建立从生态自然转化为经济活动的观念，对于自然生态物质向经济产品转化的全过程施行综合的、有防备的、有战略高度的先行措施，目的是降低人类社会经济生产活动对自然生态环境的超重使用以及这个过程对人类所造成的不利影响，使得人类经济生产循环和自然生态循环能够更加完美地结合，把一些废料物、排泄物通过这个结构转变为再生物、可再利用物，实现区域内资源流动、物质流动、资金流动等达到最优化的配置。

（3）经济发展模式转型。发展循环高效型产业的关键在于加速经济转型，按照绿色经济学的理论和可持续发展的要求，从传统的经济发展模式（生态资源依赖型、粗放运行型）转向资源节约、资源高效、资源循环利用的模式，采用新方法、新理念推动经济增长，换句话说，就是经济生产活动、自然环境、生态资源协调发展的模式。进入这个新的经济增长模式后，我们要以“统一发展”“减量消耗”“循环再生”为主要手段，落实到各个环节，从而达到在保护生态环境的同时发展经济的目的。

5.2 循环高效模式类型

循环高效模式里面存在物质资源流动，其目的就是把自然界的物质资源流动同人类经济发展的物质资源流动相衔接，所以从物质资源流动这个角度来看，我们可以把循环分为三大主类：第一类我们可以称其为小循环，就是企业个体内的物资资源循环；第二类我们可以称其为中循环，即产业之间、企业和企业之间的循环；最后一类可以称其为大循环，就是生产、生活的社会大循环。

5.2.1 企业内循环

企业内循环，也称为企业微循环，这类循环高效模式以企业内部的物质资源为循环的基础，在企业中形成闭环，建设循环型企业。形成企业内循环，就要在生产过程中采用清洁生产技术，遵照清洁生产标准，严格审核程序，按照国家规定控制生产排放的污染物。经济发展是以企业为载体，企业是经济发展的最小单位。做好企业内循环能提高生产资源的利用效率，为产业循环和社会循环做好铺垫、打下基础。

企业是资源消耗和产品形成的地方，实现高效循环的经济发展方式需要每家企业共同努力。想要提高资源的利用效率，并降低企业生产活动对环境造成的破坏，清洁生产是企业实现高效循环模式的基本方式。企业以循环高效的思想作为指导，改造和建立新型工业化资源企业的同时，逐步培养清洁生产的理念思维，根据标准要求打造绿色企业。这就要求企业做到如下几点：一是加强研发投入，特别是资源开发、资源处理和再利用等相关技术，培养技术人才，研发领先世界的技术水平，同时带动区域内相关企业的循环高效发展，普及废物转化技术。二是采用新的技术和设备，设计和改造生产工艺流程，加强对新能源的开发，如风能、汐能等，用这些能源来代替传统自然能源，减少不可再生和一次性自然资源的使用。形成零废、少废的生产常态，利用上游生产线产生的“废物”，生成下游产品的原材料，从企业内部真正实现物质的转化，形成闭路循环，以达到循环高效的生产状态，减少环境污染和资源浪费，节约社会成本，实现经济增长与环境保护共赢。

5.2.2 产业循环

产业循环，是以产业集中、区域内企业集中构建的一个循环高效体，从区域层面实现循环。单一企业的清洁生产难免存在一部分废料无法自己内部消化的现象，造成了一定的局限性，因此就需要企业外部的组织参与，进行区域间协作。在实际生活中，生态工业产业园区是循环高效模式的重要体现，园区通过整体的规划设计，使区域内的各企业和各产业间产生关联，建立废弃物交换的生态产业链，从而形成了区域内的产业循环。

生态工业园区在设计时有一个明确的目标，就是尽量减少废物的产生，在园区内建立联系，将一个工厂生产的、无法自行消化的副产品，作为另一个工厂的投入或原材料，再通过废物交换、循环利用和清洁生产等手段，最终实现园区内污染的“零排放”，实现物质资源互相利用，极大地提高物质资源利用效率，同时也可以达到废物互相利用、变废为宝的目的。

生态工业园区是一个具有完整体系的功能整合区域，包含了若干家工业企业，也包含了农业、居民区等功能区域系统。按照物质流动的规律和能量流动的顺序，模拟自然生态系统，在园区内建立企业共生网络，实现企业间、工业间的清洁生产，做到废物、能量和信息的交换，提高资源的利用效率，寻求物质循环高效的实现，减少浪费，使区域的废物排放趋于零，达成环境友好型园区的效果。产业循环追求的是从原料、中间产物、废物到产品等各生产环节的物质循环，期望达到资源、能源、投资的最优利用。在区域中实现循环高效模式，充分利用废弃物将每个生产过程中的废物都变成其他环节的原料，使每样物质都能得到循环利用。这是建立在多个企业或产业相互联系的基础之上，通过互动发展才能有效推进区域内的共同发展，统一规划区域建设，科学选择引入的企业和产业，通过物流、能源、技术集成和信息、基础设施的共享，达到整体效益最大化。

5.2.3 社会循环

社会循环，是以整个社会的物质资源为基础，从社会的角度实现经济的大循环，建设资源循环型社会。更为具体地讲，就是限制社会中自然资源的消耗，使环境压力降到最低，包括经济生产过程、生活领域。此外，以城市、农村为基点，也可以理解为协调城乡发展，统筹生活、生产发展，建立城乡、城镇、人类和生态自然界之间的循环，建立循环高效型社会、资源节约型社会、低碳环保型社会、清洁能源型社会，这些都是在社会物质资源大循环的基础上建立的。最终实现经济效益、社会效益和生态效益三者的和谐统一，在发展整个社会经济的过程中，既取得经济效益，又实现环境保护。

社会循环的实现能够最大限度地减少对资源的过度消耗，对废弃物合理正确地回收利用，不仅可以保护国家的生态环境，也有利于社会经济步入可持续、循环高效的健康发展道路。社会层面的循环想要得到发展，光靠企业的努力是远远不够的，更多依赖的是政府的调控和宏观把握，通过政府层面的推动，提升广大社会公众的环保参与度和发展循环经济的意识。政府首先形成完善的制度环境和政策条件，建立一整套制度体系，包括定价、所有权等基础衡量性制度，以及减税、投资等鼓励性制度。同时，加以完备的政策配置，如批地、财政支持，同时鼓励发展低能耗、高附加值的循环高效型产业。形成以政府为主导、企业或个体为主要实施者的运作体系，采用循环利用废物资源的方法，实现物质和能量的重复使用，完成在消费过程中的绿色转换。除此之外，建立城市生活垃圾、特种废旧物资和城市中水回收利用系统，提高废弃资源的循环利用率；建立专门的循环经济信息平台，向社会公众披露企业产品及废弃资源供求情况，公布环境相关技术目录和投资指南，进一步提升资源在社会体系中的循环使用效率，促进经济的可持续发展。

高效循环模式从点、线、面依次出发，从企业延伸至产业、区域，最终追求的是社会层面的“大循环”。在社会的方方面面实现循环利用的可能，无论是工业、农业，抑或是城市、农村都形成循环，并充分寻找各环节、各产业间的连接点，打造社会性质的大循环。社会循环目标的实现，意味着高效循环经济模式的建立和形成。

5.3 循环高效模式实务

当前，国际国内在循环高效技术和模式方面都有很成熟的应用。日本通过建立循环经济法律体系、制定扶持政策及加强理论宣传的方式，促进循环经济的微观运行体制的构建，通过企业内部的小循环，带动社会大循环优化。德国的循环经济是从工业和生活废弃物的再利用和处置发展而来，对废弃物进行特别监管、监管和无序监管三级分级管理；通过整体性物质流管理战略，将垃圾流变成资源流；形成了双元回收系统（DSD），通过街头回收系统及上交式回收系统及“绿点标记”避免和减少了包装废弃物。丹麦的生态工业园模式，通过企业间的物质、能量和信息集成，形成产业间的代谢和共生耦合关系，使一家企业的废气、废渣、废热、废水成为另一家企业的原料和能源。我国循环经济已上升为国家战略，建立起了较为完善的循环经济法律体系；在企业层次和工业园层次建立起了一大批循环经济试点，为全面推行循环高效经济模式提供了范例；废弃物回收利用体系也不断得到完善。

5.3.1 国际循环高效模式

20世纪中后期，日本、德国、丹麦与瑞士等发达国家开启了对循环高效模式的探索、发展与完善。这些国家发现本国在资源利用方面存在浪费，资源利用率低造成资源浪费和环境污染等问题后，便开始了由传统粗放型经济发展模式向循环高效模式的转型。经过几十年的探索，发达国家在循环高效模式的开发和应用方面积累了宝贵经验。

（1）日本。在当今世界发展循环经济、构建循环高效模式这一领域，日本是当之无愧的第一梯队国家。根据资料表明，早在20世纪90年代，日本已经提出了循环经济的理念，并且在实际模式的构建中就已经初步形成了“资源—产品—再生资源”的模式，该模式的本质就是绿色经济的循环高效模式。在提出循环高效模式之前，日本发展经济的内在逻辑基本以“资源—产品—污染排放”为主线，这使日本经济高速发展的同时，也造成了极大的环境污染、付出了高昂的成本，在20世纪70年代戴上了“世界公害大国”的帽子。日本政府逐步认识到环境危害的严重性，于20世纪90年代，提出了“环境立国”和“循环社会”的发展战略：一是建立了循环经济发展的法律体系，从司法的角度去提倡循环发展；二是对循环经济企业、循环经济行业进行大力的政策扶植，给予税收优惠政策、价格优惠政策等支持；三是注重循环经济的微观运行体制的构建，通过企业内部的小循环，带动整体优化；四是大力宣传循环经济理论，大力宣传构建循环高效模式，提高社会大众的公众意识。通过社会杠杆建造循环经济，政府主导施以强力手段，日本成为当今世界上发展循环经济、构建循环高效模式最为先进的国家之一。

（2）德国。同日本发展循环经济、构建循环高效模式的动机大致相同，德国社会发展到一定阶段，迫于国内经济发展受到废弃物剧增的压力，进行了经济转型。然而途径略有不同，德国以企业的经济利润追求为导向来建立其循环高效模式。首先，与日本相同，德国借助立法这一手段，让发展循环经济成为社会经济发展的重要趋势；其次，德国采用了一种“绿点系统”进行循环经济发展的转型，将一定区域内的企业组成一个网络，以此区域内物质流管理为核心，以组成的企业网络为载体，扩大生产者责任，采用让污染者付费的方式，针对经济发展中所排放的废弃物，打上“绿点标记”，并由专门的机构进行处理。通过“绿点标记”模式的推广，再加上德国本身的技术水平、经济实力，最终使德国的生产企业达到了产品包装的最简化、最优化。德国的一系列做法，一是能够节约资源，二是在生产之前就已经考虑了这些材料的循环再利用，达到了循环高效的最终目的，使德国成为建立循环高效模式第一梯队的国家。

（3）丹麦。丹麦卡伦堡生态工业园的“工业共生体系”成为很多国家和地区效仿的典范。卡伦堡市早期只建造了一座火力发电站和一座炼油厂。20世纪50年代开始，大量工业企业进入卡伦堡，但是由于丹麦是个缺水的国家，这些工业企业的发展受到了水资源和环境的制约，于是各企业通过管道体系相互交换蒸汽、水及各种副产品等“废料”。20 世纪 70 年代以后，卡伦堡工业园节约水资源和处理废物的需求越来越大，就开始大量开展生态循环与经济发展的项目，这些项目包括水循环项目、提高能源转换率项目、废物循环利用项目、内部循环共生项目和外部循环共生项目等。20 世纪 80 年代后，卡伦堡生态工业园主要的项目除了继续高效循环利用地表水资源外，还开展了蒸汽、冷却水、粉尘等的综合利用，一种自发的工业体系在卡伦堡逐渐形成，被称为“工业共生体系”。

（4）瑞士。瑞士是位于欧洲中南部的多山内陆国，全国地形高峻，境内约有 100 座海拔接近或超过 4000 米的山峰，有 60% 以上的国土处在平均海拔 3000—4000 米的高山峻岭之间。阿尔卑斯山在瑞士境内由东向西伸展，形成了瑞士气候的分界线。冬季的瑞士寒冷漫长，再加上垂直分布的山地气候，制约着当地农牧业的发展。同时，瑞士的矿产资源也十分匮乏，仅有少量盐矿、煤矿、铁矿和锰矿。生产生活所需要的各种能源和工业原料主要依赖进口，使工业生产也面临着限制，瑞士政府迫切需要找到适合本国的经济发展模式。面对严苛的客观条件，瑞士从环境保护入手，提倡节约资源，鼓励循环产业的发展，在整个欧洲范围内，最早开始了回收、利用塑料制品工作。从城市居民到联邦政府，对塑料制品的回收再利用问题都给予了高度的关注，为此也形成了一系列配套措施。瑞士在遵循循环经济国际通用的 4R（Reduce——减量；Recover——再生；Reuse——再利用；Recycle——再循环）原则外，还建立较为完善的法律体系，包含对玻璃饮料包装、废旧电池、电子电器产品等多种物品的回收规定，以此来鼓励居民投入回收利用可再生资源的行动中，培养全国形成循环利用的意识。另外，瑞士民间也形成了许多致力于可再生资源回收利用的组织，从独立的第三方的角度出发，采用具有专业性的方法和措施，传播关于循环利用资源的相关知识和信息，构建了从政府到民间非政府组织的社会性回收网络，使官方机构、零售商、城市居民保持着密切联系，对瑞士形成循环高效的经济发展模式发挥了重要作用。

5.3.2 国内循环高效模式

当前中国建立的循环高效模式分布在三个主要领域：工业领域，包括钢铁、造纸、煤炭、采矿等；城市生活领域，主要集中于生活垃圾的处理；农业领域，包括沼气的利用、秸秆等多余农作物产出的堆肥和作为饲料处理、动物类便的堆肥处理、果畜及农渔产业的生态循环模式等。中国目前循环高效型产业的发展，突出体现在工业生态园区这个层面。在实务中，通过产业集群，也就是园区内各个同类企业之间的物质共同大循环来减少废弃物的排放，各家企业可以做到协同一致、互相配合，一家企业的废料可能成为另一家企业的原料投入，使整个生态园成为一个大循环，实现在发展经济的同时保护环境的目的。

山东鲁北企业集团是工业领域发展循环高效经济的典型企业之一。集团对海洋滩涂进行了全面的开发和利用，采用海水的逐级蒸发和净化的技术，将海水打造成为“一水多用”的产业链，构建起“初级卤水养殖—热电厂海水冷却—海水淡化；中级卤水提溴；饱和卤水制盐；精制卤水制取烧碱和氯气；苦卤提取钾镁；盐田废渣盐石膏制硫酸联产水泥”的产业链，形成了结构紧密、共享共生的生态工业模式。企业内部的节能、节水、综合利用效益显著，是兼顾经济与环境效益的绿色企业。企业摆脱了过去的单一烧碱产品的局限，转而发展成为拥有六大产品系列八十多种产品的绿色循环经济企业集团，不仅为企业带来了经济效益的大幅增长，提升了资源利用率，实现了废弃物的“零排放”，同时大大扩张了企业规模，提高了品牌知名度，增加了数以千计的就业岗位。

天津北疆电厂循环经济项目，是一个典型的资源利用最大化、废弃物排放最小化、经济效益最优化的节能低碳工程。它创造了“电—水—盐”联产循环经济模式等多项国际国内第一，最终形成了集合“发电—海水淡化—浓海水制盐—盐化工—新型建材”“五位一体”的循环经济产业链。电厂采用超临界先进技术发电，充分利用电厂的发电余热和低温蒸汽进行海水淡化，海水淡化后形成的浓海水排入汉沽盐场制盐，制盐苦卤用于制造化工产品，发电产生的粉煤灰和脱硫石膏用于生产新型建材。这样一条产业链能够有效节约煤炭资源的使用，减少淡水资源的使用，甚至全部使用海水转化，同时实现废水的“零排放”和废气的低排放。北疆电厂原盐增产 60 万吨，节约了 22.5 平方千米的盐田占地。该电厂的淡化海水除 10% 自用外，90% 的淡化水被用于供给城市的生产生活，这也为北方缺水地区提供了一种新的解题思路，开发新的淡水供应源。

贵港国家生态工业（制糖）示范园区是我国发展循环经济、清洁生产的典范，园区企业生产过程严格依照循环经济理论以及工业生态学原理生产经营。园区形成了以甘蔗制糖为核心、以制糖所产生的废糖蜜为原料生产酒精、以制糖所产生的蔗渣进行造纸、以制糖产生的蔗髓进行发电的生态产业链，这条生态产业链涵盖蔗田、制糖、酒精、造纸、热电联产、环境综合处理六个系统。系统之间相互依存共生、形成了互为上下游的环保生态链条。“资源—产品—再资源”的生产过程呈现出一个周期性物质循环系统，摒弃了传统工业资源开发和利用方式粗放、综合利用率低的弊病，实现了资源的重复利用以及固体废弃物的回收再利用，以最小的成本实现最大的经济效益的目的，减少了资源浪费，实现了污染最小化的排放，推动了当地生态文明建设。

天津开发区聚集了上万家企业，其规模不等、管理不同，技术有先进有落后。所处的行业也是不尽相同。这些企业在发展经济的同时，也消耗了大量资源，造成了一定的污染。在这样的情况下，天津开发区管理当局首先从“点”入手进行绿色化，要求所处开发区企业实现绿色生产、高效生产、精细管理、生态设计，通过宣传环境友好示范企业，促使大量企业建立了 ISO14001 环境管理体系，主动向社会大众公布《企业环境报告》和《企业社会责任报告》，最后实现了开发区内单一企业的优化；其次，开发区当局以三星、丰田等一些重点企业为据点带动上、下游企业进行绿色生产的转型，同时引入了各种资源综合补链项目，如电子废物、汽车拆解和废钢等，投资建立日处理垃圾 200 吨的垃圾发电厂，形成了一整条“线”的企业绿色循环运行；最后，开发区施行了集中供热、蒸汽，实施了地源热泵、污水源热泵等新能源利用，燃煤废物完全利用等项目，再加上根据对未来的发展趋势的判断，将新能源、环保项目作为重点进行发展，推动整个开发区进行优化调整，建立了整个“面”的绿色大循环，天津开发区经济结构不断得到优化，主导产业呈现生态化特征，水资源循环体系的构建达到了国际先进水平，能耗、物耗因为高效利用而逐年递减，经济增长速度连续 6 年在 25% 以上。

北京中科润宇环保科技股份有限公司（以下简称“中科环保”）服务于国家“绿色发展”的生态环保战略，依托中国科学院科技资源和多年科技成果产业化的先进经验，专注于为政府和社会提供废弃物处理处置综合服务。中科环保以科技创新为引领的环保产业平台，致力于为环境可持续性发展提供最佳可行技术（BAT）和最佳环境实践（BEP），目标发展成为“科技改变环境”的卓越企业。中科环保掌握的核心技术包括焚烧工艺技术及装备、高效热能利用和污染物减排、循环经济产业园协同处理城市废弃物工艺技术、生物天然气净化与利用技术。中科环保主营业务领域包括生活垃圾焚烧发电、餐厨废弃物处理、污泥处理、危废处理处置、环保装备销售及技术服务等。中科环保依托其先进的技术优势，在全国多地建立了中科环保“热电联产”的循环经济产业园。

在中科环保循环经济产业园中，循环经济体现在以下六个方面：一是电力循环，垃圾焚烧发电项目产生的电力，提供园区项目自用电后，剩余电力输入国家电网。二是热能循环，垃圾焚烧发电项目产生的蒸汽作为污泥处理项目污泥干化、餐厨垃圾处理项目加热、医疗废物蒸煮灭菌处理的热源。三是沼气的循环利用，园区厌氧产生的沼气进入垃圾焚烧发电项目焚烧或净化压缩成CNG。四是污水处置与循环利用，园区产生的渗滤液及污水进入园区渗滤液处理站集中处理。五是水的循环利用，渗滤液经处理后达标排放。清水回用于出渣机、飞灰稳定化、循环冷却、厂区道路和生产车间冲洗及绿化浇灌等。六是废渣处置与循环利用，各项目产生的污泥、沼渣等，经处理后送入焚烧发电项目与生活垃圾混合焚烧，焚烧产生的废渣进行综合利用。

参考文献

［1］典型模式：高效率循环经济体系初形成［J］. 环境保护与循环经济，2011，31（5）：6－7.

［2］张琨．法治化视角下的农业循环经济发展困境与对策［J］. 农业经济，2020（7）：15－16.

［3］徐宜雪，崔长颢，陈坤，等．工业园区绿色发展国际经验及对我国的启示［J］. 环境保护，2019，47（21）：69－72.

［4］杨艳雁．湖南衡阳松木工业园区绿色循环发展战略研究［D］. 南华大学，2016.

［5］吴莎．化工企业节能减排与发展循环经济探讨——评《化工行业循环经济》［J］. 材料保护，2020，53（3）：171.

［6］佟莉．基于循环经济的中小企业财务评价体系研究与改进对策［J］. 中国市场，2019（29）：193－194.

［7］赵国卫．基于循环经济模式下建设新型工业化资源企业的路径探析［J］. 现代工业经济和信息化，2019，9（7）：13－14.

［8］李秋仪，孙守相．绿色发展中的政府行为研究综述［J］．长春师范大学学报，2020，39（5）：77－81.

［9］黎鑫林，熊忠华，戴祥生，等．鄱阳湖生态经济区柑橘园基于生态调控的绿色高效循环农业模式构建［J］．现代农业科技，2020（2）：194－196.

［10］李杨，陈何潇，杨子杰，等．生态工业园区绿色发展与环境管理实践分析［J］．中国资源综合利用，2020，38（6）：138－140.

［11］武永华．生态文明引领循环经济发展研究［D］．齐鲁工业大学，2019.

［12］杨艳丽，华连连．循环经济理论在矿产资源产业链中的应用——评《基于循环经济的矿产资源产业链技术发展路径研究》［J］．矿业研究与开发，2020，40（6）：175.

［13］薛莹萍．循环经济理念下我国城市生活垃圾分类管理制度研究［D］．甘肃政法学院，2019.

［14］佚名．"富人经济学"：瑞士人均首富得益于循环经济［J］．中国包装工业，2006（2）：82－83.

［15］李慧明，刘芳，刘倩．循环经济的理论与实践研究［J］．城市，2005（4）：12－14.

［16］姜常梅．循环经济的原则、特征及内涵探悉［C］．//济南市2005年学术年会论文集，2005.

［17］李敏，郭萍．循环经济理念对建立我国企业环保制度的法律思考［C］．//水污染防治立法和循环经济立法研究——2005年全国环境资源法学研讨会论文集（第二册），2005.

［18］任肖嫦．循环经济视角下的产业价值链研究［D］．中国海洋大学，2006.

［19］董智勇．中国循环型城市发展探讨［D］．内蒙古工业大学，2005.

［20］王庆声．循环经济在天津经济技术开发区发展应用研究［D］．北京交通大学，2009.

［21］杨战社．基于循环经济的中小城市规划研究［D］．西安建筑科技大学，2007.

［22］李培哲．县域循环经济发展模式及评价方法研究［D］．山东科技大学，2007.

［23］童作锋．攀钢循环经济发展研究［D］．重庆大学，2008.

［24］杨婷．循环经济背景下基于供应链的物流企业绩效评价研究［D］．武汉理工大学，2007.

［25］毛瑜声．滨海新区循环经济发展战略下企业成本收益分析研究［D］．天津科技大学，2010.

第6章 低碳环保模式

在全球气候变暖和能源危机加剧的背景下，人类社会的可持续发展受到了极大的挑战。人类社会在积极探索着新的发展模式，以解决当前经济社会发展中遇到的问题，低碳环保发展模式成为解决当前环境气候问题和能源危机问题的重要途径。随着人类文明的不断深化，生态文明建设和绿色经济发展模式越来越受到重视。相较于其他绿色经济发展模式，低碳环保模式是强调在工业环境和城市生活中，通过减少二氧化碳排放，促进绿色低碳社会发展的一种环保模式。减少二氧化碳，可以通过多种方式实现，包括优化产业结构和能源结构、加强能源技术创新和制度创新、倡导低碳环保的生活方式和消费模式等。低碳环保模式的推行，不仅能够促进清洁生产技术的创新，更能促进清洁能源的开发，而且还能提升低碳环保和绿色发展思想意识的社会认同感。

6.1 低碳环保模式概述

低碳环保是推进人类生态文明建设的重点，是协调解决环境保护和经济发展的重要手段。低碳环保模式与每个人的生活相关，体现了对绿色发展理念的践行，对绿色发展的最终实现起着关键作用。在本节中，我们可以了解低碳环保模式的内涵以及低碳环保社会的构建过程，通过学习这方面的知识，可以对低碳环保模式有更深的了解。

6.1.1 低碳环保模式的内涵

纵观人类社会的发展历史，可以大致地把世界的文明发展史分为三个大的阶段：第一阶段是农业文明，人类由山洞、树上进入了平原，由只靠捕获动物获得食物进入了农耕阶段，出现了部落、村寨等集体聚集形式，农业的蓬勃发展由此开始；第二阶段是工业文明，在英国出现了蒸汽机，继而又出现了工业革命，自此，人类社会的生产力得到了极大的发展和解放；第三阶段是互联网兴起的信息革命，使大量的信息可以在极短的时间内产生，对人们的思维模式产生了极大冲击。

如今世界已经历了以上三个阶段，逐渐过渡到生态文明阶段，生态文明阶段的一个重要特征就是低碳环保得以发展。在前三个阶段里，人类在改造自然，并且开始学会向自然不停索要自身发展所需要的生产资料。而正是因为这样的索取，虽然一方面使人类社会高速发展、经济繁荣、人口增长，但是同样也导致了与日俱增的化石能源消耗量，对环境造成了比较大的影响，例如大气污染、臭氧层空洞、全球变暖、北极冰川融化、海平面上升、许多物种面临着灭绝的危机等，给人类的生存和发展带来了严重威胁。所以，低碳环保的目的是提高发展的质量，偿还在以往的发展中人类对自然的欠债。

近年来，我国积极顺应国际绿色低碳发展的趋势，兼顾国内、国际两个大局，提倡“创新、协调、绿色、开放、共享”五大发展理念，绿色低碳发展和应对气候变化成为我国生态文化建设的重要途径。低碳环保有利于促进经济结构、能源结构、产业结构转型升级，有利于推进生态文明建设和生态环境保护、持续改善生态环境质量。

因此，可以看出，低碳环保模式内涵在于：“要加快建立健全绿色低碳循环发展的经济体系。构建以市场为导向的绿色技术创新体系，发展绿色金融，壮大节能环保产业、清洁生产产业、清洁能源产业。推进能源生产和消费革命，构建清洁低碳、安全高效的能源体系。”

6.1.2 低碳环保社会的构建

低碳环保社会是指通过减少二氧化碳排放，形成绿色发展、低碳环保的社会，这个词已被媒体广泛使用，但作为学术用语依然有待考证。因为根据质量守恒定律，存在于自然界的总体碳含量是不可能减少的。碳存在许多形态（碳单体或无机、有机碳化合物），但其总体的量是基本保持不变的。如果把社会看作与自然界分离的独立系统，在社会中被排放出来的来自地下化石资源（石油、天然煤气）的碳，可以作为碳的增加量被计算出来。以这种方式进入社会的碳不仅作为燃料，而且还是塑料制品等的重要碳元素来源。这样的固定碳（固体存在的碳）正是全球气候变暖的直接原因。

（1）碳中和。近年来，许多研究表明，随着大气中二氧化碳浓度上升，一百年后地表平均温度将上升 2—4 摄氏度，全球气候变暖危及人类。关于这一点，存在着包括怀疑论在内的各种争论。随着人类社会的发展，由于地下碳资源在短期内的过度开采、利用，特别是焚烧、燃烧等产生的二氧化碳排放量增加，使温室效应越来越严重，这似乎已成为全球气候变暖的主要原因。

植物性碳化合物通过光合作用吸收的二氧化碳和燃烧时产生的二氧化碳量相抵消，这被称为碳中和。2016 年 11 月生效的《巴黎协定》提出目标，期望在 2051—2100 年，全球达到碳中和；同时，把全球平均气温较工业化前水平升高控制在 2 摄氏度之内，并为把升温控制在 1.5 摄氏度之内努力。中国在第 75 届联合国大会提出二氧化碳排放力争于 2030 年前达到峰值，努力争取 2060 年前实现碳中和。不过事实上，由于在施肥和中间处理、运输等环节中使用了来源于地下碳资源的能源，总体的二氧化碳排放量是正的。如果对植树造林活动和森林管理也采取同样的看法，碳中和活动可能无法达到期待的效果。把利用化石资源造成的二氧化碳浓度增加而产生的气温上升保持在最小限度，是预防将来由于全球气候变暖而产生的大规模地球环境危机的必要措施。

规避由温室效应的严重化导致的地球性毁灭，是目前形成理想低碳环保社会的必要条件和步骤。在理想的低碳环保社会构建中，需要减轻温室效应对生态系统及人类社会的威胁，纵使出现了气候变暖的趋势也能把损失控制在最小限度里。

（2）低碳环保能源利用。能源、物质（材料）和生物量的资源互相依存，且从资源利用这一视角来看，具有权衡取舍的关系。图 6－1 展示了三个自然资源（物质资源、能源资源、生物质能资源）和人为的社会资源（经济资源、劳动资源、信息资源）的关系。社会资源能够管理自然资源的分配和运用，可以通过二者的统一来期待资源经营管理的协成功效。

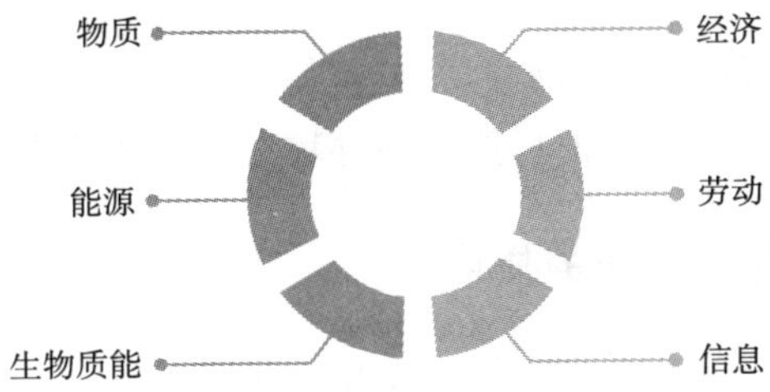

图 6-1 资源关系图

抑制全球气候变暖与多个全球性资源问题密切相关。为了减少二氧化碳排放、构建低碳环保社会，我们需要从技术上寻求代替化石燃料的能源资源，并且依赖推进能源高效率转换、运输、储藏的进一步研究。作为前者的代替能源，可以考虑利用自然能源（生物量、风力、波浪力、地热等可再生能源）和原子能。后者的高效率能源转换、运输和储藏与今后的技术开发有很大的关系。此外，减少二氧化碳排放还必须解决如何确保能源消费的便利性享用和经济负担的均衡性。为此，需要适应可持续发展社会创建的价值观的范式转移，需要政治、经济、教育、文化、伦理等众多领域对能源消费意识进行改革。

6.2 低碳环保模式类型

关于低碳环保模式类型，不同的学者有不一样的看法。本文提及的低碳环保模式类型主要包括低碳工业环保和低碳城市生活，低碳工业环保包括减少化石能源使用以及开发环保清洁能源两个方面，而低碳城市生活主要包括低碳建筑、低碳交通以及低碳生活三个维度。

6.2.1 低碳工业环保

低碳工业环保的目标是使人类的工业活动逐渐摆脱对碳基能源的依赖，从经济的角度看，即降低 GDP 的增长量里面的碳元素占比，使国民生产总值增长率高于温室气体排放率。进一步讲，低碳工业环保是以绿色发展、可持续发展作为指导思想，通过宣传理念、开发低碳技术、开发清洁能源、调整原有的工业模式等各方面的手段，节能减排，逐渐减少或者消灭碳基能源的使用，从而达到减少二氧化碳等温室气体的排放的目的。发展到最后，期望能实现人类经济社会发展和生态自然环境协同前进，在保护自然生态环境的基础上发展人类经济。

6.2.1.1 减少化石能源的使用

众所周知，近现代的人类经济发展史，基本上就是一部工业革命发展史，在这个背景上的人类经济社会发展就是以煤炭、石油等化工燃料作为主要动力能源，并且一直持续到现在。化石燃料的使用会产生大量的二氧化碳等温室气体，传统的经济发展模式就是高碳产业。温室气体是导致海平面上升、全球气候变暖和北极冰川融化等灾害的主要原因。发展低碳工业环保、减少污染燃料的使用，是低碳环保发展模式的一个必然选择。发展低碳工业是实现从传统的高碳发展模式向低碳模式转型的主要途径。

减少对于化石能源如天然气、煤炭、石油的依赖，减少温室气体的排放，主要有三个侧重点：一是减少这类能源消耗，直接从源头上减少温室气体排放，二是开发新的清洁能源技术，开发清洁能源，使得其消耗产生物对碳的排放降低；三是在循环模式的构建之上，注重于循环质量，注重于整个循环过程中碳的再利用率、碳的排放量以及碳的排放形式。

6.2.1.2 开发环保清洁能源

清洁能源是指在开发利用过程中不产生或很少产生污染物的能源，大致包含两种类别：一类是开发利用过程中不产生污染的 C、N、S 等元素迁移的能源，如风能、太阳能、水能、地热能、海洋能、生物质能、核能等能源；另外一类是通过技术的提升，达到清洁化开发利用排放标准的能源，这类属于清洁化生产和消费能源。

清洁能源的开发利用成为改善当前能源消费结构、实现多元化能源供给、应对全球气候变化的最重要方式之一。清洁能源正在成为应对全球能源转型和气候变化的重要能源。清洁能源产业发展被认为是第四次技术革命的突破口，也是应对气候变化和能源危机的重要手段，引起了世界各国的广泛重视。

全球能源消费结构正在从不可再生能源占主导的消费结构，逐渐向环保清洁能源消费结构转变。发达国家基本都将发展环保清洁能源产业列为国家重要战略，纷纷向绿色、低碳、清洁能源结构转型。

6.2.2 低碳城市发展

当前，世界各国都以发展绿色低碳经济、建设低碳环保城市作为应对全球气候变暖的重要途径。发达国家的很多城市已经形成了各具特色且较为成熟的低碳成熟发展模式。低碳城市发展主要包括低碳建筑、低碳交通以及低碳生活三个部分。低碳建筑主要指的是提高在建建筑的能源利用率，在保证舒适性的前提下合理利用建筑能源；低碳交通指的是降低交通运输工具的温室气体排放，以达到节能减排的效果；低碳生活是指尽量减少生活作息时所耗用的能量或尽量不使用能耗高的产品，从而减少碳排放污染。

6.2.2.1 低碳建筑

低碳建筑追求在建筑材料与设备制造、施工建造和建筑物使用整个生命周期内，减少化石能源的使用，提高能源使用效率，降低二氧化碳的排放量。低碳建筑主要包含两个方面，一个是低碳建筑材料，另一个是低碳建筑技术。低碳建筑技术包括外墙节能技术、门窗节能技术、屋顶节能技术、采暖制冷和照明节能系统、新能源的开发和利用等。建筑节能，最初被认定是为了减少建筑中能量的散失而实行的节能措施。而现在，建筑节能被更好地概括为“提高建筑中的能源利用率”，指要提高建筑能源的利用效率，同时还要保持建筑舒适性，最终达到节能减排的效果。联合国环境规划署的一份报告称，全球的“建筑耗能”占全部能源使用的1/3。低碳城市发展离不开低碳建筑，低碳建筑不仅要求低碳设计，而且还需要运行。低碳建筑不仅要求新建建筑要符合节能环保的标准要求，还要求对已建成的建筑进行节能化改造。低碳建筑的主要具体措施还包括：在建筑物的建设中，推广利用太阳能，尽可能地利用自然通风采光，选用节能型取暖和制冷系统；选用保温材料，倡导适宜装饰，杜绝毛坯房出现等。

6.2.2.2 低碳交通

低碳交通的前提是适应低碳经济模式。从本质上讲，低碳交通是降低交通运输工具温室气体排放的“低能耗、低污染、低排放”的交通发展模式，其基本理念为实现交通可持续发展。众所周知，交通运输是国际三大主要“碳源”

之一，仅汽车二氧化碳排放量即占全球二氧化碳总排放量的25%。中国交通工具的二氧化碳排放量约占全社会二氧化碳排放总量的22%，仅次于工业、建筑业。低碳交通鼓励城市居民短距离步行，广泛推行自行车代步的慢速交通系统，长距离多采用公共交通工具，推广新能源汽车的使用，发展快速轨道交通，限制私家车的增长速度等。

实现低碳交通的途径有多种，主要有以下几个方面。

第一，提升单种运输方式效率。不同运输方式的消耗、排出和运输范围各不相同。若实现低碳交通，要从提升单种运输方式效率出发。可以选择研发新型的交通工具或清洁燃料，例如近几年较为热门的汽车氢燃料电池，就是其中的代表。

第二，优化交通运输的结构。交通运输系统的结构与主要交通运输方式决定了社会资源消耗数量和系统效率水平。通过对交通网络和运输方面进行优化，可以实现交通运输结构优化。

第三，有效调控交通需求。交通需求管理是一种主动控制交通需求发生量、主动引导需求时空分布状态、主动寻找交通供需关系平衡点的交通管理理念与思路。以需求管理的思想来建设和发展低碳交通，通过对人们交通行为方式和消费观念的有效引导与调节，可减少低效和不合理的交通需求，实现交通运输的可持续发展。

第四，创新交通运输组织与管理。对交通运输进行管理创新，通过货运物流化、交通智能化、系统信息化、工作高效化提高交通运输的组织、管理及服务水平，从而实现交通资源集约利用，减少温室气体排放，实现低碳交通。

6.2.2.3 低碳生活

低碳生活是指尽量减少生活作息时所耗用的能量，从而降低碳排放，或尽量不使用能耗高的产品，从而减少碳排放污染。生活中，碳排放主要包含两大方面，分别是建设能耗和交通能耗。这两方面加起来就占了2/3，而剩下的如食品、衣服等方面的碳排放约占1/3。低碳生活的具体措施还包括在家庭推广使用节能灯和节能电器，在不影响生活质量的同时有效降低日常生活中的碳排放量等。低碳城市建设，重要的是使低碳城市建设理念深入人心，使市民养成一种良好的低碳生活习惯，形成一种良好的低碳生活方式。我国约4亿个家庭，每个家庭节约1度电，中国就将减少将近3亿千克的碳排放；每节约1吨水，就将减少约1亿千克的碳排放；每个人少使用1个塑料袋，就将减少37吨的碳排放。开展低碳生活的行动意义重大。低碳生活主要是从节电节气和回收等环节来改变生活细节，养成一些良好的生活习惯。

6.3 低碳环保模式实务

低碳环保模式有广阔的发展空间，随着“碳中和”目标的提出与低碳发展的实践，国内外都加大了对低碳环保模式的研究与实施。18、19世纪，发达国家经历了严重的生态环境问题，加大了对全球变暖问题的重视与碳排放的研究；到20世纪末、21世纪初，基本探索出了适合本国经济、社会与产业发展情况的低碳发展模式。改革开放以来，中国经济快速增长，但是前期粗放式发展方式造成了较为严重的资源浪费、环境污染。自21世纪初以来，中国也逐渐形成符合中国国情的低碳环保模式。

6.3.1 国际低碳环保模式

自20世纪末以来，国际的主要发达国家与经济体开始了对低碳环保模式的探索与建设，通过各种节约资源、能源高效利用等方式实践低碳环保模式的思想，实现低碳发展的目标。欧盟、美国、日本这三个当前最主要的经济体都通过较长时间的探索与发展，实现了本国的经济发展模式向低碳环保模式的转型，基本实现了低碳发展的目标。

6.3.1.1 欧盟低碳环保模式的发展历程

英国是世界上最早提出低碳概念的国家。2003年，英国在白皮书《我们能源的未来：创建低碳经济》中就已经提出了低碳这一概念，不仅如此，该书还讲述了英国未来50年的能源政策，阐明了英国今后如何实现京都协议的承诺，以及为确保长期的能源供应的安全性和经济性将采取的措施；在随后的2009年，英国将碳预算纳入了政府预算之中，宣示着英国是世界上第一个公布碳预算的国家；到最近的2018年6月28日，英国气候变化委员会发布了报告，评估了2017年英国的温室气体减排进展，该报告披露，在过去的2017年间，英国温室气体排放量下降3%，从1990年算起，英国温室气体排放量下降43%，在同一时间，英国经济增长超过了70%。

可以看出，英国减排的成功是由于能源使用效率的提升、电力行业由传统的煤炭转向天然气和向能源密集程度较低型工业的大规模转移。其中，表现尤为突出的是电力行业，发电企业在过去十年对脱碳减排作出了杰出贡献，根据统计表明，2008年到2017年，发电行业温室气体排放量下降了5%，并且发电企业连续4年成为英国整体排量下降的主力。自2003年至今，英国已经是世界前沿的低碳排放国家，其低碳清洁的构建也是居于世界前列。

稍稍晚于英国两年，2005年，《京都议定书》强制生效以来，欧盟正式开始积极引导低碳清洁型产业的发展；2008年，欧盟通过欧盟能源气候一揽子计划，极大地推动了向低碳经济的过渡；2018年，中欧领导人会晤，低碳排放和清洁能源领域成为双方双边伙伴关系的重要支柱之一，双方会在温室气体低排放发展战略、碳排放交易方面、能源效率领域、低排放交通、低碳城市合作方面以及一些低碳技术和低碳清洁能源项目合作投资方面加强交流，进一步地展开合作。由此可见，欧盟从2005年开始，对低碳清洁构建已经展开了全面的探索，低碳清洁发展战略已经成为欧盟未来发展的主要战略。

6.3.1.2 美国低碳环保模式的发展历程

作为当今世界最强大的发达国家，美国于1967年在纽约成立了美国环保协会。该协会性质属于非营利性环保组织，其会员超过两百万人，目的是在经济发展过程中减少人们对生态环境的破坏。它为美国当时存在的环保问题提供解决方案，涉及水、大气、食品健康及生物多样性等多方面。

除此以外，美国还于2007年7月11日提出了《低碳经济法案》，低碳发展的理念第一次被放到了国家层面上；2008年，美国众议院能源委员会向国会提出了《2009年美国绿色能源与安全保障法》，该法案强调美国到2020年的时候，温室气体排放要在2005年的基础上减少17%，并且进一步规定，到2050年的时候，要在2005年的基础上减少83%；除此之外，全美到2025年的时候，全国要有1/4的电力供应是来自可再生资源。

6.3.1.3 日本低碳环保模式的发展历程

就低碳清洁的概念来说，英国可能是最早提出的，而如果来论节约能源这个方面，最早在 1979 年，日本政府就已经颁布实施了《节约能源法》，号召群众节约使用能源，奠定了日本“环保大国”的地位。在 2006 年，日本编制了《新国家能源战略》，全面推动各项节能减排政策的实施。值得注意的是，日本对于低碳排放有着全世界最为详细的目标方案，其气体排放减排的中期目标为 2020 年与 2005 年相比减少 15%，其长期目标为 2050 年比 2005 年减少 60%—80%，2020 年要实现 70% 以上的新建住宅使用太阳能，使得太阳能发电达到 2005 年水平的 10 倍，到 2030 年，实现太阳能发电达到 2005 年发电水平的 40 倍。

纵观英国、欧盟、日本、美国等国家和地区的低碳清洁发展，我们不难发现，随着社会不断地发展，绿色经济的低碳清洁模式已经逐渐成为当今世界发展的主要潮流，发展低碳经济、开发清洁能源、提倡低碳环保的生活方式是未来发展的方向。

6.3.2 国内低碳环保模式

发展绿色低碳经济已成为我国重要的战略选择，我国是全球应对气候变化领域的积极行动者和重要贡献者，是坚定不移走绿色低碳发展之路的践行者。中国在绿色低碳发展之路上作出了巨大努力，农业、工业、服务业各个产业都进行低碳转型，形成了较为成熟的低碳环保发展模式。中国政府宣布将提高国家自主贡献力度，采取更加有力的政策和措施，二氧化碳排放力争于 2030 年前达到峰值，努力争取 2060 年前实现碳中和。这一坚定承诺进一步体现了中国的大国担当，也将使中国的低碳环保发展水平迈入更高的一个层次。中国低碳环保发展模式，将为世界绿色经济发展提供宝贵的借鉴。

6.3.2.1 农业低碳化

在农业方面，中国一向是以农为本，对于农业的低碳化发展，最大的举措就是植树造林，像之前我们所提到的退耕还林、退牧还草。据资料显示，一亩森林植被，其吸收转化的二氧化碳，可以给 65 个人提供一天所需要的氧气。中国在农业低碳方面，做出的第二个重要举措就是发展有机农业。我们知道，有机农业可以较大限度地减少化肥和农药的使用量，其主要依靠的是粪肥和有机肥，所以这样一来就减少了农业发展中的碳含量，同时也提高了土壤有机物质的含量；更为重要的是，利用生物之间的自然关系防治虫害，减少了农药的使用量。综合来说，中国在农业方面的植树造林和发展有机农业，都是进行低碳化发展的重要措施，目前也都取得了一定的进展，中国的森林面积从1981年的不到18亿亩，到目前已有26亿亩，可以说是成绩斐然。此外，中国正积极引导并推广循环农业经济发展，发展资源节约型农业。

6.3.2.2 工业低碳化

工业低碳化可以大致分为三个方面：一是大力发展节能工业，二是工业制造的绿色化，三是提倡循环模式发展，如逐渐扩大的工业园区、产业集群等。在中国，节能工业的发展主要从技术、管理和工业结构调整等三方面展开。例如，降低传统工业模式的化石能源使用量，逐步提高清洁能源的开发利用，投入资金研发新的低碳技术，减少碳基气体排放。工业绿色化制造是要求企业在生产产品的全过程中，采用最简约、对环境影响最小、物质资源利用率最高的原材料，最终要做到污染的“零排放”。构建工业循环模式，比如在大型的工业园区，物质资源在区域内各家企业之间循环往复、多级利用，自然而然地减少了碳的排放。

6.3.2.3 服务业低碳化

对于服务行业的低碳化，中国也同样作出了相关方面的举措，比如大数据服务产业、互联网产业等，这些产业的特点在于可以把一批有形服务产品无形地虚拟化，一是减少了对自然资源的使用，二是保护了自然生态环境。绿色服务的大致内涵就是在整个服务的流程中做到节约资源、能源，减少废弃物的排放，防止自然环境污染。此外，值得我们注意的是，物流行业是现代服务业非常重要的一块，尤其在如今的中国，快递物流行业发展迅猛。中国对物流行业的低碳化主要通过资源的优化整合、流程的简化，以及制定标准化的排放制度来实现。

参考文献

[1] 马振永. 浅析可再生能源应用技术在未来国民经济中的作用 [J]. 中外企业家，2019 (32)：68.

[2]《2019年世界能源蓝皮书》发布 [J]. 农村电气化，2019 (7)：48.

［3］娄营利．过程引导与结果评价集成视角的低碳城市指标体系研究［D］．重庆大学，2019.

［4］欧阳燕妮．兴业银行绿色金融发展分析［D］．广东财经大学，2018.

［5］黄雪菲．我国商业银行绿色金融发展模式选择研究［D］．首都经济贸易大学，2018.

［6］安国俊，敖心怡．中国绿色金融发展前景［J］．中国金融，2018（2）：47－49.

［7］潘长魏．低碳交通的概念与实现途径分析［J］．低碳世界，2017（6）：227－228.

［8］安国俊，柴麒敏，黄禾．推动绿色低碳城市发展［J］．中国金融，2017（4）：76－77.

［9］路超君．中国低碳城市发展阶段与路径研究［D］．河南大学，2016.

［10］刘祎纯．浅谈家居生活中的低碳［J］．商，2014（14）：181.

［11］李军军．中国低碳经济竞争力研究［D］．福建师范大学，2011.

［12］卫蓝，包路林，王建宙．北京低碳交通发展的现状、问题及政策措施建议［J］．公路，2011（5）：209－213.

［13］鹿存野．低碳经济下农村客运体系发展模式研究［D］．长安大学，2011.

［14］崔波．中国低碳经济的国际合作与竞争［D］．中共中央党校，2013.

［15］低碳经济在国内外的进展［C］．//中国林业经济学会技术经济专业委员会，中国技术经济研究会林业技术经济专业委员会．低碳经济与林业发展论——中国林业学术论坛·第6辑，2009：15.

第7章 环境治理模式

随着人类社会和经济的发展，人类活动不可避免地给环境带来污染和破坏，影响了社会和经济的绿色可持续发展。为了使人类、社会和经济实现绿色可持续发展，实现社会、经济和环境的和谐发展，就必须对环境进行综合治理。环境治理是各种社会主体以环境保护为目标在规则规范下的良性互动。当前，发达国家已形成了较为成熟和完善的环境治理模式，取得了不错的环境治理成绩。党的十九大报告曾提出“要构建以政府为主导、企业为主体、社会组织和公众共同参与的环境治理体系”。新时代全面深化改革则要求坚持以推进环境治理体系和治理能力现代化为目标，建立健全领导责任体系、企业责任体系、全民行动体系等，落实各类主体责任，提高市场主体和公众参与的积极性，形成良性互动的环境治理体系。

前面章节介绍了生态利用模式、循环高效模式和低碳环保模式，环境治理模式相较于前三大模式的最大不同处在于：生态利用模式较为直接地利用现有生态资源，或者初步地开发自然生态环境，是一种直接、简单的利用模式；高效循环模式是建立循环模式，力求变废为宝，结合经济活动的物质循环和自然生态环境循环，要求实现经济转型；低碳环保模式则是在发展过程中，通过减少温室气体排放，促进经济社会绿色低碳发展的一种模式；而环境治理模式综合以上三种模式的特点，涵盖方方面面，是一个协调处理、利用各方面的力量，包括自然生态的自愈力、政府的权力、设计机制的科学力、法律的强制力等在内的全面的系统性生态工程。

7.1 环境治理模式概述

不管生产力如何发展、社会文明如何更新演进，任何阶段的经济社会都会对环境产生污染，相对应地就会催生出由不同社会主体领导的环境治理活动。古往今来，环境治理的内容不外乎是大气污染治理、水污染治理、土壤污染治理、固体废弃物污染处理、荒漠化的防治、水土流失治理、江河污染的治理等。在各国环境治理的实践中，不同的社会主体所采取的环境治理模式也可大致概括为网络治理模式、协同治理模式、多中心治理模式和整体性治理模式等。

7.1.1 环境治理模式内涵

环境治理（environmental governance）是指包括政府、企业、社会组织等在内的多元主体通过正式或非正式的制度，引导或激励人类作出与环境有关的治理行为，以实现生态系统服务的可持续性。

联合国开发计划署、联合国环境规划署、世界银行和世界资源研究所在其联合编写的《世界资源报告（2002—2004）》中，将环境治理定义为“如何进行与环境有关的决策以及谁来决策的过程”。换言之，环境治理就是对自然环境和环境行使权威，包括制度、公私机构以及权力具体化的决策过程。

我国环境与发展国际合作委员会研究课题组对于环境治理的内涵有更新的理解，他们认为，在环境保护领域，环境治理不仅包括各种政府常常用来规范环境相关行为的自上而下的机制，还包括其他非规范性质的手段，如志愿手段、市场机制和教育手段等。另外，环境治理还涉及政府与市场、公民社会、科研教育等多方关系。

现今，世界上许多国家政府把多元治理理念引入环境治理的决策和实施过程中。政府在充分听取市场和社会意见的基础上制定可持续发展政策；市场和社会力量既享有参与政策制定的权利，也肩负协助政府执行政策的义务，还可以及时填补环保政策的盲点。随着我国市场经济水平的不断提高、参与全球化的程度逐渐深入，我国面临着改变传统环境治理模式、调动多元利益主体共同参与环境治理的挑战。当前，我国的环境治理致力于形成以政府机构为主体，社会公众、企业以及相关NGO（非政府组织）共同参与的模式，通过不同主体间的协商、协作来实现环境问题的高效治理。通过多种协调管理方式，实现经济发展跟生态发展的协调，共同为人民营造出更加美好的生活环境。

7.1.2 环境治理模式特点

世界环境治理正在从统治向治理转变，治理模式也日趋多元化：首先，国家不再是唯一的治理者，多个非国家的行为主体在多个层次上参与政策的制定；其次，各层级的政府打破行政区域、行政机构和行政等级的限制，解决环境问题，进行区域联动，共同治理环境；最后，各国政府纷纷把环境政策整合到相关的公共政策中，在制定其他政策的过程中把对环境的影响纳入决策过程。自20世纪五六十年代开始，各国纷纷建立相关的环保机构，不断实践和创新。经过多年的发展和积累，一套功能日臻完善、形式渐趋多样、基于基本政策工具的环境治理政策组合越来越广泛地被应用到各国环境与自然资源管理的实践当中。对这些政策工具给予系统性总结，明确政策的功能、构造、效果和适应性，是未来环境治理机制设计的基础。

从整体来看，环境治理模式具有以下几个特点。

（1）治理对象具有跨域性。自然环境是特殊的公共资源，其作用和影响是普遍性的，不会因人为的行政区域划分而被割裂，因此环境污染也是整体的、普遍的、连续的和跨区域性的。在现实世界中，跨区域的环境污染情况十分普遍，例如莱茵河作为重要的国际航运水道，其干流依次流经瑞士、奥地利、法国、德国及荷兰等国家，其污染治理也是在多国共同参与下进行的；2013年的“雾霾”笼罩了北京、天津、河北、河南、山西等20多个省份；长江、黄河的水污染问题也是横跨了多个省份，成为沿线省份环境治理的难题。治理对象的跨区域性决定了治理主体难以通过行政界线来切分环境问题。

（2）治理主体具有多元性。环境治理的主体包括众多的参与者，这些参与者在环境治理体制、机制和政策等综合因素的影响下，积极探索和实践有效的环境治理模式，保障和推动着经济社会的绿色可持续发展。环境治理不仅是多区域间的协作，还是众多治理主体间的合作。参与环境污染治理的主体主要有政府机构、企业、社会非营利性组织、社会公众等。在传统的环境治理模式中，环境污染问题基本上仅由政府机构负责解决，很少有其他主体参与。而环境协同治理模式则打破了环境治理主体的单一性的问题，虽然政府机构依然在治理体系中处于主导地位，但逐渐引入了不同主体共同参与治理。通过多主体的共同努力和科学协作，能够更全面、科学、合理、有效地解决环境污染问题。

（3）治理模式具有网络化。区域环境协同治理是近年兴起的一种典型的网络化环境治理模式，它有效地将各个独立的政府机构组织串联，形成治理网络。这种治理网络包括水平层面和垂直层面。水平层面是指横向政府机构间的合作，它主要由两部分构成，一是不同区域政府间的合作，二是同级政府不同部门之间的合作，这都需要建立良好的合作协调机制，以充分减少阻碍、形成治理合力。而垂直层面则是指不同层级政府之间的合作，主要是指中央政府与地方政府间的协作以及地方上、下级政府之间的协作。该层面的治理安排更多的是上级政府予以工作指导和安排，下级政府实施和反馈，在新模式下，上、下级政府强化了沟通机制，共同投入环境治理的全过程，提升了治理效果。

（4）治理层次具有多样性。跨越了行政区域的环境问题需要地方政府的支持和更高一级的政府宏观调控。不同权力等级的政府、同等水平层次的政府和其他相关主体需要相互联动，超越行政区划和国别的限制，共同解决环境问题。

从垂直层次看，多层次治理是在互不重复的管辖区中分散有限的权力的治理制度，如欧盟和美国的联邦制度。多层治理强调国际层面、国家层面和地方政府（城市）的重要性。国家仍然是环境治理的主体，在环境治理的区域调节中平衡着国家和各个区域的利益，地方政府也具有一定的自主性。

从水平层次看，多层治理创造了一个由国家政府行为主体和非国家主体互动，以及平行政府间互动的新治理领域。随着环境治理政府间合作的不断加深，地方政府开始发挥越来越重要的作用，甚至可以超越国界参与环境治理并且发挥比国家更大的作用。另外，以私人部门主导的政策和民间社会的倡导者之间也更加融合，地方政府早已成为应对气候变化和多层次气候治理的重要参与者。

7.2　环境治理模式类型

伴随经济社会的发展，世界政治、经济和文化都在向全球化趋势发展，传统的环境治理模式受到了外部环境强有力的冲击，并陷入严重的被动状态。合作已成为当今时代环境治理的重要主题，为解决日益严重和复杂的环境问题，世界各国政府、企业以及民间组织等各方共同努力、不断探索，并在实践中形成了多种有效的环境治理模式，比较有代表性的治理模式包括环境网络治理模式、环境协同治理模式、环境多中心治理模式和环境整体治理模式等。这些模式在演进过程中呈现出互相借鉴、共同完善的趋势。

较先出现的环境网络治理模式侧重于对传统科层制和市场制的挑战，主张环境治理的分散化、多维化、灵活化。协同治理模式是目前较为受欢迎的一种环境治理方式，其强调多元主体间的协作。多元主体既包括组织的内部成员，也包括组织的外部伙伴。环境协同治理主体的多样性将有利于保障治理过程的协调性、治理方式的丰富性以及治理成果的可持续性。多中心治理模式是相对于单中心治理模式而言的，环境污染的多中心治理特别强调企业、社会群体、公众等主体在治理过程中的重要作用。而环境整体性治理模式的核心思想是将环境污染的负外部性问题内在化，整体性治理在解决传统环境治理中的行政区域模式以及其带来的权力“碎片化”问题上发挥了重要作用。

7.2.1 环境网络治理模式

网络治理（network governance）是20世纪80年代兴起的一种环境治理模式，这种模式是随着社会、经济、环境的发展变迁而形成的。

网络治理相对于传统的科层治理和市场治理而言，是一种创新的、高效的、协调有序的环境治理模式。网络是由3个或3个以上的组织，通过合作而形成的一种组织治理架构。在网络成员各自的目标得以实现的同时，实现整个网络层次的共同目标才是网络得以形成的关键所在。对于网络治理的定义，不同学者有不同的认识。陈振明认为：“网络治理是为了实现与增进公共利益，政府部门与非政府部门等在相互依存环境中分享公共权力，共同管理公共事务的过程。”夏金华认为：“网络治理是政府治理模式从传统治理向多元化治理演进过程中的一种新趋势，它通过集体行动者彼此间的沟通和协作，共享公共治理和提供公共服务，其关键因素是信任和合作。”网络治理与传统的科层制或市场制相比具有一定的竞争优势：一方面，网络的构建者可以通过网络分散自己的运作成本和较大的资本支出，网络参与主体间取长补短；另一方面，网络的优势就是协作非常灵活，与一个整合的组织相比，网络可以充分发挥各参与主体自身的创造性以解决网络关系中遇到的问题，而一个整合的组织必须依靠自己的力量解决自身遇到的问题。

7.2.2 环境协同治理模式

协同治理（synergistic governance）于20世纪90年代初开始兴起。联合国全球治理委员会把“协同治理”定义为：“个人、各种公共或私人机构管理其共同事务的诸多方式的总和。它是使相互冲突的不同利益主体得以调和并且采取联合行动的持续过程。其中既包括具有法律约束力的正式制度和规则，也包括各种促成协商与和解的非正式的制度安排。”

区域协同治理是区域中各组织以尊重彼此利益为前提，在促进区域一体化、实现区域协调发展的共同愿景下，共同参与、优势互补、互相影响、互相监督的过程。在区域生态环境治理过程中，地方政府、企业、社会公众等多元主体构成开放的整体系统和治理结构，公共权力、货币、政策法规、文化作为控制参量，在完善的治理机制下，调整系统有序、可持续运作所处的战略语境和结构，以实现区域生态环境治理系统之间良性互动和以善治为目标的合作行为。环境协同治理对于改革传统环境治理所造成的公共行政碎片化问题具有重要意义。

流域的协同治理研究是我国环境协同治理研究的重要组成部分。我国的流域治理模式呈现出对层级组织高度依赖、部门协调困难、公共参与边缘化的特点。专家田丰曾强调了跨界水域污染集权治理的重要性，他研究美国州际河流污染治理的案例后指出：“美国的州际河流污染治理在百年间经历了从分散合作治理到集权治理，再到多元化合作治理的过程。虽然美国是一个典型的联邦制国家，但在治理跨界水污染方面，实行的却是以集权治理为主、分散治理为辅的形式。”而我国作为一个权力集中的国家，在跨域治理方面实行的是地方分割治理的模式，这是造成我国当前严重的水污染问题的主要原因之一。与此同时，我国跨行政区流域水污染协同治理，还存在着流域管理体制不科学、地方政府之间恶性竞争、环境执法有效性不足和治理主体之间权利与信息不对称四个方面的障碍。

7.2.3 环境多中心治理模式

多中心治理（polycentric governance）由诺贝尔经济学奖首位女得主埃莉诺·奥斯特罗姆（Elinor Ostrom）和她的丈夫文森特·奥斯特罗姆（Vincent Ostrom）于20世纪90年代共同提出。该理论源于公民社会意识的觉醒，主张关注多元化的管理，其观点是："在现代公共事务的管理过程中，除政府外，还要鼓励更多的社会公民组织积极参与到政治、经济、社会管理等公共事务的管理中去。"现代公共事务的治理过程，不应仅靠政府运用政治权威对社会事务进行单一管理，而是形成一个蕴含"国家、社会和市场"的多元化架构协同运作，形成各主体上下联动、互相制衡的管理过程。

多中心环境治理是以区域性环境为重点，国际组织、政府、非政府组织、环保企业、地方社群自治体、民间团体、公民等多元治理主体合作发挥作用的复杂过程，不仅有上下互动，而且存在内外互动。陈宏泉认为："多中心秩序强调多种主体间的彼此独立、相互配合。在既定的规则基础上充分追求自我利益，从而在完整体系下找到自身定位。"综合来看，环境多中心治理需要多方面的共同努力，一方面要加强地方政府间的横向协作，另一方面要培养企业的生态环境治理意识。此外，还需要利用社会资本促使生态环境得到有效治理，从而形成生态环境治理的规模效应和协同效应。还应通过合理划分责任界限，构建完备的污染治理网络，发挥市场机制的作用，加强公民参与环境污染治理的意识，加强多元治理监督等方式，从而可以更加有效地应对环境污染问题。

7.2.4 环境整体治理模式

整体性治理（holistic governance）最早起源于英国，其强调政府之间积极沟通与合作，重视政府各部门之间的整合，拥有共同的治理目标，彼此之间协调一致，实现信息资源的共享，提供连续的无缝隙的公共服务。挪威学者 Tom Christensen 较为全面地概括了整体性治理的内涵："它既包括决策执行的整体性，也包括横向与纵向的整体性治理；它可以是一个小组、一级地方政府，也可以是一个政策部门；可以是任何一个机构或所有层级的政府，也可以是政府以外的组织；它可以是高层间的协同，也可以是地方政府的基层协同，还可以是公私之间的伙伴关系。”

整体性治理为生态环境治理提供了一个崭新的视角，在整体性治理模式下，需要整合政府环境治理职能，增设跨域环境管理机构，建立政企合作伙伴关系，促进社会公众共同参与以及发挥现代信息技术的作用。黄滔曾在谈及淮河流域环境治理时提出：“整体应该从功能的整合、治理层级的整合和公私部门的整合三个方面把握，淮河流域的环境治理需要从水量治理、水质治理向整体性治理转型。”通过建立、完善治理协调运行机制，加强政府组织与企业、非政府组织、公众之间的合作，搭建环境治理信息资源共享系统，形成一个整体性的环境治理网络，将会促进各区域环境合作治理动态化和常态化。

7.3 环境治理模式实务

20 世纪 90 年代开始，西方发达国家政府改变了传统的环境治理模式，逐渐从单一的政府主导模式向社会公众普遍参与模式转变。社会公众积极参与由各级政府主导的环境治理活动，为重大事项决策建言献策，主动监督和督促有关部门有效实施相应的环境政策，促进了生态环境改善。

各个国家从机制构建、法律体系完善、政策宣传、经济调节等方面展开各类型的环境治理活动，同时也综合考虑了政府、政府间组织、企业、私人部门、科学界和非政府组织的各种意见和利益关切，形成了多主体共同参与的环境治理格局。

7.3.1 国际环境治理模式

（1）美国的四代环境法体系。环境问题是非常复杂的，这给环境法的制定带来了巨大的压力，因为环境法需要规范和约束复杂的环境保护及环境治理情形。美国环境治理过程中形成了四代环境法，这四代环境法在不断地迭代和完善，均是在原有的环境法律体系不足以应对新出现的环境问题时产生和发展的（见表 7 – 1）。

表 7－1　　美国四代环境法比较

要素	第一代环境法	第二代环境法	第三代环境法	第四代环境法
目标	防止危害环境	有效改善环境绩效	保持环境、社会、经济的可持续	加强和支持社会生态恢复力
对象	污染物	行为	系统	相互关联的系统（社会—生态—制度）
手段	规则	激励	参与	多种模式
权力分配	集中	市场或公私合作伙伴关系	分散合作	多元化治理
法律作用	要求遵守法规	促进规则的替代方式	促进新规则的协作发展	刺激并支持适应性治理

美国第一代环境法诞生于20世纪70年代初，其主要内容包括“命令与控制监管、基于技术标准和法律诉讼规则，以及其他污染预防技术”，统称为“硬”方式或“国家干预”的方式。美国第一代环境法的作用是要求遵守规则，并试图通过由中央联邦机构制定和控制的管制手段来治理污染，以达到环境保护的目的。

第二代环境法解决了第一代环境法“命令和控制”监管方式所导致的监管僵化和经济效率低下的问题。这一代环境法注重监管的灵活性，提高整体效率，并通过成本效益分析、合规激励、市场工具以及灵活协商的规则，充分利用市场激励机制，引导和监督社会各方进行环境治理。第二代环境法的主要目标是通过激励行为，有效提高企业、个人和政府机构的环境绩效。这一代环境法试图摆脱僵化和高成本的监管方式，转而注重成本和经济问题，并在一定程度上推动所谓的“软干预”监管方式。

第三代环境法强调社会政治利益，符合可持续性发展、环境正义、协商解决机制、公众参与、适应生态系统管理等要求，它是通过公众参与或多方利益相关者的参与来实现的。它综合了以监管主导的第一代环境法和以市场主导的第二代环境法的特点。这一代环境法关注整个环境系统，以过程为导向，以致力于为环境保护提供某种法律框架和结构为前提，使其在环境社会和经济上具有可持续性，通过个人和组织的参与来改变环境治理的不持续性或社会不公平的行为。在第三代环境法中，权力下放的合作机制是新规则的重要组成部分，这些新规则指导着环境保护、社会正义和经济发展。

与前三代环境法相比较，美国第四代环境法“一体化多模式”的环境治理，摒弃了碎片化和单一化（或一刀切）的治理模式，通过关注生态系统和社会系统之间的相互联系，来增强人类对生态系统的修复能力。第四代环境法试图以整体的、综合的、协调的方式将多模式治理相连接，具有应对突发事件的能力和多元化管理模式的特征，并逐渐成为美国环境治理体系中的一个重要组成部分。

（2）德国生态环境治理体系。20 世纪 50 年代，德国是当时世界上环境污染最严重的国家之一。那个时期，德国面临着严重的水污染、大气污染等生态环境危机。著名的莱茵河因水污染受到了严重的破坏，河水又黑又臭，因而被嘲讽为“欧洲下水道”“欧洲公共厕所”；德国鲁尔工业区因煤炭、钢铁产业集中，造成大气污染严重，彩色的蝴蝶都被污染成了黑色。面对如此严重的生态环境危机，德国政府从国家层面进行了一系列的环境治理活动，并最终推出了一套科学化、规范化的环境治理体系。通过健全完善生态环境治理制度和充分发挥经济杠杆的调节作用，双管齐下、高效推进，走出了一条成熟高效的生态环境治理之道。如今的德国，被世界公认为环境保护最好、生态环境治理最具成效的国家之一。德国的环境治理措施主要包括以下几个方面。

A. 建立和完善环境治理法律制度体系，推进全面的环境治理行动。第二次世界大战后，德国进入了快速的经济恢复期，之后德国的经济社会快速发展。在经济社会快速发展的进程中，出现了严重的环境污染问题，同时也催生出不断完善的环境治理制度和环境治理体系。德国的环境保护制度建设先后经历了四个阶段，并最终发展成为如今被世界公认的最完备的制度体系。

第一阶段是第二次世界大战后德国经济社会恢复期。这一阶段的制度建设，主要是在联邦法中设立专门的规章制度和法律条款，这些制度和条款专门针对特定的环境保护对象。通过一系列制度的建设，完善了环境治理领域的法律法规。在环境治理领域，基本做到了有法可依，环境危害得到有效遏制。但在法律制度盲区，以及需要跨州统一行动方面，出现了九龙治水、各管一摊的局面，最后导致这个阶段的生态环境治理效果不尽如人意。

第二阶段为 20 世纪七八十年代，德国出台了环境单行法。环境单行法的出台，使环境保护法律和治理对象明确化。环保单行法针对性极强，在实践操作上能够及时就某种环境问题作出最直接有效的规定，因此在较短时间内就取得了明显的环境治理效果。但是，这一阶段的环境治理制度也存在着一些弊端，例如，对一些潜伏期、末端性问题，仍然缺乏关联性、协同性等整体性治理的思路。

第三阶段为20世纪90年代至21世纪，德国加强整体性治理，并将环境治理制度法典化。随着单行法越来越多，在行业之间、不同法律规定之间出现缺位或重叠情况，导致分工不明、行动不协调，给环境治理工作造成了很多麻烦。在1990年东德和西德统一后，德国开始侧重以整体性视角加强生态环境治理制度建设，凸显环境治理制度的法典化。1999年，德国制定了《环境法（草案）》，结束了不同领域进行分治的现象，从整体性思维视角进行整治，把生态环境治理上升到人类可持续发展的高度。

第四阶段为21世纪至今，德国参与全球层次和更广领域的法规制度建设。为应对全球及地区性环境问题，德国积极参与欧盟、周边国家以及全球领域的生态环境治理活动，先后签署了《保护波罗的海区域海洋环境公约》《联合国气候变化框架公约》《人类环境宣言》和《巴黎气候协定》等，积极携手世界各国，共同承担全球环境治理的责任和义务。

B. 建立环境保护预防性机制，提前应对环境问题。早在20世纪80年代，德国就开始提倡把预防性原则作为生态环保法的指导性原则，并切实把这一原则运用到其后续出台的每一部环保法律中。1990年德国颁布的《环境影响评估法》，着重强调建立事前环境评估机制，尽可能在土地开发利用、工业项目批复建设上避免对环境的污染和破坏，或将环境危害程度降到最低。此外，2011年德国宣布弃用核能，并承诺在2022年前关闭全国所有的核电站，成为世界首个不再使用核能的主要工业国家。德国防患于未然的做法，为环境治理和保护及经济社会可持续发展创造了良好的条件。

C. 完善调节机制和体系，发挥政府调节和引导功能。德国虽然是发达的资本主义国家，实行市场经济体制，但政府也通过一系列宏观调控的举措，发挥了经济杠杆的调节作用。在德国，环境保护与治理不仅是环境的问题，更是涉及整个社会福利、城市发展水平以及公民就业和生活保障等各方面的事情。例如，在汽车尾气治理方面，虽然政府不收取高速费，但其对汽油定价较贵，政府以此鼓励汽车企业生产排气量小、安全性能好的经济型小轿车。同时，德国加大无铅汽油的宣传推广力度，鼓励从多方面减轻对大气的污染。此外，在水资源管理方面，德国的供水和排水都由环境保护部门进行统一管理。德国一方面非常重视水源地的水质保护，严格监测和保护地下水，使其免遭污染；另一方面对污水排放和处理有科学、明确的处理标准和监管标准，政府通过征收生态税、征收污水排放费、对私营污水处理企业减税等经济调节手段，不断丰富和完善水污染调节和管理体系。

D. 建立广泛的环境保护宣传教育网络，注重民众参与。德国通过政府机构、民间组织和学校等各方力量，构建了一个庞大的环保教育网络。利用这个网络可以进行广泛深入的环保宣传和教育，向民众介绍环保知识，向企业推广环保技术，向社会宣传新的环保立法。在这个网络中，联邦环境部进行总协调，培养和建立全国的环保意识。通过实行“国家环保行动计划”，德国使国家与环保组织形成更加紧密的网络，更好地向全社会推广可持续发展的意识和理念。

此外，德国民间环保组织也十分活跃。全国大约有 800 多个不同性质的环保组织或环保信息中心，如联邦自然保护协会、青年环保联合会等。它们经常在街头、闹市向行人讲解环保知识和发放环保资料，免费提供讲座和环保知识宣传手册，深入民众进行广泛宣传。

综合来看，德国环境治理成功的原因在于政府主导、民众参与、社会组织宣传，再充分运用法治手段、经济市场引导，最后实现了较为成功的环境治理效果，让德国成为当今世界上生态环境最为优良的国家之一。

（3）国外环保 NGO 参与环境治理模式

国外环保非政府组织（NGO）是国际范围中环境治理的重要力量，例如世界自然基金会、地球之友、绿色和平组织、世界自然保护联盟、西拉俱乐部等国际非政府组织。国际环保 NGO 通过积极推进立法、与媒体开展紧密的合作、紧密依托政府开展活动等方式，积极参与环境治理工作，取得了显著的成效。

A. 积极推动立法。就推动立法的层面而言，美国走在了全球前列。美国的社会环保组织在环境类司法实践中发挥了巨大的作用，扮演了“立法者”的角色，环保 NGO 通过诉讼来影响美国的环保法律。著名的“哈德逊河自然风景保护联盟诉联邦电委员会案”被称为“美国当代环境法基石”，这个案例推动了非政府组织作为主体发起诉讼制度的建立，同时促成了美国自然资源保护委员会和环境保护基金的成立。在该案的推动下，美国于 1970 年制定的《清洁空气法》首开了环境公益诉讼先河。

B. 加强与媒体的合作。澳大利亚环保组织注重动员公民、媒体、其他第三方组织共同参与社会焦点问题的解决，其中具有标志性意义的事件是澳大利亚“富兰克林河事件”。1976 年，以鲍伯 · 布朗（Bob Brown）为主席的野生动植物保护协会，展开了针对塔斯马尼亚电力集团 HEC 在富兰克林河建设大坝的活动，采用包括播放宣传视频、散发宣传手册、呼吁名人参与、进行公众集会等方式，保护河流上游的珍稀动植物区域和人文遗址。到 1983 年，为期 7 年的“反对建坝”运动在国内及国际上都引起了巨大反响，英国查尔斯王子甚至写信声援澳洲国内动植物保护协会人员的行为，这场声势浩大的运动最终以野生动植物保护协会的胜利告终。

C. 紧密依托政府开展活动。20 世纪 80 年代前后，日本政府从宏观层面、微观层面都给予了环保 NGO 组织极大的政策支持、资金支持和行政法律支持，随之日本环保 NGO 组织不断发展壮大。在推动环保 NGO 社会参与方面，日本政府先后出台了《循环型社会形成推进基本法》《食品循环资源再生法》《绿色购入法》等，保证了 NGO 的工作在法律层面上得到国家政府的支持。在资金支持方面，日本政府协助建立地球环境基金，用于对国内环保 NGO 的资金支持。这种资金支持一方面通过现金的方式直接发放到 NGO 手中，另一方面环保 NGO 通过项目预算的形式向基金组织提出申请而获得审批。在行政支持方面，日本政府也规定环保 NGO 在国家法律允许范围内可以制定本行业的公害防止条例。日本政府自上而下地采取多种支持途径鼓励环保 NGO 在日本环境问题的解决方面承担责任，既保证了面对环保问题时参与主体的多元性，又能够促进环境问题高效解决。

纵观当今世界上生态环境治理取得优异成绩的国家，我们不难发现，环境治理仅仅依靠政府一方带动应对不了当下环境治理问题的复杂性，只有形成多元治理体系、构建环境治理的综合模式，号召国家各个层面的力量共同加入、一起努力，最终才能取得环境治理的优异成绩。

7.3.2 国内环境治理模式

自改革开放以来，我国不断加强对于环境治理的力度。1974 年 10 月，我国生态环境部前身国务院环境保护领导小组正式成立，通过制定环境保护的方针、政策和规定，审定全国环境保护规划，通过组织协调和督促检查各地区、各部门的环境保护工作等途径，领导我国环境保护的工作开展。经过 44 年的升级发展与职能整合，2018 年 4 月 16 日，中华人民共和国生态环境部正式揭牌，标志着我国环境保护事业进入了一个更加深入、全面的发展阶段。我国通过制定环境影响评价、排污许可证、排污收费、环境事故报告处理、环境监测、环境标准等方面的环境法律法规与制度，建立了适宜于我国经济社会发展的环境治理模式。例如，上海市环境多元治理的实践，已成为我国环境治理工作的一种新型治理手段。

（1）我国环境治理的政府机构。我国环境资源管理机构及其职责是根据法律确定的，实施环境资源管理的行政部门主要包括县级以上人民政府环境保护行政主管部门和15个依照有关法律的规定行使环境污染防治或者自然资源保护监督管理权的部门，具体有国家生态环境部，县级以上人民政府环境保护行政主管部门，国家海洋行政主管部门，国土资源行政主管部门，农业、林业、渔业、水利行政主管部门等。

（2）我国的环境法律法规和制度。我国现行的法律体系包括《节约能源法》《土地管理法》《矿产资源法》《水土保持法》等与资源节约和环境保护有关的法律；在污染防治方面，有《大气污染防治法》《水污染防治法》《固体废弃物污染环境防治法》《环境噪声污染防治法》等；在法规层面，有《清洁生产促进法》《循环经济促进法》等促进经济活动的绿色法律规章，还有我国生态环境部以及各省市颁布的环境资源保护、推动绿色产业发展的行政法规和地方性法规；在制度管理层面，主要包括资源管理制度、环境保护与污染防治制度、生态保护制度、节能减排制度，除此之外，政府投资、政府购买、税收优惠、转移支付、信用控制、价格管制等财税金融政策也被广泛运用于我国环境治理的实务中。我国主要的环境保护制度包括如下几种。

A. 环境影响评价制度。环境影响评价制度是指对规划和建设项目实施后可能造成的环境影响进行分析、预测和评估，持续跟踪监测的方法和制度。环境影响评价制度始于美国1969年的《国家环境政策法》，该法把环境影响评价作为联邦政府在环境与资源管理中必须遵循的一项制度。2002年10月28日，第九届全国人大常委会第三十次会议通过了《中华人民共和国环境影响评价法》，成为环境保护专门法的一次创举。2005年年初，我国国家环保总局根据该法授予的“一票否决权”，叫停了30个大型工程项目，在中国刮起了一阵“环评风暴”。

B. 排污许可证制度。排污许可证制度是指从事有害或可能有害环境的活动之前，必须向有关管理机关提出申请，经审查批准，发给许可证后，才可进行该活动的一整套管理措施。我国排污许可证制度始于 1987 年关于水污染领域的防治。

C. 排污收费制度。排污收费制度是指国家以筹集治理污染资金为目的，按照污染物的种类、数量和浓度，依据法定的征收标准，对向环境排放污染物或者超过法定排放标准排放污染物的排污者征收费用的制度。

D. 环境事故报告处理制度。环境事故报告处理制度是指因发生事故或者其他突然性事件，造成或者可能造成环境污染与破坏，事故单位必须立即采取处理措施及时通报可能受到污染与破坏危害的单位和居民，并向当地环境保护行政主管部门和有关部门报告。

E. 环境监测制度。环境监测是指依法从事环境监测的机构及其工作人员，按照有关法律法规规定的程序和方法，运用物理、化学或者生物等方法，对环境中各项要素及其指标或变化进行经常性的监测或长期跟踪测定的科学活动。环境监测分为三类：第一类为研究性监测；第二类为预防性监测，包括经常性监测、监视性监测等；第三类为特定目的监测，又分为环境质量监测、污染监督监测等。

F. 环境标准制度。环境标准是指国家为了保护公众人体健康和社会物质财富、维持生态平衡，针对大气、水、土壤等环境质量，按照法定程序对环境要素间的配比、布局和各环境要素的组成以及进行环境保护工作的某些技术要求加以限定的规范。我国的环境质量标准、污染物排放标准、环境保护基础标准和环境保护方法标准等都是强制性标准。

（3）中国环境多元共治模式——上海市环境多元治理案例。中国的环境治理模式历经了“政府单一管制”与“政府监管辅以公众参与”两个阶段，目前正走向“政府、企业、公众共治”的新阶段。环境多元共治是改变传统的政府作为单一主体进行环境治理的一元治理模式，在企业与公众作为共同治理主体的基础上，形成的政府、企业、公众三者共同参与环境治理的新模式。自党的十八届五中全会正式提出构建“政府、企业、公众共治的环境治理体系”以来，中国学者对环境多元共治进行了较为系统的研究。从政府、企业、公众三者之间的相互制约关系入手，通过在环境多元共治体系中构建制衡机制，规避三类共治主体的治理失败风险。

上海作为中国最大的城市，是我国经济和金融中心，其较高的人口密度和第二、第三产业并举的产业结构在经济快速增长的同时也带来了许多环境问题。近年来，上海市不断探寻更合理的环境治理模式，主动承担社会责任，响应国家环境治理的号召，积极应对环境治理的新要求、新态势。

A. 上海市多元参与环境治理的主体——政府。上海市环境治理的主体是上海市生态环境局及其直属单位，内设机构包括上海市自然生态保护处、大气环境与应对气候变化处、生态环境监测处等；直属单位包括上海市环境科学研究院、上海市环境监测中心、上海市固体废弃物管理中心等。此外，上海市环保局内还设有国际合作处，专门负责和实施国际合作交流项目。在省级层面上，参与环境治理的机关单位还有上海市绿化和市容管理局、城乡建设交通委员会以及林业局等。国家管理部门也不同程度地参与了上海的环境保护工作，其中就包括国家生态环境部、国家海洋局、商务部、发展改革委、中国气象总局以及长江水利委员会及其他相关部委。从垂直层次上看，上海市政府内部也进行了自上而下的行政监管与问责。上海市环保局由上海市政府管理，同时还受国家生态环境部业务指导；从水平层次上看，政府内部也呈现出不同行政机关互相协调、相互制约的格局。如上海市生态环境局与其他同级的政府职能部门相互协调（见图 7－1）。

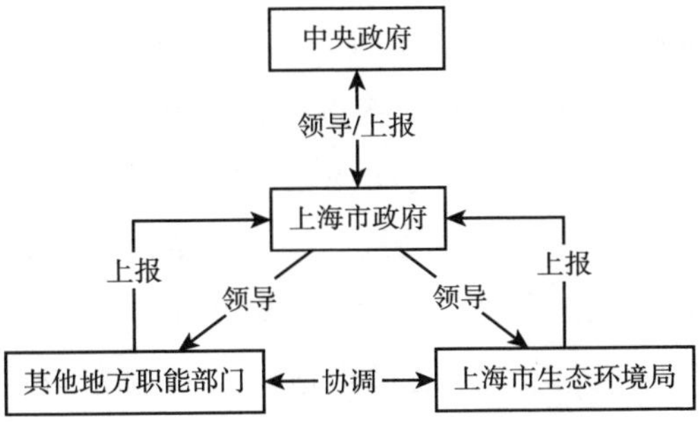

图 7－1　上海市环境治理协调流程

B. 上海市多元参与环境治理的主体——非政府组织（NGO）。在上海影响较大的环境非政府组织有世界自然基金会（WWF）、国际野生生物保护协会等。经过多年的发展，WWF 在上海的工作领域包括了生物多样性保护、水资源管理、低碳城市建设、企业合作和公众宣传。主要工作内容是负责项目示范、公众信息传播、学术研究。此外，WWF 还与上海的多家研究机构和智库合作，积极搭建关于环境治理的平台。2006 年，WWF 发起了首届河口保护研讨会，与国内知名院校合作划定了中国首套湿地绿地图，并借此机会联合成立了上海低碳教育推进委员会。借助与政府多年形成的良好的信任伙伴关系，WWF 向政府传递了来自多方专家的政策意见，推动了相关项目在地方的执行。2008 年，WWF 与国家发展改革委联合发起了“低碳城市之旅”的合作项目，为公众免费提供前往上海和保定体验低碳城市的机会。

C. 上海市多元参与环境治理的主体——企业和个人。多元环境治理的另一主体是企业，上海通用就通过绿色供应链项目实现了企业的环境管理。2005 年，上海通用绿色供应链项目在沪启动，首批有 8 家公司加入该项目。上海通用汽车公司出资邀请国际非营利性组织“国际环保中心”（WEC）对供应商进行“清洁生产、节能减排”的专业培训。在项目开展期间对供应商进行全过程的技术指导，包括对供应商的厂房设备、生产场地、工艺过程进行审查，加强资源的合理利用，减少能源原材料消耗等。通过一段时期的技术培训和生产力转化，首批加入项目的 8 家企业每年减少二氧化碳排放共计 2500 多吨，节约用水超过 2800 万加仑，共计节省资金 25.45 万美元。2008 年 1 月 22 日，上海通用又正式启动了“绿动未来”项目，吸引更多的核心供应商成为“绿色供应商”。2012 年，中国环境与发展国际合作委员会把上海绿色供应链管理示范项目定为 2013 年度示范项目。此项目将通过开展绿色供应链管理试点，进一步探索相关行业绿色供应链管理模式和标准，为制定上海和国家层面相关政策都提供了参考。

公民间接参与环境治理最经典的案例就是“地球一小时”活动，它是世界自然基金会（WWF）为应对全球气候变化所提出的一项倡议，主要是号召个人、社区、企业和政府在每年 3 月的最后一个星期六 20：30—21：30 熄灯并关闭显示屏、电视机等电器一小时，以此来表明对治理气候问题的支持。2007 年，WWF 澳大利亚区负责人首先通过当地电视台发布该项创意。悉尼市率先响应号召，数万户商家和 200 多万居民于 3 月 31 日晚集体断电一小时，悉尼歌剧院、悉尼海湾大桥等标志性建筑纷纷熄灯。一年过后，该项活动迅速风靡全球，各个国家分别开展该项活动以示应对全球气候变化的决心。

2009 年“地球一小时”首次来到中国，上海市政府率先响应，成为中国内地首个加入这一行动的城市。在活动期间，上海东方明珠广播电视塔、环球金融中心和金茂大厦、市政府大楼、大剧院、上海博物馆、世贸大厦等建筑的景观灯管全部熄灭，建筑物周围一片黑暗。自 2011 年开始，“地球一小时”活动升级，WWF 将其核心主题“气候变化”延伸到更为广义的环境保护，其 LOGO 也从“60”升级为“60 +”。随着该项活动的普及，有越来越多的社会公民参与这项保护环境的世界性活动。据 WWF 统计，截至 2019 年，已有来自全球 125 个国家和地区的 4000 多个城市的机构和个人承诺加入“地球一小时”活动。

实践证明，多元共治模式作为我国环境治理工作的一种新型治理手段，有利于实现政府力量与社会力量的协调统一，对于提升环境治理水平也有非常重要的意义，能够帮助城市在经济飞速增长的同时赋予其更多可持续发展的能力，增强该城市经济增长的内在原动力。

参考文献

[1] 张晨．基层传播生态文明理念的探索实践［J］．群众，2018（1）：55－56.

[2] 李晓亮，董战峰，李婕旦，等．推进环境治理体系现代化 加速生态文明建设融入经济社会发展全过程［J］．环境保护，2020，48（9）：25－29.

[3] 朱留财．从西方环境治理范式透视科学发展观［J］．中国地质大学学报（社会科学版），2006（5）：52－57.

[4] 雷蕾．贵阳市生态文明建设委员会：一个环境治理中政府部门间协调创新的样本研究［D］．贵州大学，2015.

[5] 于宏源，毛舒悦，杨爱辉．多元参与式环境治理［J］．管理篇，2014（11）：234－261.

[6] 卢青．区域环境协同治理内涵及实现路径研究［J］．理论视野，2020（2）：59－64.

[7] 于宏源，毛舒悦．雾霾治理的多元参与机制［J］．电力与能源，2014，35（2）：131－135.

[8] 高明，郭施宏．环境治理模式研究综述［J］．北京工业大学学报（社会科学版），2015，15（6）：50－56.

[9] 夏金华．“网络化治理”—— 政府回应力建设的新视阈［J］．行政与法，2009（6）：16－19.

[10] 张文娟．我国环境危机跨界合作治理机制研究［D］．东华大学，2016.

[11] 高明，郭施宏．基于巴纳德系统组织理论的区域协同治理模式探究［J］．太原理工大学学报（社会科学版），2014，32（4）：14－17＋68.

[12] 余敏江．论区域生态环境协同治理的制度基础——基于社会学制度主义的分析视角［J］．理论探讨，2013（2）：13－17＋2.

[13] 张明涛．环境精细化治理的行动逻辑与路径构建研究［D］．苏州大学，2017.

[14] 王婷．多中心理论视角下的济南市城区水环境治理问题研究［D］．山东大学，2014.

[15] 陈宏泉. 地方政府环境污染的多中心治理——以山西省大同市为例 [J]. 理论界, 2014 (3): 30-32.

[16] CHRISTENSEN T, 等. 后新公共管理改革——作为一种新趋势的整体政府 [J]. 中国行政管理, 2006 (9): 83-90.

[17] 黄滔. 淮河流域环境与发展问题整体性治理研究 [J]. 理论月刊, 2013 (12): 169-171.

[18] 蔡守秋, 王萌. 论美国第四代环境法中"一体化多模式"的治理方式 [J]. 中国人口·资源与环境, 2019, 29 (11): 82-89.

[19] 万希平. 德国生态环境治理与保护的基本经验及借鉴价值 [J]. 求知, 2020 (2): 54-56.

[20] 李为. 德国生态环境保护的观察与思考 [J]. 科学与管理, 2015, 35 (2): 55-59.

[21] 张琳. 国外环保 NGO 参与环境治理模式特点及其启示 [J]. 决策与信息 (下旬刊), 2016 (2): 1-2.

[22] 李文涛. 在困境中发展的环境法风险预防原则 [D]. 南京大学, 2013.

[23] 张全. 上海环境年鉴 2012 [M]. 上海: 上海人民出版社, 2012.

[24] 吴建平. 实施排污许可制度 有效控制污染物排放 [J]. 安徽科技, 2004 (12): 29-30.

[25] 米文宝, 樊新刚. 宁夏城市环境污染的现状、趋势及对策 [J]. 中国地质大学学报 (社会科学版), 2007 (3): 23-26.

[26] 吕凯. 外部因素对企业环保行为的影响及评价研究 [D]. 天津大学, 2010.

[27] 彭玉磊. 我国环境监测法律制度研究 [D]. 河北大学, 2016.

[28] 张楠. 国际环境 NGO 与中国地方政府环境治理研究 [D]. 上海外国语大学, 2012.

[29] 张汾. 环境标准的侵权法效力研究 [D]. 湖南师范大学, 2018.

[30] 谌杨. 论中国环境多元共治体系中的制衡逻辑 [J]. 中国人口·资源与环境, 2020 (6): 116-125.

第三篇 绿色发展机制与政策

绿色发展机制和政策是绿色经济模式在社会生产生活中得到落实的制度保障和有力支撑。绿色发展机制的目标是保障经济社会的可持续发展，实现人类、社会、经济和环境的和谐发展。发达国家在绿色发展机制与政策的制定和实施方面远远领先于发展中国家，其完善的绿色经济机制和经济政策促进了经济的绿色高质量发展，这为发展中国家提供了宝贵的经验。绿色发展现已成为全球各国共同选择的发展路径，完善的绿色发展机制和政策不仅推动了经济社会的绿色发展，而且也促进了绿色竞争力与全球化贸易壁垒的形成。

第8章 绿色发展机制

社会经济的绿色发展，需要有完善的发展机制作为保障。绿色发展机制调节着社会经济生活中的各要素、各组成部分、各参与者之间的关系，既是静态的框架制度体系，又是动态的相互调节、相互约束的相互作用体系。绿色发展机制的不断创新、不断完善、与时俱进，是社会经济可持续发展的必要条件。当前，世界各国都在不断建立和完善社会经济的绿色发展机制，发达国家在这方面走在前列，有很多值得发展中国家及不发达国家学习和借鉴的经验。

8.1 绿色发展机制概述

绿色发展是当前经济发展的大趋势，采取资源节约、环境友好的发展方式，推动经济社会可持续发展。绿色发展涵盖的内容十分广泛，包括节能减排、资源循环利用、生态环境改善和修复等。当然，想要将绿色发展真正落到实处，就需要体制机制和政策的推动与保障。

8.1.1 绿色发展机制的概念

绿色发展机制就是在绿色经济发展系统中，各组成要素之间相互作用的过程和功能。绿色经济区别于传统经济的发展方式，表现于在传统经济效率性的基础上更加注重生态性。因此，绿色经济机制既包括并受制于绿色经济制度体系，又不拘泥于绿色制度本身，而是体现为市场、政府及道德等多种手段与方法之间的相互作用，既是动态的过程，又是静态的结果。

8.1.2 绿色发展机制的特点

绿色发展机制不同于传统经济发展机制，在经济发展机制的探索中融入了关于资源与环境因素的考量，并对传统经济价格确定机制进行了再评价，强调了对于资源与环境价值的定价机制以及绿色产品价格的产生机制，并且绿色发展机制更加关注政府与道德观念对于经济发展的影响。

（1）绿色发展机制注重资源与环境因素，寻求经济的可持续发展。生态发展的重中之重是妥善处理经济发展与资源和环境之间的关系，使二者协调统一发展。经济活动是人类通过利用自然资源，满足对物质和文化需要的行为。自然资源是人类生存的基础，是人类发展和进步的源泉。环境是各种生物生存和发展的空间，是资源的载体，发挥着接收、净化经济生产和生活过程所产生的废物的功能，是资源运输能力、经济生产能力和人类生活的重要保障。中国的绿色发展机制越来越注重资源、环境和经济的统一，建立了资源节约型的经济和社会发展体系。只有资源、环境和经济体系协调发展，才能实现良性循环，实现整个经济和社会的可持续发展。

（2）绿色发展机制探索资源环境的定价机制及绿色产品价格机制。绿色发展机制在不断探索着有利于绿色发展的价格机制和价格政策体系，不断建立和完善反映市场供求和资源稀缺程度、体现生态价值和环境损害成本的资源环境价格机制。绿色发展机制和政策通过资源环境的定价机制和绿色产品的价格机制，促进绿色经济发展，把生态环境成本合理纳入经济运行成本，督促更多企业、商家考虑环境问题带来的社会影响，吸引社会资本进入环保领域，带动绿色发展理念的普及，促进资源节约和污染防治。

（3）绿色发展机制更受政府及道德观念的影响。在绿色发展理念贯彻落实过程中，需要政府发挥宣传引领作用，促进全社会形成良好的绿色环保理念和道德观念。在绿色发展过程中，政府起着不可替代的作用，既是引领者，也是最有力的保障者和生态社会组织的培育者。政府设定国家绿色发展战略并通过立法等技术手段，不断推进绿色经济发展的进程，鼓励生态社会组织的建立，增强全民的生态环境保护意识。建立健全国绿色发展道德观念是绿色发展机制中的一项重要举措，形成倡导简约低碳的消费文化风气，建立公众环保行为准则，构建以政府为指导，社会、企业、公众一同参与的行动体系，体现出绿色发展的重要性。

8.2　绿色发展机制类型

绿色发展有利于政府实现经济增长、环境保护和脱贫减贫的短期效益和长期效益。建立系统的、完整的绿色发展机制非常重要，主要包括四种机制类型，分别是动力机制、市场机制、引导机制和支撑机制。

8.2.1　动力机制

绿色经济模式为经济的可持续发展提供持久、稳定的动力，最为直接有效的动力来源是绿色投资。绿色经济模式对资源的节约和高效利用、对产业绿色化升级改造、对绿色贸易壁垒的形成、对社会绿色生产及消费观念的转换等，都为社会、环境、经济的和谐发展及可持续发展提供动力。绿色投资直接促进了绿色技术的创新、产业绿色转型、绿色的经济发展模式及绿色的生产消费观念的转换，成为社会经济发展的持久、稳定动力。绿色经济发展推动着社会经济沿着正确的方向稳步发展。

(1) 绿色投资。绿色投资对资源节约、环境保护方面的大力投资，促进经济社会形成更成熟的生态利用、循环高效、低碳环保、环境治理以及绿色社会生活模式。绿色经济模式对生态资源的可持续利用、对物质资源的循环高效利用、对环境调节能力的保持和修护、对绿色技术的创新及发展模式的创新，缓解了环境、资源对经济发展的制约，为经济可持续发展提供了动力。同时，绿色经济模式对生态环境的科学利用及保护，也为社会经济的可持续发展提供环境保障。当前世界普遍面临着人口激增、环境污染、粮食短缺、能源紧张和资源破坏五大问题，事关各国乃至全球社会经济的发展进程。过往数十年中，工业化和城市化不断推进，使得经济呈现高速增长的态势。然而，长期忽视环保及掠夺性资源开发的累积效应开始显现，资源环境对经济发展的约束力日益增强，人类活动排放的温室气体不断增加，全球极端天气和自然灾害频发，威胁着各国经济社会的可持续发展。同时，全球面临严峻的能源供求形势。在资源环境的压力下，各国意识到应该将环境与发展相结合，探索一条二者协调发展的道路。1992 年，“联合国环境与发展大会里约地球峰会”在巴西里约热内卢召开，并通过了《21 世纪议程》，开启了世界绿色发展的大门。

（2）产业结构绿色升级。绿色经济发展促进经济产业结构的不断优化，使得产业发展模式向低碳环保、循环高效等绿色发展模式升级。产业结构是各产业在一国生产和再生产环节之间及其内部的比例关系。产业结构体现着一个国家各产业的构成以及各产业间的联系与比例关系，充分展现了国家资源配置的效率。产业结构的调整与生产力发展阶段有着密切的联系：第一产业在国民经济中的比重，会随着生产力的发展而逐渐降低；第二产业在国民经济中所占的比重会先上升后下降，进而稳定在一定水平上；第三产业的比重会随着工业化程度的加深不断上升，成为国民经济中占比最高的一个产业。在高速工业化发展时期，“高污染、高耗能、高排放、低效率”的产业发展方式严重阻碍了经济的进一步发展，升级产业结构势在必行。各国政府相机出台鼓励“三低一高”的产业发展政策，开展低耗能、低污染、低排放和高效率的产业转型，符合“两型社会”（资源节约型、环境友好型）内在要求的绿色经济发展机制由此应运而生。

（3）生产消费观念绿色转变。社会的发展观念、企业的生产观念、居民的消费观念的绿色化转变，能够最广泛、最有力地促进社会经济的绿色发展。绿色生产和绿色消费是相互促进的，共同推动社会绿色发展。绿色观念的转变使人们更加注重绿色产品的生产和消费，各国正努力将绿色发展融入本国经济社会发展战略，形成绿色发展理念。特别是 2008 年金融危机后，国际社会进行了多种体制机制以及政策创新，制订绿色发展相关战略规划，出台相关政策，加强国际合作，促进绿色创新和绿色投资，多维度、多层次地推进绿色发展。同时，消费者和社会公众是绿色经济发展的推动者，绿色观念的提高改变了人们的消费方式和消费观念。人们对绿色产品的消费需求不断提高，推动绿色技术的研发、绿色商品的生产以及绿色经济的发展。

（4）绿色贸易。绿色贸易以经济、社会、生态的有机统一为指导原则，把全球生物圈整体利益和全人类的共同利益提高到全球可持续发展的战略高度。国际社会已将绿色贸易作为世界经济复苏新的机会与增长点，作为推动全球经济社会稳定的可持续发展的新动力。绿色贸易的发展可以提高环境容量、增强环境保护能力、增强人们的环境可持续发展观念、促进发展中国家的环境可持续发展。绿色贸易壁垒逐渐成为在各国发展最快的一种贸易壁垒。在实践中，绿色关税、绿色补贴、绿色卫生免疫、绿色技术标准、绿色技术包装制度等非关税壁垒措施的绿色贸易壁垒，却往往是以保护世界资源、环境和人类健康为名，行贸易限制和制裁措施之实。世界各国为了更好地参与国际经济与贸易，必须大力发展绿色经济。

8.2.2 市场机制

资源环境及绿色产品的价格机制，是绿色经济市场机制的主要内容。通过成本及价格机制，市场能够有效配置资源。绿色经济学将资源环境成本等传统经济学因难以计量而选择性忽视的外部成本内部化，使经济与环境能够有机结合起来，促进了绿色经济市场的发展。绿色发展的市场机制包括资源环境定价机制、绿色投资、碳排放、碳税、资源税等内容。

（1）资源环境定价机制。该机制是通过资源有偿使用、环境产权制度和生态环境补偿机制的建立与完善，使资源环境的外部成本内部化，由此产生利益驱动，促进绿色经济发展。经济学著名的资源诅咒假说①认为，对资源的过分依赖会拖累经济的发展。资源定价机制正是通过价格机制降低对资源的过度依赖，优化资源配置，加强资源管理，加速替代资源及其技术的开发，推动经济绿色化进程。同样，环境是一种公共资源，对环境不加限制地滥用也会造成"公地悲剧"，通过资源环境定价机制引入环境产权的概念，控制污染排放规模，使环境摆脱了无偿滥用的尴尬局面。资源环境定价机制通过产权制度克服公共物品的外部性，加速绿色经济的发展。

（2）绿色产品价格机制。市场是调动生产者和消费者积极性的关键，价格是市场供求关系的最好体现。因此，可以通过调整资源性产品和最终产品的比价关系，建立起反映市场供求关系的价格机制。只有产品价格与生产者提供绿色产品的投入相匹配，才会有继续供给的积极性；只有产品的价格与消费者的需求和预期相匹配，消费者才能重复购买。完善的市场体系有利于绿色产品价格机制的

① 资源诅咒假说认为，丰富的自然资源可能是经济发展的诅咒而不是祝福，大多数自然资源丰富的国家比那些资源稀缺的国家增长得更慢。

发挥。加快建立适合的绿色产品价格机制，推动绿色生产、交换、分配和消费四个环节的有机结合，有利于加快培育绿色产业、促进绿色经济发展。

8.2.3 引导机制

引导机制是政府对市场失灵的补充，利用财税倾斜政策、投融资激励政策等引导绿色经济的发展。作为一种公共物品，环境保护具有很强的正外部性，传统经济学的市场机制无法发挥有效的作用，只能通过政府的引导来促进企业、组织和个人保护环境。政府通过政策倾斜引导市场行为，可以完善市场交易规则，到达“看不见的手”触及不到之处。

（1）财税政策倾斜。绿色经济发展的财政政策主要指政府通过财政补贴、转移支付、政府采购等手段对地区的生态建设和环境保护工程予以支持，采用“以奖代补”“以奖促治”等方式，逐渐升级产业结构，淘汰落后产能，实现企业技术升级，将生态建设与区域基础设施建设、产业发展及经济增长结合起来，并建立起长效机制。为了确保绿色发展的顺利推进，很多国家和地区都出台了一系列配套的财税政策，促进减排理念从“谁污染，谁付费”向“谁环保，谁受益”的转向。促进绿色经济发展的税收政策则主要体现在两个方面：一是对有利于资源节约、环境友好和高新技术产业发展的企业和行业实行税收优惠；二是对涉及高污染、高排放及需要开发利用自然资源的产业征收排污税（费）或资源税（费），通过区别对待，支持节能、节水、清洁生产等环保产业和高新技术产业等的发展。

（2）投融资政策激励。投融资是拉动经济增长的重要方式，绿色投融资的概念也是符合当前绿色发展理念的新型投资方式。在投资理财活动中贯彻生态环保思维，能够充分体现可持续发展战略，转变国家和地区的经济增长方式，对人类生产生活形成积极影响。政府应在绿色发展中起到引导作用，为绿色投融资出台相应的激励政策，制定和推出有效的绿色信贷政策和金融工具，激发社会对绿色项目的投资与创新；对发展循环经济的企业给予资金补助、贷款贴息等；支持符合条件的企业发行绿色企业债券或上市融资；同时，引导和监督金融机构防范环境风险，降低信贷风险，履行社会责任。近年来，中国在绿色基金、绿色信贷、环境污染责任保险等政策领域出台了一系列规范性文件和部门规章，起到了很好的引导作用。

8.2.4 支撑机制

绿色发展需要健全有效的制度和政策体系作为支撑保障。绿色经济的资源与环境产权制度、绿色产品交易制度、价格形成制度及市场主体制度等，是绿色发展支撑机制的重要内容；绿色激励制度、绿色约束制度、绿色监管制度和绿色问责制度等支撑和保障着经济沿着绿色发展的方向前行。此外，绿色科学技术的创新、绿色发展体制的创新、法律及规章制度的健全和完善、绿色生产方式和绿色生活方式的形成，也同样支撑着社会经济的绿色发展。

（1）完善的绿色制度体系。美国经济学家布坎南（James McGill Buhanan）认为："没有适当的法律和制度，市场就不会产生任何体现价值极大化意义上的'效率'。"制度是促进绿色发展最关键的因素，是绿色发展的原动力。良好的制度能够确定有效的规则，以规范经济主体的市场行为。绿色经济的发展需要配套的制度体系予以支撑，从激励和约束两个方向保障绿色经济的发展，具体包括以市场为主体的基础制度和由政府主导的治理制度。

A. 促进绿色发展的基础制度主要是绿色发展的市场制度，通过影响企业、社会组织和个体等主体的行为，来促进绿色发展。绿色发展的基础制度包括如下几个方面。

第一，资源与环境产权制度。产权的确定能够推进生态文明建设的制度建设，为资源、环境的开发利用提供最基本的保障。例如，环境产权制度、碳排放权初始分配制度、自然资源资产产权制度等。

第二，交易制度。为资源的使用建立交易标准，使其更加规范化、市场化。例如，排污权有偿使用和交易制度、水权交易制度、碳排放权交易制度、环境污染第三方治理制度等。

第三，价格形成制度。市场供求关系决定价格。目前，资源产品价格被人为扭曲，无法反映市场真实情况，浪费普遍，效率低下。因此，需要通过价格制度的制定明确资源使用成本，使企业和个体在使用资源的同时，有意识地节约资源、减少浪费。

第四，市场主体制度。市场作为推动和落实绿色发展的主体，一套完整有效的市场主体制度必不可少，例如，保障市场主体权益的制度、针对市场主体的信用评级制度、培育绿色发展市场主体的制度等。

B. 促进绿色发展的治理制度主要是指政府在促进绿色发展中引导企业和居民行为的制度和规范政府自身行为的制度。政府既是绿色经济发展的重要参与者，也是规范市场的主导者和执行者，政府的治理制度对绿色发展极为重要。绿色发展的治理制度包括如下四个方面：

第一，激励制度。包括生态补偿制度、财税金融激励制度、考核评价奖励制度、绿色认证和绿色政府采购制度。

第二，约束制度。包括自然资源用途管制制度、环境保护制度、水资源管理制度、源头保护制度、生态修复制度、生产者责任延伸制度。

第三，政府监管制度。包括自然资源管理体制、资源环境承载能力检测预警机制、污染物排放许可制度、违法排污黑名单制度、突发生态环境事件信息报告等。

第四，问责制度。包括环境损害终身追究制度、环境保护责任离任审计制度、生态环境损害评估和赔偿制度、环境公益诉讼制度等。

（2）坚实的绿色技术支持

A. 绿色技术创新。要想实现绿色经济的目标，离不开科学技术的改进和管理水平的提高。绿色经济不是传统生产方式的简单回归，也不是对石油工业的根本否定，而是追求经济发展与生态环境的平衡，推动可持续发展理念的实现。这就需要在科技创新方面进行投入，开发有利于资源节约、环境治理的绿色技术，包括能够有效替代不可再生和污染性原材料及能源的技术、“零排放”和能量梯级利用技术、废弃物再资源化与污染物净化技术、绿色再制造技术等。

B. 绿色科技创新体制。绿色技术创新需要制度的保障，以高新技术为先导，形成有利于绿色科技孵化的体制机制，打造充满活力的创新体系与激励创新的政策环境，才能创新更优质的绿色技术。各国企业紧跟绿色发展趋势，为了降低内耗、提高效率，创新组织管理体制，优化企业内科研环境，强调人性化管理。同时，技术创新离不开人才的支持，可以通过内部培养和外来引入等方式加大科技人才储备。例如，日本采用社会公开招聘的形式广泛吸引人才，并通过产学研合作促进科技成果转化，实现经济良性活跃发展。

（3）健全的社会服务保障

A. 部门综合协调机制。绿色发展涉及经济、环境、能源等多个部门。各国在落实绿色发展战略时，建立独立的协调机构和完善的监管体制，提高政策实施的有效性，保障资源环境政策主动纳入主流经济政策，实现跨部门的协调。2009 年，美国设置独立协调机构（联邦环境执行官办公室）和专门官员均衡各方面力量，保证可持续战略目标的实现。

B. 法律保障机制。为保障绿色发展的顺利落实，少不了通过绿色执法和绿色司法等法律途径强制实施。北欧国家根据自身的法律制度，建立了符合国情的多种法律体系，例如，瑞典建立了由地区环境法庭、高等环境法庭和最高法院组成的环境法庭体系，丹麦建立了自然诉讼委员会、环境诉讼委员会、能源诉讼委员会等独立部门的诉讼委员会。

C. 公众参与机制。社会公众的参与是绿色经济发展必不可少的一环，通过宣传教育和舆论导向，转变社会群体固有的思维观念，培养人们的绿色思维和绿色价值观。实行绿色信息公开化，增强市场、民间和社会公众的参与度，使其及时、准确地了解和掌握有关共享资源和污染程度的相关信息。世界各国都很重视绿色发展的宣传和推广，校园绿色教育和户外绿色教育实践提高了各国居民绿色环保的意识和行为，为绿色发展铺垫了良好的社会文化基础。

8.3 绿色发展机制实务

当前绿色发展机制正在被世界各国积极探索、建立与实践，各国通过在制度建设、能源利用、环境保护等方面的努力形成了行之有效的绿色发展机制。发达国家于 20 世纪下半叶开始了对于建立绿色发展机制的探索与研究。经过几十年的建设，基本形成了集制度体系、发展规划、绿色金融财税、绿色环保技术、生产模式于一体的综合绿色发展机制。国内通过转变经济社会发展模式，制定了一系列的绿色发展的法律制度体系，利用市场机制主导、财税等政策体系等方式，引导中国实现了由传统的粗放、高污染、高能耗的经济发展模式向绿色发展模式转型。

8.3.1 国际绿色发展机制概况

当前主要发达国家与经济体在绿色发展机制的建设与完善上拥有丰富的经验，欧盟自 20 世纪 70 年代起就已经开始探索发展能源、农业、工业、交通、生活等方面的绿色发展机制；日本通过“绿色社会”计划的建设大力探索发展本国的绿色发展机制；美国通过建设法规体系、配套制度与激励政策，建设了本国的绿色发展机制。

（1）欧盟：绿色经济发展机制。20 世纪 70 年代，欧盟就开始提出并实践了“生态优先”的发展理念，经过不断发展，绿色发展的理念已逐渐渗透至绿色能源、绿色农业、绿色工业、绿色交通和绿色生活等众多领域。

A. 制订绿色发展战略规划。欧盟通过战略规划有条不紊地推动绿色经济发展进程，2007 年年底，欧盟发布了战略能源技术计划（SET – Plan）的技术路线图；2008 年，欧盟 27 国领导人通过了《欧盟 2020 年碳排放协议》。此外，欧盟还发布了关于交通行业减排的白皮书，对交通绿色化改革方案予以细化。最重要的是，欧盟准备接下来在前期规划的基础上细化形成“2050 年绿色战略”，以此为欧盟涉能源行业提供详细的行动框架。

B. 有力的金融支持。充足的资金是绿色经济发展不可或缺的，欧盟也为此实施了专门支持环境和资源保护项目的金融机制。自 1902 年起，欧盟就制订了环境与气候变化计划，2013 年，该项计划已累计资助了 3700 多个环境研发与创新项目。这充分体现了欧盟对环境保护的重视，能够为生态建设提供资金支持。

C. 强大的财税政策。为了促进国际金融危机后的经济复苏和可持续增长，欧盟委员会投入 1050 亿欧元用于绿色发展的建设，主要投资于“绿色能源”“绿色电器”“绿色建筑绿色交通”“绿色城市”（包括废品回收和垃圾处理）等产业的系统化和集约化。改善欧盟区域内的水质和提高对废弃物的处理和管理水平，推动欧盟成员国环保产业的发展，鼓励相关新产品开发，提高技术创新能力并落实各项相关的环保法律和法规。

（2）日本：“绿色社会”计划。绿色社会建设不仅是一种新的尝试，还是一场全国民众共同参与的行动，引爆“绿色革命”和创造“绿色世界”。

A. 绿色生产技术。日本资源匮乏，一直以来就十分注重对绿色生产技术的开发和探索。早在 20 世纪 70 年代，日本先后提出了“新能源开发计划”和“节能技术开发计划”，计划为绿色能源的开发、生产和消费投资 1 万亿日元，用于探索绿色能源的采购、输送、储存和有效利用技术。1993 年，又提出了“新阳光计划”，利用产学研的方式开发新技术，拥有了先进的燃料电池和二氧化碳固定和存储技术。2002 年，日本政府采用立法的方式强制电力生产企业利用可再生能源，颁布了《日本电力事业者新能源利用特别措施法》。

B. 绿色 GDP 核算制度。早在 1995 年，绿色 GDP 核算制度就被提出，用来衡量各国财富，日本是率先实行该制度的国家之一。对此，日本在原有 GDP 核算中加入了环境影响因素，从整体上为绿色经济发展战略提供了依据。绿色 GDP 核算制度除了衡量经济增长总量，还计算经济发展导致环境污染、资源损耗和生态破坏的损失或成本，从而反映了日本经济发展的真实状况。该项制度的实施不仅有效约束了企业的生产行为，增强了公众绿色消费意识，同时也为其他国家提供了有益经验和技术支持。

C. 实行“环保积分制度”。自 2009 年 5 月起，日本实行“环保积分制度”。该项制度对各类节能家电进行评级，若顾客购买高效节能等级 4 星以上的家电，便可享受优惠，兑换购物价格 5% 的商品，大大促进了环保节能家电的普及。

D. 引进“碳足迹制度”。日本政府 2009 年 4 月要求商品出厂必须标记温室气体排放量，将原材料调拨、制造、销售、使用、废弃到回收各阶段所产生的温室气体排放量进行标识，更直观地向民众展示“碳足迹”，激发社会减少碳排放的意识。

（3）美国绿色经济发展机制。美国的绿色经济发展起步较早，发展机制较为完善。但是近年来，由于实施绿色经济成本高昂，长期以来作为世界第一大经济体的美国一直在绿色发展道路上步履蹒跚，对国际节能减排计划反应冷淡，2001 年退出了《京都议定书》，2017 年退出了《巴黎协议》。但美国仍然具有完善的绿色法规体系和相关的配套制度，以及有效的政策激励。

A. 完善的绿色法规体系。法制化建设是美国市场经济的典型特征，也是其绿色经济发展中的一大亮点。20 世纪 60 年代以来，在社会各界的广泛推动下，环境保护在美国逐渐形成共识，国会出台了大量环境立法，如《国家环境政策法》（*National Environmental Policy Act*）、《清洁空气法》（*Clean Air Act*）与《清洁水法》（*Clean Waters Act*）等，将环境保护目标列为国家目标，奖惩并举、恩威兼顾，从而使法律制度成为激励和约束绿色经济发展的重要手段。例如，美国颁布法律法规，规范环境评价制度和排污权交易制度的实行。

B. 有效的政策激励。税收优惠和惩罚措施是美国发展绿色环保、推动绿色经济发展的重要机制。美国的环境税种类多，涵盖各个层面、各个领域，既涉及个人，又涉及企业。这些环境相关税收主要包括资源税系和环境税系，具体包括开采税、燃油税、煤炭税等资源税，以及对损害臭氧层的化学品征收的消费税、与汽车使用相关税收、环境收入税、固体废弃物处理税、噪声税、水污染税、塑料袋使用税等环境税收；并且，美国税法详细规定了每一种税的税率和征收办法。一方面，政府对利用可再生能源的企业予以税收优惠；另一方面，对非环保行为企业，政府则征收惩罚性税收。此外，美国政府鼓励针对绿色能源领域的各种风险投资，同时加大对清洁能源，如风能、生物质能、太阳能等可再生能源的政策补贴力度。

C. 相关的配套制度。生产者责任延伸制度是为了解决市场失灵问题而专门制定的。这项制度要求生产者在产品生产、流通和消费全过程中，增加环保设备和技术的投入，对污染排放进行初始处理，减少了信息不对称产生的生产者和消费者之间权、责、利关系不明晰的问题。这项制度还包括信息披露和产品标识以及消费者付费原则，对非环保行为收取一定费用，弥补企业在其他环节治理和回收污染的投入。另外，为了解决环境争端，美国实行环境纠纷解决替代机制（Environment Alternative Dispute Resolution，EADR），通过当事人面对面沟通或中立第三方的调解，使当事双方获得彼此都能接受的方案，这给予当事双方充分的选择权，大大降低了相互猜忌所带来的交易成本增加甚至中途退出的风险。此外，美国还通过环境公益诉讼维护公共环境权益。任何公民、组织均可提起诉讼，任何企业、公民和个人及政府均可作为被告。

8.3.2 中国绿色发展机制概况

中国在坚定不移地走绿色可持续发展之路，已经建立和形成了较为完善的绿色发展机制。绿色发展机制在中国绿色发展过程中发挥了重要作用，促进了中国发展方式的转变、经济结构的调整、生产生活方式的改变，保障了中国社会经济沿着绿色可持续方向发展。中国绿色发展机制在社会经济发展过程中不断创新、调整和完善，影响着中国社会经济发展的各个方面。

（1）转变发展方式，充分发挥动力机制。绿色发展理念正在改变着中国。党的十九大报告中就提出“美丽中国”是社会主义现代化建设的总目标。到2020年，生态环境质量会有总体改善，主要污染物排放大幅减少，环境风险得到有效管控，生态环境保护水平同全面建成小康社会目标相适应。到2035年，生态环境质量实现根本好转，美丽中国目标基本实现。到21世纪中叶，生态文明全面提升，生态环境领域的国家治理体系和治理能力现代化全面实现，建成美丽中国。

在产业结构方面，充分体现绿色产业的带动作用，积极推进传统产业绿色化的改造，推动生态保护产业化发展，促进产业发展体系的绿色化转型。不断调整三大产业的结构比例，降低制造业占比，提升第三产业占比。同时优化产业内部结构，推行绿色生态科技，加速发展高新技术产业、高端制造业、物联网等新业态，不断提升资源节约、环境友好发展方式的水平与层次。以小见大，转变企业生产加工模式，在原料生产过程中采取更为科学环保的绿色经济发展模式，从根本上改变着我国的国民经济和社会发展体系。

（2）利用市场机制，发挥价格引导作用。生态文明建设需要深化价格改革，完善价格机制，利用市场引导绿色发展，充分体现生态价值和环境成本。我国积极推进资源环境价格改革，对高耗能、高污染、产能严重过剩行业用电实行差别化电价政策；全面推行居民用电、用水、用气阶梯价格制度；完善水资源费、污水处理费、垃圾处理费政策；出台奖惩结合的环保电价和收费政策，为加强生态环境保护作出了积极贡献。

当前，我国生态文明建设正处于关键期，面临着诸多的压力，需要提供更多优质生态产品以满足人民日益增长的对优美生态环境的需要。我国已经有条件、有能力解决生态环境突出问题。更重要的是，在生态文明建设新形势、新要求下，要充分运用市场化手段，推进生态环境保护市场化进程，不断完善资源环境价格机制，更好地发挥价格杠杆引导资源优化配置、实现生态环境成本内部化、促进全社会节约、加快绿色环保产业发展的积极作用，进而激发全社会力量，共同促进绿色发展和生态文明建设。

（3）建立引导机制，发挥税收调节作用。税收对资源节约与环境保护有着重要的调节作用。我国积极推进税制改革，完善税收政策，充分发挥税收的引导和调节作用。我国也在不断优化和调整消费税调节范围，通过把过度耗费自然资源、严重污染环境的消费品纳入消费税征税范围，促进资源节约和环境保护。我国适当提高成品油消费税税率，增加了不可再生资源使用成本。优化增值税引导机制，纳税人销售自产的资源综合利用产品和劳务，可享受即征即退一定比例增值税的优惠政策。取消“两高一资”产品出口退税，对可再生能源发电实行增值税优惠政策。推动产业结构调整，淘汰落后产能。实施企业所得税优惠政策，对企业从事符合条件的环境保护项目、节能节水项目所得，给予

“三免三减半”的优惠；对企业购置并实际使用规定范围内的环境保护、节能节水专用设备给予按投资额10%抵免企业所得税的优惠。强化关税的调节作用，对进口的设备和材料区别收取关税，对环保设施、环保材料采用较低的关税税率，对严重污染和预期污染而又难以治理或治理成本较高的原材料、产品等征收较高关税。推进资源税改革，全面实施资源税从量向从价计征的改革，将税收与资源价格挂钩，建立有效的税收自动调节机制，促进资源节约利用。

（4）完善制度建设，全力支撑绿色发展。进入新时代以来，我国对环境问题愈加重视，不断加强节约资源和保护环境的工作力度，积极探索环境保护新路径，先后出台一系列关于环境保护的法律法规，采取一系列重大举措推进可持续发展，环境保护工作取得很大成绩。党的十八届三中全会提出要“紧紧围绕建设美丽中国深化生态文明体制改革，加快建立生态文明制度，健全国土空间开发、资源节约利用、生态环境保护的体制机制，推动形成人与自然和谐发展现代化建设新格局”，这将生态文明建设提升到与经济建设、政治建设、文化建设、社会建设同等重要的位置。生态文明建设是我国现代化建设总体布局中的重要一环，同时作为我国全面建设小康社会的目标之一，进入了修改后的党章和宪法，这无疑是绿色发展最有利的制度保障。在新时代全面深化改革的整体部署下，中央制订了生态文明体制改革的总体方案，加快建立自然资源的产权制度，实施国土空间开发保护制度，形成合理的空间规划体系，完善资源交易制度，利用绩效考核充分反映资源与经济效益的关系；加快构建和完善产权清晰、多元参与、激励约束并重、系统完整的生态文明制度体系，加强法治、完善制度、理顺机制，为绿色发展和生态文明建设提供可靠的制度保障。

参考文献

[1] 刘伟．促进生态文明建设的财税政策［J］．行政管理改革，2018（1）：28－34.

[2] 国家发展改革委．国家发展改革委关于创新和完善促进绿色发展价格机制的意见［EB/OL］．［2018－07－02］．http：//www.gov.cn/xinwen/2018－07/02/content_5302737.htm.

[3] 再生资源与循环经济［J］．2018（7）.

[4] 刘伟杰，师海娟．生态文明建设政策保障体系研究综述［J］．山东农业工程学院学报．2019（7）：106－108.

[5] 魏吉华，蒋金法．绿色财政支出：理论与实践——对党的十九大关于深化绿色发

展的思考［J］. 当代财经 . 2018（12）：26－36.

［6］李君杰 . 绿色贸易壁垒对我国出口贸易的影响及应对策略探讨［J］. 营销界，2020（5）：40－41.

［7］卜华 . 地方政府在引领绿色发展中的作用［J］. 企业导报，2016（6）：168－169.

［8］布坎南 . 自由、市场和国家［M］. 吴良建，桑伍，曾获，译 . 北京：北京经济学院出版社，1989.

［9］杨发庭 . 国外绿色技术创新制度［N］. 学习时报，2016－01－28（2）.

［10］黄娟，王幸楠 . 北欧国家绿色发展的实践与启示［J］. 经济纵横，2015（7）：122－125.

［11］梁慧刚，汪华方 . 全球绿色经济发展现状和启示［J］. 新材料产业，2010（12）：27－31.

［12］中国低碳经济发展与低碳金融机制研究 . 学术论文联合比对库 . 2013－06－12.

［13］牛志芳 . 纺织品贸易中的绿色壁垒与应对策略［J］. 湖南商学院学报，2009，16（1）：26－28.

［14］董立延 . 新世纪日本绿色经济发展战略——日本低碳政策与启示［J］. 自然辩证法研究，2012（11）：65－71.

［15］李佐军 . "十三五"我国绿色发展的途径与制度保障［J］. 绿色包装，2016，9（9）：72－75.

［16］高世楫 . 全面理解新时代我国现代化建设的丰富内涵［N］. 中国经济时报，2017－12－26（5）.

［17］赵月荣 . 欧盟《未来化学品政策战略》白皮书背景资料介绍［C］. //2003 中国农药发展年会——农药管理与市场营销战略研讨会专题报告集，2003.

［18］马中 . 绿色发展：从"绿水青山"到"金山银山"的转化路径和实现机制［J］. 环境与可持续发展，2020，45（4）：31－33.

［19］秦书生，晋晓晓 . 政府、市场和公众协同促进绿色发展机制构建［J］. 中国特色社会主义研究，2017（3）：93－98.

［20］冯吉芳 . 中国绿色发展的创新驱动机制研究［D］. 东南大学，2017.

［21］林添旺 . 马克思人的发展视域下绿色发展理念实现机制研究［D］. 广东财经大学，2017.

第9章 绿色经济政策

绿色经济概念伴随着人类认识社会经济与生态环境协同发展的问题而出现，并在探索可持续发展路径过程中逐渐完善。政府通过制定绿色经济政策，为绿色发展提供保障。为了使产业经济适应人类环保与健康需要，绿色经济政策应带动绿色政治、绿色社会以及绿色文化的发展。建设绿色经济政策体系，须从企业、产业、社会三个层次推动绿色形态的实现，并最终改善人们的生活环境，提升人们的生活水平。

9.1 绿色经济政策概述

任何一种经济发展模式的实践都离不开政策与制度的建设，绿色经济政策便是政府为实现经济、社会、环境三个层面协调发展的绿色经济目标而制定的一系列政策，是实现绿色经济目标、达到人、社会、自然和谐发展的重要支撑，是绿色经济发展模式落地与实践的基础。

9.1.1 绿色经济政策的概念

绿色经济政策，是指按照市场经济规律的要求，运用价格、税收、财政、信贷、收费、保险等经济手段，调节或影响市场主体的行为，以实现经济建设和环境保护协调发展的政策手段。走绿色经济发展道路，需要一系列的绿色经济政策来为绿色发展提供有力的执行保障和积极的效果反馈评价。

绿色经济政策在解决资源环境问题方面有着不可替代的重要作用，这些政策具体包括绿色财政政策、绿色金融政策、绿色产业政策、绿色能源政策等宏观经济政策。政府能够通过经济政策的引导，调整经济发展模式、产业结构和生产生活方式等，促进绿色发展体系的完善。例如，通过绿色财政政策手段，建立财政资金支持绿色经济发展的长效机制；对绿色产业，提高财政补贴力度；设立绿色经济发展专项基金，不断提高绿色发展专项资金的使用效率和效果。除此之外，开征环境税，限制废水、固体废弃物和噪声等污染物排放和二氧化碳等温室气体的排放；调整资源税计征办法，进行资源税费制度综合改革，适度提高资源税税率，增加资源使用成本；采取绿色金融政策手段，完善和强化绿色信贷政策，充分发挥金融在绿色产业发展中的重要作用。通过这些政策，实现资源环境价值利用外部性的内部化，优化资源配置，进而实现资源环境与经济社会的协调发展。

9.1.2 绿色经济发展政策体系

绿色经济政策体系设计着眼于社会经济再生产结构和功能的系统绿化调整，应能为社会经济再生产过程中各环节的“绿化”提供激励性政策安排，为绿色经济的培育提供持续有效的经济动力（见表9-1）。绿色经济发展政策体系可大概分为微观、中观和宏观三个层面的经济政策。

（1）微观层面的绿色经济政策，是从企业等微观经济体角度出发，通过政策促使企业作出有利于环境经济一体化发展的决策。这些政策包括绿色产品设计政策、绿色营销政策、绿色流通政策、绿色包装和标志政策、绿色会计政策、绿色审计政策、针对“双高”产品的政策等。

（2）中观层面的绿色经济政策，主要是指价格、税收、财政、金融等方面的经济绿色发展调节政策。主要包括绿色税收政策、绿色金融政策（包括环境责任险、绿色债券、绿色信贷政策等）、环境收费政策、排污权和环境资源权益产品交易政策、绿色公共财政政策（包括环境投资、环境补贴、环境基金、环境彩票、环境国债政策等）、绿色贸易政策、可持续的环境资源定价政策、环境信息公开政策、上市公司环境绩效评估政策、生态补偿政策、生态环境财政转移支付政策、环境押金—退款政策等。

（3）宏观层面的绿色经济政策，主要由在宏观上协调社会经济发展与生态环境保护关系的各种政策组成，包括主体功能区政策、环境产权政策、绿色GDP核算政策等。环境产权政策包括各类环境资源要素的所有、使用、处置和收益等财产性权利或用益物权等方面的政策。

表9－1　　三个层面的绿色经济政策

	调节对象	政策举例
微观层面	企业主体	绿色产品设计政策、绿色包装和标志政策、绿色会计政策、绿色审计政策等
中观层面	价格、税收、金融等	绿色税收政策、绿色贸易政策、可持续的环境资源定价政策、绿色公共财政政策、绿色金融政策等
宏观层面	社会大环境	主体功能区政策、环境产权政策、绿色GDP核算政策等

9.2　绿色经济政策的类型

绿色经济政策的类型主要包含绿色财政政策、绿色金融政策、绿色产业政策和绿色能源政策等。其中，绿色财政政策的具体内容包含绿色投资、绿色采购、绿色税收与补贴等方面的政策规定；绿色金融则包含绿色信贷、绿色基金、绿色债券、绿色保险等方面的政策规定；绿色产业政策包含绿色农业、绿色工业、绿色服务业等方面的政策规定；绿色能源政策包含绿色能源法律制度、绿色能源财税政策、能源结构调整政策等具体的政策内容。

9.2.1　绿色财政政策

绿色财政政策在绿色经济政策中占据着重要的位置，在国家的宏观经济调控方面发挥着重要作用。绿色财政政策在引导政府和社会资本绿色投资、进行绿色生产要素的分配、调整经济绿色发展模式等方面起着不可替代的作用，为经济社会绿色可持续发展提供了政策和制度保障。

9.2.1.1 绿色财政政策的含义

绿色财政是一个全新的概念，从内涵上来看，绿色财政就是以国家为主体的、建立在绿色经济之上的、通过绿色元素参与社会产品的分配和再分配以及由此而形成的各种分配关系。绿色财政与绿色经济密切相关，经济形态决定着财政形态；绿色财政以国家为分配主体，既包括绿色生产要素的分配，也包括个人绿色收入的分配；绿色财政还具有文明、环保、健康、安全等可持续发展的内涵，体现出前瞻性、创新性、时代性、战略性的内在要求和发展规律。绿色财政强调解决公共财政对生态环境保护缺位的问题，从本质上讲，绿色财政是一种可持续的财政。绿色财政包括绿色投资、绿色采购、绿色税收与补贴等内容。

9.2.1.2 绿色财政政策的内容

绿色财政政策的内容丰富、政策工具多样，包括绿色投资政策、绿色采购政策、绿色税收与补贴政策等。

（1）绿色投资。绿色投资是指有利于环境改善和资源利用效率提升的投资。2018 年 7 月由中国基金业协会发布了《绿色投资指引（试行）》征求意见稿，其中将绿色投资定义为："以促进企业环境绩效、发展绿色产业和减少环境风险为目标，采用系统性绿色投资策略，对能够产生环境效益、降低环境成本与风险或直接从事环保产业的企业或项目进行投资的行为。"

以发展的角度看，绿色投资政策要引导资金进入绿色产业，就须设计激励绿色投资的政策体系，以增加绿色项目对投资者的吸引力。绿色投资的政策体系主要包含以下几点：第一，财政贴息机制，鼓励绿色贷款；第二，贷款的环境风险控制；第三，成立绿色投资银行机构，以绿色债券为主要融资来源；第四，上市公司的环保社会责任规范和信息披露机制；第五，公益性的环境成本估算体系，可借鉴英国率先提出的"自然资本负债"模式，建立环境成本估算体系，量化企业和项目的大气污染排放、水资源消耗、垃圾生成等造成的环境成本，在此基础上建立包括主要行业、企业、产品的数据库，并以准公共产品的形式，用最低成本价提供给社会。

（2）绿色采购。传统采购方式下，物品的价格、性能通常是采购者最为关注的因素，相比之下，对物品在生产和使用过程中给人类和环境造成的影响则较少关注。随着生态环境压力增大和消费者环保意识的增强，绿色采购这一新型采购模式出现了。绿色采购指通过优先购买和使用环保产品或服务，减少对环境不利的影响因素，最大限度地降低或消除制造、运输、使用、处理和回收利用等过程对环境的不利影响。绿色采购意在引导绿色生产和绿色消费，以期实现社会的可持续发展。

目前绿色采购已呈现出全球化的发展趋势，各国纷纷“各出奇招”：韩国建立了自己的绿色标准，使用韩国环境标志与可循环产品标志，韩国的政策制定者将这两个绿色标准政策相对接，大大减少了各机构设置绿色采购标准的行政成本；印度铁道部在《印度铁路愿景2020》中有意通过提高能源使用效率、采用低碳节能等方式最终实现能源的有效节约；2013年，匈牙利公共采购供应部门公布了6个含有环境标准的程序，其中包括1个纸与固定产品的采购程序、4个IT采购程序及1个燃料采购程序，以此提升公众的绿色采购意识。

（3）绿色税收与补贴。绿色税收也称环境税收，是以保护环境、合理开发利用资源、推进绿色生产和消费为目的，建立以保护环境、节约资源为目的的“绿色”税制。“绿色税收”政策运用税收手段内化环境成本，使企业的环境保护绩效与其缴纳的税收有效关联，从而影响和调节企业环境行为。绿色补贴是指政府通过激励出口企业创新环保技术以实现改善环境质量而提供的专项财政资助，它既能促进产业升级和节能降耗，又能应对各种绿色贸易壁垒并增强本国企业的竞争力。

我国实行绿色税收的税种包括环境保护税、城市维护建设税、车船使用税、资源税、消费税、城镇土地使用税、耕地占用税等。其中，环境保护税对在中国和中国管辖的其他海域直接向环境排放应税污染物的企业事业单位和其他生产经营者征收。通过实施税收手段，提升资源使用成本，能促使资源的合理开采和利用，有效地控制了滥用资源、破坏生态环境的局面；对消费税实施绿色税收，提升消费者环境资源节约意识，对保护环境、限制生产消费的行为起到了积极的作用。

9.2.2 绿色金融政策

绿色金融政策是绿色政策的重要组成部分，为绿色经济发展提供金融方面的政策支持，是实现绿色经济发展的重要保障。绿色金融政策包含绿色信贷、绿色基金、绿色债券、绿色保险等方面的政策体系。

9.2.2.1 绿色金融政策的含义

绿色金融政策是指通过贷款、私募基金、发债、发行股票、保险等金融服务，引导社会资金支持环保、节能、清洁能源等绿色产业发展的一系列政策和制度安排。从经济学角度来看，绿色金融政策就是通过政策和体制安排，纠正市场价格体系下绿色投资的正外部性或污染投资的负外部性无法被内生化的缺陷。通过绿色金融业务，将资源节约和环境保护变量纳入经济发展的内生性因素，即在投融资过程中注重保护生态环境和治理环境污染，发展环保产业，促进经济的可持续发展与生态的协调发展。与传统金融相比，绿色金融最突出的特点在于它更强调人类社会的生存环境利益，集金融活动、环境保护和生态平衡于一体，通过自身活动引导各经济主体实现可持续发展。

20世纪90年代末，绿色金融理念被提出，自此从各国政府、国际组织、民间金融机构到非营利性组织都在绿色经济领域展开了积极的尝试。以温室气体排放交易为例，英国是世界上最早制定和实施该项制度的国家，2002年，英国以基线与信用额度模式启动了涵盖6种温室气体的排放交易制度；从信贷、基金看，德国复兴信贷银行采取政府与企业合作的模式，设立碳基金，由德国政府、德国复兴信贷银行共同进行商业化管理；2007年，瑞士联合银行在芝加哥商业交易所推出了首个依托美国15个城市天气期货合约的全球变暖指数，使得受天气变化不确定性影响的投资者可对冲风险并使其投资组合多元化。

9.2.2.2 绿色金融政策的内容

绿色金融政策应成为一套体系，包含绿色信贷、绿色基金、绿色债券、绿色保险等众多绿色金融政策工具。绿色金融政策的目标应包括：引导足够的资金投入绿色项目，以达到国家或地区绿色发展的目标；在可选的绿色项目中，将资金按照使用效率和效果进行配置；避免系统性的风险。

（1）绿色信贷。绿色信贷是商业银行和政策性银行等金融机构为鼓励企业发展绿色低碳、节能环保产业而实施的信贷政策。具体是指金融机构对从事低耗能的环境友好型企业提供低利率信贷，而对高污染和高耗能企业，通过贷款限额和惩罚性高利率限制其信贷行为。

发达国家的绿色信贷起步较早，发展至今已取得一定成就。美国绿色信贷以完善的法律制度作为基础，出台各项激励政策，引导企业节能减排，主要有税收政策和财政政策以及信贷担保及援助机制。日本在经历了20世纪70年代的石油危机之后，更加注重环境资源的保护，开始发展低碳产业，制定了一系列扶持新能源和节能环保的政策法规，促进了日本绿色信贷的发展。

（2）绿色基金。绿色基金是为促进绿色产业发展开设的专项投资基金，专门针对节能减排战略、低碳经济发展、环境优化改造等项目。早在1988年，英国就诞生了第一支绿色基金——Merlin生态基金，自此打开了绿色基金的大门，并在全球范围内得到迅速发展。世界各国不断涌现出各类生态基金、可持续发展基金、环境共同基金，使绿色基金在发展过程中不断得到完善。当然，由于各地金融市场发展程度存在着差异性，绿色基金根据具体市场情况产生了不同的表现。美国作为一个发达国家，绿色基金的发行主体主要依托机构，1996年设立了社会投资论坛，自此绿色基金开始高速发展。而在日本，因自然环境和人文环境等方面的影响，环保意识在社会中的传播较为普及，更多的企业愿意主动改善生态环境，直接促进了绿色基金在日本的发展。

（3）绿色债券。绿色债券是指政府、金融机构、企业等直接向社会筹措资金，专门用于符合规定的绿色项目，并承诺按一定利率定期支付利息且偿还本金的债权债务凭证。与普通债券相比，绿色债券的主要特点有：专用于低碳项目、债券信用评级较高、债券本金收益保障、市场投资主体广泛。绿色债券的作用体现在多个方面，不仅能够筹集资金为绿色基础设施建设作保障，还能够改善“市场失灵”，有效降低企业的成本，刺激加速新能源开发和节能减排技术的运用和推广，促进环境保护等绿色产业的发展。当前国际上发行绿色债券的方式主要包含两种：一是发行市政绿色债券，通过地方政府发行的市政债券，被许多发达地区用来为公共项目筹集资金，这是一种较为主流的发行方式。目前已有巴黎、斯德哥尔摩、加利福尼亚、纽约、约翰内斯堡、马萨诸塞、哥特堡等市（州）发行了市政绿色债券。二是机构发行的绿色债券，通过政策性银行等公共融资渠道，为绿色债券的发行提供初始市场的产品渠道和流动性。英国、澳大利亚和美国的康涅狄格州、纽约州、加利福尼亚州通过建立绿色银行为绿色行业提供贷款。

（4）绿色保险。绿色保险又叫生态保险，是市场经济条件下进行风险管理的一项基本手段。狭义的绿色保险是指以被保险人因污染了水、土地或空气等自然环境，依法应该承担的赔偿责任为保险对象的商业保险；广义的绿色保险范围更广，属于可持续金融，在狭义的环境保险基础上又涵盖了气候保险。最具有代表性的绿色保险是“环境污染责任保险”，污染性企业在保险公司投保该险，污染受害者的赔偿就由保险公司来承担。环境污染责任保险的概念最早在美国出现，早在 1966 年公众责任险就开始承保因持续或逐渐性污染所引起的环境责任；发展至 1988 年，美国出现了专业的环境保护保险公司，承保被保险人遭遇到的缓慢发生、突然爆发、意外出现的污染责任事故及引起第三者损害的责任保险。

常见的国际绿色保险产品主要可以划分为环境保护、灾害应对以及绿色倡议三种，其中包含的巨灾保险，可为发生重大污染事故的企业和个人提供保障，既为受害者提供了补偿，避免了企业因巨大的赔偿费用而破产，又减轻了财政负担，一举多得。随着绿色倡议行动的推进，绿色保险产品的需求主体逐步从企业拓展到了个人消费群体，引导着人们的消费观念发生转变。国际经验证明，一个成熟的绿色保险体系是一项经济、社会和环境“多赢”的制度，发挥着促进传统产业绿色转型、创新发展绿色动能的重要作用。

9.2.2.3 国际绿色金融政策状况

发达国家绿色金融发展起步较早，随着社会经济的进步和发展，绿色金融政策和体系不断建立和完善。目前，各国政府在法律制度方面积极探索，建立了比较完善的金融体系，以下简要介绍美国、欧盟和韩国绿色金融政策的成功经验。

（1）美国。美国纽约州尼亚加拉瀑布城发生的化学污染泄漏事件，给美国造成了高达 2.5 亿美元的经济损失，促使美国国会通过了《综合环境响应补偿及责任法》，并建立“灾害应对信托基金”，由于涉及数额庞大，又被称为“超级基金法案”，这在法律层面上明确了污染治理、赔偿、追责的责任和义务。美国政府还对银行制定了严格的环境评估政策，要求对各类贷款进行贷前环境影响评估，考虑评估结果发放贷款。2009 年，美国进一步推行联邦经济刺激方案，为可再生能源技术和电力传输技术的贷款提供担保。渣打银行、美国银行、汇丰银行等商业银行，已经成为交易市场的重要参与者。

（2）欧盟。欧盟具有完善的金融法律体系，为绿色金融的发展提供了得天独厚的条件。与美国相比，欧盟各国在充分尊重市场规律作用的基础上，采取了更加积极的政策与措施推动绿色金融的发展；并出台政策指导方针，充分发挥政府引导社会资金投资绿色产业项目的杠杆作用，刺激绿色经济的发展。欧盟成员国积极响应，2009 年前后，英国颁发了《绿色转型计划》和《可再生能源战略》，随后设立了政府直管的绿色银行，出资成立了碳基金，采取市场化运作模式，积极推行“绿色新政”。德国政府在推进绿色金融的发展时利用了绿色贷款贴息的方式，将资金托管于德国复兴信贷银行，通过银行筛选优质绿色金融资金投资标的，并制定了严格的流程进行项目筛选和投融资管理，保证了各个环节的透明。

（3）韩国。2008 年，韩国启动“低碳绿色增长战略”，制定《低碳绿色增长基本法》，积极解决气候变化、能源与资源问题，明确将环保产业作为绿色金融的发展方向，并对每年绿色金融投资在 GDP 中的比例进行了规定。同时，韩国政府实施了诸多优惠政策，例如，环保、新能源产业等绿色产业能够享受到税收减免和产业分红奖励制度，重点扶持绿色产业中的中小企业，为其在产业研发和资金配置上提供帮助，吸引了众多社会资本和金融机构参与绿色产业投资，提高了绿色金融体系的构建速度。此外，政府还发出绿色倡议，开展一系列的主题活动，进行宣传教育，提高社会公众的绿色环保意识，转变大众的生活观念，树立良好的国际环保形象。

（4）日本。日本初期发展速度快，较早重视了环境问题，是最早进行循环经济立法，同时也是循环经济法治体系最为完善的国家之一。日本的环境立法主要包括三个层次：循环型社会建设的基本法、资源循环利用的基本制度性法律和以特定产品为对象的循环利用法。日本政府还制定了统一的法令条款，为地方政府和相关企业提供经济和政策优惠的同时，也提出了明确的治污或减排目标，并官方评估结果以确定奖惩措施等。

9.2.3 绿色产业政策

产业发展是经济社会发展的重要支柱。制定与实施及完善绿色产业政策，是引导产业绿色化发展的基础。绿色产业政策通过促进绿色新兴产业的发展，推进传统产业向绿色环保转型，实现产业绿色化发展。

9.2.3.1 绿色产业政策的含义

绿色产业政策是指促进产业绿色化发展的政策，既包括传统产业部门的绿色改造的产业政策，也包括促进新兴绿色产业发展的产业政策。世界银行和国务院发展研究中心联合课题组（2013）认为，绿色发展模式将摆脱原来资源浪费、环境破坏的状态，通过传统产业部门转型升级、扩张新兴工业和开拓绿色产品市场，成为经济增长的新源泉。

产业政策的制定是绿色发展的“加速器”，通过引导生产要素向绿色产业集中，提高绿色产业的供给，从而加快绿色产业的发展速度。与一般的产业政策相比，绿色产业政策的突出特点在于它关注绿色技术而不是某种特定的产业，创新绿色技术，培育绿色产业。

9.2.3.2 绿色产业政策的内容

绿色产业政策内容丰富，包含了农业、工业与服务业三大产业的各种政策。绿色产业政策对传统产业的绿色转型，以及绿色产业的发展进行管理与激励。

（1）绿色农业政策。绿色农业政策不仅包括绿色农业财政政策、绿色农业金融政策、绿色农业税收政策等内容，而且还包括耕地、草原、湿地等的保护和补偿政策等内容。通过农业补贴政策及税收支持政策，引导农业向循环农业、高效农业等现代生态农业发展，也可以提高绿色农业产品的竞争力；通过政府投资及信贷担保支持等方式，推动农业生产向集约化方向发展，提高农业生产的效率；通过绿色农业保护和补偿政策，实行耕地轮作休耕、退耕还林还草，提升土壤肥力和耕地地力。绿色农业政策引导资金向资源节约型、环境友好型农业倾斜。此外，绿色农业政策严格把控化肥和农药使用量，提倡发展生态农业，实现绿色农业产业化经营；不断加强生产环节中科技体制创新和管理体制创新；鼓励发展粮食生产技术和有机农产品生产加工技术，生产有机农产品；扶持龙头企业，加强创新质量安全生产制度，严格标准化组织生产；加强农产品市场体系和信息化服务体系建设，完善有机农产品流通体制，缓解小市场和大市场的矛盾，不断缩小与国际市场的差距，推动绿色农产品走向国际。

（2）绿色工业政策。绿色工业政策是指为实现工业绿色发展而制定的相关的政策，包括工业转型发展、工艺技术研发、能源资源使用、产品市场及贸易等方面的政策。制定绿色工业政策是为了在工业生产过程中实现清洁生产、生产绿色产品，即在生产产品的同时，合理使用自然资源和能源，自觉保护环境和实现生态平衡。绿色工业政策在促进社会经济绿色发展方面发挥着重要作用：推动能源利用效率的提升，提高绿色低碳能源在全部能源中的占比；提升资源利用水平，降低单位工业增加值用水量，提高大宗工业固体废物综合利用率，提高主要再生资源回收利用率；提升清洁生产水平，促进先进的适用清洁生产技术、工艺及装备的普及，提高钢铁、水泥、造纸等重点行业清洁生产水平，有效降低工业二氧化硫、氮氧化物、化学需氧量和氨氮排放量，大幅削减高风险污染物的排放；促进绿色制造产业快速发展，促进绿色产品增长，提升电动汽车及太阳能、风电等新能源技术装备制造水平，使节能环保装备、产品与服务等绿色产业形成新的经济增长点；建立绿色制造体系，建立绿色制造标准体系，使绿色设计与评价得到广泛应用，建立绿色示范园区和绿色示范工厂，推广普及绿色产品，形成产业绿色供应链。绿色工业的发展不仅有利于环境生态的改善，还可以带动就业，拉动经济增长。绿色工业的发展离不开政府政策支持。应利用绿色信贷、绿色基金等金融政策，为循环经济和节能环保产业的发展提供资金支持，促进绿色工业的不断发展，大幅度减少能源消耗，降低废物排放量。绿色工业政策对排污不治污的责任单位进行严厉的行政处罚和经济制裁，对从事有利于环境保护活动的企业和个人给予优惠。

（3）绿色服务业政策。绿色服务业政策是指在推动服务业绿色转型发展方面的相关政策。绿色服务业包含生产性服务业和生活性服务业。生产性绿色服务业政策主要是推动服务业与工业在节能环保领域融合发展的相关政策，如专业节能服务业、先进环保服务业等相关政策。生活性绿色服务业政策主要是指与生活服务相关的政策，如发展绿色物流业，推动绿色物流公共服务平台与基础设施网络建设，制定相应的绿色物流管理机制与政策措施；促进绿色销售与采购业发展，推出“零纸化—低消耗”促销方式，减少线下交易，增加电子平台交易，创新“电子交易 + 绿色物流”“电子交易 + 绿色采购”等线上绿色交易模式，发展“无污、适度、循环”式绿色消费模式等相关的政策。此外，促进“生态旅游 + 文体教”“生态旅游 + 养老 + 医疗”等产业融合，创新新兴生态旅游产品，通过物联网、云计算等信息化建设，开展“智慧环保”物联网监管，构建绿色公共服务平台，促进新兴生态旅游—养老产业集聚区的形成与发展，打造新兴绿色旅游业等相关的政策也属于绿色服务业相关政策。

9.2.3.3 国际绿色产业政策

面对经济危机和生态危机双重压力，2008 年联合国规划署提出了“全球绿色新政”的倡议，美国、日本、韩国、巴西都将“绿色发展”上升为国家战略，推动着经济快速恢复和产业结构调整。

（1）美国。美国在推进绿色产业发展时颁布了大量的法规。例如，在农业绿色发展方面，1990 年，美国政府制定了《有机食品生产法》，成立了国家“有机标准委员会”。1991 年，制定《有机食品证书管理法》。2000 年 12 月，隶属于美国联邦农业部的农业市场服务处制定了美国有机农业条例。2002 年，美国出台《2002 年农场安全与农村投资法案》。2010 年，美国政府颁布《健康、无饥饿儿童行动》法令，提出有机贸易协会将提供 10 亿美元的资金用于进行有机食品试验的计划，以及学校食品计划中有机食品的提供。2011 年 1 月，美国总统奥巴马签署《FDA 食品安全现代化法案》。

（2）日本。日本将科技创新作为绿色产业政策的重点，意在鼓励高新技术的研发与应用，推广节能和新能源等新兴产业，带动社会形成节能减排意识。日本先后颁布并实施《节约能源法》《关于促进利用再生资源的法律》《合理用能及再生资源利用法》《废弃物处理法》《化学物质排出把握管理促进法》《2010 年能源供应和需求的长期展望》《新国家能源战略》等一系列法律法规，实施节能减排措施，停止或限制高能耗产业，发展新能源产业。同时，加快技术进步，应用高效的循环利用技术，使用新型清洁能源，降低对传统能源的使用，实现日本经济的绿色转型，由“耗能大国”变为“新能源大国”。

（3）韩国。韩国经济发展的重点是绿色增长，为此发布了《低碳绿色增长基本法》《国家能源技术发展规划》《绿色能源发展战略》及《绿色增长国家战略及五年计划》等一系列促进绿色增长的发展规划和法律，目标是降低石油等一次性或不可再生性资源的消费量，提高太阳能、风能、地热能等再生能源使用比重。韩国农业振兴厅也在绿色农业领域提出农业技术的发展方向，推广农业先进技术。同时，韩国成立了直属总统的绿色增长委员会，建立了绿色经济制度、能耗量化管理制度、绿色文化和教育制度、绿色增长基金制度等配套制度。

（4）巴西。巴西绿色产业政策主要集中于能源和金融手段方面。如巴西能源研究公司制订的十年能源计划，展望了未来十年 60% 的能源需求以及 1900 亿雷亚尔的投资，其中 1000 亿雷亚尔投入可再生能源；巴西国家发展银行、科学和技术部以及其他涉及支持研发发展的机构共同确定绿色领域的研发项目；巴西国家开发银行制定投资绿色项目经济可行性评估新标准，投资了包括博阿扩新型乙醇输送管道在内的多个绿色项目，参与公共采购，竞拍风能等新能源。

世界各国都重视产业政策的导向作用。绿色产业政策向市场发送信号，引导着企业的技术创新和产业的转型升级。积极实施绿色产业政策，引导企业创新和各种资源向绿色领域积聚。加大绿色产业相关技术人才的教育培训的规模和力度，为绿色产业的发展提供充足的人才。绿色产业政策可以推动绿色产业更快更好地发展，形成国际竞争优势，从而能够在激烈的国际竞争中脱颖而出。

9.2.4 绿色能源政策

能源是经济社会发展的根基，是经济发展、人民生活、社会运转的基础。绿色能源政策是有效结合能源利用与绿色经济学思想理论的政策，目的是实现能源的可持续利用、高效利用、低污染环保利用。

9.2.4.1 绿色能源政策的含义

在全球化的格局下，气候变化和能源安全问题的重要性凸显，单纯靠资源、资本等粗放的发展模式已不可持续，改变既有的能源经济结构和能源利用方式势在必行。通过实施绿色能源政策，提高天然气、核能和可再生能源等非化石能源的比重，激励工业、交通、建筑等领域节能减排，促进高碳经济向低碳经济转型。绿色能源政策包括绿色能源法律制度、财税政策、能源结构调整政策等内容。

9.2.4.2 绿色能源政策的内容

绿色能源政策主要集中于能源的开发与利用方面，包含绿色能源法律制度、绿色能源财税政策、能源结构调整政策等内容。

（1）绿色能源法律制度。通过颁布一系列约束污染物排放的法律法规，将生产过程中环境污染的末端治理转向源头控制污染的产生，限制高污染、高耗能企业的资源浪费，充分提高稀缺资源的使用效率，并提高可再生能源在能源消费总量中的比重。

（2）绿色能源财税政策。与传统经济相比，市场资源配置机制还没有自发形成对绿色能源的偏好，此时财税政策的杠杆作用非常明显。通过减税、补贴等优惠政策，鼓励低碳环保企业发展和绿色消费，推动绿色能源产业的发展及升级，促进绿色能源科技的大胆创新，发展新能源技术。

(3) 能源结构调整。通过制订绿色能源中长期规划，调整绿色清洁能源的比重，大力开发如风能、太阳能、核能、生物能源等清洁的能源，注重对可再生资源的开发和利用，减少对不可再生能源的依赖性。设立绿色能源基金，支持生物质能、低碳汽车、生物燃料、绿色化工、高附加值垃圾回收利用、风能等绿色产业的发展。

9.2.4.3 国际绿色能源政策

当前，主要发达国家在能源的绿色开发与利用方面，建立起了较为全面、系统的绿色能源政策。欧盟于2014年确定了“欧盟2030年能源与气候变化发展战略目标”，随之制定了一系列绿色能源政策，并积极推进实践。巴西作为主要的发展中国家，根据绿色能源发展的需要，制定了本国的“生物能源战略”，并配套相关政策与措施进行落地，取得了良好的成效。

(1) 欧盟。2014年，欧盟理事会正式通过决议，确定了欧盟2030年能源与气候变化发展战略目标，即到2030年，欧盟将在1990年的水平上，减少温室气体排放至少40%，可再生能源占总能源消费结构比重至少27%，提高能源效率至少27%。这对欧盟各成员国提出了巨大的挑战，需要各方协调统一共同促使欧盟经济绿色转型。

2014年，“欧盟2020地平线”(Horizon2020) 计划启动，将安全、清洁、高效能源与交通的新技术开发，列为应对欧盟重大社会挑战的重点技术。主要包括开发新兴清洁以及信息通信技术 (ICT) 在绿色能源与交通领域的商业化应用。正在实施的研发创新项目主要有：建筑物太阳能热电联产技术整合开发；城市公共交通零排放中试示范；自动化无人驾驶运输机研制；绿色交通轻质高强度新材料研制；新能源技术、生产工艺及应用；绿色交通先进推进器技术应用；智能电网创新型解决方案；新型复合材料先进工业制造；核聚变能、第四代核电和核安全；等等。为此，2014—2020年，欧盟对该项目投入了超过40亿欧元的公共财政资助。

(2) 巴西：生物能源战略。国际生物柴油和酒精燃料的需求量激增，巴西生物能源技术开发由来已久，积累了多年的经验，加上国土面积广、气候适宜等优越的自然环境，巴西的生物能源迎来了前所未有的发展优势和机遇。在此背景下，巴西提出了以生物能源为核心内容的“2030年国家能源发展计划”，以全面发展多样化的清洁能源为主要任务，水电、核电、风能、太阳能和生物能源齐头并进。为此，巴西采取的措施具体包括如下三点：

第一，加强各项基础设施建设，进一步扩大燃料酒精的生产规模。新建、改建、扩建甘蔗酒精厂，提高酒精燃料加工能力和生产规模；加快燃料酒精运输专用管道等交通基础设施建设，降低运输成本。

第二，加紧对生物柴油技术的研究与开发，支持生物柴油的推广和使用。巴西政府专门成立了一个由总统府牵头、14 个政府部门参加的跨部级委员会，负责研究和制定有关生物柴油生产与推广的政策与措施。

第三，加强国际合作，开发生物能源的世界市场。从全球范围来看，巴西对燃料酒精和生物柴油的潜在需求巨大，为了提高酒精燃料的出口量，巴西与美、中、日、俄、印在能源农业和生物能源上进行广泛合作。例如，巴西同日本建立燃料酒精合资企业。这也促使巴西石油公司作出战略调整，拓展公司经营业务，进军燃料酒精的国际市场。

9.3 绿色经济政策的效应

绿色经济政策的制定与实施，推进了传统经济发展模式向绿色可持续的经济发展模式转型，产生了积极的政策效应。从经济学的角度分析，绿色经济政策带来了一系列的连锁反应，在绿色发展方面具有明显的乘数效应；绿色经济政策促进和引导淘汰粗放、高污染、高能耗的发展模式，具有较大的挤出效应；绿色经济政策通过对绿色消费引导，使小众的绿色消费习惯养成、绿色发展观念传播与扩散，从而带动社会整体的绿色理念的形成，具有明显的蝴蝶效应；绿色经济政策逐步推进经济社会向绿色、可持续、高质量方向发展，促进经济社会形成绿色生产生活方式，并依赖惯性促使经济社会沿着可持续、高质量方向前行。

9.3.1 乘数效应

乘数效应是一种宏观的经济效应，也是一种宏观经济控制手段，是指经济活动中某一变量的增减所引起的经济总量变化的连锁反应程度。一个具有高“乘数效应”的刺激政策，可以带动社会多个部门多轮的投资与消费，最终促进国家财富、国民收入得到数倍的增长。

绿色投资、绿色税收、绿色财政补贴等政策，都能够带动多个部门的投资，刺激对绿色相关产业的投入，产生较大的乘数效应。例如，国家出台政策对环保、节能项目给予财政贴息，使得该类绿色环保项目资金成本大幅降低，产生更好、更持久的经济效益。国家用较少的补贴资金实施了大批的环保节能项目的建设和改造，产生非常显著的乘数效应。2008 年金融危机之后，G20 国家制订并实施了 300 多项刺激方案，相关研究对方案进行了分类，并请 200 多名各国的金融政策制定者和官员就这些刺激方案的“长期经济乘数效应”“整体满意度”等进行打分。结果显示，大部分的绿色刺激方案，都具有很高的“经济乘数效应”，比传统的财政刺激具有更大的优势。例如，建筑节能改造或清洁能源的基础设施建设，即具有较高的乘数。这种项目通常依靠本国劳动力来完成（较少产生离岸外包劳力），可在短期内创造就业，缓解萧条时期的就业压力；而从长期来看，这类项目的运行和维护不依赖于大量的人力资本，等经济恢复正常，这部分人力可被释放出来，令人力资本的使用更加有效。同时，这些领域的投入发展，可以带动绿色产业的研发与创新，推动相关领域的研发支出。

9.3.2 挤出效应

绿色经济政策制定的初衷是通过国家宏观调控的方式，拉动绿色经济发展，转变经济发展方式，实现经济的可持续发展。充分发挥政策的支持力量，可以带动社会资本向绿色行业流动，使经济能够实现绿色、可持续发展的目标。绿色经济政策的财政税收政策、资源环境定价机制等都会产生显著的挤出效应，使得效率低、不环保的产业或企业收缩规模、退出市场。

环境保护税收政策主要对环境污染行为和资源开发行为征收排污收费和资源税等税费。征收税费产生一定的挤出效应，会增加企业的成本费用，使一些环保配套设施落后、生产效率低、无规模效应的中小企业失去竞争优势，最终退出市场。绿色经济学对具有公共品属性的自然资源定价，使自然资源的外部性内部化，将环境成本纳入资源价格。资源价格的上升将迫使生产率低、环境成本高的第一和第二产业缩减规模，并逐步退出市场。绿色经济政策引导资金流向绿色环保产业，从而会使流向传统的高能耗、高污染产业和企业的资金大幅减少，也会逐渐将这些不绿色的产业和企业淘汰出市场。

9.3.3 蝴蝶效应

蝴蝶效应通常是指一个微小不起眼的变化，经过一系列的连锁反应，往往会引起整体意想不到的巨大变化。在绿色经济中，我们一样可以看到很多“蝴蝶效应”。绿色经济政策作为绿色经济发展的“调节器”“控制器”，能够对社会中的绿色经济发展起到良好的引导作用，调节各类市场主体基于绿色资源开发的转型。绿色经济政策是一种内在约束力，在规范发展方向、促进绿色技术创新、增强市场竞争力的同时，兼顾资源的可持续发展、生产的可持续发展、社会的可持续发展等一系列问题。

绿色经济政策对消费者绿色消费的引导，很容易产生蝴蝶效应。小众的消费者绿色消费习惯的养成，会不断影响和带动身边的人绿色消费习惯的形成，这种绿色消费理念会不断地传播和扩散，逐渐形成社会绿色消费理念。社会绿色消费理念的形成，会影响绿色产品和市场的供给，进而也会将影响传递到供给端的生产企业，而生产企业为满足消费者不同的绿色产品消费需求，会进行生产工艺流程、技术、产品的绿色化研究和开发，而绿色新产品新技术的出现、绿色竞争优势的形成会进一步影响到整个产业的竞争格局及发展方向，产业的绿色变革又将会通过产业链条、产业集群影响经济社会的众多方面，进而推动社会绿色可持续发展。绿色消费习惯对社会的绿色发展影响巨大，绿色出行、绿色食品、绿色建筑等都会通过产业传导效应，影响整个经济社会的发展。

9.3.4 飞轮效应

飞轮效应指为了使静止的飞轮转动起来，一开始必须使很大的力气，一圈一圈反复地推，每转一圈都很费力，但是每一圈的努力都不会白费，飞轮会转动得越来越快。绿色经济政策存在着显著的飞轮效应，经济社会的绿色转型发展要经历较为漫长的过程，在这个过程中，绿色经济政策是在一点一点地丰富和完善，并不断地推陈出新。每一项绿色经济政策的推行，通常不会对经济社会整体的绿色发展产生太显著的影响，但是每一项政策的努力都不会白费，都将促使经济社会的绿色发展更加顺畅，推动经济社会的可持续发展。

大部分的传统产业绿色转型是比较艰难的，起始阶段需要投入大量的资金和资源去推动。绿色社会转型也是如此，经济社会绿色转型的启动阶段是困难的，需要多方力量作出巨大的努力，但是转型一旦启动，就会向越来越好的状况发展，每一分的努力都会在绿色发展的过程中留下痕迹、贡献力量。后续经济社会沿着绿色发展方向，依靠绿色发展机制的作用，就会迅速沿着正确的、可持续的发展方向不断前行。

参考文献

[1] 王海军，邹日崧．国外绿色经济典型城市发展经验比较及启示［J］．沈阳工业大学学报（社会科学版），2019，12（3）：213－220．

[2] 李奎．绿色经济扶持政策整合研究：缘起、意义及思路［J］．理论月刊，2018（12）：136－142．

[3] 曾婧婧，童文思．能源政策如何作用工业绿色经济发展［J］．中国人口·资源与环境，2018，28（12）：19－28．

[4] 陈文文．企业环境信息披露与绿色经济政策实施：问题与完善［D］．兰州商学院，2009．

[5] 董战峰．加快构建绿色经济政策体系［N］．中国环境报，2012－06－05（003）．

[6] 曾纪发．构建我国绿色财政体系的战略思考［J］．地方财政研究，2011（2）：64－67．

[7] 刘西明．中国绿色财政：框架与实践浅述［J］．中国行政管理，2013（1）：124－125．

[8] 李春霞．我国应设计激励绿色投资的政策体系［N］．中国高新技术产业导报，2014－08－18（A03）．

[9] 郭宝东．绿色采购特征及影响因素分析［J］．环境保护与循环经济，2011，31（10）：69－71．

[10] 朱颖编译．绿色公共采购他国如何各显神通［N］．中国政府采购报，2016－04－29（004）．

[11] 朱颖编译．绿色公共采购他国如何各显神通［N］．中国政府采购报，2016－05－17（004）．

[12] 张志奇．绿色税收政策的现状、问题和完善建议［J］．环境保护，2016，44（22）：49－52．

[13] 姚洪心，吴伊婷．绿色补贴、技术溢出与生态倾销［J］．管理科学学报，2018，21（10）：47－60．

[14] 陈虹．促进经济可持续发展的绿色税收研究［D］．江西财经大学，2013．

[15] 剧宇宏．绿色经济与绿色金融法律制度创新［J］．求索，2009（7）：137－139.

[16] 中国人民银行杭州中心支行办公室课题组．绿色金融：国际经验、启示及对策［J］．浙江金融，2011（5）：20－25.

[17] 蒋先玲，张庆波．发达国家绿色金融理论与实践综述［J］．中国人口·资源与环境，2017，27（S1）：323－326.

[18] 安国俊．绿色基金发展的国际借鉴［J］．中国金融，2016（16）：30－32.

[19] 秦绪红．发达国家推进绿色债券发展的主要做法及对我国的启示［J］．金融理论与实践，2015（12）：98－100.

[20] 侯亚景，罗玉辉．我国“绿色金融”发展：国际经验与政策建议［J］．经济问题探索，2016（9）：7－10.

[21] 朱凤林，郭晨．我国发展绿色金融的路径选择［J］．西部财会，2018（8）：40－43.

[22] 熊鸿儒．支持绿色产业发展，政府如何作为？——来自发达经济体的政策经验及启示［J］．中国工业评论，2017（10）：12－17.

[23] 世界银行，国务院发展研究中心联合课题组．2030年的中国［M］．北京：中国财政经济出版社，2013.

[24] 李溪，陶希晋．基于国际环境经济关系的中国绿色经济发展路径［J］．亚太经济，2011（1）：138－140.

[25] 孙晓霞．日本绿色产业发展政策分析［J］．现代营销（下旬刊），2017（12）：12.

[26] 冯丹萌，王欧．发达国家农业绿色发展的政策演进及启示［J］．农村工作通讯，2019（4）：58－61.

[27] 经合组织发展中心．世界变革中的产业政策［M］．上海：上海人民出版社，2015.

[28] 杜艳艳，赵蕴华．韩国的绿色农业技术发展计划［J］．世界农业，2012（11）：45－47.

[29] 欧盟经济积极向绿色能源和绿色交通转型［J］．创新科技，2014（23）：63.

[30] 梁慧刚，汪华方．全球绿色经济发展现状和启示［J］．新材料产业，2010（12）：27－31.

[31] 李娟．世界主要国家竞争力战略的比较与启示［J］．创新，2012（1）：29－33＋126.

[32] 彭艳梅．政府绿色采购政策功能研究［D］．武汉大学，2011.

第10章 全球化与贸易壁垒

自工业革命以来，全球贸易和投资不断增加，生产力与技术的进步使各国之间的经济贸易往来愈加频繁，各国之间更加紧密地联系在一起，全球化成为人类社会发展的新现象。在实现全球化的同时，各国为了在国际经济贸易中占据有利地位并保护本国利益，会对贸易中的相关方面设置人为限制，即贸易壁垒，其中以绿色经济学为理论指导的绿色贸易壁垒成为各国在经济贸易中最常使用的限制手段之一。绿色贸易壁垒也倒逼着国家、企业、城市等主体的绿色竞争力的发展，丰富了绿色经济发展机制的内容，促进了经济社会绿色可持续发展。

10.1 全球化对绿色经济发展的影响

全球化（Globalization）是人类社会在经济与科学技术不断发展的过程中，消除地区之间的隔阂，加强联系和发展的现象。通常意义上的全球化的内涵为全球各个地区之间的联系不断增强，人类生活在以全球规模为基础的社会，人类共同体与全球意识崛起，通过地区之间、国家之间的贸易往来实现全球范围内的生产要素与人员的流动和配置。全球化对绿色经济既有积极的影响，也有消极的影响。在积极影响方面，有提高环境容量、增强环境保护能力等影响；在消极方面，有污染物的国际转移、大量运输等影响。绿色经济在处理全球化问题方面更加公平和合理，更加公平或节俭地配置资源成为共同价值观，不仅在当代人之间寻求公平，而且兼顾子孙后代的福祉。绿色经济发展的全球化趋势逐渐受到世界各国人民的普遍认同。

10.1.1 积极的影响方面

全球化的发展在一定程度上促进了绿色经济的发展，主要体现在以下几个方面：提高环境容量，增强人类整体的环境保护能力，使社会产生并重视了可持续发展观念，使对于环境保护与对生态资源利用的可持续发展落实到发展中国家。

(1) 提高人类社会整体的环境容量。环境容量是指在确保人类社会的生存与延续、社会的发展与稳定不受危害、自然环境与生态的平衡不受破坏的条件下，某一具体的环境范围内所能容纳污染废弃物的最大值。

事实上，资源总是有限的，没有任何一个国家或地区拥有本国居民所需要的充分的资源。美国、澳大利亚的人均资源占有量居于世界之最，且资源种类繁多，但仍然无法满足本国生产和生活的需要，遑论资源贫瘠的国家，比如日本。如果没有国际交换，一国或地区只能依靠自身拥有的资源来为居民提供产品或服务，自有资源的不足使本国环境容量的矛盾非常突出。例如，中东石油国家石油储量丰富，但气候条件恶劣，土壤贫瘠，不适宜农作物生长，耕地资源主要集中在沿海、河谷和绿洲地区，为了满足当地居民的生活需求，势必会无节制地消耗草场资源，导致植被和环境的破坏。一个国家利用其比较优势，用相对丰富的资源交换稀缺的资源，既满足了本国生产的需求，又避免了对环境的破坏，实现了经济的可持续发展。

对于一个具体的环境来说，无论是某一个区域范围还是城市范围，其对于日常生活与建设发展过程中产生的污染废弃物的容纳量总是有限的，该容量的大小与诸多因素有关，例如该具体环境空间范围、空间内配置设施、人口规模、流动性、经济发展水平、基础设施建设情况以及污染废弃物本身的性质。对于某些污染性比较小的污染废弃物，例如，厨余垃圾等日常生活垃圾，其环境容量较大，而对于化工废水废弃等工业污染废弃物，其环境容量便较小；同样，如果该具体的环境范围越大、经济发展水平越高、基础设施建设情况越好，其环境容量便会相对较高，反之则越少。所以，对污染废弃物的处理能力要根据具体环境的实际情况作出分析。

在全球化发展的过程中，各个地区之间建立起了信息互通、生产要素流通与资源共享的社会发展模式，使得在人类生活与经济社会发展过程中，可以站在一个更大更高的视角去把握与处理环境容量问题。在更大区域范围内对环境容量的相关情况进行研究分析，使区域内环境容量的潜在容量得到发掘，并通过更加科学合理的区域功能规划与设计，实现区域之间的优势互补、共同发展。在全球化的基础之上，可以运用生产要素流通、资源配置的手段，对高污染、高排放等产生污染废弃物的企业进行全球化的布局与控制，在不突破某一具体环境内的环境容量的同时，让全球范围内的环境容量得到更加充分的利用，满足在全球规模范围下的经济可持续发展。

（2）增强环境保护能力。全球化的持续发展，有利于加强世界各个地区对生态环境与自然资源的保护能力。全球化背景下，各个国家与地区之间的经济发展水平都得到了很大幅度的提升与发展。国家与地区之间的经济贸易往来与跨国公司在全球范围内的投资发展，使各个国家与地区之间的经济发展、社会发展都得到了相当大的受益，在经济基础愈加充实的情况下，政府对社会与地区的治理与管控能力也得到了提升。在资金与资源调配方面，可以拥有更充足的能力去应对日渐突出的生态环境污染与自然资源不合理使用的问题。另外，社会经济发展水平的提高与信息互通能力的增强，使人们的生活水平逐渐提高，对于精神生活有更高质量的追求，也使人民群众对自己生活区域范围内的生态环境污染与自然资源使用的问题更加关注与重视。大家的环保意识不断提高，追求更美好生活环境的需要不断增加，对环境保护等绿色发展的措施也更加支持，为社会在绿色发展的道路上大步向前提供动力。最后，全球化的生产要素与资源的流通配置，也使得环境保护技术的生产要素与资源在全球范围内得到了普遍应用的机会，在封闭条件下，由于环保技术的不足，一国或地区环境保护的能力总是受到一定的限制。世界各国的经济和文化交流存在着外泄效应，即进口的中间商品质量越来越高、种类越来越多样化，发展中国家会不断向发达国家学习先进的技术和文化，从而提高本国的产品质量和种类。各个国家在自由贸易和投资的过程中，促进了技术的学习和交流，发展中国家向发达国家学习治理环境污染的技术，提高了各国的环保能力。

（3）增强人们的环境可持续发展观念。全球化的发展消除打破了世界各个国家与地区之间交流互通的壁垒与障碍，增强了各国之间的依赖程度，使世界各国联结成一个整体。一个国家的环境遭到破坏，不仅会危害本国居民的健康和利益，而且会对其他国家产生深远的影响。各国基于利益相互合作，使全球成为一个利益共同体。为了寻求全球利益最大化，一国或地区的人们不仅重视自己生活地区的生态环境污染与自然资源利用的问题，同时更加关注发生在他国或地区产生的环境问题，增强了世界各国的保护环境和可持续发展意识，从而提高全球的治理能力。

（4）促进发展中国家的环境可持续发展。与发达国家相比，发展中国家在环境可持续发展方面存在的问题主要表现为环境污染严重，且环境治理能力低下。虽然发展中国家吸引外国投资的一部分是污染性产品，但从整体上说，经济全球化增强了发展中国家的可持续发展能力。首先，发展中国家从发达国家进口绿色产品，从中可以学习到本国短缺的环境保护技术，增强本国环保意识。其次，发达国家的产业投资为发展中国家的环保产业提供了充足的资金和技术支持，而且发达国家的标准通常高于发展中国家，可在一定程度上起到示范作用。

10.1.2 消极影响方面

全球化的主要成就，即国际货物交换的全球制度成为一种被普遍接受的事物，在全球化发展的过程中，绿色经济学家和较贫穷国家的生产者发出了不同的声音，质疑全球化的贸易体系给全球各国及其人民造成的灾难性后果。

全球化的增长效应在为各国家与地区之间的经济社会发展水平带来提升的同时，也增加了相应地区的自然资源和生态环境压力，这主要表现在以下三个方面。

（1）污染物的国际转移。世界市场的开拓扩大了环境污染的空间，由此产生的生态破坏范围更大、程度更深。首先，发达资本主义国家在经济全球化过程中进行了产业转移，将一些高污染、高消耗、高掠夺的产业转移到劳动力低廉、环境保护法规薄弱的国家或地区。其次，跨国企业，尤其是高污染、高能耗的跨国企业在全球范围内不加限制地投资建设与自由贸易，导致了工业污染废弃物在全球范围内不同区域之间的转移和扩散。不同特点的产业在生产—加工—消费的各个环节都有可能产生对生态环境的污染与自然资源的浪费，例如：在矿石、木材、生物资源等原材料企业的生产过程中，会造成对原材料供应地自然资源与生态环境的破坏；石化炼制、化工加工等产品制造企业在加工与生产过程中，会在区域范围内产生废水、废气等环境污染；在消费性产品实际使用过程中，也会产生相当数量的污染废弃物。全球化的贸易往来与国际分工使得污染在全球范围内得到扩散与转移。

（2）技术的误用。经济全球化扩大了市场规模，为了提高效率，企业改变了经营管理模式，将原来的粗放式管理升级为集约化管理模式。但是，现代技术的广泛应用和集约化经营推广，会给环境造成一定的损害。例如，在现代农业中，以少投入多产出为特点的密集型企业已经取代了传统粗放经营的企业。但是，集约化企业为了追求高效益、高质量，提高劳动生产率，在农业作物种植的过程中加大了对化肥和农药的使用，过于追求经济效益而忽视自然规律，导致种植土地肥力衰减、水土流失问题不断加重、农业领域的环境污染不断加深、区域内原有的生态环境发生失衡、生产的农产品污染超标、对人群的健康造成威胁等。此外，由于农产品的贸易更多地关注具有更好经济价值与市场的经济作物，忽略了那些经济价值低但是生态环境保护与人民生活必需的农业作物，破坏了生物多样性，给农业环境和人民带来了严重的危害。

（3）大量运输对全球环境的影响。从绿色经济学的角度看，经济全球化是建立在不考虑环境约束的假设之上的。与运输有关的污染被认为是一种“外部性”，可以自然地吸收，而不会给贸易国带来成本。第一，建设经济发展所需要的公路、机场、车站、码头、货场等交通设施，改变了周边生态环境，钢筋水泥取代绿树红花，基础设施取代森林草原，生物多样性受到威胁，造成生态失衡。第二，汽车、轮船、飞机等交通工具消耗大量的化石能源，化石能源一般不可再生，这不可避免地加快了化石能源等不可再生资源的枯竭。第三，运输使用的交通工具在大气中排放了废气等污染物，也是导致全球气候变化的主要原因之一。目前交通的主要问题之一是大部分交通工具依靠石油等化石燃料作为动力，增加了空气中存在的二氧化碳、氮氧化物、二氧化硫和碳氢化合物的排放。第四，在石化产品、化工原料等对环境有污染的产品的运输过程中出现的意外事故，也给环境保护带来了极大的挑战，例如，石油运输过程中原油的泄漏加剧了海洋与沿岸生态环境的污染。

10.1.3 绿色经济的全球化发展趋势

绿色经济的本质是以生态、经济协调发展为核心的可持续发展经济，是以维护人类生存环境，合理保护资源、能源以及有益于人类健康为特征的经济发展方式。发展绿色经济，是对传统经济发展模式的超越，是21世纪全球经济社会发展的大趋势。

进入21世纪以来，世界上越来越多的有识之士认识到，传统经济发展模式是不可持续的，因为人类赖以生存的地球环境承载能力有限，而人类追求财富的物欲是无限的，这就形成了人类社会发展的基本矛盾。人类为了追求财富，不断地毁灭森林、污染水源、毒化空气、灭绝物种、破坏生态，这些行为无异于慢性自杀。在环境不断恶化的泥沼中挣扎的人们逐渐形成了发展绿色经济的共识。

相对于传统经济发展的全球化，绿色经济发展更具有全球化的趋势。传统经济发展的全球化带有更多的不平等因素，发达国家往往利用其在国际分工和产业链上的优势地位剥削发展中国家，或者将低端的污染产业转移到发展中国家，因利益上的不平等，这种全球化容易遭到抵制。对一个领土和资源都具有相当规模的国家来说，传统经济发展上的独善其身也是完全可能的。

但是，在绿色经济发展上，任何国家都不可能独善其身，因为人类只有一个地球，污染没有国界！大气是全球自由流动的，中国的沙尘暴有可能刮到韩国、日本；海洋环流是全球相通的，日本核电站爆炸产生的放射性物质被洋流带到美国太平洋沿岸；固体垃圾虽然不能自由流动，但有一些无德商人为盈利用集装箱将美国、欧洲的生活垃圾运到中国来处理，这无异于以邻为壑。在农业经济时代或工业经济初期，以邻为壑的行为可能达到损人利己的目的，因为那时没有全球化的人员和物资的流动。但在绿色经济或全球化时代，以邻为壑必然是损人不利己，2011年日本福岛核电站遭遇大地震，因采用了不安全的美国陈旧技术而发生核泄漏，最终也波及美国。

传统经济发展是以占有更多的土地和资源为博弈的目的，少数人的富有往往是以多数人的贫穷为代价的，公平正义的缺失使传统经济的全球化很难得到一致认同。绿色经济发展是以更加公平或节俭地配置资源为共同的价值观的，不仅在当代人之间寻求公平，而且兼顾子孙后代的福祉。在环境问题上，一损俱损，一荣俱荣，我们只有一艘可以拯救人类的诺亚方舟——地球，因此绿色经济发展的全球化趋势必然受到世界各国人民的普遍认同。

10.2 绿色贸易

经济全球化加深了各国经济上的联系，也使环境问题成为一个全球性问题。自2008年世界金融危机以来，全球经济受到严重打击，世界贸易总额急剧下滑，创十几年贸易总额新低。在经济危机席卷全球、世界经济持续低迷的背景下，绿色贸易成为危机深化蔓延之际全球共同的价值观和关注点。本节主要介绍绿色壁垒及绿色贸易政策。

10.2.1 绿色贸易概述

在全球化贸易的发展过程中，国际贸易与往来也被社会与国家赋予了更多的意义与关注，在国家与国家、经济体之间以及各类贸易协定区中，实际的经贸往来越来越多地受到各个国家的法律、发展规划以及各类协定的影响。在全球绿色发展与环保主义盛行的背景下，绿色经济学也大大丰富与改变了国际贸易的内容与内涵，绿色贸易这一新的经贸往来方式逐渐成为新的标准与内容。

10.2.1.1 绿色贸易的概念

绿色贸易是指在产品贸易中，防止由于贸易活动而威胁自然环境及对人类健康产生损害，进而实现可持续发展的贸易经济形式。

绿色贸易是生态环境与国际贸易融合发展在经济与生态领域协调发展的集中表现，它将经济发展与生态和谐统一起来。绿色贸易的目的是保护环境、保障人类健康、促进资源的合理开发利用。它符合世界可持续发展理念，凭借经济和技术优势，可以通过立法或制定严格的强制性技术标准来规范和限制可能造成生态破坏和环境污染的贸易活动。绿色贸易把现代经济与贸易发展建立在生态良性循环的基础上，在贸易与经济发展的过程中真正形成生态与经济、环境与贸易一体化，实现自然环境与资源、经济与贸易发展之间的可持续性。

10.2.1.2　绿色贸易产生的背景与内容

由于对绿色经济的内生需求和各国环境水平存在差异，以及全球化发展与国际贸易往来愈加紧密，国际社会对于在贸易中产生的生态环境与自然资源保护问题逐渐开始重视与关注，并在相关研究的基础之上提出了绿色贸易的概念。绿色贸易与传统贸易最大的不同在于，传统的贸易更加关注在各个地区之间进行货物交换时可以节省的成本，以及交易过程中产生的费用与税费等经济性指标，绿色贸易则将贸易中产生的与环境和社会相关的成本，对贸易的评价范围也由此更加全面。其中，绿色贸易中考虑的环境成本主要指的是由于发生某一类或是某一件经济贸易往来时，可能会对贸易双方或是关联地区造成的对自然环境与生态资源的影响，例如，农业、能源、化工产品等在贸易往来中发生的对相关地区大气、土壤、水体的污染，对生物多样性的影响，对生态资源的保护，等等；社会成本便是贸易区域内因为环境变化而在保护与修复过程中产生的成本，例如税收政策的变化、生态补贴与修复费用的投入、劳工政策的改善等。同时，由于绿色贸易所关注的环境与社会成本往往很难在贸易过程中与产品价格、关税等产生直接的作用，所以便需要在贸易的过程之外设置一些额外的程序与措施进行外部性的解决。

从国际贸易实际发展的过程来看，自 20 世纪 80 年代开始的经济全球化与各类国际贸易区建设至今，越来越多的贸易主体通过设置与区域绿色发展有关的非关税壁垒措施、市场准入门槛等，实现在经济贸易过程中对区域绿色发展的需求，绿色贸易起初作为一个概念与缘由，成为设置非关税壁垒措施、市场准入门槛的理论。在实际的绿色贸易措施实施时，多以维护人类的发展与健康，保护自然环境与生态资源、动植物以及生物多样性为名进行设置。例如在 20 世纪 80 年代，世界关税及贸易总协定（General Agreement on Tariffs and Trade，GATT）与乌拉圭的谈判过程中，非农业类产品在与成员国开展贸易时的平均关税从 40%左右下降到了 4.7%左右，但是通过绿色贸易理论设施的非关税壁垒措施大大增加，从先前的 800 余种增加到了 2500 余种，实现了贸易成本的下降与畅通，同时也为谈判协议内的参与国家提供了更好的环境保护的绿色发展条件。

目前，欧美各国在进行绿色贸易的过程中，更多地采用“绿色标志”制度的非关税壁垒措施，由政府的相关部门或是组织团体，按照环境保护、可持续化发展的绿色发展标准，设置相关的考核指标与程序制度，对通过考核的生产厂商给予“绿色标志”，该厂商生产的相关产品便能使用“绿色标志”的认证，通过贸易进入相关地区的市场中，所以又有“绿色通行证”的称呼。“绿色标志”制度需要对产品的生产厂商进行一系列的考核与认证，包括产品研制、开发、生产、包装、流通、使用乃至废弃物丢弃或回收利用的整个过程，只有全过程都符合对自然环境与生态资源的合理利用，才能获得“绿色标志”。而产品厂商获得“绿色标志”也意味着产品获得了更大的市场空间与发展未来，减少了在贸易或销售时的相关成本，“绿色标志制度”以更好的产品贸易为前提，让产品生产厂商与进口消费区域获得了双赢。目前，欧美国家常见的“绿色标志”制度主要有以下几种（见表 10－1）。

表 10－1　　欧美国家常见的“绿色标志”制度

国家或地区	“绿色标志”制度名称
德国	蓝色天使计划
欧盟	EU 制度
北欧四国	白天鹅制度
加拿大	环境选择制度
日本	生态标志制度

但是，绿色贸易发展的过程中，也存在着诸多的困难与阻碍。起初，GATT 对以环境保护、维持人类生存与发展、保护动植物以及生物多样性为宗旨的绿色贸易持警惕态度。GATT 在 1971 年出具的《工业污染控制与国际贸易》的报告中提出，如果从 GATT 推动国际贸易自由化的目标来看，越来越多的国家与地区环境保护政策的不断出台，将对继续全球范围内的贸易自由化的推进形成障碍，形成新的绿色贸易保护主义与壁垒。为了研究与分析绿色贸易发展是否阻碍了贸易自由化的推进，1971 年 11 月，GATT 成立了“环境措施与国际贸易工作组”（EMIT），主要的目标是考察环境保护政策是否对国际贸易自由化的推进产生影响以及产生的影响范围。而从经济与社会发展的角度来看，绿色发展已经成为各国家与地区发展的重要方向，20 世纪 70 年代到该世纪末，国际贸易中关于环境问题的贸易纠纷事件的数量持续快速增长，其中著名的案例是 1991 年墨西哥与美国之间的“金枪鱼案”中暴露出的质量与安全问题，使得 GATT 对绿色贸易的态度逐渐转变。1995 年世界贸易组织（World Trade Organization，WTO）取代关税与贸易总协定，成为国际调节贸易争端的

主要场所，WTO 正式将自然环境与生态资源保护、稀有资源利用与保护以及可持续发展列为发展目标与解决争端遵循的原则之一，并成立了专门的贸易与环境委员会来协调与促进绿色贸易的发展。由此，绿色贸易开始在 WTO 的框架下发展与推进，国际贸易过程对自然环境与生态资源保护的需求也得到了国际社会的支持与合作。

10.2.1.3　绿色贸易的特征

绿色贸易融合了经济贸易与绿色经济学的思想理念，与传统贸易有显著的不同。绿色贸易的主要特征体现在绿色贸易的合理性、合法性、内容的广泛性、环境保护方式的隐蔽性和较强技术性与相对性等方面。

（1）合理性。绿色贸易拥有名义上的合理性，绿色贸易是以保护全体人类共有的自然环境、生态资源以及人类健康生活与发展为目标，设置的相关贸易壁垒也主要关注可能会对进口国产生环境污染、破坏生态平衡的贸易事项。绿色贸易之所以在全球范围内得到普遍的共识与支持，也是因为其关注的不仅仅是贸易过程中的关税、价差等经济性问题，同时带有对贸易会带来的环境问题的思考，是人类社会经济可持续发展的重要实现途径。

（2）合法性。某个国家或地区开展绿色贸易的前提是以该国家或地区内对于环境保护已有相关的立法与相关政策为依据，对本国的贸易行为进行指导与规范；并且自 20 世纪 70 年代以来，国家间通过相关的国际会议与组织对全人类的可持续发展以及自然环境的保护提出了诸多的宣言，并制定、签署了多份与绿色环保、可持续发展相关的国际协议与规则。而国际贸易作为世界经济发展中的一环，自然要遵循总体的社会与经济发展协议，现行的 WTO 出具的《技术性贸易壁垒协议》也为绿色贸易的发展提供了法理基础，其“前言”中规定：“不能阻止任何成员方按期认为的水平采取诸如保护人类和动植物的生命与健康，以及保护环境所必需的措施。”绿色贸易的合法性是毋庸置疑的。

（3）内容的广泛性。绿色贸易的涵盖面非常广，不仅包括自然环境、生态资源以及人类健康生活与发展方面保护的相关贸易事项，还对生产厂商的安全、卫生、污染、功耗方面提出了更多的要求与规定；不仅对生产的产品的绿色性、环保性进行了要求，还对厂家的生产过程提出了更多规定。在推进绿色发展的同时，也给环保技术不成熟的发展中国家的经济发展与国际贸易带来了机遇与挑战：一方面，产业转型获得了绿色发展的动力；另一方面，发达国家以绿色贸易为由设置贸易壁垒与障碍。

绿色壁垒保护的内容十分广泛，它不仅涉及与资源环境保护和人类健康有关的许多商品在生产和销售方面的规定和限制，而且对那些须达到一定的安全、卫生、防污等标准的工业制成品亦产生巨大压力，因此对发展中国家的对外贸易与经济发展具有极大的挑战性。同时，由于绿色贸易壁垒保护措施具有不确定性和可塑性，因此在具体实施和操作时，也很容易被某些发达国家用来对来自发展中国家的产品随心所欲地加以刁难和抵制。

（4）保护方式隐蔽性。绿色贸易主要通过实施各类非关税壁垒措施来减少国际贸易往来中存在的环保问题，比较常见的是设置各类标准，其不像限定配额、许可证等传统的贸易限制措施，而是通过隐蔽的手段进行绿色贸易的推进。

（5）较强的技术性与相对性。绿色贸易能够成功实施的一个重要条件即为产品生产与出口国拥有较强的环保技术与能力，在厂商生产与检测产品等环节都达到较高的环保与技术标准。但是在不同的贸易类型与国家之间，环保技术的难度与重要性也是相对的，例如生物产业、化工产业的环保技术要求较高，同时对于发达国家与发展中国家来说，环保技术的难度也是相对的，环保技术能力与资源较弱的发展中国家与掌握着更多、更先进环保技术的发达国家相比，在绿色贸易的过程中往往面临诸多的不利因素。

10.2.2 绿色贸易政策

绿色贸易政策是政府为了发展绿色贸易、保护生态环境、实现生态经济而制定一系列方针和准则。20 世纪 90 年代，各国学者展开对绿色贸易政策的相关研究。有学者构造了一个战略性环境政策模型，认为政府应使用征收环境保护税和实施财政环境补贴方式来实现环境政策目标，具体使用哪一种方式要根据环境政策的具体目标来确定。

10.2.2.1 绿色贸易政策的指导思想和原则

绿色贸易政策需要以国家利益和全人类共同利益为指导思想，实现经济目标、社会目标与生态目标和经济效益、社会效益与生态效益的有机统一。绿色贸易政策的制定与实施，是以自然环境与生态资源保护同国际贸易往来协调发展为目标，以绿色发展与可持续发展理论为基础，政策体现了在经济发展过程中对环境、生态、经济、贸易系统的考虑与研究，是全人类的共同选择。

绿色贸易的指导思想可以概括为实现国家或地区利益、全人类生存与可持续发展的共同利益。工业革命以来，各国为了追求国家利益与人类利益的最大化，以牺牲生态环境与自然资源为代价，严重危害了人类的生存环境和可持续发展，经济危机、能源危机、食品危机不断加重。为了实现绿色发展，发展绿色贸易必须把全球自然环境与生态资源的整体利益和全人类生存与可持续发展的共同利益提高到全球范围内人类社会与经济可持续发展的战略高度，推行绿色发展的国家也将绿色贸易作为经济与社会发展的新机会与增长点，推动绿色稳定、可持续发展。

绿色贸易政策指导原则可以概括为：经济、社会、生态的有机统一。其中，经济原则是指追求经济社会和生态环境协调发展的充实经济基础，如果没有经济发展，就失去了社会和谐和生态可持续的资金支持。另外，自然环境的破坏、生态资源的浪费、对人类的健康与发展产生危害等结果都会导致经济与社会发展的最终目标归于虚无。如果只是单纯地寻求经济增长，不重视自然环境的保护、生态资源多样性以及人类社会的稳定与发展，实现的经济目标也将没有任何意义。因此，经济、社会、生态目标缺一不可，实行绿色贸易，降低经济发展带来的生态破坏，必须以实现三者的协调发展为原则。

从效益上看，绿色贸易追求的是在国际贸易的过程中实现经济效益、社会效益与生态效益的有机统一。从绿色经济学的理论来看，一个国家或地区的实施与管理国际经济贸易的系统是由经济发展、社会发展和生态保护利用共同组成的一个复合系统，所以绿色经济学理论要求的绿色贸易追求的目标是兼顾国际经济贸易的发展与增长、自然环境与生态资源的保护与改善、人类社会的稳定与进步的协调性发展。因此，绿色贸易应该把三大效益统一的实现作为根本原则，为各国提供具有相当科技含量、能充分获得经济效益、对自然与生态资源消耗低、产生的环境污染与破坏少的绿色产品和贸易服务。

10.2.2.2 绿色贸易政策的特点

与传统的贸易发展方式不同，绿色贸易政策以解决国际经济贸易产生的环境污染与破坏的问题为本质特征，追求环境与贸易有机结合与协调发展，从这个角度看，绿色贸易政策的显著特征有以下几点。

（1）以发展绿色生态农业为基础。随着经济的扩张，自然环境的污染不断加剧，各国对环境保护的主张催生了绿色生态农业，并要求农业发展与环境和谐同步，在维护人类生态环境、保护自然资源的同时，为绿色贸易提供优质的绿色产品和服务。

（2）提供绿色产品及服务。绿色贸易提倡全球生产绿色产品及提供绿色服务，它将贸易发展同环境保护相结合，将人类的物质文化需要同生态环境需要相结合。绿色贸易，本质上是一种绿色生产和消费的需要，它转变了以往只追求物质文化需要的观念。

（3）以发展生态经济为目标。绿色贸易以生态文明为基础，倡导生态经济与低碳经济，构建人与自然的和谐。绿色贸易合理地配置和使用全球资源与生态环境，使市场经济与生态经济共同发展进步。在制定绿色贸易政策时，要以实现生态经济的稳定与发展作为首要任务，坚持走生态文明发展的道路，在进行国际经济贸易的同时不牺牲生态环境。

10.2.2.3 绿色贸易政策的内容

绿色贸易政策主要表现为绿色贸易法规。从制定层面来看，绿色贸易法规可以分为两个层次：国际组织与国家。其中，国际组织层次的绿色规范主要包括国际环保相关公约和自愿性的国际标准规范。国际环保相关公约是各国为解决跨境或全球环境问题所缔结的条约，这些条约涵盖了对提供绿色产品和服务的具体规定，主要包括《蒙特利尔公约》《京都议定书》《鹿特丹公约》《斯德哥尔摩公约》《巴塞尔公约》以及《卡塔赫纳生物安全议定书》等。国际标准化组织（ISO）和国际电工协会（IEC）制定的企业建立和实施环境管理体系、评价产品环境相关指标等国际标准构成了自愿性国际标准规范的主要内容。国家层面的绿色贸易法规数量庞大且复杂，因其具体国情和绿色发展战略的不同而有所区别。许多国家侧重于产品环保标志、国家绿色采购等方面。

【案例】中国台湾的绿色贸易政策

中国台湾为了做好应对绿色贸易新规范的准备，建立台湾绿色贸易新优势，制定了“绿色贸易推动方案”以推动提升台湾绿色贸易发展。为了将“绿色贸易推动方案”付诸执行，台湾设立“经济部推动绿色贸易专门办公室”，负责执行“绿色贸易推动方案”的三大策略——“绿色贸易辅导服务”策略、“提升绿色贸易竞争力”策略、“绿色贸易行销推广”策略，同时归类统计绿色商品并提供相关资讯等。

“经济部推动绿色贸易专门办公室”下设即时机动中心、政策研究组、辅导策略组、提升竞争力组以及营销推广组等5个职能执行组负责不同的事务。该办公室主要负责以下三大绿色贸易政策。

(1) 绿色贸易辅导服务：整合相关科研机构的技术资源，建立专家数据库，为企业提供绿色贸易信息以及相关咨询服务。比如，编制英文版的“台湾绿色商品型录”，与行业协会合作，大力推广辅导资源服务；为申请个案辅导的企业提供个性化的绿色贸易辅导；协助企业评估碳足迹，让企业了解其产品从设计、生产到使用过程中的碳排放量，使其生产和贸易过程逐渐实现绿色化。

(2) 专业的教育培训：一方面，定期推出一系列的国际专题研讨会、绿色贸易产业学程、国际高峰论坛等活动，提供绿色贸易相关培训，培养绿色贸易专业人才。另一方面，通过建立绿色贸易资讯网站，打破时差及国界的限制，提供云端学习服务，架设网上会议系统、网上教学系统、咨询顾问系统、数据库、电子报等，提供全球的绿色贸易相关规范等资讯。

(3) 多元行销推广：通过举办各种行销活动，努力将台湾优良的绿色商品推广到全球。比如，在国际重点展览办理行销活动，宣传台湾绿色贸易地区的定位，塑造绿色贸易产业优质形象；帮助达到环保标准的优秀厂商实现海外参展与通路拓展，举办海外行销通路专案活动，参与全球绿色采购的海外行销推广；设置“绿色典范奖”，找出台湾绿色商品的亮点，授予获奖者“台湾绿色典范”标志。

10.3 绿色贸易壁垒

绿色贸易壁垒（Green Barriers，GBs），也被称为环境贸易壁垒（Environmental Trade Barriers，ETBs），是指在国际经济贸易活动中，贸易过程中的进口国以保护自然资源、生态环境和人类健康与社会稳定发展为由而制定的一系列限制进口的非关税贸易壁垒措施。中国的国际贸易问题专家对此的定义是："绿色壁垒是指那些为了保护环境而直接或间接采取的限制甚至禁止贸易的措施。主要包括国际和区域性的环保公约、国别环保法规和标准、ISO14000 环境管理体系和环境标志等自愿性措施、生产和加工方法及环境成本内在化要求等分系统。"

绿色贸易壁垒通常是指国际贸易过程中进出口国为保护本国自然环境、生态资源和人民健康而设置的各种贸易保护措施、法规和标准等，也是对进出口贸易产生影响的一种技术性贸易壁垒。绿色贸易壁垒通过有目标地制定一系列有关于环境保护与维持可持续发展的标准与制度，在国际经济贸易中限制或禁止外部可能造成环境污染的商品进口，属于技术壁垒的一项。

10.3.1 绿色贸易壁垒的形成与发展

绿色贸易壁垒是在绿色价值观普及以及消费者对绿色商品产生需求偏好的背景下形成的，并被发达国家作为一种新的贸易保护措施。绿色贸易壁垒的使用领域在不断扩展，使用频率也越来越高，而且其措施在不断更新。绿色贸易壁垒已成为企业全球化发展过程中不可避免的一个问题，随着社会经济向更高层次发展，即使在某一国家范围内，甚至某一区域内，绿色贸易壁垒也是以各种不同的形式存在，并影响着社会的生产经营和消费生活。绿色贸易壁垒同时也倒逼着国家、企业、城市等主体绿色竞争力的形成和发展，引导和促进一种新的绿色经济发展方式的产生。

10.3.1.1 绿色贸易壁垒产生的原因

绿色贸易壁垒产生的原因可以归纳、总结为以下几点。

（1）世界环境的恶化引起人类价值观念的变化。随着工业化的发展、世界经济的增长，资源和环境的破坏和污染问题变得日益突出，直接影响到人类的生存和发展以及社会的稳定与可持续发展。人们在生活与消费时更加注重生活的环境质量，营造绿色文明的价值观念与环保意识日渐增加；对不污染环境、于人体健康无害的绿色产品的需求日益增长。

（2）传统的非关税壁垒越来越受到国际社会的谴责。关贸总协定（GATT）和世界贸易组织（WTO）的运行使得国际经济贸易中的关税不断降低，设施关税、限定配额等传统的非关税壁垒受到更多的限制，可实际具体操作运用的空间也越来越小。而绿色贸易壁垒的合理与合法性使其成为某些国家设定贸易壁垒的重要原因与借口，成为国际贸易发展过程中发展最快的贸易壁垒形式之一。

（3）绿色组织的存在及其政治影响。自20世纪末以来，国家间通过谈判与合作的模式，成立了诸多绿色组织，旨在保护自然环境与生态资源，维持人类社会的健康生存与可持续发展，并通过发布宣言、签订多边的绿色环保协定或框架的形式，持续保持着独立组织的政治影响力。绿色贸易壁垒也在签订的各类绿色环保协议与框架内得到了一定的认可与支持。

（4）各国环保标准的差异。世界经济发展与科学技术发展水平的不平衡，导致了不同的国家或地区对绿色环保的要求与需求也是不同的，并存在着巨大的差异。发达国家往往凭借着先进的生产力与科学技术，对环境保护的标准与要求普遍较高；而发展中国家往往由于需要发展经济、科学技术水平较低，而对绿色环保的要求较低，不同国家或地区之间的实际情况差异造成了环保的标准参差不齐。绿色贸易壁垒产生的原因之一，便是对环保的标准与要求较高的国家与地区，为了保护本地的自然环境与生态资源以及维持人民的健康生活与社会的可持续发展，对环保标准与水平低的国家设置非关税性贸易壁垒，在达到环保标准的同时，也实现了对本国相关产业的贸易保护。

（5）现行国际贸易规则和协定不完善、缺乏约束力。对于参与国际经济贸易过程的各个成员方来说，通过规则与标准为自己在经贸往来中占据有利地位，是发展使用绿色贸易壁垒的重要动力之一。而对贸易壁垒设定的规则与规范在面对以环境保护为由的绿色贸易壁垒时有较多不确定与弹性较大的描述，例如“不合理、必需的措施”等模棱两可的措辞，使得国际贸易中对绿色贸易壁垒争端的解决面临着较大的困难，缺乏约束力。

当前，绿色贸易壁垒的发展有以下几种表现。首先，绿色壁垒涉及的产品种类不断增加。绿色壁垒的产品种类随着市场经济的发展而不断扩大。随着生活水平的提高、科学技术的不断进步，各个国家不断研发和生产新产品，这些新产品已经成为国际贸易中的重要部分，很多国家在设置绿色壁垒时，纳入限制贸易考虑的产品种类和数量也不断增加。其次，绿色壁垒涉及的领域不断扩大。各国提供的产品和服务不仅数量增加，涵盖的领域也随之增加。当前，绿色壁垒的贸易范围已经突破传统的农业，延伸至生物多样性、人类健康等各个领域，涉及的领域更加全面和多样。最后，绿色壁垒涉及的国家不断延伸。绿色贸易壁垒也能为本国的市场经济的运行提供保护作用，其他国家认识到这一点后会争相效仿，导致实施绿色壁垒的国家越来越多。国际贸易处于不断变动的过程中，一国的进口国和出口国也是不断变化的，随着国家的开放程度越来越高，遭受绿色壁垒的可能性就越大，这也推动了绿色壁垒向更标准化、高要求化的方向发展。

10.3.1.2 绿色贸易壁垒的发展现状

绿色贸易壁垒经过了长时间的发展，使用频率不断变高，使用的领域越来越广泛，同时绿色贸易壁垒的措施也随经济社会的发展动态化调整。

（1）绿色贸易壁垒的使用频率变高。在近几年的发展过程中，不同的国家与地区以环境保护为由，使用绿色贸易壁垒的频率不断变高，据相关统计，在全球的4917种贸易产品中，受到绿色贸易壁垒影响的产品共有3746种，全球共有137个贸易进口国采用过绿色贸易壁垒措施。

（2）绿色壁垒措施的使用领域越来越广泛。对绿色贸易壁垒的设置也从原先的对贸易产品本身的绿色环保提出要求与标准，变为对生产该产品过程的检验考核，不仅对贸易产品本身进行检验，还要对生产产品的卫生条件、设计开发、原料采集投入、生产制造、外观包装、物流运输等提出绿色环保的标准与要求。另外，从原先的关注农产品领域，拓展到了石化能源、矿石原料、化工产品等诸多领域。

（3）绿色贸易壁垒措施具有动态性。绿色贸易壁垒会跟随着该国家或地区环保政策与标准的变化而变化，在可预见的将来，随着经济发展、社会治理与科学技术水平的不断提升，人们的环保意识与对美好生活环境的追求也会大大增加，对环保的标准与法律也会随之更新与升级，相应地，绿色贸易壁垒也处于动态调整与提升的过程。另外，绿色贸易壁垒往往还会表现出连锁效应，当一国或地区实施某一绿色贸易壁垒时，其他的国家也会进行效仿与跟进，增加了绿色贸易壁垒的动态变化范围。

10.3.2 绿色贸易壁垒的种类

“绿色贸易壁垒”发展迅速、涉及的领域广泛，形式多样，种类繁多，其形式主要有以下几种。

（1）国际或区域性环境保护公约。目前，国际社会通过各类国际合作组织或是多边会议，已制定了150多个与自然环境和生态资源保护相关的国际公约或框架合作协议。例如，《濒危野生动植物物种国际贸易公约》《控制危险废物越境转移及其处置巴塞尔公约》等，其中都包括世界范围内广泛存在的绿色贸易壁垒，其作用的主体是广泛性的。

（2）国别环保法规。指参与贸易的国家或地区，在本国管辖范围内制定的与自然环境和生态资源保护相关的法律法规，例如，对空气、水体、土壤污染加强防治保护的法律法规与政策，如危险化学品管理制度、农药化肥使用管理法律法规、野生动植物资源保护法律法规等。这些法律法规与政策往往会对贸易中的产品提出诸多有关于环保的标准与规范，例如，农业领域的农药残存标准、化工产品安全标准等，这些都是绿色贸易壁垒的重要组成部分。

（3）绿色关税和市场准入。即“绿色贸易壁垒”的早期表现形式，发达资本主义国家以保护环境为名，对可能会造成自然环境污染和影响生态系统平衡的产品课以进口附加税，设置与提高贸易门槛，限制相关产品进入本国市场，甚至实施贸易制裁等。比如，美国对石油销售征收环境进口附加税。

（4）绿色标志制度。绿色标志制度作为绿色贸易中的一个重要手段，在某些情况下也形成了对贸易开展的壁垒与障碍。特别是某些发达国家为了保护本国的相关产业的发展，通过可以设置与本国相符但与相关产品的出口贸易国不相符的环保标准与规则，在保护本国产业与企业的同时，给其他的贸易出口国增加生产制造成本与贸易成本，成为其他国家产品贸易进入本国市场的环境壁垒。

（5）绿色补贴制度。政府通过行政手段或相关组织，对国内环保政策的推行与展开进行补贴与扶持，其间必然也包括对产品贸易型企业的补贴与扶持，使企业进行复核环保标准生产的成本降低，不同国家之间的补贴与扶持力度不同，便造成了相同环保标准下产品生产的成本不同，而补贴与扶持力度更大的国家可以在贸易过程中获得更多的优势，一些国家也通过为自己的企业发放更多的绿色补贴与扶持，实现本国商品的优势，形成对外的贸易壁垒。

（6）产品加工标准制度。自20世纪末以来，国际标准化组织编制出了一系列的产品生产、加工、原材料获取、包装、运输等流程的绿色环保标准，例如，《国际环境监察标准制度》中的ISO9000系列质量标准体系与ISO4000环境管理系统。发达国家凭借自己在技术与资本上的优势，往往能在国际标准的基础之上，设计出本国与区域合作范围内的更高规格与要求的标准，从而对环保技术水平较低的发展中国家设置绿色贸易壁垒。

（7）环境附加税。在国际贸易发展过程中出现环境问题的时候，西方国家便采用了环境附加税的手段来控制与补贴贸易对自然环境与生态资源的影响，是绿色贸易壁垒最早采用的手段之一。通过对污染自然环境、影响生态资源、威胁人民健康生活与发展的贸易产品额外征收进口附加税的形式，设置贸易壁垒，最常见的便是对不同规格的石化能源产品征收的相关税费。

（8）绿色包装制度。该制度主要针对贸易产品的包装进行限制，主要对包装物的生产、运输、废弃处置、回收与再利用等方面提出相关的要求与标准，设置各类法规与制度，进行贸易行为的管理，例如，20 世纪末日本推行的《废弃物回收条例》与《废弃物清除调理修正案》等。绿色包装制度的推行与规范，既有利于进口国的环境保护，同时也为生产产品带来了更高的成本，形成了绿色贸易壁垒。

（9）绿色卫生检疫制度。该制度旨在进口农业、畜牧业、渔业等贸易产品时，为保护进口国人民的健康而设置，通过海关以及相关检疫部门的检测与鉴定实施。主要针对食品的卫生安全设置相关的制度，例如，对细菌、农药残留、重金属含量、放射性物质残留等的检验。

10.3.3 绿色贸易壁垒的消除

虽然绿色贸易壁垒给发展中国家的产品出口造成了一定的冲击，但是对绿色贸易壁垒绝不能采取一概否定的态度，而应在充分分析研究的基础上，更多地看到绿色贸易壁垒的积极意义。总的来说，可以从以下几个方面积极应对绿色贸易壁垒带来的影响。

（1）积极应对，破除壁垒。通过依据现有贸易规则的体制系统，按照合理合法的原则，在相关的国际贸易谈判场合进行沟通与抗辩，争取通过贸易双边与多边的磋商，以及谈判的方式解决绿色贸易壁垒带来的争端。另外，要加强国际合作，与相关的环保组织与标准制定组织保持紧密的沟通，主动积极地去了解相关环保标准与制度，提前做好相关准备；并主动参与相关国际环保制度与条约、贸易条约与协议的制定、修订，争取更多的优势与主动权。

（2）提高环保意识与技术水平。破解绿色贸易壁垒的关键在于本国的环保技术与企业生产产品的环保意识，只有在社会与企业中形成对自然环境与生态资源保护的强烈意识，才能更好地应用相关环保技术，生产出绿色环保的产品。

（3）大力推行环境标准制度和环境认证制度。促进国内企业通过环境标准制度与环境认证制度，特别是 ISO14000 体系——环境管理的标准体系的认证，获得国际贸易上的“绿色通行证”，不仅可以使企业更好地在国际贸易中进入更宽阔的市场，还可以树立企业良好的绿色环保形象，提高整体的竞争力水平。

（4）调整贸易结构和产业结构。需要对国内的高污染、高能耗的产业与企业进行结构与技术上的调整，进行产业与技术升级，利用新的环保技术整体提高高污染、高能耗企业的绿色环保生产的水平，淘汰掉落后的产能，发展绿色环保产业。

参考文献

[1] 商务部研究院绿色贸易发展研究中心．中国绿色贸易发展报告（2017）[M]．北京：中国商务出版社，2017.

[2] 方时姣．中国绿色外贸战略 [M]. 北京：中国财政经济出版社，2004.

[3] ULPH A. Environmental egically [J]. Jorunal of Environmental Economics and Management, 1996, 30 (3): 265 - 281.

[4] COPELAND B R. Trade and environment: policy linkages [J]. Environment and Development Economics, 2000, 5 (4): 405 - 432.

[5] 台湾绿色贸易专案办公室．各国绿色相关政策归整 [EB/OL]. [2012 - 08 - 03]. http://www.greentrade.org.tw/publication/%E5%A0%B1%E5%91%8A%E6%91%98%E8%A6%81.

[6] 王荧，李非，陈梅香．台湾绿色贸易政策及其经济学分析 [J]. 福建江夏学院学报，2015, 5 (2): 1 - 11.

第四篇 绿色金融与绿色财税

绿色金融越完善，绿色经济就越发达，绿色经济的蓬勃发展离不开绿色金融的大力支持。绿色金融随着绿色经济的发展而不断丰富和完善，绿色金融的丰富和完善同时又推动着绿色经济的发展。绿色金融和绿色财税是绿色经济发展机制的重要组成部分，是绿色经济政策的重要内容。绿色金融在支持环境保护、应对全球气候变化和资源循环高效利用方面起着重要作用。绿色信贷、绿色基金、绿色债权、绿色保险等绿色金融工具，为环保、高效节能、清洁能源、绿色交通、绿色建筑等领域的项目投融资、项目运营、风险管理等提供金融服务，推动着绿色产业的发展。碳交易机制不断完善，碳交易市场规模不断扩大，在全球温室气体减排方面的贡献和作用越来越大。绿色经济的发展也离不开绿色财税制度的支持，绿色经济体系的完善，包含着绿色会计、绿色审计、绿色税务体系的完善。绿色会计体系、绿色审计体系、绿色税务体系的发展虽然取得了很大的进步，但是依然存在着很多尚待解决的问题，这些问题会随着绿色经济的不断发展而逐渐得以解决。在经济社会绿色转型、可持续发展的背景下，绿色金融与绿色财税将发挥着更加重要的作用。

第11章 绿色金融

社会资本的积累、分配和运转正是依托于金融系统而存在，大国的崛起与更替也总是与金融发展中心的迁移相匹配，金融与发展息息相关、密不可分。传统经济发展存在很多局限性，未来经济社会的可持续发展将建立在绿色经济发展的基础上，经济强国与经济发展中心也必将是绿色金融中心。绿色经济的发展离不开金融的支持，绿色发展为绿色金融提供了肥沃的“土壤”，绿色金融是绿色发展有力的推手。

绿色金融为促进经济结构转型、推动经济可持续发展提供内在动力，近年来已成为社会各界普遍关注的焦点。绿色金融对于推动实现碳中和目标而言至关重要，是中国“双碳”目标政策框架中的重要组成部分。从 1974 年德国成立世界第一家政策性环保银行开始，经过几十年的发展，绿色金融在全球蓬勃发展，绿色金融产品和服务不断丰富，绿色金融体系也不断建立和完善。绿色金融是指金融部门把环境保护作为一项基本政策，在投融资决策中考虑潜在的环境影响，引导社会经济资源投向资源节约、环境保护和治理产业，促进经济社会的可持续发展。由于全球各国家和地区在经济发展阶段和发展水平等方面存在着差异，各国家和地区的绿色金融标准体系存在着一定的差异，这并未妨碍全球绿色金融日益频繁的合作与交流，越来越多的金融机构宣布采纳“赤道原则”。2020 年，新冠肺炎疫情对全球经济产生很大的冲击，全球经济增速明显回落，绿色金融将在全球经济绿色复苏方面发挥重要作用。中国是绿色金融的倡导者和引领者，是全球可持续发展的重要推手。

绿色金融市场空间巨大。根据联合国测算，要实现《巴黎协定》的气温上升控制目标，全球需要总投资大约 90 万亿美元。根据机构初步估算，中国实现“双碳”战略所需投资大约为 150 万亿—300 万亿元人民币。

11.1 绿色金融概述

绿色金融随着绿色经济的发展而发展，并在社会经济绿色化转型及可持续发展方式转变过程中发挥着重要作用。金融是经济的“血脉”，绿色金融是绿色经济的“血脉”。“金融活，经济活；金融稳，经济稳。经济兴，金融兴；经济强，金融强。经济是肌体，金融是血脉，二者共生共荣。”绿色金融与绿色经济的关系亦是如此。本节将阐述绿色金融的概念，对绿色金融的国际和国内的发展历程进行分析，并介绍赤道原则的相关内容，最后简单描述国际机构之间的多、双边合作。

11.1.1 绿色金融的概念

绿色金融是以环境社会可持续发展为目标的，预期能够产生正环境效益的，将社会资本引导到绿色发展领域的金融生态系统。G20 绿色金融研究小组在《G20 绿色金融综合报告》中将绿色金融定义为“可产生环境效益以支持可持续发展的投融资活动”。我国在《关于构建绿色金融体系的指导意见》中指出，绿色金融是指为支持环境改善、应对气候变化和资源节约高效利用的经济活动，即对环保、节能、清洁能源、绿色交通、绿色建筑等领域的项目投融资、项目运营、风险管理等所提供的金融服务。这一概念也被广泛地应用于绿色项目的界定和判断。

截至目前，对于绿色金融的具体定义，学术界尚未达成一致。发达国家在定义绿色金融时，更加注重其在气候变化上的影响；中国对绿色金融的界定，则更综合考虑对环境的保护和改善、气候的变化影响及资源的节约及高效利用等因素。例如，高铁债券在中国被认为属于绿色债券，但发达国家并不认同。在发达国家，由于已经完成了工业化进程，工业化早期阶段经常出现的环境污染问题已基本得到解决，因此，在评价一项投资是否“绿色”时，往往不考虑其治污和防污作用。而在中国，这类投资理所应当被纳入“绿色”范畴。基于出发点的不同，各类研究成果、操作指南和政策报告对绿色金融的理解也有所不同。要想找到一个在全球范围内通行的绿色金融的定义几乎是不可能的，但是在一个地区或国家范围内有一个统一的绿色金融定义标准是有必要的。

11.1.2 绿色金融的发展历程

发达国家首先开启大规模的工业化进程，也最早遭遇了环境污染和社会问题。为解决发展过程中的种种问题、实现经济和社会的可持续发展，发达国家及国际性组织等率先进行了多方面的努力，金融的绿色化发展就是其中之一。近年来，越来越多的发达经济体及新兴经济体高度重视绿色金融发展，通过加强绿色金融市场建设，构建绿色金融发展体系，推动绿色金融的发展，以实现可持续发展的目标。同时，商业银行及各类金融机构也将绿色金融视为自身可持续发展的重要途径。

早在 1974 年，德国成立了全球首家政策性环保银行，为传统的商业银行不愿意授信的环保工程项目提供优惠贷款。目前，绿色金融在全球的推进呈现以发达国家为主、发展中国家积极跟进的态势。德国、英国、美国、日本等发达国家在 40 多年的绿色金融发展过程中，在法律、政策、产品等方面不断丰富和完善，已形成了较为全面的绿色金融法律体系；除绿色信贷产品之外，还创新出了绿色资产抵押支持证券、气候衍生品、绿色实业基金、绿色证券基金、绿色债券、绿色保险、碳交易、碳金融及衍生产品、碳基金等绿色金融产品。联合国开展绿色金融的起点是 1992 年，那一年联合国在里约热内卢举办了首届可持续发展大会，发布了《银行业关于环境和可持续发展的声明书》。经过近几十年的发展，在联合国体系下已形成了“负责任银行原则”（PRB）、“可持续保险原则”（PSI）、“负责任投资原则”（PRI）三大原则，分别面向银行、保险和资管，协调促进可持续金融在全球的发展。我国目前已成为全球首个建立了比较完整的绿色金融政策体系的经济体，绿色金融市场体系逐渐完善、业务种类日益丰富、产品规模不断扩大。我国通过 G20、“一带一路”、金砖国家合作等机制和平台推动绿色金融全球化发展，成为全球绿色金融新的“领头羊”。

11.1.2.1 国际绿色金融发展

国际绿色金融的发展现处在积极推进阶段，不仅联合国、世界银行、跨国银行等国际性组织和机构在不断推进绿色金融的发展，而且世界主要的经济体，包括发达国家及发展中国家，均将绿色金融发展放在重要的位置，通过各种努力发展绿色金融。商业银行及各类金融机构将绿色金融视为自身可持续发展的重要途径。

（1）绿色金融的国际化发展历程。联合国开展绿色金融的起点是 1992 年，那一年联合国在里约热内卢举办了首届可持续发展大会，联合国环境署（UNEP）敏锐地察觉到银行业在可持续发展中的重要角色，与众多国际商业银行共同发布《银行业关于环境和可持续发展的声明书》，正式推出联合国环境署银行计划（UNEP BI）；1995 年，联合国环境规划署将该计划延伸到保险业，与瑞士再保险等公司发布《保险业关于环境和可持续发展的声明书》，并于 1997 年正式成立保险机构计划（UNEP Ⅲ）；1997 年，联合国环境署银行计划更名为金融机构计划（UNEP FII），绿色金融服务从单一银行业务扩展到一般性金融服务。2003 年，在 UNEP Ⅲ 和 UNEP FII 的联合年会上，保险计划和金融计划正式合并为金融计划，便形成了我们现在所熟知的 UNEP FI。到 2012 年，联合国可持续发展重回 20 年前首届可持续发展大会的里约热内卢，UNEP FI 在此期间发起了联合国可持续保险原则（PSI），提出了专门面向保险公司的 4 项原则。1998 年，世界银行制定《污染预防与消除手册》，帮助银行业完善环境评价程序。

2000 年在纽约联合国总部成立的《全球契约》，制定了有关人权、劳工、环境和反腐败领域的十条原则，起初并不止针对金融机构，但在 2004 年也开始关注金融投资中的环境、社会因素，与 UNEP FI 合作，并组织了来自 9 个国家的 18 个金融机构共同起草一份研究报告，指引金融机构在投资决策中如何考虑环境、社会与公司治理等因素，即当下热点 ESG。全球契约研究让联合国看到资本市场特别是资产管理公司的重要性，于是乘势而为，由 UNEP FI 发起并于 2005 年制定并发布《负责任的投资原则》（*Principles for Responsible Investment*，PRI），PRI 沿用了全球契约十项原则的思路，提出了负责任投资的 6 项原则，旨在约束金融机构进行企业项目投资决策时充分考虑环境与社会影响。逐渐，UNEP FI 和 PRI 就明确各自定位，UNEP FI 主要面向银行和保险机构，

PRI 主要面向资产管理机构和资产所有者。因为混业经营等原因，很多金融机构既是 UNEP FI 成员，也是 PRI 成员。

2002 年，国际金融公司（IFC）正式提出赤道原则（EPs），之后越来越多的银行采纳这一原则，并于 2007 年正式推出了新版赤道原则（EPs Ⅱ），使得项目融资的社会和环境标准进一步提高。2006 年，国际金融公司（IFC）制定可持续发展框架，经过更新后，该框架中的绩效标准逐渐成为众多银行在执行项目融资环保政策时所遵循的重要标准。

2009 年，在时任联合国秘书长潘基文的见证下，由联合国贸易和发展会议、联合国环境署金融倡议组织等共同成立了可持续交易所倡议（UN SSEI），联合国全球契约、UNEP FI 和 PRI 也都有参与这一过程，所以 SSEI 官方介绍都说自己是这 4 家机构的联合行动。该倡议的宗旨在于增强交易所同业间的交流和相互学习，增进交易所与各类市场主体间的交流合作，推广交易所在支持可持续发展方面的最佳实践。截至 2017 年 9 月，可持续交易所倡议共拥有伦敦证券交易所、纳斯达克、德国交易所等 65 家伙伴交易所，分布在全球六大洲，覆盖超过 3 万家上市公司，总市值超过 53 万亿美元，占全球上市公司总市值的 70%。

2019 年，在联合国大会年度会议期间，联合国环境规划署正式发布《负责任银行原则》（*Principles for Responsible Banking*，PRB）。《负责任银行原则》（以下简称《原则》）由联合国环境规划署金融倡议（UNEP FI）牵头，由中国工商银行、花旗银行、巴克莱银行、法国巴黎银行等来自全球 21 个国家共 30 家银行组织的核心工作小组共同制定。全球 130 家银行签署了该《原则》，成为首批签署行，合计资产总额逾 47 万亿美元，约占全球银行业资产总规模的 1/3。该《原则》与针对资产管理者的《负责任投资原则》（PRI）以及针对保险承保人的《可持续保险原则》（*Principles for Sustainable Insurance*，PSI），都是金融业落实联合国 2030 可持续发展目标（SDGs）和《巴黎气候协定》的重要标杆。

2019 年，联合国开发计划署发布了一套标准，以引导私募股权投资基金支持可持续发展目标。这套私募股权投资基金标准与联合国 2030 年可持续发展议程紧密结合，鼓励私募股权投资基金制定与 2030 年可持续发展议程相对应的业绩目标，并将它们纳入业务实践，希望每年调动全球管理资产的 5%（约 6 万亿美元）进行相关投资。

（2）主要的发达国家绿色金融发展历程

A. 英国绿色金融发展历程。早在 1977 年，英国保险公司和法国保险公司组成污染再保险联盟，制定了污染特别报检单，对环境污染突发事件造成的损失进行承保，是英国绿色保险发展的萌芽。2001 年，英国成立了碳基金和碳信托，碳基金用气候变化税收资金支持企业转变生产模式和开发新技术，从而提高资源利用效率和减少温室气体排放；碳信托是为政府规划并实施节能低碳创新项目，并协助跨国公司在低碳创新及清洁技术领域进行投资。2002 年，英国建立了碳排放交易体系，将碳排放转化为可交易的商品。2008 年，英国制定了《气候变化法案》（世界上第一个长期具有法律约束力的框架来削弱气候变化的危害），从 2013 年 4 月开始，在伦敦证券交易所主板上市的公司都必须执行强制性的温室气体排放标准。2012 年，英国为推动本国绿色金融的发展，由政府出资 30 亿英镑作为资本金成立了政策性银行——英国绿色投资银行（Green Investment Bank，GIB），专门致力于绿色经济的投资，该银行独立运营，政府全资拥有。英国绿色投资银行的投资重点是具有商业性的绿色基础设施项目，其有效解决了英国绿色基础设施项目建设中的市场失灵问题，起到了引导私人投资大量进入绿色产业领域的作用，加快了向绿色产业的转型。2016 年 1 月，伦敦金融城专门发起“绿色金融倡议”，为绿色可持续性项目提供融资途径支持。2017 年 11 月，巴克莱银行发行 5 亿美元的绿色债券，这被称为英国银行发行的首只绿色债券。

2019 年 7 月 2 日，英国政府于第二届英国绿色金融年会上首次发布了《英国绿色金融战略》（以下简称《战略》），号召全社会（包括政府、企业、学术机构等）共同努力，奔向一个更加可持续和绿色化的未来。该战略包含两大长远目标以及三大核心要素。其两大目标分别是：在政府部门的支持下，使私人部门/企业的现金流向更加清洁、可持续增长的方向；加强英国金融业的竞争力。三大核心要素包括：金融绿色化、投资绿色化、紧握机遇。该《战略》描绘了自 2001 年以来英国发展绿色金融的路线图，包括：2001 年，英国排污权交易体系成立；2008 年，英国气候变化法案颁布；2009 年，世界银行在伦敦证券交易所发行首只绿色债券；2011 年，英国设立 38.7 亿英镑的国际气候基金；2012 年，英国绿色投资银行设立；2015 年，气候相关财务金融披露小组（TCFD）成立；2016 年，二十国集团（G20）中英绿色金融研究小组成立；2017 年，英国成立绿色金融工作小组并发布清洁增长战略；2018 年，英国举办首届“绿色英国周”活动并以绿色金融作为主要主题；2019 年，英国政府设定 2050 年温室气体零排放的目标，并发布绿色金融战略等重要节点。除此之外，路线图还规划了至 2022 年的计划，将正式回顾绿色金融战略的实施进展，并进行优化。同时，英国政府和伦敦金融城共同出资设立了英国绿色金融学会，旨在促进英国公共部门和私营部门之间的合作，并计划通过该绿色金融学会加强英国与国际的交流合作。

B. 美国绿色金融发展历程。美国经济在 20 世纪七八十年代经历了严重滞胀，造成大量的企业破产，工业废弃造成土地污染，拉夫运河由于建设资金中断被废弃，胡克化学公司将大量二噁英和苯等 2000 多吨化学废物倾倒入运河并填埋，造成从 1977 年开始该区域婴儿畸形、孕妇流产、成年人患癌等事件高发。“拉夫运河”恶性事件诱发了美国《超级基金法》的出台，美国国会于 1980 年 12 月 11 日通过《超级基金法》，治理历史遗留危险物质污染土地，并设立超级基金解决费用负担问题。《超级基金法》明确规定，贷款银行也负有该法案中规定的净化责任，也就是说，银行要负担贷款企业所拥有的污染土地的净化费用。1986 年，《超级基金修正案与再授权法》出台，增加了大企业环境税，设置和解程序，降低诉讼费用和时间成本；1997 年，《纳税人减税法》出台，对私人投资污染治理进行税收激励；2002 年，《小规模企业责任减轻和棕色地块振兴法》出台，减轻或免除小企业等责任，设立环境保险；2009 年，《恢复和再投资法》出台，环保署向超级基金拨款 6 亿美元用于治理污染。

20 世纪开始，随着美国工业化和城市化的加剧，环保问题日益凸显，环境保护投资的巨大资金缺口迫使环保机构寻求金融支持，促进了环保与金融的融合。1987 年，美国政府成立了清洁水州循环基金和饮用水循环基金（统称为“循环基金”），主要用于资助实施污水处理以及相关的环保项目。该基金由联邦政府与州政府按照 5∶1 的比例投入资本金。有 34 个州通过发行“平衡债券”（用滚动基金中的 1 美元作担保发行 2 美元的债券）以扩大资金量。

1990 年，美国国会通过立法，规定了全国二氧化硫排放限额，要求将排放量最终减少 50%。为了美国国会通过立法，美国建立了基于市场的“限额交易”制度。企业既可以自行直接减少二氧化硫排放，也可以向其他已经超额完成减排指标的企业购买排放配额。《清洁空气法案正案》对排污权交易制度作出了规定，针对有害气体实施总量控制和配额交易。到 2000 年，美国建立了一个比较完善的二氧化硫许可证交易市场，这使美国在消减二氧化硫排放上每年节约了大约十亿美元，实现了在污染控制中创造一定经济价值的目标。

美国是最早实施“以市场导向为主的碳交易制度”的国家。以自由市场经济发展为前提，运用资本手段调整绿色金融市场结构是美国绿色金融发展的特征。在绿色金融的发展过程中，美国通过“减少温室气体排放的修订立法提案”，成为第一个实施市场主导的碳交易制度的国家，推进了绿色金融市场的规范。2009 年，美国颁布了《清洁能源安全法案》，旨在降低环境和能源产业的税收率，大幅增加资本市场的绿色金融市场投资。此外，三家独立的绿色产业银行对环保低碳产业的税收投入和资本投入拥有管辖权，以确保绿色金融产业的资金来源。

经过了几十年的发展，美国的绿色金融在经济社会中发挥了很大的作用，开发了众多的绿色金融产品，促进了经济社会的可持续发展。在绿色基金方面，设立了清洁水循环基金、饮用水循环基金、地下储油罐防泄露基金、超级基金等市场运作的绿色基金。在绿色债券方面，根据环保项目的特点，创新了提前偿还债券、预期票据、拨款支付债券、资产担保证券、收益债券、特殊税收债券等。在绿色信贷方面，创新了各类绿色项目贷款产品、绿色消费金融产品等，并推出了各种针对绿色项目优化信贷与降低成本的方法。在绿色保险方面，除了各类环境责任保险、气候保险等外，还推出了专门针对绿色金融的保险，例如绿色贷款保险等。各类绿色金融市场工具与产品的开发，为美国绿色项目降低融资成本、提升项目融资的可获得性，发挥了巨大作用。

11.1.2.2 国内绿色金融发展

近年来，我国经济的快速增长推动了社会的飞速发展，但与此同时，污染物排放量增加，水污染、土壤污染以及雾霾等环境问题及可持续发展问题也逐渐凸显出来，解决这些环境问题已迫在眉睫。考虑到环境治理所耗费的庞大资金，绿色金融概念应运而生，在金融经营活动中加强对环境保护及污染治理的考虑，相关部门将环境保护作为基本政策并在投资及融资决策中考虑潜在的环境影响，以达到引导资金流向资源技术开发与生态环境保护产业的目的。随着国家一系列发展战略的实施，如经济转型、产业结构调整、绿色发展和环境管理，绿色金融正在中国蓬勃发展。近年来，我国绿色金融政策不断出台，制度安排不断完善，绿色机构和组织也不断完善，2014 年 11 月，中国银行业协会成立了绿色金融专家委员会，指引成员更好地执行环境金融标准。2015 年 4 月，中国金融学会宣布成立绿色金融专家委员会，使其作为一个组织团体开展工作，已经成立了 6 个小组，分别为绿色金融服务和责任投资、绿色产业、金融法规、政策支持、机构建设以及传播推广小组。

2008 年，银监会发布《节能减排授信工作的指导意见》；国家环保总局和保监会联合发布《关于环境污染责任保险的指导意见》；环保总局发布《关于加强上市公司环境保护监督管理工作的指导意见》。“绿色信贷”“绿色保险”以及“绿色证券”的基本规则初步形成。

2012 年，银监会印发了《绿色信贷指引》，从组织管理、政策制度与能力建设、流程管理、内控管理与信息披露、监督检查等方面要求银行业金融机构从战略高度推进绿色信贷，加大对绿色经济、低碳经济、循环经济的支持，防范环境和社会风险，提升自身的环境和社会表现。

2013 年，银监会印发的《绿色信贷统计制度》对银行业金融机构开展绿色信贷业务作出规范。《绿色信贷统计制度》定义并列举了 12 类节能环保项目及服务的绿色信贷统计范畴，这是监管机构首次明确绿色金融支持领域，为银行收集绿色金融项目信息、制定绿色金融管理政策、创新绿色金融产品等方面提供了制度依据。

2015 年 9 月 21 日，中共中央、国务院发布《生态文明体制改革总体方案》，首次提出中国绿色金融体系的顶层设计。中国人民银行等七部委联合发布的《关于构建绿色金融体系的指导意见》，第一次系统性地提出了绿色金融的定义、激励机制、披露要求和绿色金融产品发展规划和风险监控措施等，成为我国绿色金融发展的纲领性文件。该文件的发布标志着我国成为全球第一个得到政府明确政策支持的、全面构建绿色金融体系的国家。

2016 年，国家发展改革委发布《绿色债券发行指引》，对绿色金融企业债券进行规范的同时梳理了绿色金融支持的重点项目领域。上交所、深交所、证监会、银行间市场交易商协会分别发布《关于开展绿色公司债券试点的通知》《关于开展绿色公司债券业务试点的通知》《关于支持绿色债券发展的指导意见》《非金融企业绿色债务融资工具业务指引》，将绿色公司债券和绿色债务融资工具增加至绿色金融产品范围。2016 年，中国人民银行、财政部、国家发展改革委、环境保护部、银监会、证监会、保监会七部委印发《关于构建绿色金融体系的指导意见》（以下简称《指导意见》）。《指导意见》的出台使中国成为全球首个建立了较完整的绿色金融政策体系的经济体。

我国现正处于经济增长及转型的关键时期，为此各监管机构、部委及地方相继出台了绿色金融政策文件。2019 年政府工作报告中首次提及要“壮大绿色环保产业”，并明确“加强污染防治和生态建设，大力推动绿色发展”的目标，提出绿色发展是构建现代化经济体系的必然要求，是解决污染问题的根本之策。

2020 年 10 月 20 日，生态环境部等五部委发布《关于促进应对气候变化投融资的指导意见》，加快我国气候投融资领域的发展，落实国家应对气候变化的目标。2020 年 10 月 29 日，深圳市人大常务委员会通过《深圳经济特区绿色金融条例》，自 2021 年 3 月 1 日起施行，这是我国首部绿色金融法律法规，也是全球首部规范绿色金融的综合性法案。到 2020 年，绿色金融发展已成为国家战略。

2021 年 4 月 21 日，人民银行、发展改革委、证监会联合发布《绿色债券支持项目目录（2021 年版）》，并于 7 月 1 日施行。该《目录》统一了国内银行项目界定标准，并与国际主流绿色项目界定标准趋同；增加细化了原有的绿色债券支持项目目录，由原来的 38 项三级目录细化到现在的 204 项四级目录，为我国绿色债券发展提供了稳定的框架和灵活空间。

2021 年 9 月 12 日，中共中央办公厅、国务院办公厅印发的《关于深化生态保护补偿制度改革的意见》提出，研究发展基于水权、排污权、碳排放权等各类资源环境权益的融资工具，建立绿色股票指数，发展碳排放权期货交易；明确扩大绿色金融改革创新试验区试点范围，推广生态链金融模式，鼓励银行业金融机构提供绿色信贷服务、非金融企业和机构发行绿色债券、保险机构开发创新绿色保险产品。

11.1.3 赤道原则

赤道原则（Equator Principles，Eps）是目前世界上应用最广泛的项目融资环境风险评价标准，是由世界主要金融机构根据国际金融公司和世界银行的政策和指南建立的，旨在决定、评估和管理项目融资中的环境与社会风险而确定的金融行业基准。赤道原则要求金融机构在向一个项目投资时，要对该项目可能对环境和社会造成的影响进行综合评估，并且利用金融杠杆促进该项目在环境保护以及周围社会和谐发展方面发挥积极作用。“赤道原则”原名为“格林尼治原则”，由于参会各方考虑到会议是在格林尼治举办，而格林尼治是环绕地球的本初子午线，名字由此而来。采纳了赤道原则的金融机构被称为赤道原则金融机构（Equator Principles Financial Institution，EPFI），国内也经常使用“赤道银行”的说法。

赤道原则随着环境和社会变化而不断演进，自建立以来历经三次修订，于2019年年底更新至第四版。2002年，国际金融公司、荷兰银行、巴克莱银行等10家国际著名银行在伦敦召开会议，专门讨论项目融资相关的环境与社会影响问题。会后，各方就该问题的解决拟定了统一的评估标准，形成了赤道原则。2003年，赤道原则第一版（EP Ⅰ）正式生效。根据国际金融公司（IFC）发布的《保障政策》，制定了一套旨在解决国际项目融资中环境与社会问题的管理框架，成为金融机构自愿采纳的绿色信贷准则。2006年，由于《保障政策》被《环境和社会可持续性绩效标准》（以下简称《绩效标准》）替代，EP Ⅰ随之修订形成赤道原则第二版（EP Ⅱ），其正文包括“序言”“使用范围”“原则声明”和“免责声明”4个部分。EP Ⅱ在EP Ⅰ的基础上形成一套自愿性行业标准，而不仅仅是一种管理方法，因此得到了更多银行的青睐。经过7年的实践，EP Ⅱ于2013年升级为赤道原则第三版（EP Ⅲ），其内容由“序言”“范围”“方法”“原则声明”“免责声明”及“附件”和“附录”7部分组成，在适用范围、指定国家、磋商和审查程序以及透明度等方面分别作出修订。2019年11月18—20日，赤道原则协会年会在新加坡举行，会议以98.7%的投票率通过了赤道原则第四版（EP Ⅳ）。

最新版赤道原则于2020年10月1日起生效执行。新版本同联合国可持续发展目标（SDGs）和《巴黎协定》紧密相关，探讨了气候变化的解决框架，认可EPFI在2015年巴黎气候变化协定中的作用，并根据2017年6月气候相关金融披露工作组（TFCD）发布的建议，规定EPFI负有报告相关气候信息的责任。在指定国家项目方面，EP Ⅳ提出了新的审查要求，对人权调查程序作了更细致的规定，修订内容主要包括适用范围赤道原则指定国家和非指定国家的适用标准、人权和社会风险以及气候变化4个部分。EP Ⅳ不仅要求金融机构遵守指定国家的法律法规，还要求其应进一步评估项目本身所涉的环境与社会风险，为解决环境与社会问题加筑了一道防线。此外，EP Ⅳ还提出了“自由、事先和知情同意”（FPIC）的两种选择方案。这些新规定对不断变化的环境与社会问题作出了及时回应，填补了 EP Ⅲ 在应对气候变化和生物多样性问题方面的规则漏洞，有助于推动国际绿色信贷的发展。

11.1.3.1 融资项目适用

赤道原则主要适用于以下 4 种产品：（1）项目资金总成本达到或超过 1000 万美元的项目融资咨询服务。（2）项目资金总成本达到或超过 1000 万美元的项目融资。（3）符合下述 4 项标准的用于项目的公司贷款：①大部分贷款与客户拥有实际经营控制权（直接或间接）的单一项目有关；②贷款总额为至少 5000 万美元；③赤道银行（EPFI）单独贷款承诺（银团贷款或顺销前）至少为 5000 万美元；④贷款期限为至少 2 年。（4）过桥贷款，贷款期限少于 2 年，且计划借由预期符合上述相应标准的项目融资或一种用于项目的公司贷款进行再融资。此外，还包括与项目融资相关的再融资项目与收购融资项目（project - related refinance and acquisition finance）。

11.1.3.2 十项原则声明

原则声明是赤道原则最核心的内容，共涵盖以下 10 个方面。

原则一：审查和分类。这一原则依据投资项目对环境和社会的影响程度被分为 A、B、C 三类，分别代表“潜在重大不利——影响不可逆转”“不利程度有限——影响可消除”及“无不利影响”三种评价结果，为赤道银行对投资项目进行环境和社会风险评估提供了统一的分类标准。

原则二：环境和社会评估。针对所有存在环境和社会影响的项目，赤道银行会要求客户进行环境和社会影响评估（ESIA），为消除该投资项目造成的环境和社会的负面影响提供具体可行的计划。

原则三：适用的环境和社会标准。由于赤道银行面向的业务对象分布在全球不同的政治、经济背景下，因此对于尚不具备健全的环境和社会风险治理体系的国家，在评估过程应当优先尊重和依据项目所在国的法律和政策，反之则首先适用 IFC《社会和环境可持续性绩效标准》以及世界银行的《环境、健康和安全指南》。

原则四：环境和社会管理系统以及赤道原则行动计划。对于存在环境和社会负面风险的所有项目，赤道银行将要求相应的融资方建立一套环境和社会管理体系（ESMS）和一份环境和社会管理计划（ESMP），用来处理评估过程中发现的问题，并有针对性地制订为符合适用标准所须采取的行动计划，解决此类项目在原则二的评估过程中遇到的各类问题。

原则五：利益相关者的参与。由于A、B类项目对于第三方的利益都会造成不同程度的损害，因此赤道银行会要求其客户通过各种形式主动与利益相关方进行协商，并在此过程中告知项目可能造成的影响、项目的开发流程等，同时要求其了解和充分尊重其他利益相关方的诉求和需要。

原则六：投诉机制。对于每个被评定为A类和B类的项目，赤道银行会要求客户设立一套投诉机制，作为社会和环境管理体系的一部分，从而帮助客户开展各类投诉信息的搜集和处理工作。

原则七：独立审查。独立于客户的第三方评估机构会对项目的评估文件，包括原则四、原则五以及原则六所开展的工作进行一次独立审查，以确保评估工作客观、真实、有效。

原则八：承诺性条款。对于所有的项目，客户将在融资文件内加入承诺性条款，以承诺在所有重要方面遵守东道国一切相关的环境和社会法律、法规和许可。假如客户未能履行其诺言，赤道银行协助其开展补救工作。

原则九：独立监测和报告。对于所投资的项目，赤道银行都要求客户委任一名独立的社会和环境顾问，或直接聘请一名外部专家，来确保项目信息披露的客观性和连贯性。

原则十：报告和透明度。要求客户要确保自身环境和社会影响评估信息在线可获取，同时要对项目在运行期间排放的二氧化碳总量进行公开。

11.1.3.3 三项主要特征

赤道银行的总量在十余年间迅速增长了七倍以上，有学者认为这是由于赤道原则是一项自愿性的标准准则，金融机构只需要单方面宣布接受并采纳赤道原则，同时依据赤道原则的要求制定内部业务标准就可以成为一家“赤道银行”，除去了繁复的申请流程，因此更受金融机构的欢迎。但是如果对其内容加以分类，我们就不难发现，在环境和社会风险识别、评估和管理方面，赤道原则还拥有以下三项特征。

（1）完善的管理流程。赤道原则的十项原则中包含环境和社会影响评估（ES－IA）、环境和社会管理计划（ESMP）、环境和社会管理体系（ESMS）、赤道原则行动计划（AP）四项内容，分别用于识别环境和社会风险，制订负面风险消除计划，设计相应的技术支持方案以及具体的提升方案，可以说基本实现了金融机构对于环境和社会风险确定、评估和管理的基本需求。

（2）有效的信息披露。赤道原则重点强调对利益相关方和公众要坚持信息公开和有效沟通。赤道银行要求其客户既要履行告知义务，也要尊重相关方的利益需求，同时还要确保信息的公开可获取。除此之外，投诉机制的建立还可以帮助客户实现环境和社会责任评价信息的反馈和收集。这样就形成了一个双向的信息沟通渠道，提高了项目的环境和社会风险信息运行效率，既有助于消除项目潜在的舆情风险，也能在一定程度上提升监管的效率。

（3）公正的三方监督。作为一套自愿性行业准入规则，如果没有第三方监督评审机构的参与，最终将难逃流于形式的命运。因此，赤道原则在设计之初就引入了独立审查和独立检测报告机制，充分发挥外部力量，通过外部监督手段来确保赤道原则在实践中能够发挥预期的作用，有效防止金融机构与融资方相互勾结、伪造、变造备审材料和审查结果等行为的发生。

赤道原则的建立对于绿色投融资、绿色信贷等绿色资产业发展而言，具有重要的标准化意义。它帮助以赤道银行为代表的金融机构实现了项目准入的标准、风险控制的流程、风险管理系统、风险处置原则的细化，同时进一步明确了项目企业和社会风险信息披露以及外部审查的要求，具有较强的可操作性和可复制性，这也是赤道原则得以被广泛接受的深层次原因之一。

11.1.4 国际绿色金融合作

2016 年，中国在担任 G20 主席国期间，首次将绿色金融列入了 G20 议程议题，并发起成立绿色金融研究小组，由中国人民银行和英格兰银行共同主持，积极推动绿色金融成为国际主流议题和全球共识。在中、英两国的推动下，研究小组从环境风险分析、可持续资产证券化、绿色 PE/VC 等领域分别提出了多项发展绿色金融的倡议。2017 年，中国人民银行参与发起了“绿色金融合作网络”（NGFS），与其他央行和监管机构共同研究环境因素和气候变化可能带来的金融风险，分享发展绿色金融的成功经验。

为推动相关金融机构和企业开展绿色投资，体现“一带一路”建设中绿色与可持续发展的内在要求，中国金融学会绿色金融专业委员会与伦敦金融城牵头多家机构，于2018年11月起草并发布了《“一带一路”绿色投资原则》。该原则从战略、运营和创新3个层面制定了7条原则性倡议，包括公司治理、战略制定、项目管理、对外沟通，以及绿色金融工具运用等，供参与“一带一路”投资的全球金融机构和企业在自愿基础上采纳和实施。此外，中英绿色金融工作组还计划在推动“一带一路”绿色投资、推动绿色资产证券化、分析ESG投资的财务表现、推动孵化绿色科技等方面开展多项工作。

2017年3月，中国人民银行与欧投行联合发表声明，建立联合绿色金融倡议，比对中国和欧洲市场关于绿色的定义标准，中国绿金会和欧投行的专家已经逐一对比了绿色债券投融资的核心标准。作为《巴黎公约》的缔约方，欧盟和中国致力于通过加强资本市场框架来调动新一轮气候方面的相关投资。作为欧盟银行，欧投行致力于通过自身和其他机构开展融资合作，全面加强气候变化领域的绿色投资。而中国致力于统一国内外绿色债券市场标准并借鉴国际上可参考的绿色市场发展的实践经验。正是基于共同的推动国际绿色与可持续金融标准一致化的目的，中、欧将在制定可持续金融分类标准、推动金融部门绿色化等方面加强合作、互相借鉴。

2019年2月，由气候债券倡议组织（CBI）、欧盟驻华代表团和北京绿色金融协会共同主办的“欧盟可持续金融分类标准研讨会”在北京环境交易所举行。中国和欧洲应当在共同推动国际绿色与可持续金融标准的一致化方面加强合作，促进绿色金融领域的跨国投资。2020年，第42届国际货币与金融委员会（IMFC）会议以视频会议形式召开，中国人民银行继续支持基金组织在全球金融安全网中发挥核心作用，以及基金组织关于增加绿色低碳投资的呼吁，中国人民银行正积极推进绿色金融，助力完成二氧化碳排放和碳中和的目标。

2019年10月，国际货币基金组织与世界银行年度会议上，欧盟与中国、印度、加拿大、阿根廷、肯尼亚等国家相关机构共同发起“国际可持续金融平台”（IPSF）。该倡议是国际社会为实现巴黎气候协定目标共同努力的一部分，旨在动员私营部门投资于绿色转型。2020年10月，可持续金融国际平台（IP-SF）举行成立一周年线上庆祝活动，中国和欧盟共同宣布，由中、欧联合牵头的IPSF绿色分类术语工作组成立，将与各方共同推动绿色金融发展，促进向绿色和可持续发展转型。

11.2 绿色金融标准体系

许多国家和市场还缺乏对绿色金融的明确定义，而且国际上不同国家和地区的能源产业结构、经济发展水平、社会发展阶段存在很大差距，造成许多绿色金融标准缺乏可比性，这些问题阻碍了绿色资本的跨境流动和全球绿色金融市场的未来发展。全球现存有20多个不同的绿色金融目录或可持续金融分类方法，使得不同的商业主体难以在同样的平台、同样的框架中开展绿色的、可持续的业务。因此，推动提升绿色标准的可比性和一致性对绿色金融国际合作具有重要意义。目前，国际社会正通过加强交流和合作，共同推动国际绿色金融标准体系的一致性。

中国绿色金融市场规模位居世界前列，对全球绿色金融发展发挥着日益重要的影响。国际社会及境外投资者对中国绿色金融政策标准的关注度也不断提高。尤其是因为资源禀赋和发展阶段存在差异，中国绿色金融的支持领域既包括国际公认的应对气候变化，也包括对中国经济社会发展具有重要现实意义的污染防治等领域，中外在绿色金融标准方面存在一定区别。为了更好地推动中国绿色项目和节能环保企业“走出去”、将更多国际绿色投资者“引进来”、提高中国在绿色金融领域的国际话语权，中国在分步骤、分阶段地实现中外绿色金融标准的接轨趋同。

11.2.1 中国绿色金融标准体系

中国正在构建与国内统一、国际接轨、清晰可执行的绿色金融标准体系，该体系力求高标准、国际化，明确绿色金融业务边界，落实配套支持政策，强化业务管理和风险管控，保障绿色金融高质量发展。中国成为为数不多的构建了系统性绿色金融政策框架的国家。

近几年来，中国绿色金融市场规模和参与主体范围不断扩大，产品工具和服务模式创新不断涌现。各类市场主体亟须建立相对统一的绿色金融标准，提升不同产品之间的衔接兼容度和绿色金融市场透明度，保证公平有序竞争。国内绿色金融市场发展的丰富实践，也为加快绿色金融标准的制定出台提供了良好的市场基础。中国绿色金融标准体系建设起步较早，已经取得重要进展。2017 年 5 月，中国人民银行联合相关部门印发了《金融业标准化体系建设发展规划（2016—2020 年）》，把绿色金融标准化工作确定为“十三五”时期金融业标准化体系建设的重点工作之一。中国人民银行、银保监会、证监会等相关部门陆续发布的绿色金融业务指引和规则，为推动绿色金融规范发展、加快政策落地提供了支持和保障。

11.2.1.1 国内绿色信贷标准体系

在绿色信贷领域，中国人民银行和银保监会出台文件，对绿色信贷统计、环境效益评价等内容予以规范，为金融机构开展绿色信贷业务提供了标准。自 2003 年起，银监会建立绿色信贷统计制度，并据此组织银行业金融机构进行绿色信贷统计报送工作，其中绿色信贷涵盖两大类：一是节能环保及服务贷款，下含 12 个项目及 25 个子项目；二是战略新兴产业，包含节能环保、新能源、新能源汽车 3 个领域内贷款。此外，监测和统计的指标除信贷余额、资产质量等，还包括贷款支持所带来的外部环境效益。2007 年，银监会发布《节能减排授信工作的指导意见》，银监会与中国人民银行、国家环保总局联合发布了《关于落实环保政策法规防范信贷风险的意见》，我国绿色信贷政策体系正式起步。2012 年，银监会印发了《绿色信贷指引》，从组织管理、政策制度与能力建设、流程管理、内控管理与信息披露、监督检查等方面规范银行业金融机构绿色信贷业务。2013 年，银监会印发的《绿色信贷统计制度》对银行业金融机构开展绿色信贷业务作出规范。《绿色信贷统计制度》定义并列举了 12 类节能环保项目及服务的绿色信贷统计范畴，这是监管机构首次明确绿色金融支持领域，为银行收集绿色金融项目信息、制定绿色金融管理政策、创新绿色金融产品等方面提供了制度依据。这是全球第一个金融监管部门下发的绿色信贷分类与统计制度，要求银行业金融机构对所涉及的环境、安全重大风险企业贷款和节能环保项目及服务贷款进行统计。2019 年，国家发展改革委会同有关部门制定并发布了《绿色产业指导目录（2019 年版）》，目录包含节能环保、清洁生产、清洁能源、生态环境、基础设施绿色升级、绿色服务六大产业，在其基础上进一步细分并作出详细解释说明。

11.2.1.2 国内绿色债券标准体系

在绿色债券领域，国家发展改革委、中国人民银行发布的标准，已经成为各类绿色债券和债务融资工具发行、资金使用及监管的重要依据。2015 年，国家发展改革委制定《绿色债券发行指引》（以下简称《指引》），就绿色债券适用范围、审核要求及相关支持政策予以指导。2015 年 12 月 22 日，中国金融学会绿色金融专业委员会发布了《绿色债券支持项目目录（2015 年版）》（以下简称《目录》），《目录》将绿色债券支持项目划分为 6 个一级分类和 31 个二级分类，对其进行了较为详细的界定和分类，这是国内首次出台的对绿色债券进行界定分类的文件。

对于绿色债券的信用评级，中国人民银行 2015 年第 39 号文中要求发行人每期债券发行前将信用评级机构出具的债券信用评级作为备案资料。2016 年上海证券交易所与深圳证券交易所相继发布《关于开展绿色公司债券试点的通知》与《关于开展绿色公司债券业务试点的通知》，2017 年证监会与中国银行间市场交易商协会先后正式发布《关于支持绿色债券发展的指导意见》和《非金融企业绿色债务融资工具业务指引》，这些文件主要对募集资金的投向、管理披露、认证等内容作出了规定与指导，鼓励信用评级机构在报告中对发行人的绿色信用记录进行考量并披露。

2020 年 7 月，中国人民银行、国家发展改革委和证监会印发《绿色债券支持项目目录（2020 年版）》（征求意见稿），明确了绿色债券定义，细化了绿色项目范畴和类型，建立了绿色项目分类标准体系。2021 年 4 月，《绿色债券支持项目目录（2021 年版）》正式发布，关于 7 月 1 日旅行。该目录统一了界定标准，并与国际趋同，细化了原有的绿色债券支持项目目录。

总体来看，国内标准与国际标准在倡导绿色发展、可持续发展方面遵循的宗旨和原则基本一致，但在绿色债券界定侧重和评估认证上存在一定差别。

11.2.1.3 国内绿色保险标准体系

绿色保险成为绿色金融体系的重要组成部分，绿色保险法律体系建设在不断完善，绿色保险试点和推广工作在稳步推进。2008 年，我国保监会与原环境保护部联合发布《关于环境污染责任保险的指导意见》，提出了我国开展环境污染责任保险的原则和目标，我国绿色保险工作开始起步。2013 年，国务院的两部门发布了《关于开展环境污染强制责任保险试点工作的指导意见》，对环境污染责任保险重新进行试点，明确试点企业范围，对保险企业的保费条款、保费设计、环境风险评估防范及污染理赔提出了要求，绿色保险政策试点进一步扩大。2018 年 5 月，生态环境部发布《环境污染强制责任保险管理办法（草案）》，通过“评估定价”环境风险、强制性征收环境污染责任保险的做法，提高了环境风险监管、损害赔偿等工作的成效。

2017 年 6 月，国务院常务会议决定，在浙江、江西、广东、贵州、新疆五省（区）选择部分地方推进绿色保险试点工作。浙江省首创“安全生产和环境污染综合责任保险”试点，为企业提供全流程环境风险管理服务；创新生猪保险与无害化处理相结合的绿色保险“衢州模式”，提高养殖户的生产效益，降低了保险公司的赔付率。江西省开始环境污染责任保险试点，已上市环境污染责任险、农业大灾险、船舶污染责任保险。广东省已上市巨灾指数保险、环境污染责任险、蔬菜降雨气象指数险、绿色农保 +、绿色产品食安心责任保险、气象指数保险等绿色保险。贵州省开展山地茶叶气象指数保险试点，已上市环境污染责任险、森林险和气象指数保险。新疆维吾尔自治区全面推进环境污染责任保险试点，棉花气象指数保险等农业气候保险稳步推进。

11.2.2 国际绿色金融标准体系

国际绿色金融标准体系建设的推动者主要是相关国际组织或机构，市场以自愿原则遵循这些组织或机构制定的绿色金融标准。美国、英国、德国等发达国家的绿色金融标准体系建设也处于世界领先地位。按照分类目的不同，绿色金融分类标准主要包括绿色信贷、绿色债券和绿色保险的分类标准 3 种。

11.2.2.1 国际绿色信贷标准体系

国际绿色信贷分类标准有世界银行集团的《关于环境、健康和安全的标准》、国际金融公司（IFC）《环境和社会可持续性绩效标准》以及多家跨国商业银行发起的赤道原则等。赤道原则是 2002 年 10 月由国际金融公司（IFC）及荷兰银行等 9 家银行针对项目融资中的环境和社会问题而制定的一套自愿性原则，已成为国际金融组织、国家监管部门、学术科研机构等公认的权威绿色信贷行动指南，赤道原则的核心为8项绩效标准和EHS指南（《行业环境、健康与安全指南》）。赤道原则已成为目前世界上应用最广泛的项目融资环境风险评价标准。截至2020年2月，自愿采纳该原则的金融机构（EPFI）增至104家，涉及全球38个国家，主体包括商业银行、金融集团、出口信贷机构等不同类别的金融机构，占据了新兴市场70%以上的项目融资份额。

赤道原则是非官方的自愿性原则，对金融机构来说是一种内在的自我约束，金融机构自愿加入，主动承诺遵守原则的相关规定，而我国基本上为国家相关部门制定的政策类制度，隶属行政性质的规范，对金融机构来说是外在性质的强制性约束，金融机构只能被动接受。

11.2.2.2 国际绿色债券标准体系

国际资本市场协会（ICMA）与国际金融机构合作推出的绿色债券原则（GBP），以及由气候债券倡议组织（CBI）开发的气候债券标准CBS是国际市场上目前接受度最高的绿色债券标准。绿色债券是指那些旨在解决气候变化问题的项目而进行融资的债券。它们可以由政府、银行、市政机构或企业发行。绿色标签也可以适用于任何形式的债务工具，包括私募债券、资产证券化、担保债券等。

2014年，国际资本协会（ICMA）联合130多家金融机构出台了《绿色债券原则》（GBP），该原则是由绿色债券发行人、投资机构和承销商组成的绿色债券原则执行委员会与国际资本市场协会（ICMA）合作推出的，为债券发行人规划了明确的债券发行方法流程及信息披露框架，有利于绿色债券市场的相关利益方提高互信程度，其中4大核心分别为募集资金用途、项目评估与遴选流程、募集资金管理及报告。

气候债券倡议组织（Climate Bond Initiative，CBI）开发的气候债券标准CBS于2011年年底发布，新的气候债券标准于2015年正式发布，由气候债券标准版本2.0及系列具体行业标准组成。其中气候债券标准版本2.0主要包含认证流程、发行前要求、发行后要求和一套针对不同领域的资格指导文件4大因素。行业标准提供了诸如太阳能、风能、低碳建筑、低碳运输、水、能效等领域的合规要求。2019年12月11日，公布了最新的CBI绿色债券认证标准的3.0版本，对现有的气候债券认证指南进行了重大升级，以满足市场增长的对相关债券加强报告、提升透明度和绿色定义协调的需求。CBI 这一新标准的公布旨在支持全球绿色投资市场的扩张，并希望通过这样一个全球投资者都可以信任的简单标签，加速使绿色债券、绿色贷款及其他产品成为投资主流。3.0 版本与此前的版本主要不同之处在于，新版详细列出了绿色债券申请文件需要包括的框架，加强了对每年发行人发布的报告在债券配置、合规及影响上的阐述要求，以及资金支出用途的说明。

CBI 认证标准可以为发行人和投资者确保绿色债券产品符合全球主要地区绿色标签的要求，具有科学依据，并符合巴黎气候协议将升温控制在 2 摄氏度以内的目标。这 3.0 标准的更新使得 CBI 绿色债券标准与最新的欧盟《绿色债券标准》（EUGBS）、国际资本市场协会（ICMA）的《绿色债券原则》（GBP）、伦敦贷款市场协会（LMA）的《绿色贷款原则》（GLP）以及印度、日本、东盟国家推出的相关绿色债券指导标准相容。

国外两个绿色债券标准的制定背景主要基于发达国家，其所处的后工业化阶段决定了绿色债券募集资金对化石能源的排斥。国家发展改革委制定的《指引》与金融学会制定的《目录》中绿色债券投向项目都包含“燃煤电厂超低排放和节能改造”“煤炭清洁利用”“尾矿、伴生矿再开发及综合利用”等化石能源项目。国际标准依据资金用途和可追索性对债券采用了相同的分类方法，将其划分为募集资金债券、募集资金收益债券、项目债券及证券化债券，国内各项标准主要按照发行主体来进行分类管理。国家发展改革委主管绿色企业债，侧重于从国家产业政策来细化绿色项目分类，中国人民银行及交易商协会主管绿色金融债和绿色债务融资工具，证监会和深沪证交所主管绿色公司债工具。

11.2.2.3 国际绿色保险标准体系

2018 年 7 月，国际保险监督官协会（International Association of Insurance Supervisors，IAIS）与联合国环境署可持续保险论坛共同发布《关于气候变化对保险业影响的专题报告》（*Issues Paper on Climate Change Risks to the Insurance Sector*）。报告特别指出，由 IAIS 制定并发布的保险核心原则（the Insurance Core Principles，ICPs），虽然没有对特定主题的风险问题（如气候变化风险）制定特别指南，但 ICPs 为保险业识别、评估和监管气候风险提供了通用依据。报告还对与保险业气候风险监管直接相关的 ICPs 内容做了说明，分别为：

ICP7——公司治理、ICP8——风险管理和内部控制（重点对风险管理职能和精算职能做了说明）、ICP15——投资、ICP16——以偿付能力为目标的企业风险管理、ICP19——业务开展、ICP20——信息披露。国际保险监督官协会表示，在ICPs的持续修订过程中，未来会考虑加入气候因素以及其他新的和新出现的风险影响因素对保险业的影响。

金融稳定理事会气候相关财务信息披露工作组（Task Force on Climate-related Financial Disclosures，TCFD）于2017年6月发布《TCFD建议》（*Recommendations of the Task Force on Climate-related Financial Disclosures*）及补充指南，对与气候相关的市场机遇和风险进行评估。为在主流财务文件中识别、评估、管理和公开披露与气候有关的风险和机遇，TCFD建立了一个全球自愿框架，并为金融机构（包括保险公司，作为承保人和资产所有者）采用框架提供了具体指导。TCFD的建议包括公司治理、战略、风险管理、指标和目标4个方面。根据保险公司的业务特性（作为承保人和资产所有者），在适用于所有行业的指导建议之外，特别作了有针对性的补充指导。此外，TCFD还强调了进行前瞻性风险评估的重要性，以及通过情景分析和压力测试预测和评估风险给机构运营带来的影响。同时，TCFD还发布了《技术补充：情景分析在气候相关风险和机遇披露中的应用》（*Technical Supplement：The Use of Scenario Analysis in Disclosure of Climate-related Risks and Opportunities*）。

发达国家的绿色保险标准体系各有特点，基本上环境污染责任保险的承保范围同时包含突发意外事故造成的环境损害和单独、反复性或继续性造成的损害，保险范围在不断扩大。美国采取强制责任保险模式，主要面向突发意外事故造成的环境损害和单独性、反复性或继续性造成的损害，其责任范围为人身损害、财产损失、清除污染等，制度严格限定了赔偿限额，并采用专业环境保险公司作为保险机构。而法国则以任意责任保险为主、强制责任保险为辅，其保险范围与美国基本一致，责任范围为人身损害、财产损失、污染企业倒闭或停产损失等，责任限额为无过错环境污染损害限制赔偿，并纳用技术委员会作为承保机构。德国采用强制责任保险与财务保证或担保相结合的保险模式，保险范围为突发意外事故造成的环境损害，责任范围为人身损害、财产损失、污染企业倒闭或停产损失。

此外，ESG体系由信息披露指引、企业绩效评价及投资指引3个维度构成。目前国际上应用较为广泛的ESG框架为联合国责任投资原则（PRI）和全球报告倡议组织（GRI）发布的《可持续发展报告指引》。国内除香港联交所于2012年出台的《环境、社会及管治报告指引》外，目前还没有其他专门针对金融ESG的指引规范。2020年10月，在中央财经大学绿色金融国际研究院2020年会上，江苏银行宣布客户ESG评级系统正式上线，成为国内最早在客户信用尽职调查流程中纳入ESG风险评估的商业银行。

11.2.3 绿色金融立法与实践

由于外部性的存在，绿色金融的发展需要法律政策的有效支持和引导。在绿色金融立法与实践方面，政策制定部门需要不断完善政策体系，研究出台更具针对性和可持续性的创新和激励政策，动员各类资本尤其是社会资本参与绿色项目建设，提升社会主体发展绿色金融的内在动力，更好地实现绿色金融的可持续发展。从国际经验来看，各国政府根据自身的经济、社会情况，制定有效的法律和政策，是推动绿色金融发展的重要决定性因素。绿色金融发展水平的高低，在很大程度上取决于法律政策的质量和效率。

自2007年我国开始绿色金融实践后，相继出台了绿色信贷、绿色债券、绿色保险等相关政策，为市场主体指明绿色活动方向，引导其行为符合政策法规。国外发达国家已建立起相对成熟的绿色金融法律体系，而目前我国没有专门的绿色金融法。国家各部门发布的政策多为指导性文件，如《环境污染强制责任保险管理办法（草案）》《关于构建绿色金融体系的指导意见》等相关政策文件，主要是宏观性、原则性的规定，约束力相对较差，加之这些文件多数只针对其负责的领域，彼此之间缺乏关联性、标准不统一，在实践中难以得到有效执行和落实，使绿色金融的长期实践效果大打折扣。

任何一项政策的制定都离不开历史数据的积累和严谨的分析。中国较早开展了绿色金融领域的统计工作，积累了较为翔实的历史数据，有条件先行先试新的政策工具。同时，绿色金融改革创新试验区也可以发挥先行先试作用，在激励政策和制度创新方面大胆突破。例如，适当降低对绿色资产的风险权重，对绿色信贷等业务给予较低的经济资本占用，完善绿色债券监管政策工具箱等。作为世界上最大的发展中国家，中国的实践经验未来也可进一步引借到其他发展中国家。

11.3 绿色金融与可持续发展

经济社会的可持续发展离不开绿色金融的支持，绿色金融不仅可以将社会资金引入绿色产业发展绿色经济，更可以优化社会资源配置，创造更多经济增长点。发展绿色金融，也是金融机构自身可持续发展的战略选择。绿色金融是连接金融和环境领域的重要桥梁，通过各种绿色金融产品和金融工具，促使社会在保护环境的同时，探寻经济发展的路径，平衡经济和环境的关系；绿色金融引导资本要素支持生态利用、循环高效、低碳环保及环境治理经济模式的发展，促进绿色经济产业的发展壮大，实现经济社会的可持续发展。

11.3.1 绿色金融的引导作用

从国际发展实践来看，绿色金融主要在国家、企业（绿色企业、银行）和个人三个层面上围绕三大领域发挥引导作用：一是通过提供金融产品和服务促进绿色企业发展、绿色项目运营和绿色技术革新，如绿色信贷、绿色证券、绿色基金和绿色保险等；二是通过金融附加条件引导绿色消费，如减税让费、低息贷款、环保信用评估等；三是通过提供绿色金融产品来制衡公共生态环境资源分布，如开展碳交易和提供碳金融产品等。

绿色金融政策体系强调以市场化方式代替行政管制解决环境问题。绿色金融的发展与各国政府在法律方面的积极探索、政策方面的各种安排以及多主体、多领域的合作息息相关，绿色金融体系的完善加强了绿色金融对经济社会可持续发展的推动作用。美国和英国等国家发达的金融市场和完善的法律体系，促进了其科学完备的绿色金融体系的形成，也引导了其经济社会的可持续发展。

绿色金融发展理念强调金融产品创新，以促进生态环境保护；绿色金融项目普遍具有前期投入高、期限长、风险高、收益不确定的特点，针对这些特点，当前国际金融机构在绿色信贷、绿色保险、绿色基金、绿色债券等领域不断创新、完善和丰富金融产品，持续完善绿色金融引导经济社会可持续发展的机制建设。

绿色金融的快速发展还推动了世界各国资源交易市场走向成熟，如欧洲能源交易所、伦敦能源经纪协会、芝加哥气候交易所、巴黎碳交易市场、意大利电力交易所等。以碳交易市场为例，规范的碳交易市场带动了绿色金融的可持续发展。国际碳交易市场可分为配额交易和自愿交易两大类，配额交易是市场参与者从公共资源管理者手中购买碳排放配额，自愿交易是市场参与主体依据碳排放供需开展的交易行为。围绕碳排放市场衍生了一系列创新金融产品，包括绿色期货、抵押信贷、融资等，这些绿色金融产品既增加了碳交易市场的整体流动性，也满足了投资者的不同需求；并且随着碳交易市场规模的逐步扩大，碳排放权交易进一步带动世界绿色金融一体化发展，也推动了全球经济社会的可持续发展。

11.3.2 绿色金融与金融机构及企业的可持续发展

可持续银行网络（SBN）成立于2012年，由新兴市场的金融部门监管机构和银行业协会自愿组成，致力于推动可持续金融的发展。SBN是全球首个专注于市场层面可持续金融的网络，代表了新兴市场中38个国家的43万亿美元（86%）银行总资产，而新兴市场国家可持续金融正加速扩张，在38个成员国中，22个国家已经实施可持续金融政策，且成员国可通过向他国学习以实现跨越式发展。SBN成员国致力于推动其金融部门朝着可持续发展的方向迈进，实现改善ESG风险管理（包括气候风险披露）以及促进资本流向对气候、环境和社会等有积极影响的活动的双重目标。国际金融公司（IFC）作为SBN的秘书处以及技术合作伙伴，协助成员共享知识和参与能力建设，帮助其设计和实施国家可持续金融倡议。

在践行绿色金融与可持续发展方面，我国政府、金融机构及企业纷纷作出表率，通过地方政府绿色金融改革创新试验、金融机构绿色发展积极探索、企业绿色化升级改造等方式，促进经济社会以及金融机构、企业自身的可持续发展。国内在浙江、江西、广东、贵州、新疆五地共设置了8个试验区，来进行绿色金融改革创新，为后期推进国内绿色金融可持续发展提供经验。除此以外，国内还有许多金融机构正践行绿色信贷的国际标准，例如国内的兴业银行、江苏银行、湖州银行、台湾国泰世华、重庆农村商业银行、台湾国泰世华银行、台湾玉山商业银行、台北富邦商业银行、台湾台新国际商业银行、中国信托商业银行、台湾永丰商业银行等。

11.3.2.1 绿色金融改革创新试验区

2017年6月14日，国务院常务会议决定在浙江、江西、广东、贵州和新疆维吾尔自治区选择具体地点，支持绿色金融区域发展，推进绿色经济转型和现代化，探索可推广的经验。同月，中国人民银行公布了试点区总体规划，由国家发展和改革委员会和其他部委联合，明确8个地点[①]作为全国首批绿色金融改革创新试验区。8个试验区因地制宜、因材施策，在建设着力点上各有侧重。

浙江以绿色产业链整合为切入点，以绿色企业、绿色项目为依托，重点对传统化工行业进行升级改造，支持产业结构全面升级，从而带动区域经济结构优化。

广东发挥“粤港澳大湾区绿色金融中心”的作用，探索建立绿色金融改革与经济增长相互兼容的新型发展模式，侧重发展绿色金融市场。

贵州整合绿色生态资源，发挥大数据信息共享机制的作用，拓宽绿色产业融资渠道，重点支持农业技术、基础设施及清洁能源项目建设，如生态农业、农村水利工程、生产排污处理等项目。

江西着力发挥财政支持下的绿色金融政策效应，通过构建绿色金融组织体系、创新绿色金融产品，平衡环境污染的“防”与“治”。

新疆利用独特的地理优势，探索生态资源、清洁能源相关的高端制造业和环境基础设施建设，充分发挥丝绸之路经济带核心区的示范和辐射作用。

11.3.2.2 绿色金融优秀实践者

赤道原则作为绿色信贷的国际标准，是一套国际上适用于项目融资贷款的自愿性环境和社会标准。商业银行作为“赤道银行”，其目的是管理环境风险、减少污染性融资、减少因环境事故造成的财政损失和法律风险。除此以外，“赤道银行”可以开展更“绿色”的金融业务，以提高顾客的认知度，特别是在国际业务的发展中增加商机。截至2020年2月，自愿采纳赤道原则的金融机构（EPFI）增至104家，涉及全球38个国家，主体包括商业银行、金融集团、出口信贷机构等不同类别的金融机构，占据了新兴市场70%以上的项目融资份

① 分别为浙江省湖州市、衢州市，广东省广州市花都区，江西省赣江新区，贵州省贵安新区以及新疆维吾尔自治区哈密市、昌吉州以及克拉玛依市。

额。目前，我国的江苏银行、兴业银行、台湾国泰世华银行、重庆农村商业银行、台湾国泰世华银行、台湾玉山商业银行、台北富邦商业银行、台湾台新国际商业银行、中国信托商业银行、台湾永丰商业银行均已采纳赤道原则。

（1）兴业银行。兴业银行是我国首家赤道银行，也是国内最早探索绿色金融的商业银行。2006 年，兴业银行与国际金融公司合作，率先推出国内首个银行“能效贷款”产品——“能源效率融资项目”，2008 年 10 月 31 日，兴业银行正式承诺加入赤道原则，确立了绿色金融战略经营模式，围绕战略健全组织架构、完善产品和服务体系，真正将我国绿色金融事业与商业银行经营融合在一起，由绿色金融的提供者逐步成为国内外标准制定的参与者，真正走出了一条“由绿到金，寓义于利”的绿色金融之路。

兴业银行创新推出了“绿创贷”“节水贷”“环保贷”“绿票通”等绿色金融产品和服务，并在内部配套了一系列措施，如在银行业信贷规模紧张的情况下安排专项绿色信贷规模和专项风险资产，在项目审批上优化授信政策，对分行进行差异化授权，开设绿色通道，优先审批绿色项目等，确保绿色金融项目及时落地。

2017 年 7 月，兴业银行上线运行“点绿成金”系统一期项目，将金融科技与绿色金融业务需求相融合，通过在信用审核、业务属性认定、风险控制、支付清算等领域的创新应用，大大提升银行在绿色金融领域对企业的服务效率，同时降低了管理成本，适应了绿色金融业务集团化、规模化发展之需。2020 年 8 月，兴业银行自主研发的绿色金融业务“点绿成金”系统二期项目成功上线，该系统是国内首个由金融机构自主研发的绿色金融 IT 支持平台，也是目前国内金融机构领先的绿色金融专业系统。升级后的“点绿成金”系统包括绿色客户管理、绿色业务识别、环境效益测算、绿色资产管理、赤道原则评审等功能模块，自主研发环境效益测算模型 40 套，覆盖低碳经济、循环经济、生态经济等几十个行业，并增设绿色资产管理模块，对标人民银行、银保监会绿色信贷、绿色金融债等，进行资产集中管理，还首次引入人工智能 AI 模型，开发地理信息系统（GIS）模块，大量使用大数据分析技术，提高绿色金融项目识别、客户服务效率和营销精准度。“点绿成金”系统的全面升级，将为兴业银行打造全球领先的绿色金融综合服务商提供强劲的科技动力。

（2）江苏银行。作为国内首家采纳赤道原则的城市商业银行，江苏银行正在全面对接国际标准，以赤道原则为行动指南，充分发挥城市商业银行决策链短、高效灵活的优势，创新绿色金融产品，以国际化标准完善环境与社会风险管理，探索可持续发展路径，在体制机制、产品创新、风险管理、人才培养等方面取得了一定成效。

2016 年年初，江苏银行在其总分行设立了绿色金融特许经营机构，在其总部设立了绿色金融和 PPP 事业部，主要负责为银行推广绿色金融和建立融资的接入渠道，并开展产业研究、产品研究、产品开发和关键客户营销。在对分支机构的 KPI 考核方面，加入了绿色信贷指标，并考虑区域特点探索建立合理的个性化考核模式，通过考核激励机制调动分支机构推广绿色金融的热情。

2020 年 10 月，在中央财经大学绿色金融国际研究院 2020 年会上，江苏银行宣布客户 ESG 评级系统正式上线，成为国内最早在客户信用尽职调查流程中纳入 ESG 风险评估的商业银行。江苏银行客户 ESG 评级系统把环境（E）、社会（S）及公司治理（G）表现作为非财务指标内嵌至客户信用评审中，贯穿信贷业务全流程。对于 ESG 评级优、环境和社会风险低的企业，江苏银行将优先给予差异化的定价和授信政策，激发客户绿色转型动力，履行企业社会责任，实现银企双赢。

11.3.3 绿色金融与人类社会的可持续发展

环境风险是由人类活动引起或由人类活动与自然界的运动过程共同作用造成，通过环境介质传播，对人类社会生存与发展环境产生破坏、造成损失甚至毁灭的一系列不利事件发生的概率。以环境、资源换取经济发展的人类行为，是当今社会环境风险加剧的主要原因。面对全球日益严重的生态风险、人群健康风险和综合环境风险，将环境风险评估纳入企业参与金融活动的标准，促使金融资源配置向保护环境倾斜，无疑是防范和抵御环境风险的基本手段与内在要求，也是人类社会的可持续发展的必然要求。

绿色发展是在生态环境容量和资源承载力的约束条件下，将环境保护纳入发展任务，实现经济、社会、环境和谐发展的经济和社会发展方式，是坚持走可持续发展道路的重要战略选择。随着全球资源匮乏、生态破坏、环境污染、人口膨胀、粮食危机等一列问题的出现和加剧，绿色发展将成为世界各国共同奋斗的目标。

近年来，越来越多的发达经济体及新兴经济体通过推动绿色金融市场建设，构建绿色金融发展体系，为绿色企业及项目拓宽融资渠道，以实现可持续发展的目标。为支持和落实《2030 年可持续发展议程》，欧盟委员会基于可持续金融高级专家组（HLEG）对可持续发展融资的建议，发布了《可持续发展融资行动计划》，详细说明了欧盟委员会将采取的 10 项行动计划以及实施时间表。英国政府也提出了《英国绿色金融战略》，该战略包含两大长远目标以及三大核心要素。我国也在积极完善绿色金融体系，不断促进绿色金融的发展和人类社会的可持续发展。

参考文献

[1] 耿洁．商业银行发展绿色金融支持供给侧结构性改革研究——以兴业银行为例[J]．统计与管理，2020，35（11）：57－61.

[2] 杜婕，张墨竹．“一带一路”倡议对绿色金融发展的促进作用研究［J］．吉林大学社会科学学报，2019，59（3）：49－61＋232.

[3] 曹倩．我国绿色金融体系创新路径探析［J］．金融发展研究，2019（3）：46－52.

[4] 巴曙松，丛钰佳，朱伟豪．绿色债券理论与中国市场发展分析［J］．杭州师范大学学报（社会科学版），2019，41（1）：91－106.

[5] 邵传林，段盼．供给侧结构性改革与绿色金融发展：中国实践他国经验及启示[J]．区域金融研究，2018（8）：50－58.

[6] 任世赢．国际绿色金融发展经验和启示［J］．市场研究，2018（5）：14－15.

[7] 刘瑜，蔡永卫，魏宗祐．绿色金融发展中政府行为的分析与启示——基于国际经验［J］．甘肃金融，2018（5）：39－43.

[8] 陈凯．绿色金融政策的变迁分析与对策建议［J］．中国特色社会主义研究，2017（5）：93－97＋112.

[9] 冯馨，马树才．中国绿色金融的发展现状、问题及国际经验的启示［J］．理论月刊，2017（10）：177－182.

[10] 蒋先玲，张庆波．发达国家绿色金融理论与实践综述［J］．中国人口·资源与环境，2017，27（S1）：323－326.

[11] 李晓西．绿色金融盈利性与公益性关系分析［J］．金融论坛，2017，22（5）：3－11.

[12] 袁康．绿色金融发展及其法律制度保障［J］．证券市场导报，2017（1）：4－11.

[13] 中国工商银行绿色金融课题组，周月秋，殷红，等．商业银行构建绿色金融战略体系研究［J］．金融论坛，2017，22（1）：3－16.

[14] 交通银行金融研究中心课题组，连平，等．我国绿色金融市场发展展望及对策建议 [J]．新金融，2016 (11)：51－56.

[15] 王遥，潘冬阳，张笑．绿色金融对中国经济发展的贡献研究 [J]．经济社会体制比较，2016 (6)：33－42.

[16] 马骏．中国绿色金融的发展与前景 [J]．经济社会体制比较，2016 (6)：25－32.

[17] 殷剑峰，王增武．中国的绿色金融之路 [J]．经济社会体制比较，2016 (6)：43－50.

[18] 李淑文．低碳发展视域下的绿色金融创新研究——以兴业银行的实践探索为例 [J]．中国人口·资源与环境，2016，26 (S1)：14－16.

[19] 王修华，刘娜．我国绿色金融可持续发展的长效机制探索 [J]．理论探索，2016 (4)：99－105.

[20] 苏博，瞿亢．绿色金融发展的国际经验及启示 [J]．国际金融，2016 (5)：75－80.

[21] 国务院发展研究中心"绿化中国金融体系"课题组，张承惠，谢孟哲，等．发展中国绿色金融的逻辑与框架 [J]．金融论坛，2016，21 (2)：17－28.

[22] 王遥，徐楠．中国绿色债券发展及中外标准比较研究 [J]．金融论坛，2016，21 (2)：29－38.

[23] 俞岚．绿色金融发展与创新研究 [J]．经济问题，2016 (1)：78－81.

[24] 西南财经大学发展研究院，环保部环境与经济政策研究中心课题组，李晓西，等．绿色金融与可持续发展 [J]．金融论坛，2015，20 (10)：30－40.

[25] 翁智雄，葛察忠，段显明，等．国内外绿色金融产品对比研究 [J]．中国人口·资源与环境，2015，25 (6)：17－22.

[26] 麦均洪，徐枫．基于联合分析的我国绿色金融影响因素研究 [J]．宏观经济研究，2015 (5)：23－37.

[27] 马骏．论构建中国绿色金融体系 [J]．金融论坛，2015，20 (5)：18－27.

[28] 闫玲玲．我国商业银行发展绿色金融业务研究 [D]．吉林大学，2015.

[29] 胡梅梅，邓超，唐莹．绿色金融支持"两型"产业发展研究 [J]．经济地理，2014，34 (11)：107－111.

[30] 易金平，江春，彭祎．绿色金融发展现状与优化路径——以湖北省为例 [J]．华中农业大学学报（社会科学版），2014 (4)：112－118.

[31] 屠行程．绿色金融视角下的绿色信贷发展研究 [D]．浙江工业大学，2014.

第12章 碳排放与碳交易

政府间气候变化专门委员会（IPCC）指出，最近50年的全球气候变暖很可能主要是由人类活动向大气中排放二氧化碳等温室气体产生的增温效应引起的。自20世纪50年代以来，人类观测到的许多大自然的变化在几十年乃至成百上千年时间里都是前所未有的：大气和海洋已变暖，积雪和冰量已减少，海平面已上升，温室气体浓度已增加。在应对气候变化方面，适应与减缓同等重要。这需要国际社会统一行动起来、共同应对。应对气候变化，不仅要减少温室气体排放，也要采取积极主动的适应行动，通过加强管理和调整人类活动，充分利用有利因素，减轻气候变化对自然生态系统和社会经济系统的不利影响。适应的长期目标是构建气候智能型经济和建成气候适应型社会，这也是全球可持续发展的一个重要内容。各级政府也开始制定适应规划和政策，并考虑把气候变化的因素融入更广泛的发展规划中。为减缓气候变化，国际社会统一行动起来，制定了一系列减缓气候变化的公约和文件，有代表性的包括1992年5月通过的《联合国气候变化框架公约》和1997年12月通过的《京都议定书》。《联合国气候变化框架公约》，是世界上第一个为全面控制二氧化碳等温室气体排放以应对气候变化的国际公约，也是国际社会在对付气候变化问题上进行国际合作的一个基本框架。《京都议定书》把市场机制作为解决以二氧化碳为代表的温室气体减排问题的新路径，即把二氧化碳排放权作为一种商品，从而形成了二氧化碳排放权的交易，简称碳交易。

碳交易是为促进全球温室气体减排、减少全球二氧化碳排放所采用的市场机制。碳交易本质上是一种金融活动：一方面，金融资本直接或间接投资于创造碳资产的项目与企业；另一方面，来自不同项目和企业产生的减排量进入碳金融市场进行交易，被开发成标准的金融工具。碳排放与碳交易包括碳排放权及配额管理、碳排放的量化及报告管理、碳交易市场管理已经碳排放与碳交易的核算与监督管理等内容。

12.1 碳排放管理

碳排放是人类活动所造成的温室气体排放的总称，人们普遍认为最主要的温室气体是二氧化碳，所以“碳”这个字被用作代表。实际上这并不准确，但作为让民众最快了解的方法就是简单地将“碳排放”理解为“二氧化碳排放”。根据《京都议定书》，除二氧化碳（CO_2）外，还包括甲烷（CH_4）、氧化亚氮（N_2O）、氢氟碳化物（HFCs）、全氟化碳（PFCs）和六氟化硫（SF_6）等气体，其数量通常被换算为吨二氧化碳当量（tCO_2e）。碳排放分为可再生碳排放和不可再生碳排放两种，引起全球气候变化的碳排放指不可再生的碳排放，即通过把地下几亿年前沉积下来的矿物能源开采出来，并通过燃烧产生排放。人类活动会导致二氧化碳的排放，但可通过对人类活动进行约束和引导管理，从而减少温室气体的排放。

12.1.1 配额管理

碳排放权是指在碳排放量达到一定水平的情况下，各国、地区、省、市、企业向大气排放一定量的二氧化碳的权利。在表述形式上，碳排放权可以表示为碳排放许可证允许的一定时间内的碳排放量或二氧化碳排放吨数，即为配额。配额是根据参与碳交易体系企业或机构的初始排放情况，由碳交易主管部门有偿或无偿发放的可供交易和履约的指标。如果企业的实际排放量超过分配的碳配额，剩余部分需要支付费用。相反地，若企业实际排放量低于碳配额，余额可以在碳交易市场上出售。控排企业的碳排放配额发放和履约是由国家相关主管机构监督执行的，是具有行政和法律约束力的履约机制。碳排放权的基本特征是：稀缺性、强制性、排他性和可交易性。欧盟制定了排放交易体系，并于 2005 年年初试运行，2008 年年初开始正式运行。欧盟各成员国根据欧盟委员会颁布的规则，为本国设置一个排放量的上限，确定纳入排放交易体系的产业和企业，并向这些企业分配一定数量的排放许可权——欧洲排放单位（EUA）。美国没有承担《京都议定书》规定的强制减排义务，部分地方政府和企业自下而上地探索区域层面的碳交易体系建设，比较知名的有美国芝加哥气候交易所的自愿交易、区域温室气体行动、西部气候倡议和加州总量控制与交易体系等。

为规范碳排放配额管理，我国有关部门制定了《全国碳排放权配额总量设定与分配方案（2016 年）》，而且我国有很多省市已发布碳排放配额管理办法或细则，下面简要介绍重庆市、上海市及天津市的相关办法或细则。

（1）重庆市碳排放配额管理细则。2014 年 5 月，重庆市发展和改革委员会为规范重庆市碳排放配额管理、促进减排行动、保障碳排放权交易市场有序发展，根据《重庆市碳排放权交易管理暂行办法》，制定了《重庆市碳排放配额管理细则（试行）》。

根据《重庆市碳排放配额管理细则（试行）》，对年度碳排放达到一定规模的排放单位（以下简称“配额管理单位”）进行配额限制管理，并按照配额限制管理的原则进行。以配额管理单位既有产能 2008—2012 年最高年度排放量之和作为基准配额总量，2015 年前，按逐年下降 4.13% 确定年度配额总量控制上限，2015 年后根据国家下达本市的碳排放下降目标确定。

（2）上海市碳排放配额分配方案。为科学、合理确定 2019 年上海市碳排放交易纳入配额管理单位碳排放配额、规范有序开展配额分配和管理，上海市制定了碳排放管理试行办法。按照纳管企业碳排放控制严于全市总体要求，确定上海市 2019 年度碳排放交易体系配额总量为 1.58 亿吨。

上海市采取行业基准线法、历史强度法和历史排放法确定纳管企业 2019 年度基础配额。在具备条件的情况下，优先采用行业基准线法和历史强度法等基于排放效率的分配方法。配额发放方式分为直接发放配额和有偿发放配额。

（3）天津市碳排放交易管理办法。天津市人民政府 2020 年 6 月中旬发布了《关于印发天津市碳排放权交易管理暂行办法的通知》（以下简称《通知》）。据此，天津市将建立碳排放总量控制下的碳排放权交易制度，逐步将年度碳排放量达到一定规模的排放单位纳入配额管理。

《通知》指出，市生态环境局会同相关部门按照国家标准和国务院有关部门公布的企业温室气体排放核算要求，根据天津市碳排放总量控制目标和相关行业碳排放等情况，确定纳入配额管理的行业范围及排放单位的碳排放规模。

12.1.2 量化、报告、核查与复查

2006 年 3 月 1 日，国际标准组织 ISO 发布了温室气体排放标准 ISO 14064。作为一个温室气体的量化、报告与验证的实用工具，ISO 14064 应用于企业量化、报告和控制温室气体的排放和消除，规定了国际上最佳的温室气体资料和数据管理、汇报和验证模式。人们可以通过使用标准化的方法，计算和验证排放量数值，确保 1 吨二氧化碳的测量方式在全球任何地方都是一样的，促进温室气体的量化、监测、报告和验证的一致性、透明度和可信性。我国在碳排放的量化、监测、报告和验证等方面也有具体的制度规定。欧盟碳排放交易体系覆盖 27 个主权国家，它们在经济发展水平、产业结构、体制制度等方面存在较大差异，采用分权化治理模式，欧盟可以在总体上实现减排计划的同时，兼顾各成员国差异，有效地平衡各成员国和欧盟的利益。欧盟交易体系采用分权化治理，欧盟并不预先确定排放总量，而是由各成员国先决定自己的排放量，然后汇总形成欧盟排放总量。欧盟各国所制定的排放量、排放权的分配方案须经欧盟委员会根据相关指令审核许可后才能生效。我国对于纳入配额管理的年度碳排放量达到一定规模的排放单位（以下称“纳入单位”），进行碳排放量化、报告、核查与复查。

（1）量化。量化是第一步。纳入单位应于截止日前将下一年度的碳排放监测计划报相关部门，进行量化。单位应严格依据监测计划来实施监测。按照规定，监测计划应明确排放源、监测方法、监测频次及相关责任人等内容。当遇到检测内容发生很大变化时，纳入单位应当及时向相关部门报告。

（2）报告。在执行完量化后，应当实施二氧化碳重点排放源报告制度。当企业年度碳排放达到一定规模时，企业应于每年 3 月前编制上年度的碳排放报告，并于规定日前上报相关部门。企业被要求对所报数据信息的真实性、完整性和规范性负责。报告企业排放规模标准由相关部门制定。

（3）核查。第三步是建立碳排放核查制度。第三方核查机构有权要求纳入单位提供相关资料、接受现场核查并配合其他核查工作，对纳入单位的年度排

放情况进行核查并出具核查报告。纳入单位不得连续三年选择同一家第三方核查机构和相同的核查人员进行核查。纳入单位于每年规定日前将碳排放报告连同核查报告以书面形式一并提交相关部门。

相关部门依据第三方核查机构出具的核查报告，结合纳入单位提交的年度碳排放报告，审定纳入单位的年度碳排放量，并将审定结果通知纳入单位，该结果作为认定纳入企业年度碳排放量的最终结论。

（4）复查。最后是复查手续。存在下列情形之一的，应当对纳入企业碳排放量进行核实或复查：碳排放报告与核查报告中的碳排放量差额超过规定限额的；本年度碳排放量与上年度碳排放量差额超过规定限额的；其他需要进行核实或复查的情形。

12.1.3 碳排放权登记

目前，全球尚未建立统一的碳排放权登记系统。欧盟委员会建立了排放权中央登记系统，排放权的分配及其在成员国之间的转移、排放量的确认都必须在中央登记系统登记。美国没有承担《京都议定书》规定的强制减排义务，没有全国统一的碳排放登记系统，部分地区自愿建立了碳排放市场和登记交易系统。我国的国家碳排放登记系统和交易系统于2019年8月开始建设，目前正在建设中；各试点省市已建立了独立的碳排放登记系统。

配额的注册登记系统是碳排放权交易体系的重要组成部分。碳排放权交易围绕着配额的转移而开展，配额的登记注册系统可以明确配额的所有权、追踪配额的转移流向、注销履约清缴的配额，从而为碳排放权交易奠定基础和提供保障。配额的归属以配额注册登记系统的记录为准，配额的交易转移必须在配额注册登记系统进行变更，清缴履约的配额须在配额注册登记系统中予以注销。

12.2 碳排放交易

在碳排放权交易中，碳排放权是具有价值的资产，可以作为商品在市场上进行交换，合同一方通过支付另一方对价，获得温室气体减排量，买方可以利用购买的减排量减缓温室效应，从而实现其减排目标。比如某个用能单位，每年的碳排放限额为1万吨，如果这个单位通过技术改造减少污染排放，每年碳排放量为8000吨，那么多余的2000吨就可以通过交易出售，而其他用能单位因为扩大生产需要，原定的碳排放限额不够用，也可以通过交易购买，这样，整个大区域的碳排放总量控制住了，又能鼓励企业提高技术、节能减排。碳交易的核心原理是：设定排放总量目标，确立排放权的稀缺性，通过无偿（配给）或有偿（拍卖）的方式分配排放配额（一级市场），依托有效的监测体系、核证体系，实现供需信息公开化，依托公平可靠的交易平台、灵活高效的交易机制（二级市场）实现环境资源的商品化，通过金融机构的参与为市场提供充足的流动性，发挥市场的定价与资源配置功能，降低节能减排成本，提高低碳发展效率。

12.2.1 碳排放权交易原则

碳排放交易时，为了保障交易顺利进行、维护市场平稳运行，需要坚持公平原则、效率原则以及能力负担原则。在碳排放交易机制设计中，要考虑不同国家和地区的资源禀赋、经济发展阶段及模式、经济支柱行业等因素，公平地分配碳配额。碳排放交易制度必须以效率原则为基础，兼顾行业差异，达到以最低成本实现碳减排的目的。在当前的能源结构下，任何行业都会直接或间接产生温室气体的排放，因此需要所有行业共同行动，根据能力负担原则，承担相应的减排责任和义务。

12.2.1.1 公平原则

在经济增长和碳排放没有脱钩的情况下，碳排放权意味着区域发展权。发展权作为一项人权，是实现其他人权和自然权利的重要基础。根据公平原则分配碳信用额是人权，这样每个居民都有相同的碳信用额。经济发展模式与资源禀赋结构之间存在着必然的关系。根据资源禀赋状况选择发展路径是各地区的自然权利。

有些行业在特定的经济发展阶段具有重要的支撑作用，例如水泥和钢铁行业，对于一个大力发展基础设施和房地产市场的地区，这些行业是必不可少的基础性行业。当然，这些行业也是典型的高排放行业，但是不能因为这些行业是高排放行业，就彻底限制这些行业的发展空间，而是需要一个渐进退出的过程，因为限制这些行业的发展空间，就相当于限制了某些地区的发展权利。我国经济发展的区域差距巨大，在一些中西部省份，水泥和钢铁等行业不仅是对经济发展具有重要支撑作用的基础行业，还是国民经济的支柱行业。因此，在建立全国统一碳市场过程中，需要在机制的设计上考虑各个地区不同的发展水平和行业竞争力。

12.2.1.2 效率原则

碳交易制度的根本目的是鼓励企业以市场化的方式投资于低碳技术和研发，以最低成本实现碳减排。然而，不同国家和地区不同产业的碳强度差异很大，因此不同产业的碳强度降低潜力也不尽相同。目前，我国部分行业的碳强度已经接近世界先进水平，面临着技术上限的制约，减排空间已经非常狭窄。一些工业的碳强度仍然远远低于世界先进水平，有很大的空间来削减其排放量。对于发达工业来说，碳交易制度应该给予其较少的减排压力，相反，对落后工业应该给予较大的减排压力。在基于历史方法的配额分配过程中，如果不考虑产业间的碳强度差异，就有可能陷入“鞭打快牛”的困境，给落后产业配额产生的压力就越小。因此，碳排放权交易制度必须以效率原则为基础，兼顾行业差异。

12.2.1.3 能力负担原则

有些行业的碳交易成本占其增加值的比重非常小，有些行业则非常大，因此不同行业承担减排的能力差异较大。此外，在目前的能源结构下，任何行业都直接或者间接地依赖化石燃料提供的能源，从而导致温室气体排放增加。既然气候变化是人类共同的挑战，没有任何人可以独立应对，也没有任何人可以独善其身，那么所有行业都应该行动起来，根据自身的减排能力，主动承担减排责任。减排能力较强的行业应该主动多承担一部分减排责任，减排能力弱的行业则少承担一部分减排责任。

12.2.2 碳交易市场概述

在活跃的碳交易市场中，有众多的参与主体，不仅包括作为碳排放权交易的直接参与者的控排企业，而且包括众多的第三方中介服务机构，如金融中介机构、核查机构、咨询服务机构等。碳交易是在碳交易所进行的，碳交易所制定了详细的交易规则，规范碳交易流程和行为。在碳交易所交易的产品主要包括配额交易与项目交易两种类型。到 2019 年，全球已经建立了 20 个碳排放权交易体系，有数十个国家参与其中。

12.2.2.1 碳排放交易市场分类

从建立碳交易市场的法律基础来看，碳交易市场可分为强制性交易市场和自愿性交易市场。如果国家或地区政府的法律规定了温室气体排放总量，并据此确定了减排计划中每家企业的具体排放量，为了避免对超额排放的罚款，没有足够许可证的公司将不得不从有许可证的公司那里购买。这种为满足法定减排目标而建立的市场被称为强制性市场。基于社会责任、品牌建设和对未来环保政策变化的考虑，一些企业通过内部协议等手段，开展自己的碳交易市场，即自愿碳交易市场，在自愿减排市场上，碳减排交易受一个组织制定的标准或规则的约束。

自愿减排协议在名称和组织上各不相同，但它们基本上是受政府资助的，由工业界自愿承诺的，目的是节约能源、提高能源效率、减少温室气体排放、改善环境。其与政府签署一项协议，在执行过程中由第三方评估审计，并将审计结果公布。这样不仅实现了节能环保的目标，而且使行业企业提升了生产、管理、技术水平，降低了成本，提升了效益，也在国际上树立了良好的信誉和形象。

12.2.2.2 碳交易市场参与主体

碳交易市场参与主体主要有以下五类。

（1）交易主体。碳交易市场的交易主体，是指满足特定法律要求的碳排放权交易出售方和购买方。国际碳交易市场上，配额市场的交易主体必须是《京都议定书》“附件一”中的发达国家及这些国家内的经营实体，而项目市场的交易主体是开展 CDM 项目的发展中国家和《京都议定书》“附件一”中的发达国家。因此，我国目前还不是国际配额市场的交易主体，只是 CDM 项目市场的交易主体。对于我国碳交易市场来说，2012 年 6 月出台的《温室气体自愿减排交易管理办法》中明确规定，“国内外机构、企业团体和个人均可参与温室气体自愿减排量交易”；各碳交易试点对参与主体也进行了不同的规定，如广州碳排放权交易所规定交易主体为“纳入广东省碳排放权配额交易体系的控排企业和新建项目业主（单位）”，天津碳排放权交易所则是将年综合能耗达一万吨标煤以上的涉及五大行业的多家企业纳入交易主体范围。控排企业是碳排放配额的实际消费者，其参与的最直接、最主要的原因是政府赋予的强制性减排义务、社会责任的履行和一定收益的获得。

（2）金融中介。金融机构是碳金融市场正常运行的保障，它们不是碳排放配额的实际消费者，但它们同意碳排放配额的价值，并通过其在碳金融市场的活动获得利益。金融机构的参与可以起到激活市场、提高配额流动性、促进发现实际碳配额价格的作用。碳金融服务机构包括商业银行、碳基金、保险公司等。我国的绿色金融中介服务体系发展却严重滞后，甚至阻碍了绿色金融的发展。例如，在碳交易方面，需要排放检测、交易平台、清算和结算、会计和税务处理等多种中介机构提供专业性的服务支撑。而在现阶段，我国的专业性中介机构，包括信用评级机构、资产评估机构、会计事务所等都没有提供专门针对绿色产业的服务，绿色金融领域的中介机构还处于初级阶段。

（3）政府。政府在整个碳市场的运作中扮演着宏观调控角色。政府在减排政策方向、总目标设定、配额分配、合规及价格管制等方面的决定，对整个市场有直接影响。政府对碳交易市场的期待是实现整个社会温室气体排放量的减少和减排成本的降低。

（4）碳交易所。碳交易所，是指从事碳排放权交易活动的主要场所，其有固定的场所、交易设施、严格可控的交易规则和具体明确的交易产品，实行会员制管理，为交易双方提供碳交易合同管理、登记结算等服务，方便交易双方及时、准确地掌握交易信息，有利于市场整合、提高市场交易效率。目前，世界上主要的碳交易所有欧洲气候交易所（ECX）、美国洲际气候交易所（ICE Futures）和芝加哥气候交易所（CCX）。早期，由于我国没有自己的碳交易场所，CDM 项目中签发的 CERs 只能拿到欧美发达国家的碳交易市场上去卖，这样对我国碳交易发展极为不利。在各级政府的推动下，2008 年 8 月 5 日，上海环境能源交易所和北京环境交易所挂牌成立。之后，杭州、天津、湖北、广州、深圳、北京、上海等地也相继成立了自己的碳交易所。作为一个独立的服务机构，碳交易所为碳交易各方提供了一个平台，让政府、履约企业、投资机构、非履约企业、社会团体和个人有序、高效地聚集在一起。

（5）第三方核查机构。第三方核证人就是指在碳交易过程中，为有效保障减排项目所产生减排量的真实性和准确性，而设立的经有关机构认证且独立于交易双方的第三方交易辅助人。在 CDM 机制中，第三方核证人是经 CDM - EB 认证的、具有审定核查资质和能力的指定经营实体（DOE），如挪威船级社（DNV）、南德（TUV SUD）、中国的中环联合（北京）认证中心有限公司（CEC）和中国质量认证中心（CQC）等。CDM - EB 会根据其提交的核证报告进行复审，最终确定减排项目的 CERs 签发数量。第三方核查机构是一种服务机构，主要负责对受控排放企业向管理机构提交碳排放报告和对报告数据进行审查，以避免虚假报告，保证排放报告数据的真实性。核查范围广泛，主要集中在以下排放量较大的行业：热力生产和供应、火力发电、水泥制造、石油化工生产等。为确保碳污染减排计划机制有效运作及碳污染减排计划有秩序地进行，碳污染减排计划核查机构应确保能够科学和公平地履行职能。

12.2.2.3 碳排放市场交易产品

碳排放市场交易产品主要包括配额交易与项目交易两种类型。

（1）配额交易。配额交易是指买方直接购买卖方已经获得的碳排放许可配额。这些许可配额是政府部门根据《京都议定书》（*Kyoto Protocol*）或其他国内“限额与交易”（cap - and - trade）制度设定和分配（或拍卖）的目标。不同碳市场之间并不兼容，因此不同的碳市场具有不同的交易品种。例如，《京都议定书》规定的“分配数量单位”、欧盟排放交易体系规定的“欧盟指标”、北京市碳排放权电子交易平台规定的“碳排放配额”等配额交易既具有一定的灵活性，又履行了环保责任，使得法定的参与者能够通过交易，以较小的成本达到减少温室气体排放的要求。

（2）项目交易。项目交易主要是通过实施项目削减温室气体排放而获得的减排凭证，如由清洁发展机制 CDM 产生的核证减排量 CER 和由联合履约机制 JI 产生的排放削减量 ERU。中国的核证减排量，是指国家主管审批机关采用国家主管机关备案的方法，以“吨二氧化碳当量”的形式批准和备案的项目所产生的减排量。自愿减排项目的减排量在国家登记册登记，并在已登记的交易机构内进行交易。目前，总量管制与交易制度允许购买项目产生的“碳信用额”的一定百分比，以帮助达到排放合规，这被称为“减排”。

12.2.3 国内外碳交易市场

碳交易的概念最早出现于1997年12月在日本东京签订的《京都议定书》，《京都议定书》设定了三大履约机制：联合履行机制、排放贸易机制和清洁发展机制，缔约方对超出限额的温室气体排放量可以通过履约机制进行交易。由于温室气体中二氧化碳排放比重最大，所以将6种温室气体的排放量均折算为二氧化碳当量计算，温室气体排放权交易就被称为碳排放权交易，从事碳排放权交易的市场被称为碳交易市场。

碳交易市场的首要目标是通过激励措施以最小成本实现减排。从原则上说，碳市场覆盖范围越广、成本越低，效果越好。考虑到成本效益情况，碳市场将小排放源排除在外，有些排放源可以通过对化石燃料实行上游覆盖或对碳当量征收税费方式进行处置。将某一温室气体排放源纳入碳市场须具备两个条件：一是碳排放测量应达到一定规模并真实可靠；监测、报告、审查及管理成本应低于纳入碳市场所带来的收益。二是对纳入碳市场不具有经济效益的排放源，例如移动源，可考虑在其上游覆盖或征收等值碳税费。

12.2.3.1 国际碳排放权交易市场

2002年，英国最早建立了全球第一个全国范围的碳交易市场。2005年开始运行的欧洲碳排放交易体系（European Union Emission Trading Scheme，EU ETS）是世界上最大的碳排放交易市场，在世界碳交易市场中具有示范作用，也是世界上首个多国参与的排放交易体系。随后，新西兰、美国、日本、哈萨克斯坦、韩国、加拿大、墨西哥等国家相继启动碳市场交易。2019年，全球已经有20个碳市场交易体系在运行，这些碳市场所覆盖的全球碳排放份额相比2015年翻了一番，占到8%，市场所处行政区域涵盖全球约1/8的人口，占全球GDP的37%。

从时间维度上看，EU－ETS的发展阶段大致可以分为4个阶段：2005—2007年的“摸索”阶段；2008—2012年的“过渡”阶段；2013—2020年的“调整”阶段；2021—2030年的“成熟阶段”。目前，正在进行第四阶段（2021—2030年）的交易方案的修订。从2000年提出构建EU－ETS的想法，经过3年多的讨论和修改，建设EU－ETS的指令最终于2003年正式通过，并于2005年开始正式实施。欧盟委员会对 EU – ETS 第一阶段的定位是探索实现《京都议定书》目标的方法和机制，为第二阶段打下基础。在3年的时间里，EU – ETS 实行的是国家分配计划（National Allowances Plan，NAP），通过自下而上的申报方式确定各个国家总的减排量，并由各国决定每一类设施和企业的排放上限，向欧盟委员会提交，经委员会审议并以此为基准向各国分配碳排放额度，再由各国政府以拍卖（5%以内）和免费发放（95%）方式向企业和排放设施分配排放额度。由于处于“摸索阶段”，所以第一阶段只考虑了二氧化碳这一种温室气体，纳入 EU – ETS 的国家和企业也只涵盖欧盟25个成员国的发电行业和高耗能行业。但 EU – ETS 覆盖欧盟成员国内约50%的二氧化碳排放量和40%的温室气体排放。第二阶段新增了3个国家——冰岛、列支敦士登和挪威，部分国家开始将氮氧化物纳入排放权交易系统，此外还在2012年将航空业纳入 ETS。在登记和监管方面，利用集中的欧盟注册管理机构取代国家注册管理机构，以欧盟交易日志（EUTL）取代了联盟独立交易日志（CITL）。在第三阶段，欧盟委员会对 EU – ETS 进行了大幅度的调整，例如取消了 NAP 的申报审批制度，利用欧盟规划整理后的排放指标在考虑公平与成员国发展阶段的情况下进行排放配额的分配；此外，规定各行业碳排放配额的分配不再使用统一的按比例分配的方法，而是根据不同国家和不同行业划分，进行精细化分配，取消电力等行业获得免费额度的权利，其所需的排放配额需要通过拍卖或市场交易获得，但对部分发展较为落后的国家进行了例外处理；在这一阶段，交通，农业和制造业都被纳入进来。

美国碳交易体系大致分为两个部分：一部分是强制性区域温室气体减排交易体系，另一部分是以 CCX 为核心的自愿性温室气体减排交易体系。美国区域温室气体减排计划（RGGI）是美国第一个基于“总量控制与交易”模式的强制性减排交易体系，由美国10个州共同参与。之后，2007年还建立了美国西部气候减排体系（WGI）和美国中西部温室气体减排体系（MGGA）。虽取得一定的减排效果，但因各温室气体减排体系存在一定差异性，而且美国联邦政府缺乏构建统一碳交易市场的政治愿望，所以，至今美国仍未形成类似 EU ETS 的全国统一强制性碳交易市场。相反，以 CCX 为核心的自愿性温室气体减排交易体系却发展较为健全，世界影响力较大，许多国家都以其为典范开展温室气体减排交易，我国天津碳排放权交易所也是由 CCX 参与联合建立的。

目前，国际上大多数碳市场都涵盖了电力行业化石燃料燃烧和重工业使用燃料带来的气体排放。这些排放源规模较大，测量相对精确、简便，成本较低，而且存在多种减排选择。其中，澳大利亚的碳市场涵盖了各类工业过程排放的温室气体。在碳交易市场覆盖行业、企业范围方面，到2019年，欧盟覆盖了电力、工业、航空等行业的1.1万多家企业；新西兰覆盖了电力、工业、航空、交通、建筑、废弃物、林业等行业的2448家企业；韩国覆盖了电力、工业、航空、建筑、废弃物等行业的610家企业；美国加利福尼亚州，覆盖了电力、工业、交通、建筑等行业的500家企业；加拿大魁北克省覆盖了电力、工业、交通、建筑等行业的149家企业。

就现有的碳市场而言，新西兰涵盖了部分农业和林业（以自愿加入的方式推行）。在通常情况下，对小排放源和分散排放源进行MVR（测量、核查、报告）的现实困难是主要原因，而政治方面的考虑也是将农业排除在碳市场之外的原因。技术方面的难题主要在于难以以农民和单块耕地为单位对排放量进行准确测量，而且排放许可责任制的执行也有难度。同时，从政治角度看，执行也是有难度的。但如果仅对大排放源采取限排举措，而没有对小的排放源采取相应的减排要求和措施，就会有一些大的排放主体故意将排放量降到临界点之下，从而降低整体效率，这也是需要平衡的问题。

12.2.3.2 中国碳排放权交易市场

中国的碳交易市场建设也大致可以分为三个阶段：阶段一（2005—2011年），清洁发展机制项目（CDM）和自愿减排项目（CCER）交易；阶段二（2011—2013年），碳市场试点建设阶段；阶段三（2014年至今），全国统一碳市场建设阶段。我国稳步推进碳排放权交易市场建设，建立健全碳排放权交易市场管控机制，逐步扩大交易主体范围，适时增加符合交易规则的投资机构和个人参与碳排放权交易，不断完善碳资产的会计确认和计量。碳市场建设确实是一项全新的工作，挑战很大，在法规体系建设、基础设施建设、能力建设等方面有大量的工作要做。至2020年5月，全国碳排放权注册登记系统和交易系统已进入施工建设阶段。2021年7月16日，全国碳排放权交易市场启动上线交易，启动仪式于北京、上海、武汉三地同时举办，全国碳排放权注册登记系统（简称“中碳登”）落户湖北，交易系统落户上海。截至9月13日，全国碳市场碳排放配额（CEA）累计成交845万吨，累计成交额4.2亿元。

2011年10月，国家发展改革委印发《关于开展碳排放权交易试点工作的通知》，批准北京、上海、天津、重庆、湖北、广东和深圳等7省市开展碳交易试点工作，每个试点市场都由当地的主管部门根据本地情况制定规则，通过试点市场的自主发展，从中选择更优的适用于全国的统一市场模式。中国7个碳交易试点于2013年年底开始陆续启动，通过分析评估7个试点地区的运行成果和减排效果，对建立全国碳交易体系可提供重要的决策支持。建设全国碳排放权交易市场，是利用市场机制以较低社会成本控制和减少温室气体排放，推动绿色低碳发展的重大制度创新。2014年12月，国家发展改革委颁布了《碳排放权交易管理暂行办法》，标志着全国碳市场正式开始进行建设。2017年12月，国家发展改革委印发了《全国碳排放权交易市场建设方案（发电行业）》，标志着发电行业也开始正式地进行相关减排工作。2019年4月，生态环境部发布《碳排放权交易管理暂行条例（征求意见稿）》，标志着中国碳市场逐渐由地方性的试点向全国推广，并且能够在区域碳市场试点上，对全国碳市场的参与主体、登记、交易进行基本内容的制定。

对于碳交易而言，政府主管部门依法确立市场交易机制是确保交易市场正常运行的保证，特别是对不按规定进行履约的企业执行强制性惩罚措施，是创造企业对排放配额的需求、激发企业参与碳市场的热情的必要条件。因此，赋予碳交易主管部门实施处罚权利的法律性文件是碳交易试点体系构建的关键组成部分。7个交易试点地区出台了具有不同法律效力的政策性文件：北京、深圳和重庆出台了地方性法规；上海、广东和湖北出台了政府规章；天津出台的是部门规范性文件。除了法律手段，一些试点地区也采用行政方法，例如没收未来年份的配额、通报批评等手段来促进企业进行合规操作。

7个试点地区经济发展水平和产业结构差距较大，因此，各地制定了不同的碳排放权交易制度以适应各自经济发展特点。根据各试点交易的法律性文件，总结出如下各类规范要求。

（1）执行主体：各试点地区的执行机构以地方发展改革委为主，主要由发展改革委的资源、环境或能源方向的部门负责碳交易相关的具体管理事务，财政局、统计局、金融办、经信委等部门提供支持，也会特地成立减排工作领导小组专门负责试点交易工作。如广东试点碳市场的最高管理部门是省应对气候变化及节能减排工作领导小组。

（2）配额总量设定：试点地区将首先设定碳排放的绝对上限，设定配额，然后允许其余的排放量在市场上交易。每个贸易试点配额的总量每年确定一次，考虑到控制碳排放和经济增长的双重目标，均按照“十二五”国家发布的单位国内生产总值二氧化碳排放量减少17%的目标和经济增长的趋势来确定。如湖北在2014年选取GDP增速为10%—11%的中速低碳经济增长情景的预测结果，计算得出碳排放总量为7.31亿吨，然后乘以符合纳入门槛的138家企业历史碳排放占全省总排放的比例（35.88%），最终得到碳市场配额总量为3.24亿吨。

（3）分配方式：根据“免费为主、适时拍卖”的原则，初始配额的分配适当从免费分配向有偿分配过渡，以提高排控企业的积极性。目前，北京、上海、天津、湖北和重庆对企业是免费的，而深圳免费提供的配额不少于总配额的90%；广东要求企业必须先竞拍申请总配额的3%，才能获得97%的免费配额。

（4）价格稳定机制：各试点地区设置了不同的涨跌幅限制，以避免碳价过度动荡。各试点的价格稳定措施主要有：政府预留一定量的配额用于市场调控，通过电子交易平台限制关联交易和大宗交易，建立价格预警机制等。

（5）各试点覆盖的行业范围：控排企业基本集中于电力、钢铁、水泥、石化等传统高耗能、高排放行业，除此之外还包括大型公共建筑和服务业等。如北京、上海还纳入了部分服务业、建筑行业和民航业。

（6）履约机制：每年5—6月，各试点地区要求企业应当向主管部门缴还与上一年度实际排放量相等数量的配额。之后主管部门在注册登记系统将企业缴还的配额、未经交易的剩余配额以及预留的剩余配额予以注销。最后在7月底，主管部门会公布企业配额缴还信息。

（7）惩罚措施：对未能如期履约的企业，各地都有不同程度的惩罚措施，其中北京、深圳、重庆的处罚较为严厉，要求违约企业按照市场价的3—5倍缴纳罚款；上海、湖北、广东对违规企业处以5万—15万元的罚款；天津没有明确的处罚条例，但禁止违约企业在未来享受政府的相关优惠措施。

12.3 碳排放与碳交易核算与监督

联合国政府间气候变化专门委员会（IPCC）发布的一系列《国家温室气体清单指南》（以下简称《指南》）及相关配套文件，对温室气体排放概念及核算方法进行了权威说明。由于二氧化碳是最主要的温室气体，围绕二氧化碳排放量（以下简称“碳排放”）的核算工作也因此成为温室气体排放核算的重中之重。碳排放主要来自能源利用及部分工业生产过程，这两个来源的碳排放核算方法如下。

核算能源利用碳排放的主流做法包括部门法和参考法两种。部门法主要是以各个经济部门活动为核算对象，以一定时间段（如 1 年）内的分品种燃料消耗，与燃料的低位热值、单位热值的碳含量及氧化率 3 个参数相乘（这 3 个参数相乘，即可看作能源碳排放因子），得到各部门碳排放量，然后再加总得到经济活动中能源利用产生的碳排放总量。相比部门法，参考法以化石能源（煤、油、气）的表观消费量为基础数据，再分别乘上平均碳排放因子得到总的碳排放量。参考法相对粗略，在当前编制国家碳排放清单过程中主要用于从宏观趋势上校验部门法的计算结果。不过基于参考法的核算工作比较方便快捷，在掌握各品种能源碳排放因子变化规律的前提下，可根据能源统计的宏观结果方便地开展碳排放年度核算工作。核算工业生产过程产生碳排放，参照国际主流做法，主要包括水泥、玻璃、合成氨、纯碱、铁合金及铝、镁和铅锌冶炼过程中的碳排放。

2019 年 5 月，IPCC 第四十九次全会通过了《2006 年 IPCC 国家温室气体清单编制指南 2019 修订版》，与《IPCC 清单指南 2006》和《2006 年 IPCC 国家温室气体清单指南 2013 年增补：湿地》联合使用，成为世界各国编制温室气体清单的最新规则。

以下我们主要介绍碳排放与碳交易的会计核算与碳交易的市场监督。碳排放与碳交易的会计核算，是碳减排机制的重要内容。健全的碳减排机制，必须包含完善碳排放与碳交易的核算体系。碳排放和碳交易的会计核算是将相关的“碳资产”“碳负债”在财务报表中进行确认、计量和列报，并在财务报告中进行披露。碳排放与碳交易的会计核算，是绿色经济学的重要内容，是绿色会计体系的重要组成部分。碳排放与碳交易的会计核算也需要接受专业的第三方服务机构、政府相关部门等机构和组织的监督。所谓碳交易市场监管，是指监管机构运用法律、经济和行政手段，对碳排放权的初始分配、权利的行使和权利的交易，以及与碳排放权交易监管有关的其他问题进行监管。建立有效的监管机制是碳交易市场健康运行的重要保障。

12.3.1 碳交易有关的会计处理

碳排放权具有稀缺性、价格波动性和可交易性等特征，同时又具有依赖政府信用、自由储蓄和借贷、普遍承诺等货币性特征，是一种具有商品和货币双重特征的全新信用货币。商品属性奠定了排放权的价值基础，货币属性凸显了排放权的内在本质。本部分主要包括碳排放权会计确认、配额会计计量以及碳排放权交易会计报告的相关内容。

12.3.1.1 碳排放权的会计确认

由于对排放权本质和特征的认识存在差异，不同的机构和学者将其确认为不同的资产类别。2003 年，美国财务会计准则委员会将期初获得的初始分配排污许可证，按取得的历史成本确认“排污许可证存货”；免费取得时计价为 0；不同年度的许可证应分别核算。国际财务报告准则解释委员会（IFRIC）将碳排放权确认为无形资产，并在 2004 年 12 月公布的《IFRIC3：排污权》中重点研究了相关问题。英国的计准则委员会发布的 FRS13《衍生金融工具与其他金融工具：披露》中提出，碳排放权交易合同符合金融工具的定义。1996 年，Jacob R. Wambsganss 等在其论文《报告污染配额相关问题研究》中就对碳排放权的初始确认进行了比较系统的研究，在分析了将碳排放权确认为存货、无形资产、金融工具存在的不足后提出应将排放权确认为捐赠资产，采用公允价值进行计量。

将碳排放权确认为“存货”“无形资产”“金融工具”“捐赠资产”等资产都有其理论合理性，也有其固有的缺陷，正是这些缺陷制约了碳排放权的会计确认，并阻碍了碳排放权交易会计准则制定的进程，成为国际会计研究领域中的一大难题。

2019 年 12 月，我国财政部发布的《碳排放权交易有关会计处理暂行规定》将碳排放权纳入资产要素类别，并规定参与交易的重点排放企业应在其资产负债表中设置“1489 碳排放权资产”科目，用于核算企业买入的碳排放权。另外，国家合证自愿减排量相关交易所涉及的会计处理同样适用于这一规定，可在“1489 碳排放权资产”科目下设置明细科目进行核算。

12.3.1.2 配额的会计计量

碳排放权的货币化确认，解决了配额是否纳入会计信息系统以及确认为何种会计要素的问题。然而，企业持有配额的目的是交易，交易就需要明确配额的价格。这就需要研究配额的会计计量问题。任何会计计量都由计量单位和计量属性构成，选择货币作为计量单位，这已成为会计领域的共识。因为在商品经济或市场经济中，货币是商品价值的共同计量尺度。关于配额的计量，国内外会计学术界主要关注的是历史成本和公允价值这两种计量属性。

目前，在国际、国内和地区的碳排放权交易制度中，配额以免费分配为主、拍卖为辅。如 EU ETS 在 2005—2007 年免费分配的比例达到 95%，仅将 5% 的配额用于拍卖。澳大利亚的新南威尔士温室气体减排体系（NSW GAAS）也采用免费分配方式。

我国《碳排放权交易有关会计处理暂行规定》规定：重点排放企业通过购入方式取得碳排放配额的，应当在购买日将取得的碳排放配额确认为碳排放权资产，并按照成本进行计量。重点排放企业通过政府免费分配等方式无偿取得碳排放配额的，不做账务处理。对购入碳排放权、出售碳排放权、履约以及注销碳排放权这 4 种经济业务的账务处理作出了明确规定，并将无偿取得和有偿购入的两种碳排放权的账务处理进行区分。

12.3.1.3 碳排放权交易会计报告

为了实现碳排放权交易会计的目标并满足其质量要求，碳排放权交易会计报告的主要内容应该是财务报表内列报配额与信用会计确认、计量、记录的结果，辅之以碳绩效指标的表外披露。具体内容如下。

（1）资产负债表内报告的内容

A. 在流动资产下单设一个资产项目——“碳排放权”，与货币资金项目相区别。该项目反映企业“碳排放权——配额”与“碳排放权——信用”的合计数。本项目应根据“碳排放权——配额”“碳排放权——信用”科目期末余额的合计数填列。

B. 在流动负债下单设一个负债项目——“应付碳排放权”，与其他流动负债相区别。该项目反映企业“应付碳排放权”的合计数。本项目应根据“应付碳排放权”科目的期末余额合计数填列。

（2）利润表内应报告的内容

A. 在“投资收益”项目下反映企业获得的“配额交易净收益”“信用出售净收益”或“减排净收益”等的合计数。

B. 在“营业外支出”项目下反映企业购买的“购买配额支出”等的合计数。

（3）现金流量表报告的内容

A. 在“经营活动产生的现金流量”下的经营活动现金流入部分增设“配额或信用出售收到的现金”等。

B. 在“经营活动产生的现金流量”下的经营活动现金流出部分增设“购买配额或信用支付的现金”以及“超额排放罚款支付的现金”等。

（4）报表附注披露。会计报表附注披露那些难以用货币量化的信息，是对表内信息的补充和说明。在碳排放权交易会计信息中，需要补充披露的信息有碳排放权、应付碳排放权的年初年末余额以及本期增加和减少额等信息。

我国《碳排放权交易有关会计处理暂行规定》（以下简称《暂行规定》）认为，重点排放企业应当采取表内、表外同时披露的方式。在表内披露方面，重点排放企业应分别在资产负债表中的“其他流动资产”和利润表中的“营业外支出”“营业外收入”等项目中，披露期末碳排放权资产的剩余价值和相关交易所涉及的现金流变动情况。在表外披露方面，财务报表“附注”除包含节能减排和超额排放等情况以外，还需要涉及碳排放权交易的相关信息，如碳排放权从何处获得、参与何种减排机制。同时，由于通过政府无偿获得的碳排放权无须进行账务处理，《暂行规定》为其设置相应的披露格式，方便公众追踪使用情况。

12.3.2 碳交易市场监管

政府部门与交易所共同作为碳交易市场监管主体，维护碳交易市场平稳运行。政府部门在碳交易过程中发挥着重要的作用，虽然政府部门不是碳排放权交易行为本身的主体，不直接参与碳排放配额的交易，但对买卖双方的交易行为进行指导和监控。政府部门与交易所的工作内容包括：协助专门机构设定碳交易机制，制定相应的法律法规，规范碳交易市场；搭建交易平台，提供交易信息，提高交易效率；监督碳交易的行为全过程，处理碳交易过程中产生的纠纷，排除碳交易所遇到的各种障碍。

碳排放配额交易目前主要采取场内交易方式进行，我国碳排放权交易试点一般规定交易所对配额交易秩序进行管理和监督，目前各地交易所在地方政府的支持下竞相设立。我国目前的配额交易主要以现货形式进行，碳金融产品也在逐步开发和创新，与之相对应的监管模式也需要与之协调、适应。监管主体需要根据碳排放配额及其交易的特点，厘清碳排放配额交易市场的基本要素和明确排放配额交易秩序监管的重心，构建系统的碳排放交易监管体系。

国家发展改革委出台的《碳排放权交易管理暂行办法》（以下简称《办法》）设了专章规定法律责任，对碳排放权交易的基本主体，包括重点排放单位、核查机构、交易机构、其他交易主体和政府主管部门及其工作人员的常见违法行为均设定了一定的法律责任。《办法》第四十条指出，重点排放单位如果存在虚报、瞒报或者拒绝履行排放报告义务、不按规定提交核查报告等行为，由所在省、自治区、直辖市的省级碳排放交易主管部门责令限期改正，逾期未改的，依法给予行政处罚；逾期仍未改正的，由省级碳排放交易主管部门指派核查机构测算其排放量，并将该排放量作为其履行配额清缴义务的依据。第四十一条指出，重点排放单位若未按时履行配额清缴义务，由所在省、自治区、直辖市的省级碳排放交易主管部门责令其履行配额清缴义务；逾期仍不履行配额清缴义务的，由所在省、自治区、直辖市的省级碳排放交易主管部门依法给予行政处罚。除了对重点排放单位有相关的规定，对核查机构、交易机构、碳排放交易主管部门及其工作人员以及碳排放交易各参与方，《办法》都对其违法行为界定了相关的法律责任。

12.3.3 碳排放与碳交易奖惩机制

在碳交易市场制度设计中，对市场参与者的奖惩制度是制度建设的重要内容。经过多年的发展，国际碳交易市场大多建立了完善的交易制度。奖惩机制作为规范和约束市场参与者的重要机制受到了较大重视。完善的碳排放与碳交易奖惩机制具有明显的促进和激励作用，主动节能减排的企业可以将剩余的“碳”推向市场，为它们创造收入开辟一条新途径，而超排企业则需要在碳交易市场上购买超出计划的排放量，支付更多成本，以迫使其低碳化运作，关注环境保护，有意识地控制排放。“奖惩机制”让更多的企业认识到，节能减排不仅是一种社会责任，更能带来真金白银，碳也是一种资产，从而促使企业经营者自觉推进转型升级，从高排放、低附加值的粗放生产经营转向低排放、高附加值的精细化生产经营。碳交易的“奖惩机制”是一种全新的环境保护机制，它迫使排放超标的企业支付部分“碳”目标，即实行“资源有偿使用和生态补偿”制度。政府可以利用“补偿基金”改善环境保护设施，修复受损的生态环境，符合“谁污染谁付费”的环境保护理念。

欧盟 ETS 中，在第一阶段，对企业超额排放部分，每吨二氧化碳罚款 40 欧元；在第二阶段，罚款额度提高为每吨 100 欧元，且超额部分还需要从次年的排放许可中扣除。在新西兰、澳大利亚等其他国家的碳交易制度中，同样都有相关明确、数量化的奖惩机制，这不仅可以促进市场交易，同时也有利于市场交易的公平性，有效地促进了国际碳交易。

我国在碳排放与碳交易奖惩方面有较为具体的规定。(1) 广东省支持履行责任的企业优先申报国家支持低碳发展、节能减排、可再生能源发展、循环经济发展等领域的有关资金，优先享受省财政低碳发展、节能减排、循环经济发展等有关专项资金扶持；由第三方核查机构提交碳排放单位的年度排放报告，超出排放配额进行碳排放的单位将由政府主管部门根据违规排放量，以市场均价的 3 倍进行处罚。(2) 上海鼓励银行等金融机构优先为纳入配额管理的单位提供与节能减碳项目相关的融资支持；支持优先申报国家、市节能减排相关政策扶持和资金支持项目。对未按规定履行配额清缴义务的企业，由相关部门责令履行配额清缴义务，并处以 5 万元以上、10 万元以下罚款。(3) 天津鼓励银行及其他金融机构在同等条件下优先为信用评级较高的纳入企业提供融资服务，并适时推出以配额作为质押标的的融资方式；支持优先申报国家、市节能减排相关政策扶持和资金支持项目。纳入企业未按规定履行碳排放遵约义务的，由市发展改革委责令限期改正，并在 3 年内不得享受优先融资、优先申报等政策优惠。(4) 北京规定，以能源审计核查结果为财政奖励支持的标准。初次复核结果为“优秀”的奖励 12 万元，“良好”的奖励 10 万元，“合格”的奖励 8 万元。对于经专家初次复核结果为“不合格”但再次复核结果为“合格”的，奖励 8 万元。对于第三方核查报告优秀且核查工作量大的，将适当提高奖励标准，具体视情况酌情确定。重点排放单位超出配额许可范围进行排放的，可根据违规碳排放量，按照市场均价的 3—5 倍予以处罚。

参考文献

[1] 周迪，刘奕淳．中国碳交易试点政策对城市碳排放绩效的影响及机制［J］．中国环境科学，2020，40（1）：453－464.

[2] 赵选民，魏雪．传统能源价格与我国碳交易价格关系研究——基于我国七个碳排放权交易试点省市的面板数据［J］．生态经济，2019，35（2）：31－34＋52.

[3] 王勇，赵晗．中国碳交易市场启动对地区碳排放效率的影响［J］．中国人口·资源与环境，2019，29（1）：50－58.

[4] 崔焕影．碳排放权配额分配与交易定价研究［D］．西南交通大学，2018.

[5] 孙悦．欧盟碳排放权交易体系及其价格机制研究［D］．吉林大学，2018.

[6] 李广明，张维洁．中国碳交易下的工业碳排放与减排机制研究［J］．中国人口·资源与环境，2017，27（10）：141－148.

[7] 崔也光，周畅．京津冀区域碳排放权交易与碳会计现状研究［J］．会计研究，2017（7）：3－10＋96.

[8] 何少琛．欧盟碳排放交易体系发展现状、改革方法及前景［D］．吉林大学，2016.

[9] 陈欣．中国碳交易市场价格研究［D］．陕西师范大学，2016.

[10] 陈晓红，曾祥宇，王傅强．碳限额交易机制下碳交易价格对供应链碳排放的影响［J］．系统工程理论与实践，2016，36（10）：2562－2571.

[11] 冯楠．国际碳金融市场运行机制研究［D］．吉林大学，2016.

[12] 李剑，苏秦，马俐．碳排放约束下供应链的碳交易模型研究［J］．中国管理科学，2016，24（4）：54－62.

[13] 郑宇花．碳金融市场的定价与价格运行机制研究［D］．中国矿业大学（北京），2016.

[14] 刘建梅．经济新常态下碳税与碳排放权交易协调应用政策研究［D］．中央财经大学，2016.

[15] 宋寒，祝静，代应．碳交易市场不完善下供应链企业间剩余碳排放配额共享机制［J］．计算机集成制造系统，2016，22（9）：2217－2226.

[16] 张云．中国碳金融交易价格机制研究［D］．吉林大学，2015.

[17] 孙兆东．中国碳金融交易市场的风险及防控［D］．吉林大学，2015.

[18] 程永宏．碳排放政策下供应链定价与产品碳足迹决策及协调研究［D］．重庆大学，2015.

[19] 李志学，张肖杰，董英宇．中国碳排放权交易市场运行状况、问题和对策研究［J］．生态环境学报，2014，23（11）：1876－1882.

［20］荆克迪．中国碳交易市场的机制设计与国际比较研究［D］．南开大学，2014.

［21］王素凤．中国碳排放权初始分配与减排机制研究［D］．合肥工业大学，2014.

［22］鲁旭．国际碳关税理论机制与中国低碳经济发展［D］．中共中央党校，2014.

［23］黄橙．我国碳交易的法律监管问题研究［D］．中国政法大学，2014.

［24］李阳．低碳经济框架下碳金融体系运行的机制设计与制度安排［D］．吉林大学，2013.

［25］刘航．中国清洁发展机制与碳交易市场框架设计研究［D］．中国地质大学，2013.

［26］黄小喜．国际碳交易法律问题研究［D］．湖南师范大学，2012.

［27］赵捧莲．国际碳交易定价机制及中国碳排放权价格研究［D］．华东师范大学，2012.

［28］陈冠伶．国际碳交易法律问题研究［D］．西南政法大学，2012.

第13章 绿色金融工具

绿色金融机制和体系的发展和完善离不开绿色金融工具的开发和创新，绿色金融工具在提高绿色金融的效率和效果方面有重要作用，绿色金融工具能以更低的投入同时实现生态环境保护与经济发展目标。绿色金融工具越丰富，绿色金融就越发达。绿色信贷、绿色债券、绿色股票、绿色股票指数和相关产品、绿色发展基金、绿色保险、气候衍生品、碳金融等绿色金融工具，在支持经济社会绿色化转型方面发挥着重要作用。绿色金融工具的开发和创新，能够解决绿色发展过程中的种种问题，如通过发展新的金融工具和服务手段，就可以解决绿色投融资所面临的期限错配、信息不对称、产品和分析工具缺失等问题；通过对绿色信贷支持项目的财政担保和信贷贴息，解决绿色项目的收益问题；通过绿色保险，如环境责任险，解决绿色项目运行中的环境事故风险问题。发达国家的绿色金融工具的开发和创新领先于发展中国家，为我国绿色金融工具的发展提供了很好的借鉴。

2016 年，中国人民银行、财政部、发展改革委、原环境保护部、银监会、证监会、保监会关于构建绿色金融体系的指导意见，鼓励和支持绿色金融工具的开发和创新：支持开发绿色债券指数、绿色股票指数以及相关产品；鼓励相关金融机构以绿色指数为基础开发公募、私募基金等绿色金融产品，满足投资者需要；鼓励和支持保险机构创新绿色保险产品和服务；鼓励保险机构研发环保技术装备保险、针对低碳环保类消费品的产品质量安全责任保险、船舶污染损害责任保险、森林保险和农牧业灾害保险等产品；支持有序发展碳远期、碳掉期、碳期权、碳租赁、碳债券、碳资产证券化和碳基金等碳金融产品和衍生工具，探索研究碳排放权期货交易；支持发展基于碳排放权、排污权、节能量（用能权）等各类环境权益的融资工具。

13.1 绿色信贷

绿色信贷是绿色金融中最主要的金融工具，主要是指银行等金融机构通过信贷产品投向符合绿色标准的企业或项目，也包括利用信贷促进生态利用、循环高效、低碳环保和环境治理等绿色经济模式发展的一系列政策、制度安排和实践。绿色信贷在绿色金融体系中占有重要位置。在国际上，“赤道原则”作为通用绿色信贷标准，在美、英、日等国得到广泛应用；同时，各国也结合实际出台了相关规定和要求。近年来，我国在绿色信贷制度建设、产品开发等方面取得了长足的进步。绿色信贷在经济结构转型和经济发展模式绿色转变方面起到了重要的引导和促进作用。

13.1.1 绿色信贷的实践

发达国家建立了绿色信贷激励约束机制，明确银行环境责任，并对绿色信贷给予适当贴息。如美国 1980 年出台的《全面环境响应、补偿和负债法案》，要求银行必须同企业共同承担项目可能造成的环境污染损失，支付相应的治理费用。英国《环境保护法》《污染预防法》《水资源法》等多项法律，规定申请贷款的企业必须通过环境影响指标和污染处理指标审核后，才能获得银行贷款。如果银行向环境污染项目提供信贷资金，监管部门将会根据污染情况对银行进行处罚。英国政府可为环境风险评估合格企业进行担保，最高可获 7.5 万英镑的低息贷款，其中 80% 由政府担保。德国要求银行在发放绿色信贷过程中，严格按照赤道原则对申请项目进行环境风险评估，并根据社会影响程度进行分类，对环保、节能项目给予贷款贴息，对环保节能绩效好的项目，给予持续 10 年、利率不到 1% 的优惠贷款。

2006 年 5 月，兴业银行与国际金融公司在我国创新推出“节能减排项目贷款”，这是中国第一个绿色金融信贷产品。经过十几年的发展，先后实施了

“节能减排专项贷款”“排污权抵押贷款”“碳排放权抵押信贷”等多种金融产品和服务，我国的绿色信贷产品种类和数量日渐丰富，绿色信贷规模也达到了世界第一，截至2020年6月末，绿色信贷余额超过11万亿元。相比于国际银行，尤其是欧美国家大型商业银行，我国银行业金融机构在绿色信贷领域起步晚，产品创新不足，产品范围有待进一步开发。近年来，我国进行经济模式转型和产业结构调整，大力发展绿色产业，为绿色金融的发展提供了肥沃的“土壤”，绿色金融发展已成为国家战略。在此背景下，国家开始大力建设绿色金融体系，加大对绿色经济、低碳经济、循环经济的支持力度，在短时期内取得了显著成果，绿色信贷也获得了长足的进步。为支持绿色信贷的发展，政府出台了很多支持绿色发展的政策，构建了绿色信贷发展框架和制度体系，并已初步形成政策合力。表13-1列示了我国出台的绿色信贷相关政策的发展历程。

表13-1　　国内绿色信贷政策发展历程

时间	发行主体	政策
1995年	中国人民银行	《关于贯彻信贷政策和加强环境保护工作有关问题的通知》
2007年6月	中国人民银行	《中国人民银行关于改进和加强节能环保领域金融服务工作的指导意见》
2007年7月	原国家环境保护总局、中国人民银行、银监会	《关于落实环保政策法规防范信贷风险的意见》
2007年11月	银监会	《节能减排授信工作指导意见》
2009年	原环境保护部	《关于全面落实绿色信贷政策进一步完善信息共享工作的通知》
2009年12月	中国人民银行、银监会、证监会和保监会	《关于进一步做好金融服务支持重点产业调整振兴和抑制部分行业产能过剩的指导意见》
2012年2月	中国银行业监督管理委员会	《绿色信贷指引》
2016年8月	中国人民银行、财政部、国家发展改革委、原环境保护部、银监会、证监会、保监会	《关于构建绿色金融体系的指导意见》
2018年1月	人民银行	《关于建立绿色贷款专项统计制度的通知》
2018年	银监会	《银行业存款类金融机构绿色信贷业绩评价方案（试行）》
2018年6月	人民银行	《关于加大再贷款再贴现支持力度引导金融机构增加小微企业信贷投放的通知》

绿色信贷政策出台后，效果很快显现，“高污染、高能耗、高排放”产业受到了银行信贷的限制，而循环高效、低碳环保的绿色产业发展受到了信贷的大力支持，引导和促进了资源节约型、环境友好型社会的构建。但从我国绿色金融发展的现状来看，未来的绿色信贷仍将是绿色金融的主体。今后，我国将进一步促进绿色信贷激励机制、创新机制和评价机制的建立和发展，进一步完善绿色信贷体系。长期以来占主导地位的单一绿色信贷方式已经不能满足不断增长的绿色融资需求，设计出更加多元化、全方位的绿色金融产品是拓宽绿色融资渠道的重要手段。

13.1.2 政策性银行绿色信贷

政策性银行是由政府设立、投资或担保的，不是为了盈利，而是为了执行或配合政府的社会经济政策或意图，直接或间接从事政策性融资活动，成为政府经济发展、社会进步、金融机构宏观经济管理工具的银行。1974 年，联邦德国成立了全球首家政策性环保银行——“生态银行”，为环境项目提供专项优惠贷款，开启了绿色信贷的先河。世界银行、亚洲开发银行等国际金融机构，是绿色项目优惠贷款的重要提供方。1994 年，我国三大政策性银行——中国农业发展银行、中国国家开发银行和中国进出口银行成立。政策性银行不以营利为主要目标，而是将社会效益放在更加突出的位置，支持了大量经济效益低、绿色含量高的项目。不仅如此，由于政策性银行有国家信贷支持，可以享受优惠利率补贴，从而以较低的利率发放绿色信贷。政策性银行的地位和资金来源的低成本决定了其在环保产业项目融资方面具有商业银行无法比拟的优势，从而为政策性银行发展绿色信贷业务奠定了坚实的基础。政策性银行绿色信贷不仅给绿色产业引入了大量的优惠资金、先进的技术和管理理念，而且缩小了发展中国家与发达国家在绿色信贷体系建设方面的差距。

2010 年以来，中国国家开发银行与原环境保护部合作，建立了环保节能减排项目环境效益计量体系。该系统用于量化银行支持的环保项目的节能情况和环保建设项目的减排情况，现已被正式纳入审查手册并投入使用。2012 年，国家开发银行不仅参与制定了《绿色信贷指南》，还发布了《环保节能减排指导意见》等文件，明确了年度目标和重点，继续扩大绿色信贷规模，加大对企业创新的投入，其环保节能减排项目已成功覆盖清洁能源、污水处理、废弃物处理等行业和领域。国家开发银行在绿色信贷领域最突出的贡献是支持可持续能源项目建设。为响应联合国“人人享有可持续能源”的倡议，国家开发银行大力支持可持续能源发展，有效推动能源结构调整，成为全球太阳能行业最大的财政支持。此外，国家开发银行在流域治理、节能减排等方面也取得了显著成绩。

近年来，中国进出口银行大力支持节能减排、可再生能源和循环利用项目，严格执行绿色信贷准入标准，重点支持企业节能减排的技术改造和技术创新项目，通过信贷引导企业在相关技术方面取得实质性突破。与国家开发银行对新能源行业的信贷投入类似，进出口银行支持了一批风力发电、太阳能发电和生物质能利用项目，取得了可观的经济效益和社会效益。此外，银行还充分利用国际机构和外国政府的贷款转贷款，积极拓展节能减排贷款业务，为中小民营企业、国有大中型企业提供了大量的节能减排和新能源优惠贷款。

13.1.3 商业性银行绿色信贷

商业性银行绿色信贷是目前最主要的绿色项目融资方式，也是最为成熟的绿色金融工具。由于贷款审查，尤其是环境和社会影响评估成本较高、周期较长，因此商业银行绿色信贷往往适用于规模较大的项目融资，包括能源基础设施建设项目、绿色环保与节能行业大型企业的生产建设项目等。商业银行绿色信贷对具有较显著环境和可持续效应的融资项目提供优惠的贷款条件，包括长期、低息、减免费用等。

近年来，越来越多的商业银行开展绿色信贷业务，除了自身对社会责任的要求不断提高以外，绿色项目盈利的长期稳健性，以及广阔的未来市场空间，是主要的驱动因素。首先，较为显著的环境和社会效应能够降低项目的环境风险和长期能源成本，增加盈利的平稳性和可持续性；其次，部分项目实现的节能与减排效应，在环境产权交易市场上能够转化为环境资产，产生相应的经济价值；最后，政府向部分绿色项目提供政策优惠则从另一个角度将环境和社会效益内化在项目成本中，提高盈利能力。

大多数商业银行实行环保“一票否决”制度、限额管理、名单制管理和上收审批权限等，不断扩大绿色信贷的份额。我国主要商业银行对绿色信贷实施了严格的审批流程和风险控制措施，绿色信贷的平均违约率低于贷款的平均违约率。商业银行按照《绿色信贷指引》的要求，做到了如下几点：加大对绿色经济、低碳经济、循环经济的支持，严控“两高一剩”“落后产能”的信贷投放；对信贷项目进行环境分类管理，其中最具代表性的是招商银行的信贷客户四色分类管理，将信贷客户分为蓝色、红色、绿色和黄色四类；将环境风险控制纳入信贷审批流程各相关环节，其中浦发银行社会和环境风险管理涵盖了贷前调查、授信审批、贷后管理、报告制度等各环节，中国银行于2010年出台《支持节能减排信贷指引》，将环境风险控制纳入信贷流程的贷前审查、贷中发放和贷后管理环节；采取复合模式，即将环境分类管理与流程控制相结合，如工商银行、兴业银行和浦发银行都在环境分类管理的基础上，将环境风险纳入其信贷审批流程各环节。

此外，一些银行也有自己特色的绿色信用制度创新措施：平安银行建立了绿色信贷快速审批渠道；兴业银行建立了环境和社会风险管理专家库机制，对绿色金融服务项目的环境效益进行测量、报告和核实；华夏银行实施了绿色信用投资标识和统计制度。

13.2 绿色股票

股票是一种有价证券，是股份公司在筹集资本时向出资人发行的股份凭证。绿色股票则是指绿色企业向其出资人发行的股份凭证，是绿色企业最为重要的融资工具之一。由于发行股票筹集的是权益资本，无须偿还，而且通过IPO上市融资或者上市后定向增发融资可以一次性筹集大量资本，因此绿色股票相对于其他融资工具有非常明显的优势。对投资者而言，绿色企业的发展具有稳定性及可持续性，其长期收益率略高于其他企业，绿色企业股票也适合进行长期价值投资。

13.2.1 绿色股票上市融资

当前，多国政府都在通过资本市场做强绿色产业企业，力争更多绿色企业上市。同时政府也为绿色企业上市融资及再融资提供了很多便利条件，将更多的社会资源导向绿色环保企业，引导投资者将资金投入绿色环保企业，增强绿色股票的吸引力和流动性。政府也在不断完善上市企业环境管理制度，引导上市公司主动披露 ESG 信息，使绿色股票市场信息披露更加充分和有效，使投资者和监管者能够根据充分的公开信息作出决策，使绿色股票市场更为有效。

同时，绿色企业上市也加强了社会整体的绿色环保意识和环境治理水平。绿色企业上市要受到环境信息披露机制的约束，证券及环保相关部门对将要上市的公司进行环保方面的审核检查，评估已经上市公司的环境绩效，并且将已上市成功的公司的环境信息向管理者和投资者公开。上市公司环境信息披露成为强制性披露，能够很好解决市场信息不对称的问题，也能引导和促进企业的绿色发展；同时，在大数据时代，第三方机构搭建的环保信息交流与共享平台定期公布企业环保信息，在环保领域建立了协调联动机制，使政府、监管部门、银行能够更好地分享企业环保等信息，增强金融机构在项目评估等绿色金融业务层面的可操作性，也更好地监督和服务绿色产业的发展，更好地促进经济社会的绿色发展。

13.2.2 绿色股票产品创新

目前，世界主要的证券交易市场上都已经有相当数量的绿色股票，围绕着这些绿色股票的金融产品创新也不断出现，不断有新的绿色金融工具被开发出来，如绿色股票指数基金、绿色可转债、绿色企业债转股、绿色资产证券化产品等。

20 世纪 90 年代，各类绿色证券指数相继推出，使更多的投资者和上市公司开始关注可持续发展问题。有价值的投资将带来长期良好的投资回报，而绿色指数正是指引价值投资方向的有效参考工具。绿色指数选取出来的在社会责任方面表现良好的企业，未来能产生较高的投资回报。绿色股票指数以各交易所上市的绿色相关企业股票价格，通过一定方法核算得到。绿色股票指数的发布主体包括评级机构、大型跨国投行等，其发布的绿色指数往往以原有股票指数为依据，根据各企业碳排放效率或者环境表现调整指数权重，对排放效率低或者环境表现差的企业配制较低的指数权重，以反映全球经济低碳化发展的趋势对这些企业造成的财务压力。目前，国际市场影响较为广泛的绿色指数包括：标普全球清洁能源指数、富时 CDP 碳战略指数系列、欧洲低碳 100 指数、纳斯达克美国清洁指数、FTSE 日本绿色 35 指数等。

2021 年 9 月 12 日，中共中央办公厅、国务院办公厅印发《关于深化生态保护补偿制度改革的意见》，提出研究发展基于水权、排污权、碳排放权等各类资源环境权益融资工具，建立绿色股票指数，发展碳排放权期货交易。

2008 年 9 月，上海证交所发布了上证 180 公司治理指数，这是第一支为关注企业社会责任而设立的股指，标志着绿色指数在股指市场中的崛起。我国股票市场上的绿色环保指数主要分为三大类：第一类为可持续发展指数（ESG），主要针对企业在环境、社会责任、公司治理等方面的综合评价。第二类为环保产业类指数，这是目前国内绿色环保指数的核心品种，主要涵盖资源管理、清洁技术、产品和污染管理等范围内的上市公司，在综合的环保产业指数里面，还有更为细分的类别，如新能源、新能源汽车、环境治理等。第三类为碳效率类指数，通过计算上市公司的碳足迹（二氧化碳排放量/ 主营收入），来选取碳排放量比较低的上市公司。第一类和第二类指数主要反映重视环境治理的公司，第三类指数聚焦在传统类公司的节能减排，视角有所差异。

2018 年，中国农业银行联合子公司农银金融资产投资有限公司（以下简称“农银资产”）与国家电投集团河北电力有限公司签署“债转股战略投资暨全面合作协议”并与 6 家新能源企业签署“增资协议”，率先推出银行系首个绿色清洁能源市场化债转股项目。之后，农银资产联合中国工商银行及工银投资共同为国家电投集团北京电力有限公司办理 20 亿元债转股业务，其中农业银行份额为 10 亿元，用于支持企业风电、光伏产业。

13. 2. 3 绿色股票政策支持

发达国家对低碳、节能、环保等领域的绿色企业上市融资给予了很多的政策支持，充分发挥资本市场的力量，促进绿色经济的发展。我国中央、地方各级政府，以及证券交易所、政府金融监管机构等组织和部门，在绿色企业上市融资方面制定了很多优惠政策，积极推动绿色企业进入资本市场，充分发挥资本市场在资源引导和配置方面的积极作用，促进绿色产业和绿色企业的发展，从而带动经济和社会的绿色发展。

2008 年 2 月 28 日，原国家环保总局正式出台了《关于加强上市公司环保监管工作的指导意见》，标志着我国绿色证券制度的正式建立。

2015 年 9 月，中共中央、国务院印发了《生态文明体制改革总体方案》，提出“加强资本市场相关制度建设，研究设立绿色股票指数和发展相关投资产品”“建立上市公司环保信息强制性披露机制”等要求。

我国2016年8月31日发布的《绿色金融体系建设指导意见》提出积极支持符合条件的绿色企业上市和再融资，支持绿色股票指数及相关产品的发展，逐步建立和完善上市公司和债券发行企业的强制性环境信息披露制度。

2019年8月，江苏省生态环境厅、江苏省地方金融监督管理局、江苏省财政厅等7部门联合印发《江苏省绿色债券贴息政策实施细则（试行）》《江苏省绿色产业企业发行上市奖励政策实施细则（试行）》《江苏省环境污染责任保险保费补贴政策实施细则（试行）》《江苏省绿色担保奖补政策实施细则（试行）》4份文件，明确绿色债券贴息、绿色产业企业上市奖励、环责险保费补贴、绿色担保奖补等政策的支持对象、奖补金额及申请程序等，为江苏企业绿色发展助力。

2020年，国家发展改革委办公厅发布的《关于组织开展绿色产业示范基地建设的通知》提出，加大绿色信贷、绿色债券等政策支持，支持符合条件的绿色产业企业上市融资，力争到2025年，绿色产业示范基地建设取得阶段性进展，培育一批绿色产业龙头企业。

2020年5月，全国人大代表、中国人民银行武汉分行行长王玉玲建议，完善绿色融资政策支持体系，开展绿色上市后备企业库建设、为绿色企业上市及发展服务、建立辖内科研院所绿色技术研发信息库和国民经济绿色技术瓶颈清单、完善考核机制等方面工作。采取小范围试点，逐步推广渐进的实施方式。选取试点省份，探索实现绿色信贷稳健发展、绿色直接融资和风投基金等加快发展的可行路径，推进绿色技术研发，促进绿色产业和绿色消费发展，为中国绿色经济发展提供可供复制和推广的经验。

2020年6月，《深圳经济特区绿色金融发展条例（草案）》提请深圳市人大常委会会议审议，其中明确了政府服务和促进绿色金融发展的多项措施，要求从2022年起在深注册的上市公司要强制披露环境信息。如同等条件下为绿色企业开辟优先上市辅导便利通道，引导降低绿色股票、绿色债券的交易手续费等。

2020年10月，生态环境部、国家发展改革委、中国人民银行、银保监会、证监会五部门印发的《关于促进应对气候变化投融资的指导意见》（以下简称《指导意见》）提出，大力推进应对气候变化投融资发展，引导和撬动更多社会资金进入应对气候变化领域，进一步激发潜力、开拓市场，推动形成减缓和适应气候变化的能源结构、产业结构、生产方式和生活方式。《指导意见》还明确要求：支持和激励各类金融机构开发气候友好型的绿色金融产品，鼓励金融机构结合自身职能定位、发展战略、风险偏好等因素，在风险可控、商业可持续的前提下，对重大气候项目提供有效的金融支持；支持符合条件的气候友好型企业通过资本市场进行融资和再融资；鼓励通过市场化方式推动小微企业和社会公众参与应对气候变化行动。

2020 年 11 月 18 日，中国环境记者协会与北京化工大学在京发布的《中国上市公司环境责任信息披露评价报告（2019 年度）》显示，2019 年中国沪深股市上市公司总计 3939 家，已发布相关环境责任报告、社会责任报告及可持续发展报告的有效样本企业共 1006 家，占所有上市公司数量的 25.54%，比 2018 年增加了 78 家。该报告总结了近 8 年来沪深两市上市公司环境信息披露的变化情况、行业间的差异性及京津冀地区企业和重点排污企业的披露状况，并提出如下 5 点建议：一是制定清晰的国家企业环境信息公开战略。制定具有行业特色的中国企业环境责任信息公开分步提升战略，推动企业环境信息公开事业，实现有效、稳妥、多方共赢的发展。二是完善企业环境信息公开相关标准。三是借鉴国外实践，制定多层次、保障措施详尽的救济途径和公益诉讼制度。培育和指导市场化的企业环境信息公开运作规范，有效推动企业环境信息公开服务行业以及企业环境信用及绿色融资的发展。四是提升披露环境管理、绩效及环境信息的沟通等方面指标的完整性、实质性和可比性，增强报告的可读性。五是建议企业进一步完善环境信息反馈机制，提升企业履行环境责任的社会公信力和影响力。

13.3　绿色债券

全球各国与各绿色金融机构对绿色债券的定义还没有达到统一，国际资本市场协会联合全球数家机构对绿色债券的定义是目前最专业与最受认可的一种。该定义规定，绿色债券是一种金融债券产品工具，该产品所募集到的资金应当只应用于未开始的或已经存在的绿色项目，而绿色项目的范围为处理气候问题或其他以可持续发展为目标的项目。绿色债券可以由企业、中央和地方政府及开发银行发行，并由机构投资者或散户投资者购买。绿色债券能够用较低的融资成本为绿色信贷和投资提供资金来源，并降低期限错配的风险。目前，国际金融公司、亚洲开发银行、欧洲投资银行以及一些主权国家（如英国、印度、加拿大、冰岛）政府纷纷加入发行绿色债券的行列。在国际市场中，绿色债券已经成为一个成熟的绿色金融产品，其融资期限长、融资成本低的特征与绿色金融领域的投资项目相匹配，因此受到投资者和项目融资者的青睐。

绿色债券的概念第一次出现是在 2007 年，由世界银行和欧洲投资银行对“绿色债券”是什么进行了定义；同年，欧洲投资银行发行了世界第一只以环保为主题的债券，即气候意识债券，表明募集的资金将专款专用于绿色产业与绿色项目。2008 年，世界银行发行了世界上第一只绿色债券。2014 年 5 月，中广核风电有限公司发行的碳收益中期票据是我国第一只绿色债券。2016 年 1 月，浦发银行成为我国境内第一只绿色债券的发行者，这标志着我国国内绿色债券市场发展的开始。

13.3.1 绿色债券的界定标准

国际上，《绿色债券原则》（GBP）、《气候债券标准》（CBS）中均提供了关于哪些资产或项目符合绿色资质的指导，而且实践中有专门的第三方独立认证机构对该项目进行绿色评估。在我国，绿色债券的标准也是在不断完善和修订中。总的来说，绿色债券是一种筹集的资金主要用于支持节能减排技术改造、绿色城市化、清洁高效利用能源、开发利用新能源、发展循环经济、节约水资源和开发利用非传统水资源、污染防治、生态农林、节能环保产业、低碳产业、生态文明试点示范、低碳示范等绿色循环低碳发展项目的债券。

2015 年 12 月，中国人民银行发布了《绿色债券支持项目目录》，作为第一份绿色债券定义和分类文件，直接刺激了市场扩张，该指导目录于 2019 年进行了修订。2015 年 12 月，国家发展和改革委员会发布了《绿色债券发行指南》，为发行前资格的确定、债券评级和认证提供了参考，规定了现阶段支持重点包括如下几个方面。

（1）节能减排技术改造项目。包括煤炭发电厂超低排放、节能改造、余热余压利用、燃煤锅炉节能环保升级、电机系统能效升级、企业能效综合升级、绿色照明等。

（2）绿色城市化项目。包括绿色建筑发展、建筑产业化、既有建筑节能改造、海绵城市建设、智能城市建设、智能电网建设、新能源汽车充电设施建设。

（3）清洁能源项目。包括煤炭、石油等能源的高效清洁利用。

（4）新能源开发利用项目。包括水能、风能、核能、太阳能、生物质能、地热、浅地热能、海洋能、空气能等开发利用。

2020年7月8日，中国人民银行、国家发展和改革委员会、中国证券监督管理委员会三方联合印发《绿色债券支持项目目录（2020年版）（征求意见稿）》，向社会公开征求意见。“起草说明”指出，《绿色债券支持项目目录（2020年版）（征求意见稿）》对《绿色产业指导目录（2019年版）》三级分类进行了细化，增加为四级分类。其中，一级分类包括节能环保产业、清洁生产产业、清洁能源产业、生态环境产业、基础设施绿色升级、绿色服务六大类。二级和三级分类沿用《绿色债券支持项目目录（2015年版）》的基本思路，增加了《绿色产业指导目录（2019年版）》中有关绿色农业、可持续建筑、水资源节约和非常规水资源利用的分类层级，并扩展了农业和生态保护等领域的支持项目范围。四级分类与《绿色产业指导目录（2019年版）》的三级分类名称保持一致，基本涵盖《绿色产业指导目录（2019年版）》中的相关绿色产业和项目。

“起草说明”表示，为保持《绿色债券支持项目目录（2020年版）（征求意见稿）》的先进性以及后续与国际相关标准的接轨，提升中国在绿色债券标准领域的国际话语权，四级分类删除了化石能源清洁利用的相关类别。此外，为更好地兼顾绿色债券支持绿色产业链条的完整性及本目录自身的科学性和可操作性，《绿色产业指导目录（2019年版）》中涉及的部分项目相关的贸易和消费融资活动也被纳入《绿色债券支持项目目录（2020年版）（征求意见稿）》的支持范围。

13.3.2 绿色债券的运行流程

目前，国际上接受度最高的绿色债券运行规则有两套：一套是国际资本市场协会（ICMA）采取联合推出的方式与国际市场内多家金融机构一起制定的《绿色债券原则》（GBP）；另一套则是气候债券倡议组织（CBI）这一国际自发组织提出的《气候债券标准》（CBS）。这两套运行规则均不具备法律意义，仅仅只是为发行者提供了自愿性指南。相比 GBP，CBS 对绿色项目的要求与运行准则更为详细具体。绿色债券的发行流程与一般债券的发行流程基本一致：首先，发行人在募集资金时需要在募集说明书中明确资金未来所用于的具体绿色项目；其次，第三方独立认证机构将对该项目进行评估，认证机构一般为审计机构或环境项目评估机构。这些机构将出具独立的“第二意见”来评判该项目是否符合绿色债券的标准。确认符合标准的绿色债券在获得有关部门的发行许可之后便可确定债券结构，也可以进行一定的市场营销。对债券进行定价之后进行公开或非公开的发行，最后由投资人进行认购。

我国资本市场上发行绿色债券的流程与国际市场上的规则基本一致，以下是发行绿色债券的步骤。

（1）确定合格的绿色项目和资产。任何信誉良好的人都可以发行绿色债券。绿色债券的关键属性是，它们筹集的资金用于绿色项目或绿色资产。它与公司是否“绿色”无关，它只与有形资产或项目有关。例如，可再生能源、可持续用水和低碳交通都是绿色资产或项目。气候债券标准为哪些资产/项目有资格获得绿色认证提供了指导。

（2）安排独立审查。可信的独立审查和审计可以保持可信度。评审人员还可以帮助识别绿色资产。发行人可以利用气候债券倡议批准的审核员，根据气候债券标准认证绿色债券。经审核人员独立审核后，发行人可通过气候债券标准和认证机制申请绿色债券认证。符合气候债券标准的绿色债券可以被认证为“气候债券”。这些证明商标向投资者保证，这些债券经过了尽职调查，并表明投资者对低碳经济作出了贡献。除此以外，还可以寻找有信誉的科研机构对绿色债券的资质进行审查。

（3）追踪募集资金。由绿色债券筹集的资金必须只用于特定项目，因此应该建立一个系统来隔离和跟踪绿色债券融资。之前的发行者已经对为绿色债券筹集的资金进行了单独编码，并创建了特殊的绿色债券分配代码，以确保这些资金得到正确使用。此外，应建立监测程序，以确保绿色债券筹集的资金不会被有意投资于非绿色项目。再者，绿色资产或项目的价值必须等于或大于绿色债券发行的总价值。发行人需要了解这一点，并能够证明他们是如何做到这一点的——透明度至关重要。

（4）发行绿色债券。在符合资产的条件前提下，任何类型或货币的债券都可以是绿色债券。发行绿色债券的过程与传统债券相同，必要时还会获得监管部门的批准。投资银行或投资顾问确定债券的结构，并在必要时获得信用评级，进行营销和定价。绿色债券的信用评级和其他债券一样。发行人可利用传统方式取得信贷评级。

（5）监督债券筹集资金的使用情况。每年至少提交一次年度报告，通过公开报告确认绿色债券筹集的资金仍然适当地用于绿色项目。这可以由审计公司或由公司授权的人签署的文件证明。大多数发行人会发布通讯，让投资者知道绿色资产或项目的结果。

总体来看，绿色债券的运行流程主要参与者包括发行主体、投资主体、第三方认证机构与项目运营者。绿色债券的关键属性在于其所筹资金用于绿色项目或资产，因此，只要后期募集资金所运用的项目或资产为环保项目或环保资产的债券都能被称为绿色债券，债券的“绿色”与否与发行主体是否为绿色企业并无直接关系。

13.3.3 绿色债券的支持政策

绿色债券是一种具有较高信用评级的直接融资工具。其发行主体多为政府、政策性金融机构以及从事低碳、环保、节能领域的企业，募集资金主要投向环境保护、可持续发展和应对气候变化等绿色项目。相关政策对债券存续期监督管理、货币政策支持、发行便利、绿色资产支持证券业务等进行了说明。

2018 年 3 月，中国人民银行发布《关于加强绿色金融债券存续期监督管理有关事宜的通知》，明确对存续期绿色金融债券募集资金使用情况开展监督核查，并对信息披露情况开展监测评价；同时，发布《绿色金融债券存续期信息披露规范》及信息披露报告模板，对绿色金融债券存续期信息披露内容提出规范性要求，内容包括募集资金使用、环境效益评估、绿色项目情况、资金投放进度等方面，切实提高信息披露的透明度与时效性。

2018 年 6 月，中国人民银行宣布扩大中期借贷便利（MLF）担保品范围，将评级不低于 AA 级的绿色金融债券纳入 MLF 担保品范围，以引导金融机构进一步加大对绿色经济的支持力度。

2018 年 7 月，上海证券交易所发布了《公司债券融资优化监管指导意见》

和《持续融资监管指导意见》，对公司债券发行人实行分类监管，简化了合格高质量发行人的审计程序，提高了发行效率。特别是绿色债券、扶贫债券、可交换债券等不同类型的债券，由申请加强融资监管的发行人发行，可以在统一申报文件中予以申报，在备案期间，应明确具体类型、分配方案和筹集资金的使用，以减少筹集资金使用时间窗口的不确定性。

证监会于2017年发布《关于支持绿色债券发展的指导意见》，对绿色公司债券、绿色产业及项目作出界定，要求募集资金必须投向绿色项目。2018年3月，上交所发布《上海证券交易所公司债券融资监管问答（一）——绿色公司债券》，对绿色债券发行中的专业评估认证执行标准以及募集资金用途等内容进行了说明。

绿色资产支持证券是绿色债券的重要组成部分，具有盘活绿色资产、降低绿色企业融资门槛和融资成本等优势。目前，中国尚未出台统一的绿色资产支持证券的规范标准或政策指引，在实践中，根据监管机构的不同将绿色资产支持证券分为三类，即银保监会主管的绿色信贷资产支持证券、证监会主管的绿色企业资产支持证券和中国银行间市场交易商协会（以下简称“交易商协会”）主管的绿色资产支持票据（ABN）。2018年8月，上交所发布《上海证券交易所资产证券化业务问答（二）——绿色资产支持证券》，明确具备基础资产属于绿色产业领域，转让基础资产所取得的资金用于绿色产业领域或原始权益人主营业务属于绿色产业领域三项条件之一的，可在上交所发行绿色资产支持证券。

13.4 绿色基金

绿色基金是指专门针对节能减排战略、低碳经济发展、环境优化改造等绿色项目而建立的专项投资基金，其旨在通过资本投入促进经济社会的绿色发展。绿色投资基金最早产生于政府绿色投资的需求。1995年，荷兰政府在部分大型银行设立绿色基金，用于为政府主导的绿色项目提供融资。投资者购买这些绿色基金的股份可以获得一定程度的税收优惠，因此绿色基金的融资成本也相对较低。绿色公共财政基金的融资模式与政府、国际组织和开发性银行发行的绿色用途债券类似，主要区别在于绿色公共基金更多地用于中小型企业或项目。随着绿色产业的蓬勃发展，环境保护、节能减排、污染治理领域的投资机会也逐渐受到私人投资者的关注，从而催生出绿色投资共同基金。

13.4.1 绿色基金的种类

在国际上，根据投资标的选择标准的不同，绿色共同基金可以大体上被划分为两大类：聚焦于特定绿色产业的投资基金，以及在传统投资标的选择过程中充分考虑项目的环境、社会效应的投资基金。第一类基金往往是管理方在特定绿色产业与市场上具有一定的信息、资源优势，因而在基金设立时便明确将投资目标限定于特定产业，其中以新能源及节能设备产业为主。瑞士银行2005年年中推出“瑞银（卢森堡）——未来能源”股票型基金，专门投资于符合一定标准的新能源技术及服务供应商、能源供应商，以及新能源和能效设备生产商。该基金在此类公司中寻找潜在回报率高、成长性强、产品和服务品质高的企业进行投资（Best of the Class 标准）。第二类基金在投资标的的选择范围上与普通共同基金并无区别，但是更偏向于在环境保护、可持续增长等相关领域表现较好的项目。瑞士银行“瑞银（卢森堡）——生态表现”股票型基金是成立最早，也是最为成功的绿色共同基金之一。该基金通过与环保专业结构合作，瑞银对投资标的企业的环境、能源效益，以及可持续发展潜力、企业战略和管理进行评估，并作为投资决策的重要考量因素。由于被投企业较高的生态效率和节能效益节省企业运营成本，在一定程度上为企业业绩提供了保障，使得该基金成立以来业绩也始终较为稳健。

目前，我国绿色基金主要分为三种，分别是交易所环保主题基金、环保产业并购基金以及 PPP 模式环保产业基金。交易所环保主题基金包括股票型基金、指数型基金以及混合型基金，主要面向从事或参与环保事业的上市公司；在环保产业并购基金运行过程中，资金需求量较大，并购基金基本都在10亿元以上，主要为有限合伙制形式，以“上市公司 + PE”为主；PPP 模式环保基金是社会资本方与政府合作，是 PPP 与环保基金的结合，属于创新金融产品。我国在绿色基金可持续发展领域的探索正在不断深化。

设立国家绿色发展基金，是健全生态环境保护经济政策体系的一项内容。在国家基金层面，美国联邦政府的“超级基金法案”体现美国对绿色基金的统筹发展。而由于绿色基金的公益性质，国家统筹需要巨大的财政支持，给政府施加了不必要的压力。“超级基金法案”未参与市场化运作，缺乏市场竞争。2020 年 7 月 14 日，我国国家绿色发展基金股份有限公司成立，注册资本 885 亿元，公司经营范围一般项目包括股权投资、项目投资、投资管理、投资咨询等。国家绿色发展基金是指经国务院批准，由财政部、生态环境部、上海市人民政府三方发起成立的绿色发展领域的国家级投资基金。该基金旨在采取市场化方式，发挥财政资金的带动作用，引导社会资本支持环境保护和污染防治、生态修复和国土空间绿化、能源资源节约利用、绿色交通和清洁能源等领域。通过财政资金引导，吸引社会资本参与绿色投资。由政府出资并吸纳地方政府、投资机构和社会资本的政府引导基金，大多数情况下不以营利为目的，而意在支持创业企业发展。

2016 年 10 月，中美绿色投资管理有限公司正式核准成立，致力于吸纳中、美专业人才，实现中、美跨境合作，引入美国的绿色技术、产品及服务，促进中国经济可持续发展。中美绿色基金（U. S. – China Green Fund）是中国领导人访美期间确立的一项合作项目及中、美战略与经济对话的成果之一。不同于政府引导基金，中美绿色基金采用纯市场化模式运作。

13. 4. 2　绿色基金原则和目标

2015 年，《中共中央关于制定国民经济和社会发展第十三个五年规划的建议》提出：支持绿色清洁生产，推进传统制造业绿色改造，推动建立绿色低碳循环发展产业体系，鼓励企业工艺技术装备更新改造；发展绿色金融，设立绿色发展基金。

2018 年 11 月，中国证券投资基金业协会发布《绿色投资指引（试行）》，明确和细化绿色投资特别是相关主题基金方向。基金管理人设立绿色投资主题基金或基金投资方针涵盖绿色投资时，应遵循以下基本原则：(1) 优先投向与环保、节能、清洁能源等绿色产业相关的企业和项目，在环保和节能表现上高于行业标准的企业和项目，在降低行业总体能耗、履行环境责任上有显著贡献的企业和项目，或经国家有关部门认可的绿色投资标的。(2) 主动适用已公开的行业绿色标准筛选投资标的，如《中国证监会关于支持绿色债券发展的指导意见》《绿色信贷指引》及沪、深交易所关于开展绿色公司债券试点的相关要求、中国金融学会绿色金融专业委员会《绿色债券支持项目目录》、国家发展和改革委员会《绿色债券发行指引》、国际《绿色债券原则(GBP)》和《气候债券标准(CBI)》等。(3)设立并运作绿色投资主题基金时,应当符合《公开募集证券投资基金运作管理办法》《私募投资基金监督管理暂行办法》或相关自律规则的规定。

绿色基金应推动被投企业关注环境绩效、完善环境信息披露,根据自身战略方向开展绿色投资。绿色投资应基于以下基本目标:(1)促进绿色环保产业发展。将基金资产优先投资于直接或间接产生环境效益的公司及产业,发展节能环保产业链,促进清洁能源开发与使用、节能环保投资与环保标准改善。(2)促进资源循环利用与可持续发展。将基金资产优先投资于可再生能源及资源循环利用的公司及产业,引导产业结构向可持续发展方向积极转型。(3)促进高效低碳发展。合理控制基金资产的碳排放水平,将基金资产优先投资于资源使用效率更高、排放水平更低的公司及产业。(4)履行负责任投资,运用投资者权利,督促被投资企业改善环境绩效并提高信息披露水平。针对相关公司及产业适用更高的污染物排放标准和环境信息披露标准。

13.4.3 绿色基金的运行

绿色基金的资金来源之一是国际社会,包括联合国的捐款和低息投资、国际机构的捐款和投资、其他国家特别是邻国的捐款、投资和技术转让。另一个是政府,包括政府投资、财政拨款(由财政部门决定每年投入基金的金额)、国内企业捐款、缴纳环境税和污染治理费及投资、个人捐款、环境税和污染控制费及投资。在这方面,各国可以通过财政拨款、发行绿色债券或发行绿色彩票来补充绿色基金。政府引导资金先注入绿色基金投资公司,通过财政的杠杆作用,撬动金融资本和社会资本共同发起设立绿色发展基金,扩大基金规模。绿色基金投资公司代表政府出资,履行出资人职责。

绿色基金管理人应当配置研究人员或研究团队,深入分析绿色投资标的中与环境相关的业务、服务或投入要素,逐步构建和完善绿色投资相关数据库、方法论和投资策略。绿色基金管理人自行或通过第三方构建标的资产环境评价体系和环境评价数据库,标的资产环境评价指标应包括环境风险暴露、负面环境影响、正面绿色绩效、环境信息披露水平等维度。基金管理人可以进行多元化的绿色投资产品开发。发行、运作主动管理的绿色投资产品时,应披露绿色基准、绿色投资策略以及绿色成分变化等信息。绿色基金主动管理的绿色投资产品，应当将绿色因素纳入基本面分析维度，可以将绿色因子作为风险回报调整项目，帮助投资决策；将不符合绿色投资理念和投资策略的投资标的纳入负面清单。在组合管理过程中，应当定期跟踪投资标的环境绩效，更新环境信息评价结果，对资产组合进行仓位调整，对最低评级标的仓位加以限制。

基金管理人应每年开展一次绿色投资情况自评估，报告内容包括但不限于公司绿色投资理念、绿色投资体系建设、绿色投资目标达成等。基金管理人应于每年3月底前将上一年度自评估报告连同“基金管理人绿色投资自评表”以书面形式报送中国证券投资基金业协会。中国证券投资基金业协会不定期对基金管理人绿色投资的开展情况进行抽查，基金管理人应对发现的问题提供解释说明并及时整改。

13.5 绿色保险

绿色保险是指在绿色发展过程中，为支持环境改善、应对气候变化和资源节约高效利用，对节能环保、清洁能源、绿色交通、绿色建筑等领域提供的，与绿色发展直接相关的保险产品与保险业务，最典型的代表就是环境责任保险。广义的绿色保险不仅指具体的绿色保险产品和业务，而且是一种绿色发展理念导向，包含保险业自身的绿色可持续发展理念，如保险资金的绿色利用。2012年联合国发布的“保险业促进可持续发展原则”（PSI）并未仅仅局限于环境污染责任归属和风险分摊，而是同时兼顾到整个环境保护体系涉及的“环境、社会、治理”三者的关系，注重充分发挥保险本身的风险防范、风险管理的功能，全面助力绿色经济的发展。

13.5.1 绿色保险的种类

当前最主要的绿色保险是环境责任险，除此之外还有众多的其他绿色产品和服务。绿色保险可分为绿色保险产品、绿色保险服务及保险资金的绿色运用（广义）。绿色保险产品又可细分为环境污染风险保障类、绿色资源风险保障类、绿色产业风险保障类、绿色金融信用风险保障类、巨灾/天气风险保障类、鼓励实施环境友好行为类等保险产品；绿色保险服务可细分为企业环境污染风险管理服务及病死畜禽无害化处理联动服务等。

（1）环境责任险。环境责任险是被保险人在生产经营活动过程中，由于环境事故，造成他人伤亡、财产损失或环境破坏时，由保险人根据保险合同的约定就被保险人由于此类损害所承担的赔偿进行损失填补的一种责任保险。随着环境污染事件的频繁发生，为了减少污染者的经济赔偿负担、充分保护受害者的合法权益、保证社会公平正义，许多国家有加强强制性环境责任保险的趋势。美国的绿色保险制度除了环境责任险制度外，还有自由场地治理责任保险，自由场地治理责任险则包括污染场地而依法支出的治理费用。

（2）气象保险。气象保险，是指以一个或者几个气象要素为触发条件，如风速、降雨量、温度等，当达到触发条件后，无论受保者是否受灾，保险公司都将根据气象要素指数向保户支付保险金。例如，风力发电、光伏发电等绿色企业在日常生产经营中，若天气条件在较长的时间内持续处于不理想状况，就会对风力发电企业、光伏发电企业的年度收入造成不利影响。针对这一新的风险管理需求，保险机构的光伏电站运营保险、收入损失补偿保险、责任保险、风力发电指数保险、太阳辐射指数保险等保险产品，为这类企业因天气原因导致的收入损失提供保障。在帮助风力发电企业、光伏发电企业平滑年度企业经营结果的同时，也能够在一定程度上为这类企业提供融资增信，有力支持光伏企业的经营与发展。

（3）巨灾保险。巨灾保险是指政府运用保险机制，通过制度性安排，将因发生地震、台风、海啸、洪水等自然灾害可能造成的巨大财产损失和严重人员伤亡的风险，通过保险形式进行风险分散和经济补偿。巨灾保险主要由当地政府出资购买保险，由几家保险公司以“共保体”的形式分别以一定的比例共同承保，遇到灾情后对当地的财产损失和人员伤亡进行赔付。不过，由于巨灾发生的频率较低，无论企业还是个人，对投保的意愿普遍不足，而巨灾一旦出现，保险公司的赔付额巨大，导致了巨灾保险开展的不广泛性。2020 年 11 月发布的《中共中央关于制定国民经济和社会发展第十四个五年规划和二〇三五年远景目标的建议》（以下简称《十四五规划建议》），在“统筹发展安全，建设更高水平的平安中国”中，专门提到了要“完善国家应急管理体系，加强应急物资保障体系建设，发展巨灾保险，提高防灾、减灾、抗灾、救灾”能力。

（4）农业保险。农业保险是指农业生产者在从事种植业、林业、畜牧业和渔业生产过程中，对遭受自然灾害、意外事故、疫病或者疾病等保险事故所造成的经济损失承担赔偿保险金责任的保险活动。农业保险事故主要分为两类：一类是自然灾害和意外事故，如水灾、冰雹、疫病等；另一类是为公共事业牺牲个人利益，如为防止牲畜疫病蔓延扑杀、掩埋病畜等。我国农业保险大部分都是政策性农业保险，可以享受财政补贴，政策性农业保险险种包括中央财政保费补贴险种和地方特色试点险种两大类。我国在《十四五规划建议》中的“优先发展农业农村”部分提出要“健全农村金融服务体系，发展农业保险”。

13.5.2 绿色保险的作用

不论是绿色保险产品还是绿色保险服务，抑或是保险资金的绿色化运用，绿色保险都能在保险端对环境产生正向作用。绿色保险可通过风险保障机制，尽可能减少项目和企业生产运营对环境的负面影响和负面后果，也可以保护绿色资产和资源的绿色属性，还能通过在技术创新和产品应用方面提供支持来助力绿色产业的发展。绿色保险主要有以下 4 个方面的作用。

（1）降低纠纷成本，维护社会稳定。在许多环境纠纷中，由于侵权人缺乏赔偿能力，加上诉讼费用高昂和诉讼过程旷日持久，许多受害人得不到全额赔偿，甚至得不到赔偿。绿色保险可以及时有效地降低环境纠纷的交易成本，保护公民的权益。农业保险为保障农民收入、稳定农业生产和支持农村建设发挥了显著作用，保障了社会的和谐发展。

（2）分散经营风险，保障持续经营。环境污染事故具有面积大、受害人多、赔偿金额大的特点。污染企业一般不能支付补偿金，即使能够支付，由于补偿金额过大，也会影响企业的正常生产和发展。通过环境责任保险，企业可以利用少量确定性支出来减少未来不确定性支出，保证可持续稳定的生产经营。

（3）促进市场完善，增强风险管理。参加环境责任保险需要一定的资金，这对于那些存在环境污染隐患的产业而言，无疑是抬高了企业进入的门槛。如果缺乏有效的风险转移机制，对于市场体系的完善极为不利。保险机构绿色保险风险管理服务，可以提升社会整体的绿色发展风险意识和风险管理水平；而且，保险机构对投保企业投保前及投保后的指导和监督，也倒逼和促进企业环境风险管理能力的提升。

（4）提供绿色资金，保障绿色发展。为支持实体经济发展、保护生态环境，保险资金一方面通过债权投资计划、股权投资计划、资产支持计划、私募股权基金、产业基金、绿色信托、绿色 PPP 等形式，直接参与了能源、环保、水务、防污防治等领域的绿色项目投资建设；另一方面，还通过间接投资方式特别是投资绿色债券，参与绿色金融建设，包括绿色金融试验区建设等。保险资金遵循绿色投资发展规律，积极参与绿色金融体制机制创新，发挥保险资金优势，面向环保、新能源、节能等领域绿色项目，为我国经济向绿色化转型提供融资支持。

13.5.3 绿色保险的国际实践

绿色保险形式比较单一，作为其他绿色金融产品的补充而发挥作用。国际上绿色保险制度按强制性大致可分为三类：以美国、瑞典、芬兰为代表的强制责任保险为主、自愿责任保险为辅的体制；德国、意大利为代表的以国家利益和公众利益为目的的强制责任保险与财务保证或担保相结合的制度；以英国、法国为代表的以自愿责任保险为原则，仅在特殊领域实行强制责任保险的体制。英国以任意责任保险为原则，由投保人自愿决定是否投保绿色保险。1977年，英国保险公司和法国保险公司组成污染再保险联盟，制定了污染特别保险单，承保范围也从偶然突发的环境破坏事故扩大到反复性、连续性事故导致的环境破坏，是绿色保险的一大进步。

目前，我国尚未建立起绿色保险体系，理论研究的整体发展相对滞后。基于世界各国普遍重视通过立法建立环境侵权替代损害赔偿制度的大环境背景，绿色保险作为环境侵权的一种替代性损害赔偿制度，近年来受到了国家的高度重视。绿色保险经营风险将大大高于其他商业保险，因此需要政府的支持和法律措施的保障，发展道路也很漫长。

（1）美国的绿色保险制度。在美国，绿色保险也被称为保险法律责任保险，赔偿被保险人在被保险人所在地因污染而对第三方造成的死亡、伤害和财产损失。美国的绿色保险制度主要分为两类，即环境损害责任保险和场地管理责任保险。环境污染给邻近土地上的第三人造成人身伤害或者财产损失，对于前者应当在约定的限度内向被保险人承担赔偿责任，对于后者应当按照约定的限度承担被保险人依法所有或者使用的场所的污染费用。同时，为了保护保险人的利益、促进被保险人对环境的保护，保险人一般将恶意污染视为例外责任，并对保险单的范围作了严格的规定。

1988 年，美国成立了专业的环境保护保险公司，承保突发性、渐进性污染事故和第三者责任。同时，美国也是实施强制性绿色保险制度的典型国家。自 20 世纪 60 年代以来，美国对有毒物质和废物处理所造成的损害实行强制责任保险。一般企业对污染给第三人造成的人身伤害和财产损失的赔偿责任以及治理污染的费用是相当可观的。因此，美国保险公司通常会对环境责任保险的赔偿金额进行严格限制。

（2）德国的绿色保险制度。德国是最早实施环境责任保险的欧洲国家之一。1965 年，保险公司开始赔偿水面逐渐受到污染的损失。从 1991 年 1 月 1 日起，德国实行了一项强制性责任保险制度，同时提供财政担保或保证，以确保迅速有效地赔偿环境侵犯行为受害者的损失。特别是，德国《环境责任法》第 19 条要求特定设施的所有人采取某些预防措施，包括与保险公司签订保险合同，承担损害赔偿责任，或由州、联邦政府、金融机构提供财政担保或保证。如果发生违规行为，主管当局可禁止该设施的全部或部分运营，该设施的所有者也可被判处监禁或罚款。由于法例的强制性规定，环保责任保险本质上已成为企业对特定设施的强制性法定责任。

德国的环境立法也确立了无过错环境污染损害有限赔偿原则。德国关于环境责任的法律规定，对同一环境影响造成的人员或物体的损害，每项赔偿最多可达 1.6 亿德国马克。虽然德国的环境责任保险覆盖面相对较广，但如果责任事故发生在保险企业范围之外，经常排放造成的可预见损失不在责任范围之内。

（3）法国的绿色保险制度。法国以任意责任保险为原则，在法律有特别规定的情况下实行强制责任保险。法国环境责任保险采用两种方法限定承保责任范围：一种是列举法，即列举出属于保障范围的风险；另一种是排除法，只保障除了明确列举出的风险以外的所有民事责任风险。法国在 20 世纪 60 年代尚无专业的环境污染损害保险，而是仅在必要时，就企业可能发生的突发性水污染事故或大气污染事故，以传统的、一般的责任保险单加以承保。到 1977 年，由外国保险公司和法国保险公司组成的污染再保险联盟（GAR－POL），制定了污染特别保险单，将承保的范围由偶然性、突发性的污染损害事故扩展到因单独、反复性或继续性事故所造成的环境损害。保险人可以借鉴英国 1974 年提出的环境损害责任保险单，对累积、继续、协同、潜伏性的环境污染事故予以承保。

法国通过建立技术委员会这样的专门机构作为承保机构。该技术委员会在接受保险人和被保险人的咨询和就保险人拟定的保单中关于危险种类和性质、保险费等意见的内容加以审查，对保险人所提出的加强污染防治设施以及被保险人所提出的修改保险合同等要求，均需要作出严格的核定。法国采取柔性渐进方式，以自愿保险为主、强制保险为辅。在一般情况下，由企业自主决定是否就环境责任投保，法律规定必须投保的，则应依法投保。

参考文献

[1] 周弘，卢敏欣．中国中部地区绿色金融发展效率研究［J］．河北科技大学学报（社会科学版），2020，20（3）：11－18.

[2] 窦瑞．绿色信贷约束下中国上市企业信贷资源配置的研究［J/OL］．开发性金融研究：1－15［2020－09－30］.

[3] 唐亚晖，姚志远，肖茜文．绿色开放式基金绩效与资金流量关系研究［J］．经济纵横，2019（8）：116－124.

[4] 陈毓佳．PPP 模式下绿色金融发展的路径研究［J］．时代金融，2019（12）：5－6＋11.

[5] 王苹果，黄子龙，和军．绿色 PPP 融资的模式创新与策略选择［J］．西南金融，2019（2）：49－55.

[6] 安国俊．我国绿色基金发展前景广阔［J］．银行家，2017（8）：72－74.

[7] 郑晓．我国绿色保险存在的问题及发展方向［J］．上海保险，2017（7）：52－54.

[8] 张建勋．我国上市公司绿色金融法律制度研究［D］．上海社会科学院，2017.

[9] 段雅超．我国新型绿色保险的发展及建议［J］．现代管理科学，2017（4）：109－111.

[10] 洪艳蓉．绿色债券运作机制的国际规则与启示［J］．法学，2017（2）：124－134.

[11] 袁康．绿色金融发展及其法律制度保障［J］．证券市场导报，2017（1）：4－11.

[12] 金佳宇，韩立岩．国际绿色债券的发展趋势与风险特征［J］．国际金融研究，2016（11）：36－44.

[13] 安国俊．绿色基金如何驱动绿色发展［J］．银行家，2016（10）：90－92.

[14] 马新．企业绿色发展融资及绿色发展基金筹资的策略——对企业发行股票并征缴绿色发展基金的博弈讨论［J］．沈阳师范大学学报（社会科学版），2016，40（5）：102－106.

[15] 陈敬元. 发展绿色保险的思路与对策 [J]. 南方金融，2016 (9)：14-17.

[16] 安国俊. 绿色基金发展的国际借鉴 [J]. 中国金融，2016 (16)：30-32.

[17] 蒋先玲，徐鹤龙. 中国商业银行绿色信贷运行机制研究 [J]. 中国人口·资源与环境，2016，26 (S1)：490-492.

[18] 詹小颖. 绿色债券发展的国际经验及我国的对策 [J]. 经济纵横，2016 (8)：119-124.

[19] 方智勇. 商业银行绿色信贷创新实践与相关政策建议 [J]. 金融监管研究，2016 (6)：57-72.

[20] 马中，陆琼，昌敦虎. 绿色金融需求与绿色金融工具 [J]. 中国生态文明，2016 (1)：72-73.

[21] 王遥，徐楠. 中国绿色债券发展及中外标准比较研究 [J]. 金融论坛，2016，21 (2)：29-38.

[22] 万志宏，曾刚. 国际绿色债券市场：现状、经验与启示 [J]. 金融论坛，2016，21 (2)：39-45.

[23] 马骏. 积极发展绿色金融工具 [N]. 金融时报，2015-11-16 (004).

[24] 孔瑞. 我国绿色信贷发展研究 [D]. 山东师范大学，2015.

[25] 屠行程. 绿色金融视角下的绿色信贷发展研究 [D]. 浙江工业大学，2014.

[26] 田辉. 中国绿色保险的现状问题与未来发展 [J]. 发展研究，2014 (5)：4-7.

[27] 马秋君，刘文娟. 基于绿色信贷的我国商业银行环境风险管理体系研究 [J]. 中国人口·资源与环境，2013，23 (S2)：264-267.

[28] 邓翔. 绿色金融研究述评 [J]. 中南财经政法大学学报，2012 (6)：67-71.

[29] 梁雪珍. 我国绿色保险模式选择研究 [D]. 安徽财经大学，2013.

[30] 天大研究院课题组，王元龙. 构建中国绿色金融体系的战略研究 [J]. 经济研究参考，2011 (39)：2-25.

第14章 绿色会计审计与税收

随着经济社会发展进入一个新的发展阶段，全球资源耗竭、环境污染等问题日益突出，经济社会的可持续发展受到了巨大挑战。传统的经济发展模式需要转型，经济发展体系也需要完善和升级，其中就包括经济核算和监督体系以及税收体系的完善和升级。传统的会计核算体系、审计监督体系和税务引导体系，已经不能全面准确地核算、监督和引导社会经济活动的过程和成果。能够对环境和社会要素进行核算、监督和引导的绿色会计审计与税务体系等绿色经济体系，可以很好地解决传统经济学在这些方面失灵的问题。

经济社会的绿色发展离不开绿色经济学的发展，绿色经济学的系统性、全面性发展，需要绿色会计、绿色审计和绿色税务等绿色经济体系的有力支撑。绿色经济学相对于传统经济学的优势，正是在于绿色思想理论体系的构建和实践。绿色会计核算体系、绿色审计监督体系、绿色税务引导体系是绿色经济的有机组成部分，绿色经济的各组成部分都需要全面均衡发展，任何部分的理论和实践的短板，都会制约绿色经济社会的发展；同时，任何部分的理论和实践突破，都会极大地促进绿色经济社会的发展。在绿色经济学中，绿色会计体系、绿色审计体系和绿色税务体系有着极其重要而且不可替代的作用。

当前，国际上对绿色会计、绿色审计和绿色税务体系的理论研究不够完善，也未形成统一的概念和标准；我国在这些方面的研究和实践也处于探索阶段，尚未形成完整的理论体系。在经济社会绿色可持续发展的背景下，需要继续加强对绿色经济体系的理论研究，以便更好地指导绿色发展实践。绿色会计体系的完善能够解决绿色要素的确认、计量和报告问题，能够有效解决环境成本的外部性问题，能够更全面、更科学合理地对经济活动进行核算；绿色审计体系的完善，可以更好地保障绿色经济沿着规划好的方向发展；绿色税务体系的完善，可以更好地对经济活动进行引导和调节。无论是国际还是国内，绿色经济的进一步发展，还需要在绿色会计、绿色审计和绿色税务方面有所突破。

14.1 绿色会计

环境会计是绿色会计的重要组成部分，但是很多研究将环境会计等同于绿色会计。绿色发展是为了实行经济、社会和环境的可持续发展，因此绿色经济学中的绿色会计不仅应包含自然环境要素的确认、计量和报告，还应包含对社会环境要素的确认、计量和报告，例如对社会效益的核算，但这方面在会计学上目前还无法进行确认和计量。20 世纪 90 年代以后，许多相关国际组织积极推动和深入开展环境会计的研究，制定和发布一系列政策、制度、规则和标准。虽然其相关研究的基本思想和宗旨基本一致，但对环境会计的概念还没有统一，在研究内容和方法上也存在分歧。

国外许多学者从 20 世纪 70 年代就开始着手研究环境会计。1971 年，比蒙斯（F. A. Beams）在《会计学月刊》上发表《控制污染的社会成本转换研究》，提出了控制污染的社会成本与企业个体成本的转换，企业承担污染成本的计量方法和标准；1973 年，马林（J. T. Marlin）在《会计学月刊》发表《污染的会计问题》，提出会计核算依据真实性原则的污染计量合理性，并对污染的企业核算问题进行了研究。这些研究成果标志着环境会计的研究与实践活动开始兴起。1998 年，联合国国际会计和报告标准政府间专家工作组（ISAR）通过的《环境成本和负债的会计与财务报告》，提出了对环境成本和负债的核算、财务报告的披露等问题的会计处理，是国际上第一份关于环境会计和报告的会计处理指南；1999 年，联合国 ISAR 通过《环境会计和报告的立场公告》，环境会计与报告的会计处理的国际规范要求形成；2000 年，全球报告倡议组织（GRI）在推动企业的可持续发展报告方面，发布了《可持续发展报告指南》，提出将环境因素，如资源的消耗、环境负荷的产生等纳入可持续发展报告中进行信息披露。日本的《环境会计指南手册（2005）》、美国的《GASBS49 污染修复义务的会计处理与财务报告》、加拿大的《环境成本与负债：会计与财务报告问题》、欧盟的《在企业决算及报告方面确认、计量和提示环境问题的讨论文件》等都是国际上对绿色会计的研究成果。

我国对环境会计的研究始于 20 世纪 90 年代。1992 年，葛家澍与李若山在《会计研究》上发表了《九十年代西方会计理论的一个新思潮——绿色会计理论》一文，把西方的环境会计理论引入了国内。2001 年 3 月，“绿色会计委员会”成立；2001 年 6 月，中国会计学会第七个专业委员会——环境会计专业委员会经财政部批准成立。财政部于 2006 年颁布的《企业会计准则第 4 号——固定资产》《企业会计准则第 13 号——或有事项》《企业会计准则第 27 号——石油天然气开采》，规定了资产弃置、土地污染修复等相关环境会计条款。2019 年 12 月，财政部印发《碳排放权交易有关会计处理暂行规定》，对碳排放权会计处理的适用范围、会计处理原则、会计科目设置、账务处理、财务报表列示和披露进行了较为具体的规定。

14.1.1 绿色会计理论框架

绿色会计是对传统会计的延伸和完善，是建立在传统会计的基础之上的，因此绿色会计的理论框架和传统会计的理论框架基本一致。绿色会计理论框架包括绿色会计概念、绿色会计的目标和假设、绿色会计的基本原则、绿色会计的对象、绿色会计要素、绿色会计的核算体系、绿色会计的信息披露等内容。绿色会计是将资源与环境问题作为一个专题纳入会计理论研究体系的结果，属于新鲜的领域。绿色会计运用专门的会计原则和方法，确认、计量、报告和披露社会资源和环境要素对经济主体生产经营的影响。

（1）绿色会计概念。绿色会计是以货币为主要计量单位，以环境资产、环境费用、环境效益等会计要素为核算内容，以有关法律、法规为依据，计量、记录环境污染、环境防治、环境开发的成本费用，同时对环境的维护和开发形成的效益进行合理计量与报告，从而综合评估环境绩效及环境活动对企业财务成果影响的一门新兴学科。绿色会计是经济社会文明发展阶段的产物，是传统会计的继承和完善。绿色会计是由环境科学和会计学科共同形成的一门综合应用学科。由于绿色会计涵盖了广泛的领域，有些要素不易量化，除了以货币作为计量单位，还需要以物质单位和书面说明等描述性方式反映、报告、评估资源和环境成本和价值，评价企业经济活动和环境效益对企业财务成果和社会环境形成的短期和长期影响。

（2）绿色会计目标与假设。绿色会计的目标分为基本目标和具体目标。基本目标是用会计来确认、反映和控制社会环境资源，改善社会的环境和资源问题，实现经济效益、生态效益和社会效益的同步优化。具体目标是对绿色要素进行核算，对自然资源的价值、自然资源的耗费、环境的保护和改善的支出、改善资源环境所带来的收益等进行确认和计量，为政府、企业管理者以及社会公众和其他环境信息的利益相关者提供决策有用的信息。绿色会计同样也为财务报告使用者提供与企业财务状况、经营成果和现金流量等有关的会计信息，反映企业管理层受托责任履行情况，有助于财务报告使用者作出经济决策。

绿色会计的假设有会计主体、持续经营、会计分期和多元计量。其中，多元计量假设是指在绿色会计核算中，以货币计量为主，但考虑到环境要素核算的复杂性，很多时候无法以货币计量，因此辅以百分比或指数等进行计量，还可以用图表和文字附注加以说明。绿色会计计量是在会计确认的基础上，对企业所发生的与环境活动有关的事项和对企业财务成果造成影响的经济业务，按照其特性采用货币计量和非货币计量的形式，对其进行数量和金额的认定、计算和最终确定。自然环境资源的价值在计量中存在一定难度，要对环境价值进行定量分析，应采用环境经济学的方法，即要计量某一范围环境的价值，必须先按照环境标准对环境质量作出评价，并在此基础上将环境经济学的方法引入价值观念和货币尺度，形成以货币量表达的自然环境价值。

（3）绿色会计基本原则。传统的会计核算有客观性、可比性、一贯性、相关性、及时性、明晰性、权责发生制、配比原则、确认计量历史成本、划分收益性支出和资本性支出、谨慎性、重要性、实质重于形式，共 12 项基本原则。绿色会计由于其核算内容及假设的变化，应该在遵循传统会计核算的 12 项基本原则的基础上，增加政策性原则、社会性原则、强制性和自愿相结合的原则。政策性原则是指在绿色会计核算中充分体现国家的方针、政策，正确处理经济效益、环境效益和社会效益的关系；社会性原则是指绿色会计要求核算主体站在社会的角度，考虑企业的利益，其提供的会计信息也必须有利于国家的管理和宏观调控；强制性和自愿性相结合原则是指在绿色会计核算体系中，政府相关部门或组织对核算主体部分环境资源信息核算和披露作出明确的、强制性的规定，同时也鼓励核算主体尽可能多地披露其他环境资源信息。

（4）绿色会计对象。绿色会计的对象是指绿色会计核算和监督的内容，即企业在日常经营活动中使用和影响环境资源的过程。要研究绿色会计的对象，就必须充分了解企业活动及其对环境的影响，明确绿色会计对象的具体内容。绿色会计的对象包括核算主体发生的所有与环境有关的活动，不仅包括可以用货币计量的环境活动，而且包括那些不能用货币计量的经济活动，如环境资源的权利和义务及环境资源的损失和收益的确认、计量和记录等经济活动内容。将环境、环境管理活动纳入传统的核算框架，丰富了会计核算的活动对象，并增加了环境状况的非货币化指标。

（5）绿色会计要素。会计要素是进行会计确认与计量的依据。绿色会计要素既要符合会计要素的一般概念，又要反映其环境的特点。绿色会计要素的确认主要是对企业与环境活动有关的经济业务的认定，并按照一定的标准反映在企业财务报表中。绿色会计是对企业经济活动中的“环境经济活动”进行核算、监督。由于绿色会计是传统会计的分支学科，其核算和监督的环境经济活动，按传统会计对经济活动的分类规则，也主要涉及资产、负债和所有者权益、成本费用、收益和利润6个方面。我们可以将绿色会计核算要素分为“绿色资产”“绿色负债”“绿色权益”“绿色收入”“绿色成本”和“绿色利润”6个要素。

14.1.2 绿色会计核算体系

传统会计体系对资产、负债、收入、成本、利润的计量存在缺陷，而绿色会计体系可以有效应对这些缺陷问题。在传统会计体系中，只对能够以货币进行计量的、拥有所有权的事物进行计量，而对无所有权或者目前无法进行货币计量的事物采取选择性的忽视，例如空气、海洋、社会效益等环境因素。显然，传统会计核算体系在一定的范围内是失效的，无法准确、完整地对核算对象进行有效确认、计量和披露。

随着人类绿色可持续发展进程不断推进，建立和完善绿色会计核算体系是必须和紧迫的，也是会计学体系完善和发展必须解决的问题。否则，绿色会计将会成为绿色经济学发展的一块短板，限制甚至阻碍绿色经济的全面发展。因此，加快绿色会计理论体系的研究和应用实践显得更加重要。绿色会计核算体系的内容包括绿色资产、绿色负债、绿色权益、绿色收入、绿色成本、绿色损益等要素的确认、计量、记录等具体事项。以下介绍的主要是当前对绿色会计核算理论研究的简单介绍，很多概念和内容并不十分准确和完善，还需要各方力量共同努力丰富和完善。

（1）绿色资产核算体系。绿色资产是指由过去交易或事项形成的、由企业拥有或控制的、预期给企业带来经济利益流入的环境资源。环境资产不仅包括存储性环境资产如空气资源、水资源、土地资源、森林资源等，还包括治理性环境资产如环保专项技术、环保专项资金、环保设备等，同时也包括环境管理活动所形成的资产，如碳排放权。

A. 绿色资产的确认。绿色资产的确认条件首先也要符合传统会计中资产的定义，同时要符合绿色资产定义。只有满足以下几点才能确认为绿色资产。

a. 能以货币计量、能为企业带来未来收益的自然资源，如土地、森林、矿藏等。绿色资产蕴藏着可能的未来效益，它单独或与其他资产结合起来具有直接或间接产生或有助于产生未来效益的能力。如果一项绿色资产不能为企业带来任何未来的收益，则不能确认为绿色资产。

b. 企业必须对该绿色资产具有所有权或实际的控制权。控制权是指企业对该资产有使用权，但是没有所有权。

c. 必须是已经发生的交易或事项。已经发生的交易或事项是指特定主体通过某种行为获得环境资源的所有权和使用权。当绿色资产发生所有权和使用权转让时，它的价值就表现出来了。

d. 绿色资产必须能够可靠地计量。当绿色会计能基本如实反映环境资源的取得、开发、利用和保护的情况，为相关绿色会计信息使用者提供决策依据时，就可确认为具有可靠性。

B. 绿色资产的计量。绿色资产可以依据不同的取得方式来确认其价值。

a. 资源稀缺性决定绿色资产的拥有和使用必须要付出相应代价，或绿色资源存在市场价格。如通过购买的方式取得水域、森林、矿藏等自然资源时，企业应该以实际的支付金额或评估价值作为绿色资产的入账价值。

b. 无市场价格的自然资源，当环境资源是凭借某种权利取得的或是大自然赐予时，可依据市场价格、政策规定或合理的估算进行价值计量。

c. 国家投资入股或依法认定给企业的绿色资产，应以评估价作为记账的基础。

d. 绿色资产的转让、非常损失以及其他损失，应按实际数或平均数削减其存量。

C. 绿色资产的核算。按照流动性，将绿色资产分为绿色流动资产和绿色非流动资产。

绿色流动资产包括环保物资、环保产品等，其计价方式应比照传统会计存货的计价方法进行，采用实际成本计价核算。对不能获得实际成本资料的，可以采用现值或合理估计成本等方法入账。

绿色固定资产的核算方法与财务会计的固定资产核算方法一样；所不同的是，绿色固定资产的核算领域仅仅局限于与环境活动相关的固定资产，与此相适应，绿色固定资产累计折旧也局限于环保固定资产累计折旧的核算。

绿色无形资产一般包括环境污染治理专利技术及非专利技术、环境许可证、资源开采和使用权、排污权、碳排放权等。绿色无形资产的核算方法与财务会计的无形资产核算方法基本一致，所不同的是，绿色无形资产的核算领域仅局限于与环境有关的无形资产。

（2）绿色负债核算体系。环境负债是由过去交易或事项导致的生态环境破坏或自然资源消耗而承担环境修复的现时义务，未来履行环境修复义务时会导致企业现金流出。环境负债从时间维度上来讲即过去形成、现时义务、未来履行。具体来说，企业开展生产活动造成了生态环境破坏或者自然资源消耗，就应该承担起净化生态环境或修复自然资源的责任和义务，未来企业可以通过缴纳罚款、环境保护税、环境治理保证金等方式履行责任和义务。

A. 绿色负债的确认。绿色负债是由某一会计主体过去的经营活动、意外事故或预期可能发生的其他事项对环境造成破坏或不良影响，因而其应当承担的需要以资产和劳务偿付的现时义务，是企业未来将要发生的环境支出。环境负债按照内容（即未来履行偿还义务的方式）可以分为“应交环境保护税”“应交排污费”“应交环境治理保证金”等。

绿色负债应符合负债要素的定义，能够以货币进行计量，与环境义务有关的经济利益很可能流出企业，以及未来流出的经济利益的金额能够可靠地计量等。一个要素要想进入财务报表进行确认和列示，必须能够符合某一特定要素的定义；然而，符合要素定义并不一定意味着其一定能够在财务报表中进行确认。确定性绿色负债是可以以货币计量的，它由企业生产经营活动的环境影响引发，经有关机构（如法院、仲裁、环保执法）作出决定或裁决而应由企业承担，是可以在财务报表中进行确认和列示的；而非确定性的或有环境负债则不能在财务核算及财务报表中确认。

B. 绿色负债的计量。绿色负债的计量单位应该选择以货币计量为主，同时根据需要辅以实物计量等复合计量方法。计量属性的选择可依据绿色负债的不同性质等情况进行选择。服从性绿色负债或预防性绿色负债一般可采用历史成本计量；对于近期发生的环境修复义务，采用重置成本计量属性计量，对于近期不会发生而将来很可能发生的环境修复义务，按履行上述义务所需的未来现金支出的现值为基础的，采用现值计量；赔偿性、罚款性绿色负债采用历史成本或现值计量。

当前学术界比较流行的环境负债计量方法有修复费用法、现金流量折现法以及影子价格法。其中，影子价格实际上是每增加一单位资源环境的投入所增加的经济利益，即投入环境资源的边际利润。

C. 绿色负债的核算。绿色负债的核算主要包括两种类型：确定性绿色负债以及非确定性绿色负债。

确定性绿色负债是指有确定的到期日、确定的金额和确定的债权人的负债，是由企业生产经营活动或其他事项的环境影响引发的、经有关机构作出裁决而应由企业承担的、其清偿金额和时间均确定的绿色负债。非确定性绿色负债（即预计绿色负债）也被称为或有绿色负债，产生于企业过去生产经营行为引起的具有不确定性的环境责任，该义务发生的具体时间或金额具有不确定性。

如果对企业的环境影响责任的发生属于“有可能”状态，则可以不计提或有绿色负债，但要在会计报告的补充资料中予以披露；如果企业环境影响责任发生的概率很小，则可以不预提也不披露。例如，企业对某项生产项目进行评价，评价结果是该项目对周围的植被造成很大影响，但影响并不能用实际金额确认，这时可以按最可能的金额计提负债并进行披露。

（3）绿色权益及损益核算体系。环境权益可以分为环境投入资本、直接计入所有者权益的环境利得和环境损失以及环境留存收益。由于环境权益是所有者权益的组成内容，所以环境投入资本、直接计入所有者权益的环境利得和环境损失、环境留存收益分别是投入资本、直接计入所有者权益的利得和损失、留存收益的组成部分。从账户设置上来讲，“实收资本”可以下设明细类账户“实收环境资本”，“资本公积”可以下设明细类账户“其他环境资本公积”和“环境资本溢价”，“盈余公积”可以下设明细类账户“法定环境盈余公积”和“任意环境盈余公积”，“未分配利润”可以下设“未分配环境利润”账户。

环境收益是指企业在一定会计期间内进行环境活动使得经济利益流入企业，环境效益或社会效益增加。环境收益表现为环境资产的增加或者环境负债的减少，最终会导致环境权益的增加。环境收益包括企业环境收益和社会环境收益。企业环境收益包括环境业绩卓越奖励、环境污染罚款收入、绿色产品超额收益、环保技术转让收入等，社会环境收益主要是指由于企业进行环境保护活动使企业周围生态环境得以改善，从而使社会公众免受污染的困扰而增加的社会福利总和。企业环境收益一般可以用货币计量，而社会环境收益难以表现出货币性质，具体表现为效用的增加。但是，社会环境收益通过树立企业绿色品牌提升企业产品销量的中介作用，从而提高企业环境收益。由于社会环境收益难以用货币量化，可以采用其他计量属性，比如社会福利或者效用指标计量，通过财务报告中的附注加以披露。企业环境收益中的环境业绩卓越奖励、环境污染罚款收入等可以采用市场价值法计量。

环境成本是指企业为了实现环境目标或履行环境责任，在一定时期内因经济活动或环境活动消耗的环境资源的价值，以及为了修复生态环境而发生的各种治理费用之和。环境成本账户可以下设“资源消耗成本”“环境破坏成本”“环境治理成本”“环境预防成本”“环境补偿费用”等账户。需要说明的是，环境支出不同于环境成本，对于部分予以资本化的环境支出计入环境资产而非计入环境成本。同时，环境成本具有模糊性，尤其不可再生资源的消耗成本和不可逆转的生态环境破坏成本难以用货币计量。资源消耗成本可以采用修复费用法计量。环境治理成本、环境预防成本以及环境补偿费用等可以采用市场价值法。环境破坏会对周围社区人的健康造成损害，引发疾病或者造成寿命缩短，因此，可以采用疾病成本法和人力资本法计量环境破坏成本。疾病成本法是指用治疗环境破坏引发的疾病直至康复所花费的总成本替代环境破坏成本的一种环境会计计量方法。人力资本法是指由于环境破坏造成人的寿命缩短，使人力资本降低，用人力资本减少额替代环境破坏成本的一种环境会计计量方法。

环境利润是指企业在一定会计期间内进行环境活动获得的净收益，体现企业在环境管理方面取得的经营成果。环境利润是企业利润的组成部分，环境利润等于环境收益减去环境成本。环境利润账户可以设置“本年环境利润”和“环境利润分配”。其中，“本年环境利润”属于“本年利润”的明细类账户，表示企业组织环境活动取得的环境利润；“环境利润分配”属于“利润分配”的明细类账户，用以实现环境净利润的分配功能。

14.1.3 绿色会计信息披露

环境会计信息可以融合于传统会计报表，在原有会计报表的基础上增加合适的环境项目加以披露环境会计信息。环境活动也属于企业活动的范畴，企业的环境活动与经济环境并不是相互独立的，经济活动与环境活动相互交叉、相互融合，同时环境活动中也产生经济效益，不论是经济活动产生的效益还是环境活动产生的效益都属于企业的效益，环境会计信息与传统会计信息是彼此融合的。

对无法在财务报表中披露的绿色会计信息，或者在财务报表中披露不够具体的绿色会计信息，可以在财务报表“附注”中进行补充说明和披露。绿色会计信息的披露，可以采用强制披露和资源披露相结合的模式。政府相关部门和行业协会可以根据实际情况，制定相关规定或指引予以规范。

14.2 绿色审计

绿色审计是绿色发展的重要保障，是绿色经济学的重要制度体系安排。绿色审计能够对绿色经济活动、绿色财务信息及绿色管理系统等内容进行监督和评价，保障绿色政策的有效执行、绿色法律法规的遵守、绿色规则和标准的恰当遵循，从而促进经济社会的绿色可持续发展。

绿色审计最早出现在 20 世纪 70 年代的美国。当时，美国审计署等机构对《资源保护和回收法》等一系列环境保护法律的遵守情况、水污染控制项目开展了环境审计。之后，绿色审计逐渐扩展至加拿大和欧洲各国。1995 年 6 月，丹麦国会通过《绿色会计法》，使丹麦成为全球第一个推行绿色会计的国家，绿色审计也相应得到发展。1992 年联合国环境发展大会、2000 年 8 月联合国

《世界首脑可持续发展高峰会议》和 2009 年 12 月哥本哈根气候变化大会的相继召开使环境问题愈来愈受到关注，绿色审计逐步得到世界各国的普遍重视，许多国家开始把环境问题纳入审计的范围。很多发达国家已形成了以国家审计为主导，社会审计、国家审计、内部审计三位一体的监督体系。在这个监督体系中，国家审计侧重于检查和评价相关政府机构的职责履行情况，企业内部审计侧重于提高组织内部对社会责任的履行，社会审计侧重于对各机构、各单位职责履行情况的鉴证并对外公布。2011 年 11 月，联合国环境署在北京首次发布了一份绿色经济综合报告《迈向绿色经济——实现可持续发展和消除贫困的各种途径》，促使全球发展绿色生态文明转型、开展资源环境审计监督成为全球共识。

我国自 20 世纪 80 年代起开展对绿色审计的研究。1998 年，审计署组织编写的《环境审计》实务丛书，开创了中国“环境审计”的新局面。目前，国家审计机关已开展了包括工业、农业、渔业、林业等方面的资源与环境保护审计评价、环保专项资金审计等“绿色审计”实务工作。2003 年 6 月，审计署成立环境审计协调领导小组，标志着环境审计成为审计署一项全署性的工作。2009 年 9 月 4 日，国家审计署出台了《关于加强资源环境审计工作的意见》，要求加强对资源绿色审计基础理论与实务的研究，以期指导实践，推动绿色审计事业的发展。近 30 年的资源环境审计，在监管资源环境规费收支、保全国有资源资产及其收益等方面发挥了重要作用，也对资源环境保护间接发挥了积极作用。

14.2.1　绿色审计的概念

绿色审计又称环境审计、生态审计，是绿色经济管理体系的重要组成部分。绿色审计作为一项有效的经济、环保监督手段，是指国家审计机关、内部审计机构、社会审计组织，依据环境法律法规、政策和标准，按照审计准则的规定，对被审计单位的环境活动、绿色财务信息和环境管理系统进行监督与评价，促进对环境管理的控制和对环境政策的遵守，以达到环境保护和促进经济社会绿色可持续发展的目标。国际商业学会将绿色审计定义为：“绿色审计是环境管理的工具，对与环境有关的组织、管理和设备的业绩进行系统的、有说服力的、定期的、客观的评价，并通过有助于环境管理控制及有助于对公司有关环境规范方面的政策鉴证等手段，来达到保护环境的目标。”国际内部审计师协会认为：“环境审计是环境管理系统的一个组成部分，管理部门借此可确定组织的环境管理系统的经营活动在符合有关规章和内部政策的要求上是否充分。”

狭义上看，绿色审计即相对于绿色会计的财务审计，是绿色经济管理体系的重要组成部分。广义上看，绿色审计是一种通用术语，可以反映各种类型旨在确定环境合规性和管理体系实施差距的评估，以及相关的纠正措施。所以广义上的绿色审计有两种，一是合规性审计，二是管理系统审计。

14.2.2 绿色审计的内容

绿色审计与传统的一般审计有所不同，主要体现在绿色审计所依据的原则和标准、绿色审计的目标、绿色审计的范围、绿色审计所披露的内容等方面。但是，绿色审计也是审计的一种类型，在审计主体、审计方法、审计程序等方面和传统的审计也并无太大的差别。绿色审计的内容主要包括绿色审计的依据、目标、主体、范围以及报告和披露等。

（1）绿色审计的依据。绿色审计根据其审计的对象及目的不同，而采用不同的依据和标准。主要的审计依据有：①环境法律法规，如《环境保护法》《大气污染防治法》《环境影响评价法》《清洁生产促进法》《消耗臭氧层物质管理条例》《环境保护指南》等。上述相关法律法规对政府及环保主管部门的监督管理职能进行划分，对企业的生产行为可能造成的大气污染将承担的法律责任进行认定，这些法规为审计人员开展审计工作提供了支持，为审计发现的大气污染问题向谁问责提供了依据。②环境保护标准规范性文件，环境保护标准包括环境质量标准、环境污染物排放标准、环境监测规范和方法标准及其他相关标准，每一类标准都针对环境监测和监控给出了明确的规定。③其他标准，为地方政府和环保部门或者行业及企业自身为了更好地履行保护环境的责任，结合具体情况制定的相关规范性文件，如地方环境保护规划、环境保护管理办法、项目环境影响评价报告、环境审计指引等。此外，针对特定的审计目的，审计依据还包括一些特定行业专业的管理办法或规章制度，如《绿色债券原则》《气候债券标准》《绿色债券支持项目目录》《绿色产业指导目录》等。

（2）绿色审计的目标。绿色审计的目标，根据审计的主体和对象的不同，而有不同的目标，大概可以分为以下几类：对环境受托责任履行的监督和评价，监督政府、企业等被审计主体环境责任的具体履行情况，例如，为了督促政府、企业有效履行环境保护责任，依据绿色相关的法律、法规、政策规定、规范性文件和标准等，对被审计单位履行环境责任的公允性、合法性和效益性进行审计；对有关行为或结果的绿色标准的符合情况进行第三方鉴证，例如，会计师事务所接受委托，对被审计主体相关的绿色质量认证标准体系的执行情况等进行审计，并出具具有公信力的第三方鉴证报告；对环境管理过程或者流程的检查和整改，例如，内部审计参与企业环境管理，协助识别环境风险因素，对整治环境管理过程和程序中存在的问题提出意见和建议。

（3）绿色审计的主体。政府审计部门、会计师事务所、企业内部审计部门等审计机构和部门是绿色审计的主体。政府对环境保护投入了大量的资金，产生了公共受托经济责任，故政府审计应对其公共受托经济责任履行情况进行审计。会计师事务所作为第三方审计鉴证中介机构，可以对被审计单位的绿色经济活动或者事项进行独立客观的审计和评价，并出具具有公信力的第三方鉴证报告。内部审计部门积极参与企业环境管理，为企业经营者提供充分的环境信息，在公司治理中扮演着重要的角色。它能协助识别环境风险因素，针对整治环境风险管理程序中存在的问题提出意见和建议。鉴于绿色审计的复杂性，往往需要采用多学科、全方位、多层次的手段和措施，借助多方面的人才与专家，聘请专业人才或专家组成审计组进行审计。

（4）绿色审计范围。绿色审计包括环境政策法规执行审计，环保资金筹集、使用和管理审计，环保资金绩效审计，环保投资项目和建设项目审计等。在经济绿色发展的背景下，随着政治、经济、社会、法律的进步，审计关注的重点也更加“绿色化”。绿色审计对象既包含绿色会计所提供的绿色会计报告，又包含环境管理系统或环境活动等；既包含对环境法规的遵守情况的审计，又包含环境效益审计；既涵盖绿色核算计量、清洁生产、环境税收、环境管理、社会环境责任、环境影响评价及环保绩效等方面的内容，又把绿色审计作为企业领导人经济责任审计的组成部分。对企业的环境审计，包括对企业环境计量披露、企业环境成本披露、企业环境费用披露、企业环境资产负债披露、环境绩效披露以及其他披露内容的审计。

（5）绿色审计报告内容。绿色审计根据审计的目的的不同，有具体的披露格式和内容的要求。在绿色财务审计中，要对审计主体环境资源的确认，计量和报告的准确性、真实性、合法性进行说明，包括对环境资产、环境资本金、环境成本、费用、环境效益等项目的审计；在审计报告“附注”中应披露环境保护信息状况、未来发展前景信息状况、环境控制绩效分析及执行环境法规等情况。在绿色绩效审计中，要评价和披露相关政府部门对环保项目的运作情况是否达到了预期目的、对环境的改善效果是否显著，以及环保专项资金的投入、分配和使用情况的合理性、合规性和经济性等。在绿色流程和标准审计中，应评价和披露相关绿色流程的运行情况、标准的执行情况和结果、内部控制体系设计和执行情况等内容。

14.2.3 绿色审计的意义

绿色审计对绿色经济社会发展有着重要的作用，不仅对经济社会的绿色可持续发展的过程和阶段性的发展成果起着监督的作用，而且对经济社会的绿色可持续发展起着促进和保障作用。充分发挥绿色审计的功能和作用，对绿色发展的每一个环节和过程都有重要意义。绿色审计的意义主要从理论意义和实际意义两个角度加以阐述。

（1）绿色审计促进经济社会的可持续发展。绿色审计能够对政府、企业以及其他被监督主体的绿色经济活动进行监督，保障各主体对环境责任的有效履行，促使其从自身长远发展出发，严格执行环保政策，力争以尽可能少的资源消耗和环境污染，取得尽可能大的经济增长，从而实现社会效益、环境效益和经济效益的均衡追求。绿色审计能够对环境资金管理和资源环保项目的建设的监管等方面存在的问题进行督促，促进相关部门进行整改，保障绿色经济活动的顺利开展，促进绿色经济的发展，保障经济社会的可持续发展。通过加强绿色审计工作来完善环境保护管理监督体系，促进政府环境绩效指标的实现，引导和监督企业污染减排和资源环境保护，有力地推动企业履行社会责任以保证经济社会的可持续发展。

绿色审计促使经济发展模式转型和产业结构升级，促进经济的可持续发展。传统的“高投入低产出”的发展模式，造成自然资源消耗极高，环境污染严重，对生态系统的修复能力破坏很大，影响了社会和企业的可持续发展。审计机构通过绿色审计，加强对环境信息的披露，可以达到两方面的作用：一方面，可以避免或减少由于会计核算失真造成的投资误导行为，鼓励对资源节约型和环境友好型项目的投资；另一方面，可督促企业对绿色生产流程和绿色产品的重视，开发符合绿色标准体系要求的生产经营流程和产品，促进生产流程和产品的绿色升级改造。

（2）绿色审计促进环境管理体系的完善。绿色审计不仅对环境活动进行审计和监督，而且对环境管理系统进行审计和监督。对环境管理系统设计和运营的效率、效果进行监督和审计，可以促进环境管理体系的完善。例如，绿色审计根据企业环境 ISO14000 认证，对企业环境控制进行审计和披露，可以发现其环境管理过程中的缺陷和不足，并促进企业对其进行整改，这样就可以保障企业符合环境保护方面的要求，促进环境管理系统的完善。绿色审计对清洁生产及其他环境保护措施执行的严格监督，可以大幅度提高绿色产品的比例，进而可以从容应对“绿色壁垒”的挑战。同时，企业也会根据“绿色壁垒”的具体要求，以及企业当前的流程和产品方面的不足，参照绿色审计的意见，对环境管理制度和体系进行完善。

绿色审计的发展，使得绿色审计的范围不断扩大、审计方法不断创新、审计效率不断提高。绿色审计体系不断完善和丰富，对环境管理体系的完善有很大的促进作用。例如，从 2018 年起，我国领导干部自然资源资产离任审计，由试点阶段进入全面推开阶段，对完善生态文明绩效评价考核和责任追究发挥更重要的作用。自然资源资产离任审计的实践，是生态治理机制的创新，也是环境管理体系的创新和完善。

（3）绿色审计促进经济核算体系的完善。现行的会计核算体系不能将很多环境资源和损益纳入报表核算范围，影响了绿色审计的评价基准和效果。绿色审计体系的进一步发展和完善，就需要尽快解决环境经济核算体系的这一缺陷，从这一方面也倒逼绿色会计核算体系的创新和完善。进一步完善绿色会计、绿色审计的理论框架、法律法规和报告标准，形成完善的评价指标体系；全面收集、分类整理相关环境保护政策、环境法律法规，环境标准、环境管理制度等，为绿色审计提供依据和评价标准，将促进经济核算体系的进一步完善。

企业通过改善环境可以提高企业形象，进而又可增加企业的收益，但是按照现行的会计核算体系，在财务报表中并没有披露环境改善成本，也未确认和计量环境收益，因此评价环境绩效必须从设置环境会计的相关要素指标的确认与计量开始，基于成本与收益配比原则，把自然资源的消耗纳入成本，将维护与改善环境的支出与环境收益准确计量并合理分摊，客观地反映到财务体系中并对外披露。这正是当前会计核算体系发展和完善过程中必须解决的一个难点问题。

14.3 绿色税收

绿色税收可溯源到由英国福利经济学家庇古（Pi gou，Arthur Cecil）在1929年所提出的庇古税，庇古税是根据污染所造成的危害程度对排污者征税，用税收来弥补排污者产生的私人成本和社会成本之间的差距，使二者相等。但由于生态环境的污染和破坏是一种隐形行为，不能直观地确定计税依据，所以，他提出征税标准可以依据废气、噪声等这些“显性污染”对环境破坏的程度来定，所征的税收收入来补偿外部成本。在庇古税理论基础之上又发展成了“谁污染，谁付费”的原则，即要求对环境造成直接或间接污染的所有污染者都必须支付一定的费用。“污染者付费原则”倾向于要求环境资源的使用者负担比其污染或者破坏生态环境价值更多的税收责任，具有一定的惩罚的含义。

由于发达国家的工业化进程最早，已经经历了“先污染后治理”这一环境治理过程，环境治理经验比较丰富，在绿色税收方面为其他国家提供了宝贵的借鉴。美国是世界经济最强国，在很早就开始重视绿色税收制度的建立，经过几十年的环境税的改革，已经拥有一套比较成熟的绿色税收制度。丹麦是最早实行绿色税收制度的国家，绿色税收的实践时间长、经验丰富；日本是经济发达国家，资源较为匮乏，但是在资源节约和环境保护方面走在世界前列，绿色税收体系也较为发达和完善。我国绿色税收制度的框架已经基本确立，但在环境优化、节能减排等方面整体的效果，并不是特别理想，仍需进一步的改革和完善。

14.3.1 绿色税收概述

绿色税收是指绿色税收体系，包括环境保护税、能源资源税、消费税、企业所得税以及基于环境保护、治理、改善开展的各类税收活动。绿色税收所涉及的范围非常广泛，只要能够实现保护生态环境、节约能源资源的政策规定都隶属其中。绿色税收从社会、经济、环境三个角度综合考虑税收体系的设计，达到有效治理污染、保护环境资源的目的，同时对社会产生的负面效应最小。绿色税收制度旨在激发企业主动降低污染物排放及资源浪费，优化产业结构，形成绿色发展道路；同时，引导消费者绿色消费行为，培养环保意识。绿色税收制度是贯彻落实绿色发展理念的重要手段。

绿色税收是通过税收手段，实现对资源的合理利用和环境保护的目的。绿色税收不仅能减少污染排放，以及达到对自然资源进行合理有效利用的作用，同时也解决了因为征税和环境改变引起的各种社会问题，在一定程度上减少了课税对社会发展产生的外部不经济现象，这对促进企业发展、保障民生、实现人与自然和谐、可持续发展都会产生巨大影响。绿色税收具有双重作用：一方面，激励保护环境的经济活动；另一方面，约束过度破坏资源环境的经济活动和产品。

绿色税收体系，包括各种与资源节约和环境保护有关的税种，以及绿色税种的法律构成要素，即每个绿色税种的纳税人、课税对象、税率、计税依据、纳税时间、纳税地点、税收优惠措施等具体规定。

绿色税收在税制设计时，应准确把握其功能定位，从实际国情出发，构建适合自身发展的环保绿色税收体系。在绿色税收体系中，各税种要相互协调，须各个不同税种分别发挥各自调节作用，互相协调配合以达到保护环境、治理污染目的。绿色税收体系应本着“谁污染谁治理”的原则，体现税收公平的同时，也应该在消费者和生产者之间进行合理分配，以达到公平和效率相结合的目的。征缴的税收收入应做到专款专用，即属于绿色税收体系中税种征缴的税收收入应完全用于环境保护、治理污染等环保专门的基础设施建设及相关治理方面。

14.3.2 国外的绿色税收体系

1972 年，由世界经济合作与发展组织（OECD）提出的“污染者付费原则”，即“PPP 原则”，成为绿色税收的理论基础之一。20 世纪七八十年代，绿色税收还是实行“谁污染谁付费”的原则，税费主要用于补偿成本。从 20 世纪 90 年代开始，联合国《里约环境与发展宣言》要求各个国家加强财政和经济政策的补充性作用，这个时期的绿色税种增加，税收除了增加财政收入的功能外，增加了调节的功能，逐渐成为引导人们消费行为的一种手段。当前，绿色税收政策已经成为保护资源和环境的主要手段之一，也是经济社会绿色可持续发展的重要实现途径。发达国家绿色税收体系的演变和现状，对我国绿色税收体系的完善有着非常重要的借鉴意义。

（1）丹麦的绿色税收。丹麦是最早实行能源税的国家之一，也是最早实行环境税收改革的国家之一，“丹麦绿色发展模式”已经为全球各国所瞩目。20世纪70年代，丹麦93%的能源消费依赖进口。丹麦政府实施“零碳”经济模式以及环境税收改革后，很长一段时间能源消耗总量增长几近于零。1993年，环境税收改革决议的通过，使得丹麦成为欧盟第一个进行绿色税收改革的国家，逐渐形成了以能源税为主体的资源税体系和由垃圾税、自来水税、二氧化碳税等组成的环境税体系，共同构成丹麦的绿色税收体系。

A. 环境税体系。丹麦在1996年就开征了二氧化硫税，征税方式分为两种：一种是依照对外实际的排放量；另一种是根据所使用燃料的含硫量。所有纳税企业可以根据企业的实际情况、自身意愿来缴纳税收。

自来水税的征收是为了让人们在使用自来水时，认识到自来水作为稀缺的自然资源，不是无偿免费使用的，消费自来水就需要支付一定的税收，以此达到引导人们节制用水、珍惜水资源、减少浪费和污水排放量的目的。

丹麦于1987年开征垃圾税。对垃圾的处理可以分为三种：首先，最简单、最环保的处理方式为重复利用，这样的方式税负为零；其次就是焚烧，由于焚烧会对空气产生一定的污染，因此对焚烧垃圾是要征税的；最后，税负最重的垃圾处理方式为掩埋，掩埋会对空气、土壤、地下水以及其他相关环境资源都产生污染，因而税负最重。垃圾税是以交付到垃圾处理厂的垃圾重量为税基，企业和个人的税负水平相同，近年来垃圾税的税率不断增加，翻了几番，但是成效也是显著的。

一次性使用餐具税是极具环保意识的一种税，开征初期是对其塑料制品和产品中的化学物质征税，后将二者均定义为一次性使用餐具，从价计征，相当于产品批发价格的1/3。这项税收是为了减少塑料垃圾量以及引导公众自备餐具和重复利用。

B. 能源税体系。丹麦开征的能源税，与世界其他国家开征的所有不可再生资源的税种相比税率是最高的，这是20世纪70年代高度依赖进口的能源危机导致的，政府于1977年开征能源税来促进节约能源和刺激其他能源替代高度依赖进口的石油资源，同时对作为替代石油的煤炭资源征税较低；后来，为了鼓励本国资源的“自助”，将煤炭的税负提高至与石油相同的水平，也对天然气实行了征税。

1992年，丹麦开始征收二氧化碳税，虽然该税种性质上为污染物的排放，但其征税对象为使用的能源即碳或电以及其他燃料。1995年，对二氧化碳的征收范围由家庭扩大到企业，以平衡二者的矛盾；同时，也适时使用二氧化碳税收的优惠政策，实行“二氧化碳协议”的补贴计划，如企业达到协议中的目标可以适用较低的税率，这项措施很大程度上可以刺激企业减少能源消耗。

丹麦的车用燃油税也处于很高的水平，丹麦对无铅汽油和含铅汽油的征收的税率差距很大，20世纪90年代时其价格相差约为7%，税收政策起到了调节市场销售的作用——含铅汽油退出了市场；后来设计了不同的税率以鼓励使用苯含量低的汽油，2000年后，只有苯含量低于1%的汽油允许销售。

（2）美国的绿色税收。从整体来看，美国的绿色税收制度涵盖各个层面、各个领域之中，既涉及个人，又涉及企业。遵循“污染者付费”原则，将税收政策与环境保护相关联，对企业征收环境税，减轻生态环境的压力。通过循序渐进的方式推行绿色税收制度，让公众逐渐接受并认可政府的决策。美国的绿色税收体系在20世纪70年代以前还没有专门的税种用于环保事业，其绿色税收征收稍晚，1978年，美国联邦政府出台了《能源税收法》和《公共事业管制政策法》；1987年，提出对一氧化硫和一氧化氮的排放征税。但是，由于美国国内的法制较为健全，国民的法治意识较强，再加上其绿色税收的征收、管理制度非常严格，政府重视程度较高，绿色税收的实施取得了显著的效果。美国政府在20世纪60年代初对实行污染控制新技术和生产污染替代品给予减免所得税的税收优惠。此后，美国绿色税收体系的税收优惠政策由直接税收减免、绿色投资税收抵免和加速折旧等政策组成。

美国绿色税收的征收部门为税务部门，统一征收，收入归财政部，再由财政部将绿色税收收入分成两部分，一部分纳入普通预算基金，另一部分纳入信托基金，其中纳入信托基金的部分再转入下设的超级基金。超级基金由国家环保局负责管理，纳入联邦预算内管理。美国主要的绿色税收包括如下几种。

A. 资源税系。

a. 开采税。针对自然资源，主要是石油、天然气的开采行为征收的一种消费税。开采税是由地方政府即各州征收和管理的，通过控制自然资源的开采速度来影响环境。

b. 燃油税。此税种专款专用，也被称为燃油消费税，征税对象包括燃油，还包括各种燃料，如普通汽油、乙醇汽油、柴油、煤油、液化石油气、压缩天然气、航空及其他燃料。税款用于政府修建公路和民众交通基础设施的支出，其收入占联邦公路账户净收入的 85%。

c. 煤炭税。对煤炭征收的特殊国内货物税——煤炭税，这项税收的征收目的是政府为“煤肺病”的患者提供社会保障基金。

B. 环境税系。

a. 氯氟烃税。美国从 1991 年 1 月起开征氯氟烃税，该税实行从量计征，以生产和进口氯氟烃类的数量为税基，对生产和进口氯氟烃类的厂商进行课税，氯氟烃税的征收促使生产者研发氯氟烃类的替代品。

b. 环境收入税。环境收入税是1986 年美国国会通过的《超级基金修正案》开征的，其实质就是“超级基金”税收，这项税收是根据企业的经营收益高低来进行征收以便于联邦政府建立相应的保护环境基金，规定企业收益超过 200 万美元的法人企业均应按照超过部分纳税，实行比例税率，其税率较低。

c. 固体废弃物处理税。美国于 1991 年 1 月开始对固体废弃物处理征税，将每个家庭产生的垃圾数量作为征税依据，固体废弃物处理税的征收在一定程度上可以减少家庭的废弃物数量，同时为了鼓励固体废弃物的循环再利用，对购买循环利用设备实行免征消费税，对循环利用和投资的税收进行抵免或扣除。

d. 水污染税。水污染税是指对自来水和下水道的污染行为征收的税，其主要目的是为治理水污染筹集财政资金，按水表计量收取，税率设置以允许供应商收回其全部经营成本为原则。美国政府要求饮用水的提供商为了将水供给消费者，必须对基础设施进行投资建设，同时对水源上游污染预防和下游废水处理进行投资。

（3）日本的绿色税收。在 1990 年之前，日本绿色税收体系主要由针对能源、汽车燃料以及废气排放物征税构成。1990 年后，日本的电力、化工、矿产部门、交通运输等部门发展规模壮大，加之各种能耗项目的建立和使用，使社会二氧化碳总排放量持续上升，日本政府提出“碳税计划”，没有开征新税种，只是增加了资源税类的税收，将税收带给经济的消极影响尽量减小。后来，循序渐进地推进，逐步提高税率，使二氧化碳的排放量得到控制。日本内阁会议于2010年6月出台能源消耗计划，以遏制日益严峻的温室气体排放，在原有石油、煤炭税的基础上于2011年10月起附加开征289日元/升（吨）的碳税；同时提出分三个阶段逐步提高针对地球温暖化对策税水平，以防止课税水平激增而导致的税收不公平现象出现。自2012年10月1日起，日本开始对石油、天然气等化石燃料征收“地球温暖化对策税”，即环境税。至此，日本的绿色税收体系经过改革，逐渐形成了目前以环境税、二氧化硫税、机动车辆吨位税组成的环境税体系和由道路使用税、液化气税、车辆税组成的资源税体系。

此外，日本还采取一系列税收优惠措施。对于可以提高能源利用率的设备，除了免除折旧税以外，还可以加计30%的特别折旧；对可以减少空气污染、水污染和噪声的设备，减征所得税和固定资源税；能够防治污染和回收资源的设备在计提折旧时可以按成本的30%。降低中小企业所得税税率，以促进企业研发新型能源、使用新技术、降低对环境的破坏，使企业向低碳型经济企业转型。减免新型环保乘用车的车辆税。

A. 环境税体系

a. 环境税。日本政府于2012年3月决定开征环境税，从10月1日起实行。环境税的征税对象为石油、天然气等化石燃料，纳税人为使用化石燃料的日本各电力公司和燃气公司，环境税的征收最终将通过油价、电费和燃气费转嫁到消费者身上。

b. 机动车辆吨位税。日本于1971年开征机动车辆吨位税，该税对公共汽车、客车、轿车和火车按照登记注册时的吨位进行征收。其开征目的是治理因汽车吨位不同造成的空气污染、噪声污染以及交通拥堵等各种环境污染。

c. 二氧化硫税。二氧化硫税于1974年开征，纳税人为那些废气排放水平超过一定标准的企业，其收入主要用于为二氧化硫导致空气污染患病的受害者筹集治疗资金。

B. 资源税体系

a. 道路使用税。早在1955年日本就开征了道路使用税，当时以出厂的石油产品为税基，是与当年的石油消费税同时征收，因此，也被认为是石油消费税的一种补充性税收。

b. 车辆税。车辆税将运输工具作为特殊的资源消费品，在出厂环节征收，涉及客车、轿车、摩托车等各机动车辆，与车辆吨位税不同，该税是以调节高档消费为目的，因此划入资源税体系。

c. 液化气税。液化气税也是对石油消费税的扩大和补充，于1965年开始开征，在加油站进行征收。

14.3.3 中国的绿色税收体系

我国早期主要是通过对大气、水、固体颗粒物、噪声等四类污染物征收“排污费”的方式以达到环境污染治理的目的，并没有专门为环境保护而设立独立的绿色税种。2018年1月1日，全国正式实施第一部专门体现“绿色税制”的单行税法——《环境保护税法》。这部税法不仅涉及税务机关，生态环境主管部门和其他单位也被纳入其中。这些部门需要建立涉税信息共享平台和协作机制来相互配合，才能保证环境保护税的施行。

环境保护税针对污染物排放者进行征税。大气污染物、水污染物、固体废物、噪声都属于征税范围。环保税是在原来排污费制度基础上通过整体平移进行的“费改税”，其计税依据为应税污染物的排放量，税率规定为幅度税率。为鼓励治污减排，国家制定了一些优惠政策。例如，如果纳税人综合利用的固体废物符合国家和地方的标准，就可以免征环境保护税；纳税人排放应税大气污染物或者水污染物的浓度值小于规定标准的30%，环境保护税就可以按75%征收；小于50%，就可减按50%征收。

我国目前共有18个税种，但与环境保护相关性较大的税种比较少，其中主要包括新开征的环境保护税、资源税、消费税、车辆购置税、车船税、城镇土地使用税、耕地占用税、增值税、企业所得税等，相比于发达国家，我国的绿色税收体系尚不完善。

（1）环境保护税。2016年12月25日，全国人民代表大会常务委员会正式表决通过了《中华人民共和国环境保护税法》（以下简称《环保税法》），自2018年1月1日起生效。这意味着我国税收体系中建立了一个旨在保护生态环境的税种，在完善绿色税制上迈出了突破性的一步，强化了税收这一政策工具对生态环境的保护力度。

《环保税法》是我国第一部专门体现“绿色税制”、推进生态文明建设的单行税法。“费改税”后，企业和执法机关除了遵循《环保税法》，还要遵守税收征管法；缴纳排污费的不合规行为直接升级为违反两部税法的违法行为，违法企业会受到滞纳金和罚款等处罚措施的约束，这些都会促使企业重视环保税的合规性，从而加强企业治理污染和控制排放的自觉性。

《环保税法》采取环保部门与税务部门的合作征管模式。引入其他政府机关参与税务申报的日常管理，这在我国的税法实践中尚属首次。环保税取代排污费之后，原来由原环境保护部负责征收的这部分财政收入将由税务机关负责征收。在环保税的征管体制上，立法者另辟蹊径，引入了环保部门与税务部门通力合作完成征管的机制，充分利用和借鉴环保部门在污染管理和环境保护方面的技术与经验。

（2）资源税。资源税遵循“普遍征收、级差调节”的原则，对所有开采自然资源的单位和个人都征税，开采优质等级的自然资源相应地多缴纳一部分税收。征收资源税的目的之一就是合理开发利用自然资源。普遍对开采和利用应税自然资源的单位和个人征收资源税，引导纳税人在开采和利用自然资源时更加合理、有节制，促进资源节约和经济可持续发展。此外，国家为了提高资源综合利用效率，还规定了一些优惠政策。在矿产资源的管理中，采用充填开采方式的纳税人，如果符合规定条件，就可以享受资源税减征50%的征收优惠；属于衰竭期矿山开采的，就会享受减征30%的优惠。

从2016年7月1日起，我国进行资源税全面改革。一方面，对绝大部分应税产品实行差别税额从价征收。计税方式已基本上由从量计征改为从价计征。另一方面，扩大征收范围，将地表水和地下水等水资源从量计征纳入资源税征收范围；森林、草场、滩涂等其他资源可以根据各个地区实际的市场开发利用情况进行征收资源税。2017年12月1日，我国逐步扩大水资源税的改革试点至9个省份。

A. 扩大资源税征收范围。本次改革关于征收范围最大的改变是将水资源纳入资源税的试点征收范围。试点措施采取水资源费改税方式，将地表水和地下水纳入资源税征税范围，通过实行差别税额标准，达到利用税收杠杆调节水需求的目的。

B. 改革计征方式，放权于地方政府。大部分的矿产资源均已实施从价计征改革。由于各地资源条件、经济水平存在差异，本次改革提出了在中央规定的税率幅度范围内，由省级人民政府在规定的税率幅度内或根据实际情况确定具体适用税目及税率，或提出建议，报财政部、国家税务总局确定核准或备案的规定。

C. 统筹资源行业税费关系。由于各地涉及矿产资源的收费基金项目较多、税费重叠，导致企业资源税费负担较大。本着清费立税的精神，资源税改革后规定矿产资源补偿费费率降为零，停止征收价格调节基金，取缔地方针对矿产资源违规设立的各种收费基金项目。

D. 更加科学的税负水平。“清费立税”可减少对企业重复征税，结合实施从价计征改革，资源相关税费成本趋于合理。此外，由于矿产资源产品的价格主要取决于产品的品位与质量，从价计征的计算方法变相地降低了低品位资源的开发成本，可以更加合理地体现资源级差。

（3）消费税。消费税是为了引导消费方向，具有选择性的、针对特定消费行为或消费品征税的税种，会根据经济发展、环境保护等国家方针进行改革。其中，绿色发展理念在我国现行消费税 15 个税目的很多税目中都有所体现。消费税把高污染和高耗能的消费品纳入征税范围并提高相应的税率，如鞭炮烟火、成品油、小汽车、摩托车、游艇、木制一次性筷子、实木地板、电池、涂料等。同时，对低污染和资源综合利用产品实施减免优惠。免征消费税的消费品包括无汞原电池、金属氢化物镍蓄电池、锂原电池、锂离子蓄电池、太阳能电池、燃料电池和全钒液流电池、利用废弃的动植物油生产的纯生物柴油。

（4）车辆购置税和车船税。车辆购置税和车船税，最初是为募集改善交通路况的建设资金而设立。随着社会的进步，车船的大量使用也对生态环境产生了很大影响。为了助推绿色发展，我国加大了对新能源、小排量、具备环保性质的车船的支持，通过税收调节，在一定程度上鼓励纳税人购买使用清洁能源、具有环保功能的车船，起到节能减排的作用。车辆购置税和车船税具体的优惠政策有：对城市洒水车、环卫使用的非运输清洗车、垃圾车免征车辆购置税；对购置新能源汽车免征车辆购置税和车船税。

（5）增值税。增值税是对商品生产、流通或者是劳务服务等环节的新增加值或者是商品的附加值征收的一种流转税。商品及劳务有增值才征收，没有增值不用征收增值税。但是，对于部分政府鼓励的资源综合利用、节能环保等相关的商品及服务，即使存在增值，政府也可通过税收优惠政策，减免或退还应征收的增值税。政府通过“营改增”税收制度改革，优化产业结构，刺激经济发展；通过增值税退税、减税、免税等优惠政策，引导鼓励推动资源综合利用和节能减排企业及产业的发展。

财政部、国家税务总局《关于印发〈资源综合利用产品和劳务增值税优惠目录〉的通知》（财税〔2015〕78号）规定了共、伴生矿产资源，废渣、废水（液）、废气，再生资源、农林剩余物及其他，资源综合利用劳务共5类41项综合利用资源、产品和劳务的增值税优惠政策。此外，纳税人销售自产的新型墙体材料、销售自产的利用风力生产的电力产品享受即征即退增值税优惠（财税〔2015〕73、74号）；符合条件的合同能源管理服务免征增值税（财税〔2016〕36号）。

（6）企业所得税。企业所得税是对我国境内的企业和其他取得收入的组织的生产经营所得和其他所得征收的一种所得税。我国政府颁布、实施了一系列的企业所得税法律法规，通过减征、免征、投资抵免企业所得税的方式，引导和鼓励资源综合利用、环境保护、节能节水等企业及相关产业的发展。目前，我国主要的环境相关的企业所得税优惠政策如下。

企业从事符合条件的环境保护、节能节水项目的所得减征、免征企业所得税。《中华人民共和国企业所得税法实施条例》规定，企业从事符合条件的公共污水处理、公共垃圾处理、沼气综合开发利用、节能减排技术改造、海水淡化等环境保护、节能节水项目的所得，自项目取得第一笔生产经营收入所属纳税年度起，第一年至第三年免征企业所得税，第四年至第六年减半征收企业所得税。

企业购置用于环境保护、节能节水、安全生产等专用设备的投资额，可按比例实行税额抵免。《财政部 税务总局 国家发展改革委 工业和信息化部 环境保护部关于印发节能节水和环境保护专用设备企业所得税优惠目录（2017年版）的通知》（财税〔2017〕71号）等文件规定，企业购置用于环境保护、节能节水、安全生产等专用设备的投资额，可以按投资额的10%从企业当年的应纳税额中抵免；当年不足抵免的，可以在以后5个纳税年度结转抵免。

对符合条件的合同能源管理服务减征企业所得税。《财政部 国家税务总局关于促进节能服务产业发展增值税 营业税和企业所得税政策问题的通知》（财税〔2010〕110号）规定，对符合条件的节能服务公司实施合同能源管理项目，符合企业所得税税法有关规定的，自项目取得第一笔生产经营收入所属纳税年度起，第一年至第三年免征企业所得税，第四年至第六年按照25%的法定税率减半征收企业所得税。

参考文献

[1] 范帆，侯子峰．绿色审计促进生态文明建设［J］．时代经贸，2020（21）：16－18.

[2] 严伟，陆昱江．绿色审计促进经济可持续发展研究——以广西崇左市为例［J］．科技智囊，2020（2）：32－36.

[3] 李琦玥，刘思敏，田瑞婷，等．资源环境绿色审计——以淮河流域水质为例［J］．区域治理，2019（44）：29－31.

[4] 潘颖，张宇舟．绿色审计促进生态文明建设［J］．现代审计与经济，2019（4）：31－34.

[5] 刘博，孙文乐，官银．试论我国绿色税务会计核算体系的构建［J］．税务研究，2019（8）：114－118.

[6] 刘静淑．社会责任、绿色会计实施与重污染企业可持续发展［J］．财会通讯，2019（15）：12－15.

[7] 刘平平．可持续发展下绿色会计在我国企业的推行研究［J］．现代营销（下旬刊），2019（2）：28－29.

[8] 谢阿红，李元浩，卢敏欣．企业绿色税务会计核算体系及优化路径分析［J］．会计师，2019（3）：3－4.

[9] 梁炜．绿色审计视角下我国创新驱动发展战略路径探索［J］．现代营销（下旬刊），2018（12）：260－261.

[10] 石文先．绿色审计助推经济高质量发展［N］．江淮时报，2018－10－19（006）.

[11] 邸超伦，武阳．绿色税务会计核算体系及优化策略分析［J］．纳税，2018（17）：79.

[12] 李爽．绿色会计的理论与实践［D］．吉林大学，2017.

[13] 王广立，戴晓红．企业绿色竞争力构建研究——基于绿色会计与绿色审计协调发展视角［J］．财会通讯，2017（16）：118－121.

[14] 张楷笛，张志强，刘璐，等．绿色会计与绿色审计动因探析［J］．西部财会，2017（6）：29－31.

[15] 刘月湖．企业绿色信息披露的理论与方法研究［D］．华北电力大学（北京），2017.

[16] 李学敏．新环境下绿色会计探讨［J］．商场现代化，2017（1）：151－153.

[17] 王松艳，薛颖，钱向祎．基于区域绿色发展的绿色审计探索［J］．审计月刊，2016（9）：13－15.

[18] 贯彻创新、协调、绿色、开放、共享的发展理念　服务“一带一路”建设　推动

会计改革与发展——会计与“十三五”规划发展理念大家谈［J］. 会计研究，2016（1）：5－18.

［19］梁怀丹. 论绿色会计在我国的发展［J］. 北方经贸，2014（12）：129－130＋133.

［20］顾署生. 循环经济下我国上市公司绿色会计的信息披露探讨［J］. 生态经济，2014，30（12）：66－72＋87.

［21］刘洋. 绿色会计视角下煤炭企业的成本核算优化研究［D］. 青岛理工大学，2014.

［22］王笑艳. 绿色税收体系的重构与会计核算问题研究［D］. 中南林业科技大学，2014.

［23］周艳丽. 构建企业绿色税务会计核算体系的研究［D］. 西华大学，2014.

［24］王玉梅，米少楠. 绿色会计视角下企业财务分析体系的建立［J］. 经济问题，2014（3）：112－115.

［25］金友良，周珍娟. 浅议我国企业绿色会计实施中的问题及对策［J］. 科技管理研究，2013，33（20）：222－225.

［26］钟德明. 应受重视的绿色税务制度［J］. WTO经济导刊，2013（6）：69.

［27］尹秀娇. 绿色会计的生态哲学思考［D］. 广西大学，2013.

［28］许可. 我国企业绿色会计信息披露问题研究［D］. 吉林财经大学，2013.

［29］汪翔，丁璐. 绿色审计研究：动因、现状与对策［J］. 财会通讯，2012（27）：39－41.

［30］张灵. 可持续发展下绿色会计的应用研究［D］. 西南财经大学，2011.

［31］陈薇. 可持续发展下绿色会计在我国的推行研究［D］. 西北大学，2011.

［32］邓启稳. 经济转型背景下的企业绿色审计探讨［J］. 未来与发展，2011，34（3）：97－100.

［33］付健，史朋彬，付雅. 略论我国绿色审计制度的创建［J］. 社会科学家，2010（12）：59－62.

［34］张春平. 绿色审计：为绿色经济保驾护航［J］. 中国管理信息化，2010，13（2）：54－56.

［35］张晓阳. 构建我国绿色税务会计的研究［D］. 首都经济贸易大学，2009.

［36］王建明. 企业绿色会计理论与实践研究［D］. 南京农业大学，2005.

［37］相福刚. 企业环境会计核算体系的构建研究［J］. 会计之友，2018（18）：43－48.

第五篇

绿色投资

投资、消费、进出口是拉动宏观经济增长的“三驾马车”，在绿色经济学中亦是如此，绿色投资、绿色消费和绿色进出口是拉动绿色经济发展的“三驾马车”。现阶段，绿色投资在绿色经济体系中起着尤其重要的作用，绿色投资对经济增长的拉动作用尤为明显，而且成为全球经济增长的重要引擎。绿色投资追求更高的发展质量和投资效率，对经济价值、社会价值和环境价值的全面追求是其区别于传统投资的重要特征。绿色投资可以促进解决传统经济发展过程中的资源瓶颈和环境约束问题，通过绿色企业、绿色产业、绿色园区、绿色城市和绿色技术等投资路径，推动资源节约和环境友好型发展方式的转型，促进经济社会的可持续发展。

第15章 绿色投资

绿色投资是将资源投入绿色领域，而资源包括资本、土地、人力、科技等生产要素。绿色领域是指促使资源节约和环境友好的可持续发展领域。绿色投资能够对经济社会发展产生更为持久的拉动力，从长远来看具有更高的投资效果和效率。随着绿色经济学理论研究的不断深入，绿色经济模式的实践应用也在不断拓展。绿色投资作为一种新型投资模式，承载着可持续发展理念，以绿色经济学理论为指导，为了实现人类经济发展和自然生态环境协同发展的目的，力求在实现人类经济繁荣、提高人类幸福感的同时，保护自然生态环境，承担社会责任。绿色投资追求更为持久和高效的经济收益、社会收益和生态收益，反映了经济、社会、生态之间和谐发展的关系，追求可持续发展，具有更高的发展质量和社会价值。

15.1 绿色投资概述

绿色投资与传统的投资模式有着诸多不同，其是传统投资模式的升级与更新。绿色投资摆脱了原先投资模式中只关注收益、现金流、利润等经济价值方面的指标的要求，让投资活动追求更为均衡的经济价值、生态价值、社会价值等价值体系的协同发展。

15.1.1 绿色投资的概念

绿色投资是在绿色经济学发展与环保主义崛起的过程中发展成型的一种关注经济利润与绿色发展效益的投资，符合社会与经济发展的可持续性原则。其以自然环境的保护与生态资源的良性利用与循环、人类社会经济的可持续性发展以及经济社会发展与自然生态和谐发展为目标，通过使用绿色经济学中的相关理论与概念，结合传统投资行为的特点，使经济投资行为可持续性地发展。绿色投资与传统投资行为的最大不同在于，绿色投资不仅考虑投资行为的经济回报问题，更将传统投资行为中所忽视的占用与破坏自然环境与生态资源的价值列入其中，将传统投资行为的评价与调查对象扩大与丰富，考虑到了更长远的投资价值与利益。

绿色投资是绿色经济学的重要组成部分，其核心思想在于投资行为不应该忽视自然环境与生态资源的成本，不应该只关注短期的经济利益，而对长远的经济社会发展的影响视而不见。因此，绿色投资是更加稳重与可持续发展的投资方式与模式。绿色投资贯彻了诸多与绿色经济学相关的思想，例如，生态理念与环境保护的思想、可持续发展思想、循环利用思想、人与自然和谐发展思想等。兼顾投资行为的经济效益与绿色发展效益，解决人类社会在经济快速发展过程中，投资行为与可持续发展的关系、开发建设与环境破坏的矛盾以及资源瓶颈与增长的矛盾。

15.1.2 绿色投资的起源

在国外，绿色投资也是近年来才发展起来的投资模式，虽然历史不长，但发达国家通过发展环境产业、进行环境保护、发展循环经济、鼓励社会责任投资，为绿色投资的发展创造了有利的条件。1969 年美国制定《国家环境政策法》，从此开始了从治理为主到预防为主的转变，在环境保护、资源节约以及技术进步和健康发展等方面都投入了很多的人力、物力、财力。20 世纪七八十年代，日本开始制定一系列的环境保护基本政策和基本环境计划，为环境保护提供了一个完善的法制环境；同时，日本政府也不断完善财政和技术支持机制，鼓励企业主动参与环境保护，提高居民环保意识。20 世纪 90 年代后，日本企业积极采取节能措施，进行技术投资。在政府、企业、社会的相互作用下，日本的经济和环境得到了很大的发展。而较早且较为成功的绿色投资实践，是在 20 世纪 60 年代末、70 年代初建立的丹麦卡伦堡生态工业园区。

对于绿色投资的总体定义，也经历了一个阶段性的发展过程。起初，人们认为绿色投资就是有关于自然环境与生态资源保护方面的投资，公共性较大，主要属于政府投资的领域范畴；随着绿色经济学的不断发展，人们提出了绿色 GDP 的概念，又将绿色投资与其相联系，指出绿色投资是用于增加绿色 GDP 中的货币资金或者其他经济资源的投入。西方国家内的绿色投资主要起源于“社会责任投资”的概念，站在企业的经济投资与承担的社会责任角度来思考，认为投资行为应当兼顾经济效益、社会效益与环境效益，在三方面都能产生盈余的投资才是“社会责任投资”，即绿色投资，也称为“三重盈余投资”。

15.1.3 绿色投资的范围

由于不同国家和地区在绿色投资的界定方面存在差别，因此绿色投资的统计口径目前尚未达成一致标准。西方学者大多从社会责任出发，对绿色投资进行定义和范围界定，指出绿色投资是一种基于三重标准的投资模式，即“社会责任投资”，也被称为“三重盈余投资”。国内学者对绿色投资范围的界定与西方学者略有区别，大部分学者一般将绿色投资与环境保护投资联系起来，认为环保投资近似于绿色投资；另有一些学者从更加宏观的角度出发，将绿色投资与绿色 GDP 相联系，指出如果一项投资有利于绿色 GDP 增长，那么就应该将其包含在绿色投资的范畴中。基于以上情况，在对绿色投资进行研究时，通常需要根据研究绿色投资所包含的不同内容，将绿色投资分为大、中、小三类口径。其中，小口径主要包括环境污染治理方面的投资，如治理工业环境污染、城市环境污染、农业环境污染等方面的投资。中口径是在小口径的基础上，增加环保技术开发和能源综合开发利用等方面的投资。大口径的绿色投资是从宏观角度进行界定，所包含的内容更加广泛，即凡是可以提高“绿色 GDP”的投资，都属于大口径绿色投资的范畴。

近几十年的传统投资开发行为由于不重视对长久利益以及自然环境与生态资源的保护，产生的问题越累积越多，已经严重影响到了人类的健康生活与发展，也违背了投资推动社会发展的初衷，影响程度越来越深远。绿色投资为我们解决投资行为与环境破坏的矛盾提供了思路与方法，通过加大绿色投资的力度，扩大绿色投资在社会整体投资中的范围，逐渐增加绿色投资的比重以逐渐替代传统的投资行为与模式，促进经济社会的可持续发展与环境保护。因此，绿色投资的范围的不断调整和扩大，将是经济社会发展的必然选择和必然趋势。

15.2 绿色投资的特点

与传统的经济投资相比，绿色投资的特点主要源于其独特的投资模式和投资理念。绿色投资的特点，是绿色经济学的精神与内涵在投资行为层面的具体体现。绿色投资与绿色 GDP 等概念的相互联系，与人类社会可持续发展的思想理念相契合。用绿色投资与传统经济投资相比较，二者在投资主体、指导思想、选择标准、收益期限、影响等方面有很大的区别（见表 15－1）。

表 15－1 绿色投资与传统经济投资的比较

项目	绿色投资	传统经济投资
投资主体	具有绿色发展理念、有社会责任的经济人	追求经济利益的经济人
指导思想	可持续发展思想	经济增长
选择标准	经济、社会、环境相统一的三重效益标准	单一的经济效益标准
收益期限	长期收益	短期收益
影响	推动绿色经济发展、人与自然和谐发展、生态环境得到保护	推动 GDP 增长，但造成环境污染、资源短缺、生态破坏

15.2.1 绿色投资的绿色价值特性

绿色投资相较于其他传统投资，具有显著的绿色价值特征，首先体现在绿色投资综合考虑了投资行为中对于人、社会、自然协同发展的价值，投资的标准并非单一的经济准则，而是考虑经济、社会、环境协调发展的三重标准。绿色投资的收益是三重盈余，考虑长期的价值创造、可持续的价值回报。因此，绿色投资具有更高的科技含量与社会价值。

（1）绿色投资在本质上反映了经济、社会、生态之间和谐发展的关系，是基于可持续发展的投资。传统投资行为依靠资源的大量消耗和对环境的索取和破坏换取经济增长，结果造成人类与环境的关系紧张，甚至人类经常遭到环境的报复。在绿色投资模式下，人类把环境保护与产品生产统一起来，注意节约资源和科学利用，利用与维护并举，使自然资源与环境获得恢复，实现生态平衡。

（2）绿色投资是由具有生态环境理念的经济人进行的投资。投资主体不仅是追求经济利益的经济人，而且是具有社会责任的投资者，在其投资决策中，其选择标准是经济、社会、环境三重标准，而不是单一的经济准则。

（3）绿色投资形成的资本是绿色资本，是一种能够推动绿色 GDP 增长的资本。这种绿色资本投资所形成的生产力，不同于传统意义上的生产力，是人类在长期的生产中探索出的人与自然和谐发展的能力。绿色投资活动的产出，是绿色 GDP 的增加，它反映了环境价值在 GDP 中的重要作用。

（4）绿色投资的收益是三重盈余，包括经济的、社会的和生态的收益。而传统投资获得的是单一盈余，即利润。在价值创造上，绿色投资进行的价值创造是长期价值，而传统投资获取的是短期收益。

（5）绿色投资具有更高的科技含量和社会价值。传统的投资也需要科技支持，技术进步使得投资的边际生产力递减的趋势受到遏制，经济增长持续进行。但是，由于传统投资忽视节约资源，忽视环境保护，资源瓶颈约束增大，环境治理费用增多，结果是实际增长的速度减慢、增长的副作用增加。绿色投资行为把生产投资与防治环境污染统一起来，在实现经济增长的同时，消除了增长的不利影响，因而可以实现经济与社会可持续发展。

15.2.2 绿色投资的绿色价值体现

（1）缓解经济增长中的资源瓶颈约束。一个地区经济的增长与投资行为的开展是与当地资源与环境情况息息相关的，资源的开发利用既是投资的动力，也会成为经济发展与投资开发的瓶颈。从世界的工业化发展历程来看，初期的工业化发展往往会消耗大量的资源，并且对自然环境造成严重的破坏，特别是工业污染物的释放与扩散，更是给人类的生活环境造成了严重的影响；并且某一地区的经济发展也与该地区的环境与资源状况有着密切的联系，现在出现的很多资源枯竭型城市正是由于在投资开发的前期，并不注重对自然环境与生态资源的保护，导致资源的枯竭与环境的破坏，投资开发企业往往从中获得了巨大的经济利润，但是留给当地居民的却是一个资源枯竭与环境遭到破坏的家园，在资源枯竭之后企业也无法健康地生存、运营。

绿色投资的价值体现为在投资行为发生的初期便开始设计经济发展与自然资源开发利用的可持续发展，站在人与自然和谐发展的高度去思考与设计投资的模式，使资源得到高效、清洁、循环利用。对于不可再生资源做好整体产业链投资的设计，使资源得到最高效与清洁的利用与开发，在获得较高经济利益的同时，来考虑投资企业与当地经济的长期发展道路。对于生态资源的利用也要运用绿色投资的模式，兼顾经济效益与环境效益，在获得利润回报的基础之上，投资与生态资源相关的产业，使生态资源获得最大限度的利用，保护生态平衡与生物的多样性。

（2）绿色投资有利于解决环境污染与防治问题。绿色投资在进行具体的投资行为时，会对投资行为可能产生的环境问题进行评价与判断，包括对资源的高效利用，也要涵盖对环境保护方面的事项。首先要对投资行为是否会产生环境破坏与污染问题进行评价，若会造成环境破坏与污染，则要提前进行产业模式的设计，并将造成的环境污染与破坏的影响进行预估，将其计算归纳在投资成本中，进行适当的量化。若造成的环境污染与破坏的量化成本及污染破坏的治理成本已经超过了该项投资的总体收益，则说明站在绿色经济学的视角来说，本次投资行为是不合理的，是得不偿失的。绿色投资从整体上考虑到了投资开发过程中可能会产生的环境问题及其治理成本，让高污染的企业在投资时更加谨慎，并明确环境污染的责任，让自然环境与生态资源保护成为投资的重要影响事项。

15.3　绿色投资的类型

绿色投资是从绿色发展的角度采取的投资行为与模式，绿色投资的基本模式包含生态利用、循环高效、低碳环保和环境治理等模式，而这些具体的绿色经济模式应用到经济社会发展实践中，就产生了不同的绿色投资类型：绿色企业投资类型、绿色产业投资类型、绿色园区投资类型以及绿色技术投资类型。不同的绿色投资类型都是在绿色经济学基本思想理念、基本原则的指引下形成和发展的。

15.3.1 绿色企业投资

绿色企业投资是指企业在实际运营过程中，采用先进的绿色环保技术，设计开发与生产制造绿色环保的产品，在具体投资时采用节能降耗、循环高效利用资源、重视自然环境与生态资源保护的开发建设模式，最终达到经济效益与环境效益双赢的结果。例如，企业在绿色环保产品的开发研究上的投资、建设节能绿色厂房的投资、在企业内部运输与仓储时的节能以避免污染的投资以及对废弃物与污水废弃的处理投资等，均体现了企业的绿色发展的理念。绿色企业投资不仅对环境保护有重要意义，对企业自身的成本降低、技术提高与管理水平的提升也都有很大的帮助。

15.3.2 绿色产业投资

发展绿色产业，既是推进生态文明建设、打赢污染防治攻坚战的有力支撑，也是培育绿色发展新动能、实现高质量发展的重要内容。绿色产业投资是指在投资方向的选择之上，优先选取能够更好兼顾经济效益与绿色发展的投资项目，将自然环境与生态资源保护作为产业投资方向选择的重要评价因素。主要投资方向以绿色发展为核心展开，并有方向地扶持与环境保护和促进可持续发展相关的产业类型，将资源和资金投向对推动绿色发展最重要、最关键、最紧迫的产业上。《绿色产业指导目录（2019 年版）》，将绿色产业分为节能环保产业、清洁生产产业、清洁能源产业、生态环境产业、基础设施绿色升级、绿色服务等 6 个产业（发改环资〔2019〕293 号）。

15.3.3 绿色园区投资

绿色园区投资是站在更大的视角进行绿色发展与投资之间的协调，整合“点”——绿色企业投资、“线”——绿色产业投资与“面”——绿色园区投资，将企业之间的关系与产业链发展逻辑相结合，应用绿色经济学的理念进行园区的整体投资与设计开发。以工业代谢与产业共生原理等为指导，建设园区土地空间得到充分利用、产业链条完整顺畅、生产资源相互补充、资源循环利用开发、物流仓储高效节能运转、工业废水废气等废弃物集中处理、绿色环保技术共享使用的绿色园区。绿色园区投资在绿色企业投资与绿色产业投资的基础之上，整合相关的绿色环保资源，快速形成绿色产业与企业的集聚效应，成为绿色产业与企业建设发展的承载体，推动相关地区的绿色经济发展。

如果说绿色企业是“点”，绿色产业是“线”，那么，绿色园区就是“面”。绿色园区是以工业代谢和共生原理为指导，将若干个相互关联的企业共建于一个园区。在园区内，各家企业相互协调，实现生产、物流、废弃物处理等设施资源的共享，从而节约了用地和资源的循环利用。绿色园区投资可以快速形成绿色产业集聚，充分发挥产业集聚效应，形成地区的绿色竞争力。绿色园区投资的投资规模很大，形成绿色产业发展的空间载体能够有效带动绿色经济的发展。

15.3.4 绿色城市投资

绿色城市投资是在政府投资资本的主导下，通过引导社会资本进入绿色产业，发展壮大城市绿色经济产业，实现城市的绿色发展。城市是集工业、商业、服务、生活于一体的经济体，城市的绿色投资重点也涉及生产生活的方方面面。绿色能源、绿色建筑、绿色交通、绿色产业园、绿色城市环境综合整治、绿色新生活行动等，都是城市绿色投资的重点。在发展循环型社会的过程中，循环型城市是一个重要环节。绿色城市应当遵照循环经济的3R原则，大力发展循环经济，通过绿色企业、绿色园区建设等方面的努力，加强再生资源的回收利用，实现城市内物质和能量的闭路循环。以城市为主体，进行绿色投资，形成可复制的绿色城市投资经验和模式，对整个国家或地区，甚至全球的绿色经济发展有重大的推动作用。绿色城市投资的核心目标在于实现城市经济生产、消费支出以及规划建设等生产生活各方面的绿色化与集约化。

15.3.5 绿色技术投资

绿色技术投资是绿色技术产业发展的必要条件。要发展和完善绿色经济体系，就必须有先进的绿色技术产业，还需要有充足的资本和资源进入绿色技术产业。绿色投资的顺利实施与推广离不开现金的绿色技术支持，特别是自然环境与生态资源保护技术、能源高效利用技术、太阳能等新能源应用技术、清洁生产技术、资源循环高效利用技术、绿色生态农业与畜牧业技术等。目前，我国在相关的绿色环保技术方面进行了大量的投资以加快其发展。德国将绿色技术产业划分为六大“先导市场”：一是环境友好型能源生产、存储及分配；二是能源效率；三是资源与材料利用率；四是可持续交通；五是循环经济；六是可持续水经济。绿色技术投资也主要集中于六大产业市场中的“技术领域”。

参考文献

[1] 郝尹绮．山西省煤炭企业绿色投资探究［N］．山西经济日报，2020－07－14(008)．

[2] 李小慧．资源丰富度视角下绿色投资对绿色福利的影响研究［D］．济南大学，2020．

[3] 马骏．绿色投资新领域［J］．国际融资，2020（6）：44－46．

[4] 刘国强．绿色投资对绿色经济发展水平的影响分析［D］．山东大学，2020．

[5] 谢校辉．环境规制对企业绿色投资的影响研究［D］．兰州大学，2020．

[6] 李路阳，王芝清，徐林．探索负责任的绿色投资创新模式［J］．国际融资，2020(1)：8－18．

第16章 绿色PPP

政府与社会资本合作（Public Private Partnership，PPP），是一种在公共服务领域与基础设施建设领域被普遍采用的投资开发模式，其实际的应用领域还包含了许多与环保以及生态相关的领域，如生态建设、环境保护、水利建设、林业、水环境治理、黑臭水体治理、城市垃圾处理与农业等领域。在众多的PPP应用领域里，市政工程PPP项目应用是最广泛的，由于市政工程具有公共服务属性，要求其必须充分考虑绿色发展与生态环保方面的影响与作用。PPP模式与绿色经济学的融合，形成了绿色PPP的概念与模式。绿色PPP项目的开展，不仅发挥了巨大的经济效益，而且产生了显著的社会效益和环境效益。

16.1 绿色PPP概况

在PPP模式实际落地的项目中，有相当数量的项目都与绿色发展以及生态环境治理和保护有关。随着绿色经济学的兴起，我国在绿色发展与生态环保领域的投入也逐渐增大。绿色领域的项目也有着公益性强、投入大、运营期间长的特点，与PPP模式的长处相互匹配契合，绿色PPP模式便应运而生。

16.1.1 绿色 PPP 的概念

PPP 是由政府与社会资本合作，共同提供基础设施以及公共服务。关于 PPP，虽然英国、德国、美国等国以及世界银行、欧盟委员会和亚洲开发银行等均有不同的理解，表述大同小异，但中心意思即“公共部门与私人部门的合作，为公共部门提供公共项目或服务，以满足人民需求”。然而，绿色 PPP 是 PPP 模式的一类，实质上就是“绿色发展”拥抱 PPP 模式，在规模量高达十万亿元的 PPP 市场中，绿色 PPP 具体包括节能环保、清洁能源、绿色交通运输、绿色建筑等领域的项目投资，在 PPP 项目中占据非常重要的地位。

16.1.2 绿色 PPP 的特点

与其他 PPP 领域不同，绿色领域的 PPP 具有明显的特点，其与我国“绿色发展”的理念相当契合。

一是公益性相当强，如供排水、河道综合治理等，与人民群众的生活息息相关，基本都属于项目所在地的民生工程。

二是投资资金大，几十亿元甚至上百亿元的投资资金项目并不鲜见，如财政部 PPP 信息中心公布的第三批 PPP 示范项目名单中的一级行业“生态建设和环境保护”。

三是部分项目现金流供给并不稳定，大多需要政府进行可行性缺口补贴或者完全付费，很可能会发生资金流断裂造成项目中止的现象。

四是涉及的介质非常多，包括大气、水、土壤、固废等领域。

五是技术专业性程度较高。环保行业除了是政策驱动性行业外，更是技术驱动性行业，技术性在环保企业的市场竞争中占有举足轻重的作用。

16.1.3 绿色 PPP 项目职责

绿色 PPP 项目的核心主体是政府与社会资本，双方是合作关系，以实现风险共担以及利益共享。在合作过程中二者相互博弈，双方都为了能更好地加强合作，找到了其他参与方以弥补各自专业知识的不足。此外，绿色 PPP 项目主体也包括其他参与主体。众多参与主体在绿色 PPP 项目融资、建设、运营等不同的阶段参与进来，为绿色 PPP 项目运作发挥各自的作用。

16.1.3.1 政府方承担的职能

在传统的政府采购模式中，政府一般都是通过政府信用获取大量贷款进行项目投融资，集融资、建设、运营管理三方责任于一身，自建自管，往往不能保证建设进度与质量。而在“绿色发展”PPP 模式中，政府的职能由项目建设转变为该项目的秩序管理者，不仅制定了社会资本进入公共服务领域的政策法规，还制定了针对此类项目的投融资法规，规范投资行为，依法保护各类投资者的合法权益。政府通过建立公正、公平、公开的市场秩序，制定公共服务设施产业政策及其中长期发展的规划，以引导社会资金投向政府鼓励发展和重点支持的项目，政府方主要负责项目招商、确定产权归属、进行资金补贴以及协调公众利益等。

（1）绿色 PPP 政策的制定者。完善的法律法规和有力的政策支持是绿色 PPP 项目成功的关键因素之一。国内目前对绿色 PPP 模式法律和制度制定的研究较少，立法工作滞后，这就凸显了政府在绿色 PPP 政策制定方面的重要性。政府在现行法律授权的基础上，通过发布一系列政策文件为绿色 PPP 项目的发展提供指导、支持及监管依据，在一定程度上弥补法律法规缺失的不足。政府在制定相关政策法规时，首先要保证政策稳定性，注意新、旧政策的一致性和连贯性，避免因政策频繁变动降低社会资本的投资信心；其次要确保政策的全面性，政策范围应涵盖绿色 PPP 项目所涉及的所有领域；最后要注意政策的灵活性，根据政策执行情况和绿色 PPP 模式发展状况，在政策整体稳定的前提下，适当调整政策也是必要的。

（2）绿色 PPP 项目的发起者。在绿色 PPP 模式下，要区分政府的决策职能和执行职能，政府的主要职责是“掌舵”而不是“划桨”，即政府不一定要亲力亲为地提供公共产品和服务，可以通过引入社会资本提供公共产品和服务，实行公共产品和服务的市场化供给，有助于提升供给质量。由于公共服务和产品的收益相对较低，且公共服务领域门槛较高，社会资本难以进入，也不愿进入，这就需要政府主动发出基础设施项目建设意愿，制定具体的发展规划和措施，利用优惠政策和政府承诺，保障社会资本合法权益和一定的盈利空间，从而吸引社会资本前来投资。

(3) 公共产品和服务的购买者。部分公共服务产业经营利润较低，或者不具备可经营性，如垃圾焚烧发电项目和污水处理项目，仅靠项目自身经营难以收回投资、获取利润。而政府作为社会公众的代言人，需要承担公共产品和服务购买者的义务，为项目公司的项目产出需求提供保底，给予合理补贴以维持其可持续经营，但前提是项目公司需要按约定提供合格产品和优质服务。政府补贴额度及补贴方式须依据项目盈利水平和经营情况而定，并在绿色 PPP 项目合同中明确规定。

(4) 特许经营权的授予者。特许经营，是指政府采用竞争方式依法授权中华人民共和国境内、外的法人或者其他组织，通过协议明确权利义务和风险分担，约定其在一定期限和范围内投资、建设、运营基础设施和公用事业并获得收益，提供公共产品或者公共服务。通过签订项目合同，政府授予社会资本相应的特许经营权，这是转变政府职能、强化政府与社会资本协商合作的必然选择。

(5) 绿色 PPP 项目的监管者。为了保证公共产品和服务质量，政府由投资者向监管者的角色转换后，必须对项目运营效率和质量加强监督。政府应站在社会整体利益角度，结合绿色 PPP 模式特点，对绿色 PPP 项目进行全过程动态监管。全过程监管是为了保障监管的全面性，动态监管是为了能够根据项目实际情况和社会经济发展调整监管政策和方法。按照项目进展形态可以将绿色 PPP 项目全过程监管分为项目准入监管、前期监管、建设监管、运营监管、退出监管等。

在绿色 PPP 项目前期，政府监管主要以项目准入以及行政监管，即利用行政审批手段筛选出符合条件的社会资本，再进行前期监督管理，其间要保障项目发起、筛选、评价及采购等环节的公平透明；项目合同签订之后，政府应将项目公司的履约行为作为监管重点，实际项目监管机构作为政府的“代理人”，应严格要求项目公司进行履约管理，确保其在项目建设、运营、移交三个阶段都严格按照合同约定行事。

16.1.3.2 社会资本方承担的职能

依据《关于印发政府和社会资本合作模式操作指南（试行）的通知》（财金〔2014〕13 号）和《国务院办公厅关于在公共服务领域推广政府和社会资

本合作模式指导意见的通知》（国办发〔2015〕42 号），社会资本是指依法设立且有效存续的具有法人资格的企业，包括国有企业、民营企业、外国企业以及外商投资企业，其中并不包括本级人民政府下属的政府融资平台公司及其控股的其他国有企业（上市公司除外）作为社会资本方参与本级政府辖区内的 PPP 项目。

（1）负责出资成立项目公司。项目公司可由社会资本一方或者政府与社会资本双方出资设立。社会资本一般以注入资金的形式入股，政府则可以资金或其他合理形式入股，当然政府也可以选择不入股，但拥有对项目公司的监管权。为了确保社会资本在项目建设中占据主导地位，减少政府对项目公司建设、运营的干涉，规定政府在项目公司中的持股比例应低于 50%。

在政府允许的前提下，社会资本可以由 2 家以上的公司组成联合体参与项目采购。如果联合体中标，则由联合体与政府签订绿色 PPP 项目合同，协商组建项目公司事宜。

（2）负责项目融资、建设以及运营的具体实施。在成立之初，项目公司即开始负责项目融资、设计、建设运营以及维护等工作。项目公司应及时开展融资方案设计、机构接洽、合同签订和融资交割等项目融资工作。在签署绿色 PPP 项目合同后，项目公司不仅仅要编制并设计出施工方案以及施工图，完成设计后还要按照合同约定的要求和时间负责完成项目的建设，建设完后承担运营。在最后运营环节，根据合同约定及维护方案和手册的要求，项目公司必须负责对项目设施进行维护和修理。在项目合作期限结束或者项目合同提前终止后，根据合同约定的条件，项目公司必须将全部项目设施及相关权益按照一定的程序移交给政府或者政府指定的其他机构。

16.1.3.3 其他参与主体承担的职能

在绿色 PPP 模式下，向项目提供贷款的融资方主要是商业银行、多边金融机构（如世界银行、亚洲开发银行等）、出口信贷机构以及非银行金融机构（如信托公司）等。融资方在项目中的主要职能是为项目顺利实施提供资金支持和信用保证。对于绿色 PPP 项目而言，其建设项目所需资金巨大，则需要多家银行或机构组成银团提供贷款。融资方为了保证贷款安全，往往会要求社会资本方质押相关银行账户如基本账户、营业收入账户、分红账户、还款账户等。这些账户一般应当在融资方指定银行开户，并由银行在融资方监督下对账户进行有效控制。

（1）承包商和分包商承担的职能。在绿色 PPP 项目中，对承包商和分包商的选择也是一个非常关键的因素，因为对项目的商业评估和风险判断都是源自其技术、水平资历、信誉以及财务能力，这也是项目最终能否获得贷款的一个重要因素。同时，其技术、管理水平直接决定项目质量进度等目标能否顺利实现，承包商主要负责项目的建设，一般要和项目公司签订与工程相关的总承包合同。一般而言，承包商要承担工程质量不合格、工期延误等风险。由于绿色 PPP 项目规模较大，因而承包商要与分包商签订分包合同，把部分工作分包给专业分包商。承包商主要负责管理和协调分包商的工作。而分包商主要承担设计、部分非主体工程的施工，以及提供技术服务和供应工程所需的货物、材料、设备等。

（2）保险公司承担的职能。由于绿色 PPP 项目具有资金需求规模大、生命周期长的特点，在项目建设以及运营期间面临着诸多难以预料的各种风险。因此，各项目主体通常均会就其面临的各类风险向保险公司进行投保，力求最大化地分散和转移风险。在绿色 PPP 项目中涉及的保险包括工程一切险、信贷保险、出口信用保险、自然灾害保险等。同时，对选择绿色 PPP 项目的保险公司的资信有比较高的要求，因为项目风险一旦发生就有可能造成严重经济损失，必须要确保该保险公司能够承担这样工程的风险。

除上述参与主体外，绿色 PPP 项目的参与者还包括法律、技术、财务等其他方面的专业技术机构。

16.2 绿色 PPP 风险分担

绿色 PPP 项目周期长、投资大、风险高，而且包括政府、运营方、承建方、出资方等多个参与者，各方在项目中的定位和功能各不相同，承担的责任和义务也各不相同，这就造成了绿色 PPP 项目的复杂性。如何界定各方职责、识别和应对各方面临的风险，如何构建公平合理的收益共享、风险共担机制，如何根据不同的项目进行风险调整，对绿色 PPP 的顺利进行有着重要的意义。

16.2.1 绿色 PPP 项目的风险类型

PPP 项目成功的关键因素是风险分担的各方积极承担各自的责任与义务，识别风险成为关键步骤。有效地识别政府、社会资本方面所面临的风险，能够更好地构建项目的风险分担机制和风险调整机制，保障绿色 PPP 项目的顺利运行。下面介绍主要主体面临的风险。

16.2.1.1 政府面临的风险

政府在参与绿色 PPP 项目过程中面对的主要风险是支付与项目运营的风险。由于绿色 PPP 项目的盈利能力并不是非常强，其产生的现金流受到的影响也较多，例如污水处理 PPP 项目会面临污水接收量与品质的不同的影响，且污水处理价格一般由政府方面作出规定并给予一定的补贴，其污水处理收入与现金流便会有较大的波动。对于参与绿色 PPP 的政府方来说，对项目的回报预测是至关重要的，在项目公司的收入情况不佳的时候，政府可能会面临支付的风险。另外，由于绿色 PPP 项目大多是关系地区自然环境与生态资源保护的重要项目，项目在运营过程中出现问题会给社会与经济的稳定发展造成严重的影响，更甚者可能会造成对环境的破坏与污染，在项目运营过程中出现问题的风险也是政府面临的主要风险之一。

16.2.1.2 社会资本面临的风险

社会资本方是对整个绿色 PPP 项目负主要责任的一方，负责整个项目的融资、建设以及运营环节，下面分运营方、承建方、出资方三个方面加以说明。

（1）运营方面临的风险。绿色 PPP 项目大多关注的是自然环境与生态资源保护方面的投资，公共性较强，盈利能力较弱，主要的回报机制比较依靠政府方的政策与补贴，且绿色环保技术的发展正处在快速的更新过程中，项目的运营存在现金流、运营成效的达成以及成本控制方面的风险。

（2）承建方面临的风险。承建方面对的主要风险来源于固定总价合同，因此承建方项目收益取决于其成本的控制，若实际成本超出预算，可能会发生项目亏损。绿色 PPP 项目往往涉及更多的绿色环保技术的应用与落地，技术性水平较高，对建设方面的要求与标准更加严格，所以对承建方在项目建设时的建设标准、建设质量、工期把握等有更高的要求，违约风险较大。

（3）出资方面临的风险。出资方作为投资的主体，面临的风险在于投资回报的顺利收回风险，项目公司的盈利能力是保障投资回报收益的主要能力，面临着项目运营风险、市场风险与项目公司管理者素质风险等。

16.2.2 绿色 PPP 项目的风险分担

绿色 PPP 项目投资大的特点，决定了该类型的项目易发生投资风险，项目的风险一般都是由政府、社会资本方以及其他专业机构共同承担。如何将风险合理地分担给各方直接关系到项目能否顺利完成，也影响各方的收益。政府作为项目的监督者，同时也是政治风险的重要来源，理所当然要承担较多的责任，社会资本方投资项目的目的就是获得利润，因此也要承担风险。其风险分担原则有如下几点。

（1）公平与归责原则。公平原则就是在发生风险事件时能够处理得客观公正。该原则是为了能够保证双方利益都是平等的，这是风险分担的基本原则。而归责就是当某种事实发生后，依据有关法律和条款确定责任由哪一方承担。绿色 PPP 合同由公共部门和社会资本共同签订，具有合同效力，根据合同约定，民事合同违约责任应以《合同法》来解决民事纠纷。同时也具有行政效力，责任必须有人承担，会产生行政追责，以此来约束行政主体和相对人的义务。

（2）风险收益对等和有效控制原则。风险收益对等原则即“责利”对等，实际上就是风险与收益进行“捆绑”，谁得到了实际收益，谁就要承担该部分的风险；反过来就是谁承担了该部分风险损失，谁就应该享受该部分带来的收益。而有效控制原则实际就是最优资源配置问题，是在项目前期就决定好的，实质上就是将风险分配给最有能力、代价最小的一方承担，而承担风险的一方对风险进行最有效控制，以实现资源的最佳管理控制。

（3）风险成本最低和风险上限原则。风险成本最低原则实际上与有效控制原则有些相似，该种原则是实现最高的资源配置，将风险分配给最合适的风险承担者，该承担者可采取措施，比其他方更有能力对风险进行管理和防范，最后达到各方承担风险的总成本最小。而风险上限原则实际上是一种保障风险承担者的原则，规定了风险上限，实际上就是风险承担者在风险发生时只承担有限责任。

（4）直接损失承担和风险分担动态原则。直接损失承担原则可以说是在最有效的时间内将总体风险降到最低。在该风险发生后，直接受损的一方能够迅速、主动、积极地作出处理，避免损失进一步扩大，以期能够减少或者挽回损失，从而有利于整体的风险控制。而风险分担的动态原则实际上是一种整体可调节的风险控制原则。该种原则贯穿于整个项目周期，根据项目的运作，其间的各种风险因素在各个环节中发展并随着各种条件的变化而变化，这就需要根据具体实际情况，客观、合理地分担风险。

16.3 绿色 PPP 收益分配

社会资本在参与绿色 PPP 项目时，主要的动力有两个方面：一是从绿色 PPP 项目的建设运营中得到较为长期稳定的收益与现金流；二是政府部门会在相关方面给予政策性补贴以及税收减免等优惠政策。PPP 项目的公共性，使得在对绿色 PPP 项目的收益进行分配设计时需要考虑更多的方面，如超额利润的分配、合理利润区间的设置、政府可行性补贴的设置等，并结合各自的风险与投入，对绿色 PPP 项目的收益分配机制进行合理的设计。

16.3.1 绿色 PPP 收益分配的原则

对绿色 PPP 项目收益分配按照绿色 PPP 项目的特点、投资开发模式与风险承担特点进行分析可知，主要遵循以下几个原则。

（1）实现共赢原则。参与绿色 PPP 项目的各方是关系密切、共同合作的整体，为了实现共同的项目目标而形成伙伴关系。对 PPP 项目收益的分配也应当在各方都能获得一定利益的基础之上开展，实现项目参与方的共赢发展。

（2）维护公益原则。因为绿色 PPP 项目本身就具有公益性，需要优先保障当地社会的公共安全、稳定、利益。参与绿色 PPP 项目的政府部门应在项目推进的过程中履行好自身的行政管理职能，以约束社会资本、私人及有关利益方从中取得超额利润，从而维护社会公益。

（3）平等合作原则。该原则是项目合作的基础，也是项目能够完成的首要条件，私营部门深知该原则是保证其合理收益的前提。在绿色 PPP 项目中，政府和社会资本是基于绿色 PPP 特许协议的相互之间平等的法律主体，参与绿色 PPP 项目的各方在法律地位以及权利义务上都是对等的，在收益分配时也应当按照平等合作的原则进行设计。

（4）收益风险匹配原则。该原则实际上就是收益风险的合理配置，风险承担越高，获得的收益自然就高，反之则收益越少。这是由于风险的不确定性使得收益变得不确定，风险与收益是相互关联的，需要将参与方分担的风险放到收益分配机制的设计中加以考虑。

16.3.2 绿色 PPP 收益分配模式

PPP 模式的运行是为了在服务人民的同时，也能够获取收益，没有收益，这种模式就是一句空话。下面介绍的主要是政府与社会资本之间的几种收益分配模式。

（1）产出分享模式。该模式是参与绿色 PPP 项目的各方按照 PPP 项目合同等前期约定好的相关文件中约定的收益分配机制，对项目最终产生的回报进行分配。根据合同中约定的比例，核心利益相关者按照其约定的比例，对项目的最终总收入进行分配。这种分配方式的关键不仅在于前期项目合作谈判过程中对收益分配比例的设置，也与项目最终产生的回报有关，可以促进绿色 PPP 项目各参与方的共同合作，将最终的项目回报做大。这种模式是利益和风险共享共存的模式，这种模式一般不能仅有风险方或者收益方一方存在。

（2）固定收益模式。该模式主要指按照绿色 PPP 项目各参与方的资本、资源的投入，承担的建设运营责任以及风险进行评价计算，按照约定的收益率支付固定的报酬。而在实际操作中，可以依据社会资本方从项目中可获得的货币支付规模或者依据社会资本方或是出资方的投资额，政府与相关参与方签订支付固定比例的投资回报等类似的条约与合同。实际上，核心利益相关者承担的风险是最多的，因而其享有合作的其余全部收益。

（3）混合模式。混合模型是前两种模型的综合应用，就是“固定收益 + 产出分享收益”。参与绿色 PPP 项目的社会资本方在获得固定收入的同时，还可以参与项目最终回报剩余收益的分配中，获得一定的利益。在绿色 PPP 项目中，各参与方大多采用共享收益、共担风险的合作模式，因此目前进行的绿色 PPP 项目收益分配机制的设计大多在尝试采用这种混合模式。

【案例】“智慧+设施+农业+PPP”为元谋谱写脱贫发展新篇章

“元谋模式”是指大禹节水集团股份有限公司（以下简称“大禹节水”）以农田节水工程为基础，实现对农田水利设施的运营，并为农户提供延展性的水肥一体化、种植技术指导、订单农业对接等增值服务。“元谋模式”将实现大禹节水由工程承包商向农业科技运营服务商的转型升级。国内首推的农田高效节水灌溉项目——云南省楚雄州元谋县高效节水灌溉PPP项目，目前已初见成效。

大禹节水集团股份有限公司在元谋县11.4万亩面积农田实施高效节水灌溉项目，在元谋县周边4个乡镇新建了水利建设灌溉工程，使得这4个乡镇年平均节水量达2158万立方米，节水率为48.6%，将使当地1.33万户、12.63万人直接受益。元谋县高效节水灌溉PPP项目投资额达30778.52万元，是目前最大的农田水利建设改革试验PPP项目。大禹节水的主打科技之一是“水肥一体化”的智能灌溉系统。水阀连通刷卡区水设备直通田间地头，一条条滴灌管好似“毛细血管”，将水、肥精准送达农作物根部。滴灌技术的最大优点便是节水、精准给水。

元谋县年平均气温21.5摄氏度，极端最高气温达42摄氏度，年均降雨量638毫米，年均蒸发量3640.5毫米，年蒸发量是降雨量的6倍多，全县耕地面积47万亩，有效灌溉面积仅为23.69万亩，缺灌率高达44.83%，资源性和工程性缺水问题突出。以前大水漫灌，浇一亩田用水120立方米，每年浇4次需要用水480立方米，一年只能种一季；现在元谋一亩地每季用水量从原来的600—800立方米，降到了180—240立方米，用水成本每季从原来的1258元降至350元，原来一年种一季，现在有24小时供水保障，一年可种植3—4季。以项目区最早受益的清和社区为例，2017年农民人均可支配收入达14057元，增长42.26%。可以说，元谋县高效节水灌溉PPP项目真正做到了物有所值。

水肥一体化模式可以让肥料的利用率从30%提高到85%以上，还节省了大量人工，大大提高了农业种植生产效率。项目将农业生产关系进行有机协调。大禹节水从水入手，以水为媒介，依托信息化手段，通过肥料、滴灌带动农资销售、农技服务、订单农业对接，不断充实公司业务，为公司发展带来新机遇。高效节水农田运营不但有稳定的现金流，能实现公司盈利，而且还是开拓农业农村综合服务的重要抓手。

以前项目公司把工程做完移交给甲方就结束了，现在是既做农田水利工程，又通过水网运营收取水费，并且以水网为基础，提供包括农资销售、信息化服务、订单对接等多项增值服务，这些“新鲜血液”给公司未来发展带来巨大想象空间。近年来，大禹节水除了灌溉技术研发投入以外，还将研发重点放在物联网、信息化、智能化技术的软硬件方面，如灌区灌溉的自动化、远程化，安全化控制系统的物联网、无线传感技术和云计算系统。

以科技为依托的“元谋样板”真正体现了现代农业的精髓。该项目主要实现了六大功能：一是对整个水网实施安全自动化监测管理、故障告警申报、运行情况的数据统计展示和分析，并实现远程制动；二是进行农作物生长环境、用水量、土壤墒情、气象等信息的统计展示和分析，基于GIS（地理信息系统）对灌区灌溉设备设施进行远程开关控制；三是可视化的农作物生长情况监测，作业指导；四是计量计费系统，实现用水户的开卡、补卡、销卡、充值查询等，水费的核算及业务分析；五是移动端实现巡检、设备管理、运维统计分析等功能；六是互联网数据收集，包括历年农产品销售情况、线上线下市场需求数据统计、对接。

通过科技研发探索，深挖项目潜力也成为大禹节水眼下的重要工作。农业供水、农资销售、农技指导、订单对接等，成为大禹节水带给农户的全新综合服务。种植户们不再是靠天吃饭，他们可以根据农业用水、用肥等有效数据形成科学种植，种植过程的数据都能通过网络快速上传和下载，从而让农业生产更智慧、更高效。“所有的技术进步都是服务于人，看到农户通过使用我们的技术、产品，切实提高了收入，那种自豪感油然而生！”王浩宇表示，“对于大禹节水而言，让农户体会到科技产品和科技服务带来的积极影响，从而让他们的生产生活变得更智慧、更美好、更幸福，是公司不变的使命。”

元谋县高效节水灌溉PPP项目通过企业、农户、政府三方出资，建成了可长期使用经营的农田水利资产。元谋高效节水灌溉项目总投资达3.06亿元，得益于国开行的优惠贷款利率支持，向农户收取的0.9—1.4元/立方米的水费收入，在覆盖还款需求的同时还实现了项目的盈利。大禹节水投建的元谋节水灌溉项目不仅完善了当地的农田水利基础设施，也为当地农业产业升级夯实了基础，其采取的使用者付费回报机制，也是通过市场机制激发贫困地区内生动力的一项有益探索。PPP政策的落地和应用，让企业、金融机构、政府找到了一条能够更好地为农业、农村、农民服务的路径。

参考文献

[1] 孙骏伟. 我国绿色 PPP 项目发展问题研究与建议 [J]. 建材与装饰，2020（21）：146+148.

[2] 杨望，李一鸣. 绿色 PPP 的发展及创新 [J]. 中国金融，2020（6）：35-36.

[3] 廖韫琪. 可持续理念下绿色 PPP 模式的发展与建设 [J]. 财政监督，2019（13）：87-92.

[4] 王苹果，黄子龙，和军. 绿色 PPP 融资的模式创新与策略选择 [J]. 西南金融，2019（2）：49-55.

[5] 程思远. PPP 模式在农业绿色发展领域的运用 [J]. 天水行政学院学报，2018，19（4）：82-87.

[6] 何晓明. 当前绿色金融支持绿色 PPP 的主要困难与对策 [J]. 杭州金融研修学院学报，2018（7）：63-64.

[7] 杨溢仁. PPP 模式助力"绿色"建设应"重质轻量" [J]. 金融世界，2017（12）：118-120.

[8] 李卓. 绿色项目 PPP 快速发展背后存隐忧——我国绿色项目 PPP 发展现状与改进建议（上）[J]. 投资北京，2017（10）：48-51.

[9] 杨枝煌. 建立专业的绿色 PPP 支撑体系 [N]. 中国县域经济报，2017-07-17（003）.

[10] 杨枝煌. 建立健全绿色 PPP 运作机制 [N]. 中国县域经济报，2017-07-13（003）.

[11] 杨枝煌. 打造合法合规的绿色 PPP 体系 [N]. 中国县域经济报，2017-07-10（003）.

[12] 刘楠. 绿色发展新理念下的 PPP 模式创新实践研究 [J]. 物流工程与管理，2016，38（7）：253-254.

[13] 张型芳. 绿色金融产品创新：PPP 环保产业基金 [C]. //中国环境科学学会（Chinese Society For Environmental Sciences）. 2015 年中国环境科学学会学术年会论文集（第一卷），2015：4.

第17章

绿色产业投资

绿色产业投资不是简单的“绿色投资+产业投资”组合，它是以绿色投资及产业投资为基础，融合了经济社会可持续发展理念、绿色投资理论、产业发展理论等内容，具有丰富的内涵和特性。这些特性包括投资的绿色性、投资的协同性、收益的可持续性等。绿色产业投资不仅要实现投资的经济效益，更要考虑投资的环境效益和社会效益，将经济发展与环境保护结合起来，实现经济社会的和谐、可持续发展；同时，绿色产业投资对绿色产业结构、绿色产业组织、绿色产业布局、绿色产业发展方向等都有系统性及全面性的规划。

绿色产业投资是一种先进的产业投资理念和方式，它将环境、社会、经济等因素融入产业发展策略，可以在长期内给投资者、社会带来更高、更稳定、更持久的收益率。绿色产业已成为当前及未来经济社会发展中有效破解环境问题的重要支柱产业，在提升产业发展质量、经济发展水平方面具有突出优势。我国也积极布局发展绿色低碳、节能环保等战略性新兴产业，为推动经济发展方式转变增补绿色发展动力。我国已成为环保、清洁能源、绿色建筑、绿色交通等绿色领域全球最大的投资市场。

17.1　绿色产业投资概述

2011 年 5 月，联合国工业发展组织对绿色产业战略给出了定义，根据这一定义，绿色产业（Green Industry）是一种可以促进生产和消费可持续的产业模式，它能够使产品在其全生命周期内资源的利用效率更高，碳和污染物的排放强度更低，对生态环境少污染、无污染并且更加安全。2019 年 3 月，我国国家发展改革委、工业和信息化部等七部委印发了《绿色产业指导目录（2019 年版）》，该文件对于绿色产业的分类是国内绿色产业的标准统一的重要一步，目录中共列举了节能环保、清洁生产、清洁能源、生态环境、基础设施绿色升级和绿色服务等六大类绿色产业以及分类（二级子分类 30 个，三级子分类 211 个），并对全部三级子分类进行了详尽的解释说明，分别明确列举了相关的界定条件。绿色产业投资是国际投资的新趋势，目前世界各国在投资项目的选择上已经显示出了“绿色倾向”，各种政府和社会资源都在流向“绿色领域”，尤其是在当前全球经济下行的背景下，绿色环保产业具有明显的逆周期属性，当 GDP 增速进入下行区间，环保基建属性开始发挥作用，政府期望以环保投入刺激经济增长。同时在资产风险暴露的经济下滑期，社会资本对现金流稳定、风险小、回报率合理的环保项目更感兴趣，绿色产业投资成为拉动经济的重要力量。

17.1.1 绿色产业的类型

狭义的绿色产业是指与环境保护相关的产业，主要是指对大气污染、土壤污染、噪声污染、废渣污染及水污染等环境污染问题的末端治理相关产业；同时，也包括与环境污染治理有直接联系的产品、设备的生产和流通，以及因此派生出的各类服务。广义的绿色产业是指把资源节约、环境保护、可持续发展等绿色发展理念贯穿于生产经营过程中的各类相关产业的集合体，包括绿色农林牧业、绿色高新技术产业、绿色金融业、绿色环保产业、绿色材料产业、绿色食品产业、绿色能源产业等。

（1）《绿色产业指导目录（2019 年版）》分类。绿色产业在推动生态文明建设过程中发挥了基础作用，是奠定其发展的基石。但由于社会各界尤其是各团体、部门对“绿色产业”的界定不一，针对性政策无法明确扶持目标，存在“泛绿化”的现象，不利于绿色产业发展。绿色经济发展、生态文明建设贯穿于国民经济和社会发展的各个阶层、各个领域、各个方面，但实际的政策效益和扶持资金所提供的帮助有限。为将有限的资源充分利用在最需要的前线，2019 年 3 月，国家发展改革委、工业和信息化部、自然资源部、生态环境部、住房和城乡建设部、中国人民银行、国家能源局，为实现突出重点产业先进性、助力全面绿色转型的目标，联合制定并印发了《绿色产业指导目录（2019年版）》（以下简称《指导目录》），提出了绿色产业发展重点。《指导目录》对绿色产业的划分见表17－1。

表17－1　《绿色产业指导目录（2019年版）》对绿色产业的划分

一、节能环保产业		
1. 高效节能装备制造	2. 先进环保装备制造	3. 资源循环利用装备制造
4. 新能源汽车和绿色船舶制造	5. 节能改造	6. 污染治理
7. 资源循环利用		
二、清洁生产产业		
1. 产业园绿色升级	2. 无毒无害原料替代使用与危险废物治理	3. 生产过程废气处理处置及资源化综合利用
4. 生产过程节水和废水处理处置及资源化综合利用	5. 生产过程废渣处理处置及资源化综合利用	
三、清洁能源产业		
1. 新能源与清洁能源装备制造	2. 清洁能源设施建设和运营	3. 传统能源清洁高效利用
4. 能源系统高效运行		
四、生态环境产业		
1. 生态农业	2. 生态保护	3. 生态修复
五、基础设施绿色升级		
1. 建筑节能与绿色建筑	2. 绿色交通	3. 环境基础设施
4. 城镇能源基础设施	5. 海绵城市	6. 园林绿化
六、绿色服务		
1. 咨询服务	2. 项目运营管理	3. 项目评估审计核查
4. 监测检测	5. 技术产品认证和推广	

《指导目录》中共列举了节能环保、清洁生产、清洁能源、生态环境、基础设施绿色升级和绿色服务等六大类、二级子分类30个、三级子分类211个。《绿色产业指导目录（2019年版）解释说明》对全部三级子分类进行了详尽的解释说明，分别明确列举了相关界定条件。

（2）《绿色债券支持项目目录（2021年版）》分类。为充分发挥绿色金融的积极作用，助力实现碳达峰、碳中和目标，中国人民银行、国家发展改革委、证监会日前联合发布《绿色债券支持项目目录（2021年版）》（以下简称

《绿债目录（2021 年版）》)。

绿色债券是重要的绿色金融工具，是指将募集资金专门用于支持符合规定条件的绿色产业、绿色项目或绿色经济活动，依照法定程序发行并按约定还本付息的有价证券，包括但不限于绿色金融债券、绿色企业债券、绿色公司债券、绿色债务融资工具和绿色资产支持证券。《绿债目录（2021 年版）》是专门用于界定和遴选符合各类绿色债券支持和适用范围的绿色项目和绿色领域的专业性目录清单。

在分类逻辑上，《绿债目录（2021 年版）》实现二级和三级目录与国际主流绿色资产分类标准基本一致，有助于境内外主体更好地识别、查询和投资绿色资产；四级目录与《绿色产业指导目录（2019 年版）》三级目录基本一致，有助于国家绿色低碳转型发展重点项目得到“清单”式金融服务；随着经济社会、国家战略和国际合作的发展，还可在二级和三级目录中增加绿色农业、可持续建筑、水资源节约和非常规水资源的分类层次，拓展绿色债券支持领域。

绿色项目界定标准更加科学准确。煤炭等化石能源清洁利用等高碳排放项目不再被纳入支持范围，并采纳国际通行的“无重大损害”原则，使减碳约束更加严格。债券发行管理模式更加优化。首次统一了绿色债券相关管理部门对绿色项目的界定标准，有效降低了绿色债券发行、交易和管理成本，提升了绿色债券市场的定价效率。《绿债目录（2021 年版）》的发布，将使我国绿色债券更加聚焦绿色低碳发展战略，更好地为我国绿色金融发展赋能，推动绿色金融领域的国际合作。

表 17－2　《绿色债券支持项目目录（2021 年版）》对绿色产业的分类

一、节能环保产业	
1.1 能效提升	1.1.1 高效节能装备制造
	1.1.2 工业节能改造
	1.1.3 用电设施节能
1.2 可持续建筑	1.2.1 绿色建筑材料
1.3 污染防治	1.3.1 先进环保装备制造
	1.3.2 水污染治理
	1.3.3 大气污染治理
	1.3.4 土壤污染治理及其他污染治理
	1.3.5 农业农村环境综合治理
1.4 水资源节约和非常规水资源利用	1.4.1 非常规水资源利用
1.5 资源综合利用	1.5.1 资源循环利用装备制造
	1.5.2 固体废弃物综合利用
	1.5.3 生物质资源综合利用
1.6 绿色交通	1.6.1 新能源汽车和绿色船舶制造

续表

二、清洁生产产业	
2.1 污染防治	2.1.1 生产过程大气污染治理
	2.1.2 生产过程水污染治理
	2.1.3 工业园区污染治理
	2.1.4 无毒无害原料替代与危险废物治理
2.2 绿色农业	2.2.1 农业农村环境综合治理
2.3 资源综合利用	2.3.1 固体废弃物综合利用
	2.3.2 工业园区资源综合利用
2.4 水资源节约和非常规水资源利用	2.4.1 工业节水
三、清洁能源产业	
3.1 能效提升	3.1.1 电力设施节能
3.2 清洁能源	3.2.1 新能源与清洁能源装备制造
	3.2.2 可再生能源设施建设与运营
	3.2.3 清洁能源高效运行
四、生态环境产业	
4.1 绿色农业	4.1.1 农业资源保护
	4.1.2 农业农村环境综合治理
	4.1.3 绿色农产品供给
4.2 生态保护与建设	4.2.1 自然生态系统保护和修复
	4.2.2 生态产品供给

五、基础设施绿色升级	
5.1 能效提升	5.1.1 城镇电力设施和用能设施节能
5.2 可持续建筑	5.2.1 建筑节能与绿色建筑
5.3 污染防治	5.3.1 城镇环境基础设施
5.4 水资源节约和非常规水资源利用	5.4.1 水资源节约
	5.4.2 海绵城市
5.5 绿色交通	5.5.1 城乡公共客运和货运
	5.5.2 铁路交通
	5.5.3 水路和航空运输
	5.5.4 清洁能源汽车配套设施
5.6 生态保护与建设	5.6.1 城市生态保护与建设
六、绿色服务	
6.1 咨询服务	6.1.1 绿色咨询技术服务
6.2 运营管理服务	6.2.1 绿色运营管理服务
	6.2.2 环境权益交易服务
6.3 项目评估审计核查服务	6.3.1 项目评估审计核查服务
6.4 监测检测服务	6.4.1 监测检测服务
6.5 技术产品认证和推广	6.5.1 技术产品认证和推广服务

注：

1. 纳入本目录的项目，均须符合《绿色产业指导目录（2019 年版）》解释说明中和本目录“说明/条件”中对应项目所列要求；

2. 纳入本目录的项目，均须符合相关安全、环保、质量法规政策要求；

3. 本表只列示至三级目录，详细的四级目录及说明/条件可浏览政府网站查看（http://www.gov.cn/zhengce/zhengceku/2021-04/22/5601284/files/48dd95604d58442da1214c019b24228f.pdf）。

17.1.2 绿色产业投资的特点

绿色产业投资有特定和丰富的内涵和外延，它是绿色投资和产业投资有机结合形成的新事物。绿色产业投资的对象，既包括原始的绿色产业，如绿色农林牧业、绿色高新技术产业、绿色金融业等，又包括传统产业的绿色化升级改造、环境的污染治理等，如传统产业的效能提升改造、生态保护与建设、清洁能源的开发等。绿色产业投资必须是一种绿色投资，这种投资是在环境保护和可持续发展思想的指导下，以资源科学合理利用、环境保护为基本原则，以社会责任投资为手段，实现人与自然和谐、人与人和谐、经济发展与环境和谐，从而达到生态平衡、世界和平、民主自由的投资活动。

（1）投资的绿色性。绿色产业投资的绿色性是其与传统产业投资的本质区别。绿色产业投资必须满足绿色经济发展的内在要求，投资于绿色经济模式应用及相关产业，追求通过资源节约和环境保护实现经济、社会、环境和谐与可持续发展。绿色产业投资必须围绕科学发展观、低碳环保经济、可持续发展、生态文明建设等绿色经济模式及发展理念进行投资。总的来讲，可以分别从狭义和广义两个角度对绿色产业投资进行描述。狭义的绿色产业投资是指对使用绿色技术、进行清洁生产、产出绿色产品的绿色产业，以固资投资、技术投资或产品投资等方式进行的投资。狭义角度的定义对投资的目标、方式及背景均进行了约束，即投资目标企业必须是绿色企业，投资的产品或技术必须是绿色产品、绿色技术，投资所在的城市必须是绿色城市。广义中的绿色产业投资是指除狭义角度所约束的范围之外，还包括将传统产业改造升级成绿色产业所进行的投资。投资的绿色性是绿色产业投资最为重要的特性。

（2）对象的广泛性。绿色产业投资有着广泛的投资对象，包括生态利用模式应用及相关产业、循环高效模式应用及相关产业、低碳环保模式应用及相关产业、环境治理模式应用及相关产业等。其中生态利用模式的应用，包括生态环境资源的利用以及生态环境危机的处理等应用及相关产业，如林业、生态旅游业、农业旅游融合产业、绿化产业、工业农业废弃物处理等产业；循环高效模式应用，包括企业内循环、产业循环、社会循环的高效应用，达到经济发展生态系统化；低碳环保模式应用及相关产业，包括低碳工业和低碳城市生活，如减少化石能源的使用，开发环保清洁能源、低碳建筑、低碳交通、低碳生活等应用及相关产业；环境治理模式应用及相关产业，包括水域、大气、山川、荒漠等的治理，同时也包括更为广泛的片区治理、城市治理、区域治理等综合环境治理模式及相关产业。

（3）收益的综合性。绿色产业投资须兼顾投资的经济价值、生态价值和社会价值，其短期的经济收益可能偏低，但是由于绿色产业投资以可持续发展思想为指导，其投资收益相对传统的投资收益更具稳定性和持久性。绿色产业投资创造的价值是长期的、可持续性的价值，而传统的投资追求的往往是短期经济收益。绿色产业投资的收益是持续性的。由于在初始阶段就将环境成本和社会成本考虑其中，绿色产业的初始投入成本更高、经营周期更长，有明显的高投入低收益期以及后期投资正回报期的区分。随着资本的逐渐投入，产业发展逐渐向好，其经济效益、生态效益和社会效益逐渐显著。从长远来看，绿色产业投资所产生的经济、生态、社会等综合收益和价值，远远超过传统投资所带来的经济效益和价值，在它的推动下就会实现经济的绿色发展。

（4）政府的引导性。绿色产业投资显效比较慢，而企业投资具有短期的逐利性，使得绿色产业投资需要政府的引导。绿色产业投资追求的是综合性的、长远的投资回报，其投资收益不能立竿见影，需要长期持续性的投入，才能显成效。绿色产业投资对经济效益、环境效益以及社会效益的协同性追求，拉长了绿色产业投资资本投入和效益显现的过程，绿色产业投资的发展必然经历前期的高投入低收益阶段。受市场逐利性的影响，绿色产业投资需要政府参与引导，引导政府、社会资本、国际组织及机构等各种主体积极参与，使绿色产业投资有序展开。

17.2　绿色产业投资模式

目前在一些发达国家，绿色产业投资已经非常成熟了，环境保护及相关产业发展程度高，循环高效技术及经济发展水平高，绿色低碳发展理念也较为普及。我国绿色产业投资还不发达，尚处在起步和快速发展阶段。在政府的积极引导下，政府、企业、社会组织、国际组织等主体不断加大对绿色产业投资的力度，不断拓宽绿色产业发展融资渠道，使我国绿色经济发展取得了较大的进展。

17.2.1　绿色产业投资的主体

绿色产业投资的主体与绿色投资主体相同，分别为政府投资、企业投资、公众社会组织投资、国际组织机构投资以及 PPP 投资。

政府投资作为主体，主要目的是行使政府职能，以政策手段指引产业发展，对经济进行宏观调控，最终达到经济增长、充分就业、贸易稳定以及国际收支平衡的目的。在可持续发展战略的深化执行下，政府作为投资主体还应特别注意进行环境与资源的保护。政府绿色投资的途径很多，主要的绿色投资途径有：环境保护中的江河湖泊污染治理和防治；森林、草原、滩涂的再生与维护投资；生物多样性保护措施；进行环境产业投资支持，积极开展新能源、新材料、新技术的研究开发等。

企业作为绿色投资的主要承担者，对由于其生产活动而产生的环境及社会问题负责。企业在污染处理、污染预防方面投入资本，顺应时代潮流，进行生产、物流及排放等方面的绿色转型。

公众社会组织是市场中存在的非官方成立的非营利性的民间机构，公众社会组织投资是绿色基金的一种形式，表现了社会群众对良好自然及社会环境的追求。公众组织会对有助于环境和社会净化的项目进行投资，或是通过具有一定经济实力的个人或社区进行投资活动。

由于绿色产业的发展潜力巨大，众多国际资本如世界银行、亚洲投资开发银行、国际货币基金组织等对此类投资项目较为关注。国际投资、全球投资也是为了整个世界考虑，人类目前拥有的只有一个地球，无论处于何处，地球的生态环境恶化了，最后受到损害的也只能是人类本身，从这个角度思考，这些国际机构的绿色投资，去帮助全球每一个地方进行绿色发展，提供绿色技术支持，提供人力、物力、财力是非常有益的。

17.2.2 绿色产业投资的融资模式

本部分内容将对绿色产业投融资的主要形式进行简要描述。绿色产业投融资的主要形式包括但不限于绿色信贷、绿色股票、绿色基金、绿色保险以及政府专项债等，其目的在于支持绿色产业发展，推进传统企业为应对气候变化、环境污染等自然资源损耗进行环境友好型改造，以实现资源高效利用，并最终实现经济效益、生态效益和社会效益的协同发展。

（1）政府专项债。作为一种由政府主导的绿色产业投资方式，政府专项债按照 2015 年的《预算法》以及国务院的《地方政府债务管理的意见》进行发行。

政府专项债的本质是以项目收益为支持的债券，应把其看作由政府发起的公益性项目收益债券。政府专项债区别于由发展改革委审批的 4 只专项企业债券。这 4 只专项企业债券分别为综合管廊建设、战略性新兴产业、养老产业以及城市停车场建设。它们是由平台企业或单位以增加其核心投资和消费展开的定向融资活动，由活动自身的收入创造收益，与政府预算无关，属于公司债券。

（2）绿色 PPP。绿色 PPP 即 Green Public Private Partnership，是政府与社会资本进行合作投资的一种形式。世界各国及国际组织对绿色 PPP 中心思想的统一理解为："公共部门与私人部门的合作，为公共部门提供公共项目或服务，以满足人民需求。"作为 PPP 的重要构成之一，绿色 PPP 在节能环保、清洁能源、绿色交通运输及绿色建筑等方面发挥着关键力量。自"十三五"以来，绿色发展成为各级政府的关注焦点。在财政"去杠杆"的政策推动以及政府对债务规模的严格控制下，绿色 PPP 成为热点选择。绿色 PPP 具有高度的公益性，同时得益于政府与社会的合作关系，投资资本规模较大，几十亿元甚至上百亿元的投资项目并不少见。在绿色 PPP 模式下，政府通过政府信用的运用拉动社会资本贷款，与社会资本共享利益、共担风险。

（3）绿色信贷。绿色信贷是我国最成熟的绿色融资方式之一，银行是绿色信贷的主要实施主体。近年来，党中央和国务院不断推出支持环保事业、调整信贷结构的政策，各商业银行积极响应，进行金融产品和服务的创新，不断扩大绿色信贷规模。绿色信贷通过对准入条件、利率以及额度的管制约束企业的发展，引导其从高能耗、高污染发展模式向低能耗、环境友好型发展模式转变。以信贷产品与相应的优惠政策相结合，加大对绿色产业的扶持力度，推动绿色产业的发展，扩大其生产规模和生态效益，最终完成反哺、实现双赢。

（4）绿色 IPO。近年来，绿色产业在国家相关政策的指引下快速发展，绿色产业在证券市场中的动作同样备受瞩目。中国证监会在《关于大力推进节能环保科技发展的建议》中表示，会一如既往地支持绿色产业企业进行上市融资，帮助其利用资本市场的资源壮大绿色产业。由于绿色产业的资本需求量大，资金运转周期长，取得债权性投资相对困难，证监会通过多种手段降低绿色企业的上市门槛。如降低创业板的财务指标门槛、拓展服务企业范围等，均为绿色企业带来大量的机会。

17.3 主要的绿色产业投资领域

绿色产业投资的范围广泛，涵盖了经济社会中的方方面面，包括着眼于生态环境保护的环保产业、专注于高效清洁使用能源的节能产业、为农业种植向更绿色生态方向转变的农业产业，以及为人类生活质量与发展水平提高的公益与公共产业投资等。绿色产业的投资促进了有关于绿色环保产业的发展与聚集，提升了绿色环保技术的水平与实力，是实现社会绿色可持续发展的重要方式。同时，绿色环保产业也是正处于快速发展期的朝阳产业，随着国家与社会对绿色发展日渐增长的需要，绿色产业的发展会越来越趋向多元化与规模化，对绿色产业的投资也将成为产业投资的重要领域与方向。

17.3.1 节能与环保产业投资

节能产业的定义有别于传统产业的定义。首先，基于时代的更替和技术的不断进步，“节能”一词不断被学者赋予新的含义。现如今的节能可以被理解为“Energy Efficiency”，即更少耗能、更高产值地提高能源利用效率。节能产业则可以被理解为使用技术或工艺，生产低能耗、高能源使用效率的节能产品的企业集合。节能产业所涉及的产品之间的使用价值相差较大，看似不能形成一个完成的产业，如经过技术革新的发动机、涡轮机与绝热材料、能源监控仪表等。这些产品并不服务于同一类客户，但它们都拥有共同的能源节约使用价值。

对节能环保产业，经合组织在两个方面进行了说明。在狭义方面，节能环保产业即保护环境、节约资源以及新能源领域产业，其主营业务所涉及领域均在节能环保设备制造、环境综合治理方面。在广义方面，除狭义的节能环保产业外，广义的节能环保产业还包括能够对资源节约和环境保护起到促进作用领域的企业。“节能环保产业”的概念在我国的出现时间较晚，国内首次提及“节能环保产业”是在2010年，但至今仍未将其作为一个独立的行业进行分析统计。根据《“十三五”节能环保产业发展规划》整理，节能产业、环保产业以及资源循环利用产业中的节能技术领域、环保技术领域及资源循环利用技术装备领域等被纳入了节能环保产业的范畴。

节能环保投资又可被称为环境投资或环境保护投入，我国环境保护总局对其作出的定义为："环境保护投入是指在国民经济和社会发展过程中，社会各有关投资主体从社会的积累基金和补偿基金、生产经营基金中，支付用于防治污染、保护和改善生态环境的资金。"对于资金密集型的节能环保产业来说，其发展过程需要大量的资金支持。政府通过出台红利政策以及对金融市场的指引，帮助节能环保产业获得投资支持。经过发展，目前已形成了以绿色信贷为主导，其他多种金融支持方式协同发展的良好局势。

随着《绿色信贷指引》《绿色信贷实施情况关键评价指标》等文件的出台和不断落实，绿色信贷体系得到了良好发展。一方面，绿色信贷产品可以更加精准、有效地为节能环保企业提供资金支持，同时也推动了绿色金融的整体发展。另一方面，虽然绿色信贷在绿色金融总金额中的占比达90%以上，但对于大量初创小微型节能环保产业企业来讲，绿色基金更能够为他们吸引资本市场的资金注入。目前，国内的绿色基金主要以股权融资的方式对节能环保领域进行投资，截至2019年年末，全国范围内的公募绿色基金共有133只，总规模约为687亿元，为节能环保产业的小微企业及大型企业提供了广泛的资金支持。

17.3.2 农业与生态类产业投资

生态产业是一个涵盖内容广泛的产业，多种与人类吃、穿、住、行等生活基本活动相关的行业均可被规划到生态产业的范畴之内，大体可根据产业功能分为4类：光合资源产业、人居环境建筑业、人文商旅业以及生态园产业。光合资源业包括传动的农、林、牧、渔产业，以及食品、药品纤维和木材等生态原材料加工产业。此外，生物物资集散业、与之相关的环境资源保育事业，以及近年兴起的超市配送业均包括在内。人居环境建筑业发展于传统建筑业，是以传统建筑业结构为基础，以绿化、美化、净化、活化为宗旨，以人居环境规划建设、基础设施规划建设为核心的产业。人文商旅业是以水乡生态资产和历史文化资产为资本，以生态旅游为向导，以人类身心健康、生态服务建设为目的的现代综合休闲产业。生态园产业为企业之间、企业与社会之间构建了资源交换与再循环网络，可以实现最大限度的物质再利用和再循环。生态产业作为一个具有生态经济社会功能影响力的基础性产业，具有如下基本特征：（1）产业主打产品符合人类健康需要，符合社会的生态消费观念；（2）主要产品附加值较高，且具有良好的市场前景，发展成本相对较低，社会对其进行投资所承担的风险小；（3）主要产品为环境友好型产品，能够实现经济效益与自然效益的协同发展。

生态投资的概念要大于节能环保投资，可以说节能环保投资属于生态投资的一部分。随着节能环保投资的不断深化和外延，节能环保投资的概念将向生态投资逐渐靠拢。生态投资包括生态环境保护投资、生态环境恢复投资以及生态产业投资三部分。生态环境保护投入、生态环境恢复投入部分的概念在总体上与上文对节能环保投资的描述一致，对于生态产业投入部分，主要用于区域性的生态产业投资，如生态工业园区建设和生态城市的建设等。

生态产业投资具有一定的特殊性：首先，生态产业投资涉及国民基本经济领域的各个方面，是一种跨行业、跨体系、跨地域的投资活动。其次，生态产业投资具有不确定性，其本质是服务于生态环境的建设和保护，在各个时期所表现出的具体方式有所不同。现如今，基于可持续发展观念，生态产业投资着重于推进清洁生产和消费，以创建开拓生态工业园区为中心，力图发展循环经济。再次，生态产业投资对政策导向和技术水平有一定的依赖性，投资的对象、结果均与政策导向和技术水平息息相关。最后，生态产业投资性质多样，可以分为基础性投资、竞争性投资和公益性建设投资三类。投资领域的广泛性促成了上述三类投资的出现。

17.3.3 公益与公共产业投资

公益事业的主要目的是服务于公共、受益于大众，相对于经济效益，更加注重社会效益。一般公益事业包括市政交通、城市基本公共设施建设、公共水利治理以及环境治理等项目。在绿色产业投资的范畴内，公益事业投资在注重社会效益的同时同样关注环境效益，注重生态文明建设和发展。公益事业投资作为我国传统，具有充分的历史经验和国际经验。我国的公益事业投资需求量大，不断推进城市化建设的同时，大量被动产生的生态资源问题亟须解决。目前，公益事业投资的运行模式主要有以下 3 种：（1）政府投资，自主管理运营；（2）政府投资，委托代理运营；（3）公私合伙运营。

政府投资，自主管理运营属于最早进行应用的运营模式，在此模式下政府应具有足够的基建能力、项目管理能力和经验。具有足够能力的政府部门自行准备投资，并全程负责投资项目的管理维护，可以充分发挥政府职能、充分调动社会各界资源。但是，绿色产业投资所需资本巨大，政府进行投资时会给财政带来巨大压力；此外，非营利性项目和政府运营的天然劣势会造成项目后期的存续困难。根据建筑承发包模式，可将其分为分别发包模式、设计/采购/施工总发包模式（EPC）、设计/施工总发包模式（DB）以及采购/施工总发包模式（PC）等4种模式。政府投资，委托代理运营主要有建筑工程管理模式（代理CM）以及项目管理模式（PM）两种不同类型，在此模式下政府采用招投标的方式寻求社会单位合作，并由政府进行主导管理。公私合伙运营及PPP模式，绿色PPP在节能环保、清洁能源、绿色交通运输及绿色建筑等方面发挥着关键作用。

公共产业投资在不同经济学理论中的定义有一定的差异，但在投资的目标和主体方面都有一致的认识。公共产业投资是以政府为投资主体，通过政府投资和财政预算提供资本，力求达到促进社会福利最大化的最终目的。在绿色产业投资范畴内，公共产业投资还要完成实现环境效益与社会效益最大化协同发展的目标。公共产业投资是政府履行其职能的手段之一，是政府进行宏观经济调控的一种方式。一般意义上的公共事业投资就是政府对国家资产的投资，而这种投资无法直接产生经济效益，而是以间接的方式实现了环境效益和社会效益的协同发展。在普遍认识中，公共产业投资包括基础设施投资、教育投资、医疗卫生投资以及研发投资等，根据全社会固定资产投资数据和财政预算支出数据统计，我国在基础设施、教育、卫生和科技方面的投资量逐年增加，教育、卫生和科技方面投资占投资总量的比重逐年提高，但对基础设施的投资比重则与社会变动因素有一定的联系，增长波动相对较大，表明我国在不断调整优化公共事业投资结构，在保证经济平稳发展、生态环境稳中向好的前提下逐渐改善基建投资模式，增强投资的全面、协调发展。

参考文献

［1］秦如培，马长青，梁盛平，等．贵安新区绿色发展指数报告（2016）［M］．北京：社会科学文献出版社，2016.

［2］秦立莉，孟耀．绿色投资及其发展方向［J］．当代经济研究，2006（6）：18.

［3］于桂清．绿色产业投资理论分析及其评价指标体系的初步构建［D］．江南大学，2008.

［4］黄雪梅．新疆绿色投资问题研究［D］．新疆财经大学，2011.

[5] 赵杰. 我国绿色金融发展的减贫效应实证研究 [D]. 云南财经大学，2020.

[6] 沈燕鸿. 地方政府专项债券债信约束机制研究 [D]. 中国财政科学研究院，2016.

[7] 王文彦. 广东省绿色金融不同模式发展状况比较 [D]. 暨南大学，2017.

[8] 郭心远. 环境规制，代理成本与企业环保投资 [D]. 扬州大学，2019.

[9] 杨瑞. 绿色金融支持节能环保产业影响因素研究 [D]. 河南财经政法大学，2020.

[10] 徐翔，汤尚颖. 生态投资的内涵及其哲学思考 [J]. 理论月刊，2005 (11): 30-32.

[11] 汤尚颖，徐翔. 准确理解生态投资的内涵 [J]. 理论探索，2004 (6): 86-87.

[12] 刘红辉. 基于复合地产理念的公益性项目商业化运作模式研究 [D]. 重庆交通大学，2014.

第18章 绿色产业园投资

绿色产业园区是绿色产业发展的重要载体，绿色产业园区投资是绿色经济发展的必然选择。绿色产业园区投资是实现经济转型升级及可持续发展，走资源节约型、环境友好型发展道路的重要方式。绿色产业园区投资不仅包括规划和新建全新的绿色产业园区，而且还包括传统的产业园区的绿色转型升级改造。绿色产业园区投资在规划设计阶段就开始贯彻绿色经济理念，在产业园区的空间格局方面，实现对土地的集约、节约、有效利用；在产业园基础设施建设方面，保证园区工业废水、废气、废渣等废弃物处理设施的先进性和完备性，同时推行绿色建筑，使用节能产品和技术，保护好、利用好园区的生态资源；在招商引资方面，引进绿色节能环保企业；在园区运营方面，培养园区企业的社会责任感，推进园区企业的技术创新。截至 2019 年 11 月，我国绿色产业园区名单中共有 120 个园区，其中东部地区 43 个、西部地区 47 个、中部地区 30 个。2020 年 7 月，国家发展改革委正式开展绿色产业示范基地建设工作；2020 年 12 月，《绿色产业示范基地名单（拟）》公布，共有天津经济技术开发区、河北武安工业园区、山西大同经济技术开发区等 31 个基地入选。

18.1　绿色产业园区的内涵

绿色产业园区是指贯彻落实可持续发展观，力求清洁生产，坚持遵循工业生态原理和循环经济理念，完善、创造物质循环及能量循环的方式，以最终实现物质闭路循环、能量多级利用以及废物最少化的目标，从而形成资源共享和副产品互换的产业共生组合，最大限度地提高资源能源利用效率，从工业生产源头上将污染物的产生降至最低的一种新型工业园区。绿色产业园区是绿色产业聚集的运营平台，是一个城市或地区发展绿色经济、完善绿色建设、调整产业结构的重要载体，同样也是衡量地区绿色经济发展水平的标杆。根据工业和信息化部《工业绿色发展规划（2016—2020年）》，绿色园区是以企业集聚化发展、产业生态链接、服务平台建设为重点推进建设的。

18.1.1 绿色产业园区的类型

根据不同的角度，可以将绿色产业园区分为多种类型。

（1）从发展模式的角度，可以将绿色产业园区分为改造型、虚拟型和全新规划型。改造型绿色产业园区是指以绿色技术改造现存的企业，在一定区域内的成员企业建立物质和能量的循环链接，使其成为一个整体。国内的改造型绿色产业园区可以福州经济技术开发园为例，国际上也有美国 Chattanooga 生态工业园区等。虚拟型绿色产业园区是指成员企业不一定在物理位置上位于同一区域内，而是通过计算机数据库及模型的方式，通过计算机网络构建各成员企业之间的物质和能量循环链接，省去了场地购置费用，灵活度更强。国内的典型虚拟型绿色产业园区有三钢（集团）生态工业园，国际上有美国 Brownville 生态工业园区等。全新规划型绿色产业园区是指根据相应的绿色规划与设计，从场地选取到吸引成员企业，形成产业链的整体规划建设。此类产业园区资本投入高，对成员企业的要求更加严格，对期初规划设计的依靠程度更高。国内的典型例子有南福工业生态园，国际上有美国 Choctaw 生态工业园等。

（2）从物质、能源的共生方式角度，可以将绿色产业园区分为副产品交换型和废物利用集中处理型两种。副产品交换型绿色产业园区是指成员企业通过同一产业链之间的相互联系，对各种废料和资源进行综合利用、二次利用、循环利用，将废料排放和能源浪费降到最小，不仅实现经济效益，同时保护了生态环境，实现了循环经济模式。国际上的丹麦卡伦堡式共生体系所倡导的生产方式就是副产品交换型。废物利用集中处理型绿色产业园区是指利用“原料—生产产品—产生废料—废料再生—重复利用”的生产模式进行生产的园区。国际上的日本 Kokubo 生态工业园区和德国 Pfaffengrund 工业园区均采取此种生产模式。

（3）从园区建造方式的角度，可以分为自下而上式和自上而下式。自下而上式绿色产业园区由企业自行整合，由多家成员企业自发形成绿色产业链的生态经济体，一般是由行业龙头企业为主导，通过产业集聚效应汇集行业、产业内的众多企业而形成的。日本 Kokubo 生态工业园区就是自下而上式绿色产业园区。自上而下式绿色产业园区是指由政府进行牵头规划，引进企业群体或改造整合企业群体，从而形成循环产业链的一种方式。

18.1.2 绿色产业园区的标准

根据《绿色产业园区评价导则》，绿色产业园区的建立应首先符合以下 5 个基本条件。

（1）园区应符合国家产业发展政策，按照国际和地方法律法规、规章政策等要求进行建设和管理；

（2）国家和地方有关法律、法规及各项政策得到有效的贯彻执行，近 3 年内无重大环保安全责任事故；

（3）环境质量达到国家或地方规定的环境功能区环境质量标准，园区内企业污染物排放达标，各类重点污染物排放总量均不超过国家或地方的总量控制标准；

（4）园区内企业符合所在地政府规划要求，纳入产业结构调整范围的企业，按计划进度完成调整；

（5）园区建立绿色产业园区组织机构，建立形影统计管理制度，并有专职或兼职人员负责推进工作。

此外，参考绿色产业园指标体系，绿色产业园区应在以下 4 个方面达到一定标准：规划布局与土地利用、能源利用与温室气体管理、循环经济与环境保护、园区管理与重点工程建设。

（1）在规划布局与土地利用方面，园区应注意其综合容积率、工业用地产出强度以及园区主导产业密集度。

（2）在能源利用与温室气体管理方面，园区应对其单位总产值综合能耗、单位产品能耗或绿色建筑以及公共建筑单位面积年综合能耗，进行能源利用方面的综合考虑；以及对单位总产值二氧化碳排放、可再生能源利用在能源消费中的比例，进行温室气体管理方面的考虑。

（3）在循环经济与环境保护方面，园区应保证拥有高出一定标准的工业固体废弃物综合利用率，同时单位工业总产值新鲜水耗、单位工业总产值 COD 排放量以及单位工业总产值二氧化碳排放量应在一定水平之下。

（4）在园区管理与重点工程建设方面，园区应注意其招商引资及运营的产业与园区循环经济产业链的关联度，其管理机构需通过 ISO14000 及 ISO9001 的认证，同时园区内也应设立绿色产业园区信息服务平台和绿色产业园区发展基金。在企业生产制造方面，园区也应注重其公共区域的建设，包括绿色照明的比例、工业余热回收利用、能源在线监测网络的覆盖程度以及园区内企业的能源审查是否完成、企业是否建立能源与环境管理体系等。

18.1.3 绿色产业园区的特点

绿色产业园区对节约资源和保护环境协同注重的绿色创新模式是产业园区建设发展的优秀示范。绿色创新模式注重通过调整能源结构、优化能源利用效率、改善产业结构以及实现技术进步的方式进行绿色发展，并通过绿色分配方式培养生态意识，建立绿色生活方式，从而将社会福利效应最大化。绿色产业园的运营特点如图 18－1 所示。

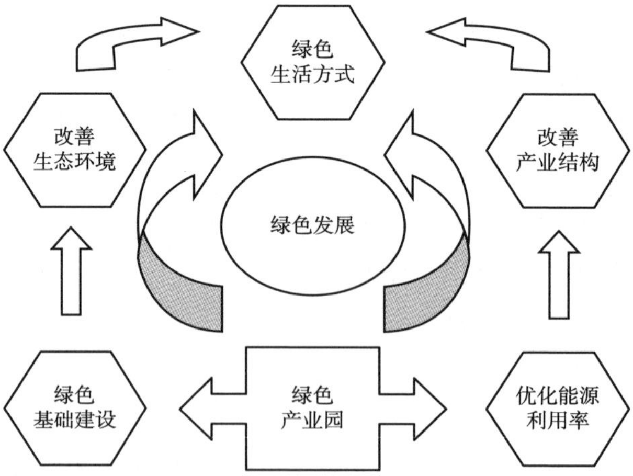

图 18－1　绿色产业园运营特点

绿色产业园区的特点主要分为以下五个方面：

第一，提高能源利用率。对资源进行节约利用，有效降低成本投入、增加产出。绿色产业园以绿色创新发展为指引，探索优化能源及物料使用效率，通过废弃物循环利用等形式降低园区内企业的生产成本，提高企业生产效益。

第二，推进绿色化进程。绿色产业园区的建设变相带动和推进了传统产业的绿色化进程。园区内企业以低污染、低能耗、高产出、高效率、能源多级利用、废物循环利用的可持续生产方式，实现了生产过程清洁化和产品绿色化。在推动园区产业链生产模式转变的同时，也对传统产业链条进行优化重组，引导园区内企业走上高科技、高效益、环境友好型的可持续工业化道路。

第三，加速人才引进。对园区内环境进行不断优化，广泛吸引人才。系统整洁的绿色基础建设、优良的交通体系、完善的园区生活设施和优美的绿色环境可以为更好地进行园区经济建设打下良好的基础。绿色园区环境可以扩大招商引资力度，更能广泛吸引人才。

第四，降低资源消耗。减少废弃物排放，降低自然资源消耗。根据绿色创新发展模式指引，园区采取控制污染、节约能源等措施，清洁生产、循环利用等生产方式减少了园区内企业给自然环境造成的负担，减小了企业的污染效应，降低了企业的污染治理与环境保护成本，有助于企业树立良好的社会形象，更广泛地获取投资者以及消费者的支持，提高企业竞争力，增加社会效益。

第五，促进绿色生产。倡导绿色生产方式，促进绿色生产。可持续发展观的深度落实可以帮助园区更好地获得政府的政策倾斜，协助园区更好地向区域可持续发展方向推进。绿色生产方式也是园区进行区域特色经济发展和优势产业发展的重要形式之一。从园区内支柱产业开始逐渐扩展至整个园区，直至形成区域发展的联动机制，在区域内发挥园区的引领作用，从而逐渐在整个区域内实现资源能源高效利用和经济可持续发展。

以上海化学工业园区为例，其作为绿色产业园区的典范，较 2013 年的单位工业增加值能耗、单位硫排放量、COD 排放量及水耗用量等均有明显的下降。上海化学工业区以节能减排、清洁生产等方式进行绿色创新发展，实现了经济效益和环境效益的协同发展。

上海化学工业园区是“十五”规划中国内规模最大的工业项目之一，园区位于杭州湾北岸，占地面积 29.4 平方千米。近年来，上海化学工业园区致力于形成高端制造产业链，以乙烯相关产品为上游、聚碳酸酯等产品为中游，以招商模式补充下游产业，最终形成三位一体的石油化工产业链。同时，园区通过引入高性能纤维及合成橡胶等高端精细化工材料，拔高产业链高度，逐步实现低成本、高产出、高效益的绿色发展目标。在贯彻可持续发展的理念指引下，园区不断进行招商引资，不断引进高端材料及产品，促进产业链的丰富和完善。

另外，园区引入一批粉料处理企业，为上游企业的副产品、废弃物寻求二次利用的空间，实现物料及能源的综合利用。从事水、电、气事业建设企业的引进，为园区带来了能量多级循环利用的可行性，在细节方面的创新性研究也促进了产业的聚集度以及能量的分级利用，为实现可持续发展踏下坚实一步。此外，园区建立了“上海化学工业区区域环境综合整治任务清单”，并投资10亿元以全面建设废物处理机制，控制污染物的排放。园区启动了13家挥发性有机物排放重点企业“一企一方案”的编排工作，并组织专家对8家企业的挥发性有机物减排方案进行了评审，后续共推动44家企业完成“一企一方案”的编制及相应年度治理工作。最后，园区出台《上海化学工业区节能技术改造专项扶持操作办法》，促进对能源设备的改造，完善能源的梯级利用，同时每年定期开展培训，提高节能管理水平。

18.2　绿色产业园区的模式

绿色产业园区的投资建设及运营管理涉及多方参与，包括政府、企业、政府与企业联合体等主体。在产业园区投资建设的不同阶段，各投资主体、各来源的资金通过不同的投资方式和渠道，实现产业园区项目的投入和退出。在投资过程中，地产开发商负责园区的土地整理、土地开发、基础设施建设等事项；产业园运营方负责项目的规划、项目招商、项目建成后的运营管理。地产开发商通过物业出售、物业出租等方式获取收益，园区运营方通过为园区入驻企业提供基础配套服务和增值服务获取收益。在融资方面，绿色产业园区的投资建设离不开资金的投入和支持，产业园区项目资本金及股东借款、银行及其他金融机构开发贷款、绿色产业投资基金、房地产资产证券化（ABS）资金、上市融资及发债等不同类型的资金，在产业园区投资建设的不同阶段为产业园区的建设和运营发展提供资金支持。在运营管理模式方面，绿色产业园管理有政府主导型、企业治理型、政府及企业混合治理型三种运营管理模式。政府主导投资型园区多采用行政主导型的管理模式，通常由政府在园区设立管委会，由管委会对园区建设和发展进行管理；企业治理型，通常由具有法人身份的开发公司对园区进行直接管理，开发公司同样承担了部分政府协调职能，高新技术开发区多采取此种模式；混合治理型则更为常见且更加合理，园区既有管委会又有开发公司，分别对园区的公共事务及企业运营等经济活动进行管理。

18.2.1 投融资模式

绿色产业园的建设离不开投融资，不同的投资主体，通过不同的投资模式，进行着绿色产业园的投资和建设。绿色产业园投资主要包括改造型、虚拟型和新建型三种投资模式。政府、企业，或者它们的联合体对现有的传统园区进行升级改造，使之达到绿色产业园的环保、技术、能源、物资等方面的绿色化要求，形成改造型绿色产业园投资；虚拟型模式，则是指投资建设依托于互联网的一个企业集群或网商集群，以发展电子商务、促进虚拟经济、实现绿色环保产业发展为宗旨的产业园；全新规划型产业园投资模式，则是直接投资新建符合绿色相关要求的产业园。相比传统产业园的融资模式，绿色产业园的融资模式除了一般传统的银行信贷融资、上市融资、资产证券化、信托融资等模式外，还包括银行绿色信贷、绿色债券、绿色基金等特有的绿色融资模式，融资渠道和融资方式更加丰富。

（1）投资模式。绿色产业园投资模式包括改造型投资、虚拟型投资、全新规划型投资。其中，改造型产业园区投资，主要包括传统产业园区绿色升级、无毒无害原料替代使用与危险废物治理、生产过程废气处理处置及资源化综合利用、生产过程节水和废水处理处置及资源化综合利用、生产过程废渣处理处置及资源化综合利用等方面的投资，从而达到加快传统制造业绿色改造升级，鼓励使用绿色低碳能源，提高资源利用效率，淘汰落后设备工艺，从源头减少污染物产生的目的。下面重点介绍全新规划型绿色产业园区的投资模式。

A. 投资主体。全新规划型绿色产业园区投资主体，包括政府、企业、政企联合体等主体。

早期，中国对产业园进行开发建设的投资主体大多是政府。通常情况下，由政府以“两牌单机构”的形式设立管理机构，将园区管委会和国有建设公司合为一个整体，但两个单位仍各自掌管不同的职能。园区管委会负责对园区的整体规划、政策方向以及行政和招商等任务进行总体管理，建设公司负责对园区基建及日常运营事务进行安排调控。伴随着园区经营、管委会治理和建设公司运营的日益专业化、规范化，众多关于地产招商开发、园区物业管理、市政基础设施建设、产业投资管理等专业公司纷纷成立。此类模式的代表园区有北京中关村、天津经济技术开发区、上海张江高科技园区、武汉光谷、苏州工业园等。

另外，由国有、民营或外资工商业地产商主导建设的产业园也由于地产行业的快速发展而在各地相继出现。早期此类产业园区大多相对不够成熟，需要依靠大型产业园区管委会进行政策、运营方面的指引，因此大多数由企业主导建设的产业园区都以附属园区的形式存在。由于企业建设和运营经验逐渐丰富，近年来由企业进行开发建设的产业园区呈现出规模大、独立承担运营服务的特点。

B. 投资方式及特点。在政府主导投资的模式下，期初建设资本主要由政府以直接投资的方式提供，或以融资担保的方式，发行长期债券或以优先股等融资行为进行担保。此类产业园区所拥有的资源相对丰富，在运营以及园区功能方面也得益于政府的身份而独具优势，在园区整体建设、招商引资以及企业运营管理方面也具有更加丰富的经验。但同样碍于政府身份以及国有化背景，政府主导型产业园区缺乏一定的市场化程度，较为强硬直接的行政手段限制了园区的创造能力和研发意识。

企业主导建设的产业园由企业自行筹集资金，通常通过传统金融机构进行贷款，或通过上市方式从市场中寻求投资者。此类产业园区在管理机制方面相对政府主导型产业园区更加灵活，管理效率也有相应的提高。在风云莫测的市场竞争中，企业作为投资者或管理者往往能够以更加大胆、有新意的方式获得更大的收益，但也由于企业投资者在资源和政策方面的相对被动性，在园区运营和资源获取方面略逊于政府主导型产业园区。此外，企业投资者相对于政府缺少引导和培养能力，在指导入驻企业发展、培养企业产业经营能力方面相对不足。

由政企联合建设的产业园由政府及企业共同出资建设。政府参与投资的模式主要有以下 3 种：参股模式、融资担保模式以及赠予模式。其中最常见的是由政府出资组建母基金，并拿出基金的 25%—35% 进行投资，并联合社会资本共同组建子基金，即所谓的政企联合体。政府投资主要用于第一阶段的建设，政府进行第二阶段建设投资在原则上的参股比例在 25% 以内，最高不得超过 35% 。

C. 投资建设与收益。对产业园的投资主要用于园区的初期建设方面，其中最为主要的一部分即土地获取。获取土地主要有招、拍、挂 3 种方式，即招标出让、拍卖出让和挂牌出让。早期为了促进招商引资，一些地方政府，特别是不发达区域的政府，在面对议价能力较高的园区开发商时，通常不惜低价出让，或者以土地作价入股，和园区开发商联合进行园区的开发。

除招、拍、挂的一般方式之外，园区也可以通过地方政府的城市更新项目以及资源置换项目来获取土地。城市更新是指地方政府缺乏旧城改造所需的市政资源以及拆迁安置成本，需要引入社会资本参与改造建设工程。社会资本可将此类项目看作一种投资，投资回报来源于一级开发整理出的土地在二级市场上拍卖后的增值部分收益。

资源置换，是在地方政府没有足够的财政资金支持园区前期开发的情况下，与开发商、地产企业等企业签订合作协议，以土地使用权、仓库厂房等建筑换取企业参与建设的方式。资源置换有两种合作模式：第一种是企业合作方对土地整理投入负责，土地使用权拍卖所得的溢价部分由协议双方进行分成；第二种是企业合作方对园区整体设施建设负责，政府用现有厂房等建筑设施换取企业接管开发建设权。此种方式相当于企业合作方代替政府进行园区建设和招商运营。

对绿色产业园进行的投资主要通过土地运营收益、园区增值服务收益、金融投资收益以及运营服务收益等方面获得回报。土地运营收益包括土地增值和出租收入两部分：土地增值是指园区从政府低价获得的土地在园区进行一段时间运营后可以获得一定程度的增值，则土地范围内相应的建筑物、厂房等租金也会相应提高；出租收入是单纯意义上的进行建筑物出租所获得的收入。增值服务收益是指为入驻企业提供信息交换、职能培训以及技能培训等服务所获得的收入。金融投资收益即项目投资，入股企业，向企业提供贷款、借款等活动所获得的收入。运营收入是指对园区内企业进行日常管理、辅助管理等活动获得的收入。

（2）融资模式。绿色产业园的开发与运营具有资金需求量大、投资回报期长等特点，从土地开发、物业开发到产业孵化、产业扶持，园区开发的全过程都离不开资金的推动。随着市场经济的深入发展，园区开发在资金运用方面不断出现新的模式。在园区开发方面，除了银行贷款、财政拨款、BOT、上市融资、发行债券等传统融资模式外，信托融资、基建基金、股权私募基金、融资租赁等新模式相继出现。在产业孵化和产业扶持方面，也出现了多种多样的资金模式，如担保公司、小额贷款公司、私募股权基金、风险投资等。在园区开发运营中，能否形成多样化的融资体系，已成为园区产业集聚的一个重要因素。

为了推动园区的发展，很多园区开发商也将自身定位为产业投资商，尝试以较少的资金撬动更多的社会化资金，从而形成一个大资金池，同时以土地入股、物业入股、产业投资基金等多种形式投资园区内企业，从而形成了资本运作—园区运营—产业集聚之间的良性循环，在这里，资本运作成为园区开发的撬动杠杆。园区进行融资的主要方式和途径如表 18 –1 所示。

表 18 –1　　园区融资模式及方式

分类		主要方式
自有资金		项目公司资本金、向集团公司或关联公司借款
银行贷款融资	国内银行贷款	信用贷款、担保抵押贷款等
	国外银行贷款	外国政府贷款、国际金融组织贷款和国际商业贷款
上市融资		国内资本市场融资、海外资本市场上市融资 首次公开募股上市（IPO）、增发新股融资
房地产资产证券化（ABS）		将缺乏流动性但有稳定的未来现金流收入资产打包，建立资产池，通过资产证券化方式，将其变为可在资本市场出售和流通的证券
房地产信托融资		贷款型信托融资模式、股权型信托融资模式、财产受益型信托融资模式、混合型信托融资模式（夹层融资型）
BOT/PPP 融资		项目所在地政府授予项目发起人或为项目专门成立的项目公司特许经营权，让其全面负责该项目的融资、设计、建造、运营等，在规定的特许期内，出售项目产品或服务，以偿还债务，回收投资并获得合理的回报

除上述一般融资模式之外，绿色产业园通常也可以通过以下方式获得融资。

A. 政策性银行绿色信贷/商业性银行绿色信贷。政策性银行是指那些主要由政府创立、参股或保证的，不以营利为目的，专门为贯彻、配合政府社会经济政策或意图，在特定的业务领域内，直接或间接地从事政策性融资活动，辅助政府发展经济、促进社会进步、进行宏观经济管理的金融机构。政策性银行服务于国家政策性金融制度，是我国政策性金融制度的重要组成部分。从这一角度出发，政策性银行在绿色信贷的推广过程中应当起到带头作用，从政策层面积极支持绿色经济的发展。我国的政策性银行主要有国家开发银行、中国进出口银行等。

B. 绿色债券。绿色债券是指募集资金主要用于支持节能减排技术改造、绿色城镇化、能源清洁高效利用、新能源开发利用、循环经济发展、水资源节约和非常规水资源开发利用、污染防治、生态农林业、节能环保产业、低碳产业、生态文明先行示范实验、低碳试点示范等绿色循环低碳发展项目的企业债券。

C. 绿色基金。绿色基金是指专门针对节能减排战略、低碳经济发展、环境优化改造项目而建立的专项投资基金，其旨在通过资本投入促进节能减排事业发展。目前，我国绿色基金主要分为 3 种，分别是交易所环保主题基金、环保产业并购基金以及 PPP 模式环保产业基金。

18.2.2 运营管理模式

与园区投资模式相对应，园区的运营模式可以分为行政主导型、企业治理型以及行政与企业治理混合型 3 种。

行政主导型园区常见于政府主导投资型园区，在早期的园区建设过程中更为常见。在政府主导投资和规划的背景下，产业园的建立总带有宏观调控的职能，建成之后也以行政管理、行政服务的方式进行运营。根据管理模式的不同，可以将行政主导型治理模式分为横向协调治理和集中管理治理两种。

横向协调型治理是指，园区所在地政府对园区的建设、规划和管理进行全方位的领导。政府在园区内设立管委会，并由原政府内相关行业或相关主管部门的主要负责人以管委会成员的身份进组管理。管委会的主要职能是协调其下属各个部门之间的事务，并不参与园区的一般建设和经营。下属各部门、各行业的一般事务管理和行业总体管理依旧由原行业主管部门进行管辖。园区内的治安、消防、卫生等公共事务由园区所在地政府进行统一管理。在此模式下，管委会相当于一个具有相应级别的政府部门，以公务员身份进行协调管理。

集中管理型治理模式出现时间相对更晚。在此模式下，园区所在地的上级市政府在园区内设立派出管委会，对园区的建设和发展进行全面综合管理。由于管委会是市级政府的派出机构，此模式下的管委会具有更高的经济管理权限。园区内部的土地规划、项目审批相应部门均由管委会设立，财政、税务以及人力等部门同样由管委会进行管理。相比于横向协调治理，集中管理使园区更像是一座微观城市，园区内各部门之间的事务并不通过协调，而是以直接管理的方式进行统筹规划，大大提高了园区的管理效率。

行政主导型治理模式的政府色彩相对浓厚，导致园区难以在企业层面进行运作。而企业治理型模式就是以企业作为园区主导开发者和管理者的管理模式。此模式在行政等级较低，或高新技术开发区中应用相对较多，由具有法人身份的开发公司而不是政府直接设立或外派设立机构进行园区内的经济活动组织。此外，开发公司同样承担了一部分政府协调职能。总的来说，开发公司直接管理园区内的土地开发、项目经营、招投标建设以及企业行业管理等经济活动，人事管理、财政以及税收等公共职能依旧由地方政府进行管理。

除上述两种管理模式外，混合治理模式更为常见且更加合理。园区所在地政府既设立管委会，又成立开发公司，由管委会对园区内公共事务进行管理，由开发公司对园区内企业运营及各类经济活动进行管理。

18.3 绿色产业园区投资的风险与控制

绿色产业园区在投资建设和运营阶段面临着多种风险，如何识别和应对风险对产业园区建设、运营和发展至关重要。财务风险贯穿于绿色产业园区投资的各个阶段，由于绿色产业园区具有投资资金量大、投资回收周期长、短期投资收益率偏低等特点，绿色产业园区投资项目面临着较大的投资风险、融资风险、流动性风险等风险，需要加强项目投融资管理、资金预算管理、成本控制等方面的工作。绿色产业园区运营专业性强，在园区产业定位、产业导入、项目招商、形成产业园区特色及竞争力等方面需要很强的运营能力和综合管理能力。如果运营方综合能力存在明显的短板，绿色产业园区运营就很难形成很强的竞争优势，也难以吸纳优秀企业入驻，难以形成良好的绿色产业集群效应，就会产生较大的运营风险，这就需要运营方具有全面、良好的运营管理能力，在运营过程中不断补齐短板，不断提升综合管理能力，保持持续的竞争优势。绿色产业作为新兴产业，受政府政策及产品技术等因素的影响较大，如果政府对相关绿色产业的优惠扶持政策进行了调整，对绿色产业园区及绿色产业的标准进行了调整，绿色产业就会受到很大的影响，尤其是那些绿色产品和服务还未在市场中完全站稳脚跟的企业，会面临退出市场的风险，其所入驻的产业园也会受到很大的影响。此外，绿色技术发展、绿色环保政策和标准、绿色产品和服务的更新迭代等都会对绿色产业、绿色产业园区及绿色企业产生非常大的影响。绿色产业园区运营方、投资方、园区入驻企业等各方，都必须加强对相关产业政策的掌握程度，把握好绿色产业产品和技术的发展方向，控制好产业风险。

18.3.1 财务风险

绿色产业园区由于开发面积大、建设周期长、投资回报周期长、所需资金量大等特点，面临着较大的财务风险。筹集到足够和恰当的开发、建设、运营资金，产生良好的经营效益，满足权益投资者和债务投资者不同的预期，是绿色产业园区投资和运营成功的关键。

第一是筹资风险。绿色产业园建设和运营需要大量的资金投入，及时筹集到建设和运营所需资金至关重要，否则就会面临很大的筹资风险。筹资渠道主要有两种：一种是股东投入的权益资金，另一种是项目公司借入资金。权益资金的筹资风险在于其收益的不确定性，由于绿色产业园投资回报周期长、前期回报率低等特点，股东在短期内很难获得可观的投资回报，如果投资收益低于股东预期收益，会给项目公司之后的筹资带来不利影响；借入资金的筹资风险主要表现为项目公司能否按时还本付息，由于绿色产业园建设期长、运营期前期现金流入少等特点，依靠前期项目收入来归还借入资金本息基本不可行，需要在建设、运营的不同阶段匹配不同来源的资金，积极拓展融资渠道，解决好现金流问题，确保按时、足额归还借入资金本息。同时，项目公司的资本结构也对绿色产业园区的财务风险影响很大，股东投入资金的增加能够在一定程度上降低财务风险。

第二是投资风险。绿色产业园区入驻的大多是绿色新兴企业，这些企业技术相对不成熟、市场知名度较低，本身就存在着很大的经营风险，这就加大了绿色产业园的运营风险及财务风险，影响了绿色产业园的效益。如果绿色产业园区运营无法达到预期的收益，就存在着较大的投资风险。如果运营期间内，不能按时达到投资方的财务目标，投资方不再继续投入资金甚至撤资，也会对产业园投资项目造成流动性风险。因此，绿色产业园区项目需要作好整体方案，引入合适的项目投资方及运营方，合适的投资方及运营方不仅具有良好的资金实力，而且更能接受项目投资收益的合理波动，这样就有利于控制好筹资和投资风险。此外，在绿色产业园区运营过程中，也存在着入驻企业租金等款项无法按期收回的信用风险，这就需要绿色产业园区在招商时引入高质量、有核心竞争力、有好的商业模式及盈利能力的绿色产业企业。

18.3.2 运营风险

绿色产业园区的运营管理具有专业性很强、涉及面广、参与者多等特点，存在着较大的运营风险。政府能否正确行使其相应职能，产业园区能否引进足够高质量的绿色产业企业，产业园区内企业能否形成好的产业集群效应，产业园区能否建立良好的品牌和形象，这些都是绿色产业园区运营管理过程中需要关注到的问题。

第一是政府职能风险。在产业园区的建设和运营过程中，政府扮演着不可或缺的管理者角色。理论上的政府管理应能够使产业园的运营和服务效率都达到一定水平，但是在实际管理工作中，政府利用的管理手段、管理效率、执行力度等方面都应根据产业园的现行状况进行综合思考，并随时调整策略，以保证能够相对准确地调动和管理各类资源。这就意味着政府需要进行动态管理、实时跟进，但信息滞后以及实际执行过程中的偏差都会给运营结果造成影响。例如，产业园的发展需要逐渐与市场接轨，政府在管理的过程中不能及时进行市场化、产业化的调整，反而更多地干预企业发展，或不能给公共设施项目提供足够资金、执行力度欠缺，导致园区发展与市场脱节。在此方面，政府应明确自身职能和定位，尽量做到不过度干预园区市场化发展，要及时获取园区各方面的最新发展状况，并根据实际情况随时调整引导策略。

第二是入驻企业质量风险。如果园区没有明确的市场定位和功能侧重，会导致入驻企业质量参差不齐；或是产业园区宣传力度不足导致园区内空地过多，为满足园区入驻率要求，降低对入驻企业的筛选标准；或仅以卖地为目的进行招商，而忽视招商企业是否为绿色产业企业，这些都会严重影响绿色产业园区运营和可持续发展。园区缺乏科学、合理的入园企业评价指标体系，会导致园区内企业同质化严重，缺乏产业链条的组建能力；招商人员专业能力不足，在选择企业的过程中过度关注经济效益，可能会忽视资源利用率和整体适应性，导致园区整体运营效率低下，经济效益无法显现，社会效益与环境效益目标难以达成。在这些方面，园区应当明确绿色产业园区定位，及时制订、更新、调整入驻企业筛选指标，并对重点指标进行定期或不定期检查，以确保入驻企业能够遵循规划，减少资源浪费。此外，园区应聘请专业招商人才，或加强对招商过程的指导和监督。

第三是产业集群风险。园区内虽有一定数量的优秀知名企业，但由于企业自身规模较小、竞争力不足，导致集群产业带动性不足，难以形成规模效益。另外，园区内企业合作意识淡薄，缺乏合作和信息交换，园区也未形成有效的信息共享机制，从而造成了产业链中各环节相互独立，阻碍了产业链条闭环的形成。此外，如果没有成熟的集群机制和政策为企业提供指引，或相关机构、体系不够完善，也不能很好地形成集群效应。在此方面，园区应建立企业间交流的机制，制订和不断完善产业园区产业集群方案，不断促进园区产业集群发展。此外，绿色产业园区良好的品牌和形象的建立，对产业园区的运营也是非常重要的。

18.3.3 产业风险

绿色产业园区是绿色产业发展的重要载体，绿色产业的发展也同样影响着绿色产业园区的建设、运营和发展。绿色产业和绿色产业园的发展面临着多方面的风险，主要包括产业政策风险、产业市场和产业技术风险等。

第一是政策环境风险。绿色产业作为新兴概念产业，发展程度和速度与其所处的政策环境息息相关。在目前市场发展进程下，传统产业的经济性要明显强于绿色产业，绿色产业、绿色产业园的进步发展主要归功于国家在能源与环保方面的激励政策。绿色产业园建设运营过程中主要面临的产业政策方面风险体现在如下两个方面：首先，绿色产业、绿色产业园的投资建设周期长、投资回报期长，若对绿色产业、绿色产业园的支持激励政策失去持续性或激励力度降低，社会资本将有较高的概率减少对绿色产业园的关注和投资力度，严重影响产业园的建设进程，并影响未来期间的投资回报；其次，绿色产业及产业园亟需标准化的、系统科学的行业标准和普遍共识。在没有纲领或标准的情况下，绿色产业及产业园的发展将受到限制，因此建立并完善标准是绿色产业园良好发展的关键。

第二是市场风险。绿色产业园及绿色产业缺乏统一完善的概念、标准和框架，增加了产业在战略定位、发展布局和市场定位方面的难度。产业园区功能和定位同质化现象突出，绿色产业园之间、绿色产业园区和传统产业园区之间的竞争越来越激烈，产业和市场整合加剧，绿色产业园区的运营和发展存在很大的风险。绿色产业作为新兴产业，产业内的企业众多，大部分规模较小而且比较零散，虽然绿色产业企业拥有极高的发展潜力、先进的技术和产品，但是若不能得到足够的市场份额，也无法形成良好的规模效应和市场竞争力。绿色产业企业小而零散的现状，使得绿色产业园区很难引进具有行业寡头垄断地位的绿色企业，很难形成产业园区的特色、核心竞争力和竞争优势。为应对市场风险，绿色产业园区在进行发展规划和决策时，应谨慎、全面考虑市场因素，随时调整市场定位及经营战略，尽早形成产业园区的特色和核心竞争优势。

第三是产品和技术风险。除了对资金的大量需求之外，绿色产业园区的发展同样对技术有很强的依赖性。目前绝大多数绿色产业正处于发展的初期阶段，相关产业的核心技术不够成熟，主要产品质量还不够稳定，主要表现为经济效益过低或者产品成本过高，阻碍了绿色产业快速发展。绿色技术的开发、绿色产品及服务的开发、绿色消费市场及消费习惯的培养都需要大量的时间和资源的投入，导致绿色产业的发展需要经历一定的发展阶段，需要不断地积累，不会一蹴而就。在绿色产业里，追求快速占领市场并确立迅速保持领先地位存在着较大风险。为应对产品和技术方面的风险，产业园区应加强对研究和开发的支持力度，全方位扶持园区龙头企业，引进创新型技术型人才，以形成并增强园区的竞争力。

【案例】中以国际科技合作产业园

中以国际科技合作产业园（以下简称“中以产业园”）位于粤港澳大湾区，由国家发展改革委、科技部、广东省政府、东莞市政府与以色列经济部共推共建，是“中以高新技术产业合作”重点推动区域，是唯一被科技部授予“国家水处理技术国际创新园”称号的国际性科技合作产业园区，同时也是国家级创业投资示范基地、东莞市科技企业孵化器与东莞市重大建设项目。

一、中以产业园建设背景与概况

在生态文明建设事业与城镇化发展的进程中，在生态、环保、节能等绿色产业与先进技术方面，中国拥有庞大的市场与技术需求、产业资源需求。以色列工业化程度较高，以知识密集型产业为主，高附加值农业、生化、电子、军工等部门技术水平较高，特别是在水处理、滴水灌溉等水资源高效利用方面有着世界领先的技术。

中以产业园以打造“世界级水谷”为发展愿景，提供国内外先进的环保产业、水处理技术和产品以及平台资源对接，以采购或合作的形式满足国内广阔的水处理工程、环保工程、机器换人工程、智慧城市工程等大型工程项目的需求。

中以产业园毗邻松山湖，建设有企业总部独栋、研发办公高层、中试生产基地、高端人才寓所等，全面满足水处理等环保科创企业全生命周期的各项需求。

二、中以产业园定位与发展介绍

中以产业园定位为国际科技成果转化基地、5G创新生态圈、华为创新产业联盟，专注四大新兴产业，抓住中国产业转型升级历史性机遇，主导未来产业方向，聚焦四大战略新兴产业。四大新兴战略包括水处理及节能环保、高端电子信息、AI及机器人、现代服务业。聚焦四大战略新兴产业，创建产业生态圈，涵盖产业基金、产业联盟、产学研机构等生态体系，促进生态内上、中、下游产业的资源整合与对接。

中以产业园基于国际科技合作的应用市场对接平台，整合以色列生态环保技术与中国市场需求的巨量资源与应用场景，为企业提供国外技术供给与国内技术需求的对接服务，对接大湾区全产业链转型升级的需求。

中以产业园致力于打造“顶级产业引擎”，成为国际科技二次转化中心。建立国际技术二次转化中心、国际成果交易中心，引进以色列及全球科技创新资源、产业项目，将全球领先科技与大湾区雄厚产业基础相结合，为进驻企业提供全球顶尖技术资产，打造国际科技合作示范基地。

中以产业园探索建立全国创业投资示范基地，探索科技+金融的融合发展模式。园区是广东第一个全国创业投资示范基地。产业园区普遍存在科技与金融、项目与资本脱节的情况，严重阻碍高新技术企业成长。园区用科技+金融有机融合的助产模式，引进金融资源投资科创企业，快速推动企业发展。

三、广东中以水处理环境科技创新园有限公司简介

广东中以水处理环境科技创新园有限公司（以下简称“中以水处理环境科技创新园公司”）专业从事国际先进水处理、环保技术的引进与应用。基于中国与以色列水处理技术合作，投资建设“中以国际科技合作产业园”项目，打

造中国水处理技术高地和产业集群。通过汇聚全球先进水处理技术、人才、项目和资本构建“一台三池”，解决国内水处理及环境治理方面的突出技术问题，并提供项目设计、研发、投资、建设及运营的一体化综合解决方案及咨询等业务。

中以水处理环境科技创新园公司的业务范围涵盖技术转移、环保工程及项目孵化服务，核心业务包含：以色列等国际环保技术转移、消化及推广应用；生态环境评估检测、水技术检测与试验等；生活污水、工业废水等市政污水处理；河道整治工程、污泥处理、土壤治理等城市治理综合服务；水处理、环保产品的研发、设计、中试；环境工程投资建设、政府合作工程、科技孵化、股权投资，以及园区建设和运营管理。

中以水处理环境科技创新园公司以中以产业园为载体，依托国家城市污水处理与资源化工程技术研究中心，整合国内外市场、资本、技术及其他软硬件资源，建立水处理行业服务平台体系（简称“一台三池”）。平台可为目标客户提供一站式服务，为区域水处理及环境治理提供系统解决方案，为项目提供市场化的技术对接，利用行业专家及经验为项目定制最佳的技术支持。公司拥有较强的技术队伍和管理团队，并与世界一流机构建立了战略合作关系，技术一直处于国内领先水平，产品在同行业中具有相对垄断性，主要以承接中以技术合作示范项目为主，同时积极开拓水处理市场。

中以水处理环境科技创新园公司基于“国际水谷”背景，建立国际技术二次转化中心、国际水技术创新研发中心、国际水技术检测·试验中心，汇聚先进技术，为项目提供最优质且具成本效益的综合解决方案。该技术池聚集了海水淡化和自来水、城镇生活污水、工业废水、污水厂污泥、河道湖泊景观水体、城市智能管网、生活垃圾处理处置、环境修复与检测等领域的单项技术和系统解决方案。技术包括：多段生物处理技术、智慧水务与环能基础设施运管分析系统——iGreen、SCADA系统与智慧水务系统、供水管网DMA专家系统。在国内广泛参与水处理领域项目，包括环保部农村水环境连片整治示范项目、广环投垃圾渗滤液处理试点项目、松山湖尾水提标示范项目、福建中水回用示范项目等。

参考文献

［1］冯楚涵．我国城镇化建设中公共投资绩效评估研究［D］．江西财经大学，2019．

[2] 孙成龙．我国地方政府公共投资效率研究［D］．浙江财经大学，2015.

[3] 鲁官友，曹向阳，苏少锋，等．中建绿色产业园的研究与探讨［J］．绿色科技，2015（12）：294－296＋299.

[4] 禹湘，等．国家绿色园区发展报告（2018）［M］．北京：中国社会科学出版社，2018.

第六篇

绿色价值与绩效

绿色经济学追求的是更为全面的价值体系，而不仅仅是经济价值体系。在绿色经济学中，绿色价值包含生态价值、经济价值、社会价值、文化价值、政治价值等全面的价值体系。在实现这些绿色价值的过程中，需要对绿色价值和绿色效益进行评价，以便更好地促进这些价值的实现。绿色价值和绩效评价体系，相比传统经济学的价值和绩效评价体系更为科学和完善，绿色 GDP、绿色绩效结构、绿色绩效指标等是绿色经济学所特有的价值与绩效核算评价体系。对绿色价值和绿色绩效的追求，可以形成绿色竞争力。绿色竞争力无论是对企业、产业的发展，还是对城市、国家的发展，都具有重要的意义。绿色竞争力也是科学发展和可持续发展能力的具体体现。

第19章 绿色价值

绿色价值是绿色经济学研究的核心问题之一，绿色价值的研究主要是研究绿色经济能为经济和社会发展带来什么样的价值。与传统经济学研究不同，绿色经济学所研究的绿色价值具有更广泛的内涵和外延，而且具有更为深刻的意义。传统的经济学研究框架对价值的研究，主要局限在可计量的经济价值方面。绿色经济学则构建了更为全面的价值研究分析框架，对生态价值、社会价值、文化价值、政治价值等抽象的价值体系进行研究，并积极寻求绿色价值的确认、计量和评价方法。绿色价值的研究，对绿色经济学理论和实践的发展完善具有重要意义。绿色价值是经济社会绿色可持续发展的重要的有机组成部分。

19.1 绿色价值概述

绿色经济是一种以实现经济、环境、社会三个层面的协调发展为目标，以保护和完善生态环境为前提，以绿色投入及绿色创新为动力，通过资源循环高效利用等方式推动经济系统的绿色化，实现经济可持续发展、资源节约、环境改善、人类幸福的新型经济形态。绿色经济追求生态化的经济发展、高层次的社会进步、节约和保护资源环境，以生态、平等、民主作为指导原则，注重整体主义和可持续发展，能从根本上解决主流经济发展的矛盾和问题。

19.1.1 绿色价值的概念

目前，对于绿色价值的研究主要围绕两个概念展开：环境价值与环境资源价值。

（1）环境价值：指自然环境对于人类的社会生存与发展的价值，主要体现在人类对绿色、清洁、健康环境的需要与追求，能够为人类的生存与健康提供的必要价值。环境的好坏代表着环境价值的高低，包括空气质量、水体质量、土壤质量等都是评价环境价值的主要指标。

（2）环境资源价值：指的是人类经济社会发展所依赖的自然与生态的资源，如空气资源、水资源、矿产资源、土壤资源、森林资源、动物资源等，是经济发展的基础生产要素，具有一定的经济价值性、公共性、区域分异性等特征。

二者都强调环境与自然资源在经济社会发展中的价值性，并同时在社会经济发展中将环境资源作为重要的生产要素进行描述。

19.1.2 绿色价值的外延

在传统经济学的理论中，没有劳动参与、无法产出经济利润的资源是没有价值的资源，也意味着在传统经济学中，自然环境与生态资源的价值是不被认可与接纳的，但是随着近代环保意识的觉醒与绿色经济学的崛起，自然环境与生态资源内部蕴含的绿色价值被发现与研究，形成了以评价自然环境与生态资源价值为核心的绿色价值观。

绿色价值观极大地丰富了传统价值观的内涵，也扭转了传统的片面追求经济价值的价值观念。在人类社会的财富中，除了物质财富外，社会的和谐、生态的平衡、环境的友好等非物质财富也是极其重要的，而这些财富所体现的价值正是绿色经济所追求的绿色价值。对绿色价值的追求，是实现人类经济和社会绿色可持续发展的必然选择。

传统经济学对价值的确认和计量存在很大的缺陷，对传统经济理论无法量化的价值选择性地忽视，殊不知，其中就包含着巨大的绿色价值。由于很多的绿色价值是抽象的，传统的经济学理论和工具无法对其进行确认，更无法进行计量。绿色经济学正在着力解决这些问题，并且取得了一些理论和实践上的突破。例如，针对全球气候变暖，以及气候异常频现的现状，碳排放和碳交易理论体系被创造出来，并在全球范围内得到实践和推广，而且理论体系在不断完善，实践范围在不断地扩展，在应对全球气候变化方面取得了很大的成就。

19.2 绿色价值的构成

绿色价值具有丰富的内涵与意义，其遵循了绿色经济学的精神与核心价值，按照现代经济学来衡量绿色发展与生态环境在实际社会经济发展与人类长期生存发展中的作用与价值，主要包括生态价值、经济价值、社会价值、文化价值与政治价值。将绿色经济放在实际的人类社会发展过程中进行价值的衡量与辨析，可以让不能被数字化的、不易被察觉到的价值在经济发展中得到相应的重视。

19.2.1 生态价值

生态价值是绿色经济价值的直接体现，绿色经济能够体现出自然环境的价值。在绿色经济学中，自然环境作为一种能够主动为人类发展提供服务的资本要素，是与土地、劳动力、资金等稀缺资源等同的资源要素。传统经济学只关注经济效益方面的资源价值，认为经济系统只需要与经济相关的货币、资产等价值的计量，保持经济循环的封闭性与独立性，不断增加资本等生产要素的投入，经济发展便能持续下去，不受其他条件的约束。但是，对资源不加约束地使用与对环境的破坏，使得经济发展受到了阻碍与限制，经济建设与社会发展过程中的生态价值的重要性也开始体现了出来。绿色经济学将生态价值作为绿色价值的重要组成部分，生态价值的理解与使用，使得对自然环境与生态资源的保护成为经济发展过程中需要严格评判的方面。在经济运转的各个环节考虑生态价值，尽可能地保护自然环境、减少对环境的污染与破坏，才能实现绿色可持续的经济发展。

绿色发展充分利用生态环境资源，提高可再生能源的比例，减少经济发展对矿石资源的消耗，逐渐摆脱对化石能源的依赖，通过循环利用达到低消耗、低排放和高效率的目的。从源头上避免全球变暖、酸雨、雾霾等公共环境问题的产生。绿色技术的发展和产业升级促进清洁生产，减少了生产过程造成的环境污染问题。有意识地治理生产过程产生的废水废气等污染物，减少对自然环境的损害。绿色经济生产的产品一方面能够回收利用，节约自然资源；另一方面，产品不会对自然环境和其他生物产生二次伤害，比如，可以降解的塑料制品。通过开发清洁生产产业、生态旅游产业、绿色农业等绿色产业链，充分利用自然资源，在经济发展的同时做到保护环境，减少碳排放，在实现产业升级带来经济价值的同时，保护好我们赖以生存的生态环境。通过绿色经济发展，治理过去盲目追求经济发展造成的污染问题，修复过度发展给生态环境带来的损害，维持生态系统的自我修复能力，保持生态系统持续的生态价值。

19.2.2 经济价值

绿色经济价值与传统经济模式成本和收益所对应的价值是有所不同的。传统经济模式更注重短期利益的实现，投资者会选择初始投入少、短期内就产生回报的项目。绿色经济学要求从整体看问题，追求经济、环境和社会的可持续发展。仅从初期投资来看，传统投资成本可能低于绿色投资成本。但由于绿色经济模式在投入初期就考虑了投资过程中和投资完成后对环境污染的防范，在整个经济实现过程中都注意环境保护，因此只需要付出部分环境防治成本。传统经济模式投资时只考虑经济效益，虽然初期投资成本低，但投资过程中不可避免产生环境污染问题，后续还需要付出环境治理成本。由于传统投资模式将经济发展与环境保护割裂开来，没有形成整体发展的意识，导致后续要在环境治理上投入大量成本。

另外，从产生的收益来看，绿色经济是实现可持续发展的一种方法，可产生长久的、可持续的利益，在较长的时间内都能带来源源不断的经济价值。传统投资模式是对资源不合理的消耗，带来环境破坏，当环境资源不足以承载这种经济发展模式时，收益也随之减少，甚至为零。所以，从收益角度看，绿色经济带来的收益更多；从成本角度看，绿色经济的投入更低。综合来看，绿色经济能够产生更多的经济价值。

19.2.3 社会价值

绿色经济的价值不仅体现在经济发展和生态价值上，还体现在社会进步上。绿色经济认为，社会进步不仅包括总体的生产和分配的宏观体制改革，还包括环境保护、教育体系、医疗服务、社会保障、公民福利等方面的提升与改善。绿色价值中的社会价值主要体现在预防、恢复或补偿经济行为所造成的环境损失。

绿色经济发展一方面通过减少污染，优化人类生存环境，给人带来身体上的健康享受；另一方面，绿色生态环境带来美的体验，切实地从人民生活的各个方面满足了人民对美好生活以及对优美生态环境的需要。

交易能使每个人状况更好。在贸易中往往存在着竞争，贸易和体育竞赛不同，不一定是一方胜利而另一方必然失败，它可以达到“双赢”的效果。绿色经济的社会价值还体现在我国国际影响力的提升。自工业革命以来，全球贸易和投资不断增加，生产力与技术的进步使各国之间的经济贸易往来愈加频繁，各国之间更加紧密地联系在一起。通过发展绿色经济，可以规避全球化带来的负面影响，如污染物的国际转移，并且，赢得国际贸易规则制定的话语权，形成我国的绿色认证体系，提高我国的国际地位和全球影响力。

19.2.4 文化价值

绿色经济价值还体现在文化价值上，文化是经济发展和社会进步的思想基础，文化决定了一个地区经济发展的方式并约束着社会制度。绿色文化价值体现在培育地域文化上。对特定区域的绿色经济发展的思维模式和思想观念产生重要影响，文化包括价值观念、意识形态、民俗习惯等内容，还包括绿色思维的价值导向、思想观念等。

通过绿色文化宣传教育和舆论导向，转变社会群体固有的思维观念，培养人们的绿色思维和绿色价值。实行绿色信息公开化，增强市场、民间和社会公众的参与度，使其及时、准确地了解和掌握有关共享资源和污染程度的相关信息，营造社会绿色可持续发展机制，为绿色发展铺垫良好的社会文化基础。

绿色文化是形成绿色竞争力的一项关键要素，没有正确的绿色发展意识和观念，就无法形成可持续发展的竞争优势。绿色文化包括绿色精神、绿色价值标准、绿色经营思想等，贯穿于社会及企业经营过程的方方面面。绿色企业文化所倡导的绿色价值观，无形之中影响着民众的价值取向。

19.2.5 政治价值

绿色政治是从政治学的生态视角的研究，去研究政治行为对自然环境与生态资源的影响，目的是寻求有利于政治发展和社会变迁的环境，包括社会环境、政治环境、经济环境、自然环境等。绿色引导下的政治理论的发展是社会制度建设的基础，提倡公民主体地位，鼓励公民积极参与环境问题与其他政治议题，对调动公众政治参与积极性、促进协商民主的发展有重要意义。此外，绿色政治理论是对传统政治理论的批判，它对政治过程中丰富的政治现象有独特的解释，可以丰富中国的政治思想和政治实践。

马克思主义生态观是马克思主义中关于解决生态问题十分重要的一部分，是绿色政治理论的一个主要流派。马克思主义生态观认为，人与自然是辩证统一的关系。马克思主义生态观不仅为解决生态问题而强调人与自然之间和谐共处的关系，还对人与人之间、人与社会之间的和谐进行了探究。马克思主义生态观既在实践中促进了人与自然、社会的和谐发展，又在方法论领域指导了绿色发展观的构建，为我们指明了生态文明建设的目标和方向，对生态社会的建设具有重大的现实意义。

19.3 绿色价值的评价

由于自然环境与生态资源的公共物品性质，以及人类社会的认知水平和对绿色价值评估技术的限制等原因，只有部分环境与生态资源的物品或服务的价值能够在经济市场中得到认同与定量评估价值。大部分自然环境与生态资源的价值都无法在市场中通过定性或是定量的方式体现在经济运作系统中，需要通过对绿色价值应用特定的评价方法将其定性或是定量地揭示出来，使绿色价值尽可能地以其真实评估的价值进入经济循环与市场的运行过程中去，实现自然环境与生态资源的合理利用和最优配置。评价绿色价值的方法大体分为直接市场评价（直接评价）、揭示偏好价值评价（间接评价）、陈述偏好绿色价值的评价（间接评价）三类，不论是何种评价绿色价值的方法，其理论的核心都是以“支付意愿”作为定性与定量化评价的参考对象。

19.3.1 直接市场评价法

直接市场评价法通常用于环境因经济行为发生变化时，绿色价值相应地发生改变，存在着一个变化过程，可以对环境变化前后的状态进行对比，通过比较前后之间的差别，从而进行绿色价值的确定。

（1）变化—反应方法：即敏感性分析方法，通过一定的手段评估环境变化给生产出的产品造成的影响的物理结果；依据相关的市场数据支撑与分析，得到修复弥补该环境变化给产品造成影响的成本，对绿色价值进行评价。

（2）生产率变动法：通过分析自然环境与生态资源的变化对经济循环与市场运行的影响，特别是对生产成本、经营利润、运行效率的影响进行定性与定量的分析，从而进行绿色价值的评价。

（3）疾病成本法和人力资本法：通过分析估计自然环境与生态资源的变化给当地居民可能造成的健康问题，并通过对这些健康问题进行定量的评价，以此进行绿色价值的评价。

（4）机会成本法：通过分析某项自然环境与生态资源投入某项经济业务之后，在其他用途与模式下放弃的能够达到的最大的收益，进行绿色价值的评价。适用于对自然保护区或有唯一性的自然资源的开发项目的评估。

19.3.2 揭示偏好价值评估法

揭示偏好价值评估法主要通过自然环境与生态资源的“社会偏好”与“支付意愿”进行评价，通过相似资源对比参考的方法，进行绿色价值的间接评价。

（1）内涵资产定价法：该方法是通过社会中的人购买或占有具有类似属性的自然环境与生态资源时愿意支付的价格，对该绿色价值进行间接评价的方法。

（2）防护支出法与重置成本法：该方法是根据社会在该自然环境与生态资源遭到破坏之后，为修复与保护环境愿意支付的价值，以及为了防止环境被破坏，愿意支付的预防环境破坏的资源的价值，以此为基础进行绿色价值间接评价的方法。

（3）旅行费用法（travel cost approach）：该方法是通过评价与该自然环境与生态资源类似的风景区、旅游区，社会人民愿意为其支付的旅行费用及在旅行方面能够得到的产值，进行绿色价值间接评价的方法。

19.3.3 陈述偏好法

该方法主要采用的是通过意愿调查价值评估的途径进行绿色价值的简介评价，对于某些不易确定的绿色价值，可以通过采取这类方法进行评价。

（1）投标博弈法：通过将该绿色价值向市场进行公开招标，针对投标竞标的具体情况，对绿色价值进行间接评价。

（2）比较博弈法：通过将其与其他可评价的资源进行比较，了解市场对两个或是多个资源的选择意向或是调查受偿意愿，对该绿色价值进行间接评价。

（3）无费用选择法：通过询问市场上自由独立的被调查者，让其在不同的无费用方案之间进行比较与选择，在每一个方案都不用付钱的前提之下，通过调查与分析方案选择意愿，最后通过比较，进行绿色价值的间接评价。

在实际的绿色价值评价的过程中，应合理地选择多种方法与途径，设计合理的绿色价值评价的方案，避免采用单一方法形成局限性而造成的绿色价值评价的误差。

参考文献

[1] 庄国泰．大力弘扬生态文化传播绿色价值观念共同推进生态文明建设［J］．绿叶，2020（Z1）：6－10.

[2] 李平沙．为生态文明建设注入文化力量——“倡导绿色价值观念，推进生态文明建设”座谈会侧记［J］．环境教育，2019（11）：18－19.

[3] 李波波．流通企业绿色价值链的模型构建与实施策略［J］．商业经济研究，2019（12）：108－110.

［4］韩万渠，原珂．绿色价值链推进环境协同治理可持续发展机制探究——基于公众环境研究中心的个案考察［J］．党政研究，2019（2）：95－102.

［5］孙宝连，闫秀霞．企业实施全面绿色管理的绿色价值与生态文明效应［J］．经营与管理，2018（9）：33－36.

［6］龚天平，李茜．作为经济伦理的绿色价值理念［J］．广东社会科学，2018（5）：71－78.

［7］任帅军，肖巍．作为人权价值的“绿色”价值［J］．上海交通大学学报（哲学社会科学版），2018，26（4）：31－38.

［8］郑阳，江仁涛，王青．岷江上游森林碳汇绿色价值核算研究［J］．农村经济与科技，2017，28（23）：86－89.

［9］甘绍平．寻求共同的绿色价值［J］．哲学动态，2017（3）：5－14.

［10］陈小平．实干创造绿色价值 责任淬炼生态文化［J］．中国生态文明，2016（6）：28－29.

［11］陈秀芳．绿色商业模式下企业绿色价值实现的影响机制研究［J］．安徽行政学院学报，2016，7（2）：77－81.

［12］陈叶军．绿色 GDP2.0：将绿色价值纳入制度设计［N］．中国社会科学报，2015－04－22（A02）.

［13］秦寒，王景敏．制造型企业产业升级驱动因素与实现路径研究——基于绿色价值链的视角［J］．长春理工大学学报（社会科学版），2014，27（11）：69－71.

第20章 绿色绩效

从经济学角度上讲，绩效既要考虑投入，又要考虑产出，是在一定条件下进行一定的行为及由该行为取得的某些成果。绩效评价通过基于合理指标体系的数理统计，对某一主体在特定时期内的行为结果进行了客观、准确的量化评价。传统绩效并未体现政府、企业的各类活动对生态环境和社会环境的影响。

我国经济进入高质量发展阶段，重点是可持续发展，统筹人与自然的和谐发展。为了更好促进各部门和各主体进行绿色经济活动，就应该进行绿色绩效评价。绿色绩效就是政府、企业投资绿色产业、绿色项目等所达到的效率或效果。实行有效的绿色绩效评价，能够帮助政府和企业发现投资的绿色项目中的不足，从法律和制度层面督促各利益相关方推进可持续发展，使生态文明建设融入经济、政治、文化、社会建设全过程和各方面。

20.1 传统 GDP 与绿色 GDP

GDP（国内生产总值）是一个宏观经济指标，在世界范围内被各国、各地区、各国际组织及研究机构所广泛应用。美国经济学家萨缪尔森（Paul A. Samuelson）曾明确反对以 GDP 指标作为评价经济增长、社会发展程度的唯一标准，但他也同样表示，“GDP 和国民收入账户的其他指标虽然看起来不可思议，但它们的确是 20 世纪的重大成果之一”。联合国统计署发布于 1993 年的《综合环境与经济核算手册》中引入了环境经济综合核算体系（SEEA），并首次正式提出了“绿色 GDP”的概念。绿色 GDP 也称生态国内产出（Environmentally Adjusted Domestic Product，EDP），它在原有 GDP 的基础上进行环境因素调整，将原本计算入经济活动投入的环境成本或投入从 GDP 中去除进行单独列算，即将环境成本作为额外投入，从经济总量中剔除。

20.1.1 传统 GDP 的局限性

传统 GDP 是指在一定时期内，一个国家或地区的综合经济活动产出的所有最终产品和劳务的价值总和。GDP 是国民经济核算体系（SNA）中用以计算国民经济增长速度、衡量一个国家或地区经济社会是否进步的最重要的核心指标、总量指标。GDP 是各类行业在其核算期内产出增加值的综合，也是当期社会新创造财富的价值总量。GDP 概念自被提出以来至今经历过两次较大的改动，如今普遍适用的 GPD 指标具有宏观性和可比性的显著特点。GDP 有三种表现形态，即价值形态、收入形态和产品形态，是第一产业、第二产业和第三产业的增加值总和。

国民收入核算是衡量一个国家发生的所有经济活动的一种手段。因此，每个人任何有经济价值的行动都应该被包括在内。衡量是否有价值显然受到主观判断的影响。标准经济学的假设往往没有受到挑战。它的主要假设是做任何事都比什么都不做要好，这解释了凯恩斯众所周知的一个说法：最成功的经济体仅仅是挖洞，然后填满它。GDP 和 GNP 是两个重要的传统指标，这二者之间的区别取决于是否包括在海外赚取国民收入，自从快速全球化开始以来，GDP 已经成为经济学家和决策者的首选指标。然而，GDP 同样存在缺陷，直观的表现形式和重要的指标地位也无法掩盖 GDP 忽略资源环境消耗的严重问题。

政策制定者认为，如果没有方式评价经济目标的完成情况，我们的经济就无法运行。20 世纪 70 年代以前，大多数发达国家将 GDP 作为衡量“经济活动”的基本标准。这遭到了环境保护主义者和绿色经济学家的强烈反对：“GDP 作为衡量经济实现目标方式是根据其包含的商品的市场价格计算的。一方面，GDP 并没有将我们并不真正需要的商品，和我们的健康必须依赖的未受污染的水、空气和食物等必需品区分开。另一方面，用于计算 GNP 的市场价格给我们的幸福提供了最具迷惑性的指示。”

王树林等在《绿色 GDP：国民经济核算体系改革大趋势》中提出，“把 GDP 的增长作为经济增长、经济福利增加、居民生活水平提高的主要标志，会引导人们自觉不自觉地去追求产值、攀比速度，而不顾资源的减耗、降级和环境恶化”。《资源与环境经济学》一书也曾表示，现行的 GDP 核算对经济活动中的环境资源利用部分进行计量，其计算过程中所扣除的中间消耗仅限于以往生产过程中生产出的产品，不包括自然环境提供的物质和服务。这种核算方式仅体现了经济产品积累的正面效益，并未考虑到自然环境资源存量减少的负面效益，从而更容易导致经济规模和经济增长被过高地估算，使总体经济运行情况脱离实际。此现象在以矿产、土地、水资源等初级自然资源产出为主要收入来源的国家和地区之中尤为明显。

新西兰女权主义经济学家玛丽莲·瓦林（Marilyn Waring）在她的《妇女计算书》一书的“序言”中写道，她从作为新西兰公共账户委员会成员的经历中认识到国民账户的重要性。UNSNA（联合国国民账户体系）并没有核算她所关心的要素，比如无污染的环境，安全的饮用水，国家公园、人行道、海滩、湖泊、贝壳杉的可获得性、清洁能源。它们没有计入个人消费支出、一般政府支出或国内资本总额。然而，这些会计系统被用来确定所有公共政策。由于环境实际上没有任何效果，因此政策措施可能没有“价值”。部分 GDP 的批评者认为，用 GDP 来衡量经济发展有以下 4 个主要问题。

（1）忽略了部分经济活动。GDP 忽略了社会上未实现市场化的经济活动，比如女性的家务劳动等。世界上以自给自足为基础的经济体和发达国家依赖于更宽泛的经济的主要经济体不考虑女性在经济上的价值。女权主义经济学家指出了对母亲的价值低估：她们所需的复杂技能（包括治疗、哺育、营养、心理、外交、教育等）都被忽视了。目前衡量经济活动的方法的不足之处在于，如果妇女外出工作并将她的孩子送到托儿所，护理的工作会在国民核算中体现，这会增加国民收入。同样，如果她购买更多的方便食品，她将刺激食品生产部门，再次导致 GDP 增加。

（2）忽略了部分成本。GDP 没有将社会经济活动中所生产的环境成本、社会灾害成本等考虑在内。绿色经济学家经常用“邮轮灾难”的例子来阐释 GDP 作为衡量国民收入的不恰当性。我们普遍认为油轮搁浅是一件“坏事”，但实际上这种环境灾难在很多方面增加了 GDP：额外清理海滩的活动；在改装中创造的工作；为遭受呼吸和其他可能长期存在健康损害的儿童提供额外的医疗工作。相反，污染和野生动物并不在国民账户中衡量，没有额外的支出来平衡这些收入。一些社会问题也能体现这一点，如婚姻分裂。离婚期间，律师的干预和酒精以及抗抑郁药物的支出增加了经济活动。离婚后，双方需要为自己提供住房、沙发、电子产品等，这又大大增加了GDP。同样的，一项不考虑活动价值的衡量指标将引导我们的经济走向歧途。因此，许多绿色经济学家支持建立“物流”会计系统，以衡量和跟踪经济中流动的能源和物资的增加或减少。GDP仅衡量货币价值和流量，而从可持续性的角度来看，我们既需要衡量经济活动的实际生态和“碳足迹”，又要衡量实际的实物资产和资源，而不仅仅是货币价值。

（3）忽视了产品分配的不平等。GDP无法反映社会经济活动中商品和服务比例以及结构，无法将生产出来的产品进行分配。即使国民收入衡量了正确要素，它们在衡量人类福利方面仍然不足，因为他们无法分配所生产的产品。标准的国民核算忽视了分配的不平等，因此几乎没有表明该国任何特定个人的生活质量。

（4）忽视了财富的变动和积累。GDP仅仅核算了一定时期内生产的最终产品价值，无法体现一定时期内社会财富的变动情况和总量积累。国民核算是关于货币和资源的流动，但作为个人和国家，不衡量我们拥有的价值存量以及收益和支出是非常愚蠢的。“国内生产总值的不足部分源于会计制度未能充分考虑‘自然资本’……这种不完全核算的证据很多。”例如，虽然政府可能会考虑从森林中提取的木材，但它们并不考虑该森林提供的生态系统服务，包括储水、土壤稳定性、栖息地维护以及大气和气候的调节。不幸的是，失去这些基本生态系统服务的成本只有在它们开始崩溃时才会显现出来。

20.1.2 绿色GDP的内涵和特征

相较于传统GDP的缺陷，用更为全面、准确的绿色GDP来代替传统评价指标，扣除经济发展过程中对资源、环境和生态的损耗等尤为必要。联合国经社部在1993年版SNA中对绿色GDP作出了如下描述：基于可持续发展理论，以环境资源的价值变化调整传统GDP，在传统GDP核算中扣减资源损耗和环境代价后所得即绿色GDP。

绿色GDP是在传统GDP基础上的进一步修正。绿色GDP对经济运行过程中产生的环境成本和资源消耗进行了考虑和计算，可以提高一个国家或地区的经济水平的真实性，也可以反映出其经济水平和自然环境间的实际关联，更能够代表一国或地区的真实福利水平。真正的一国或地区发展应是环境资源与经济和社会的科学、和谐、可持续发展，不能以环境资源为代价发展经济。

中科院可持续发展课题研究组对绿色 GDP 给出了如下定义：

绿色 GDP = 传统 GDP －（自然虚数 + 人文虚数）。

其中，自然虚数根据以下各项进行计算扣减：

1. 环境污染所造成的环境质量下降	4. 自然资源的退化与配比的不均衡
2. 长期生态质量退化所造成的损失	5. 自然灾害所引起的经济损失
3. 资源稀缺性所引发的成本	6. 物质、能量的不合理利用所导致的损失

人文虚数根据以下各项进行计算扣减：

1. 由于疾病和公共卫生条件所导致的支出	4. 由于失业所造成的损失
2. 由于犯罪所造成的损失	5. 由于教育水平低下和文盲状况导致的损失
3. 由于人口数量失控所导致的损失	6. 由于管理不善、决策失误所造成的损失

习近平总书记曾指出，中国已经发展至新的阶段，中国的发展既要 GDP，也要绿色 GDP。对绿色 GDP 的统计、测算和评估可以提高自然资源的利用效率，同时促进社会提高对资源与生态环境的保护意识。此外，对绿色 GDP 统计测算可以树立和引导科学的政绩观、发展观，从而从监管和执行两方面共同推进经济、社会和环境的协调发展，最终实现可持续发展目标。绿色 GDP 的核心思想是即期利益与远期利益、个人利益与集体利益的有机统一，是可持续发展观的体现。绿色 GDP 对各种经济活动的生态理性、居民的生态道德观和生态责任感尤其关注，要求经济发展不得以环境的牺牲为代价、本代人的发展不得以后代人的利益为代价。可持续发展观不得以经济发展作为唯一计量指标，而是以社会、经济、文化、环境及道德等综合指标进行衡量、协调发展。绿色 GDP 核算的关键在于资源环境成本，GDP 扣减环境成本后的差值代表了国民经济增长的净正效应。绿色 GDP 在一国或地区的 GDP 总量中占比越大，该国或地区的经济增长外部效益越好，反之亦然。绿色 GDP 区别于传统 GDP 的特点如下：考虑经济要素投入产出的同时也考虑资源环境要素，能够更加客观地反映经济产出过程中的负面效应；拥有更强的计量操作灵活性。适用市场估价法及其他

非市场估价法，定价核算时根据不同情况设定不同权重和处理手段，同时应用混合计量单位、经济计量适用货币单位、环境资源计量适用实物量单位；绿色GDP相对于传统GDP更具有开放性。各国或地区间绿色GDP的相互影响主要通过非市场交易实现，是被动开发的交易行为。

20.2 绿色绩效体系

20.2.1 绿色绩效结构

绿色绩效体系是一种基于政治、经济、统计等多学科角度，以绿色GDP、绿色政策、绿色生产等项目作为绩效指标的发展绩效评价模型。其目的在于对考核对象的当前绿色发展状况进行科学客观的评价，并对不同对象的评价结果进行横纵对比，为一国、一地区政府及各社会团体提供科学依据和参考标准，帮助其制定更加精准的政策、淘汰更新落后生产方式、发现先进生产方式，从而继续走上绿色发展的道路。绿色绩效体系是绿色发展的新思路和新实践，是各地区进行可持续发展的又一理论指导。

20世纪70年代初期，曾有经济学家提出以MEW（经济福利尺度）、NEW（国民净福利）指标来代替传统的GNP指标的方式，从本质上修正传统GNP指标。但由于在经济学概念中，以上两个经济指标作为传统宏观核算指标进行核算的概念并不成熟，在实践中没有相应的规范对其进行约束，因此并未被各界广泛接受并将之推广。此后，自可持续发展观念被提出并得到全球广泛认同以来，人们对经济效益的关注焦点开始改变，对生态环境问题的关注度逐渐超过了对社会整体福利的关注。

1971年，数位科学家与麻省理工学院举行的“紧急环境问题研究”讨论会提出一种新型的测算办法。该办法对生产过程中消耗的资源和产出废弃物对环境的污染进行了计算，并发明了“生态需求”（Ecological Requirements）这个术语。“生态需求”是从生态环境中获取资源的需求与向自然界排放废弃物的需求的加总，但由于这个概念对环境资源种类及其相应需求并未作出明确界定，估算指标识别能力较差，执行能力不足，所以并未在绿色GDP的绩效评估中得到广泛应用。尽管如此，此测算办法所蕴含的在计算GDP时扣除自然资源成本和污染成本的思路却得到了各界的认可和继承。1973 年，日本政府提出了 NNW（净国民福利）指标，将环境成本从 GDP 计算中扣除，并将其应用于国民经济核算。

20 世纪 80 年代初期，世界银行提出了在世界范围内被广泛接受的“绿色核算”（Green Accounting）以及“绿色 GNP/可持续收入”概念。1989 年，美国经济学者卢佩托（Rober Repetoo）对经济发展和自然资源成本之间的联系进行了研究，并提出了 NDP（净国内生产指标）的概念。

1990 年，美国生态经济学家戴利（Herman Daly）等人经过研究，将社会成本损失计入国民经济核算，提出了可持续经济福利指标（Index of Sustainable Economic Welfare）。1995 年，世界银行首次向全球公布了名为“扩展的财富”的新计算指标，以自然、生产、人力和社会四部分资本的总和衡量全球或区域发展，更加客观地对各国家或地区的实际发展水平进行了评价。1996 年，威克内格尔（Wackemagel）等提出了“生态足迹”（Ecological Footprint）度量指标。此指标用于计算一个地区在拥有一定经济规模以及适当的人口数量的情况下，进行资源利用和废料处理所必需的生产土地面积。1997 年，美国学者康斯坦萨（Constanza）和卢布琴科（Jane Lubchenco）等人对 ESI（生态服务指标体系）进行了系统性的设计，并对人类从全世界范围的自然环境中所获得服务的总价值进行了测算。此后，众多国家开始建立适合本国情况的绿色 GDP 核算体系，探索绿色 GDP 的核算方法，以正确进行绿色 GDP 测算。

对于我国绿色绩效的发展情况，2004 年，胡锦涛总书记在中央人口资源环境工作座谈会上作出了研究绿色国民经济核算方法的指示：寻找在经济发展水平评价中扣除资源消耗、环境损失和效益的评价体系，维护人与自然的平衡关系。作为我国绿色 GDP 的理论与实践的探索起点，同年 3 月，国家环保总局和国家统计局联合启动“综合环境与经济核算（绿色 GDP）研究”项目，6 月底联合举办了“建立中国绿色国民经济核算体系国际研讨会”，明确提出建立我国绿色 GDP 核算体系框架。经过不懈的追求和探索，工作技术组先后形成了《中国环境经济核算体系框架》《中国环境经济核算技术指南》《中国环境经济核算软件系统》等成果，并于 2005 年起在全国 10 余个省市开展了绿色 GDP 试点工作。与此同时，国家统计局等机构也与加拿大、挪威等国家展开了森林资源、水资源等核算工作的合作。2006 年，国家环保总局和国家统计局发布了《中国绿色 GDP 核算报告》。随后，我国绿色 GDP 理论与实践探索陷入低潮。

但中国环境规划院等研究机构和世界上其他国家、地区的相关机构，不仅没有放弃对绿色 GDP 的理论与实践探索，而且在逐步深化对绿色 GDP 的研究，并取得了一些新的重要进展。此后，我国研究机构与世界其他国家、地区相关机构对绿色 GDP 绩效评估理论不断进行实践探索，逐渐取得了一些新的重要进展。

党的十八大首次提出经济、政治、文化、社会、生态文明“五位一体”的总布局；2016 年，以习近平总书记为核心的党中央在多个场合阐述了生态文明建设的重要性。全国各地各级政府大胆变革，也不同程度地采取了多种治理措施，为积极推进我国生态文明建设、实现绿色发展创造了新的条件。“绿水青山就是金山银山”的认识逐渐深入人心，中国的绿色发展已经取得许多积极的成就，绿色发展正在成为中国特色社会主义新的时代特征。

20.2.2 绿色绩效指标

20 世纪六七十年代以来，全球经济总量不断增加，由于传统 GDP 核算体系存在上述缺陷，环境污染、能源危机、生态破坏等问题不断加剧。从 20 世纪 70 年代开始，学界及国际组织不断进行探索，修正现行的 GDP 核算体系，力图建立一个能真实、科学反映一个国家或地区经济发展的核算体系。

经济的发展不能以无节制、不计成本地使用自然资源为代价。为了将这种观念付诸实践，需要改变经济增长的核算方式。从传统意义上的 GDP 中扣除自然资源成本、环境成本以及社会经济成本后所剩下的部分，就是绿色 GDP。经调整后的绿色 GDP 真实地、科学地刻画了经济增长和环境状况，并且更加关注社会经济的可持续发展。

GDP 核算指标是考核政府绩效更科学的标准，通过对 GDP 核算结果的分析，可以为综合环境与经济决策提供参考依据，推动低能耗、低排放产业成长，实现经济增长向集约经济转型，发展可持续性经济。具体来说，进行绿色 GDP 核算的意义有以下几点。

绿色 GDP 的核算结果提供了各地区、各部门关于资源的消耗情况、环境的污染状况和生态破坏程度的信息，成为制定该地区或部门战略定位、产业结构调整、污染控制政策的依据。同时，由于各个方面的核算指标是明确的，因此核算结果可以表明污染控制的薄弱环节，从而进一步明确未来的治理重点，加强污染物总量控制和重点源监控体系建设。

绿色绩效评估有助于科学考核政府官员的绩效，促进政府向服务型政府转变。通过转变考核官员的方式，增加环境和生态方面的指标，倒逼官员们绿色意识的加强。以前仅以经济增长考核政府官员的方式，使得一部分官员为了自身政绩，违背自然规律和经济规律，不惜以牺牲环境为代价，造成了严重的环境污染和资源浪费。同时，也有官员追求眼前利益和短期效应，忽视公共基础设施的建设，对教育、医疗等民生问题投入不足。而在发展绿色经济过程中，绿色绩效评估是改进政府政绩和干部考核的重要工具，不但能改善环境状况、治理污染，也能促使政府向社会提供更多的公共物品和服务。

绿色经济综合评价指标体系不仅能评价绿色发展现状，更能为制定绿色政策提供科学依据。绿色经济的 4 个核心要素是资源禀赋、技术进步、消费方式和发展阶段，由此，从绿色资源、绿色产出、绿色消费、绿色政策 4 个层面来构建综合评价指标体系。其中，绿色资源指标表征绿色资源禀赋及开发利用情况；绿色产出指标表征绿色技术水平；绿色消费指标表征消费模式；绿色政策指标表征向绿色经济转型的努力程度。

指标体系主要用于经济体之间发展现状的相对评价，但由于国内各省市经济发展水平的差异，使用相对值无法直接进行比较，每个指标还根据世界发展水平设定了绝对值标准，用以与世界水平进行比较、发现不足。表 20 - 1 具体介绍了每个指标。

表 20 - 1　　　　绿色经济绩效综合评价指标体系

一级指标	关键二级指标
绿色资源指标	非化石能源占一次能源消费比重、森林覆盖率、单位能源消费的 CO_2 排放因子
绿色产出指标	碳生产力、能源消耗导致的碳排放、关键产品的单位能耗指标（如吨钢综合能耗、水泥综合能耗、火电供电煤耗）、重点行业单位工业增加值碳排放
绿色消费指标	人均碳排放水平、人均生活污染排放
绿色政策指标	是否具有绿色经济发展战略规划，是否建立碳排放监测、统计和监管体系，公众的绿色经济意识如何，建筑节能标准的执行情况，以及对于小沼气、太阳能热水器、生物质能等非商品能源是否具有激励措施和力度等

（1）绿色资源指标。非化石能源包括水力资源、风能、太阳能、生物质能、核能及森林碳汇，这是一国实现绿色化的重要物质基础。单位能源消费的 CO_2 排放因子可以表明化石能源的结构差异。考虑到各地资源禀赋的差异，森

林覆盖率应与生态功能区标准挂钩。

（2）绿色产出指标。碳生产力能够直观地反映整个社会经济碳资源的利用效率和绿色技术的综合水平。此外，关键产品的单位能耗指标也能体现产品中的碳含量及提高能源使用效率的技术水平。虽然气候条件能够影响能耗，但同时气候也是产业竞争力的影响因素，所以在这里对气候条件不予以考虑。

（3）绿色消费指标。由于数据的可得性和计算的便利性，用人均碳排放水平代替人均消费碳排放水平，用以衡量一国（或经济体）人均碳需求和碳排放水平。人均生活污染排放是衡量家庭生活用能产生的污染排放的指标。

（4）绿色政策指标。政策指标是衡量政府对绿色经济发展的支持力度和贡献，是评价政府绩效最直观的指标。能源结构的转变、产业结构的升级、消费模式的改变、绿色技术的提高都离不开政府政策的引导。

以湖北省为例，湖北省发展改革委、环保厅等多部门于2017年联合制定、发布了《湖北省绿色发展指标体系》和《湖北省生态文明建设考核目标体系》，将其作为生态文明建设评价考核的依据。此考核体系从资源利用、环境治理、环境质量、生态保护、增长质量、绿色生活及公众满意度7个方面着手，按能源消费总量、化学需氧量排放总量减少百分比、重要江河湖泊水功能区水质达标率等49个评测点，以年度评价、五年考核的综合方式开展。考核的主要目的不在于硬性约束，而是对各地区落实绿色发展、完成可持续发展目标进行软性引导。另外，关于居民生活质量的指标权重为9.28%，公众满意度指标以调查、访问的方式进行主观判定。与群众获得感相关的指标占比较大，反映了有关部门及政策对绿色惠民、绿色生活的重视程度，并以此作为发展源头进行重点考核。

20.3 政府绿色绩效考核

2015年3月24日，中共中央政治局召开会议，审议通过《关于加快推进生态文明建设的意见》，提出要健全政绩考核制，实行差别化的考核制度，并将资源消耗、环境损害、生态效益等指标纳入经济社会发展综合评价体系，“大幅增加考核权重，强化指标约束，不唯经济增长论英雄”。同年9月11日，中共中央政治局审议通过了《生态文明体制改革总体方案》，再次强调了完善生态文明绩效考核制度。2016 年 12 月 22 日，中共中央办公厅、国务院办公厅印发了《生态文明建设目标评价考核办法》，将生态文明建设考核上升到制度层面，规范了考核的方式、主体、对象、内容、时间及结果应用、组织协调、能力保障等。

20.3.1 政府绿色绩效考核方式

目前，大多数国家的绿色经济参与主体主要是政府部门。政府参与主要表现为主导建立绿色经济体系、出台绿色经济相关政策、制定绿色经济重要发展战略等方面。因此，绿色绩效考核的主体主要是政府部门，也包括进行绿色发展的企事业单位。

考核工作由党委和政府牵头，政府有关部门分工协同配合，共同组织实施好该工作。同级权力机构在上级行政机构的指导下，对本级政府绿色发展进行内部考核，第三方独立机构对政府进行外部考核。外部考核通常具有很高的独立性，其权威性需要政府信息公开的支持。

考核的对象就是考核的客体。绿色发展考核属于行政考核，是上级政府对下级政府（如中央政府对地方政府）进行的行政考核，上级政府或授权机构是考核主体，下级政府是考核客体（被考核的对象）。而在地方政府对部门内部进行考核时，政府本身在考核体系中具有双重身份，既是考核主体又是考核对象。被考核的对象有市发展改革委、市国土局、市林业局等。

考核评价采取日常检查督办、半年度考查和年终综合考核相结合的方式进行。日常检查督办重点检查日常工作开展、落实情况；半年度考查重点考查、总结上半年度的工作开展、落实情况，发挥督促作用；年终综合考核发挥全面考核作用。

（1）日常检查督办。日常检查督办重点检查日常工作开展、落实情况。根据工作需要绿色发展考核评价领导小组授权办公室组织开展现场检查和督办指导，对落实重点任务严重滞后或者发生突出资源环境问题的考评对象，以发函、约谈等方式，进行预警通知，并要求限期整改。有关整改落实情况作为年终综合考核的重要评分依据。

（2）半年度考查。半年度考查成为日常检查督办的重要补充。考查时间为当年 6 月至 8 月。半年度考查重点考查总结上半年度的工作落实情况，并发挥督促作用。

（3）年终综合考核。年终综合考核每年开展一次。考核期为当年1月1日至12月31日。考核评价一般于次年第一季度左右完成，由绿色发展考核评价领导小组办公室负责组织。

考核评价程序包括：成立考评小组并公布考评办法、召开考核评价工作部署会和组织培训、现场检查和通报、考评资料数据汇总、绿色发展考核评价领导小组委托评审团审议、复查审核、审定并公布考评结果等程序。

（1）成立考评小组并公布考评办法。可考虑在政府的领导下成立绿色发展考核评价领导小组，环保、农业、水务、财政、统计、城管、监察、宣传及相关部门人员参与组成领导小组办公室。年终考核评价工作由绿色发展考核评价领导小组办公室委托评审团完成。绿色发展考核评价领导小组成立之后应及时公布绿色发展考核评价办法。

（2）召开考核评价工作部署会。绿色发展考核评价领导小组组织各有关单位召开年度绿色发展考核评价工作部署会，部署年度考核评价工作。

（3）现场检查和通报。日常检查在全年内按照定期检查和不定期抽查方式开展；半年检查在年中进行；年终检查在年末或次年年初开展，以督促各单位的相关工作。同时，考核评价办公室定期对各指标检查结果进行通报。

（4）考评资料数据汇总

A. 自测自评要求。自测自评的内容包括当年度绿色发展完成情况、存在问题和上年度问题整改情况及下年度工作计划，应遵循实事求是原则，不得弄虚作假。一般于次年第一季度提交本年度绿色发展工作实绩报告及佐证材料。绿色发展考核评价领导小组组织第三方机构对评价对象所提供的绿色发展工作实绩佐证材料进行资料审查。

B. 指标数据采集。指标数据采集以平时数据为基础。数据来源单位必要时可以对相关数据和情况进行实地核查，并于次年第一季度将指标分析、评价意见、评分依据、评分结果上报绿色发展考核评价领导小组办公室汇总。

C. 公众满意率调查。公众生态文明建设满意率调查由第三方独立机构进行，可以采取问卷调查、面谈、网络评议等方式，一般于次年第一季度完成。该调查结果用于验证及修正指标数据考核结果。

（5）绿色发展考核评价。领导小组办公室委托评审团进行审议，并开展评审团培训工作。在完成考评资料数据汇总之后，成立评审团。绿色发展考核评价领导小组办公室负责委托评审团对各考核评价对象绿色发展工作实绩报告进行集中评审和现场打分，一般于次年第一季度完成审议工作。

评审团原则上应当包含政府（党代表、人大代表、政协委员）、生态文明建设和环境保护监督员、资源环境专家、公众市民代表等成员。在实际考核评价过程中，绿色发展考核评价领导小组办公室组织召开评审会议，根据被考评单位绿色发展工作实绩报告及有关考核佐证资料，委托评审团对政府实际绩效进行综合评价。评价应遵循全面、客观、公正的原则，对被考评单位的政策制定、执行的主观努力程度、实施效果进行横纵比较，并给出评价意见。使用“单项指标分值×权重”得到各指标小分，求出总体分数，即得到最终考核评价得分。评审团考核评价之后得出考评结果，将考评分数和排名向各考评对象公布。

（6）复查审核。被考评单位对考评结果有异议的，应当在考核结果公示后向绿色发展考核评价领导小组办公室申请复核并补充提交相应的证明材料。绿色发展考核评价领导小组办公室应及时组织复核，与相关指标数据提供单位进行研究核实，反馈最终结果。

20.3.2 政府绿色绩效考核指标

按照科学性与全面性、权威性与可行性、可比性与定量性的原则，根据国家规定的相关政策和学界的研究，制定一套政府绿色绩效考核指标体系，该指标体系涉及11个经济性指标、7个社会性指标、6个生态性指标和3个技术性指标。具体如表20－2所示。

表20－2　政府绿色绩效考核指标

一级指标	二级指标
经济类指标	绿色GDP、人均绿色GDP、人均地区绿色GDP增长率、人均地区GDP增长率、工业污染治理完成投资增长率、全年工业增加值增长率、单位GDP能耗减少率、第三产业增加值、城镇居民可支配收入、城市生活垃圾无害率、人均城市道路面积增长率
社会类指标	城镇参加基本养老保险人数增加率、全省卫生机构数量增长率、城镇居民家庭恩格尔系数变化率、提供住宿的收养性机构增长率、全省造林面积增长率、森林覆盖率、人均公园绿地面积增长率
生态类指标	氮氧化物排放量减少率、空气达标率、自然生态保护区数增长率、烟（粉）尘排放量减少率（万吨）、区域内有效灌溉面积增加率、规模以上工业研究与经费投入
技术类指标	省级以上企业中心、研究与经费支出、全年技术申请量

20.3.3 政府绿色绩效考核结果

政府绿色绩效的考核结果是对干部进行任免奖惩的一个重要凭证。对机关干部的继续培训和管理应适当根据绩效考核的结果进行调整，把绿色发展任务完成情况与财政转移支付、生态补偿资金安排结合起来，并通过适当的奖惩措施提高干部对科学发展观、绿色发展的重视程度和完成程度，将以往对绿色发展的软性要求变为硬性需要。此外，评价与考核结果好坏两端的突出情况应落实到地方政府各职能部门，有利于找出差距、奖优罚劣，必要时追究部门主要领导个人责任。对完成绿色发展任务成绩突出的，要给予表彰和宣传学习；对指标完成度较差的，要进行批评教育，并责令限时整改、重新考核；对毫无绿色发展意识，且重大环境事故发生率上升的，要加强问责、予以惩戒，充分发挥考核结果的双重作用，提高和激励领导干部绿色发展意识和行动。

根据2014—2016年相关统计，在发展均衡性方面，江苏省、广东省、浙江省居于全国前3位，各类绩效指数、绿色GDP及人均绿色GDP等单独指数均列居全国前10，各省之间各指标排名差异不超过5名。在发展潜力方面，甘肃省、山西省及新疆维吾尔自治区仍有很大上升空间。在极端值方面，甘肃省、新疆维吾尔自治区及西藏自治区均出现低位运行，多个绩效指标排名均相对靠后。在人均指标方面，北京市、上海市及天津市表现相对优秀。2016年，北京市人均绿色GDP为111104.08元，上海市为110731.82元，天津市为105252.38元。表明上述三个直辖市的人均绿色发展效率较高。同时，甘肃省、云南省及广西壮族自治区的人均指标排名相对落后。2016年，甘肃省人均绿色GDP为23123.76元，云南省为26441.19元，广西壮族自治区为28872.46元。相对2015年，安徽省、上海市及北京市多个指标同时上升且幅度相对较大；辽宁省、内蒙古自治区、广西壮族自治区及河南省绩效指数、绿色GDP指数等均出现较大幅度下降；江苏省、吉林省及湖南省各指标表现情况相对稳定。

参考文献

[1] 萨缪尔森，诺德豪斯．经济学［M］．萧琛，译．北京：人民邮电大学出版社，2008：424.

[2] 欧阳康，刘启航，赵泽林．关于绿色 GDP 的多维探讨——以绩效评估推进我国绿色 GDP 研究 [J]. 江汉论坛，2017 (5)：134 – 138.

[3] GOLDSMITH E，ALLEN A，ALLABY M，et al,. A Blueprint for Survival [M]. Harmondsworth：Penguin，1972：65 – 66.

[4] WARING M. If Women Counted：A New Feminist Economics [M]. New York：Harper and Row，1988.

[5] Porritt，Capitalism [M]. 224.

[6] 刘旌．循环经济发展研究 [D]. 天津大学，2012.

[7] 潘文岚．中国特色社会主义生态文明研究 [D]. 上海师范大学，2015.

[8] 欧阳康，刘启航，赵泽林．关于绿色 GDP 的多维探讨——以绩效评估推进我国绿色 GDP 研究 [J]. 江汉论坛，2017 (5)：134 – 138.

[9] 梅义．树立科学政绩观，推进绿色 GDP 核算 [J]. 市场周刊（理论研究)，2007 (1)：94 – 95.

[10] 庄贵阳，潘家华，朱守先．低碳经济的内涵及综合评价指标体系构建 [J]. 经济学动态，2011 (1)：132 – 136.

[11] 湖北发布“绿色发展”考核评价细则 [M]. 政策，2017 (8)：78.

[12] 安利鹏．生态文明理念下的省级政府绩效评价研究 [D]. 哈尔滨师范大学，2018.

第21章 绿色竞争力

绿色竞争力是在“竞争力”评价的模型基础之上，融合绿色经济学的精神与内涵，建立起来的一套综合经济实力与绿色发展实力的评价体系。绿色竞争力是在全球化竞争与绿色经济学发展的大背景下提出的，是对可持续发展与人类长期生存发展模式的另一种思考，改变了先前在发展竞争中只顾眼前的经济利益、不顾未来长期发展的情况，演变出城市与企业等绿色竞争力模型，在为经济体实现绿色、可持续的发展方面改变了竞争的重点与方面，以竞争评价结果为导向改变了相关实体在发展过程中的目标与发展轨迹。

21.1 绿色竞争力概述

绿色竞争力在传统竞争力评价模型中，加入了绿色经济学的内涵，实现了对经济价值与绿色价值两方面的综合评价。在绿色竞争力评价的模型下，城市、企业等发展的模式与途径从以追求经济效益转向综合考虑经济效益与可持续发展能力，实现绿色发展的目标。

21.1.1 绿色竞争力概念

“竞争力”的内涵一般是指两个或两个以上的竞争者在竞争过程中所表现出来的相对优势、比较差距、吸引力与收益力的一种综合力。竞争力研究最初始于对企业及产业竞争力的关注，自20世纪80年代以来，在经济全球化和一体化浪潮的推动下，公司产品与产业层面的单个要素的竞争演变为国家政治、经济、社会等各层面综合实力的较量。

绿色竞争力是指凭借绿色经济而取得市场竞争优势的能力和专长。绿色竞争力是一个系统概念，它是由绿色资源、绿色生产、绿色管理、绿色技术、绿色文化、绿色消费等要素综合作用而形成的。绿色竞争力的概念由国外学者 Porter 于1995年提出，将绿色发展理念融入企业发展，有利于企业在市场上获得竞争优势。绿色竞争力是在竞争力研究的基础之上，将“绿色”作为一个重要的竞争力核心构成要素，对一个国家、城市、企业等组织进行评估得到的综合竞争力，其突出了绿色经济原理在竞争力评价中的地位与作用。

21.1.2 绿色竞争力的内涵

绿色竞争力是由环境绩效指数、环境竞争力以及绿色发展指数等概念引申出来的一个新词汇。当前，并未有学者明确界定绿色竞争力的内涵。要想对绿色竞争力内涵给出相对完整、比较准确的界定，需要深入剖析其本质与特征，从以下几个方面来理解。

（1）绿色竞争力应充分体现绿色经济的内涵与本质。绿色经济实质是强调原生生态和人工生态系统提供的服务功能和价值，将绿色创新和高效管理相结合，不断减少人类活动对环境生态的损害，创造新的绿色经济增长点，实现绿色发展目标，即人类福祉和社会公平提高。所谓绿色经济竞争，就是在资源环境承载的约束下，为了实现绿色发展目标而展开的全方位的多领域的竞争。绿色经济竞争既包括吸引绿色经济发展所需的各种要素与资源、发展绿色技术与绿色产品、培育绿色企业与产业、争夺绿色经济市场等绿色价值链的全方位竞争，又涉及绿色文明、绿色生产、绿色生活、绿色营销、绿色管理等各个领域的竞争。绿色经济竞争将改变传统的国际竞争格局，其能力高低正对国家、城市、组织或者公司的综合竞争力水平发挥越来越重要的作用。绿色竞争力强的国家，能够在国际绿色谈判中拥有更大的灵活性，在国际减排减贫目标设计时，掌握更大的话语权；绿色竞争力强的城市或者公司，也能在增长发展过程中占据更加有利的地位。

（2）绿色竞争力是一个综合的动态概念。这种竞争力既是经济、政治和社会发展的产物，又是历史、传统和价值体系变迁的结果。具体来说，绿色竞争力内涵既要体现各经济主体的生态环境、产业结构、能源结构与技术实力等直接参与竞争的因素现状及变化趋势，还须反映影响竞争优势的各种间接因素，包括政治体制、宗教信仰、社会观念、舆论宣传、教育水平等。究其本质，绿色竞争力既包括自然资源、土地、人口等继承的资产竞争力，又包括在竞争力环境下将竞争资产转化为增加值的过程竞争力；不仅受国家的要素条件、需求条件等影响，还与经济发展阶段、发展潜力等因素息息相关。因此，由于各主体的绿色经济竞争水平差异较大，要实现竞争资产的扩张和竞争力的提升，须不断发展过程竞争力，提高绿色资源的使用效率，加快绿色资源优势向竞争优势转变。

（3）绿色竞争力强调全球竞争的大背景。自20世纪70年代起，环境问题引起国际社会的高度关注，已经跨越国界由地方问题演变为区域和全球问题。特别是受全球金融危机、能源危机、粮食危机等多重危机影响，各国纷纷将发展绿色经济作为转型的突破口，参与并推动国际环境问题谈判，开展多形式的全球合作，为实现经济、社会、环境可持续发展奠定坚实基础。绿色经济正是在经济快速发展与环境保护矛盾日益尖锐的背景下被提出的，已成为可持续发展战略的重要内容之一。因此，绿色竞争力成为国家、城市、组织与公司等组织综合竞争力的关键组成部分，大力提升绿色竞争力是抢占竞争制高点、应对全球气候变化、增强组织综合竞争力、攸关人类生存与发展的必然要求和现实选择。谁的绿色国际竞争力高，谁就能在国际、经济与市场竞争中占据主动地位。当前，全球绿色价值链分工正在兴起，为了更好地融入国际绿色经济竞争，各国应找准自身的国际定位，挖掘各自的资源与特色，培育自身的竞争优势。

（4）绿色竞争力强调竞争的结果，即在国际市场上的最终表现。竞争力是一个相对的概念，随时间和比较对象的变化而变化。国与国之间、组织与组织之间、公司与公司之间的绿色经济竞争会改变传统的国际竞争格局，影响各国的国际竞争力水平。虽然从长远角度看，发展绿色经济有利于一国技术水平和百姓福祉的提高、增强竞争优势，但短期内，由于传统利益刚性和转型阻力等因素，绿色经济发展受到一定的阻碍。因此，转变传统的褐色发展模式、发展绿色经济将在短期内对经济发展产生一定的负面影响。这就必然要求发展国外市场，既通过国际贸易获取生产生活要素，又通过国外市场拓展国内经济，使这种负面影响最小化。所以，绿色竞争力概念应该体现各国在绿色发展模式下，以更高的效率提供更低价格、更好质量的产品与服务，保障本国经济快速发展与国民生活水平持续提高的能力。换言之，绿色竞争力需要体现获取并优化配置各种绿色经济资源要素的能力。

综上所述，绿色竞争力的内涵可以概括为：一国或者组织在绿色发展目标的约束下，以竞争力为核心，以绿色要素为主体，以技术创新为手段，吸引并优化配置绿色经济要素，不断提高配置效率，实现绿色增长与经济发展的能力。该种能力是一种包容的综合能力，既包括吸引绿色经济发展所需的各种要素、优化配置的能力，也包括提高生产效率、降低环境风险和生态稀缺性的能力，还包括扩大人类福利、提高社会公平的能力。换言之，绿色竞争力在一定程度上体现了一国或地区在创造社会财富、实现经济绿色转型、保护资源环境、推动社会进步等方面的能力。从宏观层次看，绿色竞争力是国家竞争力的重要组成部分，体现综合考虑资源枯竭、环境污染及社会保障等问题的国际竞争能力和地位；从中观的产业层次看，绿色竞争力是某个特定产业以更高的生产效率推出绿色产品和服务、满足市场需求、提高市场份额并持续获得利润的能力；从微观的企业层次看，绿色竞争力是企业相对于其他竞争对手，具有更有效地获取、培育、利用绿色资源，更大地创造自身价值，实现可持续发展的综合能力。

21.2 国家绿色竞争力评价

从事绿色经济工作的主要国际机构，相继在绿色经济指标设计方面作出不同的尝试，如联合国环境署发表了《绿色经济指标指导手册》、经济合作发展组织提出“绿色增长指标”、世界银行开发了“综合财富核算”等。国内的专家学者在绿色经济指标方面也做了许多工作，比如，北京师范大学提出的“中国绿色发展指数”、中国国际经济交流中心与世界自然基金会共同开发的“中国省级绿色经济指标体系”、福建师范大学建立的“环境竞争力指标体系”等。国内现有的绿色经济竞争力相关指标体系研究，主要集中在经济增长绿化度或生存发展支持系统板块，以及政府的引导性工作评价。根据当前国内外的研究，对国家绿色竞争力的评价主要集中在绿色基础竞争力、绿色环境竞争力、绿色事业竞争力、绿色持续竞争力 4 个方面。

21.2.1 国家绿色基础竞争力评价

绿色基础竞争力主要反映人类自身互为联系、互相影响程度以及人对自然的作用程度，是衡量绿色经济竞争力强弱的重要标志。绿色基础是绿色经济竞争力的物质基础条件，反映一国或地区绿色经济发展的“硬实力”，包括经济规模、经济结构和经济效益等内容，经济规模越大，居民消费需求越强烈，产业结构越合理，经济效益越高，则经济发展越好，绿色发展就越具有坚实的物质基础条件，竞争力就越强。

绿色基础竞争力反映经济、产业与效益发展情况，其主要考察以下 3 个方面，分别是经济发展竞争力、产业结构竞争力和绿色效益竞争力。

（1）经济发展竞争力。经济发展竞争力主要反映评价主体在财富创造、收入分配、城镇化方面的能力高低，主要包括：地区生产总值、人均地区生产总值、城镇居民人均可支配收入、农村居民人均纯收入、城乡居民收入比、城镇化率。

（2）产业结构竞争力。产业结构竞争力主要反映评价主体在农业、工业、电力、建筑业和交通业等几大关键绿色产业的劳动生产率、消费弹性、资源消耗等方面的表现，反映该主体产业绿色化和绿色产业发展的情况，是影响绿色基础竞争力的重要方面。主要包括：单位耕地面积化肥施用量、单位工业增加值水耗、电力消费弹性系数、建筑业劳动生产率、人均公共交通客运量。

（3）绿色效益竞争力。绿色经济效益竞争力是绿色基础竞争力的标志性指标，着重体现绿色经济发展带来的经济效益、环境效益、社会效益，反映了评价主体绿色经济发展的效率，既包括社会生产率水平和经济发展对各种资源的作用强度，如电力消耗强度、土地消耗强度等，还包括经济发展对贫困消除、社会公平提高尤其是妇女等弱势群体关爱提高等内容。主要包括：社会劳动生产率、单位 GDP 电耗、单位 GDP 建设用地、单位农业增加值土地消耗、女性文盲率、农村居民恩格尔系数。

21.2.2 国家绿色环境竞争力评价

资源、环境与生态既是绿色竞争的要素基础，也是人类生存与发展的基本条件。对资源的开发利用不仅会使资源的承载情况受到影响，还会影响到环境系统的平衡，一旦资源环境系统失衡则会使生态系统受损，导致整个人类生存和发展基础的恶化。绿色环境竞争力反映了一个国家或地区要素基础的强弱程度，涵盖资源禀赋与消耗、环境污染与保护、节能减排、生态退化与恢复4个方面的竞争力，是衡量绿色经济竞争力强弱的基础性指标。

根据国家规划，资源环境指标包括资源与能源效率提升、气候变化、污染减排、生态恢复四大类。因此，资源承载竞争力、节能减排竞争力、生态恢复竞争力和环境友好竞争力为绿色环境竞争力的主要考察部分。

(1) 资源承载竞争力。资源承载竞争力反映了评价主体资源禀赋、资源消耗和资源利用情况，是绿色环境竞争力的一个重要组成部分。主要包括：人均国土面积、人均耕地面积、人均森林蓄积量、人均水资源占有量、人均能源占有量、人均生活用水量、人均电力消费量。

(2) 节能减排竞争力。节能减排竞争力反映了评价主体的碳排放、主要污染物排放及清洁能源利用情况，是衡量绿色环境竞争力必不可少的内容。主要包括：单位GDP能耗、人均二氧化碳排放量、单位GDP二氧化碳排放量（一定时期内某地区生产每一单位的地区生产总值所产生的二氧化碳增加量）、人均二氧化硫排放量、人均化学需氧量排放量、人均氨氮排放量、人均氮氧化物排放量。

(3) 生态恢复竞争力。生态恢复竞争力反映了评价主体对湿地、森林、草原等不同生态系统的恢复力度，是绿色环境竞争力的一个重要方面。主要包括：森林覆盖率、水土流失治理面积占土地面积的比重、自然保护区面积占辖区面积的比重、草原面积占辖区面积的比重、湿地面积占辖区面积的比重、自然灾害直接经济损失。

(4) 环境友好竞争力。环境友好竞争力反映了评价主体的环境污染程度、环境污染治理情况和环境保护水平等，是描述绿色环境竞争力的重要指标。主要包括：单位GDP固体废弃物产生量、单位GDP废水排放量、单位GDP废气排放量、单位GDP生活垃圾产生量、工业固体废物综合利用率、生活垃圾无害化处理率。

21.2.3 国家绿色事业竞争力评价

传统经济模式一味追求经济数量的增长，忽略增长质量和人民生活水平的提高，这种经济是不可持续、缺乏竞争力的。绿色经济与其本质区别在于强调以人为本，突出社会公平和人类福祉，体现经济—自然—社会利益的有机统一。绿色事业发展是经济增长的终级目标，更是资源节约和环境友好的根本保障。绿色事业发展水平越高，体现为科学技术能力越强，教育质量越高，医疗文化水平越好，人力资源质量越高，绿色经济意识越强，越有利于扩大绿色产品和服务的需求，促进绿色生活和生产活动，更好地节约资源和保护生态环境。绿色事业竞争力反映人与人协调发展程度，是衡量绿色经济竞争力强弱的关键指标。

绿色事业竞争力主要包括社会事业竞争力和社会保障竞争力两方面。

（1）社会事业竞争力。社会事业竞争力反映了评价主体在科技、教育、文化、卫生方面的发展水平，是绿色事业竞争力的基础指标。主要包括：互联网普及率、平均受教育年限、15岁及以上人口文盲比率、每千万人口高等教育在校生数、每万人拥有公共图书馆建筑面积、平均预期寿命、每千人口卫生技术人员、每千人口医疗卫生机构床位数。

（2）社会保障竞争力。社会保障竞争力反映了评价主体在社会保障支出、养老保险参与率、医疗保险参与率、失业保险参与率和工伤保险参与率等5个方面的情况，是衡量绿色事业竞争力的重要组成部分。主要包括：社会保障支出占财政支出的比重、养老保险覆盖率、医疗保险覆盖率、失业保险覆盖率、工伤保险覆盖率、下岗职工再就业率。

21.2.4 国家绿色持续竞争力评价

如果说绿色基础竞争力、绿色环境竞争力、绿色事业竞争力构成绿色经济竞争力的三角模型，那么绿色持续竞争力就是提升该三角模型稳定性和可持续性的能力。换言之，绿色持续竞争力体现绿色经济竞争力的未来优势，反映其发展潜力或前景。根据绿色经济竞争力分层次模型对影响要素的分析，绿色持续竞争力主要包括政府、科技、资本和机遇四大要素。一国或地区可以通过提高绿色投资水平、提升科技创新能力等进一步驱动绿色转型，提升绿色经济竞争力整体水平。

绿色持续竞争力反映发展的潜力，而绿色投资竞争力和绿色创新竞争力是最具代表性的要素层指标。

（1）绿色投资竞争力。绿色投资竞争力是描述绿色持续竞争力的重要指标，反映了评价主体在资源环境、污染治理、绿色事业等方面的投资力度大小。主要包括：节能环保支出占财政支出的比重，人均节能环保支出、教育支出占财政支出的比重，人均教育支出、工业污染治理投资额占工业增加值的比重，林业完成投资额占财政支出的比重，地质灾害防治投资占财政支出的比重。

（2）科技创新竞争力。科技创新竞争力反映了评价主体在科技人员、技术成果、研发支出、技术出口等方面的能力大小，特别是研究与试验开发（R&D）的能力是衡量绿色持续竞争力的标志性指标。主要包括：万人 R&D 人员数、万人发明专利拥有量、R&D 经费支出占 GDP 的比重、规模以上工业企业 R&D 支出占收入的比重、科技支出占财政支出的比重、高技术产业增加值占工业增加值的比重、高技术产品出口额占商品出口额的比重。

21.3 城市绿色竞争力

城市绿色竞争力是在绿色竞争力的研究基础之上，结合城市发展的实际情况提出的竞争力评价模型，其核心仍然融合了绿色经济学与竞争力评价的内涵，在评价城市发展的综合实力中，综合考虑了经济、社会与绿色发展的情况。

21.3.1 城市绿色竞争力概述

随着世界工业化的不断发展，城市的建设与扩大也在持续不断地进行，城市规模变大，人口变多，企业与产业聚集，交通系统愈加复杂，社会保障与行政管理的难度也不断变大，并出现各类“城市病”，如城市环境污染、交通堵塞、资源浪费与匮乏、居民健康与生活得不到保障等等。人类社会对城市的绿色可持续性发展，以及为居民提供更好的生活环境与工作条件的需求，使得绿色竞争力的评价体系应运而生。

21.3.1.1　城市绿色竞争力的概念

城市绿色竞争力指的是城市经济社会发展在不破坏当地自然环境与生态资源的基础之上，与其他的城市相比，其在经济增长与人类社会发展的方面表现出来的对自然资源的获取与利用、提供更好的生活环境与工作条件、创造社会财富、实现经济健康发展并维持城市绿色可持续发展的一种综合性能力，是绿色经济学与城市竞争力评价的共同发展。

21.3.1.2　城市绿色竞争力的内涵

城市绿色竞争力是评价城市竞争力的一种方法，属于竞争力评价研究的范畴。在对绿色发展要求越来越高的当代，城市成为一个国家社会与经济的重要发展平台，对城市在绿色可持续性发展方面的评价变得尤为重要。绿色竞争力的评价主要着眼于城市的经济发展水平、社会治理水平同绿色可持续发展能力的相互之间的平衡，在一定程度上展现出城市在未来一段时间内的发展潜力。城市绿色竞争力的内涵主要包括以下几个部分。

（1）“绿色”是竞争力的限制性前提。城市的经济与社会发展应当是以自然环境与生态资源保护为前提，在保持绿色可持续发展能力的同时，努力发展社会经济。城市的经济与社会发展应当与环境保护是相互协调，相互促进的关系，而不是顾此失彼，不能为了快速发展经济而使得自然环境遭到破坏，也不能为了短期利益而使得城市未来长期发展的潜力被限制。绿色可持续发展的能力是保障城市居民生活环境质量与工作条件的重要能力，是促进社会健康发展的保障、城市经济与社会发展的限制性前提。

（2）强调对既有资源和能源的高效利用。一个城市的区域范围与交通能力是有限的，城市范围内能获取的资源与能源总量也是有限的，城市的经济与社会运转体系需要对能够掌握的资源与能源进行高效的利用，在保护自然环境与生态资源的同时，建立高效清洁、低能耗污染的资源节约型产业体系，利用有限的资源与能源获得最高质量的发展。

（3）可持续发展理念的具体体现。绿色发展是城市进行可持续发展的重要实现途径，绿色发展的理念与可持续发展的理念是相互作用、相辅相成的。在社会开始大力提倡可持续发展理念的今天，城市的发展过程也需要贯彻可持续发展的理念，走绿色发展之路，建立起“以人为本、绿色生态”的城市发展理念，是实现城市可持续发展的有效方式，对城市绿色竞争力的评价也是对城市在可持续发展能力方面的具体评价。

（4）市场竞争中的关键评价因素。城市绿色竞争力中传达的对资源的高效清洁利用，同样也是企业参与市场竞争的一个重要的优势。在环保意识日渐加强的今天，城市可以把与绿色发展相关的技术与产业集聚起来，对企业所需的各类资源进行更加合理和绿色的配置，实现企业的绿色发展，加强其在市场竞争中的优势。

（5）市民既是影响者，也是受益者。城市的主要创造者与使用者是居住在城市的市民，市民既是城市的主人，也是保持城市发展、维持城市运转的主要力量。城市绿色竞争力的加强，也是主要依靠市民们在保护自然环境与生态资源方面的意识与努力。同时，市民也是城市绿色竞争力提高的主要受益者。城市绿色竞争力提高后带来的自然环境的改善、居住生态的优化、生活条件的提升与污染的减少、对健康的保护，最终都是为了市民能够在城市中享受到更好的生活质量。

21.3.2　城市绿色竞争力的特征及与传统城市竞争力的区别

21.3.2.1　城市绿色竞争力的特征

城市绿色竞争力是在城市竞争力评价的基础上，将“绿色”作为核心要素进行考核，其既有在竞争力评价方面的特征，也有绿色经济学原理的影响。

（1）综合性。城市绿色竞争力是一个综合的系统概念，内容涉及面广且非常复杂，包含诸多要素和子系统，覆盖了城市运营和发展的各个部门和环节。因此，为了实现增强城市绿色竞争力的整体目标，提升城市绿色竞争力必须从全局出发，充分考虑照顾到各个子系统，而不能单纯强调其中个别要素，因为这是一项涉及面广且内容复杂的系统工程，必须着眼于整个系统，若是片面、盲目地发展，则无法提升整个系统的综合能力。

（2）动态性。经济活动是一个不断变化的动态过程，竞争也不例外。无论是竞争的内容和方式，还是一个城市在竞争中的地位，都处于不断演变之中。在某一时刻处于竞争劣势的城市，随着技术的改进和创新，有可能在未来迎头赶上，处于竞争优势地位。竞争也不是一成不变的，当今社会的竞争已不再是零和博弈，而是追求竞争和合作的双赢，因此，绿色竞争力是一个在经济发展和环境保护中动态变化的系统。

（3）相对性。竞争是由两方或两方以上主体参与的相对性活动，如果只存在一方经济体，也就谈不上竞争。竞争力是在竞争中体现的，只有两个及以上的城市相比较而表现出的特定能力，才是城市竞争力，才能为城市发展提供科学指导，发挥城市竞争力的现实意义，这是横向比较的体现。另外，竞争力水平也会随着城市发展的不同阶段而有所变化，竞争力具有纵向比较的特点，反映一个城市过去、现在和未来的发展情况。

（4）持久性。创新是保持城市发展活力的手段，具有不可替代性。城市通过绿色化创新获得了竞争力，形成了难以复制的独特无形资产，体现在生产、管理、科技、文化的各个方面。创新活动创造出有别于既有的东西，与其他城市相比，具有差异化和特殊性，这增强了企业的抗风险能力。城市的绿色经济活动，如绿色制造、绿色产品和绿色设计等，隐含了难以被竞争对手模仿的知识、信息和科技成分，并在创造和使用中不断内化，使得竞争力更具持久性。

（5）“两型”性。“两型”指的是资源节约型和环境友好型。“绿色”和“两型”均强调走生态良好的文明可持续发展道路，谋求经济发展与人口、资源、环境之间的协调有序。一方面，绿色竞争力注重绿色技术研发，减少资源消耗，提高资源利用效率，优化资源配置，实现经济效益与社会效益的统一；另一方面，绿色竞争力强调环境保护，减少环境污染，实现人与自然和谐相处。

21.3.2.2　与传统城市竞争力的区别

城市绿色竞争力与传统的城市竞争力相比，最大的区别在于引入了传统城市竞争力忽视的环境与生态因素，而环境与生态因素在一个城市的经济与社会长期发展的过程中起到了决定性的作用。传统的城市竞争力评价主要聚焦于城市经济总量的增长，主要考察的也是GDP、工业产值、农业作物产出量、就业等体现城市经济方面发展的指标，往往不能反映城市在追求经济高速发展过程中所付出的自然环境与生态资源的代价，以及对城市未来绿色可持续发展能力的透支。绿色城市竞争力更加全面与长远地将自然环境与生态资源保护相关的评价涵盖进来，对城市传统竞争力评价体系存在的短板与不足进行补充调整，将绿色经济学的理念贯穿其中（见表21－1）。

表21－1　　城市绿色竞争力与城市传统竞争力的比较

项目	城市绿色竞争力	城市传统竞争力
竞争力根源	通过提高资源生产率、进行技术创新和优化制度环境等构建经济增长的良性驱动模式	通过资源能源消耗的增多促进经济总量上升
资源利用模式	循环综合利用，资源生产率高，资源的边际收益递增，单位产出的边际排放量递减	单向单线利用，资源生产效率低，资源的边际收益递减，单位产出的边际排放量递增
管理体系	先进、灵活、高效，相对完善	落后、低效，缺陷较多，不完善
可持续性	人力资本对自然资本的替代率较高，经济增长更具有可持续性	过度依赖自然资本，难以维持经济长效增长
政策取向	立足长远，谋求经济、社会和生态环境的协调发展和综合利益	着眼于短期发展和当前利益
经济度量	绿色GDP，扣除对资源环境耗损成本	传统GDP，注重经济总量大小

城市绿色竞争力与传统的城市竞争力的评价也存在一些相同之处，二者也并非相互排斥的关系，而是相互补充，为正确评价城市经济与社会发展情况的方法与体系一同努力。随着人们越来越向往与追求美好的生活，对城市自然环境与生态资源的关注越来越多，城市的绿色可持续发展能力，成为城市竞争力评价的核心之一；而经济的发展作为人类生活与发展的基础，是城市发展的核心方面，二者主要的共同点在于：一是评价的对象是一致的，都是对城市内发生的生产制造活动与经济行为进行调查与评价，为城市进行宏观政策的实施与改进提供了重要的标准与参考依据；二是二者均是从评价城市的工业制造水平、产品与服务的生产制造与供应能力、资源与能源的集聚获取与使用能力、市民的总体生活质量与水平的角度出发，去评价分析一个城市的发展情况，为城市未来的发展规划提供可依靠的材料与方向。

21.3.3　城市绿色竞争力评价

基于经济增长和国家竞争力理论，结合绿色增长的理论内涵，并借鉴OECD绿色增长评价指标体系、“世界经济论坛”国家竞争力指标体系的设计方法，本书分别从“经济基础与科技进步”“自然资产与环境压力”“资源与环境效率”“政策响应与社会福利”4个方面全面设计并最终形成中国城市绿色竞争力指标体系。

(1)“经济基础与科技进步”反映城市的经济实力以及经济增长的源泉，包括技术进步、教育等因素，体现的是绿色竞争力第一大支柱，即“经济”。

(2)“自然资产与环境压力”以及“资源与环境效率”两个指标体现的是绿色争力第二大支柱，即“资源环境”层面的内容。“自然资产与环境压力”主要反映在城市的运营与经济社会发展的过程中，可利用的自然资产总量与环境的消纳承载能力；“资源与环境效率”主要反映各个城市的资源与环境的利用效率与产出结果。需要说明的是，城市“资源环境”内容既包括城市本身的资源环境状况，也包含经济运行过程中资源环境的使用状况，且由于绿色竞争力更加注重资源利用与环境保护，如果只设计一个一级指标并不能全面衡量资源环境所涵盖的全部内容。因此，在经过专家研讨、反复论证之后，将“资源环境”分解为两个一级指标即“自然资产与环境压力”和“资源与环境效率”。前者体现城市的自然资本和环境负荷，后者则重点反映经济运行过程中的资源环境的生产效率。

(3)“政策响应与社会福利”反映政府和社会对环境的投资管理以及人民生活质量的状况，体现绿色竞争力第三大支柱“社会”层面的内容。

在我国城市绿色竞争力评价体系基础之上，经过课题组多次研讨和论证，调整和完善中国城市绿色竞争力指标，并根据指标的可获得性，最终形成中国城市绿色竞争力指标体系，包括4个一级指标、8个二级指标以及4个三级指标。

同时，考虑到党的十九大对社会经济发展提出的新要求，以及绿色发展的新形势、新进展，本书最终确定了一级指标权重设计的思路：在城市绿色竞争力的三大支柱中，给予第二大支柱“资源环境”相较于“经济”和“社会”两大支柱更高的权重，而第二大支柱设置了两个一级指标，故将“自然资产与环境压力”“资源与环境效率”的指标权重分别定为20%、20%；同时，分别给予“经济基础与科技进步”及“政策响应与社会福利”各30%的权重。在此基础上，确定三级指标在一级指标下的平均权重，然后“倒推加总”计算出相应的二级指标权重。

21.4 企业绿色竞争力

随着绿色竞争力研究的深入，经济市场对产品与企业行为出现了越来越高的绿色环保标准与要求，企业绿色竞争力应运而生。企业绿色竞争力着眼于企业生产制造与运转过程对生产力的追求以及自然环境与生态资源保护的平衡，着眼于企业层面的绿色可持续发展能力的评价。企业发展的目标是追求经济利润，实现企业的发展与经营行为的盈利，但是如果不顾对自然环境的保护与生态资源的合理利用，企业的发展与盈利也终归是短暂、不可长期持续的。企业绿色竞争力的评价有助于企业在协调自身发展与经济利益获得的同时，实现对自然环境的保护与生态资源的高效利用，达到保持企业的长期可持续发展的目标。

21.4.1 企业绿色竞争力的内涵

企业绿色竞争力的评价对于企业的发展与运营管理来说，应该作为一种战略思想与运营方针，贯穿到企业生产运营的各个环节中。在社会愈加重视环保与可持续发展的今天，一家能够向市场传递环保理念、提供绿色环保产品的企业，能够在市场的竞争中获得更多的优势与更高的地位，实现更加健康与长期的发展。

21.4.1.1 企业绿色竞争力的特点

企业绿色竞争力是一种新的衡量企业经营实力的新方法与体系，改变了以往在追求快速发展与高利润时忽略对环境的保护问题，造成环境的污染与破坏以及资源的浪费，为我们评判一家企业的发展情况提供了新的视角。总体来说，企业绿色竞争力具有以下 4 个特点。

（1）企业绿色竞争力代表了企业的综合能力。企业绿色竞争力不仅体现在企业能够向市场提供更加绿色环保的产品与服务，更体现在企业的整体制造、技术研发与使用以及管理运营等环节中，是企业将绿色环保方面的具体优势整合与应用，转化为企业在市场中的实际竞争力的能力。

（2）企业绿色竞争力是具体存在的。企业的生产运营方面的环保标准不断在提高，企业绿色竞争力也并非一个抽象的概念，体现在企业运营适合于自身的绿色环保技术与理念，去生产出与社会市场需求相匹配的产品，向市场提供绿色高效的服务，通过企业绿色竞争力的提高，为社会提供更多的绿色价值。

（3）企业绿色竞争力具有相对性。在追求绿色竞争力的过程中，企业的选择是根据自己具体的经济业务而进行的，若企业的生产制造与运营原本对自然环境与生态资源并没有过多的污染、破坏与浪费，那么企业塑造绿色竞争力的过程相比于高污染、高能耗的企业来说便轻松得多。另外，企业提供的产品与服务在市场中的表现是评价企业绿色竞争力的最好标准，企业提高自身绿色竞争力的主要目标之一也是在与其他企业的市场竞争中获得优势，所以企业在追求与塑造企业绿色竞争力时，参考的对象与标杆往往是处于同一市场的其他企业的绿色竞争力水平，通过企业之间在绿色环保方面比较得来的相对优势，利用企业绿色竞争力在市场竞争中占据更大的优势、获得更好的经济效益。

（4）企业绿色竞争力具有动态性。自然环境与生态资源处于一个动态变化的过程中，社会与人民对于环保的标准与要求也随着时代的发展一直发生着改变与更新，同时绿色环保的理论与技术也在迅猛发展，所以企业绿色竞争力的评价标准与体系也是随之一同变化与发展的。企业绿色竞争力也存在着受到外部环境影响而变化的动态性，需要企业保持绿色环保的发展理念，动态调整绿色环保的企业发展措施，保障企业绿色竞争力的长期持续领先。

21.4.1.2 企业绿色竞争力的内涵

企业绿色竞争力的内涵主要体现在企业的生产运营中，主要包括以下5个方面：企业绿色生产、企业绿色管理体系、企业绿色供应链、企业绿色营销、企业绿色财务核算，涵盖从企业的生产制造、原材料采购、物流运输，到企业运营管理体系、市场营销等环节，将绿色环保可持续发展的理念融入企业的生产运营各个方面。

（1）绿色生产。首先，企业必须进行绿色研发设计和绿色生产，这是提高企业绿色竞争力的最基本步骤。对于像中国这样的制造业大国来说，绿色生产是亟待解决的问题。生产是否为绿色，企业必须从研发和设计的源头开始进行绿色化变革。松下电器（中国）早在2007年就已实施了“中国绿色计划”，并承诺用3年时间在中国多家工厂中实现清洁生产，而不会污染环境，不使用有害物质并提高资源利用率。另一个例子是国内的康佳电子公司，该公司通过改变生产工艺实现了无铅生产，并升级了关键设备，如回流焊和波峰焊。许多公司受到环境罚款主要是因为它们的生产过程产生的废气、废水、噪声过多。可以预见，中国的环境保护法规和处罚将更加严格，没有人能逍遥法外。

（2）绿色管理体系。企业的绿色管理体系主要是指企业的生产制造应当遵循国际公认的 ISO14001 环境管理体系。该系统包括产品生命周期环境评估、环境意识培训、机构和责任的建立以及环境指标计划。

在 21 世纪初，家用电器和电子消费品公司较早地建立了该体系。例如，联想成立了专门的环境管理部门，以制订绿色产品生命周期管理计划、绿色业务管理计划等，促进国内 PC 行业环境标准的改善。

环境保护是许多国际知名公司在选择其供应商时的重要标准与要求之一。索尼根据环境标准将其供应商分为 5 个评价等级。最高评价等级是确保供应商已通过 ISO14001 认证。对于不符合环境标准的供应商，将停止与他们的所有合作。没有严格的绿色管理体系，许多合作伙伴和商机将丢失。

（3）绿色供应链。将绿色概念融入采购、设计、物流和销售中。富士拥有完整的绿色采购系统，可限制数百种有害化学物质的生成。通用汽车使用绿色供应链管理，来减少整个供应链的能源消耗和排放，从而帮助供应商改善环境保护和资源利用。另一个典型的例子是惠普，它使用多种包装方法。各种产品可以放在一个大盒子里，这主要是为了减少包装的浪费，并显著降低收集、存储和使用的处理成本。惠普还使用产品生命周期分析工具来帮助工程师在开发产品时减少材料和能源的使用。

（4）绿色营销。绿色营销是企业获得绿色竞争力的重要环节。通过相关的营销活动，树立企业的绿色形象，鼓励消费者重新识别品牌价值，促进绿色产品的销售。这样，公司可以巩固其绿色产品的市场地位，并开放其绿色市场能力。例如，诺基亚已经推出了许多环保手机，并拥有良好的销售记录。同时，我们在全球 85 个国家/地区建立了回收站，以回收废弃的手机和配件。

（5）绿色财务核算。绿色会计用于衡量绿色成本和收益，包括环境成本、环境资产、环境负债和环境收益。这表明，环境是重要资产。许多跨国公司发布年度报告以说明其环境投资和收益，同时还发布绿色年度报告。在许多发达国家，这些绿色财务指标不仅是衡量公司绩效的重要数据，而且还影响着上市公司股票的价值。

21.4.2 企业绿色竞争力的影响因素

经济学领域竞争力的实质是经济效率或生产率的差异。尽管经济学的许多领域为竞争力的研究作出了贡献，但由于不同领域中的各种假设和分析工具不同，影响竞争力的主要因素也存在显著差异。影响普通经济学研究竞争力的主要因素是成本、价格、分工以及供求关系。在产业组织经济学中，除了通常的因素外，企业规模、产品差异化和企业之间的竞争也成为人们关注的主要因素。利用国际经济学理论研究竞争力、关税、汇率和国际分工已成为人们关注的主要因素。在商业经济学中，公司战略、公司组织、管理能力和公司文化都是需要特别注意的要素。根据目前的研究，资源和能力是公司绿色竞争力的两个内部因素，而外部环境是影响公司绿色竞争力的主要因素。

21.4.2.1 企业内部资源的影响因素

资源是企业生存和发展的物质基础。它涵盖了企业可以控制的所有资产、功能、信息和知识，以及用于创造企业价值的所有要素。要研究企业的绿色竞争力，必须把“绿色”放在促进企业获得持久竞争优势的战略资源的地位。按照资源的形式，影响企业绿色竞争力的资源可分为软资源和硬资源。

（1）硬资源。硬资源主要包括公司财务资源、物质资源和人力资源。融资是公司生产和运营的资本保证。财务资源除了用于确保经营业务所需的资金和来源外，还包括用于在整个生产和运营过程中实施环境保护和污染预防活动的资金。物质资源是公司的基础设施，包括工厂、设备和原材料。而在生产过程中，企业在环境保护上投入的基础设施，包括一些废物处理和回收设备以及最终的“三废”处理设备。生产人力资源，也是一种特殊的资源，是知识的主要载体。公司中的所有绿色活动和创新都需要人们去实现。

（2）软资源。软资源主要包括绿色技术、绿色知识和绿色企业文化。绿色技术包括一套实施绿色生产的技术。在绿色原料生产、绿色产品研发、绿色工艺设计、绿色运营和废物回收过程中，绿色原料得到有效利用；生态知识是构成公司生态竞争力的关键资源，并且可以不断得到提高。通过积累生态知识，公司可以将其生态能力与其他公司区分开。公司的文化很难被模仿，因为它是公司业务活动形成的独特资源。绿色企业文化包括绿色企业家精神、绿色价值标准和绿色管理理念。绿色企业文化所倡导的绿色价值观渗透到管理的各个方面，影响管理者的决策和员工态度，最终决定企业竞争力的价值取向。

21.4.2.2　企业内部能力的影响因素

企业内部能力是企业为实现组织目标，而掌握和拥有的工艺技能和知识技术等软实力。影响企业绿色竞争力评价高低的内部能力大概可分为以下两类。

（1）绿色价值实现能力。企业绿色竞争力评价中的绿色价值的实现能力包括绿色技术能力、绿色生产能力和绿色营销能力。企业的绿色技术和绿色生产能力是企业在完成绿色技术研发和绿色生产过程中所需的技能和知识。公司的绿色营销能力不仅体现在其销售绿色产品的能力上，还体现在向公众展示其已建立的产品上。通过绿色营销树立绿色企业形象，建立绿色品牌地位并获得更高客户满意度的能力，是影响企业绿色竞争力的重要因素。

（2）绿色价值保障能力。它包括绿色管理技能、绿色学习技能和绿色创新技能。绿色管理能力是管理者在管理过程中，有效管理自然与社会以及公司自身之间关系的能力。绿色能力的培养过程是持续学习和积累的过程，因此，绿色学习能力的高低与绿色能力直接相关。绿色创新能力是影响公司绿色竞争力的关键因素。绿色创新的范围包括绿色技术创新、绿色产品创新、绿色管理创新和绿色营销创新。因此，公司的绿色创新能力是塑造公司绿色竞争力和可持续发展的前提。

21.4.2.3　企业外部环境的影响因素

公司存在于环境中，不能独立于环境而存在。绿色企业竞争力的概念源于外部环境的绿色化。客户的绿色消费需求、绿色竞争模型、政府环境法规和其他信息是企业运营时必须遵循的规则。另外，有必要获取外部环境中的各种生产要素。公司的各种外部环境因素直接或间接影响公司的业务活动。与公司绿色竞争力调查相关的外部环境因素主要包括以下关系。

（1）企业活动与国家的关系。企业所在的行业性质决定了企业在进行企业绿色竞争力塑造时的难度与标准，越是对国计民生影响重大的行业，政府在制定相关行业的法规、政策、标准、产业规划时越是严格；标准越高，企业绿色竞争力的重要性便越强，要求达到的高度便越高。

（2）企业所处行业的状况。该企业处于盈利能力较强、高增长的行业还是低增长或是低利润的行业？它是传统产业还是新兴行业？是能源消耗型还是资源节约型行业？是环保行业还是高污染行业？对绿色竞争力的影响取决于公司所在行业的不同。

（3）企业间的关系。这包括企业在产业链中与供应商、市场需求方的公司以及同行业竞争对手的关系。竞争对手之间选择绿色战略的差异将直接影响双方在绿色竞争环境中的地位。双方在供应商和消费者之间的环境问题上的决定将影响另一方的竞争优势。例如，由索尼爱立信发起的“绿色合作伙伴计划”要求所有索尼爱立信供应商均通过严格的检查，并成为合格的“绿色合作伙伴”，非“绿色合作伙伴”将被删除。

（4）企业活动与国际经济的关系。企业在进行国际贸易时，除了绿色壁垒之外，还面对国际分工关系。当前，中国公司的全球生产合作和分工正在发达国家和跨国公司的市场链中进行，遵守国际竞争规则是进入国际市场的必然选择。因此，当先进国家和跨国公司都在倡议“绿色环保”的工作时，中国的企业也将参与其中。

参考文献

［1］南淑华，闵晓杰．长江经济带省会城市及直辖市绿色发展竞争力评价［J］．现代营销（下旬刊），2020（9）：57－58.

［2］周杰琦，韩兆洲．环境规制、要素市场改革红利与绿色竞争力：理论与中国经验［J］．当代财经，2020（9）：3－15.

［3］欧阳婉桦，周乔波．新常态视野下江西绿色区域竞争力评价［J］．现代工业经济和信息化，2019，9（11）：43－44＋108.

［4］温焜．城市绿色竞争力应成为引领高质量发展的风向标［N］．中国环境报，2019－11－06（003）.

［6］邱立新，袁赛．中国典型城市政府绿色竞争力测评与区域碳减排实证研究［J］．青岛科技大学学报（社会科学版），2019，35（2）：1－10.

［7］申文军．探索绿色竞争力形成和提升的现实路径［N］．运城日报，2019－05－22（007）.

［8］何珏．区域绿色竞争力对经济增长的影响研究［D］．江西师范大学，2019.

［9］王足．我国区域制造业绿色竞争力评价及空间分异研究［D］．湖南大学，2017.

［10］杨雪星．中国绿色经济竞争力研究［D］．福建师范大学，2016.

[11] 袁泉．中国企业绿色国际竞争力研究［D]．中国海洋大学，2007.
[12] 黄晓芬．基于资源生产率的城市绿色竞争力研究［D]．同济大学，2006.
[13] 周炤骏．制造企业绿色竞争力影响因素研究［D]．大连理工大学，2015.
[14] 王晓峰．我国区域绿色竞争力评价及空间分异［D]．湖南大学，2015.
[15] 张坤．区域绿色竞争力评价指标体系研究［D]．江西师范大学，2013.
[16] 田明会．企业绿色竞争力与提升初探［D]．南京财经大学，2010.
[17] 陈红喜．企业绿色竞争力的理论分析与实证研究［D]．南京农业大学，2008.

第七篇

绿色发展国际经验

发达国家的工业化发展进程早于发展中国家，它们在发展过程中首先遭遇到各种环境和资源问题，而这些问题也是发展中国家发展过程中迟早会面对的。发达国家在不断探索和解决发展过程中的环境破坏和资源短缺问题，形成丰富的绿色发展国际经验，这为全球的绿色发展提供了宝贵的经验。它们在江河治理、大气治理、区域治理等领域，已经形成比较完整有效的治理模式，可以为发展中国家的环境治理提供宝贵的经验。本篇重点介绍国际江河治理、国际大气治理和国际区域治理这几个领域的绿色国际经验。

第22章 国际江河治理

江河是人类文明的“摇篮”，是生命之源，但随着人类社会的发展，江河却危在旦夕。人类与江河、自然共生共荣的关系重建越来越紧迫。江河文明关系着人类的可持续发展，人类要永续发展，就必须敬畏江河、敬畏自然。18 世纪工业革命以来的 200 多年里，人类创造了远超数千年农业文明时代的物质财富，同时对江河及自然的利用和破坏也达到前所未有的程度。最近的 100 年来，世界各国，尤其是英国、德国、瑞士、美国、新加坡等经济发达国家，在大江大河及其流域的综合治理和开发方面进行了大量的投入。进入 20 世纪 90 年代，各国注重对全流域自然与人文各要素的综合治理，在开发、管理河流等方面作出了许多努力，并取得了重大成就。这些成就的取得，归根到底就是对江河进行了有效而合理的开发，因而促进了该区域社会、经济与生态的协调发展。

22.1 国际江河治理概述

在经济、社会和文化发展的不同阶段，国际江河治理的目标是在不断调整的。19 世纪末至 20 世纪初，江河的综合治理就引起欧美国家的重视，但早期的江河治理仅限于防洪、供水、航运等单一目标。20 世纪 50 年代以来，随着经济快速发展和人口剧增，人类对江河、水资源利用和水环境污染、破坏的强度不断加大，流域水污染控制与河道治理逐步成为流域治理的重要内容。

22.1.1 国际江河生态状况

密西西比河、科罗拉多河、泰晤士河、莱茵河、尼罗河都是人们熟知的大江大河，它们具有一定的共性：一是大部分河流都是跨地区或跨国家的，流域面积大、人口多；二是流域水资源及其他经济资源丰富；三是这些流域都是重要的农业或工业基地，是本国或地区的经济命脉。这些河流对地区经济、社会、文化等各方面有着极其重要的影响，人类在对其进行开发和利用的过程中，出现了很多亟待解决的问题，主要包括水土流失严重、水旱灾害频发、河流污染严重、过度开发利用等问题。

（1）水土流失严重。一直以来，水土流失都是各大江河生态治理上共有的问题。以密西西比河为例，由于该河流域是美国著名的“老棉花带”，棉花种植面积大、时间长，而棉花是一种对地力消耗较大的作物，长时间单一高强度种植棉花造成土地退化、植被破坏、水土流失。然而为了经济发展，人们难以放弃种植棉花这种经济作物。由于原有耕地生产力下降，人们开始开垦新的耕地，进一步加剧了植被破坏、水土流失，最终形成一种恶性循环。

（2）水旱灾害频发。密西西比河降水较多，但由于植被破坏，植被对雨水的截留能力下降、土地渗透率下降，最终导致地表径流量加大，极易形成洪水。同时因为水土流失，河床积攒了大量泥沙，这使水位升高的同时河流对洪水的抵御能力也降低了，加之缺乏有效治理措施，田纳西河流域洪水为患，严重危害了人民的生命财产安全。除了洪水之外，干旱问题也同样不容小觑。尼罗河是世界上最长的河流，但是其大部分流域处在沙漠地区，这导致其流量被季节影响程度较大，干旱问题严重。

（3）河流污染问题。河水的污染是亘古不变的问题，工业化进程加速了河流污染物的排放，即便经济越来越繁荣，人们也没法再对污染问题视而不见。早在600年前，欧洲国家就开始对莱茵河的污染问题进行关注。20世纪中期，莱茵河水质严重恶化，并随之演变成一场危机。在莱茵河流经区域，人们修建了大量水利设施，同时大力开发工农业、航运，对莱茵河进行无限制的索取，莱茵河的污染问题变得日益突出。

（4）过度开发利用。过度开发江河资源，容易造成生态失衡，出现各种生态问题。与大多数河流一样，莱茵河也见证了从“先污染，后治理”到“先开发，后保护”的曲折历程。欧洲大部分工业区位于莱茵河两岸，莱茵河不仅为这些工业区提供了航运、工业排污等便利，而且还是其工业用水、农业灌溉及饮用水等的主要水源。然而，对莱茵河无限制地获取利益，导致了严重的后果：河流满是污染的颜色和气味；严重的工业污染，一度使莱茵河成为欧洲的“下水道”；水生态环境恶劣，大量居于其中的生物死亡，进一步导致水生态的恶化。

22.1.2 国际江河治理特点

人类在对江河进行开发和利用的过程中，为解决人类经济社会活动给江河造成的破坏、污染和过度开发等众多问题，欧美等发达国家对江河进行了综合治理，达到了非常好的效果。总结发达国家江河治理成功的经验，国际江河治理主要有以下 5 个方面的特点：

（1）从防洪入手，综合开发利用水资源。多数河流的开发与治理是从流域规划中的防洪入手，综合开发利用水资源开始的。修建水库是最常见的一种防洪措施，在防洪区上游河道适当位置兴建能调蓄洪水的综合利用水库，利用水库库容拦蓄洪水，削减进入下游河道的洪峰流量，可以达到减免洪水灾害的目的。田纳西河流域的防洪措施主要包括两项：首先是疏浚河道，通过清理沉积物，加速水流的通过来达到泄洪的目的；其次就是修建蓄水库，在支流上修建蓄水库可以对支流的流量进行控制。蓄水库的修建不仅能够起到防洪的作用，而且可以兼顾其他项目的需要。田纳西河流域防洪项目的建设，不仅造福本区域，而且也造福了其下游的俄亥俄河流域，为其避免了每年平均 19 亿美元的损失；同时，由于修建蓄水库而带来的农业收益，完全弥补了建造过程中的投资。

（2）治理河水污染，控制污染物的排放。随着工业化的发展，人们越来越意识到河水污染给生活和生产带来的危害性，越是发达地区，在前期发展中对河流的污染越是严重。受污染的河流大致可以分为两类：一类是由于工业污水、农业污水、生活污水的长期大量排放及降水、地下水等多种因素的影响造成河水的高富营养化、盐渍化等；另一类是由于自然（洪水、干旱）和非自然因素（森林采伐、过度开发）使水资源受到一定程度的破坏，影响水资源的有效利用。莱茵河就属于第一类河流。自 20 世纪中期以来，伴随着西欧工业革命的发展，莱茵河上游修建了众多的水电站和大坝，工农业和航运也在这一时期快速发展，人口增长和城市化进程加快，大量的工业垃圾和生活污水排入莱茵河，使得莱茵河遭到了一系列的污染，给莱茵河以及流经区域的国家和地区带来严重的生态影响与人文影响。

（3）以国家为主导，多国跨界水合作。世界众多河流流经区域范围广，涉及沿岸众多国家，因此，多国跨界共同治理逐渐成为治理河流的一种常态。非洲被列入世界跨界河流名录的有 64 条，流域面积在 10 万平方千米以上的有 17 条，比较著名的有尼罗河、尼日尔河、刚果河、奥兰治河、赞比西河、乍得湖、林波波河、因科马蒂河等，其中 19 条河流签有合作协定，因此，非洲是世界上跨界河流合作程度比较高的地区之一。北美洲有 23 个国家，是世界上经济最发达的大洲，其中美国和加拿大均为发达国家。北美洲列入世界跨界河流名录的有 46 条，比较著名的有科罗拉多河、哥伦比亚河、密西西比河、格兰德河、圣劳伦斯河、纳尔逊河、格里哈尔瓦河、弗雷泽河等，其中 23 条河流签有合作协定，是世界上跨界河流合作程度高、合作比较成功的地区，尤以美国和加拿大、美国和墨西哥的跨界河流的成功合作最为经典。欧洲被列入世界跨界河流名录的有 69 条，其中 40 余条河流签有合作协定，有些河流有多份合作协定，如多瑙河、易北河、奥德河、莱茵河、罗讷河、波河、帕茨河等，因此，欧洲也是世界上跨界河流合作程度比较高的地区之一。

（4）制定严格法律体系，监督实行。从各国治理河流的过程来看，制定相应的法律、法规必不可少，并逐渐从碎片化演变成系统化的体系。18 世纪的英国在环境立法初期，其处理污染问题的立法规定缺乏有效衔接和联系。直到 20 世纪中后期，随着环境问题的增多、复杂化，环境立法数量骤然增加，环境法律也由此步入系统化轨道，立法范围覆盖了环境污染、环境保护的各个方面。美国的《国家环境政策法》作为环境基本法，对环境与经济、社会发展的关系作出重要界定，以此为指导，形成环境污染控制和环境资源保护两大类环境法律体系，全面、细致地对环境污染控制的目标、手段和职责作出规定，保证了美国环境法的实施效果。

（5）采用先进治理技术，注重生态环保理念。发达国家都十分重视开发利用先进的水资源污染防控技术，应用遥感、数据收集系统、全球定位系统、地理信息系统、计算机网络和多媒体技术、现代通信等高科技手段，对河流资源、环境、社会经济等各个复杂系统进行数字化升级，开发出数字化信息集成的应用系统；同时，更加强调以生态理论为依据，将水体、堤岸、湿地、植被等诸多要素统筹考虑，进行防洪蓄水、生态恢复、休闲娱乐、经济开发等综合规划。通过建设生态河床和生态护岸等工程技术手段，重塑一个能长期维持河道生物多样性和生态平衡的相对自然稳定和健康开放的河流生态系统，最终构建一个人水和谐的理想环境。

22.2 国际江河治理模式

全球国际江河面积约占陆地的47%，贮水量约占全部淡水资源一半，有几十个国家至少80%的土地位于其流域范围，全球至少40%的人口生活其流域中。国际江河面积巨大，对人类活动的影响广泛和深远，就决定了国际江河治理涉及要素的多样性、复杂性及强外部性。各国水资源需求增加、在开发利用中生态环境不断遭到破坏，导致围绕国际江河产生的冲突及争端问题层出不穷。为了解决这些问题和争端，各相关国家对江河进行了长期和广泛的治理，形成了多种有效的成功江河治理模式，总结出了卓有成效的国际江河治理的技术方式、政策方式和经济方式。

22.2.1 国际江河治理的技术方式

为了使江河治理更加有效，各国因地制宜地采取了多种不同的国际江河治理的技术方式。由于多瑙河是一条复杂的跨界河流，流域各国之间由于数据标准差异等原因，相互间的信息很难共享共用。多瑙河保护国际委员会通过信息技术开发的方式，整合不同国家、不同部门的环境和监测数据源，实现了信息资源的共享，为流域的治理提供了强大的数据支撑。田纳西河流域则拥有丰富的水力资源，田纳西河流域管理局结合流域的具体情况，通过开发水电资源、利用抽水蓄能发电等方式，实现了对资源的清洁利用和综合开发。

（1）多瑙河流域。多瑙河作为一条复杂的跨界河流，在对其的管理上，现代信息技术得到充分的利用，实现了标准化监控平台的共建及河流信息资源共享和高效管理。

1985年前，多瑙河流域各国数据缺乏统一标准，各国之间信息流通量小，公众、科研、政府之间缺乏信息交流平台。1985 年的《布加勒斯特宣言》要求建立一个强有力的跨国监测网络。1993 年，在“多瑙河流域监测、实验室分析和信息管理”项目中确定了跨界监测网络方案，提出对地表水进行监测、分析，采用先进的技术与方法来加强信息管理。跨界水质监测网络刚建立时有 11 个跨国界断面，现在已发展到 79 个断面（含支流），计划最多达到 900 个监测断面。为保证跨界监测数据的可比性和可获得性，跨界监测中要统一协调监测程序、数据管理和评价技术标准等（如确定跨界断面监测点的选择标准、取样方法、实验室分析方法、监测指标、评价办法和数据管理等），并建立一套标准实验室程序，以保证统一的数据质量控制。

为完全实现数据共享，多瑙河保护国际委员会开发了多瑙河 GIS 系统，通过 GIS 建立数据库，整合不同国家、不同部门的数据源，管理流域环境数据和监测数据。通过国际互联网，实现在线 WebGIS 服务，为多种类型的科学模型提供数据。用户通过互联网即可直接访问地表水和地下水监测信息等相关信息，真正实现了信息资源的共享。

（2）田纳西河流域。美国对田纳西河流域水资源进行了合理的综合开发和利用。在电力发展方面，田纳西流域管理局（TVA）结合具体情况和需要，建造了水力、火力、核能、抽水蓄能电厂等 4 种电厂来供应电力。在水力发电方面，田纳西河流域拥有着丰富的水力资源，截至 20 世纪 90 年代，TVA 共在田纳西河上建造了 29 个水力发电厂，大部分合适位置均已建成水坝，充分利用了河流的落差。相较于其他发电方式，水力发电具有不受燃料价格变动影响、发电成本低、供电量弹性大等优势。在火力发电方面，火力发电是田纳西河流域最主要的发电方式，占发电总量的 2/3，田纳西河流域有着丰富的煤炭资源，但是由于煤炭价格的上涨和燃煤对环境的破坏，目前火力发电需要被其他更清洁的能源发电所替代。核能发电成本较低、发电量大，是十分理想的发电方式，目前田纳西河流域共建成了 3 座核电站以供使用。抽水蓄能发电是指在用电量较少的时期利用多余的电力把水抽到山顶的蓄水库内，在用电高峰期再释放蓄水库内的水进行发电，该种发电方式约占发电总量的 5%。

各发电厂的供电范围已超出田纳西河流域，成为美国最大的电力供应基地，给田纳西河流域带来了巨额经济收益；且其供应的电力价格低廉，满足了高耗能产业的用电需求，沿河两岸的原子能工业、化学工业、炼铝工业等也相继发展起来。

22.2.2 国际江河治理的政策方式

瑞士等国对莱茵河流域的治理通过完善立法来实现，美国、墨西哥等国对科罗拉多河流域的治理则是通过引入水资源分配的市场化机制来实现，这两种不同治理政策方式是国际上对江河治理的经典代表。莱茵河是瑞士作为旅游国家的重要景点，故对其主要的治理政策是推行一系列法律法规来规范人类活动，减少对河流生态环境的破坏。而科罗拉多河流最大的问题在于供需矛盾，即有限的水资源与过量需求的矛盾，故行之有效的治理政策是引入了市场分配机制，有效地减少了过度使用水资源带来的环境破坏及市场的无序导致的生态问题。

（1）莱茵河流域。莱茵河发源于瑞士境内阿尔卑斯山区圣哥达山脉，向西北流经法国、德国、荷兰等9国，全长1320多千米，其中通航里程833千米，是欧洲最繁忙、最重要的河流之一。

瑞士境内河流纵横交错、湖泊星罗棋布，环境幽雅，空气新鲜。旅游业是瑞士的支柱产业之一，夏季则是一年中旅游的旺季。随着旅游业的发展、景点的深入开发、外来旅游人员的不断增多、高山畜牧业的调整和森林的砍伐，阿尔卑斯山区自然环境遭到人为破坏的程度加剧，特别是自然生态环境的破坏，直接影响莱茵河上游夏季汛期的水质。为了保护莱茵河上游水质、维护环境的原始地貌，瑞士各级政府和专业职能部门作出了巨大的努力。

瑞士联邦政府先后颁布了《森林法》《环境保护法》《特殊垃圾回收与运输规定》《水资源保护法》《环保法》《水体资源免遭污染和空气保洁法》等数十部涉及保护水体的法律法规。瑞士的环境保护法明确规定，大江大河源头沿途企业和居民严禁直接或间接将有可能导致水体污染的任何物质排放或渗入水体，对有可能引起污染的物质运输与储存也有相应的立法；同时，对沿江河的企业以及居住国民的水资源分配、水的使用量、对过度浪费水资源的惩罚，都有明确的法律规定。瑞士联邦政府和相关各州级政府部门除了不断将新颁布的各类环保法随时公布在网上外，还将环保教育内容纳入全国中小学校的必修课，并专门开设“人与环境”课程，目的在于增强全民环保意识。

莱茵河沿岸企业共同参与保护水系十分重要。瑞士法律规定，企业不准将未经处理的工业和生活用水直接排放入附近的任何水体，就连临河建筑物上的雨水也必须经屋檐排水槽引入地下，再经过处理后才准排入水体。由于实施了严格的水体环境保护法，不仅莱茵河源头，包括整个瑞士的数十条河流、上千个湖泊的水体至今仍常年清澈透明，所有水质全部达到饮用水标准。

（2）科罗拉多河流域。科罗拉多河是流经美国中西部地区最为重要的河流，全长约2333千米，流域面积达62.9万平方千米，发源自科罗拉多州的落基山脉，经过美国西南部7个州和墨西哥西北部后注入加利福尼亚湾。科罗拉多河干流地区居住的人口相对来说并不多，而间接向该河流取水的人口却很多，大约有2500万人，分别位于洛杉矶、菲尼克斯、拉斯维加斯、盐湖城和丹佛等大城市和社区。该地区沟壑险峻、降雨量少，科罗拉多干流和支流为这些地区提供一部分重要的饮用水，同时保证了350万公顷生产性农业用水。除此以外，还为这一地区的城市、农村和企业提供一部分电力，为周边地区提供商业性河上娱乐活动，并为鱼类提供生存空间，面临着巨大的供水压力。如此高的河流利用率使科罗拉多河及其支流成为美国西部7个州和墨西哥争夺使用和控制权的焦点。

供求不平衡已导致这条河经常出现在注入太平洋之前就发生断流的现象，对流域内的野生动植物、生态系统和民众生活造成重大影响。为了合理竞争使用科罗拉多河的水资源，《河流法》对科罗拉多河及其支流的水资源的使用和分配做了明确的规定。科罗拉多河的使用分为三类：一是经济性、消费性使用，如饮水、灌溉、水电开发；二是经济性、非消费使用，如具有防洪改善航运、娱乐用途的胡佛大坝的建设；三是公益性使用，如生态用水。

在科罗拉多河流域水资源分配上引入市场机制，被认为是有效管理水资源的一种机制。政府将流域管理的职能转移给地方，水资源使用权持有者可以通过市场将其交易给其他州的使用者。这样做有如下作用：一方面，水资源的使用价值会更高，缓解了竞争的压力；另一方面，不仅可以增加地方的税收，还可支持第二产业的活动。

22.2.3 国际江河治理的经济方式

大江大河的治理需要大量资金和资源，需要多方合作、共同行动。尼罗河流域的问题在于沿岸各国对水资源需求量巨大，持续干旱及水污染等原因导致水资源短缺，水资源竞争激烈；而且沿途国家均为发展中国家，经济发展水平较低，尼罗河流域每年有85%的水资源用于农业。因此，河流治理的经济方式为多国合作，通过发起“尼罗河倡议”，制订“1999战略行动计划”，通过引入国际援助及一系列的投资计划来解决水资源竞争问题，同时也实现了扶贫目标。密西西比河的问题在于洪涝，为了解决防洪巨额资金，美国政府一般采用联邦政府和州政府分摊的方式解决防洪工程资金问题。同时，美国在地区开发中有选择地避开洪水区，通过强制性保险的方式解决洪灾风险。

（1）尼罗河流域。尼罗河流域是世界文明发祥地之一，纵贯非洲大陆的东北部，流经布隆迪、卢旺达、坦桑尼亚、乌干达、南苏丹、苏丹和埃及等国。全长6695千米，流域面积约311万平方千米，年均流量3100立方米/秒，入海口处年均径流量840亿立方米。

尼罗河是沿岸众多国家水资源的生命线，尼罗河流域每年有85%的水资源用于农业灌溉，然而本地区水资源短缺，特别是全球气候变暖导致的持续干旱，以及工农业发展造成的水污染等将使流域用水矛盾更加突出，水资源竞争成为最突出的问题。由于历史原因和客观的发展需要，流域各国对尼罗河水资源利用提出不同的利益诉求。维护各自水资源安全是流域各国在尼罗河的关键利益，也是其相互之间博弈的主要内容。

1992年，在尼罗河流域水利部长理事会上，刚果民主共和国、埃及、卢旺达、苏丹、坦桑尼亚、乌干达等6国发起了“尼罗河倡议”，成立了技术合作委员会，旨在促进尼罗河流域开发和环境保护方面的合作，实现全流域社会经济可持续发展。尼罗河倡议组织机构（NBI）于同年2月正式成立，引领所有的流域国为整体利益而共同开发尼罗河流域水资源。“尼罗河倡议”成立后，制订了“1999战略行动计划”，这是尼罗河国家进行合作的指南，包括两部分内容。

其中一项行动计划就是NBI一系列的投资计划，主要是一些跨国界投资计划的前期准备，目的是落实早期的具体投资计划，包括东尼罗河区辅助行动计划和尼罗河赤道湖泊区辅助行动计划。这些跨国界投资计划很多都以扶贫为目标，同时兼顾环境恢复、促进经济社会发展。战略行动计划（财政援助总额1.36亿美元）主要包括增强互信、各流域国内部能力建设、为开发项目的实施创造良好的环境等。战略行动计划的主要项目及资金援助国（机构）见表22－1。

表 22-1　　规划项目及资金援助国（机构）

项目名称	资金援助方
尼罗河跨界环境行动	CEF、加拿大、荷兰
尼罗河流域地区间电力贸易	挪威、瑞典、芬兰、丹麦
农业用水	荷兰
水资源管理与规划	丹麦、CEF、英国、德国、挪威
诚信及利益相关者参与	加拿大
培训	荷兰、瑞典、挪威
社会经济发展与利益共享	英国、世行（DGF）

资料来源：水利部国际经济技术合作交流中心．跨界水合作与发展．北京：社会科学文献出版社，2018。

（2）密西西比河流域。密西西比河是美国最大的河流，流域辽阔，支流众多，其洪水主要来自暴雨，也有融雪、冰凌、飓风、风暴潮及组合洪水。在河流下游的广大冲积平原，每逢大面积暴雨，支流洪水汇集干流，出现较大的洪峰，往往决堤成灾，是防洪的重点地区。

防洪工程资金由联邦政府与地方州政府共同出资分担。联邦政府无法独自承担防洪工程巨大的投资，需要提高地方州政府在管理费用上的出资比例。出资比例的分配是一个长久博弈的过程，在早期一般是由联邦政府全部出资，1986 年美国国会通过的水资源管理法规定，州政府应该分担 25%—50% 的费用。洪水管理是流域综合管理的重要组成部分，即便是密西西比河修建了很多防洪工程，损害依然无法避免，而且随着全球极端天气的不断增多，危害的风险将会越来越大。鉴于此，美国政府采取防洪保险措施，用于规避风险。美国国会于 1968 年通过的《国家防洪保险计划》中规定：（1）鼓励地方州政府在今后地区开发中有选择性地避开洪水区；（2）降低保险费率，使公民有经济能力参与保险。此后，1973 年美国立法将防洪自愿性保险改为强制性保险，联邦防洪保险单由私人保险公司进行销售、保险联运以及理赔。

22.3　国际江河治理分析

诸多国家和地区有着悠久的河流利用和管理历史、丰富的水域污染治理经验、成功的河流管理机制、科学生态的水域污染治理原则和统一的协调管理机制，使许多河流问题得到了妥善的治理，我们值得从中分析经验和教训，不断完善江河治理的方式方法。

22.3.1 国际江河治理成功经验

世界各国在进行漫长的江河治理过程中，探索出了很多的治理模式，总结出了一系列的国际江河治理的技术方式、政策方式和经济方式，形成了宝贵的国际江河治理成功经验。这些经验主要包括统一协调管理机构的设置、完善防治原则相关规定、加强治理技术的研究、采取综合性合作管理、实施全面的法律法规约束等措施。

（1）统一协调防治机构设置。由于大部分的国际河流都流经较多的国家，因此，统一协调管理机构的设置是必然的，这样可以避免上、下游之间由于开发利用和管理河流而产生的各种争端，既有利于小范围的区域化合作实现，也有利于相关利益体共同积极参与河流的管理。在欧洲，除了多瑙河保护国际委员会和莱茵河保护国际委员会，还有1990年成立的保护埃尔伯河国际委员会等。通过双边或者多边合作公约等，流域各国赋予流域统一协调管理机构相当大的权力，以保证其完成职责执行公约或者监督各国的流域管理；而且通过几个机构的成功运作可以证明，国际河流统一协调管理委员会在国际河流水域污染治理和水域环境保护方面发挥着重要的作用，因此，很多国际合作和国际公约的形成正是在这些机构的作用下取得巨大成功的。

（2）设置防治原则相关规定。由于相关国际河流的公约较少，所以在国际河流实践中，主要依靠一些得到大部分国家认可的国际河流开发利用管理保护原则来指导各流域实现流域管理。在流域合作框架下的各国都需要制定相关的法律法规实现流域管理和治理，因此，就会由于各国所处的流域地理位置和政治经济利益因素不同，而采取不同的措施和制定不同程度的法律法规来治理相关国际河流的该水域，所以在国际河流水域治理中，明确具有指导性和广泛性的原则就是便于各国根据实际情况出台相应的水域治理法律法规，同时不违背河流整体保护和管理的目标。

（3）加强治理技术的科学研究。面对国际河流水域污染的日趋严重和水污染对沿岸人民生活的影响，流域国际委员会、各国政府甚至公众都应纷纷积极投身于减少污染的工作中来。为了监测水质的变化，在多瑙河沿河设立试验站定期采样分析水质，每个多瑙河国家都建立了一个国家实验室负责分析，并向邻国报告相关的水质污染情况。正是由于进行了大量的相关水域污染情况监测和治理技术的科学研究，欧洲才能根据这些科学研究实验建立起一个最先进的综合性流域管理机制，同时制定出科学的流域水质标准和排污标准。而这些科学研究不仅给欧洲的河流治理提供了有效的理论基础和技术支持，同时也给其他国家防治河流水域污染提供了有效的理论和技术措施。

（4）采取综合性流域合作防治。由于水资源的运动性，它是可再生的动态自然资源，水循环体系、上下游、干流和支流之间、水体和周围生态环境之间、水体和水生生物之间都是相互制约和影响的，同时国际河流具有多方面的水域功能，单一的流域管理不能实现流域的协调。因此，国际河流水域合作管理从过去的以单纯水域污染控制转变为现在的流域水域生态环境整体可持续性综合管理，就是为实现流域内所有环境资源要素的协调统一，通过恢复整体的生态系统和实现水域环境的可持续发展为目的，对流域整体功能进行管理，强调流域生态保护和社会经济发展的关系，实现经济、社会、环境的协调统一。现代的流域合作管理涉及水域污染治理、生态恢复、航道维护管理、水土保持、水资源分配、防洪等多个方面的综合性流域合作管理制度。

（5）实施全面的法律法规约束。河流的水系四通八达、流通性极强、治理难度系数相当大，要想破解治理的难题，就必须制定完善的治理制度，为河流水系的治理保驾护航，提供硬性的保障措施。具有约束力的法律法规的约束和限制，提高了流域管理的权威性和可行性，有利于促进流域内的城市、企业、居民参与河流治理，采取必要措施降低对河流的污染和破坏，自觉维护河流的生态环境；同时，社会公众的广泛参与，还可以使环保政策得到普遍的认同和执行。例如，德国在1994年颁布了《环境信息法》，规定了公众参与的详细的途径、方法和程序，在立法上保证公众享有参与和监督的权利。公众参与水资源利用、保护的途径包括听证会制度、顾问委员制度以及通过媒体或互联网获取监测报告等公开信息，保证了流域管理措施能够切实符合广大公众的利益，因此，加强法律约束和流域的法制建设在流域治理中发挥着重要作用。

22.3.2 国际江河治理失败的经验总结

国际江河治理过程并不是一帆风顺的，是在不断探索和不断完善治理模式和方法。在对国际江河治理失败案例的分析中，我们总结出了一系列的治理失败的经验教训。这些经验教训有助于世界各国有效规避治理过程中的各种治理风险，提升治理效率效果及综合治理水平。国际江河治理失败的经验主要包括跨流域管理组织不完善、治理理念和规划设计待升级、科技研发水平待提升、公众参与度不高、执法及长效监管不严格等方面。

（1）不完善的跨流域管理组织。多数河流流经国家较多，是沿岸人民生活和生产的重要河流资源，特别是地处干旱地区的各个国家，水资源短缺形势严峻。上游无尽开采，不仅给下游国家的用水带来影响，还会直接影响河流生态，容易造成流域内污染、物种锐减、下游土地贫瘠。水资源的利益纷争也会给邻近国家间的友好关系带来严重打击，尼罗河沿岸国家围绕水资源利用的摩擦就时有发生。苏丹、南苏丹、埃塞俄比亚和肯尼亚的农民和牧民屡屡为争夺水资源而发生冲突。建立完善的跨流域管理组织，统一标准、化解分歧，解决河流沿岸国家合理分配和利用水资源的问题，是制止矛盾升级、共同治理河流、维护流域生态的最佳方法。

（2）待升级的治理理念和规划设计。自 19 世纪以来，为了提高内河航运能力，德国对易北河、多瑙河以及莱茵河等主要河道进行了大规模改造，例如，河道裁弯取直和渠化，随后产生了一系列负面环境影响。天然河流形态被极大改变，蜿蜒曲折成为直线或折线形，河道横断面形状也规则化，许多生物赖以维持生存的自然形态和水生环境消失。河流的自然面积极大压缩，水文过程的可持续性遭到破坏，加之沿河流域的污染排放严重，因而造成河道淤积、自净能力下降、水质污染加剧、生物多样性下降、土地贫瘠化和河流生态系统服务功能下降等问题。失去正常河流功能的河道严重影响了沿河城乡居民的正常生产生活。河流整治目标应综合考虑河流的发展，以发展的眼光确定合适的治理方法，需要对治水的思路进行重大的调整和创新，使河道达到“安全”“资源”“环境”的有机结合。

（3）不成熟的科技研发水平。河流污染的解决是河流治理中的一项重要目标，许多发达国家在工业化的初期，发生了较为严重的城市河流污染，主要因为工业化时期的城市化水平和社会认识尚不能承载工业化带来的全面影响，加之国家治污力度多受科技水平的制约，河流污染的状况在 19 世纪没能得到显著改善，引发生态环境恶化及流行病侵害等不良后果。河流治理离不开先进的技术水平，在治理的同时应该加强对技术的研发，采用具有长期治理价值的方法，以保证生态和经济的同步发展。

（4）缺乏社会公众参与度。江河治理与社会公众生活密切相关，是看得见、摸得着的民生工程。但在江河治理中，如果社会公众只作为旁观者，那么就不会达到较好效果，长此以往，河流治理将会缺乏生命力。因此，需要把社会公众的力量融入落实江河治理，着力把社会公众从旁观者变成水环境治理的参与者和监督者。要调动社会公众力量，充分利用报刊、广播、电视、微信、客户端等各种媒介和传播手段，注重运用社会公众喜闻乐见、易于接受的方式，深入释疑解惑，广泛宣传引导，不断增强社会公众对水环境治理的责任意识和参与意识，调动社会公众参与的积极性，使社会公众真正成为水环境治理的“主力军”。

（5）缺乏严格执法、长效监管。系统的制度需要严格执法作保障。严格执法是涉水行政相关部门依法做事的保障，对违规事件的纵容，是对河流治理成果的破坏。在莱茵河污染治理过程中，相关国际组织制定了严格的执法细则，对违规办事的企业进行严厉的打击，并且排污者所交的费用要足以修复所造成的环境影响，执法力度之大可见一斑。有些河流区域的水土流失非常严重，加之缺乏有效的管理机制，各种不合理的拦河设障、采砂、向河道中肆意地倾倒各种垃圾等现象，严重侵占与污染了河流河道；由于地区管理不到位，长期没有实施清淤作业，导致这些河道出现了严重的萎缩现象，而且泄洪能力也大大降低。这就需要及时监管、发现问题，更换落后的基础设备，增加经费，确保建设工作可以正常实施，进而充分发挥其重要作用。

参考文献

［1］张庭荣，刘瑛，李益，等．城市硬质河道生态治理方案探讨——以欧洲河道生态治理为例［J］．广东水利水电，2017（12）：18－21.

［2］王思涵．澜沧江—湄公河跨界水污染防治机制研究［D］．武汉大学，2019.

［3］水利部国际经济技术合作交流中心．跨界水合作与发展［M］．北京：社会科学文献出版社，2018.

［4］卢杰，王勇．国外典型大河大湖区域治理开发经验及对鄱阳湖开发的思考［J］．生态经济，2010（10）：158－160＋182.

［5］张婉陶．莱茵河污染治理对中国河流治理的启示［J］．河北科技师范学院学报（社会科学版），2019，18（3）：125－128.

［6］周全，董战峰，杨昭林，等．绿色经济发展的国际经验及启示［J］．环境经济，2020（6）：56－61.

［7］卢伟．绿色经济发展的国际经验及启示［J］．中国经贸导刊，2012（16）：40－42.

［8］徐云乾．美国河流近自然化综合治理措施初探及其借鉴［J］．中国农村水利水电，2017（7）：94－98.

［9］张诚．浅谈生态河流治理的问题和对策［J］．农业科技与信息，2020（8）：40－41.

［10］吴刘佳．浅谈中小河流治理面临的问题及对策［J］．科技风，2013（5）：274.

［11］何大明．全球变化下跨境水资源国内外研究进展［J］．地理教育，2017（4）：1.

［12］聂建平，何固心．我国水污染防治概况及其与国外的差距［J］．水利水电技术，1991（8）：28－33.

［13］石日松．中小河流治理存在的问题与治理措施研究［J］．珠江水运，2020（14）：68－69.

［14］越少芳．美国罗斯福新政期间对田纳西河流域的治理与开发研究［D］．内蒙古大学，2013.

［15］刘松．英国默西河污染治理的历史考察［D］．江苏师范大学，2017.

［16］毛利霞．19世纪中后期英国关于河流污染治理的博弈［J］．理论月刊，2015（2）：183－188.

［17］胡德胜．英国的水资源法和生态环境用水保护［J］．中国水利，2010（5）：51－54.

［18］李宏图．英国工业革命时期的环境污染和治理［J］．探索与争鸣，2009（2）：60－64.

第23章 国际大气治理

时代发展到今天，无论是英国、美国、法国和日本等发达国家，抑或是印度、伊朗、蒙古等发展中国家，在经济总量增长的同时都曾经或正在经历着空气污染问题。工业化、现代化的发展，改变了许多国家的环境自然演变过程，人们对生态的认知也在不断改变，对自然生态的态度由被动的适应和接受，过渡到主动的治理和改造。经济的发展，带来了大气污染等环境问题，人们尝试主动去解决大气污染问题，形成了大气治理的概念。大气污染这一工业发展进程中的产物，其影响范围广、影响程度深，给自然环境和人类社会造成了严重的影响。如何有效治理大气污染，已成为世界共同的探讨话题。

23.1 国际大气治理概述

23.1.1 国际大气生态状况

2020年2月25日，瑞士空气质量技术公司IQ Air发布《2019年世界空气质量报告》（2019 *World Air Quality Report*）指出，2019年，东亚、东南亚和南亚地区的年均人口加权PM2.5浓度最高，在这些地区的355个城市中，只有6个城市的年均PM2.5浓度小于世界卫生组织的准则值（10微克/立方米）。2019年，全球污染最严重的30个城市，21个位于印度，27个位于南亚，所有30个城市都位于亚洲地区。世界空气质量形势依然严峻，亚洲为空气污染最严重地区。

空气污染是全球面临的最紧迫的环境健康问题。全球每年因空气污染问题导致700万人过早死亡，而据世界卫生组织2016年的数据统计，全世界92%的人都在不同程度地呼吸着有毒空气；在发展中国家，98%的五岁以下儿童正在呼吸有毒空气。同时，世界银行于2016年根据统计数据估算，从财务角度来说，空气污染造成的过早死亡给全球造成约5万亿美元的福利损失。

（1）全球国家空气质量状况。从通过世界各地政府及非营利性机构组织的大气监测站实时监测的数据统计分析得出，目前大气污染严重的地区依然分布在人口密集的区域。像北美，北欧及澳洲地区因为地广人稀，长年的PM2.5数值都保持在10微克/立方米以下，达到世界卫生组织标准，为十分健康的状态。2019年，法国、日本、德国、英国和美国的年均人口加权PM2.5浓度分别为12.3微克/立方米、11.4微克/立方米、11.0微克/立方米、10.5微克/立方米和9.0微克/立方米。东亚、东南亚、南亚地区的空气污染最为严重（年均人口加权PM2.5浓度最高）。其中，空气污染最严重的10大国家分别为孟加拉国（年均人口加权PM2.5浓度为83.3微克/立方米）、巴基斯坦（65.8微克/立方米）、蒙古（62.0微克/立方米）、阿富汗（58.8微克/立方米）、印度（58.1微克/立方米）、印度尼西亚（51.7微克/立方米）、巴林（46.8微克/立方米）、尼泊尔（44.5微克/立方米）、乌兹别克斯坦（41.2微克/立方米）和伊拉克（39.6微克/立方米）。中国在空气污染最严重国家中排名第11位（39.1微克/立方米），具体见图23-1。

（2）全球城市空气质量状况。2019年，在世界空气污染最严重的30个城市中，印度有21个，南亚有27个，排名前30位的城市均在亚洲。在南亚、东南亚和西亚等人口密集的区域，PM2.5污染最为严重，在监测到的355个城市中，只有6个城市达到了WHO的标准。其中，印度有6个城市进入空气污染最严重的10大城市之列。中国西部城市和田成为全球第二大空气污染最严重的城市，年均人口加权PM2.5浓度为110.1微克/立方米。全球空气污染最严重的10大首都城市分别为：印度德里、孟加拉国达卡、蒙古乌兰巴托、阿富汗雅加达、印尼雅加达、尼泊尔加德满都、越南河内、巴林麦纳麦、中国北京（42.1微克/立方米）和乌兹别克斯坦塔什干。雅加达和河内的空气污染严重程度首次超过北京（见图23-2）。

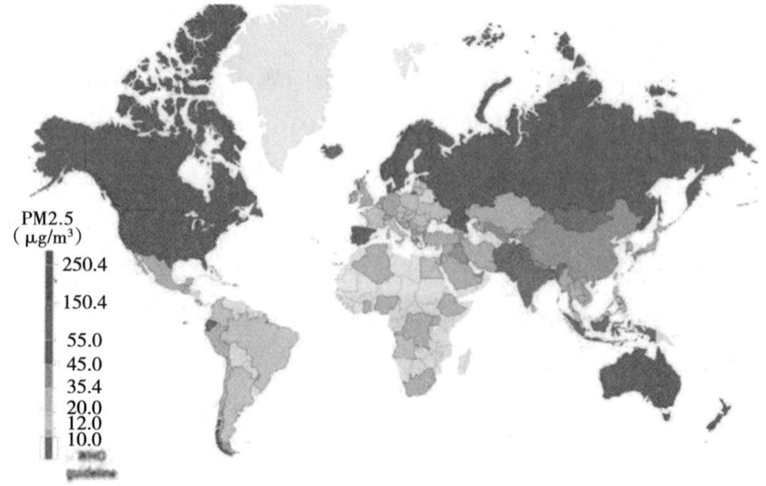

图 23－1　全球 PM2.5 污染分布地图

资料来源：《2019 年全球空气质量报告》。

PM2.5图例　　单位：微克/立方米

WHO目标	优	中等	对敏感人群不健康	不健康	非常不健康	危险

排名	国家/地区	2019年平均值	2018年平均值	人口总数
1	Bangladesh	83.30	97.10	166368149
2	Pakistan	65.81	74.27	200813818
3	Mongolia	62.00	58.50	3121772
4	Afghanistan	58.80	61.80	36373176
5	India	58.08	72.54	1354051854
6	Indonesia	51.71	42.01	266794980
7	Bahrain	46.80	59.80	1566993
8	Nepal	44.46	54.15	29624035
9	Uzbekistan	41.20	34.30	32364996
10	Iraq	39.60	—	39127900
11	China	39.12	41.17	1415045223

图 23－2　2019 年空气污染指数全球排名（PM2.5）

资料来源：《2019 年全球空气质量报告》。

23.1.2 国际大气治理特点

根据不同国家有关大气治理颁布的制度、机构的设置、管制的对象及管理方式等方面的差异和共性，国际大气治理的主要特点可以概括如下：

（1）治理形式以法律法规等强约束力制度为主。在一些发达国家中，更多运用法律甚至宪法的形式来保证实行治理。如美国1970年联邦政府首次颁布了《清洁空气法》，对每一种空气污染物都规定了最高限度；后又针对空气质量标准的规定颁布了《空气质量法》。英国是先受到空气污染侵袭的国家之一，工业化时期大量有害气体没有经过处理就被直接排到空气中。伦敦一年将近有90天被烟雾笼罩，很多人患上支气管炎、冠心病、肺结核甚至癌症，这给人类的健康带来极大挑战。1956年英国就空气污染问题首次颁布了《清洁空气法案》，要求减少全国煤炭用量，同时在政府主导下大规模改造城市的传统炉灶，减少炉灶使用带来的空气污染。各国在严重污染的防治问题上，更倾向于选择具有约束力的法律法规，以此强制施行对污染问题的处理，通过法规逐渐增强城市居民防范空气污染的意识。

（2）大气污染治理机构得到重视，地位不断提高。出现了多部门协同合作共同治理的态势，但仍局限于同级部门间合作，与纵向部门和政府组织外的合作仍较少。正如全球治理委员会在《我们的全球之家》中对治理的定义一样，“各种公共的或私人的个人或机构管理其共同事务的诸多方式的总和”，最终趋势是形成多元主体参与治理社会问题的模式。只有政府机构发挥主导作用，部门间加强合作促进资源合理分配，为大气污染治理提供财力、物力支持，才能更好地治理大气污染。

（3）重点管制对象多，执行力度强。美国对二氧化硫、总悬浮颗粒物、一氧化碳、二氧化氮、臭氧、铅等6种污染物都进行严格控制，只要有一种不达标的地区就被称为未达标区，将强制该地区进行治理。加拿大空气污染物指数涉及的污染物种类，包含臭氧、可吸入颗粒物（PM10）、二氧化硫、一氧化碳5种，在污染指数的计算标准中对硫和碳都实行双标准测算，以空气污染物指数达到25（该数值表示污染程度最轻）为例，二氧化硫必须同时满足每立方米1小时内不超过17微克、24小时内不超过6微克。此外，加拿大的PM10日均浓度、多项指标比世界卫生组织的相应标准更低。

（4）区域间联防联控。美国、欧盟等国家和地区在区域联防联控措施上有较为完整的体系。在美国，除了联邦环境保护署、州和地方之外，还设有专门的州际输送委员会；且全国共设立了 247 个州内控制区和 263 个州际控制区，其中，州内控制区由州管理，州际空气质量控制区的污染问题由有关州政府联合组建的州际空气污染控制机关管理；同样，欧盟也有相关区域保护管理协调机制和跨境污染防治合作机制，如《2008/50/EC 指令》第 25 条第 1 款、第 2 款规定，相关成员国应协力合作，在适当时可开展联合行动。这些措施充分给予地方自主权，有利于大气污染的联动治理。

23.2 国际大气治理模式

经过多年的大气治理探索和实践，世界各国形成了很多有效的大气治理模式，在技术、政策及经济等方面总结出了一系列的治理措施。在技术方面，英国通过研发大气监测技术、开发利用新能源等措施对大气进行治理；德国则主要是通过《联邦污染防治法》严格规范企业的废弃排放行为，促进环保方面的技术创新，对大气污染进行治理；日本通过推广、普及环保技术，采用严格的废弃排放标准，促进安装使用环保装置，进行大气污染的综合治理。在政策方面，英国为大气污染问题制定了一系列的法律法规，形成了体系完整的法律制度，为防治大气污染提供了坚不可摧的法律屏障；美国在国家层面形成了总体的大气防治体系，为联邦部门和各州对大气进行合作治理及各州结合自身情况制定法律提供了思路和方法；日本的《大气污染防治法》经过多次大幅度的修订，成为日本大气污染防治领域中的纲领性法案，同时日本地方政府也同样注重相关法案的制定。在经济方面，法国通过采取征收污染税、发放减排补贴等方式，调动企业研发和使用减排技术、使用清洁能源交通工具等方式，进行大气治理；美国通过经济手段推进环保相关技术和产品的商业化，推动环保技术的产业化；英国通过投入大量资金，为低碳能源和高能效技术的开发及发展提供支持。

23.2.1 国际大气治理的技术措施

发达国家最早进入工业化进程，也率先遭遇到了工业化造成的空气污染等环境问题。为应对大气污染问题，英国、德国、日本等国通过技术治理的模式，有效减少了大气污染物的排放，达到了很好的大气治理效果。

(1) 英国。英国是世界上最早实现工业化的国家，工业的发展也使伦敦成为世界上最早出现雾霾问题的城市。据资料显示，1952 年 12 月英国伦敦持续 5 天出现“大雾”天气，并在数周内导致逾万人死亡，造成了恶劣的影响，“伦敦烟雾事件”就此被列入 20 世纪十大环境公害事件之一，同时也让伦敦“雾都”之名臭名昭著。

面对严重的大气污染，英国开始了漫长的治理之路，政府着力研究大气监测技术，自主研发专利设备，用于建设监测点。自 1961 年开始，英国在全国范围内构建了一个大气监测网，该网由 450 个团体参加、1200 个监测点组成，对烟尘与二氧化硫平均每小时采样一次，对降尘量每月测量一次。随后，伦敦市又在 1994 年增加监测 PM10，1999 年开始检测 PM2.5。对通过监测技术产生的空气治理信息和监测到的空气质量数据，英国政府设立“英国空气质量档案”向民众实时通报，民众可自由查看发布的数据以及各污染物每小时的浓度和一周趋势图。

除检测技术外，英国政府还通过开发利用新能源，来改善能源利用结构，使用光电池、风能、生物反应器和生物燃料、热能等进行发电，提高清洁能源使用比例。天然气的占比从 0 上升到 36%。1965 年，燃料构成中煤炭的比例为 27%，电和清洁气体燃料占比为 24.5%，燃料油占比为 43%；1980 年，电和清洁气体燃料利用比率提高到 51%，燃料油为 41%，煤炭只能在远郊区工厂使用并降到 5%。煤炭占总能源消耗的比例，从 1948 年的 90% 下降到 1998 年的 17%，清洁的天然气提高到 36%，大大减少了对大气的灰尘污染。

(2) 德国。20 世纪 70 年代，德国环境污染持续恶化，人民的生活质量受到极大的影响，随着社会关注度的提高，政治家、科学家和工程师开始着手治理空气污染。1974 年，联邦德国出台了《联邦污染防治法》，主要对发电站、垃圾焚烧厂等大型工业企业的废气排放进行约束，制定统一排放标准。

《联邦污染防治法》明确规定，现有的企业要在一定时间内加装过滤装置，对其废气进行过滤处理，并达到排放标准；而新成立的企业在申请环节就必须遵守法律规定，严格控制企业的污染排放量。严格的法律规定在限制污染方面发挥作用的同时，也催生了德国企业在环保技术方面的创新，特别是一些中小企业由此研发、创造了效率高、适用性广的新型环保技术。例如可耐福公司，这是一家德国家庭式企业，在响应政策进行减少二氧化硫排放的研发过程中，发明了烟气脱硫石膏的技术，由此这种石膏也成为新的建筑材料并在欧美等发达国家得到广泛应用。

（3）日本。“二战”之后，日本进入经济高速发展期，优先发展重化工业，以煤炭为主要能源，但重化工业的发展以牺牲环境为代价，使东京出现了严重的大气污染，甚至是“白昼难见太阳”。

为解决空气污染问题，日本通过推广、普及集尘、排烟脱硫、重油脱硫和排烟脱硝等技术，以减少污染废气的排放。对于大型火力发电厂等排污大户，集中安装集尘和排烟脱硫、脱硝等装置；对于小型生产企业，采用规定严格的排放标准，促使其安装使用排污净化装置。

集尘装置能够分离、去除排放气体中的微小粒子。根据设施规模的不同，电子集尘装置多使用于火力发电厂等大型设施；而小型设施设备的排放控制，多采取安装过滤集尘装置。截至 2002 年，日本的排烟脱硫装置，已有 2077 座投入使用，总处理能力达 209 百万 m^3N/h。排烟脱硝装置，1765 座投入使用，总处理能力达 380 百万 m^3N/h。

23.2.2 国际大气治理的政策方式

仅仅通过技术方式很难实现大气的治理，政策方式能够更加全面影响大气治理的效果，而且更具强制性，能够更加实现更为明显的大气治理效果。英国、美国、日本等国，通过颁布法律法规，为大气治理提供了法律规范和指引，严格控制了大气污染物的排放，取得了显著的大气治理效果。

（1）英国。英国最早开展工业革命，在伦敦地区建设了密集的工厂基地，大量燃烧煤炭，巨型烟囱不停冒着浓烟，带来了海量的有毒气体和粉尘，这给当时的英国带来史无前例的空气污染问题，没有任何经验借鉴的英国政府，从政策入手，为大气污染问题制定了一系列的法律法规。

相关法案最早出现于 1821 年，《烟尘防治法》开启了英国治理空气污染的进程。在这之后，1853 年伦敦又颁布了《伦敦法》，这也是人类历史上第一部针对某个城市制定的大气治理法案；1866 年，英国政府再次出台了《环境健康法》，用来进一步限制烟尘污染。这些法案形成了早期英国空气治理的法律体系，然而由于这些法案普遍强调政府的责任，而忽视了企业和民众的作用，因此，在社会上执行力度十分欠缺。直到1956年，英国政府颁布了《空气清洁法案》，禁止黑烟的排放，同时规定提高所有烟囱的高度等具体措施，是十分具有里程碑意义的一部法案。此后，英国政府颁布的《控制公害法》《公共卫生法》《汽车使用条例》《环境法》等一系列法律条文，形成了体系完整的法律制度，为英国治理大气污染提供了坚不可摧的法律屏障。

（2）美国。1943年5月出现在洛杉矶的“洛杉矶光化学雾霾事件”，以及1948年10月底出现在宾夕法尼亚州多诺拉镇的“多诺拉杀人雾事件”，都是美国历史上十分严重的大气污染事件。洛杉矶州政府在爆发雾霾事件后，在第一时间成立了空气污染控制办公室，颁布了禁止排放污染气体的法令。1955年，美国颁布了第一部统一的空气法，即《空气污染控制法》；在该法案的基础上，美国国会于1963—1968年先后颁布《清洁空气法》《机动车污染控制法》《国家交通和汽车安全法》《空气质量控制法》以及《小汽车排气标准法》，在国家层面上形成了总体的大气防治法律体系，为联邦部门和各州合作治理大气污染，以及各州具体法律的拟订提供了具体思路和方法。1979年，美国国会通过了《清洁空气法（修正案）》，该修正案最主要的内容是将对酸雨的防范纳入法律，并且针对排放二氧化硫和氮氧化物这两种引发酸雨的主要污染物的企业进行了严格的限制和规定。1999年，美国国会不断完善法律体系，又根据美国各州的实际情况，颁布了《区域雾霾法规》，对各州的法律制定作出了要求。

（3）日本。20世纪60年代，日本北九州市爆发了“北九州市七色烟污染事件”，为日本政府敲响了警钟，也拉开了日本制定大气污染治理相关法案的序幕。造成北九州市此次污染的原因，主要是当地不加限制地开发利用煤炭和钢铁，使煤烟排放量急剧攀升。为此，日本在1962年和1964年分别颁布了《煤烟排放规制法》和《烟尘限制法》，这是日本最早的大气治理的法案。到1968年，日本颁布了第一部《大气污染防治法》，并在1970年、1990年和1996年经过了3次较大幅度的修订，使其成为日本大气污染治理领域中的纲领性法案。此外，日本地方政府也同样注重相关法案的制定，1971年北九州市制定并实施了《北九州市公害防止条例》，严格限制当地污染物的排放，并取得了显著效果。

23.2.3 国际大气治理的经济方式

综合采用税收、经济补贴、经济手段鼓励、资金投入等经济方式，能够更为直接、有效地引导企业及居民参入大气治理行动。法国通过征收污染税及税收收入分配等方式，使得空气污染物排放大幅度减少，空气质量得到较大改善；美国采用税收优惠政策及经济奖励方式，提高大气治理的效果；英国通过大量的资金投入，集中资源进行低碳产业的发展，为大气治理增添了保障。

（1）法国。法国相比较于英国、德国等国家，在过去几十年中，大气污染问题虽然没有出现灾难式的事件，但也一直被大气污染所困扰，给市民带来了许多隐患。为治理大气污染，1990 年，法国开始采取税收政策治理企业污染气体的排放，对大型燃烧源收取氮氧化物排污税，并将 75% 的收入用于减排投资和研发。鼓励缴税企业依据减排技术类型申请补贴，标准减排技术补贴比例为增量成本的 15%，先进减排技术为 30%。有效的税收收入分配机制全方位调动了企业研发和使用减排技术的积极性，直接使 1997 年法国的氮氧化物排放削减了 13%，空气质量有了较大的改善。

除此之外，由于巴黎市的主要能源为核能，几乎没有煤烟型污染，空气污染的主要原因就是过多的机动车辆。巴黎市政府为此制定了行之有效的措施和手段，利用现有的政策、金融和财政等杠杆手段，鼓励民众对家中污染严重的旧交通工具进行更换，政府给予一定补贴。同时根据车辆的污染排放量，确定车辆分级级别，有差别地收取市内停车费用，例如，采用清洁能源的电动车等交通工具可免费停车。

（2）美国。美国政府在大气治理上非常重视环保技术的产业化进程，利用经济手段鼓励企业、科研院校和政府间的研发合作，推动环保相关技术和产品的商业化。推行环境税来激励高标准的技术创新，例如，损害臭氧的化学品消费税、汽油税、开采税、固体废弃物处理税、二氧化硫税、环境收入税等。采用环境税收优惠政策带动企业减少大气污染物的排放，例如，鼓励企业安装环保设施，安装节能设备的公司或企业可享受税收抵减优惠。

目前，美国环保署针对清洁空气技术推行“清洁空气优秀奖”，奖项分类众多，包括针对社区行动、宣传教育、法规政策创新等，充分调动专业研发人员以及普通民众的参与热情。创新方案并超前达到环境标准的早期技术研发者能够得到一笔奖励。例如，一家 24 小时电力供应公司与电力科学研究院、美国环保署和能源部合作，给达到未来美国联邦能源标准和其他标准（不包括 CFC[①] 的使用）的电冰箱制造商 3000 万美元的奖金。

（3）英国。为改善大气环境，英国政府在技术升级方面投入了大量资金。2008 年，在英国政府的支持下，“环境改善基金”成立了，该项基金设立的主要目的，是为低碳能源和高能效技术的开发、发展提供支持，积极推动国际开展与环境相关的能源技术合作，其中不乏包含了大气治理的相关净化技术。2009 年，英国政府拨款 32 亿英镑推动居民住房的新能源改造，鼓励居民主动在自己的住房中安装清洁能源设备，约有 700 万家庭安装了清洁能源设备，这对污染气体的减排起到了极大的作用。2010 年，英国政府成立“绿色能源基金”，此项基金意在加强绿色运输及其替代能源的投资，增加运输系统中的风能、潮汐能和太阳能等清洁能源的利用率。英国通过经济全球化进行产业转移，将高污染、高能耗产业由本国转移到其他国家，集中资源进行低碳产业发展，对本国产业结构进行了调整，为大气治理增添了保障。

23.3 国际大气治理分析

一个国家在追求工业化经济快速发展时，往往会以牺牲环境作为代价。对 19 世纪的伦敦，20 世纪 50 年代的鲁尔区、洛杉矶，20 世纪中叶的日本四日市等城市或地区的大气污染事件，我们需要总结其中的经验和教训，在大气治理的问题上迈出更稳妥的步伐。

23.3.1 国际大气治理成功经验

发达国家在大气治理方面已形成了较为成熟的治理模式，取得了很好的治理效果，这为发展中国家的大气治理提供了宝贵的成功经验。国际大气治理成

① CFC：工业上大量生产和使用的氯氟烃是破坏臭氧层的物质，根据氯氟烃的英文名称 Chloro - fluoron - carbon，取其字头组成缩写 CFC，用 CFC 代码作为氯氟烃的统称。在 CFC 后标以化合物代码，可以代表不同的氯氟烃，如 CFC - 12 代表二氯二氟甲烷，CFC - 113 代表 1，1，2 - 三氯 - 1，2，2 - 三氟乙烷等。

功经验主要包括以下几点：构建协调防治的长效机制、充分调动公众参与、强化依法治理、加强环保政策执行的监督、运用科技手段治理大气等。

（1）构建大气协同防治的长效机制。大气治理在实行有效措施的同时，更要注重协同治理问题，加强各城市、各地区、中央与地方间的合作关系。美国洛杉矶在出现大气污染之后，成立了南海岸大气质量管理区，专门负责加利福尼亚州地区的大气治理问题，在督促区域内大气治理工作的同时，积极开展与相邻各州的合作，跨区域联防这一措施极大地改善加州及周边区域的大气质量，并被沿用至今，是合作解决大气问题的典范。这一措施的成功之处在于目标同一、职责明确、协同互助，不管是地区还是管理机构各部门，坚持合作，落实好职责内的工作，彼此协调配合，能够有助于防治工作的开展。

（2）调动公众力量参与大气治理。一些治理大气污染卓有成效的发达国家，在注重政府发挥主导作用的同时，积极发动社会公众参与，带动全国大气防治的热情。英国伦敦在大气防治方面，得到资本家、工厂主、工人和社会各界的支持。虽然部分治理政策会增加生产成本，但在经济飞速发展的同时，资本家等群体获得了诸多利益，使其从物质追求逐渐转变为精神追求，因此，很多人愿意参与大气治理的行动，改善自己的生活环境。在美国，恰好是社会给政府施加压力，促使政府有所作为，生态危机的加剧，让社会各界的环保人士发起了此起彼伏的环保运动，在客观上督促美国政府尽快制定环境保护法案。日本民间组织在20世纪治理大气污染的过程中，始终发挥着重要作用，政府行政措施和法律措施在民间组织的监督下推行、实施，监督着企业的排污治理，并且能够从第三方的角度发现问题，积极为政府企业建言献策，这也极大地推动了日本的大气治理工作的开展。

（3）树立法律权威，强化依法治理。法律是大气污染治理的有力保障，完善相关法律体系的建设，加强对法律实施的监督，依法治理是推动大气污染转变的关键。改革开放以来，我国在环境保护方面，特别是跨区域治理大气污染方面的法制建设仍然较为匮乏。目前，我国大气污染以城市群为主，如何有效治理城市群的大气污染，建设法律体系需要得到足够的重视。反观英、美、日等国，政府积极采取立法措施，相关部门及时开展立法工作，并在不断发展中得出经验，围绕总的纲领性文件健全相关法律体系，以法律为基础开展大气治理的各项工作，有依有据、执行有力，用法律为治理大气污染构筑起坚不可摧的屏障。

（4）制定环保政策，加强监督和管理。总结各国成功的治理经验，特别是美国跨界大气污染治理，可以看出无论制定何种法律条文和具体的政策措施，都需要接受外界的参与。由于空气污染流动性强、波及范围广，牵扯到多方利益群体，在政策制定之初就需要社会各界和公民的参与，站在全局的高度上，制定科学合理的环保政策。法律赋予公民权利，同时也要公民履行义务，主动推动、监督政策的完成。接受上至立法监督机构下至公民和社会组织的监督，这是提高环保政策执行效率的有效途径，同时也为政策的推广提供了便利。

（5）应用最新科技手段，提升大气质量。科技水平是提升大气治理水平的重要因素。从源头看，大气污染的成因与科学技术的进步密不可分，科技发展带动生产力水平的提高，使人类有了征服自然的野心和可能，但也造成了环境危机。然而，想要转变高污染的生产方式、找回原有的绿水青山，靠的依旧是先进的科学技术。英、美、日等发达国家，在环境危机出现之后，纷纷研发新的清洁能源以代替高污染能源，研发新型空气过滤设备，使用科技的手段带动大气治理的进一步发展，使大气环境质量有了显著的提高。

23.3.2 国际大气治理失败经验的总结

发展中国家在充分借鉴发达国家大气治理成功经验的过程中，并不是简单复制和套用成功经验，同时也要充分掌握发达国家大气治理失败的经验。对国际大气治理失败经验的总结，能够有效减少大气治理过程中的弯路，能显著提升治理效率和效果。国际大气治理往往存在治理源头难以确定、立法及执法困难重重、法律落实不力、失衡发展使治理大打折扣、治理投入不足等问题。

（1）查找成因颇费周折。大气治理的开始遇到了不少困难，找出真正的污染源就需要花费数年时间，也在客观上直接导致大气治理行为的前期发展十分缓慢。

20 世纪四五十年代，洛杉矶出现严重的雾霾天气，政府认定的污染源为化工厂排出的丁二烯，然而在下令关闭此类工厂后，天气并没有好转。随后政府又将成因归结为全市 30 多万座焚烧炉，于是对居民使用炉子焚烧垃圾采取了禁止政策。但雾霾不但没有减少，反而越来越频繁。1950 年，加州理工学院的生物化学家哈根斯米特通过研究，最早提出汽车尾气和炼油厂、加油站的挥发物是雾霾的重要成因。但是当时不少人对他的说法不以为然，特别是一些研究人员，在石油界的支持下，公开对哈根斯米特的研究成果予以否认。在当时人们的认知里，汽车排气管与工厂的烟囱相比根本算不了什么。在学术论战持续了一年半之后，直到20世纪50年代中期，哈根斯米特的结论才最终得到确认。就这样，洛杉矶用了10多年时间才查找出产生雾霾的真正原因。

（2）立法执法困难重重。虽然多国在环境治理上采取了立法措施，但是一项法律的提出和通过也需要各方面的共同努力，其中不乏要经历多种考验。以美国为例，根据美国的政治体制，要想治理雾霾首先必须推动议会立法。然而各派力量互相博弈，各种利益纷争激烈，雾霾治理的立法进度被大大延缓。另外，当时政府能够提供的资金有限，只能由私营企业支持的研究机构来完成主要的研究工作。通用、福特和克莱斯勒等美国汽车制造业巨头从1954开始就成立了研究机构，每年投入资金开发减少尾气的设备，虽然政策及时规定需要配备净化汽车尾气的设备，但由于进行车辆升级换代的准备和配套工作需要时间，致使加州直到1966款新车推出时，才被要求必须配备净化尾气的设备。旧车改造任务相比新车更是困难重重，在时任加州州长的布朗签署法令之后，要求旧车也必须改造，加装尾气清洁设备，才真正开始彻底净化汽车尾气的攻坚战。由此看来，因为一些客观因素的存在，使立法执法推动困难，会极大阻碍大气治理的工作进程，需要引起足够的重视。

（3）法律法规落实不力。新法的实施，千头万绪，涉及多个机构、单位，如何让这些机构、单位迅速进入新法实施的衔接状态，是一个需要思考的问题。如果法律法规落实不到位，那么对大气治理的作用就没有办法良好地得以展现。由于治理措施落实不力，欧洲一些国家空气质量日益恶化，至2017年，欧盟区每年有逾40万人因空气污染早死。因此，欧洲委员会向德国、法国、西班牙、意大利和英国5个成员国发出警告，空气污染问题必须要得到解决，若未能见到成效，欧盟将采取法律行动，对它们施加巨额罚款。在欧盟成员国中，部分国家无视欧盟法规中设定的空气质量标准，给欧盟地区的空气治理带来极大难题。英国自2010年起空气质量就一直无法达标，数据显示仅在2017年1月的5天内，伦敦部分地区的二氧化氮排放量就超过英国一整年的排放量限额。德国更是问题良多，由于德国一半的电力是火电，每年会燃烧大量的煤，该国成为唯一一个突破欧盟设定四条污染物排放红线中三条红线的成员国。就以上事例来说，欧洲空气质量日益恶化的原因中，很重要的一点就是相关成员国对欧盟的法律法规落实不力，使欧盟不得不用法律武器来规范成员国的“任性”，以期在环境治理方面取得成效。

（4）失衡发展事倍功半。大气治理是一个长期的过程，会碰上各种各样的阻力，过于片面地看问题会打破环境治理的平衡。哈根斯米特 1970 年在美国国家科学院发表演讲时指出：“今天我们才认识到，在设定目标时我们总是过于胆小。现在已经很清楚了，不管每辆车减少多少尾气，汽车数量的增长最终会使空气污染回到原来的状况。”

在哈根斯米特观点被认可后，美国在减少汽车尾气上做了很多功课，但统计数据表明，加州 1930 年只有 600 万人口和 200 万辆机动车，1950 年人口和机动车分别增加到 1100 万和 450 万辆，而到了 1970 年，人口和机动车分别突破了 2000 万和 1200 万辆。除此之外，工业废气的排放标准提高，但工厂数量不断增加、生产规模持续扩大，社会的失衡发展不断地抵消着大气治理的效果。不管政府对汽车尾气处理设备提出了多么严格的要求，也无法阻止污染总量的上升，美国肺脏协会自 2000 年开始发布空气污染年报以来，几乎每年都位居美国“空气污染榜”的前列，特别是市区和几条繁忙的高速公路周边仍是全美空气质量最差的地方。现在洛杉矶夏季还不时出现光化学烟雾不散的污染现象，成为美国夏季的“雾都”。

（5）治理投入力度不足。大气治理需要大量资金的投入，购入设备、技术研发需要源源不断的资金投入，但是，当前世界经济发展处于低迷状态，许多国家把主要精力与资金都放在了经济发展与民生方面，对大气治理问题有所忽视，治理投入得不到保障。印度是人口大国，大气污染也十分严重，根据《空气质量——寿命指数报告》中的数据，印度 1/4 的人口都生活在空气污染之中，大气污染导致的健康成本约占印度 GDP 的 3%。治理资金投入不足使印度空气质量监测点的覆盖率在此前水平偏低，截至 2015 年，印度很多污染严重的大城市都不在其空气质量监测范围内。在 55 个人口超过 50 万的城市中，只有 15 个城市有空气质量监测系统。没有监测系统的大城市包括杜尔加布尔、戈勒克布尔、阿散索尔、西里古里、巴雷利和卢迪亚纳等。印度一共有 39 个空气质量监测站，和中国的 1500 个比起来相形见绌。此后，印度政府逐渐加大了对大气污染监测设备的投入。按照我国投入 20 多亿元新建 1500 个 PM2.5 检测站点、平均每个监测点投入 15 万元来测算，印度新增监测站需要投入大量的资金。这些监测站将有助于政府全面了解新德里空气污染情况，特别是在城市空气质量恶化的冬季，对印度治理空气有非常重要的作用。

参考文献

［1］刘圣勇，袁超，蒋国良，等．全球性大气污染的现状及对策［J］．河南农业大学学报，2003（1）：74－77.

［2］2019 全球空气状况报告［R］.

［3］尚勇．全球问题的中外关联——以大气污染为例［J］．改革与开放，2015（15）：46＋51.

［4］20 世纪著名空气污染事件［C］.//中国毒理学会．中国毒理学会第六届全国学术大会暨第六次全国会员代表大会论文集，2013：1.

［5］李忠东．洛杉矶的“治霾”之路［J］．防灾博览，2017（2）：66－75.

［6］崔艳红．美国洛杉矶治理雾霾的经验与启示［J］．广东外语外贸大学学报，2016，27（1）：21－27.

［7］冯为为．应对全球气候变化中美城市的减排行动［J］．节能与环保，2016（7）：30－33.

［8］冯石岗，张琛．国际大气治理的对策分析与经验借鉴［J］．佳木斯职业学院学报，2017（7）：444－445.

［9］曹树青．区域环境治理法律机制研究［D］．武汉大学，2012.

［10］周衍冰．英国大气污染治理：从定性走向定量［N］．学习时报，2016－03－10（002）.

［11］德国用了十多年才突破空气污染问题［J］．中国环境管理干部学院学报，2013，23（4）：93.

［12］陈广仁，祝叶华．城市空气污染的治理［J］．科技导报，2014，32（33）：15－22.

［13］肖金成．国外城市化过程中的污染治理［J］．青海科技，2014（2）：80－83.

［14］张庆阳，沈海滨．国外如何根治雾霾天气的“元凶”［J］．世界环境，2014（2）：64－69.

［15］刘兆香，王树堂，王京，等．美国大气环境多污染物协同控制的经验与启示［J］．环境保护科学，2020，46（1）：53－59.

［16］李培，陆轶青，杜譞，等．美国空气质量监测的经验与启示［J］．中国环境监测，2013（6）：9－14.

［17］周衍冰．德国持之以恒治理大气污染［J］．政策瞭望，2015（6）：51－52.

［18］王诗文．德国鲁尔区大气污染治理的法律规制对中国京津冀区域化治理的借鉴［C］．//中国法学会环境资源法学研究会、河北大学．区域环境资源综合整治和合作治理法律问题研究——2017年全国环境资源法学研讨会（年会）论文集，2017：6.

［19］张卫国．促进大气污染防治的财税政策研究［D］．山东财经大学，2015.

［20］刘建涛，贾凤姿．环境问题根源研究综述［J］．前沿，2012（1）：11－14.

第24章 国际区域治理

环境治理是一个复杂的系统性工程，单一片区、单一城市或地区的规划和治理往往很难达到良好的效果，需要跨越行政及地理区域的限制，进行整体布局，以及全方位、多层次的综合治理。学界对国际区域治理已进行了100多年的研究，已经形成了完善的理论体系和完整的治理模式，这些模式包括区域合并统一治理模式、多边联合治理模式以及分层复合治理模式。国际区域治理的理论研究及实践经验，为全球不同发展程度和阶段的国家、地区的环境治理提供了宝贵的理论指导和经验借鉴。

24.1 国际区域治理概述

随着社会不断地发展进步，人口逐渐向主要城市汇集，单一城市或区域已经难以满足发展需要，城市、区域间的经济、环境及社会治理也因自然地理环境、人文环境、社会发展以及经济发展水平的不同、政治制度以及法律法规的适用性不同而呈现出复杂性。区域治理是一个动态的过程，近年来不断的试验与探索涌现出大量区域盲目拓展、无序交流以及空间混乱破碎等问题，进行科学的区域治理变得非常紧迫和必要。自20世纪初开始，国际上已经有众多学者及专家就这一问题进行研究。随着区域一体化发展进程的不断深入，大都市区这一发展理论逐步形成并得到确立。主要的国际区域治理模式见表24-1。

表 24－1　国际区域治理模式及特点

国际区域治理模式		特点
单一城市治理模式		单一城市内部治理，并向外发散到周边郊区甚至农村地区
大都市区区域（城市群）治理的模式	单中心模式 ——区域合并统一治理模式	大规模单一政府，通过县市合并，统一调整公共服务、执行战略职能
	多中心模式 ——多边联合治理模式	各地区域自治及适当的政府融合
	新区域主义模式 ——分层复合治理模式	多层治理、多重参与

24.1.1　国际区域治理概况

关于区域治理的研究最早始于19世纪，自20世纪初期开始逐渐形成体系并开始往分支方向发展。初期的研究侧重于对单一城市的规划，其中以美国部分专家及学者们对区域治理的研究最为先进。1923年，美国学者 E. W. Burgess 提出同心圆模式城市结构（见图24－1），在随后的研究中，经济学家 H. Hoyt 提出扇形模式城市结构（见图24－2）。1945年，C. D. Harris 等提出多核心式城市结构（见图24－3），至此美国对城市结构的研究开始了从理想型结构向功能型结构的转变。

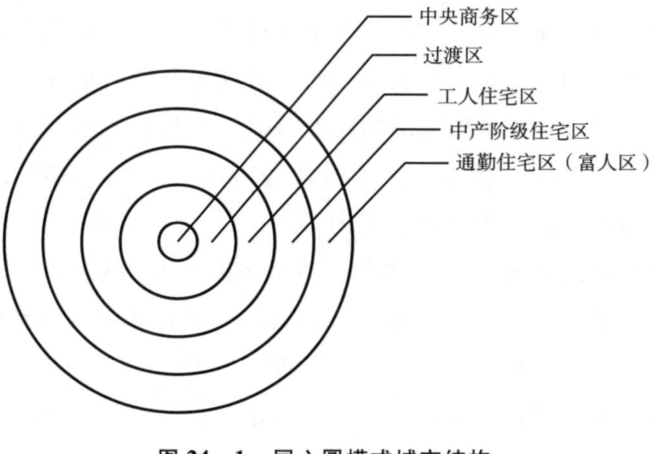

图 24－1　同心圆模式城市结构

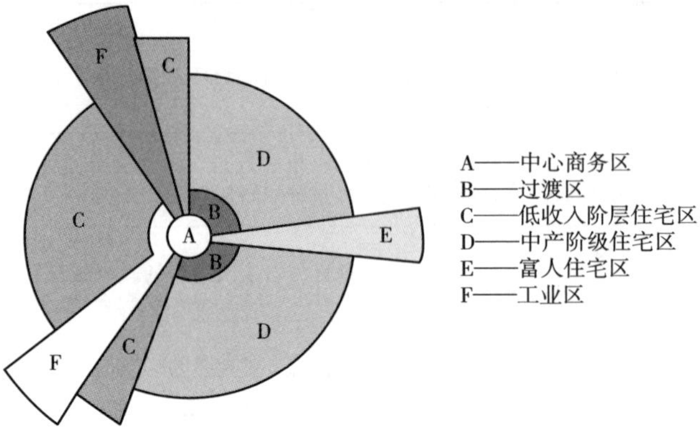

图 24－2　扇形模式城市结构

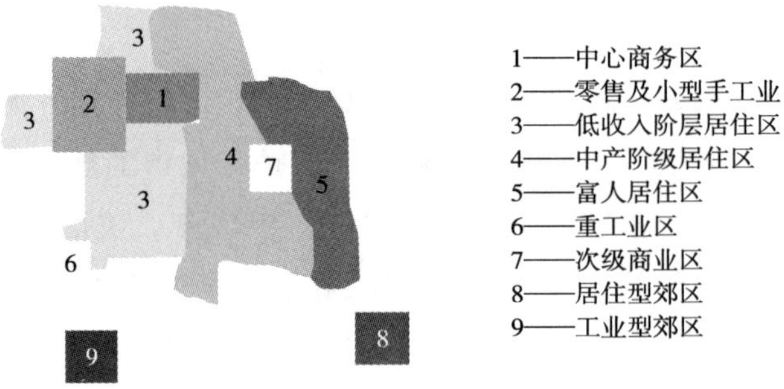

图 24－3　多核心式城市结构

20 世纪 60 年代后，众学者对区域治理的研究已不再局限于单一城市内部，一种新的治理模式开始在西方中产阶级中发展。在新治理模式下，城市功能不再局限于城市范围内，而是向外发散到周边郊区甚至农村地区，各城市功能虽在空间范围内分散，但在治理范围内高度链接，从传统的城乡二元结构向分散蔓延型大都市形态转变，多中心区域治理格局初步显现。1963 年，E. J. Taaffe 等提出五部分城市结构理想模型（见图 24－4），即中央商务区、中心边缘区、中间地带、外缘地带以及近郊五部分。1975 年，L. H. Russwurm 提出四部分城市结构模型（见图 24－5），即核心区、边缘区、城市影响区及乡村区域四个区域。1981 年，Muller 提出另一种四部分城市结构模型（见图 24－6），即中心城区、内郊区、外郊区以及城市边缘区四部分。

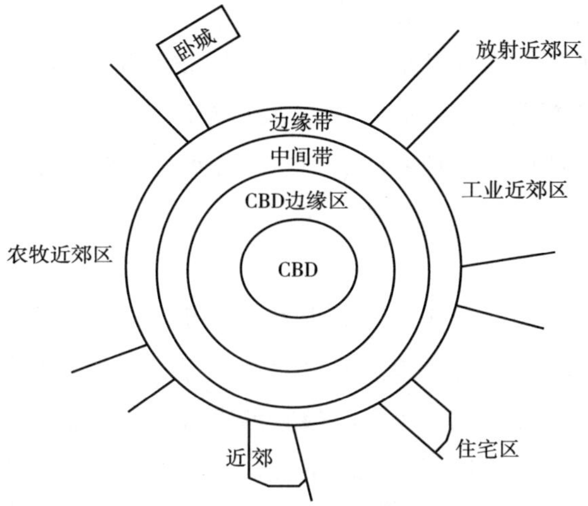

图 24－4 五部分理想模型

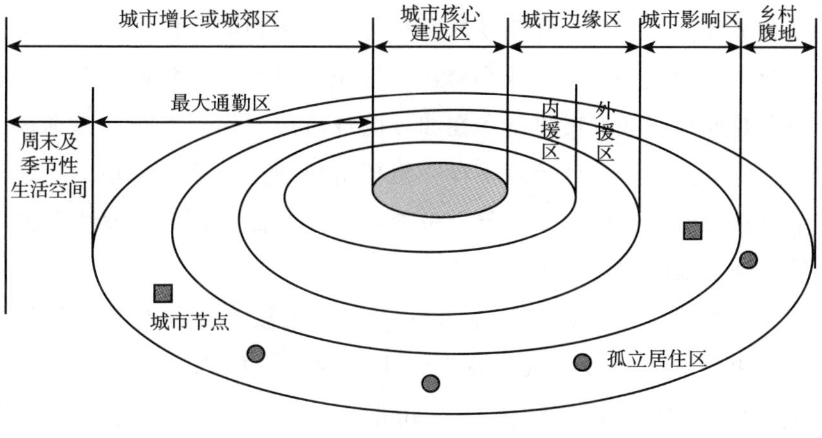

图 24－5 Muller 城市结构模型

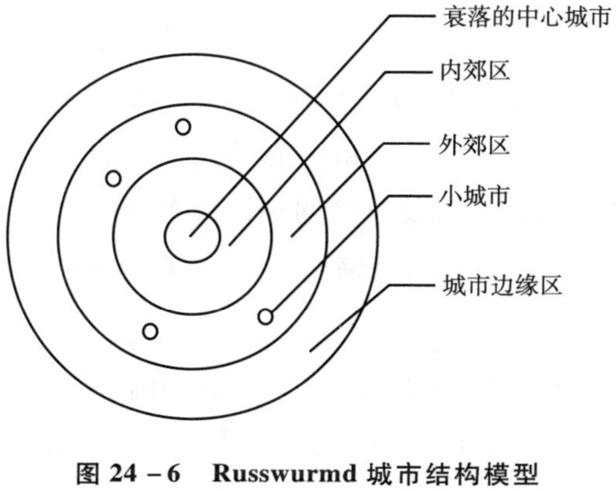

图 24－6 Russwurmd 城市结构模型

经过数十年的不断发展，蔓延式城市结构带来了运转效率低、社会分化严重、环境及生态破坏严重等社会和生态环境问题。20 世纪 90 年代末期，Peter Calthorpe 等提出了邻里城市发展模式等新型城市结构，将城市治理模式从单一城市向城市群体，即区域治理方向引领。大都市区区域治理的模式主要分为单中心、多中心以及新区域主义 3 种模式，迄今为止，学术研究界未对何种治理模式更具效果达成共识。

倡导单中心模式的学者在对芝加哥等大型都市进行研究时表明，应建立大型区域内的大规模单一政府，通过县市合并、统一调整公共服务、执行战略职能等手段进行区域治理。倡导多中心模式的学者表示，各地区域自治的效果要好于单一政府统一管理。适当的政府融合，而非单一政府治理可以更加有效地解决各种经济、社会与生态问题。倡导新区域主义模式的学者认为，单中心与多中心模式的理论可行性大于实际可行性，多层治理、多重参与的新区域主义模式更具有实践性。此后，欧盟发展委员会（EURADA）在新区域主义模式的基础上开创了以“经济支撑、人力资源、区域吸引力”为核心，关注领域和机制路径的内源外源协调发展机制。在如今区域治理案例研究模式逐渐成为主流后，有研究机构指出，区域治理不存在最佳解决办法。只有因地制宜，对当地政企关系以及价值和环境体系进行充分考量，合力促成各方利益协调发展的方法才是最适合当地的区域治理模式。

大都市区的确立需要满足以下条件：（1）需要具有相对发达的经济集聚区。经济集聚区即经济核心区，是大都市区的建设核心。大都市区的外延建设离不开一个首位度高的区域中心，如纽约、东京等大型都市区均是在这一基础上建立的。（2）需要一定的人口密度。人口密度的大小决定了一个大都市区的劳动力水平和消费水平，同时也是其承载能力的体现。此外，较高的人口密度不是单纯意义上的人口数量，而是指经受过一定水平的教育、具有较高素质且掌握足够知识或技术的人口。（3）需要具有特色的产业模式。每个大都市区都需要有与其区域规模和职能相匹配，且具有区域特色的产业结构模式。（4）具有成熟的交通及通信网络。大都市区的顺利发展与其是否拥有畅通的交通、通信、运输及信息网络息息相关，区域内各地方之间的联通也同样依靠于此。

此外，经过长时间的发展，国际上的区域治理模式主要分为以下 3 种：区域合并统一治理模式、多边联合治理模式以及分层复合治理模式。

区域合并统一治理模式与前文所述的单中心模式相匹配，是指将多个区划进行制度合并，并由合并后的大政府对合并区域内事务进行统一管理。区域合并统一治理模式下的区域具有区划数量整合、行政权能集中等特点。区分不明显或者行政等级相对较低的区划由于合并的缘故，数量大幅减少，整合后的大政府对其进行统一管辖和规划，在国际上美国、日本及加拿大等国的主要城市进行区域治理时运用的模式就是此类模式。

多边联合治理模式与上文中的多中心治理模式相对应，此种模式是指以平等协作理念为基础，以符合当代政治及经济发展思维的方式进行行政合作以及市场合作的区域治理模式。在此模式下，各区划的政府不需要进行合并，而是各自履行自身职能，同时以自由平等的契约方式进行合作治理。如美国匹斯堡、路易维尔，加拿大汉诺威等地均在进行多边联合治理模式的实践，通过公共服务合作、税收共享等方式进行全方位的区域合作治理。

分层复合治理模式与上文中的新区域主义治理模式相对应，是指在保留原区划政府组织结构和职能的基础上，建立一个地区性的管理机构，对跨区划性质的事务进行交涉和管理，如水务、轨道交通等事务。同时，各政府仍对其区划内的事务保持管理，并保有决策的独立性。

24.1.2 国际区域治理的特征

区域治理不同于一般意义上的城市治理，造成这个差别的主要原因就是跨区域的事务管理，以及当今日益复杂的治理环境。单一管理部门对建立统一市场、消除地方壁垒，以及突发环境卫生问题、污染问题等需要跨区域合作的事件难以招架。区域治理的特征即建立在此根本问题之上，主要有跨区域性、政府合作性两点。

对于跨区域性，在传统治理观念里，超越行政区划或区域的管理并不现实，甚至行政区划的形式和意义都已发生了改变，古雅典的自治区划分、古埃及的村社组合制的州际划分，与当今时代丰富多样的划分形式之间有很大的不同。但是划分行政区域的本质始终是按照地区对国民进行分级，从未改变。区域治理过程中遇到的公共问题是单靠一个城市或地区的管理部门无法解决的，以区域间政府为主导，活用各种社会资源，通过经济、政治等管理手段进行跨区域的综合治理，是区域治理的一大特点。

对于政府合作性，区域治理的本质就是解决区域内公共问题的公共管理。任何一个城市或地区的公共事务均由当地政府进行管理，而一个区域范围内公共事务则需要区域管理部门进行统一的调配部署。区域管理部门的管辖权之所以存在，是因为各下属区划政府可以在一个平等互利的基础上进行合作，即上文所述的多边联合模式。至于区域统一合并模式，其实质也是进行行政区划调整，扩大一个区划边界的同时缩小甚至消除另一个区划的边界，也是政府间的合作过程。

随着治理理念的不断进步，除一般性区域事务的处理外，区域环境治理的研究和发展也受到广泛的关注。国际上的区域环境治理模式可以分为环境网络治理模式、环境协同治理模式、环境多中心治理模式以及环境整体治理模式 4 种。环境网络治理兴起的原因是该种治理模式能够减轻传统治理模式受到的外部环境冲击，拥有科层制、市场制两种协同治理方式。

环境协同治理于 20 世纪末期开始逐渐兴起。联合国全球治理委员会对协同治理作出了如下定义："协同治理是各种公共、私人机构，以及居民个人在对共同事务进行管理时所采用的方式方法的集合。"区域治理的环境协同治理模式，就是指区域内的各个机构、组织以及个人，在不侵犯彼此利益的前提下，以区域协调发展为统一目标共同参与区域治理。该种治理模式集各家优势于一身，推动互相促进、互相监督的一体化进程。其中，多中心型的环境协同治理是一个由一国或多国政府、各类国际组织以及非政府组织、各种基层自治组织、绿色环保企业以及社会公民等社会各个层级、各个方面的治理主体，以区域内的环境治理为中心进行合作的上下联动、内外联动的复杂过程。在此综合性的治理视角下，最先需要的就是对政府的环境治理职能进行整合，通过政府间合作机制建立跨地区的环境治理机构。此外，还需政府与企业、社会公民建立合作关系，努力促进各类组织和公民的参与，并充分发挥当代先进的信息技术，搭建综合性交流平台，提高信息的传递速度，加强各主体间的沟通。

此外，西方政府对环境治理相关政策的制定也随着 20 世纪 90 年代后环境协同治理的兴起发生了改变。单一的政府主导治理模式逐渐被公众参与模式所替代，并通过公众协商和辩论机制加大公众的参与力度。究其根本，公众参与协商有利于提高社会对环境政策的认知程度，有利于从政策受众的角度提高环境政策的执行效果。在公众协商的表现形式方面，西方政府主要设立如共识会议、公民咨询委员会以及社会陪审团等组织。

24.2 国际区域治理模式

24.2.1 国际区域治理的技术方式

处于不同发展阶段的社会区域、所属类别不同的公共事务，都有与之相对应的治理机制和管理办法。运行机制应与相关区域的历史、地理及文化相适应，其中最为重要且最为必需的就是区域协调机制、区域管理机制和区域监测机制。

区域协调机制是各原生区域之间的多边对话机制，主要形式包括对内协调和对外协调。对内协调一般在建制相对不成熟的区域内发生，对外协调主要在建制相对成熟的区域内发生，主要形式为双边或多边协调治理。在一般情况下，会议制度是区域协调的主要形式，区域内双方或多方可以通过会议制度进行谈判协商。国际上现行的会议制度基本上都以和平友好为前提，通过设立秘书处等中枢管理机构的方式进行具体事务的协调和应对。区域内部的关系治理是区域协调的本质，而区域内的社会化则须通过不断巩固区域内各部分联系来逐渐推进。

区域管理机制由区域委员会、区域内法院等权威管理机构进行实现。根据区域建制建设程度，区域管理机制通常是政府间联协机制和法律机制的结合。政府间联协机制使区域内各政府可以良好地沟通、对接，对跨区划公共事务有促进作用。法律机制是指各区域组织具有可以承担法律义务和责任的法人资格，不同区划可以根据需要，自行成立金融机构、安全机构等部门，机构运行所需要的费用由整个区域承担。在区域治理进入相对成熟的阶段后，区域管理机制通常会在上述两种机制之间摇摆，从而在决策过程中导致少数服从多数情况的出现。在此情况下，非多数主义机构将发挥作用。

区域监测机制在公共事务处理过程中，运用跨学科综合知识及监测反馈结果。区域监测机制可以通过科学的统计和计算，评价并持续跟进治理结果，并对结果进行总结、检查或提供咨询服务。区域监测机制的最终目的就是通过一定手段形成可以供不同利益相关者使用、能够对治理效果及过程进行反馈的可靠数据。随着科学技术的不断发展进步，在区域治理过程中进行监测的手段愈加丰富，对历史数据的获取更加便捷，对案例的收集和分析也更加高效。更加完整、充实的数据有助于建立更加科学的监测模型和评估体系，评估结果的准确程度也直接和模型的科学程度相关联。科学有效的监测评估结果对加强区域治理效果、推进区域内各部分的相互作用起着重要的作用。区域治理监测通常由第三方部门进行，一般区域内都会单独设立评测机构。如欧盟内部的欧盟统计局，专门负责欧盟数据库的填充管理，并指派各领域专家对相关指标进行监测评估，最后在欧盟年报里形成一份评估报告。

24.2.2 国际区域治理的政策方式

分析区域治理的政策方式可以英国与美国为例。英国对其国内苏格兰、威尔士及北爱尔兰地区的区域性政府的建立，以及区域性政府的层级治理卓有成效。如苏格兰地区，其区域治理的根本目的是解决赤字问题。通过区域议事厅的建立，苏格兰地区形成了对区域发展局的有效监督，并为社会各界代表提供了沟通协商的机会和平台。英国为解决苏格兰地区治理问题，专门制定了区域治理基本法律框架和规划。新工党于1997年颁布《未来繁荣建立伙伴关系》，于1998年颁布《区域发展局法》，2002年颁布《你的地区，你的选择：复兴英格兰地区》白皮书。2003年，国会批准通过了《区域议事厅法案》。此外，中央政府及各部门的各级机构在苏格兰地区建立了众多外派机构，如9个区域政府办公室，9个农业、渔业和食品部门区域服务中心，以及多个国家卫生局区域执行办公室、社保区域部门、教育就业部门的服务办公室等。各办公室通过以下政策来进行指导与监督工作，逐步形成权力下放（见表24－2）。

表24－2　区域政府政策工具

政府办公室运作	政策工具
战略框架与引导	1. 投标指导 2. 地区复兴战略 3. 重新拟定单一复兴预算投标提交 4. 年度单一复兴预算基金发放的财政控制
监测与评估	1. 季度、年度评估报告 2. 重大事项检查 3. 产出测量 4. 管理体系审核信息技术和单一复兴预算数据库 5. 交付计划、交付声明

续表

政府办公室运作	政策工具
威慑与惩戒	1. 单项计划召集 2. 竞争性投标 3. 红黄牌制度 4. 财政追回 5. 指定责任主体 6. 项目评估

美国作为城市化进程相对较早的国家，对区域治理的研究更加成熟。其区域治理的方式分为两个层面：州际层面以及州内层面。对于州际层面所涉及的跨区域事务，在不影响其他州的正常运转，且不涉及联邦层次事务的情况下，州政府之间将采用签订行政协议或州际协议的方式进行合作处理。行政协议、州际协议都是进行区域治理的重要机制。两种协议以互补的方式存在，行政协议相对灵活，由各州议会授予各州有关部门领导，领导有权与其他州对等机构进行自由合作；州际协议则属于正式形式的法律，程序相对烦琐，签订州际协议的周期也相对更长。对各州内部涉及跨县、市事务，一般通过设立特别区域政府（Special District Government）进行治理。特别区域政府依据州法律设立，其主要职能是向涉及跨县、市事务的特定区域内的居民提供常规政府无法提供的服务。特别区域政府的设立和特别治理是美国区域治理的法律保障，行政协议和州际协定则更能体现美国的区域治理特点。

24.2.3 国际区域治理的经济方式

以欧盟的财政一体化协调治理为例，相对于一体化发展较好的北美自由贸易区、仍有发展空间的东盟自由贸易区以及亚太经合组织，欧盟的政策协调方式更加值得借鉴。财政一体化是根据一定的原则，对区域内各方的财政制度进行共同性约束，将各方的财政目标进行统一，并根据统一的财政收入和支出情况安排统一财政预算的治理方式。财政一体化协调治理是发展区域经济不可或缺的一种手段，这种手段成立的前提是在区域内设立高层级管理机构，同时区域内各方需同意让渡自身的部分财政政策制定权力。具体的一体化治理方式如下。

第一，共同的财政预算制度。作为世界上经济一体化结构最为成熟的区域性经济体，欧盟对其财政预算制度的建立极为重视。其原因在于若没有一个可以得到各方共同贯彻的财政政策，总体财政收入和支出就无法进行准确计量。若财政收入无法运用到最合理的地方，财政支出得不到有效管控，经济体就不能进行良好的运转。《罗马条约》对财政预算程序和原则进行了确定，该原则保证了欧盟的财政收支平衡，且当预算出现亏空时，需向成员国进行财政收入弥补。同时，为限制各成员国的财政行为，也对欧盟及其成员的权力进行了限制。

第二，共同财政收入管制。欧盟的共同财政收入来源主要有以下 4 种形式：(1) 向欧盟以外地区按共同关税税率征收的进口关税；(2) 农产品进口差价税以及糖税；(3) 成员国上缴的不超过增值税税率 1% 的增值税收入；(4) 根据一定比例以及成员国的 GDP 上缴的收入。

第三，共同财政支出管制。欧盟的共同财政支出可按以下 4 种用途进行归纳：(1) 共同弱势产业扶持支出；(2) 利益与成本的平衡性支出；(3) 公共物品的共建性支出；(4) 行政支出。弱势产业扶持主要指农业扶持，方式主要是对内价格支持、对外贸易保护，以“农业指导基金”和“保证基金”的方式，具体表现如下：一方面，对区域内部滞销农产品进行收购；另一方面，对农产品出口进行补贴。平衡性支出主要表现为结构性基金支出，包括地区发展基金、社会基金以及凝聚力基金等方式。地区发展基金占基金总量的 1/2，用于推进落后地区发展、改善基础设施以及促进就业。社会基金占基金总量的 1/4，主要用于改善环境、居民健康以及社会安全等方面。凝聚力基金主要用于扶持 GDP 水平较低的成员国，如希腊、葡萄牙等。公共物品共建性支出主要用于交通网建设、研发项目以及信息网建设，行政支出主要面向改善区域对外关系事业以及跨区域事务。

在货币治理方面，欧盟建立欧洲中央银行体系有效保障了欧元体系的实施。欧洲中央银行体系依据《欧洲联盟条约》和《欧洲中央银行体系与欧洲中央银行章程》建立，欧洲中央银行和成员国央行具体组成结构如图 24 - 7 所示。

欧洲中央银行的独立性确保了其正常周转管辖。第一，欧洲中央银行体系独立于欧盟内部的各个国家和机构。第二，《罗马条约》对成员国的立法进行了约束，要求成员国不得干预央行的运转。第三，欧洲中央银行具有独立的人事安排制度。第四，为中央银行提供汇率保障。第五，授予中央银行广泛的货币政

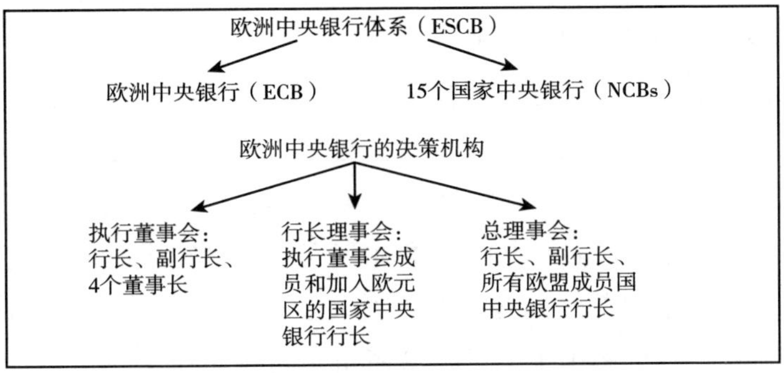

图 24－7　欧洲中央银行体系结构

策权力。第六，给予中央银行独立的法人地位。欧洲中央银行的主要职能如下：（1）制定、实施欧洲经济货币联盟的货币政策；（2）开展外汇管理业务；（3）拥有并安排成员国的外汇储备；（4）促进支付系统的正常运转；（5）提供建议与接受咨询。

24.3　国际区域治理分析

24.3.1　国际区域治理的成功经验

19 世纪后期的德国鲁尔工业区曾是联合国教科文组织发布的“世界文化遗产名录”中的一分子。在众多风景名胜中，这个世界著名的“钢铁之城”稍显突兀，但也能展现出不凡的地位。鲁尔区是 19 世纪西方世界的重工业重心，是一座典型的以煤矿开采、钢铁冶炼、化学及机械制造为核心的传统工业地域，全区工业总产值曾占全国的 40%，因此被誉为“德国工业的心脏”。但德国鲁尔区并非设立之初就位列“世界文化遗产名录”，在其发展过程中，发生了严重的环境污染以及产业单一等问题，曾一度衰落。经历了多年的调整与改造之后，鲁尔区才蜕变成举世瞩目的绿色城市，并入选“世界文化遗产名录”。发展绿色经济的根本目的和追求是提高公民生活质量和社会幸福度，并实现人的生存价值、体现人的尊严，决不能一味追求经济增长而污染环境、对资源进行掠夺式开发。只有经济和社会共同发展，以解决民生问题为落脚点，才是真正的经济发展。而德国鲁尔区的绿色城市转型之路很好地体现了绿色经济的内涵，是绿色经济发展具体实践的典型案例。

鲁尔区位于德国西部，是德国甚至整个欧洲的交通枢纽，也是意义重大的钢铁煤炭工业基地。20 世纪五六十年代，鲁尔区的钢铁煤炭工业飞速发展，被誉为“欧洲工业的心脏”。在大规模开采煤炭资源前，鲁尔区的探测煤炭储备量约 220 亿吨，占德国总量的 90%。鲁尔区同样占据着重要的运河网资源，区域内有莱茵河、鲁尔河等多条运河汇聚，大小分布 74 个河港，公路交通也同样四通八达。由于德国军国主义以及垄断组织对鲁尔区工业发展的深远影响，1851—1871 年，鲁尔区的生铁产量从 7300 吨上涨到 414000 吨，1913 年增加到 320 万吨。鲁尔区内相继出现了多特蒙特、杜伊斯堡等著名工业城市，“二战”之后也成为经济恢复的重要源头。

由于过度追求经济效益，鲁尔区自然资源被过度消耗。首当其冲的就是当地农业遭受了严重损失，核心区农业用地比例从 1893 年的 69.5% 下降到 1960 年的 39.4%，森林面积从 16% 下降到仅 8%。工业的大肆发展给农业带来的危害不仅仅是侵占农业用地，还包括当地生产的蔬菜因为空气雾霾严重受到污染而难以售出，煤矿的挖掘使地表下沉，导致肥沃的土地接近地下水位，只能改种牧草。此外，环境污染问题也愈演愈烈。鲁尔区的环境承载力不堪重负，终于在 1962 年 12 月爆发了第一次雾霾危机。根据记载，彼时鲁尔区空气中 SO_2 浓度甚至达到每立方米 5 毫克，而我国对大气中 SO_2 含量的最高标准规定为每立方米 0.667 毫克。由于吸入有毒气体过多，鲁尔区居民的呼吸道疾病、心脏疾病以及癌症等严重疾病发病率在短时间内大幅提高。企业为降低空气污染的程度开始修建更高的烟囱，这一举措确实降低了鲁尔区的空气污染物浓度，但忽略了对其他地区的严重影响，最终使大半个欧洲都受到严重的酸雨灾害，造成基础农产品大量减产、鱼等水生物死亡、居民无饮用水可用等严重危机。另外，区域内的埃姆舍河遭受严重污染。该河全长 84 千米，流域面积 865 平方千米，被毫无限制地流入河内的牲畜内脏废物以及重金属工业废水污染，长期开采煤矿也使地表下沉，地下结构遭受严重破坏，河水十分黏稠，近乎膏体。最后，鲁尔区的工业结构十分落后，产业革命对一成不变的鲁尔区工业体系造成严重打击，大量工人失业，工业区发展陷入停滞。

为了改变鲁尔区的发展困境，德国政府对鲁尔区进行了绿色转型，首先，发挥其政府的转型主导作用，联合多级政府共同进行改造。在经济部下，联邦政府设立了两个部门，即联邦区域发展计划委员会和执行委员会。州政府设立了区域发展委员会，并实施了区域会议系统。市政府设立了劳动局和经济促进协会等一系列部门。其次，政府制订了明确的计划，确认各个参与方不会出现组织低效、互相推诿的情况。再次，政府充分发挥了政府的投资作用，为改造鲁尔区提供大量资金支持。最后，政府制定了一系列法律法规，进行结构调整以及环境治理。这些与环保和可持续发展相关的法律法规中的最大亮点就是提出了预防、肇事者责任以及合作的三原则。

德国政府对鲁尔区传统产业和配套基础设施建设进行了充分的改进完善。1968 年，地区政府出台了一套完整详细的产业结构调整方案，对鲁尔区的采煤产业进行整合，保留了利润高并且机械化水平高的大矿井，并不断提高采煤产业的技术含量。为辅助其发展，政府还出台了资金补贴、减免征税等优惠政策，并为衰老企业提供销售渠道，帮助其维持经营。政府还投入了大量人力、物力来完善基础设施建设，如提升当地交通条件、治理土地、修建学校和研究机构等。这些措施都为以后鲁尔区转型升级和拓展新的发展道路打下了基础。

德国政府在整治环境、扶持传统产业的同时，还针对新兴产业制定了扶持措施。1975 年，鲁尔区州政府重组改革措施，为扶持新兴产业的发展提供制度上的保障。在解决就业问题方面，政府对工人进行了培训，还大力发展服务业和第三产业，既保障了就业，也调整了产业结构。在新兴产业企业扶持方面，政府出台政策：对鲁尔区内与信息科技、新材料等相关的新兴产业企业，政府给予 18%—28% 的资金补助。

在各种扶持新兴产业发展的政策下，鲁尔区虽然转型较晚，但仍然取得了瞩目的成绩，当地居民对鲁尔区的成就十分自豪。市民认为，脱胎换骨的鲁尔工业区将成为高新技术的代名词，而不再是“钢铁之城”“工业心脏”。现如今，德国政府为了推动经济从传统的高排放、高投入、高污染的资源驱动型向绿色、环保的生态经济转型，于 2009 年 6 月颁布了一系列重点发展生态工业的政策文件。2014 年 11 月，德国政府推出了绿色经济研究议程，重点包括：生产和资源；可持续发展和金融服务；可持续消费；可持续能源供应与使用；工作与技能。该议程旨在以创新为动力，使德国经济更绿色、友好、可持续，并将创造出更多的就业岗位和迸发出更大的发展活力。

近年来，可再生能源在德国的利用和推广有了进一步的深入。自 2000 年《可再生能源法》颁布以来，德国联邦议会前后进行了 5 次大规模的更新调整。

2016年7月，议会通过了最新一版的《可再生能源法》的修订草案，并于2017年1月1日起正式实施。

24.3.2 国际区域治理失败经验的总结

以印度的环境问题为例。自20世纪60年代以来，印度为追求经济快速发展，借鉴、采用了英国在殖民掠夺时期的侵略性发展方式，造成了自然资源的过度消耗，不恰当的治理方式使其环境问题不断恶化。在数十年后的斯德哥尔摩人类环境大会上，印度意识到自身发展方向的错误，意识到环境问题给印度国民生活环境和经济环境带来的恶劣影响，一度加强了环境整治工作。但由于破坏过于严重、治理难度过高，至今未有太多改善。

印度所面临的环境问题主要分为大气、水质以及土地三方面。根据世界卫生组织的统计，印度每年排放大量二氧化碳、碳氧化物以及氮氧化合物等污染物质。1984年12月的博帕尔毒气泄漏事故中，氰化物泄露造成了70余万人死亡，其中2.5万人直接死亡，不少于55万人由于间接原因死亡，另有20余万人终身残疾，经济损失十分庞大，至今仍未完全恢复。在水质污染问题方面，由于印度超过环境承载力的人口数量，以及水体严重分布不均的自然问题，印度的淡水资源严重短缺，极大地阻碍了经济发展。此外，由于无节制地开采地下水以及过量的工业废水排放，水污染问题不断恶化。根据世界卫生组织统计，近70%的印度人口受到水污染和水资源短缺问题的影响。与此同时，印度周边的海水资源也由于农药滥用、工业废水过度排放，以及原油泄漏而受到严重的污染，对海洋生物以及部分陆上动物的生存造成极大影响。

在大气问题和水污染问题的共同作用下，印度的土地退化现象严重。此外，乱砍滥伐、过度放牧等人类活动未受到印度政府的限制，从而加剧了土地退化的程度，使大面积土地出现酸碱化，森林面积快速减少。由于森林对土壤的固定能力下降，季风季节的暴雨造成严重水土流失，从而使农业、畜牧业等行业严重衰退，甚至给整个人类社会造成了极大的潜在影响。可见，印度对环境问题的治理并无明显功效。从其失败的治理措施中，可以总结出以下经验。

第一，多元化治理有可能会使问题的复杂程度提高。印度的社会结构十分复杂，种姓制度使印度的阶级鸿沟十分明显。各个阶级之间的利益并不互通，而在多元化治理的模式下，社会各方都应作出一定让步，以共同协作的方式进行统一治理。显然印度的社会结构并不适用于此种治理办法，大量治理措施无法达到其治理目的，甚至不能发挥作用。

第二，人权理念的过度发展。环境治理的首要办法就是限制人口扩张，减少人类活动对自然的影响。印度作为人口大国，曾是世界上第一个实行计划生育的国家。但由于人权理念发展过于迅速，超过了印度当前的社会发展状态，导致国家在面临严重环境问题、亟须控制人口的情况下，主要党派极力反对计划生育政策。中国的改革成功从侧面刺激了印度的经济增长，但无法遏制的人口数量将这一红利消耗殆尽，同时造成了更加严重的资源浪费，造成了生态环境的进一步过度开发。

第三，管理体制结构混乱。作为一个联邦制国家，印度的中央政府和各地方政府并不是一个完整的整体。在环境治理过程中，中央政府对地方政府并没有直接的管辖关系。由于中央没有足够的话语权，环境治理、计划生育政策推行到地方时容易受到地方政府和地方利益集团的抵制和反对。此外，中央政府承担了大部分环境治理费用，地方政府希望在解决贫困方面投入更多资金，所以并不愿意承担环境治理费用。由于此部分费用过于庞大，中央政府财政压力巨大，环境治理工作也迟迟无法开展。另外，印度的三个主要党派各持治理意见，对执政权力的追逐使其无法同意对方的观点。虽环境污染的危害已是普遍共识，但严峻而又复杂的整治形势使印度的治理层无暇顾及危害，从而放任其发展。

参考文献

[1] 张衔春，赵勇健，单卓然，等．比较视野下的大都市区治理：概念辨析、理论演进与研究进展［J］．经济地理，2015，35（7）：6－13.

[2] VICTOR J. Metropolitan Government [M]. Chicago: University of Chicago Press, 1942.

[3] NEWTON K. Metropolitan Governance [J]. European Political Science, 2012 (9): 409－419.

[4] KEATING M. Size, Efficiency and Democracy: Consolidation, Fragmentation and Public Choice [C]. //Judge D, et ai. Theories of Urban Politics, London: Sage Publications, 1995.

[5] City－Region Studies Centre. Regional Governance Models: An exploration of structures and critical practices [R]. Edmonton: University of Alberta, 2007.

[6] 曾媛媛，施雪华．国外城市区域治理的理论、模式及其对中国的启示［J］．学术

界，2013（6）：210－220＋288.

［7］Review，University of Georgia［J］. Institute of Government，2000，3（3）：158－168.

［8］Savitch H V. Rescaling for a Global World［J］. Progress in Planning，Pergamon，2010，73：11－16.

［9］舒庆，刘君德．中国行政区经济运行机制剖析［J］. 战略与管理，1994（6）.

［10］高建华．论区域公共管理的研究缘起及治理特征［J］. 前沿，2010（19）：177－180.

［11］张云．国际关系中的区域治理：理论建构与比较分析［J］. 中国社会科学，2019（7）：186－203＋208.

［12］秦亚青．关系与过程：中国国际关系理论的文化建构［M］. 上海：上海人民出版社，2012：143.

［13］曾令发，耿芸．英国区域治理及其对我国区域合作的启示［J］. 国家行政学院报，2013（1）：110－114.

［14］吕丽娜．英国区域合作元治理的实践与启示［J］. 学习月刊，2016（20）：22－23.

［15］杨松．都市圈区域治理及其法律保障［D］. 上海交通大学，2017.

［16］曹健．借鉴国际区域经济一体化经验推进长三角经济一体化与财政制度创新研究［D］. 上海外国语大学，2009.

［17］王鹤．欧洲经济货币联盟［M］. 北京：社会科学文献出版社，2002：128.

［18］王金强．印度环境治理的理念与困境分析［J］. 江西师范大学学报（哲学社会科学版），2017，50（3）：52－59.

第八篇

绿色发展中国模式

中国是个发展中国家，经济社会发展水平落后于发达国家。近年来，中国经济社会发展快速追赶发达国家，取得了不错的成绩。但是，经济社会的快速发展也带来如下影响：一方面，给人民带来了发展的福利；另一方面，却给环境带来了严重的破坏，造成了资源的过度消耗。中国也走了大多数发达国家所走的“先污染、后治理”的老路，但近年来在积极调整经济发展方式，探索和实践具有中国特色的绿色发展之路；同时，中国积极借鉴国际先进经验和教训，因地制宜地开发和探索中国经济发展和环境治理模式，获得了很多有实践价值的研究成果，达到了很好的治理效果，在绿色经济发展方面取得了阶段性的胜利。当前，我国在大江大河大湖治理、山体沙漠治理、城市治理、产业治理和区域化治理等方面，取得了很好的成绩，形成了先进、有效的治理经验和模式。本篇主要介绍绿色发展中国模式。

第25章 中国大江大河大湖的治理

中国幅员辽阔，江河湖泊众多。据统计，中国有100平方千米以上流域面积的河流5万多条，1000平方千米以上流域面积的河流1500多条，10000平方千米以上流域面积的河流79条，中国境内江河的总长度约42万千米。全国超过1平方千米流域面积的湖泊将近有3000个，总面积达到93956平方千米。淡水湖总库容2260亿立方米。沿江、沿湖已形成106万平方千米的防洪区。防洪区内人口占全国总人口的66%，国民生产总值占全国国民生产总值的80%。防洪区内共有407座城市，占全国城市总人口的76%。江河湖泊具有蓄洪、发电、供水、航运、水产养殖、生态调节等多种功能，是人类赖以生存的自然环境。加强江河湖泊管理、维护江河湖泊健康存续、实现可持续利用，是我国环境整治工作的一项重要任务。

25.1 中国江河治理概述

自中华人民共和国成立以来，党中央、国务院特别重视我国江河流域的治理，“九五”以后，全国开始大面积江河流域防治工作，无论是对长江、黄河等大的江河，还是对其支流和其他部分小流域的治理，都取得了显著的治理成效。国家投入巨资，在治理规划框架下，流域各省区配合出台相应措施，采用科技创新，实施技术引导，运用现代化管理手段，使我国主要江河流域及其干支流域和其他小流域在流域生态环境建设中取得了宝贵的治理经验，并从中得到深刻启示。江河流域生态环境建设是一项“全民工程”，必须人人参与、共建共享。江河流域生态环境建设重在预防，必须做好“事前”预防，减少江河流域污染危机。科技创新是推动流域生态环境建设的驱动力，也是生态环境绿色化发展的支撑力；同时，要运用现代化管理，提高流域污染防控治理效率。

25.1.1 中国江河治理现状

我国江河流域众多，几十年来，在党中央、国务院的统一部署下，长江、黄河、珠江、松花江、淮河、海河、辽河等七大流域，及闽江、九龙江、洱海等其他江河湖泊流域，在加强水环境保护、提高水环境质量、防治水土等生态环境建设方面取得了重大成效。

25.1.1.1 黄河水土流失治理

“流不尽的黄河水，冲不尽的黄土地”，是对黄河流域水土流失的真实写照。自古黄河就以“狂野任性”的性格展现在炎黄子孙面前，洪灾泛滥给中华民族带来深重灾难。但作为“母亲河”，黄河养育着全国12%的人口、灌溉着15%的耕地。由于黄河自身复杂的地形地貌因素及人为的过度利用开发，其地表植被遭到破坏、大量水土流失，尤其是黄河中游的黄土高原地区植被稀少、土质疏松，破碎的地形在较多暴雨的侵蚀下形成了黄河独有的“滚滚黄流，奔腾不息”的景象。据统计，每年至少有16亿吨泥沙流入黄河。为了防止上、中游水土流失，下游断流及水患的危机，我国开始采取行动，合理利用水资源，减少流域污染，保护本已脆弱的黄河流域的生态环境。自中华人民共和国成立以来，党和国家领导人都一贯重视“治黄”工作，党中央、国务院和各级政府投巨资治理整顿黄河，并将重大的“治黄”建设纳入国家经济和社会发展规划，采取有力措施推动“治黄”事业发展并取得了宝贵经验。

经过几十年的探索和实践，黄土高原地区防治水土流失的基本思想已经逐渐形成，即“阻塞、排放、释放、调节和挖掘”的基本思想。小北干流释放淤泥、挖河、加固堤防等，有效地减少和控制了黄土高原因水土流失而进入黄河下游的泥沙量。目前，黄土高原水土流失治理总面积为225600平方千米，已建成淤泥坝9万多个，并修建了大量小型水库，这些综合措施的实施使得黄土高原的蓄水保土工作的效果非常显著，现在可以做到每年减少流入黄河的泥沙土壤达4亿吨左右，对黄土高原当地的生态环境起到了很好的治理与保护功能，改善了当地人民及黄河下游流域的生产条件和生活环境，并取得显著的经济效益、生态效益和社会效益。一是改善生产条件，促进农业高产稳产。二是促进区域经济发展，提高当地群众收入。三是提高区域抗灾能力，减轻下游洪涝灾害。四是改善生态环境，维护黄河流域的生态安全。五是改善黄土高原与黄河流域人民的生活条件，促进社会的稳定与发展。

25.1.1.2 长江赤水河水质治理

赤水河为我国长江上游支流，水色赤黄、含沙量高。随着工业发展和城镇化推进，赤水河水质日渐恶化、流域生态退化严重。赤水河是连接川、黔两省的水上重要通道，国家及贵州省对赤水河的保护、利用和开发非常重视，先后出台保护规划、政策和措施，贵州省政府明确提出“要像爱护眼睛一样爱护赤水河”。经过多年保护治理，赤水河“岸绿水清鱼儿欢游，天高云淡白鹭蹁跹”，赤水河流域生态环境得到修复，森林覆盖率提高到46%，流域水环境得到有效改善。2015年，赤水河流域10个监测断面均达到规定水质类别，其中9个达到二类水质，占90%。鲢鱼溪出境断面水质稳定达到二类，水体中COD浓度均值为12.0mg/L，比标准限值低3mg/L。从总体上看，赤水河流域水质达到了“水质恶化趋势得到根本遏制，水质明显改善，稳定达到国家规定的水质功能”的要求。

25.1.1.3 太湖水质治理

太湖是中国是第三大淡水湖泊，水域面积2338平方千米。太湖流域地处长江三角洲南翼，地理位置优越，以36895平方千米的流域面积，养育着约占全国4.4%的人口，行政区划分属江苏、浙江、上海和安徽三省一市。太湖流域多年平均本地水资源量为176.0亿立方米，流域用水总量达354.8亿立方米，远远大于本地水资源量，即使引长江水和上下游重复利用弥补本地水资源不足，遇枯水年和特枯水年，缺水量仍达30.6亿—42.3亿立方米。“太湖美、太湖美，最美不过太湖水……”，但2007年5月蓝藻大爆发引发的太湖水质恶化，使太湖流域陷入了严重的缺水和污染的危机，引起了全国关注。经过“铁腕”治理，太湖流域的生态环境得到了很大改善，流域水质持续向好，连续实现了国家对太湖生态治理提出的“确保饮用水安全，确保不发生大面积湖泛”的目标，太湖又重现了昔日的美丽景色。主要取得了以下几方面的治理成就。

（1）湖体水质得到了较大的提高，由 2007 年的Ⅴ类水质评定改善为 2015 年的Ⅳ类水质评定，其中太湖水体的综合营养状态指数得到了改善，由中度减缓为轻度；

（2）水体微量元素含量得到显著改善，高锰酸盐指数、氨氮、总磷等 3 项考核指标，天湖水体的监测结果分别处于Ⅱ类、Ⅰ类和Ⅳ类，3 项指标分别较污染严重时期降低 11.1%、83.6%和 41.6%；

（3）田湖水体的总氮参考指标为 1.81mg/L，检测结果已连续消除劣Ⅴ类评定，较污染严重时期降低 35.5%；

（4）太湖流域中的 65 个国控断面水质达标率有了明显的提升，较 2011 年太湖生态监测时提高 17.3 个百分点；

（5）太湖流域中 15 条主要入湖河流的年平均水质检测评定结果由 2007 年的 9 条劣Ⅴ类，改善为入湖河流监测全部达到Ⅳ类以上。

《中国环境状况公报》显示，太湖在全国“三湖”（太湖、巢湖、滇池）治理中成效最好。

25.1.1.4 洞庭湖畔水污染治理

“八百里洞庭”曾被誉为“鱼米之乡天下粮仓”，但由于过度的湿地开垦、严重的泥沙淤积，透着灵秀的洞庭湖面临着“水窝子缺水”、湖边城镇“破老旧脏乱差”、生态岌岌可危的境况。洞庭湖最大的水的优势已然变成最大的水问题，缺水与水污染成为洞庭湖经济社会发展及生态安全的最大威胁。经过多年治理，尤其是“十二五”时期，湖南省在“创新、协调、绿色、开放、共享”发展理念的指引下，抢抓国家批复洞庭湖生态经济区规划的重大战略机遇，强力推进引水、蓄水、活水、清水、防水、节水“六水”联动机制，将洞庭湖的水环境治理和水生态安全作为重大任务进行落实，使历经沧桑的洞庭湖正逐步恢复生机、重现活力。湖区环境质量大为改善，水质由 2006 年的劣Ⅴ类改善至Ⅲ类。通过河湖连通布局，“在现有水系的基础上，布置 24 个相对独立的河湖库渠水网连通工程、9 个生态湿地公园、7 个主城区绕城滨水景观带、6 个平原水库、4 条休闲内河，以此构建一个洞庭湖区突出生态特色的生态水利工程体系”。

25.1.1.5 闽江流域水质治理

闽江是福建省最大的河流，被称为福建人民的“母亲河”。闽江主干流长559千米，涉及福州、南平、三明、龙岩、宁德、泉州等所辖的36个县；5大支流包括建溪、富屯溪、沙溪、古田溪和大樟溪等。闽江流域是福建重要的生态屏障，流域人口和经济总量均约占全省的1/3。随着工、农业发展和城市化进程加快，由工业污染、畜禽养殖污染、城镇生活污染等带来的点源、面源污染，给闽江流域的生态环境造成严重威胁。从“九五”开始的闽江流域水系治理已初见成效，根据环保部门监测，2015年上半年，闽江流域水域功能Ⅰ类、Ⅲ类水质达标率分别为99.4%、97.1%，尤其是福州段水质达标率达到100%。

25.1.2 中国江河治理经验总结

江河流域生态环境建设是一项长期的系统工程，国内著名的江河流域，如黄河、长江及其支流和其他许多小流域生态环境的治理与建设的成功经验非常值得借鉴。

（1）规划先行，保障生态环境建设战略实施

生态建设，规划先行。我国从“九五”到“十三五”，连续发布全国重点流域水环境治理与建设规划，全面部署国内重点江河流域生态环境建设中、长期战略；同时，配合《全国生态环境建设规划》《水污染防治行动计划》等一批专项规划的实施，加快各流域生态环境建设，推进流域水污染治理进程。纳入重点流域范围的多条江河流域，在国家总体战略框架下对本流域制订具体治理规划，如长江水系、黄河水系、珠江水系、淮河水系、海河水系、松花江水系、闽江水系、九龙江水系、太湖水系等干支流流域，严格按照规划的要求对本流域的污染和水资源环境进行防治建设。

第一，确立治理或建设目标。根据本流域先前污染和水质情况以及污染源的隐患，确定一个时期内流域生态建设目标。《黄河流域综合规划（2012—2020年）》《江苏省“十三五”太湖流域水环境综合治理行动方案》以及《闽江流域（福州段）水环境保护“十二五”规划》等国内著名江河流域以及许多小流域的生态治理规划，分别将黄河流域治理——“维持黄河健康生命，支撑流域经济社会可持续发展”和太湖流域治理——“确保饮用水安全，生态持

续恢复”以及闽江流域治理——“促进区域社会、经济与环境保护的协调发展”确立为流域治理开发与保护的长远目标。

第二，确立流域生态环境建设与保护任务。各流域规划都以修复生态和提高资源利用率为目的，深化对流域点、面源污染的全面防控。对流域形成污染威胁的工业企业，对其实行关、停、并、转；“调整种植业结构，全面推进连片生态循环农业示范区（农业面源污染防治示范区）建设工程，推广生态、循环、绿色农业发展模式”；优化城镇布局，加快实现城镇生活垃圾和污水处理科学化。

第三，制定政策措施，确保流域治理建设任务的顺利完成，切实将流域生态环境保护规划实施到位。

（2）巨额投入，保证水环境治理资金运用

自中华人民共和国成立以来，党中央、国务院高度重视我国的江河流域治理和水环境保护工作，并投入大量资金，有效地保证江河流域治理效率和水环境的保护效果。“十二五”时期，国家安排重点流域水污染防治仅中央预算内投资约340亿元，再加上各流域的地方政府投资、企业自筹和社会融资，总体投资超过万亿元。预计“十三五”时期，重点流域水污染防治中央预算内投资安排规模将超过“十二五”时期的投入。

巨额的资金投入，是各流域治水和治污工程项目得以顺利进行的重要保证，以太湖为例，“十二五”时期，仅江苏省通过各级财政支持并带动全社会资金共计投入1000多亿元，达到良好的治水效果，太湖在全国“三湖”治理中成效名列前茅。“十二五”时期，洞庭湖治理项目共争取总投资79.9309亿元，其中国家投资43.6673亿元，落实省配套8.4795亿元。

（3）“河长制”提高流域治理管理的效率

“河长制”的流域管理制度在2007年由江苏省无锡市首创，后推广至全国范围内实施。“河长制”是从河流水质改善领导督办制、环保问责制所衍生出来的水污染治理制度。2008年，江苏省政府在太湖流域开展生态治理工作时，借鉴和推广了“河长制”，在此之后，江苏省内15条主要流入太湖的河流开始全面实行“双河长制”的行政管理方式。每条入太湖的河流由江苏省及河流所在地市的两级行政领导共同担任“河长”进行管理，“双河长”对河流治理进行分工合作，共同协调、合力解决太湖以及流域内河流生态治理的重任，一些地方还继续细化“河长制”的相关政策，设立了市、县、镇、村统筹协调的四级“河长”行政管理体系。江苏省内这些自上而下、覆盖面广的“河长”管理制度实现了对太湖流域内河流的“无缝覆盖”式的生态管理局面，强化了政府管理部门对入湖河道水质达标生态治理工作的责任。作为“河长制”江河流域生态管理模式的首创，无锡在“河长制”管理体系建设与具体应用方面积累了很多宝贵的经验与实践：一是“一河一策”是“河长制”采取的治污新办法；二是对流域的生态管理实行“三包”政策，即主要分管领导包推进、江河流域地区包总量、政府相关部门包责任；三是设立“河长制”管理制度体系的保证金财政专户，保障了“河长”们在治理流域生态时的资金使用。在“河长制”这种人人有压力、大家有动力的新型流域生态环保治理体制下，江河流域的生态管理治理取得了很好的效果，表明环保问责不再是空头口号。

中共中央办公厅、国务院办公厅于2016年12月11日印发《关于全面推行河长制的意见》，明确要求，地方各级党委和政府要强化对河湖流域生态治理的考核问责，根据不同河湖具体存在的主要实际问题，在进行治理时实行差异化绩效评价考核，将地方各级领导干部的自然资源资产离任审计结果与相关的整改情况作为主要的考核内容。现在，中国的31个省级行政区的党委或政府领导有了一个新头衔：“总河长”。目前，已全境推行“河长制”的有8个省市，分别是：北京、天津、江苏、浙江、安徽、福建、江西、海南；另外，还有16个省市区在河湖流域管理工作中部分实行“河长制”。

（4）创新科技，推进水环境治理先进性

目前，国内外广泛使用的污染河流水体治理技术主要归结为物理、化学和生物（生态）3种方法。除此之外，现代信息技术的应用为国内外流域水环境治理提供了重要手段。以地理信息系统（GIS）为核心的3S技术，即遥感技术（RS）、地理信息系统（GIS）和全球定位系统（GPS），是空间技术、传感器技术、卫星定位与导航技术和计算机技术、通信技术相结合，对海量水环境数据进行处理分析、分类，得出准确数据而进行的应用。根据河流具体情况采取不同处理技术或多种技术方法相结合，能够提高治污、防污效率，起到事半功倍的效果。国内应用现代科技治理水环境比较典型的经验有如下几个方面。

第一，长江流域水利科技对水环境保护和治理的技术支撑。在大保护的前提下，长江流域采取了如下技术：①水环境与水生态监控技术；②湖库富营养化一体化防治技术；③水系连通的生态水文调控技术；④干流水沙与营养盐调控技术。应用物理、化学、生物及其融合技术，为长江经济带产业规划和布局中的生态环境提供技术支撑。

第二，太湖流域生态治理工程中的水污染防治，采用了三矩阵整装集成技术体系这一新的绿色水体治理技术，为江苏省推进“一湖一策”的精准太湖生态治理的治湖理念提供了坚定的绿色环保技术支撑。依据“三矩阵”集成技术体系，太湖生态治理工程在太湖流域划分了共35个三级流域生态防控单元，通过诊断分析、研究识别出各流域防控单元的主要水体、生态、生物等环境问题，总共分析归类出了15类流域生态防控单元系统。随后，太湖流域生态治理工程针对各防控单元小流域内的典型环境污染特征和生态类型，选择适宜的生态处理技术与环境修复手段，进行治理方案的模块化设计与整体实施，形成了包括农田面源污染治理、养殖污染治理、农村生活污水治理、城镇生活污水治理、工业点源污染治理、河网湖荡湖滨湿地生态修复、水源涵养林区修复等在内的七大治理与修复技术整装集成模块，为太湖流域未来的生态治理与环境修复提供了框架体系、模块化的处理方案以及技术基础。

第三，河口村水库的信息遥感技术为坚固堤坝提供技术支撑。河口村水库伫立在沁河跃出莽莽太行的最后一段峡谷，地质条件复杂，涉及大小断层14条，水库工程面临巨大考验。在创新科技思路的引领下，工程共采用新技术、新材料10余项，其中GPS全球定位系统的应用，实现了对大坝施工过程和施工质量的实时监控；同时，为日后水库的水体防污和保护提供了数字化的技术手段。

（5）大示范区建设，防止水土流失见成效

大示范区是指按照项目组织实施、建设规模较大、建设内容丰富、措施配置合理、建设机制灵活、科技含量高、示范作用强、效益显著，能够集中体现水土流失综合防治特点和统筹社会各方面力量的水土保持生态建设项目区。大示范区建设，能够全面提升水土流失综合防治水平，是值得探索的水土保持生态建设的路径选择。国内流域大示范区建设在防治水土流失与生态环境建设上都取得了宝贵的经验。

①区域连片，项目集中管理效率高。江河流域治理是系统工程，水体污染是山、水、林、田、路及生产、生活等多种因素所致，因此，须将流域覆盖的多个区域统筹规划、全盘考量、因地制宜、科学布局、连片治理。山西省临汾市昕水河水保大示范区总面积1011.36平方千米，水土流失面积837.99平方千米。昕水河在水土流失治理中按照“以大流域为骨干、小流域为单元，山、

水、田、林、路、渠综合配套，因地制宜、科学设计，一步到位，分年实施的总体思路”，具体实施中实行“‘六结合’即塬、坡、沟综合治理结合；主、支、毛沟统筹结合；大、中、小型淤地坝结合；封、治、育措施结合；户、专、群、干齐抓共建结合；建、管、用结合”。经过区域连片整治，流域变成了“集农田、果园、苗圃、旅游为一体的水保生态型旅游景区”。

②精品工程，示范带动作用明显。青海省西宁市小流域建成生态大示范区。在治理中“结合西宁地区的实际情况，坚持全面规划、统筹兼顾、标本兼治、综合治理的原则”，在实施中以“三结合三为主”即“工程措施与生物措施结合以生物措施为主；生态修复与人式辅助结合以生态修复为主；乔灌草相结合以灌草为主”的方式，使区域内的水土流失得到有效控制，综合防护功能增强。通过集中连片式的综合治理，有效带动了大通、湟源、互助、乐都等县的水土保持示范区建设。西宁示范区的示范带动作用，开创了大范围治理与开发的新局面，为青海省水土保持与生态环境建设树立了样板。

③多省联动，齐抓共管见成效。长江生态环境保护关系到长江及全国经济社会发展，流域覆盖上海、江苏、浙江、安徽、江西、湖北、湖南、重庆、四川、云南、贵州等11个省份，面积205.8万平方千米，以大约全国1/5的面积承载着全国近1/2的人口，生态环境保护与建设十分重要。习近平总书记在2016年1月5日于重庆召开的推动长江经济带发展座谈会上指出，“当前和今后相当长一个时期，要把修复长江生态环境摆在压倒性位置，共抓大保护，不搞大开发”。长江生态区建设适应于大规模、大保护、大示范、大项目，在大保护战略下进行项目的整体推进，破除按行政区治理的传统方式，以大项目选定治理区域，多省联动、齐抓共管、统筹兼顾、各司其职。中国社会科学院生态文明智库的研究人员认为，长江的大保护应当“以法治手段推进长江水污染防治；全面落实最严格水资源管理制度；强化重要生态系统修复与保育；大力提升经济发展绿色化水平”。长江流域，只有在保护生态的条件下有序推进发展，才能走出一条真正可持续的绿色发展之路。

25.1.3 中国江河治理经验启示与展望

长江、黄河、闽江等国内著名江河湖泊流域治理经验，能够启发我们对待江河流域生态环境必须防患于未然，江河流域治理是一项长期的系统工程，必须持久地坚持下去，创新思维，利用科学手段和现代化的管理方式，推进流域生态环境建设可持续发展。

（1）全民参与，搞好江河流域生态环境建设。江河流域生态环境建设是一项“全民工程”，必须人人参与、共建共享，相关政府部门应做好组织和动员工作。加强宣传和引导，树立“生态联结生命”理念，增强全民生态环境保护意识，保护建设好我们赖以生存的生态环境，让每位社会成员充分认识到保护水源、保护生态是全社会的责任和义务。

（2）“事前”预防，减少江河流域污染危机。江河流域生态环境建设重在预防，采取严密的防治措施，将所有可能发生的流域污染扼制在“萌芽”状态。做好“事前”预防，可从如下几个方面开展整治生活污染、工业污染和农业污染工作：一是淘汰落后产能，严把流域企业准入关；二是转变生产方式，采用先进手段进行生产；三是杜绝生活垃圾和生活污水对流域的污染，从源头上清洁流域环境。

（3）常抓不懈，使流域生态环境建设可持续发展。江河流域生态环境建设是一项具有全面性、前瞻性、长期性的系统工程，也是人类赖以生存的基础工程，因此应常抓不懈。一是加强流域内现有的林地、草场等植被保护，防止土地沙漠化和水土流失。二是加强综合治理，加大资金投入力度，保障流域内水利项目的顺利实施。三是改善生产和生活条件，创建绿色家园，提倡健康文明的生活方式和爱护环境的文明行为，让环保理念植根于每个人的心中。

（4）科技引领，推动流域生态环境建设创新驱动。科技创新是推动流域生态环境建设的驱动力，也是生态环境绿色化发展的支撑力。在新一轮科技革命和工业 4.0 的背景下，必须依靠科技力量，通过科技因素引领，改变业已形成的流域污染，加快流域生态环境建设进程。一是优化产业结构，转变生产方式，形成一批绿色环保、节能降耗的战略性新兴产业，使洁净技术、节能技术普遍应用于企业生产。二是利用物理、化学及生物等技术治理流域污染。目前国内外普遍应用的技术有曝气技术、环保疏浚技术、机械除藻等物理技术，絮凝沉淀技术和化学除藻等化学技术，生物膜技术、生物修复技术、人工浮岛技术等生物技术。

（5）实行现代化管理，提高流域污染防控治理效率。江河流域生态环境建设需要现代化管理：一是现代化的管理组织能够协调不同区域流域治理，通过建立协调机制调节不同层次和多元化的治理结构。二是现代化的管理手段能够提高流域综合治理效率，通过信息化手段，建立环境管理数据库，实行网格化精细管理，从而全面掌控流域综合治理情况。三是现代化的管理制度能够有效制约和监督流域治理过程中的违规违法行为，为流域生态环境建设提供有力的制度保障。

25.2 中国江河治理模式

如何全面管理江河湖流域、彻底改变分工、改变流域权力下放的现状，是中国流域管理面临的主要问题。在中央政府的精神指导下，江河湖流域管理工程继续探索自己的管理体制。从实践的角度来看，从局部特征、系统探索或意义和影响的角度来看，存在三种最具代表性的改革模型：一是珠江流域管理体制的改革，其核心在于区域协调管理；二是辽河管理体制的改革，侧重于流域管理；三是长江流域管理体制改革，既要强调流域管理又要注重区域管理。

如何实现各流域的综合治理，彻底改变流域管理职能分割、职权分散行使的状态，是目前中国流域管理面临的大问题。在中央精神的引导下，各江河流域不断探索适合自身的管理体制。从实践看，不论从地域特色、制度探索，还是从意义与影响来看，有三种改革模式更具代表性：一是以区域协调为主、流域管理为辅的珠江管理体制改革；二是以流域管理为主、区域行政管理为辅的辽河管理体制改革；三是流域管理与区域管理并重的长江管理体制改革。

25.2.1 中国江河治理法制建设与政策

江河生态治理管理相关的一系列国家层面的法律法规的逐步颁布与实施，为中国的江河治理体制的建设与发展实施提供了更充分的法律依据。

（1）1984 年 5 月 11 日，第六届全国人民代表大会常务委员会第五次会议通过《中华人民共和国水污染防治法》；

（2）1986 年 1 月 20 日，第六届全国人民代表大会常务委员会第十四次会议通过《中华人民共和国渔业法》；

（3）1988 年 1 月 21 日，第六届全国人民代表大会常务委员会第二十四次会议通过《中华人民共和国水法》；

（4）1988年5月18日，国务院公布《中华人民共和国防止拆船污染环境管理条例》；

（5）1988年6月3日，国务院第七次常务会议通过《中华人民共和国河道管理条例》；

（6）1989年7月12日，经国务院批准，国家环境保护局发布了《中华人民共和国水污染防治法实施细则》；

（7）1991年6月29日，第七届全国人民代表大会常务委员会第二十次会议通过《中华人民共和国水土保持法》；

（8）1993年7月2日，第八届全国人民代表大会常务委员会第二次会议通过《中华人民共和国农业法》。

1995年8月8日，国务院发布了《淮河流域水污染防治暂行条例》。这是预防和控制江河流域水污染的最高法律，也是国务院发布的关于河流治理的唯一行政法规。该行政法规规定了淮河流域县级以上地方人民政府和环境保护部门预防和控制淮河流域水污染的责任和权力。该规定为流域水污染的防治建立了一套规章制度，赋予了流域四省人民政府开展相关行动措施的权力。

2002年出台的《水法》规定，国家实施的管理制度应将流域水文管理和水资源区域管理相结合，这指明了中国河流管理系统的发展方向。按照这一指导方针，从2003年起，主要河流流域管理体系就建立了流域管理咨询体系，如天津海河流域的《海河流域水协作宣言》、泛珠河流域水质调节机制和太湖流域水质综合治理会议系统等。然而，尽管将流域管理与区域行政管理相结合确定为中国流域管理体制改革的基本方向，但现行法律制度仍缺乏关于合并方法和目标的法规和指导方针。2011年，中央水资源工作会议和《全国水资源综合规划（2010—2030年）》提出，中国要完善水资源管理体系，建立清晰、协调有序的江河流域管理体系，建立有效的水资源管理工作机制。

为了加快河道治理工程建设、按期实现建设目标，并确保工程建设的质量、安全和投资效益，水利部于2015年发布了《加快推进江河治理工程建设实施细则》，表示未来几年中国将加强河道治理。该文件公布的方法为这条道路提供了指导意见。“河道治理项目”是指流域面积超过3000平方千米的中小河流的管理，这是中央政府为投资计划准备的。

江河治理工程应在可行性研究报告阶段提出项目法人组建方案，有条件的工程可以省略为单独一条河流由一个项目法人组织建设。水利建设任务重、管理能力相对不足的地区或单位，可对具备条件的工程实行代建制。工程招标投标应进入公共资源交易市场交易，积极推行电子招标投标。对于初步设计已经审批的项目，招标投标工作可在投资计划下达前进行，有条件的项目可一次性完成招标投标工作。江河治理工程应大力推行设计施工总承包，招标选择设计施工总承包单位承担整个项目或整条河流的设计、施工任务。

在江河治理工程操作的具体层面，各地应对地方制定的涉及招标投标的相关规定进行认真清理，商定有关部门取消地方实施的标前审计、招标限价评审等招标投标前置审批程序。项目法人应按照年度投资计划执行目标，制订项目年度实施方案，逐月明确工作任务，按照年度实施方案组织工程建设。各地应在政策允许的范围内，压茬推进设计审批、招标投标、征地拆迁以及移民安置等各环节工作。另外，地方政府在江河治理中的地位与作用被进一步加强，除跨界河流以及水事问题敏感的省界河流治理项目的前期工作由国家相关部门审批外，其他江河治理项目的前期工作由地方审批。

25.2.2 中国江河治理的管理模式分析

近几十年来，中国在江河治理方面取得了重大成就，江河水质得到了显著改善，江河流域水土流失情况得到了有效遏制，中国的江河生态文明建设取得了阶段性的成功。在江河治理过程中，我国借鉴国际江河治理先进经验，吸取国际江河治理失败的教训，结合中国江河治理的实际情况探索出了多个江河治理管理模式。其中，包括以区域协调为主、流域管理为辅的珠江管理模式，也包括以流域管理为主、行政区域管理为辅的辽河管理模式。

25.2.2.1 区域协调为主，流域管理为辅——珠江管理体制改革模式

珠江由流域内的西江、北江、东江和珠江三角洲等河流及支流组成，流域总面积共45.26万平方千米，流经云南、贵州、广西、广东四省区及香港、澳门特别行政区。对于珠江流域存在两个层次的管理：一是四省省际的统筹协调层次；二是广东省内流域治理的层次。特别是随着泛珠战略的发起实施和《珠江三角洲地区改革发展规划纲要》的出台实施，珠江的流域治理在省际和省内管理两个层次都有了更好的管理平台，并逐步建立起区域行政管理协调机制，

珠江流域管理工程从而形成了“区域协调为主，流域管理为辅”的珠江特色流域管理体制模式，该模式具有以下特征。

（1）多层管理机构。设立多层流域管理机构，但主要管理权限仍在省、地、市行政机构。珠江流域管理工程设立四省及港澳特别行政区的省际统筹协调管理和广东省内省级政府与各地市协调管理两个层次的主要流域管理机构。在省际层次的管理机制上，由相关省级政府合署办公的珠江水资源保护局以及珠江水资源水文局组成，受国家水利部、环保部和国家珠江水利委员会的领导。这些都是具有行政管理职能的副厅级事业单位，在省际统筹协调管理上，负责珠江流域总体的水资源保护和水文工作。在广东省内层次，成立广东省流域管理委员会，作为珠江流域的省内各级政府的议事协调机构，总体负责广东省管辖范围内珠江流域水资源保护、生态治理与管理的协调和决策工作。珠江流域的各级管理机构在实际的运作中都属于派出机构，是中央和地方行政部门在水资源管理领域的部门职能的延伸。具体进行珠江流域整理工作时，与各级地方政府的关系为“指导不领导、监督不干扰、协办不取代”的协作工作机制。

（2）行政区域协商机制。以泛珠江区域发展战略的发起与实施为契机，建立一系列有效的行政区域协商机制。珠江流域治理体系以泛珠战略为平台，建立了一系列省级水资源管理的行政主管部门的工作统筹协商机制。

A. 2004 年，《泛珠三角区域环境保护合作协议》将珠江流域的水环境保护定位为泛珠江流域跨地区协调合作的重要内容；

B. 2007 年，由珠江水利委员会牵头，联合广西、贵州两省区的水利与环保等相关部门搭建“黔、桂跨省河流水资源保护与水污染防治协作机制”；

C. 2007 年，由珠江水利委员会牵头，联合云南、贵州、广东等珠江流经省份，共同签署了《珠江流域跨省河流水事工作规约》。

以《珠三角改革规划纲要》的发起与实施为珠江流域治理工程升级的契机，建立其地市各级政府的水资源保护协商机制。2009 年以来，珠三角各地市之间签署多项合作协议，如《推进珠江口东岸地区紧密合作框架协议》《广州市佛山市同城化建设合作框架协议》《推进珠中江紧密合作框架协议》以及《广佛肇经济圈建设合作框架协议》等。这些协议为广东省内流域治理提供了合作平台。

（3）权责明确。通过统一规划、地方立法，明确权责分配，完善管理。2010 年 12 月，国务院审批通过《珠江河口综合治理规划》，规划的出台表明地方性水资源相关规划须服从珠江流域整体的治理规划。广东省也出台了多项与珠江流域治理相关的地方立法，明确了广东省内珠江流域管理中各级政府的权责分配关系。例如，《广东省跨行政区域河流交接断面水质保护管理条例》《广东省江河流域水资源管理条例（草案）》《广东省东江西江北江韩江流域水资源管理条例》等，以此明确广东省的地市各级政府以及水资源治理的相关行政主管部门，在管辖区域内水资源管理的标准要求、权力责任与绩效考核等。

25.2.2.2 流域管理为主，区域行政管理为辅——辽河管理体制改革模式

辽河干流全部在辽宁省境内，全长约 538 千米，沿岸城市密集，城市的产业结构主要以重工业与生产加工制造为主，对于水体的污染较为严重。辽宁省委、省政府于2010 年5 月成立了辽河保护区管理局，划定了辽河保护区，开始对辽河保护区进行统一的管理与发展。辽河保护区管理局专门管理辽河保护区内的相关水体与环境，为正厅级建制，是中国首次出现的以河流流域保护与治理工作为基础的“划区设局”，也形成了以“流域管理为主，区域行政管理为辅”的辽河流域特色管理体制，具有以下特征。

（1）划区设局，成立职能集中的辽河保护管理局。辽宁省人民政府办公厅以印发《关于辽宁省辽河保护区管理局主要职责内设机构和人员编制规定的通知》为开始，将省水利厅、环境保护厅、国土资源厅、交通厅、林业厅、海洋与渔业厅、农委 7 个省级行政部门承担的所有关于辽河保护区管理工作的相应职能与管理力量，划归在辽河保护区管理局，包括辽河流域的规划编制、环境评价、水质量管理检测与监督、水政执法、项目审批与许可等。

（2）多项举措强化流域管理机构的决策权、执法权与监督权。辽河保护管理局与珠江流域管理机构相比，最大的不同在于具有辽河流域管理与治理的主要决策权、执法权和监督权等权力、职责。辽河保护管理局的内设机构有 8 个，涵盖了项目审批、决策与考核的职能，流域环境治理措施实施的权力，水政执法与水域交通管理的权力等。另外，在改革中，设立了省公安厅的直属机构——辽河保护区公安局，实行省公安厅和辽河保护区管理局的共同领导与管理，保障管理局行政执法工作，维护保护区内的社会稳定与发展。

（3）通过地方法制，为流域管理机构理顺纵向和横向的权责关系。2010 年 12 月开始实施的《辽宁省辽河保护区条例》，理顺了辽河保护管理局在工作上的纵向和横向两方面的权责关系。在纵向权责关系上，省辽河保护管理

局直接向省政府负责，并由其领导各市、县级别的辽河保护区管理局的工作；在横向权责关系上，明确地市各级与辽河流域管理相关的行政部门应当在各自的权力职责范围内，协助辽河保护区管理机构做好辽河流域的治理保护工作。

25.3　中国江河治理分析——以长江大保护为例

在2016年年初重庆召开的深入推动长江经济带发展座谈会上，习近平总书记强调“当前和今后相当长一个时期，要把修复长江生态环境摆在压倒性位置，共抓大保护，不搞大开发”。由此，“长江大保护”工程成为基于长江经济带战略的实施而提出，急需完成的一项流域生态治理生态任务。习近平总书记在2018年4月武汉召开的深入推动长江经济带发展座谈会上系统阐述了“共抓大保护、不搞大开发”和“生态优先、绿色发展”的丰富内涵：“共抓大保护和生态优先讲的是生态环境保护问题，是前提；不搞大开发和绿色发展讲的是经济发展问题，是结果；共抓大保护、不搞大开发侧重当前和策略方法；生态优先、绿色发展强调未来和方向路径，彼此是辩证统一的。”

“长江大保护”强调大保护，是要以大保护、生态优先的规矩倒逼产业转型升级，实现经济社会发展与人口、资源、环境相协调；不搞大开发，是要刹住无序的工业项目开发、环境破坏性开发和超范围无控制的开发，在长江经济带上实现科学、绿色、可持续的经济与社会发展。

长江作为我国第一长河，干流自西向东横贯我国中部，流经青、藏、川、滇、渝、鄂、湘、赣、徽、苏、沪11个省、自治区、直辖市，支流辐射南北，流经黔、陇、陕、豫、桂、粤、浙、闽8个省、自治区的部分地区。流域面积达180万平方千米，约占中国陆地总面积的1/5。对长江的治理，我国进行了大量的实践与工作，在长期的治理工作中总结出了诸多宝贵的经验。

25.3.1　长江大保护的背景

长江涵养着占国土面积21%的沿江生态，带给沿岸4亿人民灌溉之利、舟楫之便、鱼米之裕。然而一段时期以来，“大招商”“大开发”给长江生态系统敲响阵阵警钟：化工围江成势、工业废水偷排、非法码头林立、非法采砂泛滥、河湖湿地萎缩等。据统计，长江经济带的废水、化学需氧量、氨氮排放总量分别占全国的43%、37%和43%，生态系统格局变化剧烈，农田、森林、草地、河湖、湿地等生态系统面积减少，上游水土流失严重，中下游湖泊萎缩、湿地生态系统功能退化，长江需要医治的地方并不少。“长江大保护”可以追溯到2016年的长江经济带座谈会上，长江大保护也是基于长江经济带战略而提出来亟须完成的一项严峻的任务。

25.3.1.1 长江经济带的概况

长江经济带是全国高密度的经济走廊之一，东起上海，西至云南，涉及沿江九省市（青、藏除外，下文同）的43个地市，横跨我国东、中、西三大区域，已发展成为我国经济与社会综合实力最强、对于国计民生战略支撑作用最大的区域之一。

但是近现代以来，由于受不合理的生产生活方式的影响，长江经济带成为我国水环境问题最为突出的地区之一。多年的监测数据显示，长江经济带面积虽只占全国的21%，但工业与生活废水排放总量占全国废水排放总量的40%以上，水体污染物检测评价是全国平均流域水体检测水平的1.5至2.0倍，造成长江生态系统格局发生剧烈的变化，农田、河湖、森林、湿地等生态系统面积大幅度减少与遭到破坏。长江上游流域的水土流失严重，中下游流域范围内的湖泊萎缩、沿岸的湿地生态系统因环境破坏而功能退化。长江的淡水生物多样性指数也因生态环境的污染与破坏而持续下降，多种国家珍稀物种，例如江豚、中华鲟等濒临灭绝。

25.3.1.2 长江开发与治理的历史

新中国成立以来，我国的长江大开发经历了以下几个阶段。

第一阶段从新中国成立到“文化大革命”结束，以荆江引水工程、丹江口水利工程、葛洲坝水利工程建设为重点，实现了以防洪为中心的历史转型。

第二阶段从20世纪70年代末到整个80年代，随着改革开放的进行，我国把长江流域纳入改革开放新轨道。一是全面整治了长江航道，建设了一批水利工程；二是三峡水利枢纽工程得到了更加深入细致的验证。

第三阶段从20世纪90年代初开始，我国进一步加强了对浦东、三峡、攀西一条龙发展的建设，形成了长江流域及经济与社会区域发展的“三圈”——长江三角洲经济圈（上海为中心）、长江中游经济圈（武汉为中心）、长江上游经济圈（重庆为中心），“两区”——皖赣经济区（安徽与江西）和三峡库区经济区（三峡水利枢纽工程辐射地区）。

第四阶段的治理工作起源于1998年夏天长江的全流域性特大洪水，这次特大洪水事件使人们清醒地认识到：长江流域的国土生态环境遭到严重破坏，全面启动生态环境保护工程已经刻不容缓。党中央、国务院要求立即停止长江、黄河流域上中游天然林采伐，大力实施营造林工程。与此同时，还应扩大和恢复草地植被，开展小流域综合治理，加大退耕还林和“坡改梯”力度；种植薪炭林、大力推广节柴灶，依法开展森林植被保护工作，强化生态环境管理。

25.3.1.3 长江大保护的政策

党的十八大以来，以习近平同志为核心的党中央对长江保护与治理开发作出了一系列重要部署。使长江沿岸的绿水青山长存，并能够产生巨大的生态效益、经济效益、社会效益，让长江永葆绿色生机与生态活力。在当前和今后相当长一个时期，长江流域的相关工作与规划要把修复长江的自然环境与生态资源摆在压倒性位置，提出总体方针——“共抓大保护，不搞大开发”。我国对长江的综合生态治理与环境保护工作进入了一个新的历史阶段。

近年来，国务院陆续确定了长江经济带的建设工作：

（1）2014年9月，国务院出台了《关于依托黄金水道推动长江经济带发展的指导意见》和《长江经济带综合立体交通走廊规划（2014—2020年）》；

（2）2014年12月，中央经济工作会议也明确提出，要重点实施长江经济带等三大战略；

（3）2015年，国务院批复《长江中游城市群发展规划》；

（4）2015年，水利部印发《长江经济带发展水利专项规划》；

（5）2016年3月，中共中央政治局审议通过《长江经济带发展规划纲要》；

（6）2019年1月，生态环境部、发展改革委联合印发《长江保护修复攻坚战行动计划》。

围绕长江自然环境与生态资源保护、环境污染与破坏的治理攻坚战全面打响。

25.3.2 长江污染的特点

改革开放以来，长江流域内的城市经济与社会高速发展，以往的粗放式发展给长江造成了巨大的污染，长江污染的特点主要体现在以下几个方面。

（1）未能控制干流污染。由于缺乏节水和清洁生产措施，虽然长江主河道目前的总体水质仍较好，但是对水污染控制的滞后，使得污水向长江的排放总量逐年增加。生活与工业污水向长江的排放总量每年已超过了330亿吨，长江沿岸城市段的污染区总干流长度累计超过了600千米。沿海城市和附近地区的饮用水源的安全受到日益严重的威胁。

（2）中下游湖泊和水库富营养化。长期以来，由于排入长江流域内湖泊与水库中污水的氮、磷等营养物质的不断增加与富集，长江中下游流域内的湖泊和部分水库水质评价结果持续下降，湖泊与水库的水体富营养化程度评价结果持续升高。例如，江苏省内的太湖和安徽省内的巢湖的总体水质均处于中度富营养化状态；鄱阳湖和洞庭湖的总体水质虽然基本良好，但是湖泊沿岸等局部污染依然严重。

（3）三峡库区水环境保护压力大。三峡水库自2003年初次蓄水以来，虽然库区内流入干流的各断面水质监测评价结果大多符合Ⅱ、Ⅲ类水质标准，但沿岸城市附近的江段水质监测评价结果普遍较差。且根据近期的监测结果，入库主要支流水质下降趋势明显，优质水质流入量逐年减少，局部流入支流的水质监测评价结果甚至出现了污染与中毒污染现象，库区水资源保护压力增加。

（4）农村水环境污染严重。近年来，一些原处于长江沿岸地带的高污染、高能耗企业转移到了长江流域内的乡镇和农村地区，部分污染企业超标向农村内溪流、池塘、湖泊与水库排放工业废水污水；与此同时，长江经济带内的农业面源污染扩大，鸡、鸭、鹅、猪、牛、羊等畜禽养殖业增加，使得长江流域范围内的农村地区的溪流、池塘等地表水网系统和地下水资源的破坏与污染日益严重，水资源环境与生态质量状况不断恶化，造成了破坏。

（5）重大水污染事件频发。随着长江流域内经济的快速发展，石化能源、化学工业等高污染企业和危险品运输量在长江水道增加。长江沿岸的化工产品生产行业企业占全国化工企业总量的46%。2014年，长江干线沿岸城市的相关水路港口石化能源与化工的危险品运输吞吐量达到1.7亿吨，总共250多种危险化学品在长江水道上大规模运输。长江沿岸的工业废弃物化学污染、危险石化与化工产品运输等因生产与运输安全事故而造成的对长江生态环境的污染、危害长江水资源保护和相关流域的生态环境治理的突发事件时有发生。

25.3.3 长江治理的范式

我国在对长江进行治理的过程中，进行了很多环境治理的探索和实践，形成了很多富有成效的环境治理范式。例如，生态补偿与保护长效机制，已成为长江经济带上下游开展综合治理的重要手段；水权交易机制，使得水资源得到了更加科学充分的利用，同时也促进了本地经济与社会的快速发展。我国目前在长江流域治理中，形成了众多有效的治理措施，主要措施除了财政专项资金、生态补偿、水权交易、绿色信贷、河长制等，还出现了环境治理专项投资基金等新的尝试。

25.3.3.1 生态补偿

生态补偿机制是为了保护生态环境，促进人与自然的和谐，根据生态系统服务价值、生态保护成本和发展机会成本，综合运用行政手段和市场手段，调整生态环境保护和建设相关各方利益关系的一种制度安排。主要针对区域生态保护和环境污染防治，是一种以经济激励为基础，以“受益者付费，破坏者付费”为原则的环境经济政策。流域生态补偿是通过流域生态破坏补偿和流域生态保护补偿等宏观调控，实现流域水资源合理利用的经济管理政策。流域生态保护补偿是指上游地区通过行政、法律、市场等手段保护流域生态环境，使其在受到各种限制和发展机会丧失的情况下，在上游地区实现优惠政策、资金、技术和实物等形式的补偿。

2018年2月，财政部、水利部、国家发展改革委、原环保部四部委联合启动和实施了“长江经济带生态修复奖励政策”，支持建立长江经济带在长江生态环境治理过程中的生态补偿与保护长效机制。

近年来，在国家有关部委的大力推动下，以生态补偿为抓手推进“共抓大保护”的工作力度前所未有，长江经济带全流域、多方位的生态补偿体系正在形成。流域生态保护补偿机制，已成为长江经济带上下游开展综合治理的重要手段。我国目前实施的江河流域生态环境治理的生态补偿主要有两种形式：一是横向转移支付，由长江流域内经济与社会较发达的地区上缴国家财政，然后由中央政府统筹协调，支持长江流域上中游地区，特别是西部地区的长江生态环境治理的工作；二是在长江流域内，上下游地区与城市之间的购买措施，安徽、浙江两省发起与参与的新安江流域生态补偿试点便是其中的代表。

25.3.3.2 水权交易

水权交易以“水权人”为基础，所有“水权人”都有资格进行水权交易。水权交易的功能是使水权成为具有市场价值的流动资源。通过市场机制，诱导用水效率低下的“水权人”通过考虑用水的机会成本来节约用水，并将部分用水权利转让给用水边际效益更大的用水人，使新的或潜在的用水人能够获得各自所需的水资源，从而达到提高社会用水总效率的目标。

（1）长江流域水权交易的背景。水资源是经济发展的基石，随着社会与经济的不断发展，地区间经济交往日益广泛，经济依存度大大加深。但是，由于地区之间水资源分配的不平衡，区域之间经济与社会发展的不平衡正在逐步显现。

中国早在2000年就开始了水权交易试点。2000年11月24日，浙江省东阳市与义乌市签订了横锦水库部分水权转让协议，成为中国首个水权交易项目。义乌市一次性投资2亿元，购买东阳市横锦水库的库存水使用权，每年约有5000万立方米的水被用于交易调配。2014年7月19日，新疆玛纳斯县水权交易中心正式成立。在前两个月的试运行中，20万立方米的水被用于交易调配，用户节约的水被按6倍的价格销售出去。水权交易对缓解区域用水问题具有巨大的作用。义乌东阳的水权交易后，在充足的水资源的支持下，义乌经济呈现出快速增长的态势。而东阳从与义乌的水权交易中获得了经济方面的利益，更加科学充分地利用了自身的水资源，促进了本地经济与社会的快速发展，实现了义乌与东阳的双赢。

（2）长江流域水权交易模式。在水权交易方面，《中共中央关于全面深化改革若干重大问题的决定》提出，发展环保市场，推行水权交易制度在有条件的地区开展，建立灵活高效的生态环境保护的市场化运作体系与机制，积极推行生态环境污染的第三方治理工作。2014年7月，水利部发布《关于开展水权试点工作的通知》，在宁夏、江西、湖北等7个省、自治区开展水权试点项目，并拟在2—3年内在水资源使用权确权登记、水权交易流转、相关制度建设等方面取得突破，为全面推进水权制度提供借鉴和示范。

我国长江流域水权交易基本上属于跨区域或工业用水的水权交易领域。具体区域水资源配置以及相关产业间的水资源配置情况与指标主要由中央政府向区域地方政府进行水权的分权。中央政府对长江流域的水权进行的初始配置，通过区域地方的水权指标的资源配置，在长江流域管理工作中实现了水权的一级交易，形成政府间主要的一级交易市场。然后，区域地方的水权交易市场将指标落实到相关企业、事业单位等用水户，企业等用水户也可以通过水权交易市场进行水权指标的交易来交易实际的水权，这就是长江流域中二级水权交易的模式，由此也形成了二级水权交易市场。

25.3.3.3 其他措施

（1）投资基金。亚洲开发银行与贵州省政府合作成立了“赤水河流域水基金”，这是我国设立的首个流域保护基金。该基金计划募集50亿元的资金规模，其中，茅台集团将在2014年起的10年内，每年投入5000万元保护赤水河。

2019年，湖北省还与国家开发银行开展了融资融智合作，共同编制了《湖北长江经济带生态保护和绿色发展融资规划》，推进长江经济带的战略在湖北的工程化、项目化和具体化，成为湖北省长江经济带高质量发展的重要金融支撑。2015年，湖北省还设立了2000亿元长江经济带产业基金，母基金再通过发起子基金，力争放大到4000亿元，最终带动1万亿元的社会投资投向实体经济；研究设立了50亿元湖北长江经济带生态保护和绿色发展基金，打造了长江保护投融资平台。2021年9月3日，财政部发布关于全面推进长江经济带发展财税支持政策方案。该方案提出将国家绿色发展基金等重点投向长江经济带。国家绿色发展基金首期规模885亿元，中央财政出资100亿元，沿江省市政府和社会资本参与出资。重点投向环境保护和污染防治、生态修复和国土空间绿化等领域，支持打好污染防治攻坚战，加快培育绿色产业相关市场主体，更好服务长江经济带绿色发展。

（2）财政专项资金。所谓专项资金，是国家或有关部门或上级部门下拨行政事业单位具有专门指定用途或特殊用途的资金。这种资金的特点是单独核算、专款专用，并需要单独报账结算。2013年11月，财政部和环保部共同设立了“江河湖泊生态环境保护专项资金”，同时出台了《江河湖泊生态环境保护项目资金管理办法》，对江河湖泊生态环境保护项目资金每年开展绩效评价，实施动态监督管理。2018 年 4 月，国家发展改革委出台了《长江经济带绿色发展专项中央预算内投资管理暂行办法》，进一步明确了对长江经济带绿色发展专项资金的管理和监督。

25.3.4 长江大保护工作的成效

长江大保护已取得积极成效，尤其是在饮用水水源地保护、黑臭水体整治、长江沿线的固体废物、危险废物非法倾倒等问题处理方面。

（1）饮用水水源地的保护。长江沿线县级以上城市饮水水源地一共是 1474 个，基本整治完成，完成率 99.9%。2016 年 5 月—2017 年 12 月 30 日，由环境保护部开展的长江经济带地级及以上饮用水水源地环保执法专项行动对长江流域中存在的 490 个问题点进行整治。整治内容主要包括以下 3 个方面：①检查集中式饮用水水源地保护制度落实情况，包括饮用水水源保护区是否依法划定，在保护区边界是否依法设立地理界标和警示标志；②清理饮用水水源一级保护区内的违法问题；③清理饮用水水源二级保护区内的违法问题。现已基本完成长江经济带所有地级及以上城市集中式饮用水水源地的排查整治任务，进一步提高了长江经济带饮用水水质安全保障水平。

（2）黑臭水体的整治。长江沿线省会以上城市的 12 家黑臭水体整治率已经达到 90% 以上，其他地级市也在稳步推进中。虽然取得了一定的成绩，但是仍然需要继续推进黑臭水体的整治工作。根据环境保护部黑臭水体整治监管平台发布的信息，目前全国共有黑臭水体数量 2869 个，已完成治理 2313 个，治理中 556 个，完成治理比例达到 80.6%；其中，长江经济带共有黑臭水体数量 1367 个，已完成治理 1075 个，消除比例 78.6%，略微落后于全国的进度。分省市来看，重庆、浙江、上海已经完成城市黑臭水体治理任务，而安徽、湖北、四川、江苏、贵州的黑臭水体消除比例低于全国平均水平。此外，根据生态环境部公布的 2019 年统筹强化监督（第一阶段）黑臭水体专项排查情况，截至 2019 年 5 月，全国共有 77 个城市黑臭水体消除比例低于 80%，更有四川省内江、德阳，江西省九江等 19 个城市的消除比例为 0；其中，长江经济带消除比例低于 80% 的城市占近 50%（35/77），而长江经济带的城市总数量仅占全国的 37%（98/259）。从上述未达标的省市情况可以看出，长江经济带仍有较为艰巨的黑臭水体治理任务需要完成。其中，四川、湖北、贵州、江西等4个省市仍有部分城市的黑臭水体消除比例为0%，距离水十条的标准和长江大保护战略的标准有较大差距，已经受到生态环境部的通报。分析认为，上述地方政府在2020年进一步加强黑臭水体治理的工作力度，在采用黑臭水体短期治理技术措施的同时，加快补齐城市环境基础设施的短板，提升整个城市的水污染防治整体水平，将黑臭水体进行消除的同时也能够巩固成果，获得“彻底化不反复”的治理结果。

（3）整治长江沿线的固体废物、危险废物非法倾倒、非法转移问题。生态环境部在2018年部署开展“清废行动2018”，该行动实现了对长江经济带区域范围内126个城市的全面覆盖。该行动主要目的是严厉打击长江流域沿岸地区的固体废物非法转移、倾倒、处置等违法行为，进一步督促地方行政管理部门落实固废处理与整治的监管主体责任。根据生态环境部的清废行动总结数据，在2018年清废专项行动中，专项调研组共排查了长江经济带内11省（市）的78个地级市，共发现固废处理问题点位1308个。截至2019年1月31日，对1304个固废处理的问题点位已完成了相关的专项整改，另外有4个固废处理问题点位因工程量较大处于整改过程中。

（4）开展“绿盾”行动，保护长江流域的自然生态。2017年，环境保护部开展“绿盾行动”专项行动，以长江流域内的自然保护区的治理管控为重点，集中力量解决一批自然保护区中存在的自然环境与生态资源破坏的突出问题与污染现象，推动长江大保护的进一步实施。2017年，“绿盾”专项行动排查了446个长江流域内的国家级自然保护区，行动组调查发现了共两万多个涉及自然保护区的环境污染与生态破坏的问题线索。依据相关的线索与证据，关停取缔违法污染环境的企业共2460多家，依据长江大保护相关的法律法规与政策，强制拆除了造成长江流域环境破坏以及污染自然保护区环境的违法建筑设施590多万平方米。各地共废止与上位法不一致的相关地方性法律法规12部，修订51部，新制定颁布20多部，同时清理了一批部门政策文件。

参考文献

［1］熊敏瑞，李昭阳．长江流域生态环境立法问题研究——以长江大保护为背景［J］．生态经济，2020，36（10）：185-189.

［2］张菊梅．中国江河流域管理体制的改革模式及其比较［J］．重庆大学学报（社会科学版），2014，20（1）：18－22.

［3］康盛君．在长江大保护中展现水利担当［N］．中国水利报，2020－09－04（003）.

［4］杨桂山，徐昔保．长江经济带“共抓大保护、不搞大开发”的基础与策略［J］．中国科学院院刊，2020，35（8）：940－950.

［5］崔文佳．江河之治见证新时代大国治理［N］．北京日报，2020－05－15（003）.

［6］邓铭江．江河治理与绿色发展紧密相关［J］．中国水利，2020（2）：22.

［7］赵峰，李磊．在共抓长江大保护中坚持“两个生态”共建［J］．中国三峡，2020（1）：181.

［8］任红．长江大保护：让母亲河永葆生机活力［J］．中国三峡，2020（1）：52－57.

［9］关柳玉．推动共抓长江大保护落地见效［N］．学习时报，2019－12－27（001）.

［10］鄂竟平．谱写新时代江河保护治理新篇章［J］．水利建设与管理，2019，39（12）：1－2.

［11］吴强，张岚，张岳峰，等．数说70年水利发展成就［J］．水利发展研究，2019，19（10）：1－13.

［12］宁远．新中国江河治理的先声［J］．治淮，2019（7）：5－6.

［13］李忱庚．辽宁省江河治理建设项目管理模式研究［J］．水资源开发与管理，2018（7）：72－74.

［14］薛学轩，张明建．川江千河万水清——四川治理江河纪实［J］．中国建设信息化，2018（12）：56－59.

［15］高琪，张歌珊．我国江河污染现状及治理模式［J］．东北水利水电，2006（10）：49－51.

［16］耿鑫．“河长制”政策创新扩散的动因及机制研究［D］．华中师范大学，2020.

［17］周宏伟，彭焱梅．太湖流域水流生态补偿机制研究［J］．人民长江，2020，51（4）：81－85.

［18］胡惠良，谈俊益．江苏太湖流域水环境综合治理回顾与思考［J］．中国工程咨询，2019（3）：92－96.

［19］汤雅茹．太湖流域生态治理主体多元化的体系构建［D］．苏州大学，2018.

［20］张菊梅．中国江河流域管理体制的改革模式及其比较［J］．重庆大学学报（社会科学版），2014，20（1）：18－22.

第26章 中国山体沙漠治理

我国山体沙漠面积巨大，而且面临着严重的山体水土流失、土地沙漠化等问题。近几十年来，国家投入大量的资源进行了对山体沙漠的环境综合治理，建立了一系列的重大环境治理工程。山体沙漠的治理是一项投入资源大、规模广、运营周期长、经济效益不突出，但社会与生态效益极为显著的工作。我国在山体沙漠治理方面取得了举世瞩目的成绩，“三北”防护林工程建设、库布齐沙漠治理等项目，不仅产生了巨大的绿色价值，而且为全球的山体沙漠治理提供了宝贵的中国经验。

26.1 山体沙漠治理概述

我国是一个水土流失严重、沙漠面积大的国家，超过国土面积50%的山地、丘陵、黄土高原、沙漠存在大量裸露坡面，侵蚀相当严重，这些地区是我国水土流失防治与沙漠治理的重点区域。改革开放40多年来，国家基本建设速度加快，在修公路、修铁路，采石、开矿，建水库、建电站等施工过程中形成大量裸露坡面工程创伤。针对这些裸露坡面工程“创伤”进行治理和开展水土保持工作，已经成为我国生态文明建设的重要任务。

26.1.1 山体沙漠治理的定义

人类在与山体地质灾害及土地沙漠化的抗争中，探索出了一系列行之有效的治理方法，这些方法不仅包括修复性治理方法，而且还包括大量的预防性治理方法。在山体沙漠治理过程中，经过复杂的生态化治理，最终形成山体及沙漠的复绿。常见的山体治理方法包括护坡、喷播、绿化等方法，主要的沙漠治理方法包括以水治沙、以沙治沙、抽沙治沙等。

26.1.1.1 山体治理的定义

山体治理主要是指针对一些荒山、矿山、岩石山体、军事山体、堆渣山、赤泥山和垃圾山等山体的修复改善。山体治理工程以各类适宜于在当地生长的林木为主要的山体修复材料，搭配乔木、灌木、草植等生态植物进行统一配置、培育得到的模块化绿化实体，是能够改善山体裸露、水土流失、沙土扬尘等环境灾害的有效途径，是建立绿色生态屏障、防止土地沙漠化、减少沙尘暴等恶劣天气、改善区域生态平衡的重要工作，对人类社会的绿色可持续发展有着重要的意义。

26.1.1.2 沙漠治理的定义

沙漠治理指通过以水治沙等技术手段扼制沙漠蔓延的态势。荒漠化扩展的主要原因是人类的不合理活动、干旱缺水、植被稀少、风力助推作用。因此，如果能从缓解水资源短缺、增加荒漠区地表植被、降低风力助推作用等方面寻找突破口，沙漠治理就能迎刃而解。

26.1.2 山体沙漠治理的主要方法

山体沙漠治理包括山体治理和沙漠治理两方面。山体和沙漠治理是两项投入大、施工复杂、技术要求高的系统性生态工程。山体治理是对破损的山体进行生态修复，主要是通过绿化的方式进行的。沙漠治理是对土地沙漠化的生态修复，主要是对已经沙漠化的土地进行绿化，同时通过一系列的途径阻止沙漠化的蔓延。

26.1.2.1 山体治理的主要方法

山体的生态化治理与复绿，首先要通过对山体的地质灾害进行预防治理，该步骤的核心为对山体的不稳定边坡的处理，主要包括深层与浅层的处理。对深层的山体不稳定边坡，采用挡土墙、锚索桩、抗滑桩等工程治理措施，实现对不稳定边坡深层的加固与稳定；对浅层的不稳定坡则采取浆砌片石、混凝土涂抹、加装沙土防护网等措施保持浅层不稳定边坡的加固与稳定。在进行完一系列的山体地质灾害的预防与治理，使得山体有一个较为稳定、能够使林木等植物资源稳定生长的环境之后，再通过使用各类修复植物进行生态化的山体治理，做到长期持续、绿色安全的山体治理。常见的山体生态化治理方法有以下几种。

（1）护坡。在进行完山体的地质灾害预防与治理的工作之后，首先要对山体进行护坡处理，在较稳定的山坡上种植坡面植物。该阶段的坡面植物主要为草类、灌木等对水土保持与土壤加固有作用的植物。依靠这些植物的生态涵养特性，实现对山体整体土壤的生态加固，主要发挥两个方面的功效：一是植物的地下根系起到对土壤的加固、降雨等水体的截留保存等生态功能；二是植物的地上部分，可以起到减缓沙土扬尘的产生、保留土壤，降低降雨等水体对山体表面的冲刷、侵蚀作用，抑制地表水体形成径流造成水土流失，从而达到保护山坡、绿化坡面，加固山体土壤，形成生态改善的良性循环。

（2）喷播技术。在进行山体坡面的护坡工作时，目前常用的设计与施工技术是以厚层基质客土为核心的喷播技术。厚层基质客土又被称为“BS 活性土壤生态修复技术”，该技术将土壤基材、山体生态修复相关的植物种子、植物生长所需的有机肥料、黏合剂等材料，按照科学的比例与方式进行混合，依据修复山体的坡度、土质等具体情况设计需要的厚度，使用专业播撒设备均匀地喷播在需要治理的山体坡面上，是一种集合山体坡面防护与护坡植物种植的护坡技术。通过后期从中生长出植物的根系固结土壤等生态功能，达到护坡与生态修复的目的。

（3）绿化。山体治理中的山体绿化是最后也是最重要的一步，通常使用与山体治理当地周边的环境与本地乡土植物相适应的绿化苗木种子，种植与培育出具有一定复杂程度的植物群落，并促进山体植物群落与生态系统的自然演替与长期稳定性。根据山体的不同位置与具体的条件，选择合适的种植技术与工艺，在山体坡面的不同位置进行种植。对乔木、灌木、藤木等合理配置，例如土壤层较深的地方栽种乔木，浅的区域栽种灌木，底部种植攀爬植物。通过多种植物的配合，打造一个具有一定复杂性的植物生态群落。在种植的同时考虑美观效果，可以有选择地增添一些园林景观的搭配，改善生态样貌。

26.1.2.2 沙漠治理的主要方法

荒漠化扩展的主要原因是人类的不合理活动，以及干旱缺水、植被稀少、风力助推作用等。因此，如果能从缓解水资源短缺、增加荒漠区地表植被、降低风力助推作用等方面寻找突破口，沙漠治理就能迎刃而解。

（1）以水治沙。以水治沙法是指通过对当地水资源的合理利用和采取调水措施引水以解决荒漠地区水资源不足的问题，达到治理沙漠的目的。因为即使是在沙漠，有水的地方就会有绿洲出现。因此，水对于沙漠治理的效果来说，是一个很关键的因素，必须充分利用或调配好荒漠地区的水资源。

以水治沙法包括以下几个途径。

A. 充分利用好北方荒漠区的季节性水资源。在新疆北部、内蒙古等地区，冬季雨雪资源丰富，可以通过修筑沙漠水库、修建地下暗渠等方式，将冬天的雪水保留在沙库内，以提高地下水位，需要时又可抽取出来利用。

B. 寻找地下水资源。由于地势、海拔不同等因素，有些地方有较丰富的地下水，我们应当充分合理地使用当地的有限资源，以解决人畜、植物的应急用水。

C. 南水北调工程。调取长江之水灌溉黄河下游土地，而黄河之水又用来解决内蒙古之干旱。目前，中国在南水北调工程上虽然已取得初步成效，但还应加大投入，尽快解决旱涝不均的状况；并在黄河上游逐级修筑蓄水水库，提高水位，扩大库容量，修筑水的提升泵站，使广袤的沙漠尽可能多地得到水的滋润。

D. 引渤入疆工程。2010 年 11 月 5 日，在“陆海统筹海水西调高峰论坛”上有专家提出通过修建防渗渠道，将渤海淡化之后的海水引入新疆，通过大量海水填充沙漠中的干盐湖、咸水湖和封闭的构造盆地，形成人造海水河、湖，从而镇压沙漠的建议。该项目全程涵盖中国西部的八大沙漠，该工程如果得以成功实施，不仅会对荒漠绿化工作起到很大的促进作用，而且引入的海水在夏季大量蒸发后，形成的水汽与入侵的夏季风相叠加，可以增加西北沙漠及周边地区的降水总量与概率，从而对这些地区的生态环境起到持久的改善作用。但是，这项工程方案的可行性受到了很大的质疑。

（2）以沙治沙。以沙治沙法是指在治理沙漠过程中，通过采取一定的方式和手段，将沙漠砂石加以利用，从量上减少沙漠化的危害，从而达到治沙的目的。沙漠沙石利用的主要途径有：①利用沙漠石英砂制备烧结砖；②利用沙漠细砂生产泡沫混凝土。

以沙治沙法在沙漠治理中有两方面的优势：一方面，通过用砂石制砖、生产混凝土等方法，可以减少沙漠沙石的量和产生经济效益；另一方面，通过对制成的砖块和混凝土加以利用，在沙漠地区堆造一道道沙障，以减缓荒漠化过程中风力助推的作用。

（3）抽沙治沙。是指将沙漠砂石压制成的沙砖运往中国南方，运用在建设工程上，从而减少部分沙源，实现沙漠治理的目的。一方面，南方在建筑建设上需要大量砖块。目前，制砖材料主要是从江里淘沙、挖掘大片土地来获取的，使得土地荒漠化；江里过度淘沙，造成江堤垮塌。另一方面，改革开放以来，中国逐步城镇化，产生的工业和生活垃圾也与日俱增，垃圾的排放不仅占用了大量土地，而且使很多河、湖水环境受到污染。如果将清淤的河湖之泥和生活垃圾中分类出来的有机肥料运往北方沙漠之中，让它与沙土中和、治沙保水，以改善土壤的结构，便可为沙漠绿化创造有利条件。

抽沙治沙法将危害北方的沙调往南方，让它变害为宝，既解决了北方沙漠化问题，又使南方生态环境免遭破坏，可谓一举多得。

26.2 中国“三北”防护林工程建设

1978 年 11 月，为了治理生态恶化、带动经济发展，党中央、国务院作出了在我国西北、东北、华北地区实施“三北”防护林工程建设的重大战略决策。工程规划期限为 73 年（1978—2050 年），分八期工程进行，已经启动第六期工程建设。据国家林业和草原局报道，截至 2020 年 8 月，三北防护林体系建设工程五期即将完成，三北工程累计完成造林保存面积 3014 万公顷，工程区森林覆盖率由 5.05% 提高到 13.57%。

26.2.1 工程建设的背景

“三北”防护林工程建设的实施有其特殊的历史背景和原因，是在一系列因素的共同带动下酝酿而生的。“三北”防护林的建设是治理生态恶化的需要，更是经济社会发展的需要。防护林的建设，一方面可以发挥森林对气候调节的作用，另一方面可以通过森林覆盖率的提升治理土地的沙漠化；此外，还可以保护农田、恢复草场、减少水土流失。

26.2.1.1 生态环境治理的需要

众所周知，“三北”地区是我国自然环境最恶劣的地区。1977 年，由于生态环境的持续恶化，宁夏回族自治区的沙尘暴发生的次数越来越多，持续时间越来越长，波及范围越来越广，造成的危害也逐渐加重。“以往平均 2—3 年发生一次，每次大约 1—3 小时，近十余年平均每 1—2 年发生一次。每次大约 3 小时以上，沙尘暴严重时，对面看不见人，天昏地暗，日月无光，沙尘暴中心，人、畜刮走，树倒屋塌，损失惨重。”无论是西北地区、华北地区还是东北地区，生态环境的恶化均已经到了亟待治理的地步。

26.2.1.2 经济社会发展的需要

20 世纪 70 年代，“三北”地区恶劣的环境严重制约了“三北”地区经济的发展，阻碍了“三北”地区农民脱贫致富的进程。生态环境的恶化给农业造成巨大损失，制约了农牧业的发展。例如，位于阿拉山口的新疆维吾尔自治区精河县，1972—1983 年，“历年平均受灾约 355ha，占同期播种面积的 21.2%。其中风害面积 135.8ha，占受灾面积的 35%。历年来，因碱害、大风造成的死亡面积约 242ha，占总播种面积的 13.2%。每年因风灾损失的粮食有 15 万—30 万千克（是 1983 年总产量的 5.3%—10.6%）”。对于内蒙古自治区伊克昭盟来说，生态环境不断恶化给农业生产造成的影响令人震惊。1964 年，全盟因受风沙而毁种的农田达 230 万亩。西北地区每年因风沙造成的经济损失已经严重影响经济社会的发展。

中国经济的发展对林业建设也提出了更高的需求。根据 1993 年中国统计出版社出版的《中国生产资料市场统计年鉴》的统计，1957—1978 年，我国木材资源生产量随着生产力的发展逐年增加，但是木材消耗量增长的速度远快于木材生产量增长的速度。不仅如此，1958 年开始，我国木材资源年初年末库存差额达到 -74 万立方米，1962 年达到 -62 万立方米，1970 年，甚至达到 -148 万立方米。这代表着我国木材资源年初年末库存差开始呈现负增长，即我国木材供给量开始小于木材消耗量。在这样的情况下，只有植树造林、加强经济型防护林建设，才能缓解我国林业资源与经济建设供需之间的矛盾。

26. 2. 2　总体规划与实施措施

三北防护林工程建设总体规划具有建设区域广、建设周期长、建设体系复杂等特征。在总体规划具体实施的过程中，充分考虑了中国的具体国情，创造性地采取了多种形式、多种路径、多项世界领先的新技术，走出了一条具有中国特色的防护林建设之路。

26. 2. 2. 1　总体规划

在总体规划中的三北地区，有八大沙漠、四大沙地，其中面积为 133 万平方千米，大于全国耕地面积的总和。这里曾经是水草肥美的农牧区，如今已是遍地黄沙，年风沙日达 30—100 天，下游河床已高出地面 10 米以上。

总体规划要求：在保护好现有森林草原植被的基础上，采取人工造林、飞机播种造林、封山封沙育林育草等方法，营造防风固沙林、水土保持体、农田防护林、牧场防护林以及薪炭林和经济林等，形成乔、灌、草植物相结合，林带、林网、片林相结合，多种林、多种树合理配置，农、林、牧协调发展的防护林体系。

三北工程规划从 1978 年开始到 2050 年结束，历时 73 年，分三个阶段、八期工程进行建设。1978—2000 年为第一阶段，分三期工程。1978—1985 年为一期工程，1986—1995 年为二期工程，1996—2000 年为三期工程。2001—2020 年为第二阶段，分两期工程。2001—2010 年为四期工程，2011—2020 年为五期工程。2021—2050 年为第三阶段，分三期工程。2021—2030 年为六期工程，2031—2040 年为七期工程，2041—2050 年为八期工程。

26.2.2.2 实施措施

根据中国国情，采取民办国助形式，实行群众投工、多方集资、自力更生、国家扶持为辅的建设方针，走一条生态效益和经济效益并重的具有中国特色的防护林建设之路。在严酷的自然条件下，造林中重视依靠科学技术。中国在“流动沙地飞机播种造林”“旱作林业丰产”“窄林带、小网格式农田防护林网”“宽林网、大网格式的草牧场防护林网”和“干旱地带封山育林育草”五大难题的研究及其有关新技术大面积推广方面，都处于世界领先地位，并取得很大的经济效益。到1995年，完成人工造林18.15万平方千米，森林覆盖率由原来的5.05%提高到8.28%，12%沙漠化土地得到治理，其中有4万多平方千米“不毛之地”变成森海。三北地区有1/3的县农业生态环境开始走向良性循环。

26.2.3 建设历程

三北工程建设之初，为了从根本上改变三北地区生态面貌、改善人们的生存条件、促进农牧业稳产高产、维护粮食安全，把农田防护林作为工程建设的首要任务，集中力量建设平原农区的防护林体系。

建设二期工程时，随着经济体制的改革与深化，为进一步调动群众投身工程建设的积极性与主动性，工程建设提出建设生态经济型防护林体系的指导思想，使生态治理与经济发展相协调、生态建设与群众脱贫致富相统一，改变单一生态型防护林建设模式，做到农林牧、土水林、带片网、乔灌草、多林种、多树种、林工商七方面的结合，使防护林体系达到结构稳定、功能完善，生态、经济、社会效益有机结合。

三期工程于1996年启动，总投资78.57亿元，是前15年总投资的2倍多，奋斗目标是在造林4万平方千米。20世纪末，从东北西部到内蒙古东部、京津与河北北部、黄土高原、新疆绿洲等地区，建成了一批不同等级的区域性防护体系，使三北地区环境质量有很大改善。从三北地区的实际出发，按照先易后难、先急后缓、由近及远、突出重点的方针，在三北农牧业生产迫切需要、自然条件较好的地区，选定一批党政领导重视、基础工作扎实的县旗，进行重点扶持，有计划、有步骤地建成一批区域性防护林体系。提出到2000年，在东北西部和内蒙古东部、京津和河北北部、黄土高原、毛乌素沙地、新疆绿洲等地建成一批规模不等的区域性防护林体系。

2012 年 8 月 26—27 日，国务院在山西省朔州市召开三北防护林工作会议，中共中央政治局委员、国务院副总理回良玉在会上强调，要深刻认识三北防护林体系建设的重要性和艰巨性，把防沙治沙和水土保持作为根本任务，把改善生态环境和满足民生需求作为基本要求，把人工治理和自然修复作为主要手段，坚持全面推进，加强基地建设，完善政策措施，加大投入力度，创新体制机制，凝集各方力量，大力保护和扩大林草植被，努力走出一条生产发展、生活富裕、生态良好的文明发展道路。

建设四期工程时，根据日益严峻的防沙治沙形势，提出以防沙治沙为主攻方向。根据中共中央关于建设社会主义新农村的战略部署，在工程建设中提出“建设一个亮点、统筹三大区域”的工程建设思路，开展新农村建设试点、农防林更新改造和重点农区、重点沙区和水土流失区的高标准防护林建设。

2018 年 12 月 24 日，国务院新闻办在北京举行发布会，中国科学院副院长张亚平、国家林业和草原局副局长刘东生、沈阳应用生态研究所所长朱教君介绍《三北防护林体系建设 40 年综合评价报告》的有关情况，并回答记者提问。三北工程建设 40 年来，我国防风固沙林面积增加 154%，对沙化土地减少的贡献率约为 15%，2000 年后我国土地沙化呈现出整体遏制、重点治理区明显好转态势。

26. 2. 4　成就与问题

经过 40 多年的系统性治理，三北防护林工程项目取得了巨大的成就。风沙治理成果显著，荒漠化和沙化土地面积持续减少，沙区人民的生存空间不断扩大；近 50% 的水土流失面积得到不同程度的治理，土壤侵蚀模数大幅下降；农区防护林建设顺利，3 亿多亩农田实现林网化；森林资源快速增长，林产品产量不断增加，畜牧业产值成倍增加；带动三北地区经济发展，数十万户农民实现脱贫致富。

26. 2. 4. 1　现状与成就

40 多年来，三北防护林建设取得了令人瞩目的巨大成就。根据 2018 年 11 月 30 日三北工程建设 40 周年总结表彰大会公布的数据可知，三北工程建设 40 年累计完成造林保存面积 3014. 9 万公顷，工程区森林覆盖率由 1979 年的

5.05%提高到13.59%，活立木蓄积量由7.4亿立方米提高到33.3亿立方米。

（1）风沙治理。从新疆到黑龙江的风沙危害区营造防风固沙林1亿多亩，使20%的沙漠化土地得到有效治理，沙漠化土地扩展速度由20世纪80年代的2100平方千米下降到1700平方千米。辽宁、吉林、黑龙江、北京、天津、山西、宁夏等七省（自治区、直辖市）结束了“沙进人退”的历史，沙漠化土地每年减少489平方千米，拓宽了沙区广大人民的生存地区。

重点治理的科尔沁、毛乌素两大沙地森林覆盖率分别达到20.4%和28.9%，不仅实现了土地沙漠化逆转，而且进入综合治理、综合开发的新阶段。赤峰市治理开发沙地2100万亩，占沙化土地的85%；榆林沙区森林覆盖率已由1979年的18.1%上升到38.9%，沙化土地治理度达68.6%。

内蒙古三北防护林建设取得生态效益，全区人工林保存面积由1979年的1295万亩增加到9721万亩，森林面积由1979年的2.34亿亩增加到3.79亿亩，森林覆盖率由1979年的13.23%增加到21.03%，实现森林面积和蓄积持续“双增长”、荒漠化和沙化土地面积持续“双减少”。

（2）水土流失治理。在黄土高原和华北山地等重点水土流失区，坚持山水田林路统一规划、生物措施与工程措施相结合，按山系、分流域综合治理，营造水保林和水源涵养林729万公顷，治理水土流失面积由工程建设前的5.4万平方千米增加到38.9万平方千米，局部地区的水土流失得到有效治理。重点治理的黄土高原造林779.9万公顷，新增治理水土流失面积15万平方千米，使黄土高原治理水土流失面积达到23万多平方千米，近50%面积的水土流失得到不同程度的治理，水土流失面积减少2万多平方千米，土壤侵蚀模数大幅度下降，每年入黄泥沙量减少3亿多吨。

山西省昕水河流域土壤侵蚀模数已由7175吨下降到3229吨。张家口市土壤侵蚀模数已由过去的5900吨下降到1550吨，官厅水库泥沙入库量由899吨减少到235吨，潘家口和密云两大水库泥沙入库量分别减少20%和60%。辽宁省在辽西低山丘陵区营造水土保持林450多万亩，土壤侵蚀模数已由4500—5000吨下降到1500—2191吨。

（3）农区防护林。农田防护林作为改善农业生产条件的一项基础设施，始终被放在三北防护林体系优先发展的地位。共营造农田防护林3600多万亩，有3.23亿亩农田实现林网化，占三北地区农田总面积的65%。平原农区实现了农田林网化，一些低产低质农田变成了稳产高产田。三北地区的粮食单产由

1979 年的 113 千克/亩，提高到 2009 年的 811 千克/亩，总产量由 0.9 亿吨提高到 1.59 亿吨。

（4）森林资源。三北防护林体系建设使三北地区的森林资源快速增长，木材及林产品产量不断增加，改变了过去缺林少木的状况。截至 2012 年，三北地区活立木蓄积量达 10.4 亿立方米，年产木材 655.6 万立方米，不仅使民用材自给有余，而且由于木材产量的增加也带动了木材加工业和乡镇企业、多种经济的发展。“四料”俱缺的状况已有很大改变，特别是已建成 1890 万亩薪炭林，加上林木抚育修枝，解决了 600 万户农民的燃料问题。营造的牧防林保护了大面积草场，营造的 7500 万亩灌木林和上亿亩杨、柳、榆、槐树的枝叶为畜牧业提供了丰富的饲料资源，三北地区牲畜存栏数和畜牧业产值成倍增长。

（5）经济发展。林业的发展不仅改善了生态环境，也促进了农村经济的发展，三北地区将资源优势转变为经济优势，已发展经济林 5690 万亩，建设了一批名、特、优、新果品基地，年产干鲜果品 1224 万吨，比 1979 年前增长了 10 倍，总产值达 200 多亿元。甘肃省林果业已发展成为全省农村经济的重要支柱之一，1999 年全省农民人均林果业收入达到 300 元，占收入的 25%，有 49 个县的林果特产税收入超过 100 万元。河北省张家口市大力发展经济林，林业产值由 9000 万元增加到 3 亿元，有 420 个村、30 万户农民靠林果业实现了脱贫致富。

26.2.4.2 问题与建设

由于经验的缺乏和自然条件等因素限制，工程建设也产生了不少的问题。例如，由于三北地区薄弱的经济基础以及物价上涨等因素，工程建设所需资金的缺口逐渐增大。此外，由于恶劣的自然环境、病虫害以及干预失当等原因造成的林地退化也逐渐严重。因此，后续的工程建设必须要拓宽资金渠道、加大资金投入，必须要加强林地修复、改造退化林地；同时，要加强科技创新、提高技术支撑力度。

26.3 中国库布齐沙漠治理工程

库布齐沙漠，是中国第七大沙漠，在河套平原黄河“几”字弯里的黄河南岸（有的人称为河套沙漠），往北是阴山西段狼山地区。中国库布齐沙漠的治理工程取得了巨大的成功，2015 年 7 月 28 日，中国第七大沙漠 1/3 面积绿化成果荣获联合国颁发的 2015 年年度“土地生命奖”。中国大力发展沙漠经济治理模式具有世界标本意义，中国亿利资源集团与埃及 SEKEM 同时荣获联合国防治荒漠化公约 UNCCD 颁发的 2015 年年度“土地生命奖”。2018 年 12 月，库布齐沙漠中的亿利生态治理区荣膺“国家第二批绿水青山就是金山银山实践创新基地”称号。

26.3.1 库布齐沙漠治理过程

1988 年，出于对沙漠的热爱和荒漠化的担忧，亿利资源集团着手恢复库布齐的往日风采，开始了治沙征途。库布齐人、后来的亿利集团老板王文彪辞掉当时在政府里的工作，主动到下面的盐厂当厂长。当时的盐厂处于亏损状态，生产状态不好，但他上任第一件事就是治沙，盐厂每卖一吨盐就拿出 5 元钱在盐湖周围种树，5 元钱治沙使盐厂恢复生产、扭亏为盈。随后修建穿沙公路，穿沙公路两侧必须植树种草，设置沙障才能防沙侵袭，保证道路畅通。用柳条插成网格形状把沙子锁在格子里，然后在沙子里种上了沙蒿。经过了 3 年的修建终于通车。他们研发的“沙漠水气法种树技术”使种苗的生长不但速度快而且存活率奇高。一开始只是为了生存，后来开始大规模的沙漠治理行动。企业探索出治沙与经济并存的复合生态模式，采取“公司 + 农户”“企业 + 基地”的联盟发展方式，实现了治沙和经济的绿色循环互动。

2012 年，亿利企业通过 20 多年的建设，筑起了一道 242 千米的绿色生态屏障，遏制了内蒙古和北京的沙尘，让悬在北京头上的一盆沙变得越来越少。北京大学环境科学院 2012 年对亿利资源企业进行评估，结果是亿利资源企业库布齐沙漠生态修复和绿化面积为 5153 平方千米，控制荒漠化面积 1.1 万平方千米，25 年间在不毛之地上创造了 305.91 亿元的生态系统生产总值。

26.3.2 库布齐沙漠治理手段

库布齐治沙形成了一套成熟先进的治理模式，创造了一系列可持续、可复制的经验。库布齐模式的核心要义，是政府政策性支持、企业产业化投资、农牧民市场化参与、技术持续化创新的“四轮驱动”，促使生态持续性改善。其中，政府确定发展方向并给予政策支持，企业落实各项政策并进行投资运营，农牧民全面参与并从中受益，技术不断改进并吸收世界各国最先进经验。这四个“轮子”分属不同角度，相互补充、相互促进、协同配合、共同发力。

26.3.2.1 政府政策性支持

几十年来，中国政府先后出台林权制度的改革政策，颁布了《防沙治沙法》，通过政府企业联动的模式，支持企业和社会力量实施大型治沙工程，发展林沙产业，形成防沙治沙合力，实现生态改善、企业增效、群众增收。党的十八大以来，以习近平同志为核心的党中央，深刻总结人类文明发展规律，将生态文明建设纳入中国特色社会主义“五位一体”总体布局和“四个全面”战略布局，推动中国绿色发展道路越走越宽广，引领中华民族在实现伟大复兴征程上阔步前行。党的十九大报告把生态文明的大战略提高到国家战略新高度，提升为中华民族永续发展的千年大计。科技部、国家林业局十几年如一日地支持沙漠治理。通过库布齐论坛推动科技创新交流、汇聚世界治沙新技术，并在库布齐支持设立沙漠生态科技中心、创建了中国西北地区最大的种质资源库。内蒙古大力构筑祖国北疆绿色生态安全屏障，坚持以社会化的方式推进沙漠治理，加强政策引导，实施奖补机制，优化资源配置，充分调动企业、群众等各方面力量参与荒漠化治理，实现了防沙治沙主体由国家和集体为主向全社会参与、多元化投资的转变。鄂尔多斯市和杭锦旗在发展沙产业、生态移民、禁牧休牧、生态基础设施建设方面给予了企业和群众更加具体直接的支持。此外，各级金融部门对于沙漠治理也给予了优惠信贷支持，保证了治沙事业的可持续发展。

26.3.2.2 企业产业化投资

几十年来，亿利资源集团牢牢立足治沙，大力推动“治沙手段产业化”发展战略，创新设计了一系列沙漠生态产业，走出了一条产业化治沙的新路子：一是农业治沙。通过开发本土化耐寒旱、耐盐碱种质资源，挖掘沙漠植物经济价值，适度开发甘草、苁蓉、有机果蔬等种植加工业；同时，按照“宜草则草、草畜平衡、静态舍养、动态轮牧”的原则，依托沙柳、柠条、甘草、紫花苜蓿等高蛋白沙生植物资源，实施灌木林平茬复壮饲草化利用，发展有机无抗生素饲料，在生态修复区适度发展牛、羊、地鶅等本土化畜禽养殖，激励群众自发种植养殖积极性。二是工业治沙。利用生物、生态，工业废渣和农作物秸秆腐熟等技术，发展土壤改良剂、复混肥、有机肥料等制造业。治沙改土，打造农庄有机田，减少沙层，变废为宝。三是能源治沙。充分利用沙漠每年 3180 小时日照的资源，大力发展沙漠光伏项目。通过“板上发电、板间养羊、板下种草”的方式，利用光伏板生产绿色能源，通过光伏板间草林种植防风治沙，通过光伏板下养殖牛、羊形成的天然生物肥反哺种植，实现了良性互动。四是金融治沙。亿利资源集团联合数十家大型企业和金融机构发起设立了“绿丝路基金”，通过金融手段撬动更多资金，投资沙漠产业。

26.3.2.3 农牧民市场化参与

企业通过租地到户、包种到户、用工到户的模式，调动当地几万农牧民的积极性，使这些农牧民成为库布齐治沙事业最广泛的参与者、最坚定的支持者和最大的受益者。通过参与治沙，十多万沙区农牧民实现脱贫。一是通过出租土地，实现从农牧民到“地主”的转变。3000 多名农牧民把 151 万亩荒弃沙漠转租给亿利资源集团，人均收入 16.6 万元。另有 93 万亩农牧民承包的沙漠入股亿利，按固定比例分红。二是通过积极参与治沙产业，实现了从农牧民到产业工人的转变。亿利集团精心细分产业环节，精心设计贫困户参与方式，千方百计地为贫困人口创造参与产业发展的机会。仅在沙漠治理中，就先后组建 232 个治沙民工联队，5820 人成为生态建设工人，人均年收入达 3.6 万元。三是通过参与沙漠旅游服务业，实现从农牧民到小企业主的转变。沙漠旅游是沙漠产业的重要组成部分。随着沙漠旅游的日益红火，近 1500 户农牧民发展起家庭旅馆、餐饮、民族手工、沙漠越野等服务业，户均年收入 10 万多元，人均超过 3 万元。500 多户农牧民实行标准化养殖和规模化种植，人均收入超过 2 万元。

26.3.2.4 技术持续化创新

一是提出了系统化治沙的理念。几十年前刚开始治沙时，虽然也取得了一定成效，但没有从根本上解决问题，主要原因还是没有系统化。后来，在政府支持下，逐渐探索、完善了系统化的治沙技术，通过“锁住四周、渗透腹部、以路划区、分而治之”和“南围、北堵、中切”的策略，建设了 240 多千米防沙锁边林，整体生态移民搬迁，建设大漠腹地保护区，建设规模化、机械化的甘草基地，林草药"三管齐下"，封育、飞播、人工造林"三措并举"，最终形成沙漠绿洲和生态小气候环境。二是创造了一系列世界领先的治沙技术。依靠科技治沙是库布齐模式的突出表现。经过多年努力，亿利资源集团研发了沙柳、柠条、杨柴、花棒等1000多种耐寒、耐旱、耐盐碱的植物种子，建成了中国西部最大的沙生灌木及珍稀濒危植物种质资源库，创新了气流法植树、无人机植树、甘草平移栽种等100多项沙漠生态技术成果，开创了豆科植物大混交植物固氮改土等100多种沙漠生态工艺包。三是建立了一系列世界先进的示范中心，包括旱地节水现代农业示范中心、生态大数据示范中心、智慧生态光伏示范中心、沙漠生态旅游示范中心，以及与联合国环境署共建的"一带一路"沙漠绿色经济创新中心等。

在库布齐几十年的治沙实践中，亿利集团通过政府政策性支持、企业产业化投资、农牧民市场化参与、技术持续化创新的"四轮驱动"，成功实现了"富起来与绿起来相结合、生态与产业相结合、企业发展与生态治理相结合"的机制，成功实现了"治理—发展—再治理—再发展"的良性循环，形成了"防沙治沙、生态改善、产业发展、民生改善"的互动多赢格局。

26.3.3 库布齐沙漠治理成效

截至2015年，经过27年的治理，库布齐沙漠1/3的面积已经被绿化，绿化面积达到6000平方千米，并控制荒漠化面积1.1万平方千米。和治理前相比，库布齐沙漠的沙尘天气减少95%，生物种类增长10倍，年降雨量从不到70毫米增至300多毫米，沙丘高度整体下降一半。2013年有70—80只灰鹤来库布齐，2014年又出现成群的红顶鹤。由于长期种植甘草等豆科植物，形成了"生物固氮"效应，使150万亩沙漠出现生物结皮以及厘米级厚度的黑色土壤，初步具备农业耕作条件。沙区群众由过去散居游牧转变为多种职业，有的以荒沙废地入股当股东，有的种树、种草、种药材而成工人，有的发展蒙古族"农家乐""牧家乐"旅游，沙区十多万群众的人均年收入从不到2000元增至近1万元，部分达到3万余元。库布齐沙漠生态、经济、民生平衡发展的治沙模式，获得了联合国环境署的肯定，库布齐沙漠被联合国定为"全球沙漠生态经济示范区"，多次在联合国高级别会议获推广，并已在中国河北、新疆等地推广。在2015年12月1

日召开的巴黎气候变化大会上，中国库布齐沙漠的治理模式又获肯定。

亿利资源集团累计投资 38 亿多元用于防沙治沙、研发治沙技术、建设配套工程，建成了世界第一家由企业建立的沙漠研究院，也建成了西北地区最大的种质资源库。亿利资源集团还研发了 200 多项生态种植和产业化技术，培育出耐寒、耐旱、耐盐的生态种子 1000 余种，已成为世界上最先进、治沙专利技术最多的企业。新技术和组织方法的使用大大提高了防沙治沙的效率。库布齐沙漠 1/3 的面积得到了绿化，森林覆盖率大幅度提高，沙尘天气明显减少，降水量逐年增加，沙丘高度累计降低了 50% 左右，100 多种野生动植物在沙漠中重现，生物多样性得到一定程度的恢复。

参考文献

［1］侍月华．生态垫覆盖在沙漠治理中的应用分析［J］．现代农业科技，2020（1）：194－195.

［2］刘锦坤．习近平生态文明思想视域下当代生态治理研究——以库布齐沙漠治理为例［J］．兵团党校学报，2019（4）：38－41.

［3］刘巍．库布齐沙漠治理的标本意义［N］．辽宁日报，2019－06－03（007）.

［4］刘锦坤．库布齐沙漠生态治理模式研究［J］．四川文理学院学报，2019，29（3）：16－20.

［5］王睿．库布齐沙漠可持续治理典型模式研究［J］．西华师范大学学报（自然科学版），2019，40（1）：92－97.

［6］吴平．创新沙漠治理 培育金色产业［J］．国际人才交流，2018（3）：68－71.

［7］郭彩贇，韩致文，李爱敏，等．库布齐沙漠生态治理与开发利用的典型模式［J］．西北师范大学学报（自然科学版），2017，53（1）：112－118.

［8］陈楷翰．沙漠治理：现状与方向［N］．中国科学报，2013－09－30（006）.

［9］迟悦春，辛静，聂琴．对库布齐沙漠治理模式的思考［C］.//中共内蒙古自治区委员会组织部、内蒙古自治区科学技术协会、内蒙古自治区教育厅、内蒙古自治区科学技术厅、内蒙古自治区人力资源和社会保障厅、呼和浩特市人民政府．科技创新与经济结构调整——第七届内蒙古自治区自然科学学术年会优秀论文集，2012：3.

［10］李逢春，师庆东．沙漠治理新途径新方法［J］．环境科学与管理，2011，36（10）：107－109.

［11］沙漠治理与综合开发的样板［J］．林业科技管理，2002（3）：40－41.

[12] 王文彪. 中国精准扶贫的“金钥匙”——亿利库布齐扶贫模式解析 [J]. 北方经济, 2018 (8): 26-30.

[13] 任东月. 库布齐: 多元化推动生态文明的成功样板 [J]. 北方经济, 2018 (8): 40-43.

[14] 赵勇. 库布齐沙漠治沙扶贫的理论与实践 [C]. //中国治沙暨沙业学会. 中国治沙暨沙业学会2018年学术年会论文集, 2018: 5.

[15] 王占义. 世界防治荒漠化的“中国方案”——库布齐模式解析 (上) [J]. 北方经济, 2017 (12): 4-7.

[16] 王占义. 世界防治荒漠化的“中国方案”——库布齐模式解析 (下) [J]. 北方经济, 2018 (Z1): 14-17.

第27章 中国城市治理

城市作为现代社会的活动中心、信息中心、产业中心，是国家和地区建设和发展的“主战场”。城市治理水平的强弱，反映了一个国家或地区执政能力、发展动力和综合竞争力的强弱。当前，中国各城市的治理体系和治理能力在不断完善和加强，美丽中国建设的进程在不断深化推进。各城市根据各自的发展阶段及特点，综合运用技术、政策和经济等方式和工具，形成各具特色的城市治理模式。由于中国各地区经济发展不平衡，大小城市及不同地区城市治理能力和水平存在很大的差异。经济发展水平高的城市在中国城市治理进程中不断改革和创新，不仅提高了自身的城市治理水平和能力，而且还为其他城市的治理提供了宝贵的可借鉴的经验。

27.1　中国城市综合治理综述

20 世纪 80 年代以来，经济全球化、信息化的不断推进为城市治理带来新的挑战。全球化趋势促进了政府的职能、政府与社会间的关系以及其治理模式的改革，也明确了城市治理过程中政府需要解答的基本问题，以及需要完成的基本任务。此外，受益于全球化驱动，各城市经济发展对周边区域、全国乃至世界经济的影响力逐渐加大，城市地位逐渐提高，城市之间的竞争也日益激烈。为能够在此场“战斗”中立足，各个城市都应想尽办法提高治理能力，以更文明、更科学、更经济的城市面貌来获取关注、寻求发展；同时，生态文明建设成为当今社会发展的主流。除对经济效益的不断追求外，对社会效益与环境效益的重视也是城市治理过程中必须关注的一个主要任务。

27.1.1 中国城市综合治理状况

（1）城市治理背景。20 世纪 50 年代，多数专家及学者将城市称作现代社会产业的中心、各类信息的聚集地，是推进国家进行现代化建设的关键所在。在此时期的一般论调均主张大力发展城市建设，全面推进工业化进程。20 世纪 70 年代，由于城市工业化发展过于迅速，城市与乡村之间差距过大，导致大量的劳动力涌入城市，造成城市用人市场极度过剩、乡村地区劳动力相对不足。“城市病”的观点逐渐流行，此时的经济专家主要提倡抑制城市工业化发展、减少城市与乡村之间的劳动力流动。20 世纪 90 年代后，抑制城市工业化发展的成果开始显现。研究表明，限制城市化发展的有关政策效果表现较差，或是有一定成效，但是为其付出的成本和代价过高。城市并非财富和人力的集聚地，而是先进知识和创新技术的“摇篮”和“发散地”。由此，政策从以往的单纯促进发展或单纯抑制发展向城市综合治理转变。

（2）城市治理概念。首先，学术界对城市治理没有相对统一的说法。目前对城市治理的理解可以概括为以下三种解释。

第一，从政府行使其权力的角度考虑，城市治理是政府对其职能和责任进行高效、高质量执行的过程和手段，若一座城市的治理表现优秀，则可以认为该城市的政府足够称职，是一个好政府。

第二，从社会公民行使其权力的角度考虑，城市治理是政府向其市民及社会各方团体赋予权力的过程。

第三，从政府与社会公民之间的和谐共存、共同发展的合作角度考虑，城市治理是政府协同市民及社会各界团体，共同满足集体诉求、实现集体目标的过程。

通过对上述三种解释的对比，第三种解释更为贴近当今社会实际。城市治理并不是社会中任何一方的独立行文，而是团结协作的共同行为。在此基础上，城市治理模式就是政府、市民及各方社会团体对以城市为基本单元的复杂系统的管理方式和手段。城市治理模式因国家的社会性质、其所在地区或国家所处的发展阶段、社会历史文化以及人文因素等方面的不同而异，同一座城市在不同的历史时期也会有不同的治理模式。因此，可以通过以下三个方面对城市治理模式进行理解。

第一，城市治理的主体包括政府部门、私人部门以及政私结合部门。根据主体的不同，可以将城市治理模式分为单中心城市治理模式、多中心城市治理模式，以及公私合作型城市治理模式。

第二，城市治理是一个自上而下，或自下而上的互动过程。城市治理的顺利实现离不开公平公正的市场原则、足够的公共利益以及充分的合作共识。各方通过合作协商、共建目标等方式对城市进行综合治理。根据合作类型的不同，可以将城市治理模式分为政府治理型城市治理模式和企业家治理型城市治理模式。

第三，城市治理的实施同样离不开市民的理解、支持和执行。一项政策、一种行为的确立和推广应建立在广泛共识以及多数认可的基础之上，否则任何治理手段都无法发挥其全部作用，甚至适得其反。在此方面，可以将城市治理模式分为促进增长型城市治理模式以及福利型城市治理模式。

（3）城市治理体系。城市治理体系是城市治理的各个主体参与资源配置、协同治理、制度构建等行为的框架，主要包括结构体系、功能体系、制度体系以及运行体系四部分。

结构体系是指参与治理的各方主体。具体来讲，主要包括党组织、政府、企业、非政府组织以及市民五部分。听从党组织指挥是所有治理行为的行动纲领，政府在城市治理的过程中是法律建设和公共建设的负责人。政府需要对城市治理进行立法，并通过财政拨款的方式对城市的公共基础设施、文化教育场所、医疗卫生场所以及社会福利场所和其他相关事项进行拨款建设。企业作为城市的主要经济体，其行为关系到城市的经济发展和金额稳定。非政府组织在城市治理过程中主要发挥监督和促进作用，有利于政府完善法制建设。市民作为城市生活的真正主体，公众行为和反馈可以帮助社会各方调整政策方向、明确矛盾中心、激发城市治理创造力。

功能体系是指上述五个城市治理主体在治理过程中所发挥的作用。根据主体的特点，可以将城市治理功能分为社会动员功能、社会组织功能、社会监督功能、社会服务功能以及社会配置功能五部分。各主体充分发挥自身功能，可以最大限度地保证城市总体稳定、提高资源配置效率。

制度体系是保障城市治理正常有效运行所需要的制度保证，主要包括法制、激励和协作三个方面。

运行体系是城市治理的手段采用、路径选取方式。根据不同的侧重点，可以将运行体系分为自下而上型、自上而下型以及横向互动型三种。

（4）城市治理能力。总的来讲，城市治理可以对城市范围内的各个主体进行调动安排，并通过具有普遍共识的政策或者行为，对城市各方面事务进行统筹规划，促进各主体之间、主体与城市本身之间的协同发展。其最终表现为治理过程中的各种长期、短期决策，以及各主体参与治理的合作性和城市各方面的短期及长期发展能力。具体来讲，可以将城市治理能力概括为动员能力、服务能力、发展能力以及科学治理能力四个方面。

动员能力是城市治理的各个主体能否积极参与治理决策、听从政策指引、提供治理结果反馈的一种反映。动员能力充足的第一要素是一个高效率、高质量的政府，第二要素是具有足够执行力的市民以及企业等社会团体。在我国，企业参与社会公益，开展公共项目、社区建设项目等城市治理的参与行为已逐渐成为主流，但仍具有一定的发展空间。市民的参与感相对较低，加强市民参与、鼓励市民合理反映诉求是十分必要的。此外，能否更好地促进各主体在进行协同治理的同时充分发挥自身作用，也是对动员能力进行评价的一项重要判断。

服务能力是城市治理过程中，主体在政治、经济、生态及社会等方面的决策能力以及反馈能力。服务能力更加侧重于对短期问题的综合治理成果，而不是只关注政府治理绩效，是一种动态治理模式。从长期来看，城市治理的主要目标是社会环境的繁荣与稳定、经济环境的富足与活跃、生态环境的和谐与美好，以及人文环境的自由与活力。从短期来看，城市治理不止为了达成上述目标，还应尽快解决“城市病”等综合城市难题。目前来看，西部欠发达地区与北上广深等相对发达城市之间的差距依旧不小，大城市的社会资源短缺、公共基础设施不足、环境污染严重、交通堵塞、住房难等问题仍旧亟须解决。在不偏离根本目标的基础上，城市治理应提供更好的短期社会服务、改善城市环境。

发展能力要求城市治理不能同质化，每座城市要有每座城市的特点，要遵循城市历史文化以及地域特点。换言之，发展能力就是在长期发展角度上的动态治理。发展能力主要表现在前瞻性以及动态性两方面：前瞻性是指充分考虑城市空间布局，依托现有的空间维度进行未来规划；动态性是指对城市的产业结构、经济部署、环境整治进行动态性调整。城市发展并非只有一条路可走，在条件成熟时，应及时调整治理方式，以寻求长效发展的可能。

科学治理是指“大数据治理”“绿色治理”等，依托最新技术理念，对传统治理方式进行改良创新的治理方式。前人总结的经验并不能永远适应新时代，大数据、云计算的逐渐普及，可持续发展、绿色产业等概念的不断规范，将引导城市治理往新的方向进行创新和发展。新型治理模式可以提高治理手段的精确性、高效性以及合作性，将物联网与城市公共设施结合，将数字城市理念与各社会团体结合，可以破除各主体之间信息不对称的信息“孤岛”，并大大促进数据透明化、公开化，从而能够更加精准地对治理结果进行量化测算。

27.1.2 中国城市综合治理的特点

中国城市综合治理具有鲜明的时代特色。在社会信息化、数字化快速发展的时代背景下，城市数字化治理模式在中国不断深化。很多城市已建立了城市综合治理体系，通过网格化、数字化模式将社区与城市紧密联系为一个整体。在城市综合治理过程中，中国充分调动广大人民群众参与治理，取得了一定的进展。改革开放 40 多年来，我国已经形成了一些特大型城市及城市圈，城市综合治理的首要任务变成了疏解城市功能。但是，由于社会发展不均衡等原因，在城市治理过程中执法冲突较多，经常造成政民矛盾。同时，我国在推行基层市民自治，但效果不太理想。

（1）数字化治理兴起。习近平总书记在 2017 年 12 月的第四届互联网大会贺词中提道：“当前，以信息技术为代表的新一轮科技和产业革命正在萌发，为经济社会发展注入了强劲的动力。”党的十九大报告中也提出建设数字中国、智慧社会的治理目标。数字化治理依托于大数据、云数据等数字化平台，从重点市区开始，逐渐向周边城镇延伸，从市政建设入手，逐渐向社会设施扩展，最终形成自上而下的全覆盖。

（2）主抓社区建设。城市治理包括两个主要部分，城市管理和社区管理。在过去的城市治理过程中，城市管理和社区管理是两个独立并行的系统，彼此之间关联较小。在新时代的城市治理模式中，城市管理的网格化、数字化将使社区与城市紧密相连为一个整体。传统的城市治理的普遍关注重点是城市整体的经济、环境效益以及城市面貌建设。当今，城市治理格外关注市民的出行安全便利、生存环境和谐以及城市效率。如上海等大型城市已经设立了城市综合治理体系，以自上而下的方式，分别设立市、区、街道三级综合管理部门，并对街道执行条例进行修订，明确和强化了基层管理者的责任和义务，将社区管理纳入总体城市治理范畴。

（3）公众广泛参与。随着城市人口不断增多，市民在城市决策中的作用愈加重要。在此背景下，城市治理模式进行一系列调整，更加关注市民的诉求和需要，积极鼓励市民提供反馈、提出建议、共同参与城市治理。如南京市于2013年设立了由政府管理部门、各领域专家学者、社会组织群体以及市民代表群体联合组成的城市治理委员会，其中市民代表群体占委员会成员总人数的50%以上，为全国首创。北京、上海等城市同样在积极展开创新探索，并获得了一定的进展。

（4）疏解城市功能。随着经济水平的不断进步和人民素养的不断提高，以往城市治理过程中出现的弊端和疏漏开始显现。交通拥堵、住房困难、环境污染严重、资源分配不合理等问题屡见不鲜。在此背景下，城市治理从来者不拒向疏解非核心功能、限制外来人口方向发展，通过外移或改造低附加值、高能耗、高污染企业，以强制或非强制手段减少城内外来人口等手段进行治理。

（5）执法冲突较多。在城市治理过程中，法制不可或缺。交通运输、食品安全、社区治安等方面都离不开法制的保障。由于长期的发展和调整，以上方面并不存在太多的法制问题，但在违章建筑、街市摊贩、占道经营等城市市容方面却经常出现争议。近年来，各城市对市容市貌建设愈加重视，对违章建筑、占道经营等影响社会环境整洁的行为进行了严肃整顿。在整顿过程中，由于依据不明或力度过大，经常造成政民矛盾。

（6）基层自治效果较差。近年来，基层市民自治的呼声和相关指示越来越多，中央或各级针对基层自治召开过多次会议。2020年2月29日，民政部联合国家发展改革委、公安部等多个部委联合发布了关于改进和规范基层群众性自治组织出具证明工作的指导意见，要求以习近平新时代中国特色社会主义思想为指导，深入贯彻党的十九大和十九届二中、三中、四中全会精神，践行以人民为中心的发展思想，改进和规范基层群众性自治组织出具证明工作，为居民群众提供高效、便捷、规范的服务，打通联系服务居民群众“最后一千米”，有效增强居民群众的获得感和幸福感。但在实际治理过程中，各基层自治组织之间的矛盾较多，法律法规依据不清，造成工作效率低下、治理能力缺失。

27.2 中国城市综合治理的模式

中国城市治理综合采用了技术方式、政策方式、经济方式等多种方式，形成了较为成熟的中国城市综合治理模式。在技术方面，中国城市治理不断加强总体规划的顶层设计，系统性、全面性地进行综合治理；开展多规合一，规划一张蓝图、管理一个平台、审批一张表格、实施一套机制；推进治理模式创新，转变政府管控模式，形成共谋、共建、共管、共评和共享型市民参与的综合治理模式；强化历史传承和坚持生态建设，也是中国城市治理的显著特点。在政策方式方面，按照城市规模、不同地区的经济社会发展模式、城市空间组织类型及城市环境承载力类型等的差异，有区别和针对性地进行治理政策的制定。在经济方式方面，通过多种财政资助方式促进创新创业；通过税收政策调整引导资源流向鼓励发展的领域；通过政府采购的形式推进创新；此外，还有很多其他因地制宜的城市治理经济手段。

27.2.1 中国城市综合治理的技术方式

以厦门市的城市治理为例，厦门市在开展城市治理工作的过程中，深入学习和贯彻了习近平总书记的治国理政思想以及讲话精神，并根据厦门市地方实际，量身定做了总体发展规划，创新治理方式，鼓励市民共同参与。在推动经济建设的同时，也保障了人文建设和生态建设共同发展，努力提高城市治理水平。

第一，加强顶层设计。直至目前，厦门市的战略规划可以分为五个阶段。第一阶段为 2000 年以前。厦门市搭建了总体规划体系，并以其作为指引进行城市空间规划和片区建设，但细节以及各方面的保障都有待完善和调整。第二阶段为 2001—2005 年。在此期间内，厦门市对治理规则的细节开始规范化、系统化的探索和创新，为后期的动态治理打下基础。根据规划，厦门市将其城市地区划分为一般地区和重点地区，并以不同的治理方式对各地区进行规划建设。同时还提出建立厦泉漳城市联盟，以实现区域治理。第三阶段为 2006—2013 年。在此期间，厦门市进入改革创新阶段，对总体规划和细节规划进行了依托时代发展的调整和进一步创新，并于 2013 年开始编制，2014 年 1 月通过了《美丽厦门战略规划》。在随后的2014—2016年，厦门市进入了规划的总体提升阶段，并于2016年修改通过了《美丽厦门战略规划（2016）》，对2014年版本进行了进一步优化改良。《美丽厦门战略规划》的主要内容如表27－1所示。

表27－1　《美丽厦门战略规划》主要内容

规划主要内容	2014年版	2016年版
两个百年愿景	建党百年：建成美丽厦门中国典范城市 建国百年：建成展现中国梦的样板城市	
五大目标定位	国际知名的花园城市、美丽中国的典范城市、 两岸交流的窗口城市、闽南地区的中心城市、温馨包容的幸福城市	
三大发展战略	大山海城市战略 大海碗城市战略 大花园城市战略	空间发展战略 国际化发展战略 人的发展战略
十大行动计划	产业升级行动、机制创新行动 收入倍增行动、健康生活行动 平安和谐行动、智慧名城行动 生态优美行动、文化提升行动 同胞融合行动、党建保障行动	产业升级行动、改革创新行动 幸福安康行动、开放发展行动 法治厦门行动、城市提升行动 生态优美行动、文化提升行动 同胞融合行动、从严治党行动

资料来源：《美丽厦门战略规划》。

第二，多规合一。“多规合一”的实行依托于党中央于2014年出台的《国家新型城镇化规划（2014—2020）》（以下简称《规划》）。《规划》提出要以“多规合一”改革推进城镇发展。厦门市在《美丽厦门战略规划》的总体指引下，响应《规划》号召，积极带头开展“多规合一”试点改革，主要表现在以下四个方面（见表27－2）。

表27－2　厦门市“多规合一”主要策略

“多规合一”策略	主要措施
规划一张蓝图	明确建设与保护空间，形成统一管控边界。划定生态控制线981平方千米、建设用地增长边界640平方千米、海域及滩涂78平方千米
管理一个平台	启动审批制度改革，划分用地规划许可、工程批复和工程规划建设项目审批协同平台等
审批一张表格	启动审批制度改革，划分用地规划许可、工程批复和工程规划许可、施工图审查、施工许可、竣工验收五大阶段，实行“一表”审理
实施一套机制	建立立法保障机制；完善相关配套机制；改进绩效激励机制等

资料来源：《国家新型城镇化规划（2014—2020）》。

第三，推动市民参与。当前，我国城市正处于经济转型以及社会转型的治理变革期，治理压力较大。过去的治理方式已逐渐无法有效掌控当前的城市发展状况，市民在决策中的参与权、话语权越来越大。以此为背景，厦门市积极开展社区治理模式创新，加大市民参与共建治理的力度，积极转变政府管控模式，以“核心是共同、基础在社区、群众为主体”和“决策共谋、发展共建、建设共管、效果共评、成功共享”为中心理念，构建由上及下、由点到面的社区共同治理体系。由上及下是指建立“区委、街（镇）党工委、社区综合党委、网格党支部、楼栋党小组”纵向到底的“五级联动”党建引领机制，明确责任，落实工作，强化党的核心领导。同时，明确了政府职责与自治义务的边界，将部分功能下放到基层自治，提高服务效率。由点到面是指将各个社区组织规划到社区治理范畴中，让居民参与管理，并建立“三社联动”机制，与社区治理配套合作、相辅相成。此外，为优化协商机制，厦门政府推进建立“统筹增效，协商共治”体系，并加大宣传培养力度，建设社区书院，推动市民精神文明建设，规范市民行为。

第四，强化历史传承。文化建设是我国治理体系中的重要组成部分，党的十八届三中全会将构建现代公共文化服务体系，促进基本公共文化服务标准化、均等化纳入国家全面深化改革的重点任务。《美丽厦门战略规划》中特别强调文化建设，要求在保留当地文化传承的基础上，大力开展市民精神文明建设。厦门先后出台了多条实施细则和管理办法，旨在保护鼓浪屿、闽南红砖建筑等自然景观及当地文化风俗遗产。此外，厦门市成立非物质文化遗产保护中心，出台相关建设办法，从执行和立法方面保护文化遗产。另外，厦门市通过帮扶老城区改造等方式维持城市面貌，并成立由28个各级办公室组成的文化服务体系建设协调领导小组，对重大文体活动进行统一规划安排，完善公共文化体系。在思想道德建设方面，厦门组织各类评选活动、教育活动以及志愿活动，并积极推动市民参与推进当地文明建设。

第五，坚持生态建设。厦门市先后出台数十部生态文明体制改革文件，并通过“多规合一”的方式将环境要素融入经济发展、土地利用、城市规划等各个方面。此外，厦门市将以往的环境问题由事后补救方式转变为事前预警、源头控制、事中干预的处理办法，增强生态保护措施。另外，厦门逐渐调整环境保护机制，以政、企、民三方协作、互相监督的方式开展全民环保运动。厦门还对环保机制进行了创新，依托属地网格管理，创新环保责任机制，对环保监督和环保投资机制也进行不同程度的调整和发扬。

27.2.2 中国城市综合治理的政策方式

城市治理政策作为宏观调控手段，不单单只对某一城市发挥效用。以城市群为基本单元进行政策整理后，根据不同的分类标准，可以将城市群治理政策分为按城市规模划分的治理政策、按发展模式划分的治理政策、按空间组织类型分类的治理政策和按环境承载力类型分类的治理政策。各城市可以根据其所在城市群适用相应的政策，也可根据城市自身特点和主要任务的不同制定特适型政策。下面对上述几类政策方式进行介绍。

（1）按城市规模划分的治理政策。目前我国共有3个特大型城市群、8个大型城市群以及8个一般型城市群。对于特大型城市群，外来人口的不断输入给中心地区造成的压力是最先需要解决的问题。特大型城市群的城市治理政策侧重于人口均衡方面，并在此基础上推动高新科技产业发展，推动新兴产业进步；同时，加强宜居城市建设，提升城市综合实力，促进资源配置更加合理。对于大型城市群，中心地区的优先快速发展是首要任务。大型城市群的城市治理政策侧重于中心地区的产业发展和城镇化进程，并从中心地区向外辐射发展，加强基础设施建设，推动地区之间的连接和协同作用；同时，也强调绿色发展，加强城市的生态环境建设。一般型城市群的城市治理政策侧重于吸引人口和内部各区域之间的协同、合作，推动绿色产业集群的组建和发展；同时，政策关注生态发展质量，鼓励城市对外开放，进行区域合作项目。

（2）按发展模式划分的治理政策。这里的发展模式是指一个地区或城市的产业发展模式，具体可以分为生产性服务职能和创新型加工制造型、传统加工制造型、能矿资源开采加工型以及农业、工业混合型4种。生产性服务职能和创新型加工制造型的城市治理政策注重对生态环境的保护，在其环境承载力的基础上，通过准入和退出机制控制环境污染。另外，此类城市治理政策对其中心地区的服务功能较为重视，旨在吸引人口聚集，并控制其他区域的人口增长。传统加工制造型城市治理政策对全局水环境以及大气环境污染更为重视。在足够的环境联防机制的基础上，政策推进核心产业发展，并以产业的综合竞争力作为城市竞争力的核心。此外，此类治理政策关注交通体系建设，旨在形成高效运输网络，促进产业发展。以能矿开采加工为支柱产业的城市治理政策主抓环境治理方面，政策对重大生态保护、修复功能有扶持作用。此类政策首先支持其核心产业发展，其次鼓励其他创新产业发展，以中心区域带动周边区域发展，以实现产能的可持续、促进地区间平衡。兼有工农业的城市治理政策侧重于对传统产业的改造升级和对创新特色产业的扶持，在吸引人口方面和道路交通建设方面也有一定的侧重。

(3) 按空间组织类型分类的治理政策。此类分类政策可以细分为单核型、双核型和多中心型三种。单核型城市治理政策致力于将其核心产业从中心地区向外围辐射，优化产业模式和土地管理模式，以形成规模产业链，提高城市竞争力。双核型城市治理政策的重点是优化城市空间布局，促进区域经济和环境治理的一体化发展。此类政策同样关注人口布局方面和交通建设方面。多中心型城市治理政策关注土地及自然资源的合理布局和利用，在节约自然、保护环境的基础上推动区域生态一体化发展。政策同样关注区域间产业合作和地方特色产业发展。

(4) 按环境承载力类型分类的治理政策。对于环境承载力强的城市，其治理政策核心为产业优化和资源利用总量控制，同时也注重对传统产业的调整升级，提高规模效益和经济发展效率，并在可行的范围内逐步推进可持续发展长效机制的建立。环境承载力一般的城市适用的治理政策对人口和城镇规模有着严格的限制，要求地方根据其生态环境状况进行限制性的发展。政策严抓资源损耗和污染排放相关事宜，并将环境绩效纳入政府考核。对于环境承载力弱的城市，其所适用的治理政策侧重于减少大规模开发、提高绿色覆盖率和人口引进。

27.2.3 中国城市综合治理的经济方式

城市治理的经济方式主要以财税政策的形式出现。以北京市为其自身发展以及京津冀协同发展的财税政策为例，主要有以下几种形式。

第一，通过多种财政资助方式促进创业创新。对资源节约型、环境友好型及科技创新型企业进行财政补贴。京津冀三地财政部等部门于2018年7月签署了《京津冀科技创新券合作协议》，为三地万家小微企业提供政策优惠。创新券以有价电子券的形式进行发放，企业可以通过合同或收支凭证将其兑现。创新券较一般资助方式更为灵活，企业可以根据其创新研发的方式方法的不同获取不同形式的优惠。此外，此种资助方式对市场的影响更小，在减轻政府干预的同时扩大了受惠面，有利于资源的合理分配。同时，京津冀三地联合设立了

《京津冀协同发展科技创新专项规划》，由国投高新、国家科技成果转化引导基金以及三地政府，针对先进制造业、电子信息业及能源环保业等领域共同出资，帮助企业实现技术进步，具有重大现实意义。北京市还设立了用于鼓励创新就业的“北京青年创业就业基金”“中小企业技术创新资金”等一系列专项基金，为重点产业发展提供了良好的金融环境和发展氛围，同时也吸引了大批高进技术企业落户未来科技城和中关村科学城。

第二，引导资源流向的税收政策。根据受众不同，相关税收政策主要分为5种：针对军人转业、残障人士以及高校毕业生进行自主创业的各类税收减免政策，针对小微企业的增值税免税政策，针对借款、融资担保等活动的税收优惠政策，针对创业投资企业、科技企业孵化器创业项目的税收优惠政策。

第三，通过政府采购的形式推动创新。一方面，针对高新产业开展政府采购试点，加大高新技术方面核心设备的购买和推广力度；另一方面，针对中小企业，以分包或评审优惠等方式提高采购比例。而且，政府也在不断推进绿色采购进程，不断加大绿色采购比例。

此外，还有多种因地制宜的经济治理手段。例如，以自主创业闻名的温州市，当地政府顺应地方发展历史，减少对民间经济活动的干预，在合理范围内允许市民自主选择创业；苏州市的顾客导向型政府工作模式，从投资者角度出发，支持各类经商活动，创造了优秀的营商环境；多种PPP投资模式，如深圳市的经营性项目PPP模式，由深圳经济特区电力开发公司联合香港合和电子兴建沙角B电厂，经过一段时间经营之后交由广深沙角B电力工资进行后续经营。

27.3　中国城市综合治理分析

中国城市治理在探索和发展过程中，形成了很多成功的城市综合治理经验，也产生了很多失败的经验教训。不管是成功治理实践，还是失败教训，都是我国城市综合治理过程中重要的历程，都为我国城市治理积累了宝贵的经验。在产业结构调整及产业绿色化升级改造方面、在海绵城市建设及水生态治理方面、在城市信息化基础设施建设及智慧城市建立等方面，城市治理的具体措施在不断完善和升级，在此过程中，城市绿色发展的趋势及巨大潜力越来越显著。但是，我国还有相当大一部分城市在城市治理方面受限于资源投入、民众参与、政府职能转换、技术应用等方面的不足，城市治理能力和水平未能与时俱进，造成资源利用效率低下、产业结构单一、大气污染等“城市病”突出，城市的发展潜力不足、发展质量未能有效提升，绿色发展能力和动力不足。

27.3.1 中国城市综合治理的成功经验

以四川省遂宁市为例。遂宁市地处川渝腹地欠发达地区，人口密度较大。根据2010年数据显示，遂宁市人均GDP仅为全国平均水平的54.5%，其中财政收入仅占遂宁市总GDP的4.17%。遂宁市的传统农业占比过大，高达22%，传统工业占工业经济近60%，产业结构十分不合理。此外，遂宁市与成都、重庆距离较近，是典型的发展洼地城市。

在此背景下，遂宁市对其城市进行了全方位发展。针对其相对落后的传统农业，遂宁市对生物工程技术、农作物品种进行了改良，并将其与农产品深加工进行结合，建立了汇集多种功能于一身的绿色生态型、地方特色型农产品基地。遂宁市的农产品受益于现代科技，质量大幅提高，使遂宁市成为当地的最优农产品供应基地。另外，遂宁市鼓励个体农户、合作社以及农业企业等农业经营主体共同参与农业生产基地的建设，积极呼吁农户以经营权入股，合作成立土地股份合作社，通过多种方式加快各经营主体合作机制创新和生产组织方式改进，为传统农业发展提供载体，推动农业现代化进程。

在水生态治理方面，遂宁市用蓝线、绿线的方式将城市水域划分为不同部分，并制定了适用于不同区域的管理办法，以及严格的处罚措施，坚决打击侵占、破坏水域环境的行为。另外，遂宁市对城市内受损的水系进行充分整治和利用，在观音湖沿线建成了多个湿地公园。不单在公园中利用并新增了环境资产，还巧妙地利用了生态湿地的自然特性，促进硬质防洪堤生态化，增加自然景观、修复生态环境的同时还对城市污水问题进行了有效治理，保护了涪江水质。在水污染防治方面，遂宁市加大了综合水质检测力度，精细安排了污染源排查，并制订了水质保障计划，通过各种方式充分保障城市饮用水源安全。

在海绵城市建设方面，遂宁市加大政府投入，积极进行政策支持，以国家财政补助资金和地方债转贷的方式建立专项资金。此外，遂宁市政府通过农发行获得了数十亿元额度的贷款授信，支持海绵城市建设。

在产业体系调整优化方面，遂宁市通过严抓污染物排放指标等方式，控制高污染、低能效行业改扩建项目对环境的影响。此外，市属园区及部分县级地区需要向市级部门进行报告，经记录审批后才能进行高污染项目的建设。金融部门也提高了对高新技术产业的支持力度，鼓励节能减排技术的研发和引入，同时减小对非环境友好型产业、产能过剩产业的信贷投放力度，对信贷结构进行适应性优化升级。此外，遂宁市的各级政府共同设计并实行了“政府—项目”联动和审批机制，对新开工项目进行严格把关。

为发展绿色产业，实现循环经济，遂宁市对其城市试点区县、产业园区和试点企业进行了资源利用优化，进行了废料二次利用、副产品二次加工等尝试，并逐步推进到全市范围。遂宁市政府选取了盛马化工等多家生态相关企业作为示范企业，对其产业链进行循环经济改造，并以此为样本推行至全市企业。此外，遂宁市政府加大推进综合生态产业园区建设。遂宁经济开发区的光电工业园、微电子工业园和创新工业园积极响应政府要求，积极开展生态改造工程，努力进行能量循环、物质循环建设，创建循环经济示范园区。

为推进城市信息化、智慧化建设，遂宁市全力进行信息化基础设施建设，并基于互联网搭建了多层次城市信息交流平台，为城市信息化进程打下良好基础。此外，遂宁市市委主力推进“一中心、三体系”的服务应用，以城市信息枢纽为中心，以城市管理体系、市民融合服务体系和产业绿色发展体系为抓手，从各个方面共同推进智慧城市的建立。

遂宁市的良好示范为我们带来以下优秀经验以供借鉴。

第一，更新城市综合形态，顺应时代发展。遂宁市应用多城市联合发展模式，在山川之间搭建交通网络，将多座城市与自然环境融合为一个整体，在不破坏生态环境的前提下扩充了城市空间。另外，遂宁市根据不同城市组合的产业特点的不同制定了特异化的发展路线，将社区发展与产业园区发展相结合，将产业园区发展与自然环境保护相结合。此外，遂宁市积极开展城市基本设施数字化发展，逐步将城市空间升级为数字空间，提升了城市的整体未来承载力，给城市的未来发展带来更多的可能，提升了城市的综合实力。

第二，建设海绵城市，改进城市基础设施。遂宁市通过 PPP 的方式，以政府提供政策性资金进行引导，吸引社会资本前来合作投资，共同建设海绵城市。企业作为建设过程的主体，在完成第一轮建设的同时吸引更多社会资本参与第二轮建设，提高了城市的竞争力和城市活力。此外，遂宁市将建设经验从试点区域带到其他区域进行继承发扬，逐渐将全市大部分区域的建设进行更新替代，形成了由点及面的良好发展局势。假以时日，遂宁市内全部区域将完成基础设施改造，城市整体质量将获得提升。

第三，引进和消化双管齐下，构建绿色产业体系。在引进方面，遂宁市对发达地区转移过来的产业进行严格评估、仔细筛选，不让一家高污染企业趁机混入。对于高新技术产业以及环境友好型产业，遂宁市在将其引进后进行继续监督，力求投资以及设施建设良好落地，不出差错和疏漏。此外，遂宁市首要选择电子信息、节能环保、新能源等绿色产业落户，坚决淘汰落后产能企业，促使遂宁市产业结构未来化、绿色化。对于规模较大的传统型工业，遂宁市积极推进其信息化、数字化发展，提高其资源转化率，降低污染率，使其蜕变成为技术进步、高产能、低能耗的先进制造业。

遂宁市的成功治理，体现了绿色发展的巨大潜力。在治理前优先完成好顶层设计，在治理过程中进行持续监督，为治理规划能够落地提供保障。不断推进城市基建以及城市本身的绿色化和数字化建设，从长期上提升城市的综合实力和总体质量，为城市的未来可持续发展打下良好基础。此外，积极与周边城市沟通协调，力求协同发展，以构建交通网络为前提实现劳动力的双向流动，以吸引科技产业、绿色产业落户，淘汰产能落后产业，进行产业结构调整，最终完成绿色产业链的搭建，是一条充满潜力、效益可观的发展路径。

27.3.2 中国城市综合治理的失败经验

以同样属于四川省的成都市为例。成都市地势优越，环境资源充足，自古以来就是人口聚集之地。但由于城市结构受到人为干预，城市发展呈点状缓慢发展。成都市的城市治理发展分为三个阶段。

第一阶段，为20世纪90年代末之前。此时期的成都市治理模式主要依靠中央的相关法律政策，治理的目标是解决抗日战争后期遗留问题，如市容整顿、城镇重建等方面。此时期的治理体系尚不成熟、治理方式单一，各部门之间权责界限不清、治理效率低下。

第二阶段，为20世纪末至21世纪初期，成都市于2003年出台了《成都市城市管理相对集中行政处罚权暂行办法》，并于2006年对城市治理体系进行整合，于2006年年底在市内各区县成立城管局。城管局的成立解决了成都市职权界限不明、治理效果差的问题，但新的治理问题，如执法粗暴、管理过度等问题也随之出现。

第三阶段，为21世纪初期至今，在国务院对地方政府下放自主权的基础上，成都市进行了多方面的治理探索，成立社区发展委员会，并通过城管委员会依据相关政策出台地方实施细则。2017年6月，成都市人大表决通过了《成都市城市管理综合行政执法条例》（以下简称《条例》），该条例于同年9月经过四川省人大批准。《条例》对成都市的各方面执法行为及执法监督行为进行了规范。此外，成都市还建立了城市治理考核体系，对各级部门绩效进行监督考核，保障治理效果。在环境整治方面，成都市制定并公布了《关于规范中心城区环卫市场化作业管理的指导意见》，安排专职人员对其中心城区的环境整治效果进行考核。成都市同样出台了针对施工建造、园林绿化等方面的治理措施，在规范建造的同时也注重文化价值的保留和发扬，提升了城市的整洁程度和文明程度。

成都市在城市治理的过程中，主要存在以下不足。

第一，政府职能转换不到位。由于政府权力过大，众多看似分开的职能实则由同一部分人员管理，如城管局和城市管理行政执法局。相关人员以一方名义进行执法，以另一方名义对自身进行管理，表现出政府“管制型”的滞后治理模式，仅做到了名义上的分权，实际职责仍旧界限不明、效率低下。

第二，社会力量参与不足。随着城市发展进程的不断推进，市民以及企业等各社会组织在治理过程中的重要程度越来越高，但成都市的治理模式表现为单一的自上而下式，对企业经济责任和社会责任的统一性治理明显不足。成都市对企业外的社会组织发展重视不足，社会组织发展受阻、影响力较弱，无法得到政府的政策支持和社会资本的帮助，从而无法获得市民的认可和融入。此外，社区组织结构的零散导致市民参与热情不高、公民意识淡薄，从而导致参与成果不明显，无法发挥其监督作用。

第三，缺乏部门间的治理协同性。成都市的纵向部门之间、平级部门之间以及跨区域部门之间的协调性较差，原因在于成都市的综合激励和协作体系不够完善。体系不完善具体表现为各部门站在维护自身利益而非公众利益的角度进行工作，导致部门之间冲突增多、资源配置结果不理想，继而出现新的矛盾的恶性循环。

第四，治理技术滞后。科技的飞速发展使大数据、云计算、区块链等先进技术开始普及，而成都市仅在交通整治方面进行了跟进，其他城市治理方面并未采取更多尝试和创新。部分原因在于成都市地处中国西部，享受高新科技成果时间相对较晚，当地高新科技产业较为薄弱，治理层面的不重视也使科技创新氛围较差。

第五，“城市病”问题未得到有效解决。“城市病”是当今每个城市都会遇到的治理难题。不恰当的治理方法会严重阻碍城市的可持续发展，给城市的经济资源、交通资源、空间资源以及生态资源等资源造成严重的浪费。根据统计，成都市的空气质量指数优良率低于上海等大型城市，PM2.5浓度也要高于国家标准，绿化率不增反降。成都市在解决“城市病”问题上曾作过多次尝试，但并未取得良好效果。

针对成都市的城市治理问题，有以下对策可供参考。

第一，调整政府职能，增强服务能力。成都市政府的直接管理程度过高，为确保城市各方的利益都能得到保障，政府应调整其治理策略，减少政府干预，采用更多市场化的手段，根据公共项目的不同，应用不同的供给方式。政府可以允许企业等社会组织采取受托承包、签订合同或特许经营等方式适当承担公共项目，政府仅对其经营过程和成果进行监督和验收。此外，政府应建立与企业等社会组织以及市民的协商程序，充分利用公私合作的便利，提高效益和资源分配效率。除在城市治理机制中采取市场化手段之外，政府内部竞争也可以采用市场机制，通过良性竞争、绩效考核等方式提高政府工作效率。

第二，强化基层自治。成都市的城市治理同样忽视了市民参与。解决基层矛盾、维护基层利益的最好手段就是基层自治机制。政府忽视社区组织建设，市民缺乏治理意识，就会不愿解决问题、不愿监督政府工作。强化基层社区组织建设，将市民的治理作用充分发挥出来，以乡镇社区发展委员会为市民提供制度保障和参与平台，逐步建立长效、良性的基层自治机制。如此一来，市民的文明水平将得到提高，基层矛盾也可以得到解决，政府及各社会组织在履行职能时也能获得良好的外部监督。

第三，运用高新科技手段治理“城市病”。成都是我国西部的重要城市之一，但是成都市的治理体系无法应对庞大的人口和各种经济需求。成都市应在治理体系中加入高新科技因子，尝试进行智慧都市、数字都市建设，将城市的经济、安全、资源、环境分配和治理融成一个整体，以政策扶持或政府投资的手段，吸引高新技术产业落户，推动前沿技术研发和发展。此外，成都市政府也应建立健全污染排放标准和相应的惩罚措施，通过数字化手段对相应指标进行科学分析、精确判断，并以此引导产业形成规模化产业链，提高资源利用效率，在降低废料排放率、提高生产力的同时降低了额外的生产成本，提高经济效益和环境效益。

参考文献

[1] 孙宏亮．当代中国城市治理工具及其选择［D］．黑龙江大学，2006.

[2] 廖加固．快速城市化背景下的中国城市治理模式创新研究［D］．武汉大学，2014.

[3] 罗琦佳．城市治理体系和治理能力现代化研究［D］．西南交通大学，2019.

[4] 习近平致第四届世界互联网大会贺信［EB/OL］.

[5] 施蔷生．推进中国城市综合治理进入新时代的路径研究［J］．治理现代化研究，2018（1）：67－72.

[6] 民政部、国家发展改革委、公安部、司法部、人力资源社会保障部、国家卫生健康委《关于改进和规范基层群众性自治组织出具证明工作的指导意见》（民发〔2020〕20号）.

[7] 黄韵霖．城市治理现代化的经验研究［D］．厦门大学，2018.

[8] 王富海，孙施文，周剑云，等．城市规划：从终极蓝图到动态规划——动态规划实践与理论［J］．城市规划，2013（1）：70－75.

[9] 美丽厦门战略规划（2016）.

[10] 黄群慧，张其仔．厦门城市治理体系和治理能力现代化研究［M］．北京：社会科学文献出版社，2016.

[11] 李亚娟．城市建设应发挥文化治理优势［N］．光明日报，2017－03－11（012）.

[12] 岳世平．厦门经济特区生态文明建设的成就与经验总结［J］．厦门特区党校学报，2013（6）：22－26.

[13] 郭锐，孙勇，樊杰．“十四五”时期中国城市群分类治理的政策［J］．中国科学院院刊，2020，35（7）：844－854.

第28章 中国产业治理

产业活动在带动经济发展的同时，也带来了严重的环境问题，如土壤退化、森林退化、大气污染、水污染、温室效应、臭氧层破坏、海洋污染，以及物种灭绝等。这些环境问题又引起了很多更严重的问题，如环境健康、生态难民以及资源战争等问题。产业环境影响主要体现为各产业所产生的废水、废气、固体废弃物所引起的环境污染以及环境恶化。近几十年来，我国经济持续高速发展，各大产业都得到了显著的发展，但是发展的同时也带来诸多问题，影响了经济和社会的绿色可持续发展，为此中国在产业治理方面采取了诸多措施，取得了显著的成果。

28.1 产业发展的环境影响分析

随着经济社会的不断发展，不同产业在经济社会中的地位也是在不断变化的。农业、工业、服务业在不同的社会发展阶段，分别占据着主导的地位。产业的发展，推动着经济社会的发展，也伴随着人类活动对自然环境影响的增加，造成对环境的破坏。农业的不合理开发和发展，会造成植被破坏、水土流失、化肥农药污染等问题；工业的大规模发展，会造成土地污染、淡水污染、空气污染、臭氧层消耗和温室气体排放、栖息地的破坏、有毒化学品的暴露、海洋污染等问题；第三产业的服务业，若管理不当，也会造成废水污染、噪声污染以及尾气污染等问题，这些问题都会给生态环境带来不利影响。从产业层面来看，进行产业环境综合治理，是经济社会的绿色可持续发展的重要保障。

28.1.1 产业以及产业结构

产业结构是人类经济活动与生态环境之间的联系纽带，从生产角度讲，产业结构是一个“资源配置器”；从环境保护角度讲，产业结构是环境资源的消耗和污染物产生的“控制体”。从人类社会发展的历史来看，产业结构的演进大体经历了这样一个变化过程：由农业为主导，变为工业为主导，变为第三产业为主导，最终变为信息产业为主导。

1. 第一产业——农业

农业是人类社会最早出现的产业，正如马克思、恩格斯指出的那样，“人们为了能够创造历史，必须能够生活，但是为了生活，首先就需要衣、食、住以及其他东西。因此，第一个历史活动就是生产满足这些需要的资料，即生产物质生活的本身。农业是人类第一性的生产，故后来被称为社会经济结构中的第一产业”。在古代社会，实际上已形成了农业、畜牧业、手工业和商业四大产业，并逐步形成了以农业为主体、手工业和商业获得相应发展的产业结构形态。

2. 第二产业——工业

爆发于18世纪下半叶的第一、第二次工业革命，使以机器化生产为主要特征的工业成为国民经济发展的重要支柱产业。机械化纺织机的发明与大规模使用揭开了第一次工业革命的序幕。随着瓦特蒸汽机的发明和应用改变了人类动力的获取模式，机器化的大工业生产模式已成为经济发展的主导力量。在工业化的发展历程中，产业结构经历了由轻纺工业为中心，转移到以基础性重化工业为中心，最后到以加工型重化工业为中心的演变过程。在工业化早期，主要表现为以纺织、生活用品加工等轻工业为主。蒸汽动力装置的不断完善、效率提高和在机械化生产中的广泛应用，促进了那个时代机器制造业、机械化采矿业和铁路轮船等交通运输业的蓬勃发展。以原料、燃料、动力、基础设施等基础工业为重心的重化工业逐渐取代轻纺工业的位置，成为主导产业。基础机械化工业的飞速发展，带动了社会其他生产制造部门的进步与提升，并促使工业的产业结构进入了以加工型重化工业为中心的工业化阶段，并经历了由低度向高度加工制造为主导的转变。

3. 第三产业——服务业

工业革命带来生产力与生产效率的飞速提高，创造了大量的社会财富与工作机会，社会的人均收入水平不断提高，人们对于“服务”形式的市场需求也逐渐变多。另外，从工业生产中解放出的大量劳动力也参与提供“服务”形式的产品供应产业中，规模逐渐变大之后便形成了第三产业——服务业。随后大量的资本投入和社会劳动力的流入，加快了服务业、金融保险业、运输业、邮政信息业、旅游业等第三产业的发展。

在 20 世纪末 21 世纪初，以信息技术革命核心的第三次工业革命——现代科技革命的爆发与飞速发展，使得信息产业从第三产业中崛起，获得了史无前例的高速发展。计算机与信息技术发展水平的不断提高，实现了生产过程的自动化和信息化的变革，商业生产由以物质商品为主逐步向信息产品过渡。

28. 1. 2 第一产业对环境的影响

一般认为，第一产业，即农业对环境的影响有利有弊。一方面，第一产业多以绿色植物为生产对象，而绿色植物是生态环境的重要屏障；另一方面，第一产业对水和土地的影响较大，而且，不合理的垦植和放牧会引发植被破坏、水土流失、化肥农药污染等问题，给生态环境带来不利影响。但总的来说，第一产业对环境影响的深度和广度都比较有限，主要以农业为主。农业对环境的影响主要以化肥、农药以及农用地膜的污染为主。随着化肥、农药、农用薄膜和饲料添加剂的大量采用，农业生产及农业产品的生态环境污染问题日益突出。化肥流失对农业环境的污染，以氮肥流失的污染为主。据统计 2004 年以来，每年 2/3 氮肥的平均使用量散失于农业环境中，造成对农业环境不同程度的污染。化肥的超量使用导致我国地表及地下水污染加剧。农药对环境和农产品的污染；主要包括农药对作物及农产品的污染和农药流失飘散对土壤、水体、大气的污染两方面。据调查，大部分农药撒落到农田地面，有些残留于农田土壤中，有些流失到河流、水库，有些则飘散于大气中，形成对环境的污染。一直以来，许多农户为了追求高产和防治病虫害，大量地滥用化肥和高毒农药，不仅造成了环境污染，而且严重地危害着人们的身体健康。据农业部的统计数据显示，我国农药平均年用量为 80 万—100 万吨，其中，使用在农作物、果树、花卉等方面的化学有毒农药约占95%以上。这说明我国农产品农药污染已到了相当严重的程度。

28.1.3 第二产业对环境的影响

第二产业，即工业的环境影响是三次产业中最大的。第二产业的迅速发展，特别是重工业的发展，是建立在大量消耗矿产、能源等不可再生的环境资源的基础上的，因技术和认识水平有限，往往会造成资源的过度消耗，所排放的大量废弃物更使环境受到严重污染。第二产业的生产特点决定了其能耗、物耗水平以及污染物的产生和排放水平要远远大于第一产业和第三产业，在三次产业中对环境的影响最大。在第二产业内部，因各行业资源使用种类不同、工艺流程不同、资源密集度不同，因此对环境的影响程度也有很大差异。一般而言，资金密集型行业的能耗、物耗和污染要大于劳动密集型或技术密集型行业。

工业活动，特别是工业园区的高新技术产业，在对未来环境产生可持续性的同时，也对环境产生了严重的影响。工业产业发展可能产生的影响有以下几点：土地污染，可能会导致丧失土地使用用途；淡水污染、空气污染、臭氧层消耗和温室气体排放、栖息地的破坏、有毒化学品的暴露、海洋污染等。

化工、冶金、粮食加工、汽车、化纤主导产业的结构性工业污染比较突出。由于高污染企业大量存在，虽然不断加大污染治理力度，但仍不能使污染问题得到有效解决。原环保总局的有关专家指出，在我国重化工业发展过程中，有相当一部分企业建在大江大河附近，或是一些城市中心区，一旦突发环境污染事故就会造成重大影响。我国所有较大地区性江河都面临着这样的问题。以黄河为例，在黄河沿岸分布着大量的能源、重化工、有色金属、造纸等高污染工业企业，一些新的高污染项目又在不断上马，导致每年排入黄河的废污水量不断增加，使黄河的污染形势变得日益严峻。虽然工业污染发展趋势得到遏止，但是污染物排放量仍处于较高水平，在一些地区仍大大超过环境承载能力。由于中国工业企业整体水平不高，相当一批工业企业工艺设备落后，低水平生产能力过剩，且管理水平低，粗放生产经营，消费资源，污染环境，属于高物耗、高能耗、高污染的粗放型经济模式，使得工业污染仍然是造成环境污染的突出问题。

28.1.4 第三产业对环境的影响

第三产业，即服务业对环境的影响相对于第一产业、第二产业是比较小的。第三产业对环境资源的依赖很小，但旅游业、集体运输业、餐饮业等服务行业的发展对环境质量有直接的影响，若管理不当会产生废水污染、噪声污染以及汽车尾气污染等有害影响。

传统观念认为，发展服务产业与发展农业、工业产业相比较，它不会像农业那样产生土壤污染，也不会像工业那样产生“废气、废水、废渣”，因此把服务业形象地比喻为“无烟工业”。但是，由于服务业包括的范围非常宽泛，内容比较复杂，以及其地位特殊，服务业也能造成严重的环境污染问题，对环境安全有着巨大的影响，只不过其方式较为间接和隐蔽。不同的服务业部门产生的环境影响是不同的。零售、食品分销等在运输过程中会产生污染；车辆维修服务在使用与处置有害产品、使用燃料和油漆时，会造成空气污染；宾馆与饭店的食品与包装废弃物也会污染环境；电力服务业、航空运输业、公路运输和医院等都会产生空气和废弃物污染。

28.2 中国产业治理政策

自改革开放以来，中国各级政府及行业主管部门、行业与产业协会、院校及各类研究机构等组织出台了众多关于产业治理与发展的政策与意见，产业政策在多个领域实施，形成了庞大的产业发展与治理政策体系，由此延伸出不同的产业治理模式与思路。

28.2.1 中国产业治理政策发展阶段

产业政策是大多数国家普遍采用的一种公共政策，其主要有四个功能：弥补市场的缺陷，有效配置资源；保护幼稚产业，增加国际竞争力；实现超常发展，发挥后发优势；促进产业结构合理化。广义的产业政策与经济政策概念交义，是指政府为了实现一定的经济社会目标而对产业的形成和发展进行的政策干预。狭义的产业政策一般是指国家针对产业结构状况而制定的政策。此外，产业政策还可分为选择型产业政策与功能型产业政策，或横向产业政策与垂直产业政策等。

我国政策文件中的产业政策概念出现于20世纪80年代，但是按照广义的产业政策概念，从新中国成立初就已依托计划经济模式颁布了类似的产业政策。在不同时期，产业政策的内容、范围及干预的方式都有所不同，本书认为我国的产业政策具有四个清晰的发展阶段。

第一阶段，新中国成立初期的产业政策隐含于宏观经济政策之中。新中国成立后就一直重视对产业发展的引导，虽然没有明确使用产业政策的概念，但却存在事实上的产业政策形式。这时期的政府在经济领域或产业领域的治理方式主要以行政计划和行政指令为主，产业政策与普遍存在的经济政策混合使用。例如，早期的“以粮为纲”“以钢为纲”和“三线建设”战略，20世纪60年代末围绕“农、轻、重”并举的指导思想逐步建立了国民工业体系，以及政府提出调整生产关系（农业、轻工业和重工业之间）等，都是一种潜在意义上的产业政策指导。

第二阶段，改革开放后初创的产业政策体系与宏观管理趋同。改革开放初期，产业政策作为与计划经济衔接良好的重要管理措施得以大范围运用，与宏观管理模式之间无太大区别。1978年的《中共中央关于加快工业发展若干问题的决定》是改革开放后第一个关于工业发展的文件，其内容之一就是进行工业结构调整，将当时的重工业战略转变为轻工业战略。产业政策一词首次被正式引入官方政策文件是1986年的“七五计划”。这一阶段，两件重要的大事奠定了产业政策体系的基石：一是1988年国务院授权国家计委成立产业政策司，标志着产业政策的组织体系正式形成；二是1989年国务院颁布《关于当前产业政策要点的决定》，标志着产业政策以独立的形式成为国家经济调控的工具。

第三阶段，20世纪90年代形成了产业政策框架，选择性产业政策特征初现。整个90年代是我国产业政策框架全面形成时期，出现了各种类型的产业政策实践。例如，《90年代产业政策纲要》是我国第一份系统化的产业政策文件，几乎涉及了所有产业。单个产业政策的代表是1994年《汽车工业产业政策》和2000年出台的《鼓励软件产业和集成电路产业发展的若干政策》。另外，引进技术与吸引外商投资也是产业政策的着力方向，而多项引导和约束产业行为和推动结构调整的政策落地，是产业政策从实践初始阶段开始进入规范化阶段的转变标志。总之，该时期形成了产业政策在横向和纵向上的主体框架：以纲领性的总体产业政策来确定优先发展的顺序和方向，以特定的政策规划在纵向上发展某一产业。

第四阶段，新世纪的产业政策肩负经济宏观调控的使命，行政手段大量嵌入。伴随着我国经济改革的深入，产业政策的重点也不再是推动总体产业发展，而是被赋予了经济调控的任务。一方面，政府在横向与纵向上同时推进产业政策，促进产业升级与结构调整。横向上以产业升级政策为主，例如，在鼓励类、限制类、淘汰类的产业目录中提出明确要求；纵向上以产业结构调整为主，相继制定了多个行业的结构调整政策与行业规划。

另一方面，政府通过制定产业发展路线的方式，推动国家创新体系建设和新兴产业的快速发展。例如，政府提出了“建设国家创新体系”“跨越式发展”“自主创新”等宏观战略，陆续颁布了《中国制造2025》《新一代人工智能发展产业规划》等新兴产业的引导规划。值得注意的是，该时期的产业政策手段也向多元化发展，出现了行政、法律、财政、金融和环保等全方位配套政策，并且随着产业政策肩负了更多宏观调控的使命，行政手段开始在政策体系中凸显。尤其是在金融危机后，经济体制改革的逐步深入以及宏观经济运行的复杂化，使得产业政策干预微观经济主体运行的趋势加剧，行政手段在产业政策实施中发挥了愈加重要的作用。

28.2.2 第一产业治理政策

第一产业的治理往往与中国农村的发展息息相关，农业及相关产业的治理同农业发展、农村改革、农民生活改善联系在一起，以乡村振兴为整体治理与发展的目标。2018年，生态环境部、农业农村部发布《关于印发农业农村污染治理攻坚战行动计划的通知》文件，标志着治理农业农村污染已于全国统筹开展实施，农业相关产业治理是国家实施乡村振兴战略、全面建成小康社会与农村生态文明建设的重要任务，农业相关产业治理按照实施乡村振兴战略的总要求，强化污染治理、循环利用和生态保护，深入推进农村人居环境整治和农业投入品减量化、生产清洁化、废弃物资源化、产业模式生态化，深化体制机制改革，发挥好政府和市场两方面的作用，充分调动农民群众积极性、主动性，补齐农业农村生态环境保护突出短板，进一步增强广大农民的获得感和幸福感，为全面建成小康社会打下坚实基础。中国农业产业治理出台的一系列政策计划通过农业产业治理三年攻坚，使乡村绿色发展加快推进、农村生态环境明显好转，农业农村污染治理工作体制机制基本形成，农业农村环境监管明显加强，农村居民参与农业农村环境保护的积极性和主动性显著增强。

中国第一产业治理即农业农村环境污染治理思路与目标为实现“一保两治三减四提升”：“一保”，即保护农村饮用水水源，农村饮水安全更有保障；“两治”，即治理农村生活垃圾和污水，实现村庄环境干净整洁有序；“三减”，即减少化肥、农药使用量和农业用水总量；“四提升”，即提升主要由农业面源污染造成的超标水体水质、农业废弃物综合利用率、环境监管能力和农村居民参与度。

中国农业产业与农村污染治理出台了一系列的政策，主要涵盖以下方面的任务内容：一是加强农村饮用水水源保护，加快农村饮用水水源调查评估和保护区划定，加强农村饮用水水质监测，开展农村饮用水水源环境风险排查整治。二是加快推进农村生活垃圾污水治理，加大农村生活垃圾治理力度，梯次推进农村生活污水治理，保障农村污染治理设施长效运行。三是着力解决养殖业污染。推进养殖生产清洁化和产业模式生态化，加强畜禽粪污资源化利用，严格畜禽规模养殖环境监管，加强水产养殖污染防治和水生生态保护。四是有效防控种植业污染。持续推进化肥、农药减量增效，加强秸秆、农膜废弃物资源化利用，大力推进种植产业模式生态化，实施耕地分类管理，开展涉镉等重金属重点行业企业排查整治。五是提升农业农村环境监管能力。严守生态保护红线，强化农业农村生态环境监管执法。

28.2.3 第二产业治理政策

我国关于第二产业的相关治理政策众多，主要体现在对于工业产业园区的环境治理政策与要求，主要分为总体治理要求、水污染防治、大气污染防治、土壤污染防治、绿色发展与转型升级等方面的治理政策，对第二产业与工业园区提出了整体的环境保护要求，围绕第二产业发展过程中可能产生的水、大气、土壤及固体废物污染规定了严格的预防要求、环保标准、治理措施。

28.2.3.1 总体治理要求政策

第二产业是我国国民经济的支柱，是实现我国经济快速稳定发展、加强综合国力的核心支撑力量，对于第二产业的治理也应从更加宏观、更高层次的角度进行谋划布局、规划设计。2018 年 6 月，中共中央、国务院印发《关于全面加强生态环境保护 坚决打好污染防治攻坚战的意见》，要求促进经济绿色低碳循环发展，对重点区域、重点流域、重点行业和产业布局开展规划环评，调整优化不符合生态环境功能定位的产业布局、规模和结构。严格控制重点流域、重点区域环境风险项目。对国家级新区、工业园区、高新区等进行集中整治，限期进行达标改造。同时要求加快城市建成区、重点流域的重污染企业和危险化学品企业搬迁改造，促进传统产业优化升级，构建绿色产业链体系。继续化解过剩产能，严禁钢铁、水泥、电解铝、平板玻璃等行业新增产能，对确有必要新建的必须实施等量或减量置换。加快推进危险化学品生产企业搬迁改造工程。提高污染排放标准，加大钢铁等重点行业落后产能淘汰力度，鼓励各地制定范围更广、标准更严的落后产能淘汰政策。构建市场导向的绿色技术创新体系，强化产品全生命周期绿色管理。大力发展节能环保产业、清洁生产产业、清洁能源产业，加强科技创新引领，着力引导绿色消费，大力提高节能、环保、资源循环利用等绿色产业技术装备水平，培育发展一批骨干企业。大力发展节能和环境服务业，推行合同能源管理、合同节水管理，积极探索区域环境托管服务等新模式。在能源、冶金、建材、有色、化工、电镀、造纸、印染、农副食品加工等行业，全面推进清洁生产改造或清洁化改造。

“十三五”期间，我国对于第二产业聚集的工业园区进行了高层面的、集中的环境污染预防、治理与修复，出台了一系列政策以实现各类产业的有效治理，工业园区层级的环境治理规则、要求、标准、方法等逐步出台并完善，相关产业治理技术也随之不断升级迭代，实现了产业治理的良性循环。2016 年 12 月，国务院发布《“十三五”生态环境保护规划》，对于工业园区中存在的水污染问题、电镀等高能耗、高污染产业以及危废物处置进行了明确的规定与限制，要求完善工业园区污水集中处理设施，实行“清污分流、雨污分流”，实现废水分类收集、分质处理，开展工业园区污水集中处理规范化改造示范；强化直排海污染源和沿海工业园区监管；制订电镀、制革、铅蓄电池等行业工业园区综合整治方案；鼓励产生量大、种类单一的企业和园区配套建设危险废物收集贮存、预处理和处置设施。2016 年 5 月，环保部办公厅印发《关于开展产业园区规划环境影响评价清单式管理试点工作的通知》，要求实施产业园区规划环评结论清单式管理，要求制定三张规划环评结论清单，明确空间管制、总量管控和环境准入等具体要求。2017 年 8 月，环保部印发《关于推进环境污染第三方治理的实施意见》，要求在环境污染治理公共设施和工业园区污染治理领域，因排污单位违反相关法律或合同规定导致环境污染，政府可依据相关法律或合同规定向排污单位追责。

第二产业中化工产业为典型的高污染、高能耗产业，国家出台了系列政策对其进行整体治理，提出环境污染预防、治理与修复的要求，站在宏观角度利用政策支持、行政规定的手段，实现了化工产业的有效治理。2012 年 5 月原环境保护部发布的《关于加强化工园区环境保护工作的意见》、2015 年工业和信息化部发布的《促进化工园区规范发展的指导意见》，要求科学规划化工园区，实施严格的环评制度；严格环境准入，深化项目管理，加快环保设施建设，加强日常监管，健全化工园区环境管理制度，完善环境污染防控体系，确保化工园区及周边区域环境安全。2017 年国务院办公厅印发的《关于推进城镇人口自密集区危险化学品生产企业搬迁改造指导意见》要求，到 2025 年城镇人口密集区现有不符合安全和卫生防护距离要求的危化品生产企业就地改造达标，或搬迁进入规范化工业园区，或关闭退出。

28.2.3.2　第二产业产业绿色发展与转型升级

第二产业的治理不仅仅围绕对于环境污染的预防、治理与修复，更体现为在顶层设计的层面引导第二产业实现转型升级，走绿色环保的可持续发展之路，从根源上扭转第二产业发展就要伴随环境污染的现象与逻辑关系，打造环境友好型、与自然协调发展的第二产业发展道路。2015 年 12 月，环保部、商务部、科技部印发《国家生态工业示范园区管理办法》，要求规范国家生态工业示范园区申报、创建、管理、命名和验收工作。2016 年 6 月，工信部发布《工业绿色发展规划（2016—2020 年)》，规划到 2020 年，建立百家绿色示范园区，具备条件的工业园区或企业实施煤改气或可再生能源替代化石能源，园区实施节能改造；推动工业园区集约利用水资源，实行水资源梯级优化利用和废水集中处理回用；推进各类园区进行循环化改造，实现生产过程耦合和多联产，提高园区资源产出率和综合竞争力；加大低碳工业园区建设力度，制定国家低碳工业园区指南，推进园区碳排放清单编制工作，推动园区企业参与碳排放权交易。2016 年 8 月，发展改革委等 14 个部委联合印发《循环发展引领计划》，计划“十三五”时期初步形成绿色循环低碳产业体系。落实绿色发展理念，把循环发展作为生产生活方式绿色化的基本途径，推进供给侧结构性改革，加快构建低消耗、少排放、能循环的现代产业体系，推动实现生产、流通、消费各环节绿色化、低碳化、循环化，实现企业循环式生产、产业循环式组合、园区循环式改造。2016 年 9 月，工信部办公厅印发《关于开展绿色制造体系建设的通知》，以促进全产业链和产品全生命周期绿色发展为目的，以企业为建设主体，以公开透明的第三方评价机制和标准体系为基础，保障绿色制造体系建设的规范和统一，以绿色工厂、绿色产品、绿色园区、绿色供应链为绿色制造体系的主要内容。加强政府引导和公众监督，发挥地方的积极性和主动性，优化政策环境，发挥财政奖励政策的推动作用和试点示范的引领作用，发挥绿色制造服务平台的支撑作用，提升绿色制造专业化、市场化公共服务能力，促进形成市场化机制，建立高效、清洁、低碳、循环的绿色制造体系；计划到 2020 年，建设百家绿色园区和千家绿色工厂，开发万种绿色产品，创建绿色供应链，绿色制造市场化推进机制基本完成。2017 年 12 月，发展改革委与工信部印发《关于促进石化产业绿色发展的指导意见》，要求健全石化行业绿色标准，深入开展绿色产品、绿色工厂、绿色园区评价工作，树立一批绿色发展标杆园区和企业；城镇人口密集区和环境敏感区域的危险化学品生产企业搬迁入园全面启动，新建化工项目全部进入合规设立的化工园区；规范化工园区发展，建立入园项目评估制度；开展智慧化工园区建设。

28.2.3.3 水污染防治领域

近些年，国家出台了相关法律法规与政策文件，全面系统地防范、治理、恢复第二产业对水体的污染。第二产业对于水体的污染是三类产业中对水体污染最严重的，中国出台了一系列关于水污染防治的法律法规、政策要求、规划与意见，从第二产业水体污染的预防、治理，到工业废水的处理净化要求、排放标准与要求、生态补偿机制，到加大对于废水违规排放的处罚，从严治理，中国已形成了较为全面的第二产业水污染防治政策体系。2015 年国务院发布《水污染防治行动计划》，要求集中治理工业集聚区水污染，集聚区内工业废水必须经预处理达到集中处理要求，工业集聚区应按规定建成污水集中处理设施，并安装自动在线监控装置；工业园区进行必要的防渗处理防止地下水污染，以污水、垃圾处理和工业园区为重点，推行环境污染第三方治理；工业园区配备必要的环境监管力量，研究发布工业集聚区环境友好指数。2017 年 6 月修订、2018 年 1 月实施的《中华人民共和国水污染防治法》，从法律层面规定了工业集聚区应当采取防渗漏等措施，并建设地下水水质监测井进行监测，防止地下水污染；对产生的工业废水全部进行收集和处理，预处理达到集中处理设施处理工艺要求后方可向集中处理设施排放；有毒有害水污染物的工业废水应当分类收集和处理，不得稀释排放。2017 年 10 月，环保部、发展改革委、水利部联合印发《重点流域水污染防治规划（2016—2020 年）》，要求完善工业园区污水集中处理设施，全国各城市新区、各类园区、成片开发区要全面落实海绵城市建设要求；加大地下水污染调查和基础环境状况调查评估力度，研究制定工业企业、化工园区等环境风险评估方法，以饮用水水源保护区、沿江河湖库和人口密集区工业企业、工业集聚区为重点定期评估环境风险。

2018 年 11 月，生态环境部印发《排污许可证申请与合法技术规范水处理（试行）》，规范要求水处理排污单位接纳工业废水须填报纳管协议及纳管单位排污许可证信息，对排污单位进水总管进行监测，水量、COD、氨氮实行在线监测并与地方环境主管部门联网，进水的总磷、总氮按日实施手工监测；严格限制含有毒有害污染物和重金属的工业废水进入城镇污水处理厂，对接纳含有毒有害污染物和重金属的工业废水的城镇污水处理厂，每一股工业废水都应满足其行业污染物排放标准后方可与生活污水进行混合处理。

28.2.3.4 大气污染防治领域

第二产业产生的大气污染是对于人民来说最直接、最明显的环境污染事件，中国对于“三废”处置中最先制定相关政策与法律法规的便是大气污染防治，当前中国已发布大气污染防治法律法规、政策文件、规划意见等一系列的治理要求，形成了全面、严格的第二产业大气污染防治政策体系，并且对于某些特殊产业，例如电力产业产生的大气污染出台了《能源行业加强大气污染防治工作方案》，实现了电力行业大气污染防治的快速高质量推进。2013 年 9 月，国务院发布《大气污染防治行动计划》（“大气十条”），要求全面实施工业园区循环化改造，到 2017 年，在 50% 以上的各类国家级园区和 30% 以上的各类省级园区实施循环化改造；规范各类产业园区和城市新城、新区设立和布局；

在化工、造纸、印染、制革、制药等产业集聚区，通过集中建设热电联产机组逐步淘汰分散燃煤锅炉。2015 年 8 月修订、2016 年 1 月实施的《中华人民共和国大气污染防治法》要求编制可能对国家大气污染防治重点区域的大气环境造成严重污染的有关工业园区、开发区、区域产业和发展等规划，应当依法进行大气环境影响评价。2017 年 9 月，原环境保护部、国家发展和改革委员会、财政部、交通运输部、国家质量监督检验检疫总局、国家能源局联合印发《“十三五”挥发性有机物污染防治工作方案》，要求环境保护重点地区要严格限制石化、化工、包装印刷、工业涂装等高 VOCs 排放建设项目，新建涉 VOCs 排放的工业企业要入园区；工业园区应结合园区排放特征，配置 VOCs 连续自动采样体系或符合园区排放特征的 VOCs 监测监控体系。2018 年 6 月，国务院印发《打赢蓝天保卫战三年行动计划》，提出如下要求：重点区域禁止新增化工园区，加大现有化工园区整治力度；强化“散乱污”企业综合整治，列入整合搬迁类的，要按照产业发展规模化、现代化的原则，搬迁至工业园区并实施升级改造；推进各类园区循环化改造、规范发展和提质增效。积极推广园区集中供热，有条件的工业集聚区建设集中喷涂工程中心；集中使用煤气发生炉的工业园区，暂不具备改用天然气条件的，原则上应建设统一的清洁煤制气中心；国家级新区、高新区、重点工业园区及港口设置环境空气质量监测站点。

28.2.3.5 土壤污染防治领域

第二产业土壤污染防治政策现已初步形成标准，并建立国家层面的统一监测平台，实现了“全国一盘棋”的土壤污染防治整体格局。2016 年 5 月，国务院发布《土壤污染防治行动计划》，要求有关环境保护部门要定期对重点监管企业和工业园区周边开展监测，数据及时上传全国土壤环境信息化管理平台。2018 年 8 月，生态环境部印发《工矿用地土壤环境管理办法》，要求对园区内重点工矿企业开展现状调查、详查、风险评估和修复等，但园区作为管理单位应进行必要的监督检查，并对园区厂界和周边进行相应的调查评估，制定相应的管理和技术规范对园区相关工作加以约束。

28.2.4 第三产业治理政策

中国第三产业治理当前集中于服务业的环境保护治理，在地方已开展了长时间的尝试探索，杭州市与太原市等城市先后印发关于服务行业的环境保护管理办法。当前中国服务行业环境保护治理主要集中在餐饮、旅馆酒店、健身娱乐、美容保健等服务业产生的生活垃圾、油烟恶臭、污水废水、废油脏油、噪声污染、振动污染以及能源消耗标准等方面，对服务业产生的较为严重的市区污染源进行了集中的管理控制以及污染预防与治理。主要措施包括严格控制产生油烟、恶臭、噪声污染、振动污染的服务项目，并且服务项目经营者应使用管道燃气、液化气、电能等清洁能源，不得使用煤炭、油类等高污染燃料；服务项目产生的污水应当设置规范化的隔油和残渣过滤装置，达到城市污水管网纳管标准，同时妥善收集废油及其他含油废物，集中处理，产生的垃圾应按照相关规定收集、运输和处置，并依法向环境保护部门缴纳排污费；产生的边界噪声应当符合国家规定的环境噪声排放标准，产生油烟、恶臭的服务项目，必须配套设置油烟、恶臭的污染防治设施，油烟、恶臭经处理后应当达到国家和地方规定的排放标准。

28.3 中国产业治理模式

中国经过70多年的发展，成为全世界唯一拥有联合国产业分类中全部工业门类的国家，在世界500多种主要工业产品中，中国有220多种工业产品的产量居全球第一。我国在产业发展过程中，形成了产业聚集与产业转移两种主要的产业的治理应用模式。我国在实现产业的快速高质量发展的同时，实施更加集中与高效的产业治理措施，不断升级改造产业治理模式。

28.3.1 产业集聚模式

产业集聚是指同一产业在某个特定地理区域内高度集中，产业要素在空间范围内不断汇聚的一个过程。产业集聚问题的研究产生于19世纪末，马歇尔在1890年就开始关注产业集聚这一经济现象，并提出了两个重要的概念即“内部经济”和“外部经济”。

28.3.1.1 产业聚集形成模式

产业聚集形成的模式主要包括市场创造模式和资本转移模式：

（1）市场创造模式。市场创造模式以市场为主导，区域范围内首先出现专业化市场，为产业集聚的形成创造了重要的市场交易条件和信息条件，最后使产业的生产过程也聚集在市场的附近。在我国，市场创造模式形成产业集聚的典型地区是浙江省，该省内有许多颇具规模的专业化市场，最终形成了一个个具有完整产业链的产业集群。

（2）资本转移模式。资本转移模式以资本与政策为主导，一般是发生在有产业转移的背景下。当一个规模较大的企业出于接近市场或节约经营成本的考虑，在生产区位上作出重新选择，并投资于一个新的地区的时候，有可能引发同类企业和相关企业向这个地区汇聚。这种产业集聚，主要是通过一定数量的资本从外部的迁入。我们把缘于资本迁移和流动而形成的产业集聚现象，称作资本迁移模式。目前，国内在资本迁移模式下形成的产业集聚或产业集群有很多，其中起推动和促进作用的迁移性资本主要是外商直接投资。

28.3.1.2 产业聚集类型

产业聚集的类型主要包括指向性集聚和经济联系集聚：

（1）指向性集聚。指向性集聚是以生产要素为主导，充分利用地区的某种优势形成产业（企业）群体。通常发生在拥有大量廉价劳动力的地区、原材料集中地、市场集中区或交通枢纽节点。这些区位优势因素作为某种重要指向，吸引形成了产业（企业）集聚体。

（2）经济联系集聚。经济联系集聚是以产业链及上下游协同配合，加强地区内企业之间的经济联系，为企业发展创造更有利的外部条件为目的。它又分为两种类型：一种是纵向经济联系而形成的集聚。纵向经济联系是指一个企业的投入是另一个企业的产出，这是种投入产出关联关系；另一种是横向经济联系形成的产业集聚，横向经济联系是指那些围绕着地区主导产业与部门形成的产业集群体之间的关系。

28.3.1.3 产业聚集治理模式效益

产业聚集治理模式效益包括外部经济效益、创新效益、竞争效益等多重效益：

（1）外部经济效益。产业聚集治理模式最主要的收益便是外部经济效益，规模经济有外部规模经济和内部规模经济之分，前者指产业集聚的外部经济效益，后者是指随企业自身的规模扩大而产品成本降低的经济效益。产业集聚可以提高劳动生产率。英国经济学家马歇尔发现，集中在一起的厂商比单个孤立的厂商更有效率（外部经济）。相关产业的企业在地理上的集中可以促进行业在区域内的分工与合作，有助于上下游企业都减少搜索原料产品的成本和交易费用，使产品生产成本显著降低。集群内企业为提高协作效率，对生产链分工细化，有助于推动企业群劳动生产率的提高，使得厂商能够更稳定、更有效率地得到供应商的服务，比较容易获得配套的产品和服务，及时了解本行业竞争所需要的信息。同时集聚形成企业集群，有助于提高谈判能力，能以较小的代价从政府及其他公共机构处获得公共物品或服务。最后由于集聚体本身可提供充足的就业机会和发展机会，会对外地相关人才产生磁场效应。集聚区内有大量拥有各种专门技能的人才，这种优势可使企业在短时间内以较低的费用找到合适的岗位人才，降低用人成本。

（2）创新效益。产业集聚可以促进创新，产业聚集中由于产业集中发展，产业内部信息壁垒大幅降低，同一产业的不同企业产生竞争，促进产业创新发展，产生创新价值。企业的创新常常来源于企业之间、企业与用户之间的互动。在产业集聚中，新工艺、新技术能够迅速传播。企业更容易发现产品或服务的缺口，受到启发，发现市场机会，研发新的产品。由于集聚，不同公司员工之间接触沟通的机会增多，有助于相互间的思想碰撞而产生创新思维。同一园区企业管理人员与技术人员的定期交流会给各个企业带来创新灵感，这是知识技术外溢性的体现。

（3）竞争效益。产业聚集有助于该区域内产业形成竞争优势，产业的协同发展与竞争创新促使产业整体升级进步。波特的企业竞争优势的钻石模型中四个决定因素是：生产要素、需求条件、相关与支持产业、企业战略结构和同业间竞争，这四个因素是企业拥有竞争优势的必要条件。企业是区域经济发展的主体，产业园区的集聚企业具备这些条件，为提高本企业、本行业甚至本区域的竞争力提供了可能。产业集聚加剧了竞争，竞争是企业获得竞争优势的重要来源。竞争不仅仅表现在对市场的争夺，还表现在其他方面：同处一地的同行业企业有了业绩评价的标尺，可以相互比较。这给企业带来了创新的压力与动力，迫使企业不断降低成本，改进产品及提高服务，追赶技术变革的浪潮。集聚区内的企业比起那些散落在区域外的企业，具有更强的竞争优势，更容易进入这一行业的前沿。

28.3.2 产业转移模式

产业转移又称工业转移，是一种发生在不同经济发展水平的区域之间的重要经济现象。具体指在市场经济条件下，发达区域的部分企业顺应区域比较优势的变化，通过跨区域直接投资，把部分产业的生产转移到发展中区域进行，从而在产业的空间分布上表现出该产业由发达区域向发展中区域转移的现象。产业转移对于区域经济结构调整及区域间经济关系的优化具有重要意义，并进而影响部分企业的战略决策。

28.3.2.1 产业转移主要影响因素

影响产业转移的因素主要分为产业内外两方面。产业外方面的影响因素有：国家政策对于产业的指导要求以及扶持补贴等政策的调整，劳动力数量、质量、价格变动，外部产品与服务市场的变化波动，土地、原材料等生产要素变化等。产业内的影响因素有：产业链上下游企业间交易成本的变动，产业自身集聚与空间布局的要求，对于环保预防与治理的需要等。

28.3.2.2 产业转移主要影响与效益

当前国际国内产业分工深刻调整，我国东部沿海地区产业向中西部地区转移步伐加快。中西部地区发挥资源丰富、要素成本低、市场潜力大的优势，积极承接国内外产业转移，不仅有利于加速中西部地区新型工业化和城镇化进程，促进区域协调发展，而且有利于推动东部沿海地区经济转型升级，在全国范围内优化产业分工格局。产业转移主要效益包括：促进区域产业结构调整、促进区域产业分工与合作、改变区域地理环境、改变劳动力就业的空间分布。我国的产业转移主要是从劳动密集型产业、加工制造业和资源型加工业开始，从发达地区向欠发达地区渐次推进。

28.3.2.3 我国产业转移战略举措

我国在实施西部大开发战略中，西部的交通、水利、能源、通信等重大基础设施建设取得了实质性进展，具备了承接产业西部大开发转移的能力。随着中国西部大开发战略的逐步实施，西部地区进一步加快开放，基础设施条件日趋完善，承接东部和境外产业转移的能力大幅增强。与此同时，东部的土地、劳动力、水、电等要素成本大幅度上升，东部急需产业转型升级。

根据广东、浙江、天津、重庆、西安等省市的产业发展情况，东西部产业转移正进入加快发展的战略机遇期。随着“鼓励东部地区向中西部地区进行产业转移”“继续推进西部地区基础设施和生态建设”“增加西部大开发投资”等促进东西部产业转移政策列为2007年中央经济工作的主要任务，中国各部委也在积极探索加快东西部产业转移步伐。东部产业向中西部转移渐成气候。

东部发达地区资本相对饱和，本地市场难于满足资本增值的需要，加上受资源、劳动力成本、环境、市场等综合因素影响，资本向外扩张的需求强烈，长三角、珠三角、闽南地区大批产业已开始梯度转移。例如，上海因自身定位与规划的更新，计划在“十四五”期间实现一批传统产业将退出上海。而从西部来看，产业转移的加速现象表现明显。以西安为例，西安市实际引进内外资均实现一年翻番，全市实际利用外资从起步到2.5亿元用了20年时间，2002年之前，西安市年度实际利用外资一直在2亿美元左右；从2002年到2019年，年度实际利用外资从2.03亿美元增长到70.57亿美元，年均增幅达到23.22%。

28.4 中国产业治理经验

改革开放40多年来，中国经历了产业治理体系及其相应配套治理政策的建设、发展、调整等一系列过程。在产业治理过程中，探索形成了诸多行之有效的产业治理方法，在产业治理、产业转型发展、产业升级等方面积累了宝贵的经验。

28.4.1 “退城入园”的实施与推广

“退城入园”即企业让出城中土地，聚集至产业园区发展的一种产业治理方式，是推动城市产业集聚、促进转型升级的需要，也是优化产业布局、改善城市规划布局、改善城市人居环境的必然要求。

28.4.1.1 “退城入园”的背景

随着城市化建设步伐加快，目前留在城区的工业企业中，既有因无法新增工业用地制约发展的成长型企业，也有成长性不足、停减产的“僵尸”企业。这些企业既占用土地资源，又影响产业布局优化和城市周边生活环境保护，亟须盘活资源，为新型城镇化建设和发展其他产业腾出宝贵空间。2017 年 9 月 4 日，国务院办公厅发布《关于推进城镇人口密集区危险化学品生产企业搬迁改造的指导意见》，同年 12 月 15 日工信部、国家安监局联合召开电话会议，对《国务院办公厅关于推进城镇人口密集区危险化学品生产企业搬迁改造的指导意见》进行解读，要求到 2025 年，城镇人口密集区现有不符合安全和卫生防护距离要求的危险化学品生产企业就地改造达标、搬迁进入规范化工园区或关闭退出，使企业安全和环境风险大幅降低。其中，中小型企业和存在重大风险隐患的大型企业 2018 年底前全部启动搬迁改造，2020 年底前完成；其他大型企业和特大型企业 2020 年底前全部启动搬迁改造，2025 年底前完成，由此揭开了“退城入园”实施的序幕。

28.4.1.2 “退城入园”实施的意义

自 2017 年以来，省市各级地方政府出台了“退城入园”的政策与实施方案，通过加强政策引导，推动工业企业“退城入园”转型升级。“退城入园”是推进经济高质量发展的重要举措，将有助于实现产业转型升级、城市布局优化和生态文明建设等多方共赢。一是有利于扩大有效投资，通过搬迁改造、“腾笼换鸟”、园区提升等项目建设，促进工业投资。二是有利于企业转型升级，“退城入园”企业结合搬迁，实施技术改造、生产设备升级等，有利于先进产能扩张与创新发展；城区得以腾出更多空间发展其他产业。三是有利于产业绿色集聚发展，企业向园区集聚，可提高土地集约利用水平，加强污水、固废等集中排放处理，建设环境友好型社会，实现产城融合发展。

28.4.1.3 “退城入园”的主要内容与支持激励措施

当前湖北、山东、浙江、江西等省均出台了“退城入园”相关政策与实施方案，当前的政策与实施方案主要包括以下实施内容：建立“退城入园”项目库，加大“退城”企业用地收储奖补力度，支持城区企业就地转型，支持“退城入园”项目技术改造，提升“退城入园”项目融资服务，强化“退城入园”项目用地保障，支持园区企业物业分割转让，拓展园区承载空间，强化工作组织落实九条意见。

首先是建立“退城入园”项目库。组织开展对城镇及周边未入园工业企业的摸底调查，重点围绕企业用地、耗能、排污等资源消耗情况以及企业生产技术水平、税收、全要素生产率等主要指标，制定相关标准，建立“退城入园”项目库。推动工业园区规划与各类规划有机衔接，开展标准化试点建设，进一步提升园区建设水平。按照规划和产业定位，分类分步推动企业退城进入各类园区。

同步加大“退城”企业用地收储奖补力度。综合考虑企业员工安置、腾退进度、土地类别等情况分类分档次制定财政奖补政策，并从满足搬迁企业合理诉求出发，提出按照对企业厂房、设备重置价结合成新率进行评估作价，支持企业“退城入园”改造升级。

在实施“退城入园”同时，支持城区企业就地转型，为激励城区老工业企业转型，提出符合并纳入“三旧改造”规划的，可按照省里“三旧改造”有关规定执行。同时，企业利用原有工业用地发展新兴产业及生产性或高科技服务业的，实行过渡期政策，过渡期内可暂不办理土地用途变更手续。

另外，政策中明确支持“退城入园”项目技术改造以及项目用地保障。支持企业实施技改，扩大先进产能，提出各级技改专项资金对符合条件的“退城入园”技术改造项目予以优先支持。支持企业建设多层标准厂房，省级技改专项资金可对其新增的货梯给予补助。强化“退城入园”项目用地保障。针对“退城入园”企业用地需求，提出属于鼓励类、符合产业政策的工业项目，收回原国有建设用地使用权后，经批准可以协议方式在新入驻园区按原用途办理用地手续。将“退城入园”工业项目纳入年度建设用地计划统筹安排，加强省以上重点工业投资项目“退城入园”用地保障。

同时提升“退城入园”项目融资服务，在符合条件、风险可控前提下，对“退城入园”企业正常的贷款需求要做到应贷尽贷；对“退城入园”企业抵押物变更的，在依法合规前提下，合理确定授信规模。鼓励银行业金融机构扩大无还本续贷业务，降低“退城入园”企业融资财务压力和成本。发挥地方政策性担保机构作用，推广园区企业资产按揭贷模式，支持“退城入园”企业融资。发挥各级企业应急保障资金作用，支持“退城入园”企业融资转续贷。同时，各省市企业技术改造投资基金加大对“退城入园”技改项目的投融资支持力度。

在产业园区运营方面，支持园区企业物业分割转让。着眼于促进企业集聚、提高产业链完整性，着力盘活闲置资产，促进产业园区发展，明确对已确权登记的园区企业存量房屋，在不改变用途的前提下，可按幢、层为基本单元分割，经批准可进行登记、转让，用于发展创新创业创造产业项目。

在产业园区后续发展的方面，支持“退城入园”企业拓展园区承载空间。为鼓励企业增资扩产，支持园区内工业企业可在原有建设用地上通过新建、扩建、拆建或三种方式组合的路径进行厂房升级改造、适当增加用地容积率，不再增收土地价款，免收城市基础设施配套费用。鼓励引进国内外综合实力较强的第三方机构，统一开展园区开发建设、对外招商和运营管理。

在“退城入园”工作实施过程中，政府各部门需要强化工作组织落实。为推动政策落实落细，根据本地实际，各地政府分别制定细化配套措施，结合项目投资强度等因素加大对“退城入园”企业财政奖补力度，发挥好“一企一策”作用，引导企业加快“退城入园”。省直相关单位加强指导和督促各地做好相关工作。

28.4.1.4 “退城入园”的实施现状

“退城入园”政策实施四年以来，各地迅速推进实施工作，当前“退城入园”工作正在有序高效地实施。

江西自“退城入园”实施以来，以生态环境系统以问题为导向，对化工园区进行实地的“把脉会诊”，帮扶指导全省54个化工园区开展分类整治。对入驻化工企业数量较集中、化工产业已初步形成集聚效应，但环保基础较为薄弱的化工园区，指导其按要求升级环保基础设施；对入驻化工企业数量较集中、化工产业已初步形成集聚效应，但距离干支流岸线较近，且废气扰民问题突出的化工园区，鼓励其进行产业布局调整并整体搬迁；对入驻化工企业数量较少、化工产业发展未形成集聚效应、环保基础较为薄弱的化工园区，鼓励其进行产业转型升级，优化调整园区产业布局，并撤销化工集中区。目前，江西省48个化工园区进入完善升级阶段，取缔撤销了兴国经济开发区氟化工产业基地化工集中区等5个化工园区，赣州高新区红金工业园一期正在实施整体搬迁。

浙江计划到2021年全省开发区（园区）整合到150个以内（不含转型提升的特色小镇、小微企业园等），并在总量控制前提下实行动态管理。整合培育2—3家具有较强运营能力和资本实力并具有新型运营模式的运营平台。加快集聚一批成长性高、引领性强的大企业、大项目、大产业，打造“互联网+”、生命健康、新材料三大世界科技创新高地，支撑形成若干世界一流先进制造业集群和一批行业领军企业。打造20个左右高能级战略平台；提升国家级经济技术开发区对外合作水平和产业发展质量，力争进入全国前30位的5家，其中进入前20位的4家、前10位的2家；推动国家级高新区科技与经济深度融合，力争进入全国前30位的3家、前10位的2家。对未能纳入整合优化、转型提升的开发区（园区）原则上逐步予以淘汰撤销，结合国土空间规划合理安排利用腾退土地，妥善分流安置相关人员。对淘汰撤销开发区（园区）内的优质企业，各地要引导其集聚发展，按就近原则实行属地管理，提供优质服务，做到政策不变、力度不减、责任不卸，同时不新增机构、不增挂牌子。同时，依托现有国家级和省级开发区（园区），按照牌子就高、政策叠加、范围适当的原则，保持原有国家级牌子不变，视情保留省级平台牌子，推进区域范围内各级开发区（园区）实质性整合。杭州、宁波两市本级允许各整合形成2—3个开发区（园区），其余设区市本级允许各整合形成1—2个开发区（园区），县（市、区）允许各整合形成1—2个开发区（园区），总量控制在150个以内。开发区（园区）空间范围原则上要求相对集中连片，严格控制分片区数量。

28.4.2 国家储备林的建设与实施

国家储备林是指为满足经济社会发展和人民美好生活对优质木材的需要，在自然条件适宜地区，通过人工林集约栽培、现有林改培、抚育及补植补造等措施，营造和培育的工业原料林、乡土树种、珍稀树种和大径级用材林等多功能森林。

国家储备林建设是对“绿水青山就是金山银山”科学理念的生动诠释，是推进林业供给侧结构性改革的重要抓手，是精准提升森林质量的重要工程，对推进林业现代化建设、建设生态文明具有重要意义。

28.4.2.1 国家储备林建设的背景

随着我国经济社会快速发展，木材供求矛盾日益凸显，开放性经济不断壮大，资源多元配置难度加大，转型期资源总量增长，质量结构亟待优化。2012年，全国木材消耗4.95亿立方米，其中原木、锯材、木浆等原料型产品进口折合木材2.35亿立方米，对外依存度达47.4%。国内珍稀和大径材长期呈结构性短缺，木材进口限制越来越多。必须立足国内，实施“总量平衡、结构协调、进口适度、持续经营”的国家木材安全战略，建设国家木材战略储备基地，建立国家储备林制度。

进入21世纪，国家实施以生态建设为主的林业发展战略，森林质量有所提高，但距离满足经济发展和百姓生活改善对优质木材的刚性需求还有很大差距。一是森林可持续经营潜力巨大，生态短缺和木材短缺长期并存。由于缺乏经营手段和资金，我国人工林每亩年均生长量0.37立方米、约为世界平均水平的一半，人均森林蓄积量仅10.98立方米，是世界人均水平的1/7。根据国际国内经验，用政策引导科学经营，我国现有林地林木生产率完全可以提高50%。二是国内大径级材资源严重匮乏，国外进口面临断供风险。我国成过熟用材林资源只占资源总量的5%，原木和锯材年进口量折合6741万立方米，占国际贸易量的1/3以上。《濒危野生动植物种国际贸易公约》严格限制交易的树种新增到220多个，有86个国家和地区限制或禁止珍稀和大径级原木出口。因此，自主的木材储备十分重要。三是木材消耗快速增长，中国已成为全球最大的木材进口国。

2014年3月11日，唐守正、沈国舫、张齐生、孙九林、李文华、尹伟伦、马建章、李坚等8位来自中国科学院和中国工程院的院士联名致信国务院总理李克强，提出“建立国家储备林制度”的建议。他们认为，经济越安全，木材安全问题就越重要，国家应高度重视木材安全问题，尤其是要解决树种单一和林木低龄化问题，着力储备培育一批珍稀大径级森林资源。这是事关生态保护和产业发展的长远工程，也是深化国有林场改革的重要抓手。这项工作确实十分迫切，希望得到总理的关心和指导。收到来信，李克强总理很快作出批示。随后，国务院副总理汪洋、国家林业局局长赵树丛、国家林业局副局长张建龙也作出批示。2018年4月，国家林业和草原局印发《国家储备林建设规划（2018—2035年）》，标志着国家储备林建设正式成为我国未来生态文明事业发展的重要部分。

28.4.2.2 国家储备林建设的意义

建设国家储备林是为了满足经济社会发展和人民美好生活对优质木材的需要，在自然条件适宜地区，通过人工林集约栽培、现有林改培、抚育及补植补造等措施，营造和培育的工业原料林、乡土树种、珍稀树种和大径级用材林等优质高效多功能森林，集生态建设、产业发展为一体，融生态产品、林产品供给于一身。

首先，是国家储备林的建设缓解了我国木材供需矛盾，大力推进国家储备林建设，建设一批规模化集约化的国家储备林基地，是保障木材安全的关键措施和基本途径，促进人与自然和谐共生。

其次，是随国家储备林建设出台的系列政策是我国精准提升森林质量的抓手，通过采取速丰林经营技术、现有林改培技术以及抚育经营技术，培育形成复层异龄林和混交林林分，建成优质高效多功能的人工林，国家储备林是精准提升现有森林质量的有效手段。

同时，国家储备林建设的规划为林业发展提供了创新融资模式，发挥财政金融合力，支持国家储备林建设，破解长期困扰林业的营造林投入标准低、融资难、融资贵等问题，成为林业融资模式创新的新亮点、推动林业提质增效的新引擎。

另外，国家储备林建设也是我国天然林保护的支撑保障，木材供应问题不解决，天然林资源就保不住。在林业发展过程中，由于人工林发展不足，木材生产曾主要依靠采伐天然林、发挥森林维护生物多样性、涵养水源、应对气候变化等多种功能和重要作用。必须保护和恢复森林生态系统，通过建立国家储备林基地，增加人工林木材储备和生产能力，将为全面保护天然林提供可靠的资源支持和保障。

最后，国家储备林的建设也是我国助力扶贫攻坚的重要途径，可以更好地发挥林业在精准扶贫和精准脱贫的重要作用，把生态保护脱贫作为精准扶贫的重要途径。国家储备林结合实际情况，在建设区域可以安排深度贫困地区和生态脆弱地区，在就业安排上可以吸纳有劳动能力的建档立卡的贫困人群，在收益分配上可以增加贫困户的资产收益、股权收益和造林管护等劳务收入。

28.4.2.3 国家储备林建设的规划

2018年4月，国家林业和草原局印发《国家储备林建设规划（2018—2035年）》提出，国家储备林建设的总体目标为：通过较长一段时间的努力，加大投入力度，采取科学措施，着力培育储备乡土树种，大力发展工业原料林，营造珍稀树种和大径级用材林，形成树种搭配基本合理、结构相对优化的森林资源储备体系。国家储备林建设将按照自然条件、培育树种和培育方式相似的原则，共划分为东南沿海地区、长江中下游地区、黄淮海地区、西南适宜地区、京津冀地区、东北地区、西北地区等七大区域，并确定不同发展方向和重点，并综合考虑七大区域水光热等自然特点，提出重点建设的浙闽武夷山北部国家储备林建设工程等20个国家储备林建设工程。

国家储备林建设的阶段性目标设定为：到2020年，建设国家储备林700万公顷，继续划定一批国家储备林。现代森林经营技术模式有效运用，珍稀用材树种结构逐步优化，国家储备林管理制度体系基本建立。到2035年，建设国家储备林2000万公顷，年平均蓄积净增2亿立方米，一般用材基本自给，主要用材树种储备能力显著提升。年均增加乡土珍稀树种和大径材蓄积6300万立方米，种植面积稳定扩大。到2050年，森林经营达到现代化水平，森林质量精准提升，乡土珍稀树种和大径级用材自给保障能力全面提升，满足人民美好生活对优质木材多样化的需求，初步形成总量平衡、持续经营的安全格局。

28.4.2.4 国家储备林建设的主要内容与模式

国家储备林建设项目以林业建设为核心，以木材加工与贸易、生物科技研发与产品生产，林下经济、林木种苗、森林康养旅游为战略驱动，形成一二三产业有机融合和高质量发展，优化林业生产力布局，引导林业产业区域集聚、转型升级，同时与乡村振兴、长江大保护、区域生态规划等政策与规划结合，依托乡村振兴政策与农村“三变”改革建立完善利益联结机制，将政府、企业、金融机构、村社、农民联动起来，探索出林地流转收益、就近就业、林木采伐分红等惠民富农路径，成为地区产业发展、脱贫攻坚与共同富裕的重要动力。

国家储备林建设通常与EOD模式相结合实施。EOD模式为以生态环境为导向的开发模式，生态保护与环境治理部分是项目开发建设的核心与导向。新时代国家储备林等林业重点领域的建设发展为EOD模式大型项目的推进落地提供了绝佳的机遇。当前国家储备林建设所提倡的“森林+”战略需要EOD模式作为落地实施的主要的手段，国家储备林建设集合林业木材种植、二产生物深加工产品研发生产、森林康养与田园综合体的一二三产融合发展。借助EOD模式的开发建设模式与政策支持优势，可以更好地实现国家储备林建设的效益与成果。国储林+EOD模式可以形成以林为载体、以木材为主线、以生态产业为核心竞争力的林业产业区域集群，成为资源配置优化、质量标准严格、产业模式创新、品牌效应突出的国家级生态林业示范基地。

国家储备林建设项目一般采用推进一二三产业融合发展的模式：一产即现有林改培、人工林营造、种苗供应、林下经济、综合经营利用；二产即建设木材加工与贸易基地、生物深加工科技研发与产品生产贸易产业园；三产即开展森林旅游、森林康养项目建设。

国家储备林建设项目的经济收益来源主要包括以下几个部分：一是用材林间伐及木材销售，通过对经济林的采伐获得的木材进行销售与加工，获得木材及木制品销售收益；二是经济林产品销售，例如杜仲、元宝枫、山桐子、银杏等果实、叶子等部分具有生产、药用、工业需求的经济作物产生的产品销售收入；三是林下经济带来的经济收入，通过实施林粮、林菌、林药、林花、林畜等多种模式林下经济作业，选择适合当地水土和气候的模式进行深入经营，获得林业外的农药、家禽、花卉等产品销售收入；四是林业旅游，国家林草局规定国家储备林项目给予3.5%土地配套建设用地指标政策，用于国家森林康养基地的建设，打造国家森林康养基地，配合林果采摘、特色种养、林下露营、医疗康养等方式，发展第三产业提供多种服务获得收入；五是碳汇交易，国家储备林项目进入运营期后将根据树种和生长阶段等因素，产出相当数量的碳汇指标，项目公司将通过碳汇交易所出售碳汇指标获取收入。

28.4.2.5 国家储备林建设的现状

近年来，国家储备林建设取得初步成效。2012年，在广西、福建、湖南等7省（区），以国有林场为主体，启动国家储备林建设试点。截至2017年底，累计完成建设任务318万公顷。2014年，南方15个省区划定国家储备林100万公顷。把引进生开发性、政策性金融作为优先方向，加强与国家开发银行、中国农业发展银行的战略合作，结合国家储备林建设经营特点，创新林业融资模式。2015年，在广西启动了首个利用开发性政策性金融贷款国家储备备林建设项目，并在河北、天津、广西、福建、河南等省（区、市）陆续铺开。推进一批重大项目落地，也形成了一大批可复制可推广的投融资模式。国家储备林金融贷款成为迄今为止林业最优惠的金融产品，可以推广到林业生态保护修复、绿色产业、基础设施、精准扶贫等领域，有效缓解了林业融资难、融资贵、融资短这一突出问题，打造了新时代绿色金融支持林业发展的成功范例。截至2017年底，全国108个国家储备林等林业重点项目获得两行贷款支持，合同金额超过1100亿元，已放款384亿元。

根据2016—2018年全国国家储备林建设任务统计结果，截至2018年，国家储备林建设项目共涉及27个省856个县级单位，建设任务总面积为2268600公顷，建设投资3552945.26万元。2016—2018年每公顷单价为15868.3元、14437.3元、16741.9元。截至2018年底，共有195个国家储备林等林业重点贷款项目获得农发行、国开行批准，授信总额度1529亿元，累计发放贷款552.68亿元。

国家储备林建设任务包括国家储备林建设项目、森林质量精准提升国家储备林项目、特殊林木培育项目、农业综合开发资金项目、速生丰产用材林工程项目五大部分。截至2018年，国家储备林建设项目建设任务1284700公顷，占总任务的56.6%；建设投资3319111.58万元，占总投资的93.4%。森林质量精准提升项目建设任务58800公顷，占总任务的2.6%；建设投资51849.29万元，占总投资的1.5%。特殊林木培育项目建设任务20400公顷，占总任务的0.9%；建设投资20391.29万元，占总投资的0.6%。农业综合开发资金项目建设任务21500公顷，占总任务的1.0%；建设投资64285.37万元，占总投资的1.8%。速生丰产用材林工程项目建设任务883200公顷，占总任务的38.9%；建设投资97307.73万元，占总投资的2.7%。

28.4.3 矿山修复工程的建设与实施

矿山修复，又称为矿山生态修复，即对矿业废弃地污染进行修复。自2019年12月24日自然资源部出台《关于探索利用市场化方式推进矿山生态修复的意见》以来，国内进行了大规模、集中的废弃矿山生态治理与修复工作，修复治理由于前期矿山开采过程中带来的众多生态、土壤、水体、空气等问题，通过多种生态化的治理与改造方式使废弃矿山成为实现区域生态发展的载体，使废弃矿山不再“废弃”，发挥生态与社会功能。

28.4.3.1 矿山修复的背景

我国是矿产资源丰富的大国，新中国成立以来，特别是改革开放后矿业迅速发展，但大规模的开发同时带来了生态环境问题。遥感调查监测数据显示，截至2018年底，全国矿山开采占用损毁土地约5400多万亩，其中正在开采的矿山占用损毁土地约2000多万亩，历史遗留矿山占用损毁约3400多万亩。尤其是在南方丘陵地带，矿山开采对山体和植被破坏较为严重，野生动植物自然栖息地受损，滑坡、山洪等灾害和塌陷事故时有发生。随着生态文明建设的日益推进，矿山生态修复成为一个重要的环境治理议题。

28.4.3.2 无序矿山开发带来的环境问题

矿山开发对于社会经济的发展有着重要的作用，是社会工业发展与城市基础设施建设的重要支撑，但是矿山的无序开发也产生了大量对生态环境的破坏与影响，主要体现在对土地资源、自然山体形态与结构、水资源、大气与生物多样性的影响。一是对土地资源与自然山体形态与结构的影响，矿山活动，尤其是露天开采，严重破坏了山坡土体结构，加上大型采矿设备的重压导致地面塌陷，土壤裂隙产生。而土壤中的营养元素也随着裂隙、地表径流流入采空区或洼地，许多地方土壤养分短缺，土壤承载力下降，造成土地贫瘠、植被破坏，最终导致矿区大面积人工裸地的形成，使水土更易移动，水土流失加剧。矿山固体废渣经雨水冲刷、淋溶，极易将其中的有毒有害成分渗入土壤中，造成土壤的酸碱污染（主要是强酸性污染）、有机毒物污染与重金属污染。而且由于地下采空，影响了山体、斜坡的稳定性，从而导致地面塌陷、开裂、崩塌和滑坡频繁发生，泥石流发生的概率增大。二是对水资源的影响，矿区塌陷、裂缝与矿井疏干排水，使矿山开采地段的储水构造发生变化，造成地下水位下降，井泉干涸，形成大面积的疏干漏斗；地表径流的变更，使水源枯竭，水利设施丧失原有功能，直接影响农作物耕种。同时，矿山开采过程中产生的矿坑水、废石淋滤水等，一般较少达到工业废水排放标准，严重影响水生生物的生存繁衍与人畜生活饮用。三是对大气的影响，矿山在生产过程中，产生大量的粉尘和有毒有害气体，特别是在露天煤矿中产生的粉尘、煤矸石的氧化和自燃中放出的大量有毒气体会在干燥气候与大风作用下产生矿尘暴，不仅污染矿区大气，破坏作业环境，损害工人身体健康，而且由于风的流动，也成为矿区周围和全球大气的污染源之一。四是生物多样性的损失，植被清除、土壤退化与污染、水土流失、水资源的缺失与污染，对矿区生物多样性都是致命打击，严重威胁了动植物生存。

28.4.3.3 矿山修复的主要内容

矿山修复的核心为对废弃矿山的生态化整治、改造，让废弃矿山重获生态功能与社会价值。通过使用土壤覆盖、物理化学处理、添加养分、去除有害物质、增加物种等方式，进行包括边坡、尾矿、土壤基层、水资源以及生物多样性等在内的矿山修复。

一是边坡治理。主要工作就是要稳定边坡。该过程的任务是清除危石、降坡削坡，将未形成台阶的悬崖尽量构成水平台阶，把边坡的坡度降到安全角度以下，以消除崩塌隐患。之后就要对已经处理的边坡进行复绿，使其进一步保持稳定。

二是尾矿的治理。对占用大量土地的尾矿进行二次开发，加大尾矿的综合利用率；开发用量大、投资少、有销路的尾矿以实现规模经营和多品种开发的资源化、商品化使其变废为宝，真正成为经济商品中的一部分。还要对尾矿坝中的废水进行处理以达到国家标准，实现浮选废水适度净化后全部回用和零排放。对于未处理的采空区、废旧巷道和硐室的矿山，利用井下采空区排放尾矿是一种处置尾矿行之有效的办法。

三是对于土壤基层的改良。矿山开采造成生态破坏的关键是土地退化，也就是土壤因子的改变，即废弃地土壤理化性质变坏、养分丢失及土壤中有毒有害物质的增加。因此，土壤改良是矿山废弃地生态恢复最重要的环节之一。可以采取的措施包括异地取土、废弃地改造、土壤增肥改良等措施，使土壤的物理化学性质得到改良，从而缩短植被演替过程，加快矿山废弃地的生态重建。

四是对于矿山重金属污染可以采取植物修复的方式。重金属耐性植物不仅能耐重金属毒性，还可以适应废弃地的极端贫瘠、土壤结构不良等恶劣环境，部分耐性植物还能富集高浓度的重金属。

五是对于矿山水资源的修复。矿山开采中对水的损害分别体现在对地表水和地下水的影响。地表水、地下水的污染可以通过构筑人工湿地，通过耐受植物、微生物的作用对污染物进行去除。还有一方面就是由于过度采水造成的地表水缺乏、地下水水位下降，这就需要通过适当引水，缓解水缺乏压力，构建蓄水系统，逐步解决这一问题。

六是对于微生物系统的修复。矿山废弃地的生态恢复，只是土壤、植被的恢复是不够的，还需要恢复废弃地的微生物群落。完善生态系统的功能，才能使恢复后的废弃地生态系统得以自然维持。微生物群落的恢复不仅要恢复该地区原有的群落，还要接种其他微生物，以除去或减少污染物。

我国矿山的生态环境破坏比较复杂，要从根本上遏制矿山生态环境进一步恶化，就需要根据我国生态环境建设的实际情况，建立各方面参加的多渠道投入机制，才能推动矿山生态环境恢复治理的开展，防止增加新的污染和破坏，逐步恢复矿山生态环境的良好状态。

28.4.3.4 矿山修复的基本模式

矿山修复首先要结合矿山当地的自然环境条件、周边环境、交通情况、经济条件、地理位置等因素，围绕矿山生态修复的主题，用可持续发展的思想，结合旅游、景观生态、风景园林、生态美学等思路，以实现生态、旅游、社会价值等功能为目标，完成矿山的修复再利用，从而实现可持续发展。总体来说，可以将矿山修复模式分为以下六种类型。

一是工程绿化模式，即“矿山修复 + 生态保护”模式。该模式所对应的矿山一般离人口密集的市区较远，周边对自然环境的保护要求较高，在废弃矿区直接开展地质环境治理和生态修复，实现废弃地复绿和生态修复。具有投资成本低、技术单一、见效快的特点。该模式主要注重生态效益，不对矿区进行过度的商业开发，适合于生态敏感、资金保障程度低的远郊地区；修复方式为以自然修复为主、人工修复为辅。

二是复合型旅游开发模式，即“矿山修复 + 生态旅游”模式。在矿区生态修复后发展生态旅游产业，在原有矿山景观的基础上，充分利用废弃的矿坑和设备，结合生态观光农庄模式，进行合理的景观规划设计和旅游基础设施建设，将休闲娱乐功能、餐饮功能等与公园结合起来，打造矿山遗迹旅游区、矿山公园、休闲度假区等。该模式适合于生态敏感性、资金保障程度一般的近郊地区；修复方式以工程措施为主，以生态旅游为核心，通过休闲度假和住宿餐饮实现经济效益、生态效益和社会效益的统一。

三是地质公园或矿山公园模式，即“矿山修复+文化教育”模式。在矿区生态修复后发展文化教育产业，结合当地文化特色和矿山历史背景，通过艺术手法的处理赋予废弃矿山全新的功能定位，建设地质公园、矿山博物馆、矿山文化产业园、学习教育基地等。该模式适合于生态敏感性较低、资金保障程度较高的近郊地区，该模式充分发挥矿业遗产的历史纪念和学习教育两大价值，主要追求社会效益，依赖政府投资。

【案例1】马鞍山市矿山修复

马鞍山市位于安徽东部，横跨长江两岸，是一座因钢而兴的典型的工矿和资源型城市，经历“先有矿后有市、先生产后生活”的建设过程。马鞍山市矿山企业众多，以开采铁矿为主，以绿松石、建筑石料、灰岩为辅。矿产资源的开发利用在促进经济发展的同时，也造成了生态破坏和环境污染。随着矿产资源长期开采利用，与废弃露天矿山相伴的山体裸露、固废堆积、空气污染等生态环境问题集中，成为城市生态环境的“伤疤”。

马鞍山市坚持“生态优先”，不断探索市场化等多元方式，加快推进矿山生态修复。按照“宜地则地，宜林则林，宜湖则湖，宜园则园”的原则，通过引入社会资本，实现废弃矿山“变废为宝”；通过抚平城市“伤疤”，盘活土地资源；通过打造“绿色矿山”，不留历史“欠账”。一系列措施的实施，持续推进了全市矿山生态修复治理，有效呵护了绿水青山，不仅实现了生态治理与经济效益双赢，也为实现“人民保护长江、长江造福人民”的良性循环、早日重现“一江碧水向东流”的胜景发挥了积极作用。近年来，马鞍山市累计治理矿山400余座，治理面积1050多公顷，矿山数量从2005年的300余个减少到现在的43个。

在治理模式上，马鞍山市积极利用市场化方式开展矿山生态修复工作，积极探索“国有企业+科研院所”的合作模式开展矿山生态修复治理，探索引入民间资本和引进央企合作的路子，在实现政府和企业双赢、生态效益和经济效益并举上，取得明显成效。中国化学工程向山镇凹山湖生态修复示范点项目践行“绿水青山就是金山银山”理念，依托国家林草局木本油料储备战略和国储林战略，实施“矿山治理+特种经济林一二三产融合治理”，全力打造“全国矿区生态修复示范区”“长江支流源头水环境综合治理示范区”“两山理论样板区”“生态价值转化示范基地”。

马鞍山市政府与中国化学、三峡集团等企业签订了战略合作协议，并将“生态优先、绿色发展”理念贯穿始终，在高标准完成生态环境修复的基础上，重点引入绿色产业、新兴产业，把产业升级、留驻人才、解决就业结合起来，加快推动向山地区产业升级，加快建设宜居、宜业、宜游的东部新城。截至2021年12月，实施重点项目46个，投资22.46亿元，8家采矿企业和20家小选矿厂彻底关停，18家散乱污企业彻底拆除、8个尾矿库顺利闭库；12个历史采矿宕口全部复绿复垦，复绿造林面积5810亩，矿区生态环境得到显著提升。

当涂大青山野生动物世界是马鞍山引进民间资本实施废弃工矿地治理的典型案例。曾经，这里险情重重，乱石坑遍布，一遇大风便尘土飞扬。如今，这里以花山瑶池运动体验和野生动物园为主体功能区的各项文体休闲、科普互动等项目，引来游客无数，呈现一派人与自然和谐共生的生态“大观园”景象。安徽大青山野生动物世界管理有限公司以市场化方式对该矿坑进行修复治理，总投资约1亿元，结合矿坑生态功能修复和后续资源开发利用、产业发展等需求，修复治理矿区面积约120亩，2018年开工建设，2020年竣工，利用修复后矿坑建设景观项目，将一个废弃的矿坑打造成水上乐园，并与野生动物世界项目结合，构建成集生态修复、休闲娱乐、动物观赏、动物科普于一体的综合项目。该项目2020年5月对外营业，为当地提供约600个就业岗位。该项目不仅解决了环境修复问题，还发展了经济，解决了就业，是绿色经济发展模式的成功实践。

【案例2】加拿大布查德花园

布查德花园是矿坑废墟上建起的美丽田园，是加拿大温哥华维多利亚市的一个私家园林。一百多年前，原是一个水泥厂的石灰石矿坑，在资源枯竭以后被废弃。布查德夫妇合力建造了这座花园。布查德太太把矿坑加以利用，创造出享誉全球的低洼花园。花园占地超过55英亩，与一般平平整整的花园不同，布查德夫人因地制宜，保持了矿坑的独特地形。花园于1904年初步建成，之后经过几代人的努力，花园不断扩大，进而发展出玫瑰园、意大利园和日式庭院。时至今日，布查德夫妇的园艺杰作每年吸引逾百万游客前来参观。

布查德花园由下沉花园、玫瑰园、日本园、意大利园和地中海园等5个主要园区构成，有50多位园艺师在这里终年劳作，精心维护。每年3—10月近100万株和700多个不同品种的花坛植物持续盛开，其他月份，游客则可以观赏到枝头挂满鲜艳浆果的植物，以及精心修剪成各种形状的灌木和乔木。随着季节不同，布查德花园的观赏有不同的内容、主题和季相特色。不同主题由不同的专业设计师设计完成，花园的日常养护管理也是由专业园艺师负责进行，做到了每种花卉都能以最佳的观赏效果展示给观众。

四是农业复垦，即“矿区生态修复＋生态农业”的模式。在矿区生态修复的基础上发展生态农、林、牧、渔业，在保护、改善矿区生态环境的前提下，进一步提升特色农产品价值。同时，利用矿区周边特色地形地貌，打造生态休闲观光、垂钓狩猎、田园采摘等特色服务。该模式适合于生态敏感性和资金保障程度一般的近远郊地区；修复方式是自然恢复与工程措施相结合，追求生态效益和经济效益的结合。

【案例3】垦造砂基海绵水田创新技术与工程

垦造砂基海绵水田技术是利用砂基透气防渗技术、砂基透水滤水技术、蜂巢蓄水净化技术等技术手段，将部分荒山秃岭、废弃尾矿、荒漠化土地、石漠化土地、沙化土地、低产旱地等创造成高标准水稻田的创新型技术与工程。对于气候条件基本适宜水稻生长的地区，利用该技术可将部分尾矿、荒山、荒漠、沙地、旱地等垦造成优质水田，创新破解新开垦稻田水源不足、漏水跑肥、水土流失、面源污染、产量不高等难题，一步完成“荒地—水田”的跨越式发展，把不宜耕种的劣质土地变成优质土地，可实现国土整治、生态提升、环境保护、增产增效的长远目标。

该技术在杭州富阳永昌镇“生态海绵水田”、内蒙古科尔沁沙地等项目中进行应用，并取得喜人成果。其中，杭州富阳荒山改造海绵水田约1000亩，自2018年开始种植，亩产约1500斤；内蒙古仁创沙漠水稻面积合计约1500亩，自2014年开始种植，亩产约1200斤，被联合国列为“UNDP防治荒漠化创新示范基地”，破解了沙地变良田的技术难题。

五是“矿山修复＋地产开发”模式。在矿区生态修复后发展房地产业务，在城镇周围、交通便利的废弃矿山土地上进行地产开发，打造商品房、办公楼工业园区、商场等。该模式适合生态敏感性低、资金保障程度高的城镇区域；修复方式完全依靠工程建设，前期投入巨大，主要追求经济效益，依靠社会资本的投入。

六是城市公共设施类模式。将废弃矿山场地清理改造为服务社会、公众的设施。例如，在综合考虑废弃矿山地形、交通、周边经济条件的基础上，将矿山改造为工业或仓储类场地；或是利用废弃的矿坑，可将城市垃圾清运至矿坑进行多样化的无害处理。

参考文献

[1] 刘成. 新兴产业集聚支撑高质量发展 [N]. 经济日报，2021-08-15 (2).

[2] 杨庆，江成涛，蒋旭东，等. 高技术产业集聚能提升碳生产率吗 [J]. 宏观经济研究，2021 (4)：141-159.

[3] 王燕，郭立宏. 产业集聚理论研究综述 [J]. 环渤海经济瞭望，2021 (4)：11-13.

[4] 尹佳音. 中国产业转移现状、动因及政策启示 [J]. 现代国企研究，2021 (Z1)：74-77.

[5] 黄涛. 浅议我国制造业产业转移趋势 [J]. 冶金管理，2021 (2)：4-13.

[6] 顾崇冬，许艳娟，孟祥珂，等. 废弃矿山治理中的绿化工程研究 [J]. 科技创新与应用，2021，11 (24)：129-131.

[7] 石永国. 露天废弃矿山治理方式及安全措施 [J]. 金属矿山，2011 (8)：151-154，168.

[8] 杨晋. 稀土废弃矿山治理的几点建议 [J]. 科技传播，2014 (19)：146-146，157.

[9] 孙友胜. 铜陵市废弃矿山治理问题及工作建议研究 [J]. 中国房地产业，2019 (31)：294.

[10] 丁继梅. 浅谈延庆县废弃矿山治理的技术措施 [J]. 城市建设理论研究（电子版），2013 (6).

[11] 周益锋，熊振远. 国家储备林对碳中和的作用 [J]. 现代园艺，2021，44 (16)：151-152.

[12] 何国英. 探析国家储备林的建设 [J]. 文渊（高中版），2020 (5)：1034.

[13] 温臻. 国家储备林建设浅析 [J]. 陕西林业科技，2020，48 (6)：94-97.

[14] 赵香云. 国家储备林建设中存在的问题及其解决对策 [J]. 花卉，2021 (18)：263-264.

[15] 左秀德. 对国家储备林推进举措的探讨 [J]. 农家致富顾问，2020 (8)：293.

[16] 陈启贵. 国家储备林现有林培育技术及分析 [J]. 魅力中国，2020 (30)：424-425.

[17] 高娜．国家储备林划定成果分析与探讨 [J]．国家林业和草原局管理干部学院学报，2020，19 (3)：3－10，19.

[18] 龚华俊，吴潜．我国化工企业退城入园的路径研究及建议 [J]．化学工业，2018，36 (6)：44－49.

[19] 内蒙古重污染企业将“退城入园”[J]．中国氯碱，2018 (11)：43.

[20] 刘扬．“退城入园”，化工园区路在何方 [J]．企业观察家，2019 (8)：42－43.

[21] 工信部公布印制电路板行业规范条件：引导企业退城入园 [J]．印制电路资讯，2019 (1)：83.

[22] 退城入园兼顾转型升级，“8·12”事故后步伐加快——全国化企搬迁渐入高潮 [J]．江苏氯碱，2015 (6)：29－31.

[23] 国务院办公厅通报表扬！马鞍山生态修复的典型经验是这三条，值得收藏！[N]．中国矿业报，2021－12－02 (001).

第29章 中国区域化治理

近几十年来，伴随着我国工业化、城市化和现代化的快速发展，我国发展起来一批经济水平高、综合实力强的区域，如长三角地区、粤港澳大湾区、珠三角地区、京津冀地区、成渝地区等区域。这些区域在实现经济社会快速发展目标的同时，也集中出现了各种生态环境问题。区域性生态环境问题呈现出了不确定性与复杂性，其形势日益严峻。破解区域生态环境问题也日益迫切。国家“十三五”规划纲要明确提出要“创新跨区域生态保护与环境治理联动机制”，党的十九大报告也进一步明确了要实施区域协调发展战略。基于我国经济增长和生态环境的区域性特征，推动环境区域化治理成为目前环境治理的重要模式。

29.1 中国区域化治理概述

区域化治理为当前我国处理生态环境问题提供了新视野、新思路、新途径，它能够通过推进各区域缔结合作伙伴关系，达成合作治理共识，厘清治理责任，从而有效应对蔓延性、外部性、跨域性的生态环境问题。通过搭建区域信任与利益协商桥梁、健全利益诉求与利益表达体系、统一利益目标与增强利益分配规范化、优化利益共享与利益补偿格局等途径来构建利益整合机制，乃是协调区域生态环境合作治理利益关系的必由之路。

经过多年的实践，人们逐渐认识到以行政区划为单位、自行其是的碎片式环境保护无法有效应对大气污染、流域水污染等典型的跨界性、外溢性极强的环境污染问题。于是，人们转而选择环境区域协同治理这一环境治理方式。2014年北京出现的“APEC蓝”、2016年杭州创造的“G20美”，更增强了环保实务界、环境法学界对环境区域协同治理方式的信心。我国的《大气污染防治法》明确规定实行“区域大气污染联合防治”，为大气污染区域协同治理奠定了法律基础。2018年1月1日修订的《水污染防治法》第28条规定，建立“流域水环境保护联合协调机制，实行统一规划、统一标准、统一监测、统一的防治措施”，这一规定也为水污染区域协同治理提供了法律依据。然而，纸面上的环境区域协同治理变成行动中的环境区域协同治理，进而取得良好的治理效果，还有漫长的路需要走。

29.1.1 中国区域化生态状况

摸清我国区域生态现状，是环境区域化治理的基础。只有掌握了区域生态现状，才能有的放矢地进行生态环境治理，才能从全局推进区域协调综合治理，才能真正将具体的治理措施落到实处。长三角区域、京津冀区域是我国最具代表性的区域，长三角地区人口众多，随着城镇化及工业化的快速发展，经济发展水平全国领先，生态环境的压力明显也远高于我国其他地区。从生态空间存量、生态空间变化趋势、生态空间变化结构、空气质量、水污染情况等方面来看，长三角地区的区域生态绿色发展形势较为严峻，区域化生态状况继续改善。近年来，京津冀地区的生态环境不断恶化，存在很多典型的问题。京津冀地区的大气污染严重、整体水资源匮乏且污染严重，水土流失情况经常发生，区域生态化治理尤为迫切。

（1）长三角生态绿色一体化的发展现状。长三角地区包括江苏省、浙江省、安徽省和上海市，国土面积约为35.9万平方千米，常住人口突破了2.2亿，人口资源环境密度较大，生态环境的空间扩展潜力十分有限。改革开放以来，随着长三角地区城镇化的推进，大力发展乡镇企业，逐渐形成了独具特色的苏南模式，为实现非农化的发展方式，长三角地区的生态环境压力也逐渐凸显，高于我国的其他地区。

从生态空间的存量来看，长三角地区的森林、自然保护区、农业用地等生态空间存量相对较少，与同样经济密度的环渤海地区、珠三角地区相比仍有不足。国家统计局数据显示，2017 年长三角地区的森林面积仅为 1150.69 万公顷，低于环渤海地区的 1321.21 万公顷，略高于广东省[①]的 906.13 万公顷，森林占辖区面积的比重为 32.41%，虽然高于环渤海地区的 25.34%，但是低于广东省的 50.40%，甚至低于单个城市北京的 35.84%，可见长三角地区的森林保护问题尤其值得重视。2017 年长三角地区的自然保护区总面积为 139.1 万公顷，不仅远低于环渤海地区的 474.4 万公顷，还低于广东省的 185 万公顷，自然保护区占辖区面积比重仅为 3.9%，不足环渤海地区的一半，与广东省相比也相差甚远（见表 29－1）。

表 29－1　2017 年长三角地区生态空间总量与其他地区对比

	森林面积（万公顷）	森林占辖区面积比重（%）	自然保护区面积（万公顷）	自然保护区占辖区面积比重（%）	农作物播种面积（千公顷）
环渤海地区	1321.21	25.34	474.40	9.10	24222.22
北京	58.81	35.84	13.50	8.20	120.94
天津	11.16	9.36	9.10	7.60	439.52
河北	439.33	23.37	70.90	3.70	8381.65
辽宁	557.31	37.66	267.30	13.40	4172.32
山东	254.60	16.21	113.60	4.90	11107.79
长三角地区	1150.69	32.41	139.10	3.90	18549.14
上海	6.81	10.74	13.70	5.30	284.95
江苏	162.10	15.12	53.60	3.80	7556.40
浙江	601.36	59.07	21.20	1.70	1981.11
安徽	380.42	27.23	50.60	3.60	8726.68
广东	906.13	50.40	185.00	7.10	4227.51

资料来源：国家统计局网站。

从生态空间的变化趋势来看，长三角地区高速的城镇化导致林地、耕地面积不断被压缩。在耕地“占补平衡”的制度规定下，补充耕地往往会挤占湿地、林地，最终导致生态用地的总面积减少。欧维新、张振等人的研究指出，1995—2015 年，长三角地区（涵盖 70 个城市）总建设用地面积从 9283.18 平方千米增至 18506.5 平方千米，整体增长了 99.36%，其中 2005—2010 年增长了 4004.17

① 为保持口径一致，选择广东省数据来反映珠三角地区的情况。

平方千米，占总增长面积的42.94%。与此同时，林地和耕地面积在这20年间分别下降了1282.25平方千米和9839.06平方千米，对应比重分别下降了0.46%和8.45%，建设用地比重上升了8.39%，可见长三角地区在这20年间进行了快速的城市扩张过程，且该过程侵占了大量的生态用地和农业生产用地。

从生态空间的结构变化来看，长三角地区呈现出整体生态环境总面积减少、结构破碎化程度加剧、聚合程度减弱、形状更具复杂性等特点。随着城市化的推进，长三角地区建设用地不断扩大，逐渐侵占了原有耕地，并呈现连片、聚合的发展趋势，对应的耕地则呈现出破碎化、形状复杂化等发展趋势，林地和水体环境面积虽然变化幅度较小，但与耕地的变化趋势基本相近。这种整体的衰退趋势也严重降低了其生态调节的功能，减少了生态服务的价值。

从空气质量来看，2017年长三角地区各省市的PM2.5、PM10、酸雨发生率等大气环境质量指标与国家环境空气质量标准有较大差距，其中2017年长三角地区各省市的PM2.5指标均高于《环境空气质量标准》（GB 3095—2012）二级评价标准，江苏、安徽两省的PM2.5、PM10浓度已经远远高于《环境空气质量标准》（GB 3095—2012）二级评价标准，酸雨发生率也处于较高水平（见表29－2）。

表29－2　2017年长三角地区大气环境质量情况　单位：微克/立方米，%

	上海	江苏	浙江	安徽
细颗粒物（PM2.5）年均浓度	39	49	35	56
可吸入颗粒物（PM10）年均浓度	55	81	57	88
酸雨发生率	47.6	15.6	62.6	7.4

资料来源：刘志彪，孔令池．长三角区域一体化发展特征、问题及基本策略［J］．安徽大学学报（哲学社会科学版），2019（3）：137－147。

从水污染情况来看，长三角地区具有较高的人口密度和经济开发强度，城镇化的发展也造成了该区域大量的生活污水和工业废水的排放。2017年国家统计局的数据显示，与环渤海地区和广东省相比，长三角地区主要水污染物的废水排放总量最高，达到1474919万吨，同期环渤海地区只有1215518万吨，广东省仅882020万吨。此外，长三角地区水体环境治理不仅面临污染物排放总量居高的困境，还面临着水污染防治难度较高的难题。一直以来，长三角地区河网密布、水系发达，区域内水污染物会沿水系河网顺势扩散，导致污水排放的监测难度较高，水体环境治理的责任划分难度较高，治理失败造成的危害和影响也更严重。

(2) 京津冀区域生态环境发展现状。京津冀地区面积约2162平方千米，是一个在各方面具有天然优势的特色区域，具有重要战略意义。但是，近年来京津冀地区的生态环境却在不断恶化。由于其具有复杂的自然地貌和特殊的气候条件、长期在经济发展中过度透支自然资源，导致该区域可持续发展能力受到极大限制，经济、生态方面的贫富差距进一步拉大，环境方面的资源总体性浪费和生态的毁灭性破坏问题持续发生。具体而言，京津冀地区面临的生态环境问题突出表现在以下几个方面。

A. 大气污染难以治理。空气污染具有明显的跨区域外部性，空气的流动性给大气环境的治理带来了艰巨性。一直以来，京津冀地区大气污染程度远超全国平均水平，与长三角地区、珠三角地区同等经济体量的区域相比也相对较差。2014年，京津冀区域地级市及以上城市的空气质量平均达标天数为156天，比全国平均水平少85天；重度及以上污染天数占比17.0%，较统计的74个城市平均值高出11.4%，区域内PM2.5年均浓度超标1.6倍以上。2017年8月16日，原环境保护部发布了1—7月大气污染情况的相关报告，以我国三个经济圈作为对比，结果显示京津冀的各项指标远超全国平均水平，优良天数占比仅50.6%，可吸入颗粒浓度水平超过全国平均水平近2/3。

从图29－1，图29－2可以看出，2013—2018年全国PM2.5、PM10的水平均低于京津冀的水平。近年来，虽然京津冀地区通过一系列的治理措施使空气质量有所好转，但和全国平均水平相比仍然存在较大差距。从统计数据也可以看出，京津冀地区面临的空气污染问题非常严重，有效地治理大气污染也变成一个艰巨又漫长的历程。

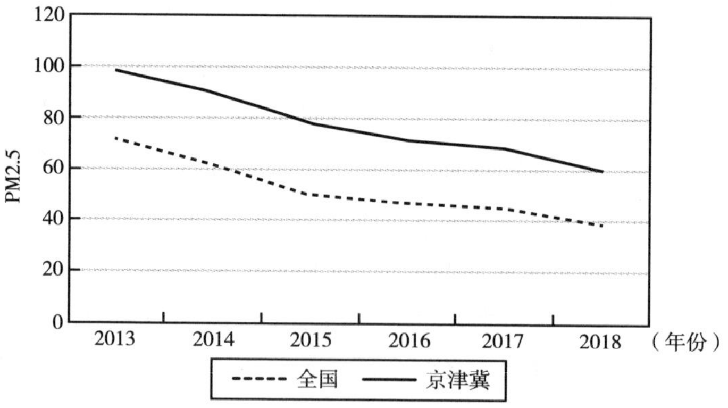

图29－1　2013—2018年京津冀与全国PM2.5平均水平变化

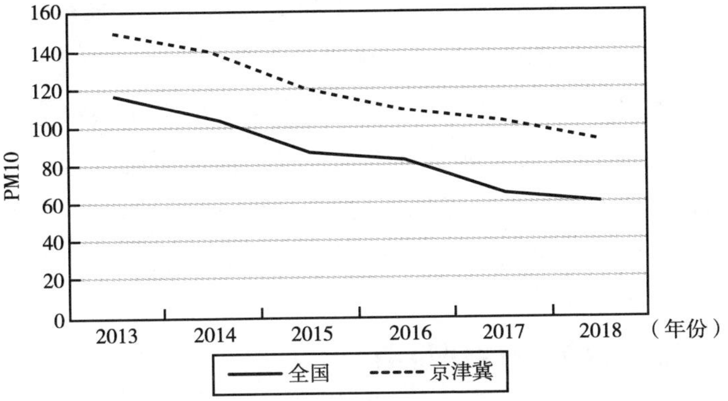

图 29－2　2013—2018 年京津冀与全国 PM10 平均水平变化

资料来源：刘明，陈亚杰，刘继为．京津冀区域存在的生态环境问题及协同治理研究［J］．河北省科学院学报，2019，36（3）：76－82。

B. 整体水资源匮乏且污染严重。水资源问题同样是京津冀难以解决和治理的难题，水资源问题主要表现为两个方面：资源性缺水和水质性缺水。

京津冀地区处于我国温带季风气候区，降水的季节变化大、年际变化大，呈现出降水量总体较低、时空分布不均匀、与生产力布局不匹配、地区性缺水等特征。2016 年，在京津冀工业、农业、生活和生态用水部门中，农业用水占比最高，达到 59%，超过当年的工业用水 12%，生活用水占 20%，生态用水占 9%（见图 29－3）。河北省在面临水资源短缺的同时，还要持续向北京和天津提供充足的纯净的水资源。据有关专家统计，天津用水的 93%，北京用水的 80% 来源于河北。过度的水资源开发已经使河北因缺水导致的生态问题更加严重，由此也引发了地面下沉、海水倒灌、地面塌陷等多种地质灾害，导致本已失衡的生态地区更加脆弱。

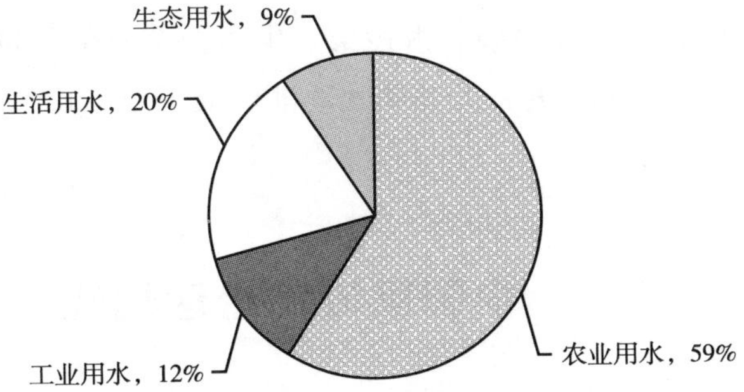

图 29－3　2016 年京津冀区域用水结构

C. 水土流失问题。据了解，水土流失问题基本上每年都会发生。洪涝和泥石流的爆发往往会造成水库泥沙淤积，使水库本身调节蓄洪的能力下降。最为严重的是官厅水库和密云水库，山地水土流失给这两个水库供水造成了巨大的影响。有学者曾指出未来30年，如果对山地的水土流失不能进行科学且有效的治理，则会导致官厅水库和密云水库的调控能力持续失调，最终将会给水库带来洪涝灾害隐患，增加水库的供水难度，造成更大的经济损失和人力损失。

29.1.2 中国区域化治理特点

经过较长时期的环境治理发展历程，中国区域环境治理基于区域产业结构、城镇体系、市场发育水平等影响因素，形成了具有自身特色的区域环境协同治理特征，主要体现在以下几个方面。

一是区域自发推进。各区域环境协同治理是自发协商推进，通过各主体间的合作沟通、协商、集体选择，建立并逐步完善区域环境协同治理制度，开展多种形式的沟通和协商，进而推动区域各项环保合作的进程。

二是"多中心"协同治理模式。现如今我国城市化水平整体较高，区域间的融合与互补发展相对协调，区域内各地区的协同合作基础良好，分工协作效应已经呈现，在此基础上形成了以特大城市为核心、一二线城市为辅助、多中心协同推进的区域环境治理模式。

三是多元治理机制初步形成。现代化区域化环境治理注重吸纳非政府组织、企业、公民等社会主体参与区域环境治理。自2008年以来，各区域城市经济协调会积极引入协会、商会等社会中介组织参与区域治理，并鼓励多个非政府组织、知名企业、专业社会组织共同参与区域环境治理。

四是环境治理领域不断扩展。我国各个区域生态环境特征多样，区域环境协同治理内容也扩展至大气污染、水污染、供水安全、生活垃圾、流域环境、环保信用体系等治理领域，并在此基础上逐渐形成了全方位、宽领域、多层次的治理格局。

29.2 中国区域化治理模式

环境污染的跨界性和环境污染治理属地原则之间的冲突，对传统跨域环境污染治理路径提出了挑战。在风险社会背景下，环境区域化协同治理具备整合各方资源、增强整体意识和协调各方关系等优点，是妥善解决跨界环境污染问题的必然选择。当前，区域环境协同治理仍然受到协同治理主体间的目标和诉求差异、地方政府风险意识的碎片化、地方政府绩效考核与风险控制之间的冲突、协同治理主体角色观念的转变困难等问题的制约，影响了治理的效率与效果。要有效解决区域环境协同治理问题、提升协同治理绩效，应从加强主体间利益平衡的协同合作、建立健全区域性环境协同治理机构、科学设计干部考核制度、加强区域环境协同治理的法制保障以及理性转变角色观念等方面采取有力措施。

29.2.1 中国区域化治理的技术方式

中国区域化治理的实践过程中，形成了区域环境治理的多种技术方式。层级治理模式、府际合作、区域整合等区域环境管理的技术方式，有效应对了不同行政职能和行政区域参与区域化治理过程中的一系列分歧和问题，从而推进实现区域化治理的目标。传统的区域主义、公共选择理论、新区域主义三种区域环境协调治理范式，从强调政府作用、偏重市场力量，到注重政府与市场的有效结合，强调多元网格化治理等技术方式，推动着区域化环境治理的技术方式的不断完善和更加有效。

（1）区域环境管理的形式。按照行政职能和行政区域划分，可将区域环境管理划分为三大模式：层级治理模式、府际合作模式、区域整合模式。

A. 层级治理模式。层级治理模式是指按照组织的分级体制，将事权交由层层节制的单位行使和处理，使其管辖的事权在性质上是完整的，而在领域上又是部分的。层级制意味着一个强大的、单一的、按照纵向层级排列的权力系统主导着社会治理。比如，京津冀区域的环境管理事务由京津冀三地的环保部门分别管辖本辖区所属事务，或由中央一级的行政部门统一治理。

B. 府际合作模式。府际合作模式是指在跨界污染所及各行政区政府之间，建立正式的或非正式的合作关系，以协力解决跨界公共问题。正式的合作往往基于协议和组织而形成，非正式的合作主要是各地官员和公务员之间因公务所形成的对政府间合作有影响的个人或团体关系，这种合作模式常以合作协议为执行文本。

C. 区域整合模式。所谓区域整合，是指跨界各行政区基于内、外在环境的需求和自身的意愿，或是由中央政府主导，采用组织合并或事务归并的方式，相互协调意见，整合各方行动，共同处理地方事务。比如设立华东、华北、西北、华南、西南、东北六处环境督查机构，或是在各个区域内设立专门的区域管理机构。

（2）区域环境协同治理范式。区域环境协同治理属于跨区域协同治理范畴，跨区域协同治理经历了传统区域主义、公共选择理论和新区域主义三次范式转换。从主要表现特征来看，传统区域主义着重强调政府的作用，公共选择理论更偏重于市场力量，新区域主义则是对前两种范式的结合和完善，认为在解决区域性问题上应整体性地考虑竞争与合作、集权与分权等因素的影响和作用，关注权力与资源的依赖关系、行动规则的构建与网络协作的达成，主张构建多元主体间的协调机制，从而实现区域治理目的。

新区域主义更加强调多元治理主体的作用以及网络化的治理结构，在这种理念的指导下，区域环境协同治理模式可主要归纳为网络治理、协同治理、多中心治理和整体性治理等不同模式。网络治理模式主张环境治理的分散化、多维化和灵活化。多中心治理模式强调企业、社会组织、公众等主体的作用，与政府为主体的单中心治理模式相区别。整体性治理以跨界、协调的方式提供整体性服务，契合环境治理对协同和整合的需要。环境整体性治理模式的核心思想是将环境污染的负外部性问题内在化，解决传统的分割式管理模式带来的“碎片化”问题。协同治理模式是使相互冲突的不同利益主体得以调和并且采取联合行动的持续治理过程，有助于规避风险。不同的环境协同治理模式在演进过程中呈现出互相借鉴、共同完善的趋势。

29.2.2 中国区域化治理的政策方式

改革开放40多年来，生态环境治理从粗放走向精细化、从全面治理走向区域化防治。我国提出生态文明建设以来，新颁布的政策和不断完善的法律制度更加适应生态环境治理的区域化规律。党的十八大提出大力推进生态文明建设；党的十九大将其具体阐述为“生态环境根本好转，美丽中国目标基本实现”和“生态文明全面提升”。因此，进一步推动生态文明建设，必须要坚持具体问题具体分析的原则，用区域发展理念贯穿生态文明建设的重要环节。

区域发展政策在生态环境治理中具有越来越好的表现。区域环境治理是指以自然区域整体为治理对象的环境治理模式，区别于传统生态环境治理以点源治理项目为环境管理对象的治理模式，区域环境的整体治理理念要求环境治理以自然疆界划分的生态区域为治理对象，生态区域内的环境权利主体（尤其是地方政府）必须依从和服务于生态区域的整体利益，从单一的环境行政管制向行政、法律、经济和技术诸手段结合的综合治理理念转变。在区域治理理念下，我国许多生态环境治理制度几经变化，越来越符合人类环保、宜居的生活诉求。我国区域化治理政策的不断完善主要表现在环境标准制度区域化、污染治理主体精确化、环境规划制度地缘化、环境影响评价综合化等方面。

（1）环境标准制度区域化。从前的环境标准主要是考核单个污染企业及其污染项目，管理的重点是污染源的达标排放。政府的环境管理思路就是通过监督各个零散的排放源的达标排放，以达到某一区域的环境质量达标。

随着近年来区域环境治理理念的发展，区域环境治理实践在国家和地方层面上日益盛行，这类环境标准成为区域环境治理的重要手段，以环境质量标准为核心的环境标准代替了以前的环境污染标准。按照特定区域的环境承载力核定区域的环境容量，结合环境容量和公众的环境要求确定区域的环境质量标准，再通过环境质量标准这个法律工具确定区域的总体排放量，并将总体排放量分解为各企业或项目的排放标准。此外，在区域环境治理下，环境标准不再搞“一刀切”，各地可制定符合本区域情况的环境标准。

（2）污染治理主体精确化。过去是“谁污染谁治理”“自扫门前雪”。这种环境治理方式虽然公正，但不计成本的补偿性原则缺乏效率。针对同样的污染，主体财务状况不同，不同主体的治理成本也不同。如果让治理成本高的企业付出稍低的费用将自己的污染交由成本低的企业治理，双方都能获利，总成本也会降低。于是，污染治理从单家企业的单独治理转变为区域内的环境污染集中治理。新的这种“污染者付费”原则节约了分散的环境治理成本、提高了专业治理能力；同时，也便于环境管理部门的监督和指导，降低行政管理成本，实现区域环境治理的效率价值。

（3）环境规划制度地缘化。环境规划制度凸显了我国环境保护战略从“被动控制型”到“主动预防型”的转变。在区域治理理念下，环境规划制度呈现出地缘化走向：其一，从环境污染防治规划走向污染防治和生态保护并重的保护规划。生态系统具有整体性，生态保护规划则体现区域治理的基本理念，典型表现为生态功能区划和自然保护区规划。其二，从行政区域的环境规划走向自然区的环境规划，突破行政区域的藩篱，以自然区为规划对象和范围。其三，从环境要素单独规划走向地缘保护综合规划。主体功能区划就是环境保护与经济社会发展的综合协调规划。

（4）环境影响评价的综合化。传统的环评制度强调项目本身的环境问题，忽略了项目之间以及与区域整体环境问题之间的关系，这使环境治理陷入困境。如单个项目环评合法，而区域整体环境污染和破坏不断加深。一个区域内申报的每个项目都符合环保条件，但各项目总体超过当地环境承载力。从环评的阶段看，项目环评一般在项目确定后进行，其处于决策过程的末端，难以从源头上预防环境影响。区域环境规划评价从区域整体出发，以总量控制和环境功能区划为手段，确保区域内布局性和结构性环境问题得到控制，并使区域内单个项目的环境排放不至于超过本区域环境承载力的范围，从而将区域内的污染程度控制在一定范围内。即使增加新的项目，也可以通过排放权交易等手段，使区域总的排放不会增加。

29.2.3　中国区域化治理的经济方式

20 世纪以来，不断出现的环境问题引起了社会对发展方式的反思。从强调环境治理到重视循环经济、低碳经济、绿色经济，再到坚持走循环发展、低碳发展、绿色发展的道路，协调处理经济增长与环境保护的关系一直是环境治理能力提升的重要内容和方向之一。

环境问题本质上是经济发展方式问题，环境治理能力提升关键在于运用科学理性的经济手段。随着我国经济进入“新常态”，经济发展速度、运行模式、调控思路等都在发生重要的转变，这不仅给我国区域环境治理能力提升带来了难得的机遇，也提出了新的挑战。因此，在经济“新常态”下，形成体现自然资源资产稀缺程度和市场价值的价格体系，财税、金融、国有资本等经济手段的运用，以及积极发展与环境治理相关的社会中介组织等是提升环境治理能力的重要措施。立足于经济“ 新常态”给我国环境治理带来的现实影响、运用经济手段提升区域环境治理能力既是一种科学、理性的选择，也是一种必然之路。

（1）采用税收政策遏制排放，加大治理效率。政府征收环境保护税的方式，一方面给污染企业排污生产增加了额外成本，另一方面也给政府推动环境治理的行为增加了治理资金。这样一来，企业出于成本效益的考量会减少各项污染物的排放，变革生产方式，保证清洁生产；政府也由于充足的资本支持，能够广泛地调动人力、物力、财力来深度推进区域环境治理行为，提高污染综合治理效果。

（2）通过政策性返还保证金，影响企业排污行为。政策性返还保证金也就是返还押金制度，由政府对排放工业废气污染的企业收取部分保证金或者说是污染费，如果企业的废气排放量超出了国家政策规定的数量，则扣除保证金，在保证金扣除完全之后，企业要补交罚款；如果企业排放量符合国家政策要求，政府将会返还企业保证金。作为排放污染物的机会成本，企业往往会自主降低自己的污染物的排放来降低成本，这种制度也可以间接地促进环境污染处理技术的发展，提升对污染物处理的需求，这种方法也是一个治理环境污染的有效途径。

（3）完善排污产权交易制度，提高企业排污成本。排污许可管理办法是指政府规定不同的废气排放量或者资源消耗量给不同的企业，政府通过制定相关的法律法规，使企业按照规定去管理各自的污染排放量。政府给不同企业制定不同排放量，如果超出政府规定的部分，企业就要购买更多允许排放的权利。企业可以在当地的工商部门购买允许排污权，但是为了控制企业，政府会严格审批申请排污权的程序，根据申请次数的递增适量提高价格。这样的做法促使企业会想尽办法节能减排，积极地开拓新工艺或者寻找新的办法减少排放量；同时，企业申请排污权的费用也会增加政府收入、实现企业和政府互利共赢。

（4）提供政府支持资金，激励企业清洁生产。政府为需要治理排污的企业提供适当资金，为企业提供支持。这样会大大提高企业对政府政策的拥护和节能减排的积极性，缓和企业在成本支出和节能减排两方面的矛盾冲突。企业减少了在减排成本上的压力，可以加快对政府政策的落实和研发新技术的脚步。企业是政府节能减排的实施者，社会大众是政策的受益者。政府和企业共同作用，是实现污染治理和生态环境保护的重要力量。

29.3 中国区域化治理分析

我国在区域治理方面进行了大量的探索和实践，形成了较为成熟的区域治理模式。在区域化治理的实践中，永定河流域治理和长三角地区区域环境治理在治理模式和机制上进行了创新，取得了很好的效果。永定河流域治理采用公司化的运作模式、强化流域水资源的统一管理、加强区域互动合作机制、充分发挥流域机构作用，对永定河进行系统治理和生态修复。经过近些年的努力，永定河的河流生态功能正在逐步恢复。长三角地区创新的“湾长制”实践，建立了陆海统筹、河海兼顾、上下联动和协同共治的治理新模式，取得了很好的海湾环境治理效果。中国区域化治理是在不断摸索中前行的，在这个过程中总结出了很多成功的经验和模式，同时也有不少的失败教训。内蒙古“一湖两海”治理在进行过程中，由于种种原因未能达到预期的效果，分析和总结其中失败的原因，也可以为我国区域化治理提供宝贵的经验。

29.3.1 区域化治理成功经验——永定河流域治理和长三角地区“湾长制”的实践创新

永定河流域在系统性环境治理和生态修复过程中，推进公司化运作模式，强化流域水资源统一管理，加强区域互动合作，取得了很好的效果，使得河流生态功能正在逐步修复。长三角地区实行“湾长制”的实践创新，建立陆海统筹、河海兼顾、上下联动和协同共治的治理模式。“湾长制”通过上下联动、部门协同，政企合作、协同推进，公众参与、协同治理等模式，有效解决了区域化治理过程中的众多复杂问题。

（1）永定河流域治理。作为京津冀区域“六河五湖”重要河流之一，永定河是贯穿京津冀晋蒙的重要水源涵养区、生态屏障和生态廊道，也是京津冀协同发展的生态大动脉。永定河发源于山西、内蒙古，流经河北、北京、天津等省市，全长700余千米，流域面积4.70万平方千米，是海河的重要支流，也是首都北京的“母亲河”。多年来，永定河受气候变化、水资源过度开采以及水质污染等因素影响，水环境承载力脆弱，生态功能严重退化，部分河道干涸、断流数十年，严重制约了京津冀地区的生态环境质量和经济社会健康发展。

2016 年 12 月，国家发展改革委、水利部、国家林业局联合印发《永定河综合治理与生态修复总体方案》（以下简称《总体方案》），提出投资 370 亿元，从河道综合整治、水源涵养、水量配置与用水保障、农业节水与种植结构调整等 7 个方面，对永定河进行系统治理和生态修复。

A. 推进公司化运作模式。2018 年 6 月，京津冀晋四省（市）人民政府联合战略投资方中交集团共同出资组建永定河流域投资有限公司，以“投资主体一体化带动流域治理一体化”的模式开启新一轮永定河治理。流域公司的组建是国内流域综合治理领域的一次重要突破，是“政企结合、两手发力”的具体体现。通过流域公司这一法人实体牵头实施流域综合治理，有针对性地解决了过去治理主体分散化、治理效果碎片化、流域缺少统筹协调、资金投入难以持续等难题，使市场在流域治理资源配置中起决定性作用的同时，更好地发挥了政府的作用，推动资源配置实现效益最大化和效率最优化，流域治理的成效显著提升。

B. 强化流域水资源统一管理。①落实最严格的水资源管理制度。严守流域和区域水资源开发利用总量、用水效率、水功能区限制纳污总量“三条红线”，把节水作为约束性指标纳入政绩考核。全面推行“河长制”，建立永定河流域京津冀晋四省市的四级河长体系，加强上、下游行政区之间地方政府的合作，构建责任明确、协调有序、监管严格、保护有力的河湖管理保护机制，为永定河绿色生态河流廊道建设管理提供制度保障。②实施流域生态水量统一调度。统筹当地径流、再生水等多种水源，结合现有水资源调度和防洪调度，实施流域水资源统一调度，并强化省界断面水量监督考核，确保实现生态水量下泄目标。

C. 加强区域互动合作机制。通过国家层面协调指导，强化流域上、下游联动，努力形成京津冀晋四省市流域治理目标同向、措施一体、优势互补、互利共赢的发展新格局。按照“谁受益、谁补偿”的原则，探索开展京津冀晋四省市上、中、下游开发区，受益地区与生态保护区之间的横向生态补偿。

D. 充分发挥流域机构作用。海河水利委员会作为水利部派出机构，在所管辖的范围内依法行使水行政管理职责。同时，根据授权负责协调推进永定河流域综合治理、生态水量统一管理与调度有关工作，监督考核生态水量下泄情况，督促检查建设项目进展和质量，评估并通报总体方案实施情况。

2019 年，永定河综合治理与生态修复 18 个项目相继开工建设，浑源生态公司等 6 个产业公司和大同供水公司混改项目等 5 个筹备组成立，全力搭建起流域协同治理共谋发展的平台。从落实生态治河理念出发，根据上、下游不同河段特性，永定河流域投资公司加强流域层面技术统筹，研究、制定流域生态修复布局控制及技术引导标准，组织全流域设计理念创新评比，完成 13 个新建项目的设计方案复核。

2020 年 8 月，海河水利委员会对 2019 年度永定河综合治理情况进行了评估，重点对水利工程综合治理进展、水量状况、水质状况和生态环境状况等四类 16 项技术指标进行了评估。截至 2019 年，干流堤防达标率 80%，上游地区新增农业节水能力 1017.7 万立方米；通过集中输水、引黄生态补水及优化调度，桑干河册田水库、石匣里、洋河响水堡、永定河官厅水库等主要断面生态水量基本满足《总体方案》要求。水质评价河长 1473.2 千米，全年Ⅲ类水质及以上河长 780.5 千米，占评价河长的 53%，Ⅳ类和Ⅴ类水质河长分别为 187.4 千米和 286.6 千米，占 12.7% 和 19.5%。官厅水库和友谊水库处于轻度富营养状态，册田水库处于中度富营养状态。重要河段通水长度达到 701.4 千米，占 81.4%。河流岸滨带和滩地植被覆盖面积为 171.3 平方千米，占 17%。调查发现鱼类 7 目 12 科 37 种，重点生态敏感区内鸟类 340 余种。综合来看，永定河的河流生态功能正在逐步恢复。

（2）长三角地区“湾长制”的实践创新。长三角地区所在的东海近岸海域是我国海洋环境污染最为严重的区域之一，随着工业化和城镇化的快速推进，污染工业高度密集。长期以来，该地区河流携带入海以及直接排入海洋的污染物总量不断累积，超过了东海近岸海域的环境容量，环境恶化的趋势愈演愈烈。海洋的流动性和整体性等特点决定长三角地区的海洋污染存在显著的“跨界传导”现象，加强区域协同治理、加快控制区域排放总量势在必行。

2017 年原国家海洋局印发《关于开展“湾长制”试点工作的指导意见》。浙江全省和江苏连云港市成为长三角地区的全国首批“湾长制”试点地区。“湾长制”是以主体功能区规划为基础，按照“海湾属地”原则，逐级压实地方党委政府海洋生态环境保护主体责任，以构建长效管理机制为主线，以改善海洋生态环境质量和维护海洋生态安全为目标，加快建立健全陆海统筹、河海兼顾、上下联动和协同共治的治理新模式。长三角地区主要有江苏省的海州湾、浙江省的杭州湾、三门湾、台州湾和温州湾。“湾长制”从实质上建立责任明确、监管严格、协调有序和措施有力的湾（滩）管理保护长效机制，为打造美丽整洁的生态海滩和实现海滩资源的可持续利用提供了制度保障。

A. 上下联动、部门协同。连云港市率先成立“湾长制”工作领导小组，并建立四级联动的“湾长”组织体系，之后浙江省舟山市、宁波市、温州市和嘉兴市作为试点地区按照分级管理和属地负责的原则，建立了由市和县（区、管委会）一级“湾长”，以及乡（镇、街道）和村（社区）二级“湾（滩）长”组成的组织体系。苍南县将辖区湾（滩）细分为104个责任区，落实三级“湾（滩）长”覆盖，并设立公示牌。瑞安市成立“湾（滩）长制”试点工作领导小组，针对村级滩涂边界不清的问题，由驻村干部担任村级“滩长”，落实各项责任。洞头区按照试点先行、总结经验和提升推广的思路，积极开展实践探索，在洞头国家级海洋公园核心区——“蓝色海湾”整治区域启动实施“湾（滩）长制”工作。宁波市象山县按照属地管理、条块结合和分片包干的原则，分别确定乡（镇、街道）级和重点村级“滩长”，负责各自辖区滩涂内违规违禁网具的调查摸底、巡查清缴和建档报送等工作，并根据实际制定“周督察、旬通报、月总结”制度。

B. 政企联合、协同推进。连云港市协作中国移动联合开发“湾长通”App，通过整合信息数据，加强“湾长制”信息化建设，构建了涉及日常运营管理、监督举报、问题受理和及时反馈的响应机制，实现对湾（滩）环境的精细化管理和常态化监督。浙江省探索建立“湾（滩）长”巡查、群众参与和执法人员整治“三位一体”的湾（滩）管理网格化工作机制，建立村级湾（滩）保洁员雇用机制，实施常态化湾（滩）清理。

台州市建立了滩涂专职巡查员制度，并与有关企业合作研发了具有巡查督导和投诉举报等功能的“滩长助手”App，通过高清探头进行24小时全方位监控，强化海洋生态联动治理。温岭市通过整合天网工程、借助渔港可视化系统和加强海防监控等措施，实现对港口码头和重要岸滩等区域的远程监控。临海市率先采用无人机设备助力滩涂巡查和管理等工作。三门县建立“五个一”巡查机制［县级“滩长”要“一月一督查”，镇（街道）级“滩长”要“半月一检查”，村级“滩长”要“一周一巡查”，巡滩员要“两日一巡查”］和“1+2+5”反馈机制［对涉及海洋滩涂的问题，在1个工作日内由镇（或街道）级“滩长办”接收并上报，在2个工作日内由主要责任单位牵头办理，在5个工作日内完成即时整治并反馈]，对滩涂保护管理的重要事项进行跟踪督办。

C. 公众参与，协同共治。在长三角地区湾海区域环境治理中，多省市积极探索社会公众的重要作用，开始“公众参与、协同共治”的实践。连云港市发挥社会公益环保组织的作用开展湾（滩）治理，多家海洋环保公益团队通过开展“净滩”和海洋垃圾清理等公益活动，增强公众的海洋保护意识和培养公众爱护海洋环境的“主人翁”意识。舟山市在政府的鼓励和支持下成立“民间河长”志愿者团队，团队成员拥有共同的名字即“民间河长”，自2017年2月以来，随着“寻找民间河长”“我要当民间河长”和“民间河长在行动”等一系列活动的推出，社会各界积极响应，不断拓展公众参与海洋环境治理工作的途径，大大减少陆源污染物对近海湾环境的影响。

通过湾滩一体设置，做到统分结合、上下联动，全省形成“以湾统滩、以滩联湾”的治理框架，实现管理海域和海滩全面覆盖的目标。同时，浙江将“湾长制”和生态红线、灾害应急防御、渔场修复振兴暨“一打三整治”相结合，打出组合拳。据初步统计，截至2017年年底，浙江省已确定各级湾（滩）长近2000名，其中市级湾（滩）长9名、县级湾（滩）长97名、乡（镇）级滩长553名、村级滩长及护滩员1309名。沿海五市以湾长为龙头、滩长为骨干、部门配合、全面覆盖的湾（滩）长组织体系已初步建成。

截至2019年年底，江苏省、浙江省基本实现了“湾（滩）长制”全覆盖，量化了湾（滩）长制目标管理、质量状况、治理措施，实现了“一湾、一滩一档”的流程化闭环管理。同时，通过湾长制“海洋大环保”平台大大提升了海洋生态环境质量，促进了湾（滩）长制建设的规范化、标准化建设。

29.3.2 中国区域化治理失败的案例分析

2016年，原环保部在环保督察中注意到了内蒙古“一湖两海”存在严重的生态环境问题。因此，内蒙古自治区政府及有关单位出台了《呼伦湖流域生态与环境综合治理实施方案》《乌梁素海综合治理规划》《乌兰察布市岱海水生态保护规划》等治理规划和实施方案。但在两年后中央环保督察“回头看”行动中，发现“一湖两海”治理成效很差。“一湖两海”水质不仅没有得到明显改善，有的污染物甚至不降反升。规划项目实施不严格，规划或实施方案的生态环境治理项目进展缓慢，特别是污水处理厂、垃圾处理场建设、农业污染治理项目未能如期完成甚至没有启动，直接影响了“一湖两海”水质的根本改善。

（1）内蒙古“一湖两海”治理失败案例。内蒙古的“一湖两海”，指的是呼伦湖、乌梁素海、岱海。“一湖两海”分别地处内蒙古的北部和中部，作为内蒙古的三大淡水湖，在调节气候、修复生态、涵养水源方面起着重要作用，具有重要的生态功能，在区域生态环境保护中具有特殊地位。因为呼伦湖是“只进不出”的典型内陆湖泊，对污染物质净化能力很低，当湖水因蒸发而消耗时，不能蒸发的污染物大都残留在湖里。自 1999 年以来，呼伦湖水位逐年下降，面积快速萎缩。在 2016 年环保部开展了第一轮环保督察中，“一湖两海”暴露出严重的生态环境问题。

呼伦贝尔市连同内蒙古自治区对此出台了呼伦湖综合治理方案，指出重点建设任务包括：草原生态保护、湿地生态系统恢复、水利工程、环境整治、管护能力等五大类 20 项工程，规划投资 21.08 亿元，目标是显著增强呼伦湖水循环能力，减轻湖泊富营养化程度。2017 年年底，湖泊水质从劣Ⅴ类提高到Ⅴ类，环湖生态环境明显好转，周边沙化土地、工矿区、生活区环境得到有效治理，管护能力明显增强。

然而，在实施方案明确的 20 个治理工程项目中，只有 2 个项目总体按计划执行，工程项目调整变更率达 90%，相应投资变更是大幅削减。其中，农村安全饮用水项目计划投资 1 亿元，实际仅投 640 万元；涉及旅游景区治理改造及基础设施建设等重大项目没有实施，有关管护能力建设却由规划的 1.9 亿元，调增到 4.02 亿元。“工程项目实施存在避重就轻、避难就易等问题，治理效果自然大打折扣。”

此外，自治区有关部门和呼伦贝尔市在治理项目实施中，既没有有效协同推进机制，也没有有效的监督考核机制，工程项目擅自调整、任意变更；对环境治理影响较大的项目往往被延期或简化，用于管护、执法能力的项目投资增长到总投资的 32.3%。特别是工程项目研究论证不够，有的甚至仅凭某个研究单位的个别专家意见，就彻底变更技术路线，管理混乱、监督松懈。

在呼伦湖综合治理工作中，当地政府敷衍应对，得过且过，甚至为了当地有关监管单位利益，不惜大幅调整项目建设内容。根据 2015 年以来呼伦湖水位、水量、水质以及呼伦贝尔地区气候条件综合分析，总体来看，呼伦湖水质与入湖水量密切相关，受制于当地气候条件和流域来水情况，水环境质量“靠天吃饭”的现状尚未改变，生态环境保护形势不容乐观。

（2）针对区域环境治理的启示与建议。第一，构建生态治理法律体系。首先，明确区域生态治理机构的相关权力与责任。国家应呼吁地方政府加强协作，推动区域生态协同治理，制定严格法规，保护治理机构的权益，对机构权力进行明确规定，避免权责划分不明确，政府之间相互推诿、扯皮的问题。其次，在区域生态治理中，污染责任主体补偿机制仍不完善。我国目前实行的生态补偿机制大多是地方政府间签订的协议，协议实施依据的是协议各方自发施行，没有硬性的法律规定。国家要通过法律规定区域内各地方政府的职责和权限，明确区域内污染责任主体的赔偿措施，将区域内污染追责落到实处。

第二，推行政府、市场、公民三方协同治理。首先，政府是生态治理区域化的主体，政府的有效参与是区域生态治理取得成功的重要保证。一方面，政府应主动、定期对污染企业进行检查，严格遵循法律、法规的要求，同时充分运用财政手段和税收手段，对减少污染排放和没有污染排放的企业给予奖励措施，对污染严重并拒不整改的企业加大惩处力度，并在污染行为发生后积极治理，防止污染的进一步扩散。另一方面，政府应该主动公布污染企业整改和生态治理的相关方案，公开污染政策制定管理过程，定期公布区域生态治理的相关资料，呼吁公民积极参与，发挥治理决策过程旁听制度、听证会制度、信息公开制度等制度的重要作用，培养公民监督意识，充分发挥公民的外部监督作用。

第三，建立考核、补偿、技术投入并存机制。地方政府污染治理缺乏成效的主要原因是，当前官员考核指标体系仍过度重视经济效益。应在地方政绩考核标准体系中加入生态治理指标，全面推行绿色 GDP 指标体系，将经济活动中所付出的资源耗减成本和环境降级成本从 GDP 中予以扣除，从现行 GDP 中扣除环境资源成本和对环境资源的保护服务费用，从官员晋升、政府部门年底考核、工作奖励等多方面加大生态效益指标的权重，使政绩考核体系更加科学化、合理化。另外，政府应大力落实生态补偿机制，探索更具现实性的生态补偿执行方案，尽快建立起区域之间、流域之间的横向转移支付，鼓励地方进行生态治理区域化的相关探索，要求区域内以及区域间的各污染责任主体的生态补偿落到实处，真正遵循“谁污染，谁治理”的方针原则，使污染受损地区的情况得到改善。

参考文献

[1] 胡中华. 关于完善环境区域协同治理制度的思考 [J]. 法学论坛, 2020, 35 (5): 29－37.

[2] 张文博, 周冯琦. 基于生态环境视角下的长三角一体化发展现状及趋势研究 [M]. 2020. 4

[3] 欧维新, 张振, 陶宇. 长三角城市土地利用格局与 PM (2.5) 浓度的多尺度关联分析 [J]. 中国人口·资源与环境, 2019 (7): 11－18.

[4] 刘明, 陈亚杰, 刘继为. 京津冀区域存在的生态环境问题及协同治理研究 [J]. 河北省科学院学报, 2019, 36 (3): 76－82.

[5] 刘彩云, 易承志. 多元主体如何实现协同? ——中国区域环境协同治理内在困境分析 [J]. 新视野, 2020 (5): 67－72.

[6] 任洋. 论我国的区域环境管理机制 [J]. 绿色科技, 2014 (8): 217－220.

[7] 曹海军, 霍伟桦. 城市治理理论的范式转换及其对中国的启示 [J]. 中国行政管理, 2013 (7): 94－99.

[8] 李胜. 超大城市突发环境事件管理碎片化及整体性治理研究 [J]. 中国人口·资源与环境, 2017 (12): 88－96.

[9] 严燕, 刘祖云. 风险社会理论范式下中国"环境冲突"问题及其协同治理 [J]. 南京师范大学学报 (社会科学版), 2014 (3): 31－41.

[10] 肖建华. 生态环境政策工具的治道变革 [M]. 北京: 知识产权出版社, 2000: 49.

[11] 焦宝华. 论项目环境影响评价与区域环境规划的协调问题 [C]. //1996 年全国首届实施主要污染物总量控制学术研讨会, 1996.

[12] 冯玉军. 法经济学 [M]. 北京: 中国人民大学出版社, 2003: 104.

[13] 王金胜. 经济"新常态"下以经济手段 提升环境治理能力的探讨 [J]. 环境保护, 2015, 43 (23): 59－62.

[14] 张文欣. 治理环境污染的经济手段分析 [J]. 市场研究, 2018 (6): 27－28.

[15] 康学增. 开创永定河综合治理与生态修复新篇章 [N]. 首都建设报, 2020－08－04 (003).

[16] 思雨. 国家海洋局印发意见将在全国开展"湾长制"试点 [J]. 中国食品, 2017 (19): 173.

[17] 韩超. 浙江台州四百余名"滩长"守护最美渔村 [N]. 农民日报, 2018－03－29 (007).

[18] 赵婧，郭媛媛."湾（滩）长制"在浙江的探索与实践［N］. 中国海洋报，2018-04-03（003）.

[19] 陈莉莉，詹益鑫，曾梓杰，等. 跨区域协同治理：长三角区域一体化视角下"湾长制"的创新［J］. 海洋开发与管理，2020，37（4）：12-16.

[20] 冯丹娃，刘琳. 生态治理区域合作策略［J］. 学术交流，2016（10）：127-130.

后　　记

《绿色经济学》的付梓，是一种生而逢时的切合，也是多年生态、环保等绿色项目风风雨雨、艰难推进而坚持的思考。

“绿水青山就是金山银山”理念指导下的长江大保护、黄河生态系统治理、黑土地保护利用，是中华民族永续发展的重要保障；碳达峰和碳中和规划，是中华民族乃至影响世界的划时代强音。

然而如何系统认知和实现绿色发展，是对传统经济学的丰富和发展，也是经济政策和各部门、单位人员观念的革新；是对传统经济发展模式的革命，也是对既得利益的挑战。

统一的认知和理解，是一项伟大变革的基础。绿色经济学试图系统梳理绿色发展的基本原理，以及对经济学结构和底层逻辑进行丰富和探索。本书不仅系统提出绿色经济的基本理论，也提出绿色发展的路径和模式，尝试有效实现理论和实务的结合。

本书的完成，感谢中国生态文明研究与促进会领导专家的大力指导支持！中国生态文明研究与促进会、中国社会科学院学部委员潘家华副会长，中国生态文明研究与促进会胡勘平主任对本书进行了系统思想指导和结构设计指导！

北京国家会计学院为绿色经济研究、绿色金融研究和绿色会计研究以及本书出版提供了大量的支持！北京国家会计学院党委张凤玲书记为绿色发展政策以及绿色发展中国模式研究给予指导帮助！北京国家会计学院秦荣生院长在本书的构思、写作中全程给予了指导，在绿色发展观以及绿色会计、绿色审计等思想观念、方法方面给予了深入的指导！北京国家会计学院崔华清副院长在绿色会计、绿色发展财政支持模式研究中给予了指导！

财政部自然资源和生态环境司郜进兴司长、青海省财政厅王鹏副厅长在绿色产业发展政策和绿色经济财政支持方面给予了大量的指导！中央党校（国家行政学院）副教育长卓泽渊、中国农业科学院农业信息研究所黄卫，在国家绿色治理及其国际化研究方面给予了指导和帮助！

绿色产业发展和模式研究中，得到中国林业产业联合会常务副会长、原国家林业局总工程师封加平、中国林业产业联合会副会长兼秘书长陈圣林、中国纺织工业联合会夏雪处长、浙江湖州师范学院“两山”理念研究院副院长杨建初的指导和支持！

绿色产业发展国际经验研究中，得到国际竹藤组织副总干事陆文明先生、国际竹藤组织傅金和博士、中以国际科技合作产业园潘华耿董事长、瑞士豪瑞集团（拉法基豪瑞集团）全球伙伴关系负责人刘利嘉先生的大力指导！

绿色经济学框架与绿色产业发展案例研究中，得到了中南财经政法大学商学院院长陈池波教授、华中农业大学冯中朝教授、程华东、湖北省农业规划设计研究院周胜利给予的指导和帮助！

在产业园双碳规划、国储林产业链投资、产城融合、城市绿色发展与更新、矿山治理等绿色投融资设计与规划研究和实务中，中国化学工程集团戴和根董事长、刘家强总经理、武宪功副总经理、刘东进总会计师、杨志明总经理助理，及所属企业的苏中友、郑江、王庚柱、李立新、王春长、沈周、吴新荣、王双兴、贾白冰、辛登高、陈建军、吕利涛、祁海潮、汪万勋、张治国、王为林、张学明、宋志鹏、程卫国、刘文、杨贵春、韩丽红、许军威、叶云彬、董博、蒋峰、刘方强、欧阳力胜、王万荣、李火胜、左治良、王成华、韦翔、米伟秀、刘祥等，都给予了大力支持和帮助！

在绿色和双碳转型发展产业模式和投融资模式研究中，中水渔业董事长宗文峰、总经理叶少华，中铁建十六局集团张夕和、朱长安、张子斌、张熊、秦燕，中铁建发展集团马芳、崔培，中国建筑第六工程局集团郭建军、尉家鑫、高振洲，中交产业投资控股张璐，中国中铁北京局集团盛春玲，中铁股份国际工程公司翁茹冰，国家能源集团贾海涛，中国石油天然气公司陈雪松，都给予了大力支持！

绿色和双碳投资和评估方面，财政部PPP中心孟祥明和大禹节水集团王浩宇董事长、崔静、陈静、刘美红，对绿色PPP投融资模式研究提供了大量的支持！中国通信建设集团杨军，中国力鸿检验集团杨荣兵，中科环保栗博，中国新兴集团林琳，上海海灵博智能科技董事长李灵明、总裁赖小鸥，红星美凯龙家居集团郭丙合、裴红娟、陈健，中关村科技园大健康产业联合会会长韩笑冰、副会长谢兵，在绿色产业与投资研究中给予了支持！

乡村振兴与绿色农业研究中，得到北京九耕鑫盛农业生物科技杨宏军董事长、陈光总裁，怀山堂生物科技股份康明轩董事长、朱岩磊，湖南万象生物科技公司龙辉董事长，云南金枫生物科技公司周兵董事长，九九慢城杜仲产业（蒙城）有限公司滕小平董事长，浙江湖州铭煌生物质燃料有限公司张明敏董事长的大力支持！

德勤中国李鹏，北京荣邦瑞明投资管理彭松，中国医药集团有限公司总会计师杨珊华，北京中财中融投资咨询公司黄国成，中宏经纬投资咨询公司梁浩、张军华，北京中和生态园林有限公司董事长熊亚平，北京中子文化何杰，国信招标集团童再军，中长实业集团董事长黄红军，精英集团副总裁黄永金，国家食品安全风险评估中心齐军，在生态和环保和双碳项目投融资模式与财务风险管控方面给予了支持！

在绿色材料和绿色建筑研究和案例方面，得到了中国建筑标准设计研究院曹彬总经理、申林副总经理、罗文斌副总经理、李兵副总经理、江数辉总监的大力支持！

绿色金融研究和案例调研过程中，得到北京大学王一鸣教授、清华大学五道口金融学院周道许教授、中国人民银行任恩林主任、国家开发银行陈卉、中信银行秦川、宁波银行柯登考的指导和支持！在国储林项目融资分析研究中，得到中国农业发展银行、中国工商银行相关领导的支持！北京瑞和信业投资有限公司简宁董事长、北京简石投资管理公司黄丹侠总裁、国科科技创新投资公司吕红伟、中智源科技集团杜豪董事长、中泰证券股份王秀之，在绿色发展金融创新方面给予了大力支持！中关村互联网金融研究院刘勇院长，新疆嘉信基金管理有限公司张洪总裁，北京京亚资本管理公司谢清董事长、张军、卢太周，在绿色投资和双碳金融衍生产品研究方面给予了支持帮助！

中央电视台新闻中心赵一民、尹骊，在本书总体构架以及绿色产业及区域发展规划研究方面给予了大量的支持和帮助！

北京国家会计学院连续多届的研究生林庆发、王小伟、杜嘉诚、马雨飞、付饶、曹道爽、黄红蓝、雷瑛辰等，参与了繁杂资料收集和专题研究！

最后，由于本书专业性内容涉及面较广，中国财政经济出版社商业出版中心主任尉敏、副主任潘飞进行了耐心和细致编审修改，牺牲大量休息时间，投入了大量精力，特表敬意！

凡此上述领导、专家鼎力相助，是以为本书完成之根本，深以为谢！

北京国家会计学院　郑洪涛

2022 年壬寅春于天竺